国家社科基金成果文库
SELECTED WORKS OF THE CHINA
NATIONAL FUND FOR SOCIAL SCIENCES

郑玄三礼注研究

杨天宇 著

中国社会科学出版社

作者简介

杨天宇 1943年12月生,安徽安庆人。1968年毕业于北京大学中文系,1981年毕业于河南大学历史系硕士研究生,现任郑州大学历史学院教授、博士生导师。主要从事历史文献学、经学和《三礼》学的研究,曾先后出版《仪礼译注》、《礼记译注》、《周礼译注》、《诗经——朴素的歌声》等著作,主编《谋士传》和《中原文化大典》之《经学、史学、文字学》卷,并曾在《文史》、《中华文史论丛》《国学研究》、《中国经学》、《中国史研究》、《史学月刊》、《文史哲》、《孔子研究》、《齐鲁学刊》以及多种高校文科学报上发表学术论文数十篇,出版论文集《经学探研录》。目前主要从事《三礼》与郑注以及经学方面的研究。

《国家社科基金成果文库》
出版说明

国家社科基金研究项目优秀成果代表国家社科研究的最高水平。为集中展示这些优秀成果，全国哲学社会科学规划领导小组决定编辑出版《国家社科基金成果文库》。《文库》将按照"高质量的成果、高水平的编辑、高标准的印刷"和"统一标识、统一版式、统一封面设计"的总体要求陆续出版。

全国哲学社会科学规划领导小组办公室
2005年6月

目　录

序 ………………………………………………………… 詹子庆（1）

通　论　编

第一章　郑玄生平事迹考略 ………………………………………（3）

第二章　郑玄著述考 ………………………………………………（13）
　一　注释类 …………………………………………………………（13）
　　（一）经传类 ………………………………………………………（13）
　　（二）纬书类 ………………………………………………………（17）
　　（三）杂注类 ………………………………………………………（18）
　二　著作类 …………………………………………………………（20）
　三　门弟子所辑类 …………………………………………………（25）

第三章　汉代的经今古文之争与郑学的出现 …………………（26）
　一　西汉的今文经学博士 …………………………………………（26）
　二　刘歆校书与古文经的发现 ……………………………………（31）
　三　关于今古文之争 ………………………………………………（35）
　四　今古文经学的融合与郑学的出现 ……………………………（42）

第四章　略论"礼是郑学" ………………………………………（48）

第五章　《三礼》概述 ……………………………………………（55）

一　《周礼》概述 …………………………………………… (55)
　（一）关于《周礼》书名 ……………………………… (55)
　（二）《周礼》的发现 ………………………………… (59)
　（三）《周礼》的成书时代与真伪 …………………… (64)
　（四）《周礼》立博士及其在汉代的流传 …………… (74)
　（五）汉以后的《周礼》学 …………………………… (80)
　（六）《周礼》内容简析 ……………………………… (91)
　（七）《周礼》的行文特点 …………………………… (97)
　（八）《周礼》与西周史研究 ………………………… (100)
二　《仪礼》概述 …………………………………………… (104)
　（一）关于《仪礼》书名 ……………………………… (104)
　（二）《仪礼》的来源与孔子定《礼》 ……………… (106)
　（三）《仪礼》在汉代的流传与郑玄注《仪礼》 …… (112)
　（四）关于《仪礼》的篇次 …………………………… (116)
　（五）《仪礼》非士礼 ………………………………… (118)
　（六）汉以后的《仪礼》学 …………………………… (119)
　（七）《仪礼》对于今天的意义 ……………………… (123)
三　《礼记》概述 …………………………………………… (125)
　（一）关于《礼记》的来源与编纂 …………………… (125)
　（二）关于《礼记》的内容与分类 …………………… (138)
　（三）《礼记》在汉代的传本与郑注《礼记》 ……… (144)
　（四）汉以后的《礼记》学 …………………………… (148)

第六章　论郑玄《三礼注》………………………………… (155)
一　引论 ……………………………………………………… (155)
二　《三礼注》的注经方法 ………………………………… (158)
三　《三礼注》的注经体例 ………………………………… (166)
四　关于《三礼注》的考辨 ………………………………… (172)

校 勘 编

第一章　郑玄校《仪礼》兼采今古文之条例考 …… （185）
　引言 …… （185）
　条例 …… （187）
　　一　从本字不从通假字（126例） …… （187）
　　　（一）从今文本字不从古文通假字（90例） …… （187）
　　　（二）从古文本字不从今文通假字（36例） …… （213）
　　二　从本原字不从区别字（2例） …… （223）
　　　（一）从今文本原字不从古文区别字（1例） …… （223）
　　　（二）从古文本原字不从今文区别字（1例） …… （223）
　　三　从本字不从后起之生僻字（1例） …… （224）
　　四　从本字不从俗字（4例） …… （225）
　　　（一）从今文本字不从古文俗字（1例） …… （225）
　　　（二）从古文本字不从今文俗字（3例） …… （225）
　　五　从本字不从义近字（1例） …… （226）
　　六　从本字不从其义近字之通假字（1例） …… （226）
　　七　从通假字不从本字（8例） …… （227）
　　　（一）从今文通假字不从古文本字（4例） …… （227）
　　　（二）从古文通假字不从今文本字（4例） …… （229）
　　八　从通假字不从本字之义近字（1例） …… （231）
　　九　从通假字不从通假字之通假字（8例） …… （231）
　　　（一）从今文通假字不从古文通假字之通假字（4例） …… （231）
　　　（二）从古文通假字不从今文通假字之通假字（4例） …… （233）
　　一〇　从通假字不从义异之字（1例） …… （234）
　　一一　从区别字不从本原字（3例） …… （235）
　　　（一）从今文区别字不从古文本原字（1例） …… （235）
　　　（二）从古文区别字不从今文本原字（2例） …… （236）
　　一二　从后起字不从通假字或假借字（2例） …… （237）

一三　从易晓字不从义晦字（1例） ………………………… (238)
一四　从义训贴切之字不从易生歧义之字（1例） ………… (238)
一五　已通用的假借字之假借字则从之而不改（1例） …… (239)
一六　从通用字不从其训诂字（1例） ……………………… (239)
一七　从正体字不从其异体字（1例） ……………………… (239)
一八　同为假借字从其相承用久者（1例） ………………… (240)
一九　同为通假字从其于义切近者（6例） ………………… (240)
　（一）同为通假字从今文于义切近者（2例） …………… (240)
　（二）同为通假字从古文于义切近者（4例） …………… (241)
二〇　同为假借字从其较古者（1例） ……………………… (243)
二一　二字义同或义近从其习用者（5例） ………………… (244)
　（一）二字义同从今文习用者（1例） …………………… (244)
　（二）二字义同或义近从古文习用者（4例） …………… (244)
二二　二字义同从其于义较古者（1例） …………………… (245)
二三　二字义近从其于义尤切者（9例） …………………… (246)
　（一）二字义近从今文于义尤切者（5例） ……………… (246)
　（二）二字义近从古文于义尤切者（4例） ……………… (248)
二四　二字义近从本书中用多者（2例） …………………… (250)
二五　从习用之通假字不从其本字之义近字（1例） ……… (251)
二六　二字通用从其义切者（2例） ………………………… (252)
二七　二字通用从书中用多者（1例） ……………………… (252)
二八　二字通用则不烦改字（6例） ………………………… (253)
二九　二字异名同实则从书中习用者（1例） ……………… (255)
三〇　二字异名同实从其名实较切者（1例） ……………… (255)
三一　二字同为异体字从其习用易晓者（1例） …………… (256)
三二　二字音近义同今古文亦互作则划一其字（1例） …… (257)
三三　二字义同而礼书中用各有宜则据以决所从（1例） … (257)
三四　不从误字（20例） ……………………………………… (258)
　（一）不从古文误字（13例） ……………………………… (258)
　（二）不从今文误字（7例） ……………………………… (261)

三五　不从衍字（3 例） ……………………………………………（263）
三六　不从误倒字（2 例） …………………………………………（264）
　　（一）不从今文误倒字（1 例） …………………………………（264）
　　（二）不从古文误倒字（1 例） …………………………………（265）
三七　不从坏字（1 例） ……………………………………………（265）
三八　据礼制以决所从（24 例） ……………………………………（265）
　　（一）据礼制以决从今文（11 例） ………………………………（265）
　　（二）据礼制以决从古文（13 例） ………………………………（270）
三九　据经义以决所从（3 例） ……………………………………（274）
　　（一）据经义以决从今文（1 例） ………………………………（274）
　　（二）据经义以决从古文（2 例） ………………………………（275）
四〇　据文意以决所从（48 例，皆据文意以决从古文） …………（275）
四一　据文理以决所从（10 例） ……………………………………（287）
　　（一）据文理以决从今文（8 例） ………………………………（287）
　　（二）据文理以决从古文（2 例） ………………………………（289）
四二　据文例以决所从（29 例） ……………………………………（289）
　　（一）据文例以决从今文（6 例） ………………………………（289）
　　（二）据文例以决从古文（23 例） ………………………………（291）
四三　据情理以决所从（4 例） ……………………………………（296）
　　（一）据情理以决从今文（2 例） ………………………………（296）
　　（二）据情理以决从古文（2 例） ………………………………（297）
四四　据事理以决所从（2 例） ……………………………………（297）
　　（一）据事理以决从今文（1 例） ………………………………（297）
　　（二）据事理以决从古文（1 例） ………………………………（298）
四五　据上下文以决所从（4 例） …………………………………（298）
　　（一）据上下文以决从今文（1 例） ……………………………（298）
　　（二）据上下文以决从古文（3 例） ……………………………（298）
四六　据行文语气以决所从（2 例） ………………………………（299）
四七　据校定之字以决所从（2 例） ………………………………（300）
　　（一）据校定之字以决从今文（1 例） …………………………（300）

（二）据校定之字以决从古文（1例） ………………（300）
　四八　异体字从其习用者（5例） ……………………（301）
　　（一）从今文习用之异体字（1例） …………………（301）
　　（二）从古文习用之异体字（4例） …………………（301）
　四九　异体字而两从之者（1例） ……………………（303）
　五〇　古今字而从通用之今字（1例） ………………（304）
　五一　同物异名而从名字近古者（1例） ……………（304）
　五二　存古字而不破之（1例） ………………………（305）
结语 ……………………………………………………………（305）

第二章　郑玄校《仪礼》兼采今古文的五原则 …………（309）
　一　字义贴切的原则 ……………………………………（310）
　二　习用易晓的原则 ……………………………………（314）
　三　合理的原则 …………………………………………（321）
　四　符合规范的原则 ……………………………………（325）
　五　存古字的原则 ………………………………………（328）

第三章　郑玄校《周礼》以今书为底本而参之以故书考 …（332）

第四章　郑玄校《周礼》从今书不从故书考辨 ……………（338）
引言 ……………………………………………………………（338）
考辨 ……………………………………………………………（340）
　一　从本字不从通假字（76例） ………………………（340）
　二　从本字不从其义近字（1例） ………………………（370）
　三　从本字而不从其义近字之通假字（1例） …………（371）
　四　从本字不从义异之字（1例） ………………………（371）
　五　从通假字不从通假字之通假字（11例） …………（372）
　六　二字义近从其义切者（7例） ………………………（377）
　七　二字通用从其义切者（4例） ………………………（380）
　八　同为通假字从其义切者（1例） ……………………（382）
　九　从区别字不从本原字（9例） ………………………（383）
　一〇　从通假字不从音义俱异之字（1例） ……………（387）

一一	从通假字而不从音义俱迂远之字（1例）	(388)
一二	同为通假字从其易明本字者（1例）	(389)
一三	二字义同从其习用易晓者（6例）	(390)
一四	从习用之通假字而不从本字（3例）	(392)
一五	同为通假字而从其习用者（4例）	(393)
一六	二字通用而从其习用者（1例）	(396)
一七	从通假字之通假字而不从通假字（1例）	(397)
一八	从本原字不从区别字（1例）	(398)
一九	从习用之通假字而不从其生僻之异体字（1例）	(398)
二〇	从习用之古字而不从后起之异体字（1例）	(399)
二一	据文义以决从今书（1例）	(400)
二二	据礼制以决从今书（1例）	(400)
二三	据事理以决从今书（4例）	(401)
二四	据文例以决从今书（3例）	(403)
二五	据制度以决从今书（1例）	(405)
二六	从正体字不从异体字（3例）	(406)
二七	不从故书误字（38例）	(408)
二八	不从故书误倒之文（1例）	(422)
二九	二字义同而皆可用则两从之（2例）	(422)
三〇	二字义同而皆可用则从今书所用字（1例）	(423)
三一	无正字则从今书用字而不改（1例）	(424)
三二	书中二字兼用者亦兼从之（1例）	(425)
三三	二字为异体字则因之而不改（1例）	(426)
三四	疑而难定之字则姑从今书（1例）	(428)
三五	存古字而不改（1例）	(429)
结语		(429)

第五章 郑玄校《周礼》从今书不从故书的五原则 (434)

  一　字义贴切的原则 (434)
  二　习用易晓的原则 (442)
  三　合理的原则 (447)

四　符合规范的原则 …………………………………………（450）
　　五　不轻改字的原则 …………………………………………（452）

第六章　郑玄校《礼记》不从或本异文考辨 ………………（459）
　导言 …………………………………………………………………（459）
　考辨 …………………………………………………………………（461）
　　一　从本字而不从通假字（72例） …………………………（461）
　　二　二字义近从其义切者（7例） ……………………………（481）
　　三　二字皆可用而择其名实俱切者（3例） …………………（483）
　　四　从通假字而不从通假字之通假字（4例） ………………（485）
　　五　从通假字而不从义近字（1例） …………………………（486）
　　六　二字义同从其习用者（5例） ……………………………（486）
　　七　从习用之通假字而不从本字（2例） ……………………（488）
　　八　相沿用久之字则亦沿用而不改（1例） …………………（489）
　　九　据文意以决不从或本（20例） ……………………………（489）
　　一〇　据礼制以决不从或本（6例） …………………………（495）
　　一一　据事理以决不从或本（2例） …………………………（497）
　　一二　据文例以决不从或本（1例） …………………………（497）
　　一三　据古人语言习惯以决不从或本（1例） ………………（497）
　　一四　从止体字而不从其异体（3例） ………………………（498）
　　一五　从正体字而不从其省文（1例） ………………………（499）
　　一六　不从或本误字（21例） …………………………………（499）
　　一七　二字义同而皆可用则不烦改字（28例） ………………（504）
　结语 …………………………………………………………………（511）

训　诂　编

第一章　郑玄注《三礼》之"读为"、"读曰"例考辨 ………（519）
　　一　以本字读通假字（82例） …………………………………（520）
　　二　以区别字读本原字（4例） ………………………………（544）
　　三　以区别字读本原字的通假字（1例） ……………………（545）

四　以习用之同源字读之（3例）……………………………（546）
　　五　以字义贴切之同源字读之（1例）………………………（547）
　　六　以后起字读本原字（1例）………………………………（548）
　　七　注明字的读音（2例）……………………………………（548）
　　八　注明读音兼释字义（8例）………………………………（549）
　　九　以义同而习用之字读之（1例）…………………………（552）
　　一〇　以通假字读通假字（3例）……………………………（552）
　　一一　以正体字读异体字（1例）……………………………（554）
　　一二　以习用之异体字读异体字（1例）……………………（554）
　　一三　以字的引申义读之（1例）……………………………（555）

第二章　郑玄注《三礼》之"读如"、"读若"例考辨…………（557）
　　一　以本字读通假字（35例）………………………………（558）
　　二　拟其音而读之（29例）…………………………………（570）
　　三　拟音兼释义（33例）……………………………………（578）
　　四　纠字之误（1例）…………………………………………（587）
　　五　释字之义（2例）…………………………………………（588）

第三章　郑玄注《三礼》之"当为"例考辨……………………（590）
　　一　纠字音同、音近之误（28例）…………………………（591）
　　二　纠字形近之误（18例）…………………………………（599）
　　三　以本字易通假字（59例）………………………………（603）
　　四　据礼制以纠字之误（12例）……………………………（623）
　　五　据事理以纠字之误（4例）……………………………（628）
　　六　据文意以纠字之误（2例）……………………………（631）
　　七　以经字易记字（2例）……………………………………（631）
　　八　以习用之字易罕用字（2例）……………………………（632）
　　九　以习用之假借字易此假借字之通假字（1例）…………（633）
　　一〇　订正坏字（1例）………………………………………（633）
　　一一　改字不当者（1例）……………………………………（634）

第四章　郑玄《三礼注》中的"声之误"、"字之误"考辨………（636）

一 关于"声之误"

- （一）某字确因音同或音近而误而郑注"声之误"(17例) …… (636)
- （二）某字确因音同或音近而误而郑未注"声之误"(4例) …… (641)
- （三）某字郑注"声之误"而实为形近之误（1例） …… (642)
- （四）某字郑注"声之误"而实以本字易通假字（33例） …… (643)
- （五）某字实为"声之误"而郑注"字之误"（6例） …… (654)
- （六）某字之用因不合礼制而误而郑注"声之误"（3例） …… (656)
- （七）某字之用因不合事理而误而郑注"声之误"（1例） …… (657)

二 关于"字之误"

- （一）某字确因形近而误而郑注"字之误"(14例) …… (658)
- （二）某字确因形近而误而郑未注"字之误"(3例) …… (661)
- （三）某字郑注"字之误"而实以本字易通假字（2例） …… (662)
- （四）某字之用因不合礼制而误而郑注为"字之误"(7例) …… (663)
- （五）某字之用因不合事理而误而郑注为"字之误"(2例) …… (666)
- （六）某字之用因不合文意而误而郑注为"字之误"(2例) …… (667)
- （七）记文用字与经文不一致而郑注为"字之误"(1例) …… (668)
- （八）某字因非习用之字而郑注为"字之误"(2例) …… (668)
- （九）字不误而郑玄误认为"字之误"（1例） …… (669)

附 引用书目 …… (671)

后记 …… (680)

CONTENTS

Preface ·· Zhan Ziqing (1)

General Introduction Part

Chapter 1 Studies Zheng Xuan'life in a Nutshell ················ (3)

Chapter 2 Studies Zheng Xuan'Works ························ (13)

   1. The Kind of Annotations ································ (13)

     (1) The Kind of Classics and Books by Lesser Authors Interpreting Classics ·· (13)

     (2) The Kind of Books about Charms, Omens, etc., Circulated as Appendices to the Classics ······················ (17)

     (3) The Kind of Other Annotations ························ (18)

   2. The Kind of Works ···································· (20)

   3. The Kind of Works Compiled by Zheng Xuan's Disciples ······ (25)

Chapter 3 Controversies between School of Classics in Han Dynasty's and Early Qin Dynasty's Chinese Character Script in the Han Dynasty and Appearance of Zheng Xuan's Doctrine ········ (26)

1. The Doctors of School of Classics in Han Dynasty's Chinese Character Script in the Western Han Dynasty ……………………………… (26)
2. Liu Xin's Emending Works and Discovering of Classics in Early Qin Dynasty's Chinese Character Script ……………………………… (31)
3. About Controversies Between School of Classics in Han Dynasty's and Early Qin Dynasty's Chinese Character Script ……………………… (35)
4. Introject of Classics in Han Dynasty's and Early Qin Dynasty's Chinese Character Script and Appearance of Zheng Xuan's Doctrine ………… (42)

Chapter 4 Glancing That the Ritual Doctrine Was Zheng Xuan's Doctrine …………………………………………………………… (48)

Chapter 5 Summarizing of *San Li* ……………………………………… (55)
1. Summarizing of *Zhou Li* ………………………………………………… (55)
   (1) About the Title of *Zhou Li* ……………………………………… (55)
   (2) Discovering of *Zhou Li* …………………………………………… (59)
   (3) Year of the Completion of *Zhou Li* and the Authenticity ……… (64)
   (4) Setting up *Zhou Li* Doctor and *Zhou Li* going round in the Han Dynasty ……………………………………………………………… (74)
   (5) The Study of *Zhou Li* in the Following Periods of Han Dynasty ………………………………………………………………………… (80)
   (6) Analysing Laconically *Zhou Li*'s Content ………………………… (91)
   (7) The Characteristics of *Zhou Li*'s Style of Writing ……………… (97)
   (8) *Zhou Li* and Study of the History of Xi Zhou …………………… (100)
2. Summarizing of *Yi Li* …………………………………………………… (104)
   (1) About the Title of *Yi Li* ………………………………………… (104)
   (2) The Origin of *Yi Li* and Kong Zi's Emending *Yi Li* …………… (106)
   (3) Going Round of *Yi Li* in the Han Dynasty and Zheng Xun's Annotating *Yi Li* ……………………………………………………… (112)
   (4) About the Order of Arrangement of *Yi Li* ……………………… (116)

(5) *Yi Li* Being not the Ceremony of Elite ……………………… (118)
(6) The Study of *Yi Li* in the Following Periods of Han Dynasty …… (119)
(7) the Signification of *Yi Li* Nowadays ……………………… (123)
3. Summarizing of *Li Ji* ……………………………………… (125)
(1) About the Origin and Compiling of *Li Ji* ……………………… (125)
(2) About the Content and Classifying of *Li Ji* ………………… (138)
(3) The Circulated Copies of *Li Ji* in the Han Dynasty and Zheng Xun's Annotating *Li Ji* ………………………………………… (144)
(4) The Study of *Li Ji* in the Following Periods of Han Dynasty …… (148)

Chapter 6 Discussing Zheng Xuan'*San Li Zhu* ……………………… (155)
1. Foreword ………………………………………………………… (155)
2. The Methods of Annotating Classics of *San Li Zhu* ………………… (158)
3. The General Form of Annotating Classics of *San Li Zhu* ………… (166)
4. The Textual Research about *San Li Zhu* …………………………… (172)

Collating Part

Chapter 1 Study on the Examples of Zheng Xuan Emending *Yi Li* with Classics in Han Dynasty's Chinese Character Script and Early Qin Dynasty's Chinese Character Script ……… (185)
Foreword …………………………………………………………… (185)
Examples …………………………………………………………… (187)
1. Adopting the Original Chinese Character not the Interchangeability of Chinese Character (126 Examples) ……………………………… (187)
(1) Adopting the Original Chinese Character of Classics in Han Dynasty's Chinese Character Script not the Interchangeability of Chinese Character of Classics in Early Qin Dynasty's Chinese Character Script (90 Examples) …………………………… (187)
(2) Adopting the Original Chinese Character of Classics in Early

Qin Dynasty's Chinese Character Script not the Interchangeability of Chinese Character of Classics in Han Dynasty's Chinese Character Script (36 Examples) ·· (213)

2. Adopting Primitive Chinese Character not Differential Chinese Character (2 Examples) ··· (223)

　(1) Adopting Primitive Chinese Character of Classics in Han Dynasty's Chinese Character Script not Differential Chinese Character of Classics in Early Qin Dynasty's Chinese Character Script (1 Example) ·· (223)

　(2) Adopting Primitive Chinese Character of Classics in Early Qin Dynasty's Chinese Character Script not Differential Chinese Character of Classics in Han Dynasty's Chinese Character Script (1 Example) ·· (223)

3. Adopting the Original Chinese Character not the Later Rare Chinese Character (1 Example) ··· (224)

4. Adopting the Original Chinese Character not the Vulgar Chinese Character (4 Examples) ··· (225)

　(1) Adopting the Original Chinese Character of Classics in Han Dynasty's Chinese Character Script not the Vulgar Chinese Character of Classics in Early Qin Dynasty's Chinese Character Script (1 Example) ··· (225)

　(2) Adopting the Original Chinese Character of Classics in Early Qin Dynasty's Chinese Character Script not the Vulgar Chinese Character of Classics in Han Dynasty's Chinese Character Script (3 Examples) ·· (225)

5. Adopting the Original Chinese Character not the Similar Significance Chinese Character (1 Example) ································· (226)

6. Adopting the Original Chinese Character not the Interchangeability of Chinese Character of It's Similar Significance Chinese Character (1 Example) ··· (226)

CONTENTS 5

7. Adopting the Interchangeability of Chinese Character not the Original Chinese Character (8 Examples) ·················· (227)

   (1) Adopting the Interchangeability of Chinese Character of Classics in Han Dynasty's Chinese Character Script not the Original Chinese Character of Classics in Early Qin Dynasty's Chinese Character Script (4 Examples) ·················· (227)

   (2) Adopting the Interchangeability of Chinese Character of Classics in Early Qin Dynasty's Chinese Character Script not the Original Chinese Character of Classics in Han Dynasty's Chinese Character Script (4 Examples) ·················· (229)

8. Adopting the Interchangeability of Chinese Character not the Original Chinese Character's Similar Significance Chinese Character (1 Example) ·················· (231)

9. Adopting the Interchangeability of Chinese Character not the Interchangeability of Chinese Character's Interchangeability of Chinese Character (8 Examples) ·················· (231)

   (1) Adopting the Interchangeability of Chinese Character of Classics in Han Dynasty's Chinese Character Script not the Interchangeability of Chinese Character's Interchangeability of Chinese Character of Classics in Early Qin Dynasty's Chinese Character Script (4 Examples) ·················· (231)

   (2) Adopting the Interchangeability of Chinese Character of Classics in Early Qin Dynasty's Chinese Character Script not the Interchangeability of Chinese Character's Interchangeability of Chinese Character of Classics in Han Dynasty's Chinese Character Script (4 Examples) ·················· (233)

10. Adopting the Interchangeability of Chinese Character not the Different Significance Chinese Character (1 Example) ·················· (234)

11. Adopting Differential Chinese Character not Primitive Chinese Character (3 Examples) ·················· (235)

(1) Adopting Differential Chinese Character of Classics in Han Dynasty's Chinese Character Script not Primitive Chinese Character of Classics in Early Qin Dynasty's Chinese Character Script (1 Example) ……………………………………… (235)

(2) Adopting Differential Chinese Character of Classics in Early Qin Dynasty's Chinese Character Script not Primitive Chinese Character of Classics in Han Dynasty's Chinese Character Script (2 Examples) ……………………………………………… (236)

12. Adopting the Later Chinese Character not the Interchangeability of Chinese Character or the Phonetic Loan Chinese Character (2 Examples) ……………………………………………………… (237)

13. Adopting the Readily Comprehensible Chinese Character not the Obscure Chinese Character (1 Example) …………………………… (238)

14. Adopting Appropriate Chinese Character not the Chinese Character Which Was Easy to Produce Different Meanings (1 Example) …… (238)

15. Adopting the Universal Phonetic Loan Chinese Character of Phonetic Loan Chinese Character and not Rejiggering (1 Example) ………… (239)

16. Adopting the Character Capable of Replacing Each Other not the Explanatory Character (1 Example) ……………………………… (239)

17. Adopting the Standard Chinese Character not the Variant Chinese Character (1 Example) ………………………………………………… (239)

18. Adopting the Phonetic Loan Chinese Character Which Was Used for Ages if there Exist Several Phonetic Loan Chinese Character (1 Example) ………………………………………………………… (240)

19. Adopting the Interchangeability of Chinese Character Which Was Appropriate in Meanings if there Exist Several Interchangeability of Chinese Character (6 Examples) ……………………………………… (240)

(1) Adopting the Interchangeability of Chinese Character Which Was Appropriate in Meanings of Classics in Han Dynasty's Chinese Character Script if there Exist Several Interchangeability of

Chinese Character (2 Examples) ·················· (240)

(2) Adopting the Interchangeability of Chinese Character Which Was Appropriate in Meanings of Classics in Early Qin Dynasty's Chinese Character Script if there Exist Several Interchangeability of Chinese Character (4 Examples) ·················· (241)

20. Adopting the Phonetic Loan Chinese Character Which Was Centuries-old if there Exist Several Phonetic Loan Chinese Character (1 Example) ·················· (243)

21. Adopting the Accustomed One if there Exist two Uniform or Similar Significance Chinese Character (5 Examples) ·················· (244)

(1) Adopting the Accustomed One of Classics in Han Dynasty's Chinese Character Script if there Exist two Uniform Significance Chinese Character (1 Example) ·················· (244)

(2) Adopting the Accustomed One of Classics in Early Qin Dynasty's Chinese Character Script if there Exist two Uniform or Similar Significance Chinese Character (4 Examples) ·················· (244)

22. Adopting the Centuries-old One if there Exist two Uniform Significance Chinese Character (1 Example) ·················· (245)

23. Adopting the More Appropriate One if there Exist two Similar Significance Chinese Character (9 Examples) ·················· (246)

(1) Adopting the More Appropriate One of Classics in Han Dynasty's Chinese Character Script if there Exist two Similar Significance Chinese Character (5 Examples) ·················· (246)

(2) Adopting the More Appropriate One of Classics in Early Qin Dynasty's Chinese Character Script if there Exist two Similar Significance Chinese Character (4 Examples) ·················· (248)

24. Adopting the One that Was Used Continually in the Book if there Exist two Similar Significance Chinese Character (2 Examples) ·················· (250)

25. Adopting the Accustomed Interchangeability of Chinese Character not the Similar Significance Chinese Character of Original Chinese

Character (1 Example) ……………………………………………… (251)
26. Adopting the More Appropriate One if there Exist two Universal Chinese Character (2 Examples) ……………………………… (252)
27. Adopting the One that Was Used Continually in the Book if there Exist two Universal Chinese Character (1 Example) …………………… (252)
28. Not Changing one of the two Universal Chinese Character (6 Examples) ………………………………………………… (253)
29. Adopting the Accustomed One in the Book if there Exist Two Uniform Significance Chinese Character Which Have Different Names (1 Example) …………………………………………………… (255)
30. Adopting the One Which Being More Worthy of the Name if there Exist Two Uniform Significance Chinese Character Which Have Different Names (1 Example) …………………………………… (255)
31. Adopting the Accustomed and Readily Comprehensible One if there Exist Two Variant Chinese Character (1 Example) ……………… (256)
32. Unification of Them if Two Same Significance and Similar Sound Chinese Characters Were Universal in Classics in Han Dynasty's and Early Qin Dynasty's Chinese Character Script (1 Example) …… (257)
33. According to the Concrete Circumstance to Decide if there Exist Two Uniform Significance Chinese Character that Each Had Its Inimitable Significance in the Book of Rites (1 Example) …………………… (257)
34. Not Adopting the Misused Chinese Character (20 Examples) ……… (258)
　　(1) Not Adopting the Misused Chinese Character of Classics in Early Qin Dynasty's Chinese Character Script (13 Examples)
　　　………………………………………………………………… (258)
　　(2) Not Adopting the Misused Chinese Character of Classics in Han Dynasty's Chinese Character Script (7 Examples) …………… (261)
35. Not Adopting the Superfluous Chinese Character (3 Examples) …… (263)
36. Not Adopting the Upside-down Chinese Character (2 Examples) …… (264)
　　(1) Not Adopting the Upside-down Chinese Character of Classics

in Han Dynasty's Chinese Character Script (1 Example) ········ (264)

 (2) Not Adopting the Upside-down Chinese Character of Classics in Early Qin Dynasty's Chinese Character Script (1 Example) ·· (265)

37. Not Adopting the Mutilated Chinese Character (1 Example) ········ (265)

38. According to the Ritual Systems to Decide (24 Examples) ········ (265)

 (1) According to the Ritual Systems to Decide to Adopt the Han Dynasty's Chinese Character (11 Examples) ···················· (265)

 (2) According to the Ritual Systems to Decide to Adopt the Early Qin Dynasty's Chinese Character (13 Examples) ············· (270)

39. According to the True Meanings of Classics to Decide (3 Examples) ·· (274)

 (1) According to the True Meanings of Classics to Decide to Adopt the Han Dynasty's Chinese Character (1 Example) ············ (274)

 (2) According to the True Meanings of Classics to Decide to Adopt the Early Qin Dynasty's Chinese Character (2 Example) ······ (275)

40. According to the Content to Decide (48 Examples, According to the Content to Decide to Adopt the Early Qin Dynasty's Chinese Character) ·· (275)

41. According to the Reasoning and Arrangement of Article to Decide (10 Examples) ·· (287)

 (1) According to the Reasoning and Arrangement of Article to Decide to Adopt the Han Dynasty's Chinese Character (8 Examples) ·· (287)

 (2) According to the Reasoning and Arrangement of Article to Decide to Adopt the Early Qin Dynasty's Chinese Character (2 Examples) ·· (289)

42. According to the Usual Custom and Style of Writing to Decide (29 Examples) ··· (289)

 (1) According to the Usual Custom and Style of Writing to Decide

to Adopt the Han Dynasty's Chinese Character (6 Examples)
.... (289)
(2) According to the Usual Custom and Style of Writing to Decide to Adopt the Early Qin Dynasty's Chinese Character (23 Examples)
.... (291)
43. According to the Common Sense to Decide (4 Examples) .... (296)
(1) According to the Common Sense to Decide to Adopt the Han Dynasty's Chinese Character (2 Examples) .... (296)
(2) According to the Common Sense to Decide to Adopt the Early Qin Dynasty's Chinese Character (2 Examples) .... (297)
44. According to the Logic to Decide (2 Examples) .... (297)
(1) According to the Logic to Decide to Adopt the Han Dynasty's Chinese Character (1 Example) .... (297)
(2) According to the Logic to Decide to Adopt the Early Qin Dynasty's Chinese Character (1 Example) .... (298)
45. According to the Context to Decide (4 Examples) .... (298)
(1) According to the Context to Decide to Adopt the Han Dynasty's Chinese Character (1 Example) .... (298)
(2) According to the Context to Decide to Adopt the Early Qin Dynasty's Chinese Character (3 Examples) .... (298)
46. According to the Style and Tone of Writing to Decide (2 Examples)
.... (299)
47. According to the Chinese Character Determined by Revising to Decide (2 Examples) .... (300)
(1) According to the Chinese Character Determined by Revising to Decide to Adopt the Han Dynasty's Chinese Character (1 Example) .... (300)
(2) According to the Chinese Character Determined by Revising to Decide to Adopt the Early Qin Dynasty's Chinese Character (1 Example) .... (300)

48. Adopting the Accustomed Variant Chinese Character (5 Examples) .... (301)

   (1) Adopting the Accustomed Variant Chinese Character of Classics in Han Dynasty's Chinese Character Script (1 Example) ...... (301)

   (2) Adopting the Accustomed Variant Chinese Character of Classics in Early Qin Dynasty's Chinese Character Script (4 Examples) .... (301)

49. Adopting the Two Variant Chinese Character (1 Example) .... (303)

50. Adopting the Universal Modern Chinese Character if there Exist Ancient and Modern Chinese Character (1 Example) .... (304)

51. Adopting the Old One if A Thing Has Two Names (1 Example) ...... (304)

52. Reserve Previous Chinese Character not to Change (1 Example) ...... (305)

Conclusion .... (305)

Chapter 2 Five Principles of Zheng Xuan Adopting Han Dynasty's and Early Qin Dynasty's Chinese Character to Collating *Yi Li* .... (309)

1. Principle of Meaning of the Word Being Much to the Point .... (310)
2. Principle of Commonly Using and Being Easy to Comprehend .... (314)
3. Principle of Reasonabling .... (321)
4. Principle of Matching Norm .... (325)
5. Principle of Keeping the Ancient Word .... (328)

Chapter 3 Study on Zheng Xuan Collating *Zhou Li* Adopting *Zhou Li* of Modern-edition and Making Reference to *Zhou Li* of Former-edition .... (332)

Chapter 4 Study on Zheng Xuan Collating *Zhou Li* Adopting *Zhou Li* of Modern-edition not of Former-edition .... (338)

Foreword .... (338)

Textual Research ·· (340)
  1. Adopting the Original Chinese Character not the Interchangeability of Chinese Character (76 Examples) ···························· (340)
  2. Adopting the Original Chinese Character not the Similar Significance Chinese Character (1 Example) ······························· (370)
  3. Adopting the Original Chinese Character not the Interchangeability of Chinese Character of It's Similar Significance Chinese Character (1 Example) ·· (371)
  4. Adopting the Original Chinese Character not the Different Significance Chinese Character (1 Example) ······························· (371)
  5. Adopting the Interchangeability of Chinese Character not the Interchangeability of Chinese Character's Interchangeability of Chinese Character (11 Examples) ································ (372)
  6. Adopting the More Appropriate One if there Exist two Similar Significance Chinese Character (7 Examples) ························ (377)
  7. Adopting the More Appropriate One if there Exist two Universal Chinese Character (4 Examples) ·································· (380)
  8. Adopting the Phonetic Loan Chinese Character Which Was Appropriate in Meanings if there Exist Several Phonetic Loan Chinese Character (1 Example) ·· (382)
  9. Adopting Differential Chinese Character not Primitive Chinese Character (9 Examples) ·· (383)
  10. Adopting the Interchangeability of Chinese Character not the Sound and Significance Were Both Different Chinese Character (1 Example) ·· (387)
  11. Adopting the Interchangeability of Chinese Character not the Sound and Significance Were Both Ambagious Chinese Character (1 Example) ·· (388)
  12. Adopting the Interchangeability of Chinese Character Which Was Easy to Understand Original Chinese Character if there Exist Several

Interchangeability of Chinese Character (1 Example) ·················· (389)
13. Adopting the Accustomed and Readily Comprehensible One if there Exist two Uniform Significance Chinese Character (6 Examples) ······ (390)
14. Adopting the Accustomed Interchangeability of Chinese Character not the Original Chinese Character (3 Examples) ························ (392)
15. Adopting the Accustomed One if there Exist Several Interchangeability of Chinese Character (4 Examples) ································ (393)
16. Adopting the Accustomed One if there Exist two Universal Chinese Character (1 Example) ································ (396)
17. Adopting the Interchangeability of Chinese Character's Interchangeability of Chinese Character not the Interchangeability of Chinese Character (1 Example) ································ (397)
18. Adopting Primitive Chinese Character not Differential Chinese Character (1 Example) ································ (398)
19. Adopting the Accustomed Interchangeability of Chinese Character not the Esoteric Variant Chinese Character (1 Example) ·················· (398)
20. Adopting the Accustomed Previous Chinese Character not the Later Variant Chinese Character (1 Example) ································ (399)
21. According to the meaning of a written to Decide to Adopt *Zhou Li* of modern-edition (1 Example) ································ (400)
22. According to the Ritual Systems to Decide to Adopt *Zhou Li* of modern-edition (1 Example) ································ (400)
23. According to the Logic to Decide to Adopt *Zhou Li* of modern-edition (4 Examples) ································ (401)
24. According to the Usual Custom and Style of Writing to Decide to Adopt *Zhou Li* of modern-edition (3 Examples) ·················· (403)
25. According to the Systems to Decide to Adopt *Zhou Li* of modern-edition (1 Example) ································ (405)
26. Adopting the Standard Chinese Character not the Variant Chinese Character (3 Examples) ································ (406)

27. Not Adopting the Misused Chinese Character of *Zhou Li* of former-edition (38 Examples) ……………………………………………… (408)
28. Not Adopting the upside-down Chinese Character of *Zhou Li* of former-edition (1 Example) ……………………………………………… (422)
29. Two of Them can Be Used if there Exist Two Uniform Significance Chinese Characters and Both can Be Used (2 Examples) …………… (422)
30. Adopting the Chinese Character of *Zhou Li* of modern-edition if there Exist Two Uniform Significance Chinese Character and Both can Be Used (1 Example) ……………………………………………… (423)
31. Adopting the Chinese Character of *Zhou Li* of modern-edition not to change if there no Original Chinese Character (1 Example) ………… (424)
32. Two of Them can Be Used if there Exist Two Chinese Characters Both Used in the Book (1 Example) ……………………………………………… (425)
33. Using the Two Variant Chinese Character Not to Change (1 Example) ……………………………………………… (426)
34. Adopting the Chinese of *Zhou Li* of modern-edition about the cramped Character (1 Example) ……………………………………………… (428)
35. Reserve Previous Chinese Character not to Change (1 Example) …… (429)
Conclusion ……………………………………………… (429)

Chapter 5 Five Principles of Zheng Xuan Collating *Zhou Li* Adopting *Zhou Li* of Modern-edition not of Former-edition ……… (434)
1. Principle of Meaning of the Word Being Much to the Point ………… (434)
2. Principle of Commonly Using and Being Easy to Comprehend ……… (442)
3. Principle of Reasonabling ……………………………………………… (447)
4. Principle of Matching Norm ……………………………………………… (450)
5. Principle of Not To Rejigger Chinese Character Easily ……………… (452)

Chapter 6 Study on Zheng Xuan Collating *Li Ji* Adopting Different Edition or Not ……………………………………………… (459)

CONTENTS

Introduction ·· (459)

Textual Research ·· (461)

1. Adopting the Original Chinese Character not the Interchangeability of Chinese Character (72 Examples) ··· (461)

2. Adopting the More Appropriate One if there Exist two Similar Significance Chinese Character (7 Examples) ······························· (481)

3. Adopting the More Appropriate One in Name and Meaning if there Exist two Chinese Character Both can Be Used (3 Examples) ······ (483)

4. Adopting the Interchangeability of Chinese Character not the Interchangeability of Chinese Character's Interchangeability of Chinese Character (4 Examples) ·· (485)

5. Adopting the Interchangeability of Chinese Character not the Similar Significance Chinese Character (1 Example) ······························· (486)

6. Adopting the Accustomed One if there Exist two Uniform Significance Chinese Character (5 Examples) ·· (486)

7. Adopting the Accustomed Interchangeability of Chinese Character not the Original Chinese Character (2 Examples) ······························· (488)

8. Follow to Use the Common Chinese Character not to Change (1 Example) ··· (489)

9. According to the meaning of a written to Decide to Adopt or Not (20 Examples) ··· (489)

10. According to Ritual Systems to Decide to Adopt or Not (6 Examples) ··· (495)

11. According to the Logic to Decide to Adopt or Not (2 Examples) ······ (497)

12. According to the Usual Custom and Style of Writing to Decide to Adopt or Not (1 Example) ·· (497)

13. According to the Habit of Talk of the Ancients to Decide to Adopt or Not (1 Example) ·· (497)

14. Adopting the Standard Chinese Character not the Variant Chinese Character (3 Examples) ·· (498)

16　The Study on Zheng Xuan' San Li Zhu

15. Adopting the Standard Chinese Character not the Abbreviatory Chinese Character (1 Example) ·· (499)
16. Adopting the Misused Chinese Character or Not (21 Examples) ······ (499)
17. Need not Change Them if there Exist Two Uniform Significance Chinese Characters and Both can Be Used (28 Examples) ····················· (504)
Conclusion ··· (511)

Xun Gu Part

Chapter 1　Study on the Examples of Duwei and Duyue in Zheng Xuan's Collating *San Li* ·· (519)

1. Pronouncing the Interchangeability of Chinese Character According to Its Original Chinese Character (82 Examples) ························· (520)
2. Pronouncing the Primitive Chinese Character According to Its Differential Chinese Character (4 Examples) ·································· (544)
3. Pronouncing the Primitive Chinese Character'Interchangeability of Chinese Character According to Its Differential Chinese Character (1 Example) ·· (545)
4. Pronouncing It According to Its Accustomed isogeny Chinese Character (3 Examples) ·· (546)
5. Pronouncing It According to Its Appropriate isogeny Chinese Character (1 Example) ·· (547)
6. Pronouncing the Primitive Chinese Character According to Its later Chinese Character (1 Example) ·· (548)
7. Noting the Chinese Character' Pronunciation (2 Examples) ············ (548)
8. Noting the Chinese Character' Pronunciation and Meaning (8 Examples) ·· (549)
9. Pronouncing It According to Its Accustomed Uniform Significance Chinese Character (1 Example) ·· (552)
10. Pronouncing the Interchangeability of Chinese Character According

to the Interchangeability of Chinese Character (3 Examples) ……… (552)

11. Pronouncing the Variant Chinese Character According to the Standard Chinese Character (1 Example) ………………………………… (554)

12. Pronouncing the variant Chinese Character According to Its Accustomed Variant Chinese Character (1 Example) ……………………… (554)

13. Pronouncing It According to Its Extended Meaning (1 Example) …… (555)

Chapter 2 Study on the Examples of Duru and Duruo in Zheng Xuan's Collating *San Li* …………………………………………… (557)

1. Pronouncing the Interchangeability of Chinese Character According to Its Original Chinese Character (35 Examples) …………………… (558)

2. Pronouncing It Imitating Its Pronunciation (29 Examples) ………… (570)

3. Imitating Its Pronunciation and Paraphrasing (33 Examples) ……… (578)

4. Rectifying Inaccurate Chinese Character (1 Example) ……………… (587)

5. Paraphrasing Chinese Character (2 Examples) ……………………… (588)

Chapter 3 Study on the Examples of Dangwei in Zheng Xuan's Collating *San Li* …………………………………………… (590)

1. Rectifying the Inaccuracy of Same and Similar Pronunciation Chinese Character (28 Examples) ……………………………………… (591)

2. Rectifying the Inaccuracy of Similar form Chinese Character (18 Examples) ……………………………………………………… (599)

3. Exchanging Interchangeability of Chinese Character with Original Chinese Character (59 Examples) ……………………………… (603)

4. Rectifying Inaccurate Chinese Character According to the Ritual Systems (12 Examples) ……………………………………………… (623)

5. Rectifying Inaccurate Chinese Character According to the Logic (4 Examples) ……………………………………………………… (628)

6. Rectifying Inaccurate Chinese Character According to the Meaning of A Written (2 Examples) ……………………………………………… (631)

7. Exchanging Ji's Chinese Character with Classics' Chinese Character (2 Examples) ·· (631)
8. Exchanging the Chinese Character Seldom Used with Chinese Character in Common Use (2 Examples) ························· (632)
9. Exchanging the Phonetic Loan Chinese Character's Interchangeability of Chinese Character with Phonetic Loan Chinese Character in Common Use (1 Example) ·· (633)
10. Rectifying Mutilated Chinese Character (1 Example) ············ (633)
11. Rectifying Inaccurate Chinese Character (1 Example) ··········· (634)

Chapter 4 Study on the Examples of Sheng Zhiwu and Zi Zhiwu in Zheng Xuan's Collating *San Li Zhu* ······················ (636)

1. About Sheng Zhiwu ·· (636)
   (1) Labeling Sheng Zhiwu for Inaccurate Chinese Character Induced by the Same or Similar Pronunciation (17 Examples) ············ (636)
   (2) Not Labeling Sheng Zhiwu for Inaccurate Chinese Character Induced by the Same or Similar Pronunciation (4 Examples) ·· (641)
   (3) Labeling Sheng Zhiwu for Inaccuracy Chinese Character Induced by the Similar Form Actually (1 Example) ······················ (642)
   (4) Labeling Sheng Zhiwu for Inaccuracy Chinese Character and Exchanging Interchangeability of Chinese Character with Its Original Chinese Character Actually (33 Examples) ············ (643)
   (5) Labeling Zi Zhiwu for Sheng Zhiwu of Inaccuracy Chinese Character Actually (6 Examples) ·································· (654)
   (6) Labeling Sheng Zhiwu for Inaccuracy Chinese Character Induced by Not Being suited to the Ritual Systems (3 Examples) ······ (656)
   (7) Labeling Sheng Zhiwu for Inaccuracy Chinese Character Induced by Not Being suited to the Logic (1 Example) ················· (657)
2. About Zi Zhiwu ·· (658)

(1) Labeling Zi Zhiwu for Inaccuracy Chinese Character Induced by the Similar Form Actually (14 Examples) ·················· (658)
(2) Not Labeling Zi Zhiwu for Inaccuracy Chinese Character Induced by the Similar Form Actually (3 Examples) ················· (661)
(3) Labeling Zi Zhiwu for Inaccuracy Chinese Character and Exchanging Interchangeability of Chinese Character with Its Original Chinese Character Actually (2 Examples) ············· (662)
(4) Labeling Zi Zhiwu for Inaccuracy Chinese Character Induced by Not Being suited to the Ritual Systems (7 Examples) ········ (663)
(5) Labeling Zi Zhiwu for Inaccuracy Chinese Character Induced by Not Being suited to the Logic (2 Examples) ················ (666)
(6) Labeling Zi Zhiwu for Inaccuracy Chinese Character Induced by Not Being suited to the Meaning of A Written (2 Examples) ··· (667)
(7) Labeling Zi Zhiwu for Ji's Chinese Character and Classics' Chinese Character Being inconsistent (1 Example) ············ (668)
(8) Labeling Zi Zhiwu for the Chinese Character Seldom Used (2 Examples) ·· (668)
(9) Labeling Zi Zhiwu for the Accurate Chinese Character (1 Example) ·· (669)

Appendix Bibliography ·· (671)

Postscript ··· (680)

序

二十年前我拜读了杨天宇教授的大作《论郑玄〈三礼注〉》（《文史》第21辑），就被文中缜密严谨的论证所折服。后来陆续见到先生一系列研究礼书、礼学的论著问世，尤其是上海古籍出版社隆重推出他撰著的《仪礼译注》、《周礼译注》和《礼记译注》，颇受读者喜爱，同时得到学术界的好评，我也向自己的研究生推荐了这几部书。古人认为："礼书难读，尤其《仪礼》最为难读。"（阮元：《仪礼注疏校勘记序》）可是，在杨先生的努力下，不仅他自己读懂了这三部礼书，而且又把他的研究心得浇注在书的译注中，使原典中许多古奥辞义，在先生笔下涣然冰释。从中使我深深体会到，若一个人没有非凡的毅力，是不能登进这座被大学者们视若畏途的礼学殿堂的。

在中国的经学史上，郑玄有着特殊的地位和贡献，这一点早被学界所承认，尤其他的礼学成就更为后人所肯定。早年有范晔的《后汉书·郑玄传》、陆德明的《经典释文序录》、唐孔颖达的《礼记》疏，直到清儒潘祖荫为郭嵩焘《礼记质疑》作序时开宗明义云："郑玄注礼之功如江河日月，不复可泯。"皮锡瑞则云："郑于礼学最精，而有功于礼经最大。"（《经学通论》）在古代对郑学的评价中只听到王肃等少数学者发出过不同音调，但昙花一现，无多大影响。

近现代以来，有关郑学研究成果寥若晨星，前辈学者有周予同的

《经学史诸专题》、张舜徽的《郑学丛著》、杨向奎的《宗周社会与礼乐文明》、钱玄的《三礼通论》、沈文倬的《孙诒让周礼学管窥》，还有台湾学者高明的《郑玄学案》等，当代则有彭林的《郑玄与〈三礼〉名物研究》等等。他们都继承和发扬了前人的郑学研究成果，惟以郑玄及《三礼注》为专题的论著则不见于世。现在经过杨先生二十多年的辛勤耕耘，终于向学术界推出这部六十余万言的大作，实为文史学界值得庆贺的盛事。

要对郑玄的《三礼注》作研究，首先必须对《三礼》进行通论性概述。众所周知，《三礼》历来被认为不仅是难读的书，而且又是争议最大的书。如认为《周礼》"其真伪亦纷如聚讼，不可缕举"（《四库全书总目》）。而本书作者对《三礼》的作者及成书年代、书名、流传、篇次、内容及其价值等棘手问题都直抒己见，或申述，或辩驳，或补纠，或论定，新知迭出，颇多创获。

值得重视的是本书把郑学放在东汉后期的社会矛盾中，放在两汉经今古文之争的历史背景中进行考察。是书认为"郑学的出现是两汉今古文经学从斗争走向融合的必然产物"，故列《汉代的经今古文之争与郑学的出现》专章进行论辩。文中提出"两汉经今古文之争皆与当时统治集团的政治斗争无关"，而提出两汉性质不同说，即：西汉主要是利禄之争，东汉则主要是学术道统之争。无疑这一观点跳出了以往的学术模式，是会引起大家关注的。

当今我们研究郑玄《三礼注》，最关心的是他的学术价值，这也是我们对杨著的期待。而杨著确实对此用力甚勤，向读者揭示出郑玄通过对《三礼》的注解，采用会通《三礼》、广征群经、博综今古、兼采异说、择善而从、以今释古、通假训诂等方法，帮助后人弄清礼书的内容，为从史学角度来阅读《三礼》，为研究从先秦到两汉时代的名物制度、社会礼俗以及政治思想等提供了取之不尽的资料源泉。有了郑玄《三礼注》，使学者们有了"依山铸铜，煮海为盐"的感受；有了郑玄《三礼注》，才使我们真正体会到《三礼》的史学价值。

　　本书分量最大、学术含量最重的部分当推《校勘编》和《训诂编》。这是作者做出的前无古人的开创性工作。作者遍索《三礼》郑注中取舍异文的字例，对这些字例逐一考辨，并以此为基础归纳出郑玄取舍异文字例和所遵循的原则，从而使有关郑玄在《三礼》校勘方面成就的研究推进一步。作者撰《训诂编》，主要就郑注《三礼》所运用的"读为"、"读曰"、"读如"、"读若"、"当为"以及"声之误"、"字之误"等术语进行考辨，归纳出郑玄是在何种情况下运用上述诸术语的，从而指出小学大师段玉裁的《周礼汉读考序》有许多片面、误解之处。杨著在上两编中，共考辨了1186个字例，其用力之艰辛，及其焦思苦虑之情，真乃非一般人毅力所能为。通过先生的整理和考辨，向人们展示出郑玄《三礼注》在中国文献整理方面所做出的杰出贡献，这一贡献被后来清代乾嘉学派所服膺，才有了"于校雠之学未有盛于康成者"的感叹（段玉裁赞语）。的确如此，清代乾嘉学派大师们熟谙训诂音韵之学，且蔚然成风，应不能不承认与郑学的巨大影响有关。

　　先生嘱我作序，本难以承当，但作为学术上的知音，不好推托，权且当作一篇学习心得以表示自己的心声吧！

詹子庆
2005年11月10日

通论编

第一章

郑玄生平事迹考略

郑玄，字康成，北海郡高密县（即今山东高密县）人。[①] 生于东汉顺帝永建二年（127）七月五日。[②] 其八世祖郑崇，西汉哀帝时官尚书仆射。东汉初年的"二郑"（大中大夫郑兴及其子大司农郑众），是郑玄的同宗，[③] 都是东汉著名的古文经学家。

郑玄自幼聪慧，"好学书数"，[④] 八九岁即"能下算乘除"。[⑤] 十三岁"诵《五经》，好天文、占候、风角、隐术"。[⑥] 十六岁，号为神童。[⑦] 十八岁为乡

[①] 《后汉书》卷35《郑玄传》。按凡本章所述及引文而不注出处者，皆出此《传》，不复注。

[②] 《太平广记》卷215引《玄列传》曰："郑康成以永建二年七月戊寅生。"（中华书局，1961年。按本章以下凡引《太平广记》皆据此本，不复注）据孙星衍《郑司农年谱》引谈泰的推算："七月五日为戊寅日，为郑公生日无疑。"（扬州阮氏刻本，清嘉庆十四年 [1809]）

[③] 《十三经注疏·周礼注疏·序》载贾公彦《序周礼废兴》引郑玄《序》曰："二郑者，同宗之大儒。"又贾公彦《周礼·天官·冢宰·疏》曰："二郑者，皆康成之先。"郑珍《郑学录·传注》曰："古人于同高祖者称同族，同始祖者称同宗，不同宗族者称同姓，然则康成于二郑，盖同始祖者。"（成山唐氏刻本，清同治五年 [1866]。按本章以下凡引《郑学录》皆据此本，不复注）

[④] 《世说新语》上卷下《文学》引《玄别传》，上海古籍出版社，1982年。按本章以下凡引《世说新语》皆据此本，不复注。

[⑤] 《太平广记》卷215引《玄列传》。

[⑥] 《世说新语》上卷下《文学》引《玄列传》。

[⑦] 见《太平御览》卷893引《郑玄别传》，中华书局影印本，1960年。按本章以下凡引《太平御览》皆据此本，不复注。

啬夫。① 然郑玄好学而不乐为吏，每得休假，就常到郡国学校去学习。他的父亲对此很不满，"数怒之，不能禁"。后迁升为乡佐。② 太山太守、北海相杜密"见郑玄为乡佐，知其异器，即召署郡职，遂遣就学"。③ 盖即以郑玄之吏俸，为其求学之资费。④ 于是郑玄"遂造太学受业"。

此后十多年，皆属郑玄入关前之求学时期。⑤ 其就太学诸师所受：先从京兆第五元先通《京氏易》、《公羊春秋》、《三统历》、《九章算术》，又从东郡张恭祖受《周官》、《礼记》、《左氏春秋》、《韩诗》、《古文尚书》。由于郑玄夙慧而又勤于学，二十余岁即"博极群书，精历数、图纬之言，兼精算术"。⑥ 除就太学诸师学习外，又出游各地拜师求学，故《后汉书·郑玄传》载其《戒子书》曰："游学周、秦之都，往来幽、并、兖、豫之域，获觐乎在位通人，处逸大儒，得意者咸从捧手，有所受焉。"此语虽总其全部游学之经历而言，然所述关东地区则有幽、兖、豫诸州。后因关东"无足问者"，才西入关，继续拜师求学。据王利器《郑康成年谱》考证，西入关之年郑玄三十三岁，当桓帝延熹二年（159）。

当时卢植正在东汉大儒马融门下学习，而郑玄与卢植素相友善，⑦ 于是通过卢植的介绍，"事扶风马融"。然马融贵为后戚，地位尊，名声大，架子也大，嫚于待士，郑玄虽在其门下，却不得见，只得在其附近自筑"精庐"

---

① 按郑玄《本传》曰："玄少为乡啬夫。"不明年岁，王利器《郑康成年谱》系之于顺帝建康元年（144），当其十八岁时，今从之（按王氏《郑康成年谱》，齐鲁书社，1983年。本章以下凡引该书皆据此本，不复注）。又所谓乡啬夫，《本传》李注引《前书》曰："乡有啬夫，掌听讼收赋税。"

② 郑珍《郑学录·传注》曰："乡佐（秩）高于啬夫。在《（杜）密传》言为乡佐，可见初为啬夫，继迁乡佐。"

③ 《后汉书》卷67《党锢列传·杜密传》。

④ 郑珍《郑学录·传注》曰："尝疑康成素贫，而游学十余年始归，何由办此赀粮？以《密传》推之，盖署职门下，使去就学，即其吏俸以为之赀欤？"

⑤ 参见王利器《郑康成年谱》，第43页。

⑥ 《世说新语》上卷下《文学》引《玄别传》。

⑦ 《世说新语》上卷下《文学》引《玄别传》曰："时涿郡卢子干为（马融）门人冠首。"《后汉纪》卷25："植字子干，涿人也，师事扶风马融，与北海郑玄友善。"而据龚向农《郑君年谱》说，郑玄与卢植先曾"同学于陈球"（转引自王利器《郑康成年谱》第50页）。王利器《年谱》亦以为，郑玄入关之前，"尝从陈球受业"。又《御览》卷589引《述征记》载汉陈球墓有三碑，其近墓一碑，记弟子卢植、郑玄、管宁、华歆等六十人，是郑玄与卢植素有同学之谊。

而居，①马融则"使高业弟子传授于玄"，而郑玄"日夜寻诵，未尝怠倦"。这样过了三年，有一天，马融"集诸生考论图纬"，遇到了天文历算问题，却因数学知识不够，无法解决。有人推荐说郑玄"善算"，马融这才召见他到楼上，终于由郑玄帮他把问题解决了。于是马融十分感慨地对卢植说："吾与汝，皆弗如也。"②

此后郑玄在马融门下，"从质诸疑"，继续学习。盖其间亦曾到关中其他地方游学，故《戒子书》数其游学之地有周、秦之都及并州。到第七年，始辞别马融，回归故里，供养双亲。③辞归之年，郑玄四十岁，当桓帝延熹九年（166），而他回到故里高密，盖在翌年，即永康元年（167），故其《戒子书》说："年过四十，乃归供养。"④郑玄在外游学期间，所过之地甚多，所从之师亦决不止第五元先、张恭祖、马融等数人，因文献缺载，已无从考其详。然以在马融门下的时间最长，当其辞归之日，学业已大成。故郑玄辞归时，马融"喟然谓门人曰：'郑生今去，吾道东矣。'"就在这年，马融去世，年八十八。⑤

郑玄回家后，因家贫而"客耕东莱"，以种地为生，同时继续研究学问，并教授生徒，"学徒相随已数百千人"。郑玄向马融辞归之年（166），正值第

---

① 《世说新语》上卷下《文学》注引《玄别传》曰："季长（马融字）后戚，嫚于待士，玄不得见，住左右，自起精庐。"《太平御览》卷493引《东观汉记》曰："马融才高博洽，为通儒，教养诸生，常有千数。涿郡卢植、北海郑玄，皆其徒也。善鼓琴，好吹笛，达生任性，不拘儒者之节。居宇器服，多存侈饰。常坐高堂，施绛纱帐，前授生徒，后列女乐，弟子以次相传，鲜有入其室者。"

② 《世说新语》上卷下《文学》曰："郑玄在马融门下，三年不得见，高足弟子传授而已。尝算浑天不合，诸弟子莫能解。或言玄能者，融召令算，一转便决，众咸骇服。"其注引《玄别传》曰："季长又不解剖裂七事，玄思得五，子干思得三（按盖"二"字之误），季长谓子干曰：'吾与汝，皆弗如也。'"王鸣盛《蛾术篇·说人》曰："康成索习《九章算术》，《九章》中钩股，算浑天所用；而割裂者，谓钩股割圆法也，是又钩股中之精者，康成工此，宜融自屈矣。"（商务印书馆，1958年。按本章以下凡引《蛾术篇》皆据此本，不复注）

③ 据郑玄《本传》的记载，郑玄在马融门下三年即辞归。然据宋人窦苹《酒谱》引《玄别传》说，则是"在门下七年"（文学古籍刊行社，1956年）。孙星衍《郑司农年谱》、龚向农《郑君年谱》（见于王利器《郑康成年谱》第55页所引）、王利器《郑康成年谱》等，皆以"七年"之说为是。王利器说："在门下三年，不得见而不去，则其不以融为第五元先、张恭祖辈可知；在门下三年始得见，决无一见便去之理；则玄在融门下，当以七年为允。"（第51页）

④ 《后汉书》卷60上《马融列传》："（马融）年八十八，延熹九年卒于家。"郑珍《郑学录·传注》以为，郑玄年四十辞归，而《戒子书》说"年过四十，乃归供养"者，"或旋因融丧，留视殡葬，至明年永康元年，始即归里，年已四十一矣"。

⑤ 《后汉书》卷60上《马融列传》。

一次党锢之祸，到第二年，即郑玄回到故里之年，已"悉除党锢"，① 故尚未殃及郑玄。但仅仅时隔一年，到灵帝建宁二年（169），第二次党祸又起，以致杜密、李膺、范滂等百余人，皆遭捕系而"死狱中"，并由此牵连"死徙废禁者六七百人"。② 这第二次党祸，郑玄却未能幸免，故《本传》说："及党事起，乃与同郡孙嵩等四十余人俱被禁锢。"至于郑玄遭党禁的原因，则是受了杜密的牵连，因为他曾被杜密署为北海郡吏。郑珍说："按康成之被锢，以杜密为北海相时故吏也。"又说："孙嵩等四十余人，当并是密之门生故吏。"③ 但这里还有个问题：第二次党祸起于建宁二年（169），至中平元年（184），因黄巾起义爆发方得解禁，首尾延续了十六年之久，而郑玄在《戒子书》中却说："坐党禁锢，十有四年，而蒙赦令。"这是为什么呢？龚向农解释说："盖郑君虽为杜密故吏，未挂朝籍，且游学初归，客耕教授，名不甚显，故初举钩党时，尚未连及，及一二年后，禁愈密而牵引愈多，始陷文网。故党禁十六年，而郑君被锢只十四年也。"④ 这种说法是可信的。据龚氏说，则郑玄遭党禁，是在建宁四年（171），这年郑玄四十五岁。

自郑玄辞马融而归，至坐党禁之十四年，即从171年至184年，是其学术大成时期。特别是遭党禁之后，"隐修经业，杜门不出"，故这一时期著述最丰，成就最大，⑤《三礼》之注，就完成于这一时期。至其著述之次，盖先注诸纬，然后注诸经。《后汉书·百官一》"太尉"条下刘昭注曰："康成渊博，自注《中候》，裁（才）及注《礼》。"龚向农说："案郑君诸经注，《三礼》最先，如刘昭说，则《中候注》又先于《礼》，由是以推，则郑君诸纬注，皆先诸经而成可知。郑君注书先后，刘昭时必有明证也。"⑥ 又郑玄注《三礼》之前，盖先著有《六艺论》，故何休《春秋公羊传解诂序》徐疏曰："郑君先作《六艺论》讫，然后注书。"⑦ 皮锡瑞亦曰："郑学宏通，本先今而后

---

① 《后汉书》卷7《桓帝纪》永康元年："六月庚申，大赦天下，悉除党锢。"
② 《后汉书》卷67《党锢列传·序》。
③ 郑珍：《郑学录·传注》。
④ 转引自王利器《郑康成年谱》，第73页。
⑤ 《世说新语》上卷下《文学》注引《玄别传》曰："后遇党锢，隐居著述，凡百余万言。"按"百余万言"之说，盖总其平生之著述而言，由《本传》置此语于卷末可证。
⑥ 转引自王利器《郑康成年谱》，第80页。
⑦ 《十三经注疏》下册，中华书局，1980年，第2191页。

古，著书次序，实始纬而次经。潜窥《论》言，多据谶纬，当在《七纬》注成之后，《三礼》草创之时。"① 又郑玄为批驳何休而作的《发墨守》、《针膏肓》、《起废疾》三书，亦在这一时期，盖以注《三礼》之余力为之也，② 故《本传》说："时任城何休好《公羊》学，著《公羊墨守》、《左氏膏肓》、《穀梁废疾》；玄乃发《墨守》，针《膏肓》，起《废疾》。休见而叹曰：'康成入吾室，操吾矛，以伐我乎！'"这一时期，还著有《答临孝存周礼难》。逯鹤寿曰："案林孝存作《十论》、《七难》以排《周礼》，而康成答之。今观《自序》称'遭党锢之事，逃难注《礼》。'则与林孝存辩难，必在注《周礼》时，范蔚宗虽不言，要与《发墨守》、《箴膏肓》、《起废疾》，同在此十四年中。"③ 党禁解后，郑玄所注之经还有《古文尚书》、《毛诗》、《论语》、《周易》等。段玉裁曰："党锢既解之后，乃注《古文尚书》、《毛诗》、《论语》；至其卒之年，乃在元城注《周易》，为时有限。玉裁谓郑当中年注《礼》最美，而传之最久，以后所注《书》、《论语》、《周易》不传，盖与《毛诗》俱逊《三礼》也。"④ 然其著述之具体年月，因资料所限，皆不可确考。大要言之，其著经之次，盖先《周官》，次《礼记》，次《仪礼》，次《古文尚书》，次《论语》，次《毛诗》，最后乃注《易》。⑤ 然郑玄一生的著述，远不止上述诸种，详本编第二章《郑玄著述考》。

---

① 皮锡瑞：《六艺论疏证·自序》，《续修四库全书》第171册，上海古籍出版社，2002年，第270页。
② 何休：《春秋公羊传解诂·序》之徐《疏》曰："何氏本著（按原误作"者"）作《墨守》以距敌《长义》（按指贾逵的《左氏长义》），为（按"为"上原衍"以强义"三字）《废疾》以难《穀梁》，造《膏肓》以短《左氏》。"故郑玄作三书以反驳之。郑珍《郑学录·传注》曰："按何邵公少康成三岁，光和五年，在大赦党人之前二年，康成《发》、《针》、《起》三书，盖皆禁锢时以注《礼》余力为之也。"
③ 转引自王鸣盛《蛾术篇·说人》。
④ 段玉裁：《经韵楼文集补编》卷下《与刘端临第四书》（收在《段王学五种》中，天津古籍书店，1982年）。按郑玄在元城注《周易》之说，详后文。
⑤ 此用黄以周《儆季文钞》卷4《答郑康成学业次第问》说（黄著收在《儆季杂著》中，江苏南菁讲舍刻本，清光绪二十一至二十二年［1894—1895］）。又据郑珍《郑学录·年谱》所载，郑玄著述之次如下：熹平三年（174）郑玄48岁以前，注《尚书中候》及《易》、《书》、《诗》、《礼》四经之《纬》；熹平四年（175）郑玄49岁以后在禁锢中，注《周官》、《仪礼》、《礼记》；光和五年（182）郑玄56岁，针对何休而作《发公羊墨守》、《针左氏膏肓》、《起穀梁废疾》，又《答何休书》；中平元年（184）郑玄58岁，这以后注《古文尚书》、《毛诗》、《论语》，又撰《毛诗谱》、《论语释义》、《仲尼弟子目》；献帝初平二年（191）郑玄65岁，初至徐州，居南城山，注《孝经》；建安五年（200），郑玄74岁，至元城注《周易》，注毕知病不起，作《自序》。按此说较诸说为详。

灵帝中平元年（184），党锢禁解，郑玄"蒙赦令"，时年已五十八。此时，郑玄之德行学问，已名声远播，故《戒子书》说，禁解不久，即被"举贤良方正有道"，①后又"辟大将军三司府"。大将军，即指何进。何进闻其名而辟之，州郡畏惧何进的权势，不敢违命，胁迫郑玄而行，郑玄不得已而去见何进。何进为他设几杖，礼待甚优。然郑玄不受朝服，只头著幅巾而见，交谈中，对何进"多所匡正"，结果却"不用而退"。②这年是中平三年（186），郑玄六十岁，河内赵商等自远方而至。前来拜师求学为弟子者，已达数千人之多。

中平四年（187），郑玄六十一岁，遭父丧。

中平五年（188），郑玄六十二岁，与荀爽、申屠蟠、韩融、陈纪等十四人，被朝廷征为博士，不至。③接着后将军袁隗又表荐郑玄为侍中，郑玄"以父丧不行"。这年十月，青、徐黄巾复起，寇郡县，④攻破北海郡，郑玄率领门人到不其山（今属山东即墨县）避难，继续讲学教授，但因粮食匮乏，郑玄不得不辞罢诸生。⑤

中平六年（189），郑玄六十三岁，是年灵帝崩，皇子刘辩即位，董卓废刘辩而立刘协，是为献帝，改元永汉。朝廷复公车征之，不至。⑥按此次之征，与中平五年之征，即《戒子书》所谓"公车再召"。

献帝初平元年（190），郑玄六十四岁。因董卓之乱，山东诸郡起义兵讨董卓。董卓会公卿商议，想发大兵对付山东义兵。当时郑泰怕董卓强大，更难对付，便设诡辞以劝阻董卓不必兴师动众，他列举了十条理由，其第十条

---

① 郑珍：《郑学录·传注》说："此举叙在辟大将军前，则为中平元、二年之间。"

② 见《世说新语》上卷下《文学》注引《玄别传》。然《本传》无"多所匡正"的记载，却说郑玄"一宿逃去"。郑珍《郑学录·传注》曰："《别传》谓多所匡正，不用而退，得其实矣。嵇叔夜云：'一宿逃去。'（按此所引乃嵇氏《高士传》语）缘视康成太高，未免言之过情。范氏据之，失于不审。"

③ 《后汉书》卷53《申屠蟠传》："中平五年，复与爽、玄及颍川韩融、陈纪等十四人并博士征，不至。"

④ 见《后汉书》卷9《灵帝纪》中平五年。

⑤ 《三国志》卷12《魏书·崔琰传》曰："至年二十九，乃结公孙方等就郑玄受学。学未期，徐州黄巾贼攻破北海，玄与门人到不其山避难。时谷籴县（悬）乏，玄罢谢诸生。"

⑥ 《后汉书》卷53《申屠蟠传》："明年，董卓废立，蟠及爽、融、纪等公车征，唯蟠不到。"按此言"唯蟠不到"，不过是范晔于蟠传立意高蟠的写法，其实郑玄亦不到，故《后汉书》卷62《荀爽传·论》曰："及董卓当朝，复备礼召之，蟠、玄竟不屈以全其高。"

曰："东州有郑康成，学该古今，儒生之所以集；北海邴根矩，清高直亮，群士之楷式。彼诸将若询其计画，案典校之强弱，燕、赵、齐、梁非不盛，终见灭于秦，吴、楚七国非不众，而不敢逾荥阳，况今德政之赫赫，股肱之邦良，欲造乱以徼不义者，必不相然，赞成其凶谋。"① 由此可以想见郑玄在当时影响之大。郑珍说："按郑泰诡辞对卓凡十条，此居其十，可想见康成名德，当时倚为轻重。……视康成隐若长城。"② 当时孔融为北海相，对郑玄十分敬重，亲自登门拜访郑玄，并命高密县"为玄特立一乡"，即命名郑玄所居之乡为"郑公乡"，且为其乡"广开门衢，令容高车，号为'通德门'"，以示对郑玄名德的表彰。这年董卓迁都长安。公卿荐举郑玄为赵相，然因"道断不至"。沈可培议论此事说："按赵相，赵王虔之相也（按沈氏此处是据郑玄《本传》李注为说，然此时赵王之名，实不可考，李注说误，郑珍《郑学录·传注》已辨之）。当时董卓欲显拔幽滞，以塞人望；然先生不从何进，其肯从董卓乎？道断不至，盖托辞也。"③

初平二年（191），郑玄六十五岁。黄巾攻打青州，郑玄于是避难到徐州。当时陶谦任徐州刺史，待郑玄"以师友之礼"。

初平三年（192），郑玄六十六岁。这年董卓被诛，而李傕、郭汜作乱，攻陷京师长安。④ 徐州刺史陶谦欲联合诸州郡，共推当时名臣朱儁为元帅以讨平之。在陶谦上给朱儁的奏记中，所列举的联盟者就有：徐州刺史陶谦、前扬州刺史周乾、琅邪相阴德、东海相刘馗、彭城相汲廉、北海相孔融、沛相袁忠、太山太守应劭、汝南太守徐璆、前九江太守服虔、博士郑玄。⑤ 可见当时郑玄虽一介布衣，其名德实可当一方诸侯，此奏记与初平元年郑泰谏董卓之言，正相表里。而由郑玄参与联名推举朱儁一事可以看出，郑玄虽不愿出来做官，潜心于学术，却绝非不关心国家大事的迂儒。其实，在郑玄的经注中，许多地方都流露出他对国家命运的关注和对时事的感伤之情。陈澧就曾

---

① 见《三国志》卷16《魏书·郑浑传》裴注引张璠《汉纪》。
② 郑珍：《郑学录·传注》。
③ 沈可培：《郑康成年谱》，收在《昭代丛书·己集广编》中。
④ 《后汉书》卷9《献帝纪》初平三年："夏四月辛巳，诛董卓，夷三族。"五月，"董卓部曲李傕、郭汜、樊稠、张济等反，攻京师。六月戊午，陷长安城。……吏民死者万余人。李傕等并自为将军。"
⑤ 见《后汉书》卷71《朱儁传》。

谈到这一点，而以郑玄的《毛诗笺》为例，说：

> 《桑扈》"不戢不难，受福不那"，《笺》云："王者位至尊，天所子也；然而不自敛以先王之法，不自难以亡国之戒，则其受福禄亦不多也。"此盖叹息痛恨于桓、灵也。《小宛》"螟蛉有子，蜾蠃负之"，《笺》云："喻有万民不能治，则能治之者将得之。"此盖痛汉室将亡，而曹氏将得之也。又"战战兢兢，如履薄冰"，《笺》云："衰乱之世，贤人君子虽无罪，犹恐惧。"此盖伤党锢之祸也。《雨无正》"惟曰于仕，孔棘且殆"，《笺》云："居今衰乱之世，云往仕乎，甚急迮且危。"此郑君所以屡被征而不仕乎？①

又郑玄并未做过博士，而陶谦的奏记中之所以称之为博士者，郑珍说："其衔结称博士者，以中平五年公车以博士征，虽未至京，已受诏命，非若侍中、赵相，公卿徒有表举，而朝命尚未下也。"②

献帝兴平二年（195），郑玄六十九岁。此时陶谦已死，刘备为徐州刺史。刘备对郑玄十分敬重，事之以师礼，经常向他请教治乱之道。③郑玄还曾向刘备推荐其同乡孙乾，刘备辟以为从事。④

献帝建安元年（196），郑玄七十岁。由于北海相孔融的多次敦请，郑玄从徐州返回故里高密。⑤郑玄在回故里途中，遭遇黄巾数万，然黄巾"见玄皆

---

① 陈澧：《东塾读书记》，三联书店，1998年，第108页。
② 郑珍：《郑学录·传注》。
③ 《三国志》卷33《蜀书·后主禅传》裴注引《华阳国志》曰："丞相亮时，有言公惜赦者，亮答曰：'治世以大德，不以小惠，故匡衡、吴汉不愿为赦。先帝亦言：吾周旋陈元方、郑康成间，每见启告治乱之道悉矣，曾不语赦也。'"《贞观政要》卷8："贞观七年，太宗谓侍臣：'蜀先主尝谓诸葛亮曰：吾周旋陈元方、郑康成之间，每见启告理（治）乱之道备矣，曾不语赦。故诸葛亮治蜀十年，不赦而蜀大化。"（岳麓书社，2000年）皮锡瑞《经学历史》五："昭烈帝尝自言周旋郑康成间，盖郑君避地徐州，时昭烈为徐州牧，尝以师礼事之。"（中华书局，1959年）
④ 《三国志》卷38《蜀书·孙乾传》："孙乾字公祐，北海人也，先主领徐州，辟为从事。"裴注引《郑玄传》曰："玄荐乾于州，乾被辟命，玄所举也。"郑珍《郑学录·传注》曰："孙公祐或即同乡弟子，借康成避难在徐。"
⑤ 《太平广记》卷164引商芸《小说》云："郑玄在徐州，孔文举时为北海相，欲其返郡，敦请恳恻，使人继踵，又教曰：'郑公久游南夏，今艰难稍平，倘有归来之思，无寓人于室，毁伤其藩垣林木，必缮治墙宇以俟还。'"

拜，相约不敢入县境"。郑玄回到故里之后，孔融告其僚属说："昔周人尊师，谓之尚父；今可咸曰郑君，不得称名也。"① 不久，郑玄病了，在病中为其子益恩写下了著名的《戒子书》，书中谈到平生的经历和志向，有曰："但念述先圣之元意，思整百家之不齐，亦庶几以竭吾才！"可见其志在整齐百家经说，以建立自己的经学体系，成一家之言。郑玄的经学，后人称之为郑学。

建安二年（197），郑玄七十一岁。这年三月，"袁绍自为大将军"。② 袁绍总兵冀州，一次大会宾客，遣使邀请郑玄，《本传》记郑玄与会时的情景说：

> 玄最后至，乃延升上坐。身长八尺，饮酒一斛，秀眉明目，容仪温伟。绍客多豪俊，并有才说，见玄儒者，未以通人许之，竞设异端，百家互起。玄依方辩对，咸出问表，皆得所未闻，莫不嗟服。时汝南应劭亦归于绍，因自赞曰："故太山太守应中远，北面称弟子何如？"玄笑曰："仲尼之门，考以四科，回、赐之徒不称官阀。"劭有惭色。

袁绍也是第一次见到郑玄，"一见玄，叹曰：'吾本谓郑君东州名儒，今乃是天下长者。夫以布衣雄世，斯岂徒然哉！'"③ 这次会后，袁绍荐举郑玄为茂才，并表举郑玄为左中郎将，皆不就。当时献帝已迁都许昌。④ 朝廷公车征郑玄为大司农，"玄乃以病自乞还家"。故郑玄又有郑司农之称。⑤

建安五年（200），郑玄七十四岁。这年春，郑玄梦孔子告之曰："起，起，今年岁在辰，来年岁在巳。"醒来后"以谶合之，知命当终"。⑥ 不久郑玄就病倒了。当时袁绍与曹操正相拒于官渡，令其子袁谭遣使逼郑玄随军，

---

① 《太平广记》卷164引商芸《小说》。
② 《后汉书·献帝纪》。
③ 《太平广记》卷164引商芸《小说》。
④ 《后汉书》卷9《献帝纪》建安元年八月，"庚申，迁都许"。
⑤ 郑珍《郑学录·传注》曰："康成官衔，自此以前称博士，奏记于朱儁是也；此后称司农，如华歆表称'故汉大司农郑某'是也。"沈可培《郑康成年谱》曰："按郑康成未尝为大司农，以有公车之征，后世遂以大司农称之，如华歆《荐小同表》曰：'伏见故大司农郑玄，当时之学，名贯华夏，为世儒宗'云云，是也。又中平五年，征为博士，不至，而《朱儁传》亦有'博士郑玄'之称。"
⑥ 《后汉书》卷35《郑玄传》李注曰："北齐刘昼《高才不遇传》论玄曰：'辰为龙，巳为蛇，岁至龙蛇贤人嗟，玄以谶合之，盖谓此也。'"

郑玄不得已，载病到元城县（在今河北大名东），因"疾笃不进"。就在病居元城期间，在他生命的最后时刻，又作了《周易注》。① 这年六月，郑玄病卒于元城。临终遗命薄葬，葬时自郡守以下，及曾受业者，"缞绖赴会千余人"。

　　郑玄的一生，适逢汉末衰乱之世，虽家贫而决意不仕，专精于经术。他的最大贡献，就在于对两汉以来的今古文经学进行了全面的加工改造，从而树起了郑学的大旗。正如范晔在《郑玄传·论》中所说："郑玄括囊大典，网罗众家，删裁繁诬，刊改漏失，自是学者略知所归。"郑学不仅为当时学者所宗，且对后世产生了深远的影响。郑玄的著述大部分都散佚了，但仍有《三礼注》和《毛诗笺》完好地保留到今天，成为今人研究《三礼》和《毛诗》以及考证古史所不可不读的重要文献。郑玄堪称中国文化史上的一位伟人，一位学术巨匠。

---

① 《孝经注疏》卷首《御制序并注》下邢《疏》引郑玄《自序》曰："为袁谭所逼，来至元城（城原误作诚），乃注《周易》。"（《十三经注疏》下册，第2539页）又《唐会要》卷77、《文苑英华》卷766引郑玄《自序》说同。

第二章

郑玄著述考

郑玄的一生，著述浩富，然大多亡佚。后人考证郑玄著述者甚夥，然互有出入，且每有将后世依托之作归之郑玄者。兹据各种书录和文献，参以前人考证成果，将确可信为郑玄所作者，略考而分类录之如下。其间偶有无从确考者，则一仍旧录。末附"门弟子所辑类"二种，虽不可视为郑玄的著作，但对了解和研究郑玄的经学思想十分重要，故附而录之于后。

一　注释类

（一）经传类

1. 周易注。见《本传》。《后汉书·儒林传》曰："陈元、郑众传《费氏易》，其后马融亦为其传。融授郑玄，玄作《易注》。"又《孝经注疏》卷首《御制序并注》下邢《疏》引郑玄《自序》云："为袁谭所逼，来至元城（按《十三经注疏》本原误作"诚"），乃注《周易》。"《释文叙录》作10卷，注曰："《录》一卷。《七录》云'十二卷'。"《隋志》作9卷，《旧唐志》同。《新唐志》作10卷。《崇文总目》曰："《周易》一卷，郑康成注。今惟《文言》、《说卦》、《序卦》、《杂卦》合四篇，余皆逸。"《四库全书》（以下简称《四库》）收其书1卷，宋王应麟编。《四库全书总目提要》（以下简称《提要》）曰："宋《崇文总目》惟载一卷，所存者仅《文言》、《序卦》、《说卦》、《杂卦》四篇，余皆散佚，至《中兴书目》始不著录，则亡于南、北宋之间。……应麟始旁摭诸书，裒为此帙。"又曰："考元（玄）初从第五元先受《京氏易》，又从马融受《费氏易》。其学虽出入于两家，而其大旨以《费易》为多，实为传《易》之正脉。"姚振宗《后汉艺文志》（以下简称《后志》）曰："按郑氏《易》今存王应麟辑本一卷，明姚士粦补辑二十五条，国朝惠栋辑本三卷，孙堂辑本一卷，臧镛堂辑本九卷，丁杰、张惠言辑本十二卷。"

2. 周易文言注义。《宋史·艺文志》（以下简称《宋志》）作1卷。按郑氏《易注》至宋已散佚，是书或即《易注》中之1篇。

3. 尚书注。见《本传》。《释文叙录》作9卷，《隋志》、两《唐志》、《文献通考·经籍考》（以下简称《通考》）同。《崇文总目》作3卷，陈振孙《直斋书录解题》（以下简称《陈录》）作4卷。按《本传》说郑玄曾从张恭祖受《古文尚书》。又《释文叙录》云："中兴，扶风杜林传《古文尚书》，贾逵为之作训，马融作传，郑玄注解，由是《古文尚书》遂显于世。案今马、郑所注，并伏生所诵，非古文也。"所谓"并伏生所诵，非古文也"，盖指郑玄所注《尚书》之篇章，是与伏生所传今文相同之29篇，非《古文尚书》之全帙。又马、郑之注，实皆以古文为底本，而兼采今古，故皮锡瑞《经学历史》五说郑玄"注《尚书》用古文，而多异马融，或马从今而郑从古，或马从古而郑从今，是郑注《书》兼采今古文也。"郑珍《郑学录·书目》（以下简称《书目》）云："唐陆元朗撰《释文》，孔冲远撰《正义》，皆以伪孔为主，郑《注》由是寝亡，宋末王应麟采辑为一卷。"

4. 尚书大传注。见《本传》。《隋志》作3卷，《通志·艺文略》（以下简称《通志》）、《通考》、《宋志》同。唯《陈录》作4卷。郑珍《书目》曰："宋、元间此书尚存，至明无见之者，国朝朱氏《经义考》已云佚。乾隆间卢运使见曾于吴中得旧藏本，凡四卷。卢学士文弨作《考异》、《补遗》各一卷，行于世。嘉庆间陈编修寿祺为作笺，仍《隋志》三卷，又作《叙录》一卷，《订误》一卷……今四卷本乃后人抄撮而成，非复隋、唐完编矣，唯《五行传》一编首末具在。"

5. 毛诗笺。见《本传》。《后汉书·儒林传》曰："中兴后，郑众、贾逵传《毛诗》，后马融作《毛诗传》，郑玄作《毛诗笺》。"《释文叙录》曰：

"郑玄作《毛诗笺》。"又曰:"《毛诗故训传》二十卷,郑玄笺。"《隋志》于"《毛诗》二十卷"下注曰:"汉河间太傅毛苌传,郑玄笺。"两《唐志》、《通志》卷数同。《四库》收有《毛诗正义》40卷,《提要》曰:"汉毛亨传,郑元(玄)笺,唐孔颖达疏。"又曰"今参稽众说,定作《传》者为毛亨",而《隋志》以为是毛苌,"殊为舛误"。皮锡瑞《经学历史》五曰:"笺《诗》以毛为主,自云'若有不同,便下己意',所谓'己意',实本三家。是郑笺《诗》兼采今古文也。"

6. 周礼注。《本传》无,盖疏漏。唐史承节《后汉大司农郑公之碑》(见《金石萃编》卷76)列郑玄所注有《周官》。《释文叙录》曰:"《周官》十二卷,郑玄注。"《隋志》题"《周官礼》十二卷,郑玄注"。《崇文总目》、晁公武《郡斋读书志》(以下简称《晁志》)、《陈录》、《通考》、《通志》、《宋志》均作12卷。唯两《唐志》作13卷。《四库》收《周礼注疏》40卷,《提要》曰:"汉郑元(玄)注,唐贾公彦疏。"

7. 仪礼注。见《本传》。各录均作17卷。《四库》收有《仪礼注疏》17卷,《提要》曰:"汉郑元(玄)注,唐贾公彦疏。"

8. 丧服经传注。《释文叙录》曰:"郑注《周礼》、《仪礼》、《礼记》,并列学官,而《丧服》一篇,又别行于世。"盖即指此。《隋志》作1卷。按两《唐志》又有《丧服纪注》1卷,姚振宗《后志》曰:"两《唐志》作《丧服纪》,实一书而名偶异。《郑学录》别出《丧服纪》,云'不知所纪何事',又谓'唐人经疏无一引及',则无怪其然矣。"

9. 礼记注。见《本传》。各录均作20卷。《四库》收有《礼记正义》63卷,《提要》曰:"汉郑元(玄)注,唐孔颖达疏。"

10. 丧服变除注。两《唐志》均作1卷,然《新唐志》书名无"注"字,盖脱。姚振宗《后志》曰:"按大戴德有《丧服变除》一卷,亦见新、旧《唐志》,此或郑氏注大戴之书。"

11. 丧服谱注。《隋志》、《通志》均作1卷。按马国翰《玉函山房辑佚书》于所辑《丧服变除注》之《序》曰:"《隋志》复有《丧服谱》一卷,疑即《唐志》之《变除》,盖因大戴之书而申明之,或其书中衍为图谱,故《隋志》取以标目欤?"姚氏《后志》曰:"按此或即如马说,或后人从《三礼图》析出别行(按郑著有《三礼图》,见下"著作类"),或郑氏之先有人撰《丧服谱》者，郑从而注之。"

12. 孝经注。见《本传》。《释文叙录》曰"（《孝经》）刘向校书，定为十八章。……世所行郑注，相承以为郑玄。案《郑志》及《中经簿》无，唯中朝穆帝集讲《孝经》云'以郑为主'。检《孝经注》，与康成注《五经》不同，未详是非。"又注云："江左中兴，《孝经》、《论语》共立郑氏博士一人。"《隋志》作1卷，两《唐志》、《宋志》同。朱氏《经义考》卷222引康成《自序》云："仆避难于城南之山，栖迟于岩石之下，念昔先人，余暇述夫子之志，而注《孝经》焉。"按侯康《补后汉书艺文志》（以下简称《补志》）说，前儒颇多疑郑玄注《孝经》者，唐刘知幾且举十二证，以证郑玄不注《孝经》，侯康一一驳之，以文繁不录。《陈录》云："按《三朝志》，五代以来，孔、郑注皆亡。周显德中，新罗献别序《孝经》，即郑注者。而《崇文总目》以为咸平中日本僧奝然所献，未详孰是，世少有其本。乾道中，熊克子复从袁枢机仲得之，刻于京口学宫，而孔传不可复见。"其后又亡。清乾隆间，日本人冈田所刻郑注本《孝经》传入中国，然取校前籍所引，及明见《释文》、邢《疏》者，多疏漏不合，盖伪作也。清人严可均、臧镛堂、陈鳣、洪颐煊等有辑本。皮锡瑞有《孝经郑注疏》。

13. 论语注。见《本传》。《释文叙录》作10卷，曰："郑玄就《鲁论》张、包、周之篇章，考之《齐》、《古》为之注。"《隋志》作10卷，又注曰："梁有《古论语注》十卷，郑玄注。"又有"《论语》九卷，郑玄注"。两《唐志》亦皆作10卷。是书唐以后亡，郑珍《书目》云："《论语注》，《释文叙录》、《隋》、《唐志》十卷，后亡。宋王应麟掇拾群书辑为一卷，国朝嘉庆初宋教授翔凤复补辑为二卷。"按《鸣沙石室古籍丛残》收有郑注《论语》残本。

14. 论语篇目弟子注。《隋志》曰："《论语孔子弟子目录》一卷，郑玄撰。"按"撰"盖"注"字之误。两《唐志》均题《论语篇目弟子》，且皆标明"郑玄注"。按《史记·仲尼弟子列传》裴骃《集解》多引郑玄注文，其太史公曰："《弟子籍》，出孔氏古文，近是。"是郑注盖即此《弟子籍》之注文。姚氏《后志》云："按《史记》言'《弟子籍》，出孔氏古文，近是'，是郑氏此注即其本也。郑既注孔氏《古文论语》，并注《弟子籍》附篇目后，故史《志》冠以'论语'字，又冠以'论语篇目'字，当时合为一书，至隋，前十卷亡，唯此一书仅存，故别出其目。两《唐志》所题较顺，今从之。"

15. 论语释义注。《旧唐志》作10卷，《新唐志》1卷。郑珍《书目》云："《论语释义》，《旧唐志》十卷，《新志》一卷，按两《志》卷数差别太远，'十'恐'一'之误。此书所释何义不可知，遗文无一存者。"姚氏《后志》曰："此不知何人作《论语释义》，郑从而注之。或即郑注之别本本名《释义》，而《唐志》误以为注欤？其一卷、十卷，或连本文，或但载注文。"

（二）纬书类

16. 易纬注。《隋志》作8卷，注曰："梁有九卷。"《崇文总目》作9卷。王应麟《玉海》引李淑《邯郸书目》亦作9卷：《乾凿度》、《稽览图》、《通卦验》各2，《辨终备》、《是类谋》、《坤灵图》各1。按《易纬》凡6种，《后汉书·樊英传》李注云："《易纬》：《稽览图》、《乾凿度》、《坤灵图》、《通卦验》、《是类谋》、《辨终备》也。"这6种，《通考》皆称郑康成注。按郑注《易纬》宋以后散佚。《四库》从《永乐大典》辑得郑注《乾凿度》2卷，《稽览图》2卷，《辨终备》1卷，《通卦验》2卷，《是类谋》1卷，《坤灵图》1卷。

17. 尚书纬注。《隋志》作3卷，注曰："梁六卷。"两《唐志》、《通志》皆作3卷。按据《樊英传》李注，《书纬》凡5种："《璇玑钤》、《考灵曜》、《刑德放》、《帝命验》、《运期受》也。"唐以后皆亡。

18. 尚书中候注。见《本传》。朱氏《经义考》卷265曰："《书纬》曰：'孔子求书，得黄帝玄孙帝魁之书，迄于秦穆公，凡三千二百四十篇，断远取近，定可以为世法者百二十篇，以百二篇为《尚书》，十八篇为《中候》。'"又曰："《中候》专言符命，当是新莽时所出之书。"《隋志》作5卷，注曰："梁有八卷，今残缺。"两《唐志》无，盖唐时已佚。

19. 诗纬注。两《唐志》作3卷。据《樊英传》李注《诗纬》凡3种，曰："《推度灾》、《记历枢》、《含神雾》也。"唐以后亡。

20. 礼纬注。《隋志》作3卷，注曰："亡。"《通志》亦作3卷。据《樊英传》李注《礼纬》凡3种，曰："《含文嘉》、《稽命徵》、《斗威仪》也。"据《隋志》，是隋以前已亡。

21. 礼记默房注。《隋志》于宋均注"《礼记默房》二卷"下注曰："梁有三卷，郑玄注，亡。"是该书隋以前已亡。

22. 春秋纬。据《樊英传》李注《春秋纬》凡13种，曰："《演孔图》、《元命包》、《文耀钩》、《运斗枢》、《感精符》、《合诚图》、《考异邮》、《保乾图》、《汉含孳》、《佐助期》、《握诚图》、《潜潭巴》、《说题辞》。"《后汉书·李云传》李注引《春秋运斗枢》云："五帝修名立功，修德成化，统调阴阳，招类使神，故称帝。帝之言谛也。"下引郑注云："审谛于物也。"又《文选·褚渊碑文》"仪形长递"下李注曰："郑玄《春秋纬注》曰：'递，去也。'"是郑注《春秋纬》之证。

23. 乐纬注。据《樊英传》李注《乐纬》凡3种，曰："《动声仪》、《稽耀嘉》、《叶图徵》也。"《太平御览》卷1引郑《乐纬·动声仪注》，卷6引《乐纬·叶图徵注》，是郑注《乐纬》之证。

24. 孝经纬注。据《樊英传》李注《孝经纬》凡2种，曰："《援神契》、《钩命决》也。"《文选·东京赋》"仰不睹炎帝、帝魁之美"下李注曰："《孝经·钩命决》曰：'佳已感龙生帝魁。'郑玄曰：'佳已，帝魁之母也。魁，神名。'"是郑注《孝经纬》之证。

25. 河图洛书注。钟肇鹏《谶纬论略》第二章表列《河图》类纬书篇目凡40种，又表列《洛书》类篇目凡13种。郑珍《书目》曰："朱氏《经义考》列其目凡数十种，《灵准听》居其一，《初学记》九引其文'气五机七'云云，郑元（玄）注云：'气五，寓之五行；机七，二十七里也'云云。罗苹《路史注》亦引《洛书·灵准听》郑元（玄）注数语，知康成注有此纬。"

（三）杂注类

26. 乾象历注。见《本传》。据《晋书·律历志中》，汉灵帝时，会稽东部尉刘洪作《乾象历》，"方于前法，转为精密矣。献帝建安元年，郑玄受其法，以为穷幽极微，又加注释焉。"姚振宗《后志》曰："按《晋志》此一篇，似即录郑氏注书序，而篇末变其文为记述语，'献帝建安元年'云云是也。知郑注是书，即在是年。"按是书《隋》、《唐志》已不著录，久佚。

27. 九宫经注。《隋志》作3卷，《通志》同。姚振宗《后志》云："按《隋志》郑注《九宫经》三卷之前，有《黄帝九宫经》一卷……郑氏所注，或即其本。"郑珍《书目》云："九宫、九旗（按郑著有《九旗飞变》1卷，见下"著作类"），皆风角占候家言，康成少好隐术，宜其绪余有此。"

28. 九宫行棋经注。《隋志》作3卷，《新唐志》、《通志》同。《旧唐志》书名无"注"字，而曰"郑玄撰"，盖误。按《后汉书·张衡传》李注引《易乾凿度》曰："太一取其数以行九宫。"下引郑玄注云："太一者，北辰神名也。下行八卦之宫，每四乃还于中央。中央者，〔北辰〕之所居，故谓之九宫。天数大分，以阳出，以阴入。阳起于子，阴起于午，是以太一下九宫，从坎宫始，自此而从于坤宫，又自此而从于巽宫，所以〔行〕半矣，还息于中央之宫。既又自此而从于乾宫，又自此而从于兑宫，又自此而从于艮宫，又自此而从于离宫，行则周矣，上游息于太一之星而反紫宫。行起从坎宫始，终于离宫也。"姚振宗曰："按《隋志》……郑注《九宫行棋经》三卷之前，有《黄帝四部九宫》五卷，郑氏所注，或即其本。"

29. 汉律章句。《晋书·刑法志》曰："汉承秦制，萧何定律……合为九篇。叔孙通益律所不及，傍章十八篇，张汤《越宫律》二十七篇，赵禹《朝律》六篇，合六十篇。又汉时决事，集为《令甲》以下三百余篇，及司徒鲍公撰嫁娶辞讼决为《法比都目》，凡九百六卷。世有增益，率皆集类为篇，结事为章。……后人生意，各为章句。叔孙宜、郭令卿、马融、郑玄诸儒章句十有余家，家数十万言。凡断罪所当由用者，合二万六千二百七十二条，七百七十三万二千二百余言，言数益繁，览者益难。天子（按指三国魏明帝）于是下诏，但用郑氏章句，不得杂用余家。"《通典》卷163《刑制上》、《通考》卷164《刑考三》文同，盖皆袭用《晋书》之文。

30. 汉宫香方注。《隋》、《唐志》皆不著录，其亡已久。宋张邦基《墨庄漫录》卷2曰："《汉宫香方》，郑康成注：'沉水香二十四铢，著石蜜，复汤鬻（铜铁辈皆病香），以指尝试，能饮甲则已（南海贾胡贵一种香，木末如蜜房，色泽正黄，可减甲）。以寒水炭四焙之，青木香十二之一，可酌损之。鸡舌香以其子，勿以其母（青木香用二钱），合捣如糜（沉水得鬻蜜，烟黄而气郁），投初鬻蜜中，媒使相悦，闭以黄垩，蜜隙，坎不津地埋之，一月中许出之，投龙脑六铢，麝损半，一炉注如荠子，薰郁郁略闻，百步中人也（今太官加蜜鬻红螺如麝，外家效之以珠脎）。'此方，魏道辅（按指魏泰，字道辅）强记面疏，以示洪炎玉父，意其失古语。其后相国寺庭中买得古叶子书

《杂抄》，有此法，改正十余字。"《四库》杂家类五"《墨庄漫录》十卷"下《提要》谓为南、北宋间人张邦基撰，其书所记如"郑元（玄）注《汉宫香方》"之类，"颇资博识"，乃"宋人说部之可观者也"。《晁志》载《香方》1卷，曰："右皇朝洪刍驹父撰集古今香法，有郑康成汉宫香，《南史》小宗香，《真诰》婴香，戚夫人迎驾香，唐员半千香，所记甚该博。"

31. 日月交会图注。《隋志》于"《月行黄道图》一卷"下注曰："梁有《日月交会图》郑玄注一卷。"姚振宗《后志》曰："张彦远《历代名画记》，《日月交会九道图》（不著撰人），（又）《日月交会图》一卷，郑玄注。"又曰："按《日月交会图》不知何人作，《隋志》与《日蚀占》、《日月薄蚀图》相从。《名画记》有《日月交会九道图》，郑氏所注，疑即其类。"

二　著作类

32. 尚书义问。《隋志》于王肃撰"《尚书驳义》五卷"下注曰："梁有《尚书义问》三卷，郑玄、王肃及晋《五经》博士孔晁撰。"侯康《补志》曰："《经义考》谓此书乃孔晁采郑康成及肃，参以己见者。则当属之孔晁，不属郑、王，然无显证，姑录之。"

33. 书赞。

34. 书论。

《尚书序》于"汉室龙兴"节下孔《疏》引有郑玄《书论》及《书赞》各一条。按《尚书序·疏》引郑氏说颇多，或曰"郑玄云"，或曰"郑玄注云"，而独于此出其书名，是郑玄确有此二书，而唐人尚得见之。又《汉志》"《书》家"类师古注引有"郑玄《叙赞》"一条，王利器《郑玄年谱·著述》以为即指此二书。

35. 毛诗谱。见《本传》。《释文叙录》作2卷，《隋志》、《旧唐志》同。《新唐志》作3卷，《宋志》、《通志》同。《晁志》作1卷，《通考》同。《诗谱序》"以立斯谱"下孔疏曰："郑于《三礼》、《论语》为之作《序》，此《谱》亦是《序》类，避子夏《序》名，以其列诸侯世及诗之次，故名谱也。"郑珍《书目》云："孔冲远撰《诗正义》，以《谱》说散置《风》、《雅》、《颂》诸题下，而条疏之，其旁行者无从载，以后传本浸佚，故宋

《崇文总目》无之。至庆历间，欧阳永叔于绛州得一本，其文有注而不见名氏，又首尾残缺，国谱悉颠倒错乱，因取已所注《诗图》十四篇，以补《谱》之亡者，凡补《谱》十五，补文字二百七，增损涂乙改正八百八十三，而郑《谱》复完。今行世者，皆欧阳本也。"袁钧《郑氏佚书》辑有3卷，黄奭《高密遗书》、孔广林《通德遗书》各辑有1卷。

36. 答临孝存周礼难。见《本传》。贾公彦《序周礼废兴》曰："林孝存以为武帝知《周官》末世渎乱不验之书，故作十论七难以排弃之。何休亦以为六国阴谋之书。唯有郑玄博览群经，知《周礼》者，乃周公致太平之迹，故能答林硕之论难，使《周礼》义得条通。"林孝存即临孝存，名硕。按其书唐后已佚，袁钧《郑氏佚书》、黄奭《高密遗书》、孔广林《通德遗书》各辑有1卷。

37. 礼议。《新唐志》作20卷，《隋志》、《旧唐志》皆未著录。郑珍《书目》云："《通典》卷六十七载康成《伏后敬其父完议》，卷七十一又载《春夏封诸侯议》，必皆采自此书。"姚振宗《后志》曰："按《隋志》'梁有《群儒疑义》十二卷，戴圣撰'，《旧唐志》'《礼义》二十卷，戴圣等撰'。其云'戴圣等'者，明非戴氏一家之书，其中盖有郑氏《议礼》在焉。《旧志》原其始故题'戴圣等'，《新志》要其终乃归之郑氏，实一书。'义''议'本相通也。《七录》十二卷（按即指《隋志》所谓"梁有《群儒疑义》十二卷"），是戴氏原编。此与《旧志》所载，皆郑、戴合编，其《皇后敬父伏完议》，当是建安四年大司农至许都时作。"

38. 鲁礼禘祫志。《本传》"志"作"义"。郑珍《书目》曰："《鲁礼禘祫志》，范书《本传》'志'作'义'，唐人称引皆作'志'，当得其正。"王谟辑本《序》曰："诸经《正义》多引郑氏《鲁礼禘祫志》，《隋志》不著录，《唐志》别有《礼议》二十卷，则《禘祫志》乃《礼义》中一篇目也。今并抄出：《诗·正义》四条，《礼记·正义》七条，《左氏·正义》一条，《通典》二条。"又袁钧《郑氏佚书》、黄奭《高密遗书》、孔广林《通德遗书》亦各辑有1卷。

39. 三礼目录。《隋志》作1卷，注云："梁有陶弘景注一卷，亡。"两《唐志》、《通志》皆作1卷。郑珍《书目》云："孔冲远撰《礼记正义》，贾公彦撰《周官礼》、《仪礼疏》，并以《目录》分附篇题下，首疏解之，世遂无单行本。"王谟辑本《序》曰："范书《本传》独不及《三礼目录》，已别无传本，今亦仅从贾、孔二家《正义》钞出：《周礼目录》六条，《仪礼目录》十七条，《礼记目录》四十九条。"姚振宗《后志》曰："按《三礼目录》旧附《三礼》后，即《序录》也。贾公彦《序周礼废兴》引郑玄《序》云云一条，证以《释文》，亦即《三礼目录》之文。"按袁钧《郑氏佚书》、黄奭《高密遗书》、孔广林《通德遗书》，亦各辑有1卷。

40. 三礼图。《隋志》作9卷，注曰："郑玄及后汉侍中阮谌等撰。"《通志》同。《宋史·聂崇义传》载吏部尚书张昭奏议曰："《四部书目》内有《三礼图》十二卷，是隋开皇中敕礼官修撰，其图第一、第二题云'梁氏'，第十后题云'郑氏'，又称不知梁氏、郑氏名位所出。今书府有《三礼图》，亦题'梁氏、郑氏'，不言名位。"按此"不言名位"之"郑氏"，盖即郑玄。聂氏《三礼图》窦俨《序》称："崇义博采旧图，凡六本。"其一即列郑《图》。又张昭奏议载聂崇义论苍璧、黄琮等玉制，即明言"按《周官》玉人之职及阮谌、郑玄旧图，载其制度"，是所谓"郑氏"，即指郑玄无疑。姚振宗《后志》曰："按张昭、窦俨所云，则宋初郑《图》尚存，自阮谌后，皆编入诸家《三礼图》，其本凡三卷，唐《群书四录》有明文。意《三礼》各为一卷，郑所图不过如此，今依以著录。"

41. 发公羊墨守。

42. 箴左氏膏肓。

43. 起穀梁废疾。

三书皆见《本传》及《释文叙录》。两《唐志》于何休"《春秋左氏膏肓》十卷"下皆注云："郑玄箴。"何休《春秋公羊墨守》《旧唐志》作2卷，《新唐志》作1卷，而注皆云："郑玄发。"何休《春秋穀梁废疾》两《唐志》皆作3卷，而注皆云"郑玄释"。《四库》收有《箴膏肓》、《起废疾》、《发墨守》各1卷，《提要》云："汉郑元（玄）撰……其卷目之见《隋书·经籍志》者，有《左氏膏肓》十卷，《穀梁废疾》三卷，《公羊墨守》十四卷，皆注'何休撰'。又别出《穀梁废疾》三卷，注云'郑元（玄）释，张靖笺'。似郑氏所释与休原本，隋以前本自别行。至《旧唐书·经籍志》所载《膏肓》、《废疾》二书，卷数并同，特《墨守》作二卷为稍异，其下并注'郑元（玄）箴'，'郑元（玄）发'，'郑元（玄）释'云云，则已与何休书合而为一。迨于宋世，渐以散佚，惟《崇文总目》有《左氏膏肓》九卷，而陈振孙所见本复阙宣、定、哀三公，振孙谓其错误不可读，疑为后人所录，已非隋、唐之旧。其后学者益微，即振孙所云不全之《左氏膏肓》，亦遂不可复见矣。此本凡《箴膏肓》二十余条，《起废疾》四十余条，《发墨守》四条，并从诸书所引，掇拾成编，不知出自谁氏。或题为王应麟辑，亦别无显据。"王谟辑本《序》曰："此书在宋已残阙，《四库》所载，较宋时又残阙矣。兹复广为蒐辑，凡得《箴膏肓》三十余条，《起废疾》四十余条，《发墨守》七条。"按袁钧《郑氏佚书》、黄奭《高密遗书》、孔广林《通德遗书》亦各辑有1卷。

44. 驳何氏汉议。《隋志》作2卷。《旧唐志》载"《何氏春秋汉议》十一卷"，注曰："何休撰，郑玄驳，糜信注。"《新唐志》则载"《驳何氏春秋汉议》十一卷"。郑珍《书目》云："按《汉议》即《后汉书·儒林传》称'何休以《春秋》驳汉事六百余条，妙得《公羊》本意'者也。康成之驳久亡，唐已前书亦无一称引者。"姚振宗《后志》以为《隋志》所载2卷，当是郑玄本书，而两《唐志》所载11卷本，"是连何氏本文，又附以糜信之注，郑氏既驳其文，又驳其《序》（见下），是可知何氏书有自撰《序录》一卷在后也"。

45. 驳何氏汉议叙。《隋志》作1卷。

46. 答何休。《本传》曰："初，中兴之后，范升、陈元、李育、贾逵之徒争论古今学，后马融答北地太守刘瓌及玄答何休，义据深通，由是古学遂明。"据此，知郑玄有"答何休"之作。然其书久佚，《隋志》已不著录，其"答何休"之具体书名及逸文皆无可考。

47. 春秋左氏分野。《隋志》于"《春秋左传例苑》十九卷"下注曰："梁有《春秋左氏分野》一卷，郑玄撰，亡。"

48. 春秋十二公名。《隋志》于"《春秋左传例苑》十九卷"下又注曰："梁有《春秋十二公名》一卷，郑玄撰，亡。"

49. 六艺论。见《本传》。《隋志》作1卷。《旧唐志》作1卷，而注曰"郑玄注"。姚振宗《后志》曰："《旧志》往往以撰为注。"《新唐志》亦作1卷，《通志》同。何休《公羊序》"多得其正"下徐彦疏云："郑君先作《六艺论》迄，然后注书。"其书久佚，袁钧《郑氏佚书》辑为3卷，黄奭《高密遗书》、孔广林《通德遗书》各辑有1卷，此外清人还有多种辑本。

50. 驳许慎五经异义。见《本传》。《隋志》有许慎《五经异义》10卷，而不及郑玄之驳议。两《唐志》均有许慎《五经异义》10卷，而皆注曰："郑玄驳。"《四库》收有《驳五经异义》1卷,《补遗》1卷,《提要》曰:"汉郑元(玄)所驳许慎《五经异义》之文也……盖郑氏所驳之文,即附见许氏原本之内,非别为一书,故史《志》所载亦互有详略。至《宋史·艺文志》遂无此书之名,则自唐以来失传久矣……此本从诸书采缀而成,或题宋王应麟编,然无确证。……原本错杂相参,颇失条理。今详加厘正,以《义》、《驳》两全者,则附录以备参考。又近时朱彝尊《经义考》内亦尝旁引郑《驳异义》数条,而长洲惠氏所辑,则蒐罗益为广备,往往多此本所未及。今以二家所采,参互考证,除其重复,定著五十七条,别为《补遗》一卷,附之于后。其间有《异义》而郑无《驳》者,则郑与许同者也。"郑珍《书目》曰:"《驳许慎五经异义》,《隋》、《唐志》十卷,至宋亡,不知何时人辑为一卷。国朝乾隆间有王复、武亿、庄葆琛、孔广林、钱大昭诸本,皆因原辑增补,以意分合。唯孔本仍作十卷。嘉庆间陈编修寿祺取诸本参订,以类相从,分为三卷,作《疏证》以明之,虽非康成完书,典礼名物大端赅举。"

51. 天文七政论。见《本传》。郑珍《书目》曰:"《天文七政论》,见范书《本传》。刘知幾称《郑志目录》止作《七政论》。《隋》、《唐志》已不著录,其佚久矣。"

52. 九旗飞变。《旧唐志》作1卷,注曰:"郑玄撰,李淳风注。"《新唐志》载李淳风"《注郑玄九旗飞变》一卷"。郑珍《书目》云:"按九宫、九旗,皆风角占候家言。康成少好隐术,宜其绪余有此。"姚振宗《后志》曰:"《汉志》'蓍龟'家有《任良易旗》七十一卷,此《九旗飞变》似即其类。"又曰:"此三书(按指《九宫经注》、《九宫行棋经注》与此《九旗飞变》,前二书见上"杂注类")《本传》不载,疑后人从《易纬注》中析出者。"

53. 自传。王利器《郑康成年谱·著述》曰:"刘知幾《议经疏》引作《自述》。《隋书·刘炫传》:'炫自为传云:通儒司马相如、杨子云、马季卿(当作"长")、郑康成等,皆自叙风徽,传芳来叶。'"按严可均《全后汉文》卷84辑有郑玄《自序》1条,自注其出处曰:"《孝经序并注·正义》,《唐会要》七十七,《文苑英华》七百六十六。"

54. 郑玄集。《隋志》于"后汉野王令《刘梁集》三卷"下注曰:"梁又有《郑玄集》二卷,《录》一卷,亡。"两《唐志》、《通志》均作2卷。郑珍《书目》云:"《郑元(玄)集》,《唐志》二卷,按康成平生杂著必皆萃此集中，自佚其书，而注释以外文字十不存一，惜哉。"严可均《全后汉文》卷84辑有郑玄《皇后敬父母议》、《戒子益恩书》、《尚书大传叙》、《诗谱叙》、《孝经注叙》、《自序》，以及《六艺论》38条，凡八篇，盖有与《郑玄集》相出入者。姚振宗《后志》云："按范书《本传》言玄答何休论古学书，《御览》五百八十八引《别传》有嘉禾、嘉瓜《表》《颂》，《郑志》载两答甄子然难礼，凡斯之类，皆当在是集中。"

三　门弟子所辑类

55. 郑志。《本传》曰："门弟子相与撰玄答诸弟子问《五经》，依《论语》作《郑志》八篇。"《隋志》作11卷，注曰："魏侍中郑小同撰。"《通志》同。两《唐志》作9卷。姚振宗《后志》曰："按《隋》、《唐志》载《郑志》十一卷、九卷者，皆魏侍中郑小同重订别本。"朱氏《经义考》曰："按《郑志》载于《正义》及《通典》者，大抵张逸、赵商、冷刚、田琼、炅模问，而郑康成答之。又有焦乔、王权、鲍遗、陈铿、崇精弟子互相问答之辞。"《四库》收《郑志》3卷，《补遗》1卷，其《提要》文繁，姚振宗《后志》撮其要曰："《郑志》至《崇文总目》始不著录，此本莫考其出自谁氏。观书中博采群籍，有今日所不尽见者，知为旧人所辑，非近时所新编也。间有蒐采未尽，如诸经《正义》及《魏书·礼志》、《南齐书·礼志》、《续汉书·郡国志注》、《艺文类聚》诸书所引，尚有三十六条，为《补遗》一卷。"

56. 郑记。《隋志》作6卷，注曰："郑玄弟子撰。"两《唐志》、《通志》皆作6卷。朱氏《经义考》引刘知幾曰："郑之弟子分授门徒，各述师言，更不（当作"相"）问答，编录其语，谓之《郑记》。"《四库提要》于《郑志》下曰："《通典》所引《郑志》，皆元（玄）与门人问答之词，所引《郑记》，皆其门人相互问答之词，《郑志》之与《郑记》，其别在此。"又曰："《郑记》一书，亦久散佚，今可以考见者，尚有《初学记》、《通典》、《太平御览》所引三条，并附录之（按谓附于《郑志》之后），以存郑学之梗概。"又袁钧《郑氏佚书》及黄奭《高密遗书》亦各辑有1卷。

至于郑玄所著各书的具体时间与先后之次，因资料缺乏，今已不可得详，然其大要，已见于本编第一章《郑玄生平事迹考略》中，兹不赘述。

第 三 章

汉代的经今古文之争与郑学的出现

一 西汉的今文经学博士

《诗》、《书》、《礼》、《春秋》等儒家典籍，虽遭秦火，未能灭绝，民间私藏，仍流传到了汉代。《易》则因其本属卜筮之书，[①] 故幸免于秦火，完好地保留到汉代。

汉初，文帝立《鲁诗》（申培）及《韩诗》（韩婴）博士，[②] 又立晁错、

[①] 钱穆说："《易》在秦时，人犹知其为卜筮之书，非儒家之一经也。荀卿屡举《诗》、《书》、《礼》、《乐》、《春秋》而不及《易》，《孟子》七篇，无一字及《易》，知《易》不与《诗》、《书》、《礼》、《乐》、《春秋》同科。尊《春秋》齐于《诗》、《书》、《礼》、《乐》者，其论始于孟子，定于荀卿。并《易》与《诗》、《书》、《礼》、《乐》、《春秋》而言之者，则儒、道、阴阳合糅之徒为之。其事起于汉，见于刘安、马迁、董仲舒、贾谊之书。"（《国学概论》第一章：《孔子与六经》，商务印书馆，1997年）。

[②] 《汉书》卷88《儒林传》曰："申公，鲁人也。少与楚元王交俱事齐人浮丘伯受《诗》。"《楚元王传》曰："文帝时，闻申公为《诗》最精，以为博士。元王好《诗》，诸子皆读《诗》，申公始为《诗》传，号为《鲁诗》。"颜注曰："凡言'传'者，谓为之解说，若今《诗毛氏传》也。"《儒林传》又曰："韩婴者，燕人也。孝文时为博士，景帝时至常山太傅。婴推诗人之意，而作内、外《传》数万言，其语颇与齐、鲁间殊，然其归一也。"

张生为《尚书》博士。① 景帝时，又增立《齐诗》（辕固）博士，② 及《公羊春秋》（董仲舒、胡毋生）博士。③ 然汉初承秦制，虽立有七十博士，④ 实为百家博士，非专崇儒术。⑤ 且汉初崇尚黄老刑名之学，不重儒术，故《汉书·儒林传》曰："孝文本好刑名之言。及至孝景，不任儒术，窦太后又好黄老术，故诸博士具官待问，未有进者。"因此汉初所立之《诗》、《春秋》博士，不可比于汉武帝以后所立之经学博士。

建元元年（前140），武帝初即位，丞相卫绾奏曰："所举贤良，或治申、商、韩非、苏秦、张仪之言，乱国政，请皆罢之。"武帝可其奏。⑥ 同年，丞相窦婴（此时卫绾已死）、太尉田蚡、御史大夫赵绾、郎中令王臧又"务隆推儒术，贬道家言"，引起好黄老言的窦太后（景帝时的太后，武帝时的太皇太后）的不快。⑦ 建元二年，赵绾又"请毋奏事东宫"（即窦太后），招致窦太后大怒，结果"罢逐赵绾、王臧，而免丞相婴、太尉蚡"。⑧ 直到建元五年（前136），武帝始置《五经》博士。⑨ 这年是窦太后临死的前一年，盖已无力干政，而武帝的地位亦已稳固。建元六年，窦太后死，武帝即起用"好儒术"

---

① 《汉书》卷49《晁错传》曰："孝文时，天下亡治《尚书》者，独闻齐有伏生，故秦博士，治《尚书》，年九十余，老不可征。乃诏太常，使人受之。太常遣错受《尚书》伏生所，还，因上书称说。诏以为太子舍人，门大夫，迁博士。"又《儒林传》曰："孝文时……伏生教济南张生及欧阳生。张生为博士。"

② 《史记》卷121《儒林列传》曰："清河王太傅辕固生者，齐人也。以治《诗》，孝景时为博士。"

③ 《史记》卷121《儒林列传》曰："董仲舒，广川人也。以治《春秋》，孝景时为博士。"又曰："胡毋生，齐人也。孝景时为博士，以老归教授。"《汉书·儒林传》曰："胡毋生，字子都，齐人也。治《公羊春秋》，为景帝博士。与董仲舒同业，仲舒著书称其德。"

④ 《艺文类聚》卷46引《汉旧仪》曰："孝文皇帝时，博士七十余人。"又《唐六典》卷22"国子博士"注引《汉官仪》曰："文帝博士七十余人，为待诏博士。"

⑤ 《汉书》卷36《刘歆传》载歆《移让书》曰："（孝文皇帝时）天下众书往往颇出，皆诸子传说，犹广立于学官，为置博士。"又王国维《汉魏博士考》（见《观堂集林》卷4）论文帝所立七十博士曰："案此汉初之制，未置五经博士前事也。员数与秦略同，亦不尽用通经之士。如高帝二年即以叔孙通为博士，通非专经之士也。又文帝时，齐人公孙臣上书，陈终始五德传，文帝召以为博士，臣亦非专经之士也。盖犹袭秦时诸子百家各立博士之制。"

⑥ 见《汉书》卷6《武帝纪》建元元年。

⑦ 见《汉书》卷52《田蚡传》。

⑧ 《汉书》卷52《田蚡传》。

⑨ 《汉书》卷6《武帝纪》建元五年春："置五经博士。"《百官公卿表·序》说同。王国维《汉魏博士考》曰："案文、景时已有《诗》、《书》、《春秋》博士，则武帝所置者，《易》与《礼》而已。"

的田蚡为相，于是"黜黄老、刑名百家之言，延文学儒者以百数"。① 元光元年（前134）五月，董仲舒在贤良对策中又进一步提出：

> 《春秋》大一统者，天地之常经，古今之通谊也。今师异道，人异论，百家殊方，指意不同，是以上亡以持一统；法制数变，下不知所守。臣愚以为诸不在六艺之科孔子之术者，皆绝其道，勿使并进。邪辟之说灭息，然后统纪可一而法度可明，民知所从矣。②

元光五年，公孙弘为学官，又建议：

> 为博士官置弟子五十人，复其身。太常择民年十八以上仪状端正者，补博士弟子。……一岁皆辄课，能通一艺以上，补文学掌故缺；其高第可以为郎中。……请选择其秩比二百石以上及吏百石通一艺以上补左右内史、大行卒史，比百石以下补郡太守卒史，皆各二人，边郡一人。先用诵多者，不足，择掌故以补中二千石属，文学掌故补郡属，备员。请著功令。"制曰："可。"自此以来，公卿大夫士吏彬彬多文学之士矣。③

以上就是人们常说的所谓"罢黜百家，独尊儒术"的过程。由史籍所载上述过程可见：第一，"罢黜百家，独尊儒术"，是后世学者对这一过程的一个概括，并非某人建议的原话或武帝诏令之原文。④ 第二，"罢、尊"之举，

---

① 见《史记》、《汉书》之《儒林传·序》。
② 《汉书》卷56《董仲舒传》。按据《武帝纪》，武帝是在元光元年五月诏贤良对策的，"于是董仲舒、公孙弘等出焉"。而翦伯赞在其《中国史纲要》第四章第四节中，系对策事于武帝建元元年，则非也。是盖误读《汉书·董仲舒传》"武帝即位，举贤良文学之士前后百数，而董仲舒以贤良对策焉"之语。"武帝即位"是在建元元年（前140），然《传》文明明说"举贤良文学之士前后百数"，是知非指即位当年所举，而董仲舒之对策亦当在数年之后，故当以《武帝纪》系此事于元光元年（前134）为是。
③ 《汉书》卷88《儒林传·序》。按《序》称其时"弘为学官"，即为博士也。据《汉书·公孙弘传》，元光五年（前130），武帝诏诸儒对策，"策奏，天子擢弘对为第一。召入见，容貌甚丽，拜为博士。"是弘为学官在元光五年。
④ 王葆玹说："'罢黜百家，独尊儒术'两句话始见于《资治通鉴》，是司马光根据《汉书·武帝纪·赞》而作出的推测。"见其所著《今古文经学新论》第四章之二，中国社会科学出版社，1997年。然遍检《资治通鉴》并无"独尊儒术"之语，此语究为何人或何书所首言，尚待考。

在董仲舒之前已有卫绾、窦婴、田蚡、赵绾等人先后提出,并非董仲舒之首倡。然由董仲舒的《对策》可见,前此卫绾等人所提建议尽管已被武帝所接受,但由于种种原因,特别是窦太后的干扰,并未能实行,故董仲舒的《对策》中还说"今师异道,人异论,百家殊方"。同时也应承认,董仲舒的《对策》对汉武帝的"罢、尊"之举,起了至关重要的作用,因为只有他的《对策》及其《公羊春秋》学说,把应当"罢、尊"的道理说得最为透辟,且糅合阴阳、道、法诸家学说,已经把原始儒学改造成为适应封建大一统政治需要的新儒学,因此他的学说和建议,也最得武帝的赏识和重视。应该说,董仲舒的学说,为武帝的"罢、尊"之举奠定了理论基础。第三,人们每说武帝采纳董仲舒的建议而行"罢、尊"之举,置五经博士,并为博士置弟子员,这也是未能详考史实所致。实际是先置五经博士(前136),后有董仲舒的《对策》(前134),而后才接受公孙弘的建议"为博士官置弟子五十人",且自此以后始任用经生为吏,为经学开了利禄之途,故曰"自此以来,公卿大夫士吏彬彬多文学之士"。只有到这时,儒家经学才取得了独尊的地位,而一改秦以来的旧制,专任儒家经师为博士。[①]

武帝所立《五经》,盖有七博士。《诗》有《鲁诗》、《韩诗》、《齐诗》三家,《尚书》欧阳(和伯)学一家(出于伏生),《春秋》公羊学一家(出于胡毋生),《礼》后氏(仓)学一家(出于高堂生),《易》杨氏(何)学一家(出于田何),[②]是为《五经》七家博士。到宣、元时期,博士之学又分化而加多。《尚书》除欧阳学外,宣帝时又增立《大夏侯尚书》、《小夏侯尚

---

① 王国维《汉魏博士考》曰:"武帝始罢黜百家,专立《五经》,而博士之员大减。"又引赵岐《孟子题辞》曰:"后罢传记博士,独立五经而已。"又曰:"案传记博士之罢,钱氏大昕以为即在置《五经》博士时,其说盖信。"按所谓"传记",即刘歆所谓"诸子传说"。钱穆亦曰:"及孝武置《五经》博士,而后博士始为经生所独擅。"(《国学概论》第四章:《两汉经生经今古文之争》)

② 《汉书》卷88《儒林传·赞》曰:"自武帝立《五经》博士,……初,《书》唯有欧阳,《礼》后,《易》杨,《春秋》公羊而已。"按欧阳即《儒林传》所谓欧阳生,其《尚书》学受之于伏生。《儒林传》又曰:"欧阳生,字和伯,千乘人也。"所谓《礼》,即今十七篇之《仪礼》,当时亦名《士礼》,或径称《礼》。《儒林传》曰:"汉兴,鲁高堂生传《士礼》十七篇。"据《传》,高堂生之《礼》学盖传之于萧奋,萧奋授孟卿,孟卿授后仓,是后仓之《礼》学,本之于高堂生。又据《儒林传》,汉初最早传《易》的是田何,田何授之于王同子中、丁宽等,王同子中授杨何,是杨氏之学本之于田何。又《赞》文不及《诗》,盖《齐》、《鲁》、《韩》三家自汉初而因仍未变故也。

书》二家博士，是为三家。① 《春秋》之公羊学，分化为严（彭祖）、颜（安乐）二家之学，宣帝时立博士。② 《礼》由后氏之学，分化为《大戴礼》、《小戴礼》、《庆氏礼》三家，宣帝时皆立博士。③ 《易》之杨氏学，分化为施氏、孟氏、梁丘氏、京氏四家之学，施、孟、梁丘三家《易》学宣帝时立博士，《京氏易》元帝时立博士。④ 而《诗》之《鲁》、《齐》、《韩》三家博士，仍沿立而不变。以上诸家，除去《庆氏礼》，即所谓"十四博士之学"。⑤ 又宣帝时还曾立《穀梁春秋》博士，⑥ 盖至东汉时不复立，故十四博士不数《穀梁》。⑦

以上所谓十四博士之学（如数《庆氏礼》和《穀梁春秋》则为十六博士），皆为今文经学，这是西汉经学的主体。所谓今文经学，是因为博士们所用以教授弟子的经书的本子，都是用当时通行的文字隶书（即所谓"今文"）改写过的，由此而得名。当时古文经未出，虽在民间流传，但影响不大，故

---

① 《汉书》卷30《艺文志》曰："迄孝宣世，有《欧阳》、大、小《夏侯氏》，立于学官。"《儒林传·赞》曰："至孝宣，复立大、小《夏侯尚书》。"

② 《汉书》卷88《儒林传》说，胡毋生治《公羊春秋》，授嬴公，嬴公授眭孟，眭孟授严彭祖、颜安乐，孟死，"彭祖、安乐各颛门教授，由是《公羊春秋》有颜、严之学。彭祖为宣帝博士"。而据《后汉书·儒林传》，安乐与彭祖"皆立博士"。《后汉书·百官二》数博士之学亦曰："《春秋》二，《公羊》严、颜氏。"

③ 《汉书》卷88《儒林传》曰："（后）仓说《礼》数万言，号曰《后氏曲台记》，授闻人通汉子方、梁戴德延君、戴圣次君、沛庆普孝公。孝公为东平太傅。德号大戴，为信都太傅；圣号小戴，以博士论石渠，至九江太守。由是《礼》有大戴、小戴、庆氏之学。"《艺文志》曰："迄孝宣世，后仓最明《士礼》。戴德、戴圣、庆普皆其弟子，三家立于学官。"按据《儒林传·赞》宣帝时所立《礼》博士只有《大戴》、《小戴》二家，《后汉书·百官二》数《礼》博士亦唯二戴而不数庆氏，是《庆氏礼》宣帝时是否立博士，还是个疑问。

④ 据《汉书》卷88《儒林传》，丁宽与王同子中同受《易》于田何，丁宽授田王孙，"王孙授施雠、孟喜、梁丘贺，由是《易》有施、孟、梁丘之学"。《儒林传·赞》曰："至孝宣世，复立……《施》、《孟》、梁丘》。"《儒林传》又说，有焦延寿者"尝从孟喜问《易》"，而京房受《易》于焦延寿，"由是《易》有京氏之学"。《赞》又曰："至元帝世，复立《京氏易》。"《艺文志》亦曰："迄于宣、元，有施、孟、梁丘、京氏列于学官。"

⑤ 此据《后汉书·志》第25《百官二》及《儒林传·序》为说。《百官二》列十四博士曰："《易》四：施、孟、梁丘、京氏。《尚书》三：欧阳、大、小夏侯氏。《诗》三：鲁、齐、韩氏。《礼》二：大、小戴氏。《春秋》二：《公羊》严、颜氏。"《儒林传·序》说同。

⑥ 据《汉书》卷88《儒林传》，《鲁诗》的创始人申公兼善《穀梁春秋》，授瑕丘江公，江公传其子及孙，而宣帝"善穀梁学"，"征江公孙为博士"。

⑦ 钱穆说："宣帝时……又立《穀梁》博士，至东汉而罢，故不在十四博士之内。"（《国学概论》第四章：《两汉经生经今古文之争》）

当时的博士之学，并未加"今"字，直到东汉的班固撰《汉书·艺文志》时，所载今学著作仍不加"今"字。到了东汉古文经学盛行以后，博士之学始加"今"字而与古文经学并称。今、古文经学明确地标以"今"、"古"二字，则始于许慎的《五经异义》。[①]

二　刘歆校书与古文经的发现

我们首先看《汉书·刘歆传》中下面一段记载：

> 歆字子骏，少以通《诗》《书》能属文，召见成帝，待诏宦者署，为黄门郎。河平中，受诏与父向校秘书，讲六艺传记、诸子、诗赋、数术、方技，无所不究。向死后，歆复为中垒校尉。
>
> 哀帝初即位，大司马王莽举歆宗室有材行，为侍中太中大夫，迁骑都尉、奉车光禄大夫，贵幸。复领《五经》，卒父前业。歆乃集六艺群书，种别为《七略》，语在《艺文志》。
>
> 歆及向始皆治《易》，宣帝时，诏向受《穀梁春秋》，十余年，大明习。及歆校秘书，见古文《春秋左氏传》，歆大好之。时丞相尹咸能治《左氏》，与歆共校经传。歆略从咸及丞相翟方进受，质问大义。初，《左氏传》多古字古言，学者传训诂而已，及歆治《左氏》，引传文以解经，转相发明，由是章句义理备焉。歆亦湛靖有谋，父子俱好古，博见强志，过绝于人。歆以为左丘明好恶与圣人同，亲见夫子，而公羊、穀梁在七十子后，传闻之与亲见之，其详略不同。歆数以难向，向不能非间也，然犹自持其《穀梁》义。及歆亲贵，欲建立《左氏春秋》及《毛诗》、《逸礼》、《古文尚书》皆列于学官。哀帝令歆与《五经》博士讲论其义，诸博士或不肯置对，歆因移书太常博士，责让之。

这里有几个问题值得注意。

---

① 参见廖平《今古学考·卷上》，见于刘梦溪主编《中国现代学术经典·廖平、蒙文通卷》，河北教育出版社，1996年。

第一，何谓古文？刘起釪说，古文"是指秦统一为小篆以前的大篆籀文和六国使用的文字"。① 何谓古文经？则是指自先秦流传到汉代的用古文抄写的经书。其实今文经的原本也是古文，到汉初以后为便于教授和传播，始用隶书加以改写，而成今文了。还有一部分经书，是到西汉后期刘向、歆父子校书时，才从秘府中发现的，发现时的本子还是用先秦的古文字抄写的，故称古文经。其实自汉初以来民间古文经的流传并没有间断（见下文），这些在民间流传的古文经，为了传习的方便，盖亦用当时的隶书改写过了。如《汉书·儒林传》说"孔氏有古文《尚书》，孔安国以今文读之，因以起其家"，即是其例。又经刘向、歆父子发现后经过整理而著于《录》《略》的古文经，盖亦已改写成今文了。因为据《汉志》，当时设有专门的"写书之官"，"每一书已"（即校理完毕），都要上奏朝廷，而在上奏之前，一定是经写书官用今文抄写过的。然而之所以还称之为"古文"，这只是据刘氏父子发现时的本子而言，以与立学官的今文经相区别。

第二，关于古文经的来历。由上面的记载看，《春秋左氏传》、《毛诗》、《逸礼》、《古文尚书》等古文经，是刘向、歆父子从秘书中发现的。所谓秘书，即汉王朝的宫廷藏书，外人不可得见，故曰"秘"，故《汉志》又称之为"中古文"，师古注曰："中者，天子之书也。言中，以别于外耳。"但中古文又是从哪里来的呢？说法就比较多了。如有出自孔壁说，见于《汉书·景十三王传》之《鲁恭王传》，曰：

> 恭王初好治宫室，坏孔子旧宅以广其宫，闻钟磬琴瑟之声，遂不敢复坏，于其壁中得古文经传。

《汉志》及刘歆《移让太常博士书》说同，而《汉志》则又具体指出鲁恭王所得古文经传有"《古文尚书》，及《礼记》、《论语》、《孝经》，凡数十篇，皆古字也"，《移让书》还具体指出其所得书有"《逸礼》三十九，《书》十六篇"。

又有河间献王得民间献书说，见于《景十三王传》之《河间献王

---

① 刘起釪：《尚书学史》第4章《西汉〈古文尚书〉的出现》，中华书局，1989年，第105页。

传》,曰:

> 河间献王德,以孝景前二年立,修学好古,实事求是。从民得善书,必为好写与之,留其真,加金帛赐以招之。由是四方道术之人不远千里,或有先祖旧书,多奉以奏献王者,故得书多,与汉朝等。……献王所得书皆古文先秦旧书,《周官》、《尚书》、《礼》、《礼记》、《孟子》、《老子》之属,皆经传说记,七十子之徒所论。

又有出于鲁淹中(里名)及孔氏说,见于《汉志》,曰:

> 《礼古经》者,出于鲁淹中及孔氏,〔与十七〕篇文相似,多三十九篇。

按此所谓"鲁淹中",盖即民间献书之一途;所谓"孔氏",盖即上所谓"孔壁"。以上所述古文经传的来源虽不一,所出经传亦互参差,盖皆献之于汉王朝,成为"中古文"的来源。且汉初自惠帝时即已明令废除秦的"挟书律",① 汉王朝又"大收篇籍,广开献书之路",并且"建藏书之策,置写书之官,下及诸子传说,皆充秘府",② 则朝廷秘府中所藏诸书,其来源当远不止上述诸途,只因史籍缺载,已不可一一考之。然而这些书藏入秘府之后,既未经整理,更未公诸于世,故到成、哀时期刘氏父子校书,始又重新发现。

第三,学者一般都说,刘歆是古文经学的鼻祖。这话并不全对。首先,刘歆本人的经学根柢在今文,且博及群书,故《本传》说他"少以通《诗》《书》",又说他与其父"始皆治《易》",这《诗》、《书》、《易》即皆今文。《本传》又称他"六艺经传,诸子、诗赋、数术、方技,无所不究",是其学甚博也。到后来校秘书,发现古文《春秋左氏传》,始"大好之"。又古文经学亦绝非刘歆的发明或首创,自汉初即已在民间流传,且有学者在研究,如据《汉书·儒林传》记载,汉初研习《左氏传》的就有张苍、贾谊、张敞、

---

① 见《汉书》卷2《惠帝纪》四年三月所记。
② 《汉书》卷30《艺文志·序》。

刘公子等多人，后相传不绝，到刘歆时还有翟方进、尹咸等人，故刘歆得以从尹咸和翟方进受业，"质问大义"。而刘歆的贡献则在于"引传文以解经，转相发明，由是章句义理备焉"。这说明《春秋左氏》学到刘歆手里，确实有了创造性的发展，而使其"章句义理"完备，自成一家。然与刘歆同时，研习《左氏春秋》的还有范钦，却"别自名家"，见于《后汉书·陈元传》。这说明刘歆的《左氏》学，当时绝非仅此一家。至于其他古文经，如《本传》所提到的《毛诗》、《逸礼》、《古文尚书》等，刘歆是否研治过，史无明文，就不得而知了。然《毛诗》和《古文尚书》，民间亦早有研治者。如《汉书·儒林传》说"孔氏有古文《尚书》，孔安国以今文读之，因以起其家"，"司马迁亦从安国问故"，其后流传不绝；《毛诗》则有赵人毛公研治之，后亦流传不绝。只有《逸礼》三十九篇，不见有研治者。① 可见，说古文经学是刘歆的首创，是没有根据的。据实言之，只能说刘歆是首先重视并要求为古文经立学官的人。

第四，刘歆之所以提出为古文经立学官，完全出于个人的喜好，他以为古文经比今文经完备，特别是《春秋左氏传》，更能传达圣人（孔子）的意思，胜过《公羊》和《穀梁》，即所谓"传闻之与亲见之，其详略不同"。再者，刘歆当时的地位尊宠，身为光禄大夫，领《五经》，有关经学和学官的事，正属他掌管，因此他也完全有条件、有资格提出这样的建议。可见，刘歆的建议立古文经，绝非如晚清的今文学派以及近现代的疑古派所认为的那样，是为了利用古文经学帮王莽篡汉制造舆论。刘歆的"贵幸"虽得力于当时任大司马的王莽的荐举，但以王莽当时的地位和影响，恐怕还不敢怀篡汉的野心。而且当刘歆提出为古文经立博士的建议时，王莽已经失官，被免职在家了。② 故钱穆说："时莽已失职，汉廷亦绝无倾覆之象，岂莽之与歆已预定篡汉之谋，乃举歆校书，遍伪群经，以为莽将来谋逆之地耶？"③ 必不然矣！

综上述，我们对古文经的来历以及古文经学的出现，可以有个概貌的

---

① 《汉书·艺文志》有"《礼古经》五十六卷（篇）"，比今文《礼》经的十七篇多出三十九篇，这三十九篇即所谓《逸礼》。

② 刘歆提出为古文经立博士的建议在哀帝建平元年，据《汉书·王莽传上》记载，这年王莽始因"太后诏莽就第，避外家"而被免官，继而太后虽又"复令莽视事"，但接着又因得罪了傅太后而被免官，于是王莽在家"杜门不出"。

③ 钱穆：《刘向歆父子年谱》，见《古史辨》第5册，上海古籍出版社，1982年，第163页。

了解。

三 关于今古文之争

今古文经学实为两个不同学派。学派既不同，争议自难免。下面我们着重谈谈有关今古文之争的问题。

汉代的今古文之争，大体可以分为两个阶段：西汉后期为一阶段，东汉为一阶段。两个阶段争论的性质绝不相同。

西汉后期的争论发生在哀帝建平元年，是由刘歆提出为《春秋左氏传》、《毛诗》、《逸礼》、《古文尚书》等古文经立博士引起的。哀帝令刘歆与《五经》博士讨论这件事，结果"诸博士或不肯置对"，[①] 即以沉默表示反对。因此刘歆写下了著名的《移让太常博士书》，对博士们加以指责，说他们"欲保残守缺，挟恐见破之私意，而无从善服义之公心，或怀妒嫉，不考情实，雷同相从，随声是非，抑此三学，以《尚书》为备（按指二十九篇之《今文尚书》），谓左氏为不传《春秋》"，"党同门，妒道真，违明诏，失圣意，以陷于文吏之议"，等等。因其言辞过切，不仅招至诸博士的怨恨，也引起了一些执政大臣的愤怒，如大司空师丹即"大怒，奏歆改乱旧章，非毁先帝所立"。哀帝反驳他说："歆欲广道术，亦何以为非毁哉？"可见，作为最高统治者的哀帝还是向着刘歆的，但也因不愿得罪众多的博士和大臣们，并未明确地支持刘歆。这场争论，以刘歆所代表的古文经学派的失败而告终，刘歆也被下放到地方做官去了。但这次争论除博士们所谓"以《尚书》为备，谓左氏为不传《春秋》"之说，略带学术性质，并没有涉及任何具体的学术问题。且当时的博士都甚浅陋，大多没有见过古文经，更谈不上有所研究，故"不肯置对"，宜其然也。至于博士们一致反对立古文经的根本原因，则是为了垄断利禄之途，不愿古文经学派出来跟他们争饭碗、争仕途。因为自汉武帝表彰《六经》以后，读经可以做官，著名的经师还可以做大官，今文经学得以迅速发展，到宣、成时期，即已由此而形成了"士族"这一特殊势力。金春峰在其《汉代思想史》（修订增补版）中对此有很好的分析，其中有两段话说：

[①] 《汉书》卷36《楚元王传》所附《刘歆传》。按本章以下引文凡不注出处者，皆出于此《传》。

由于尊儒政策的确定，在社会上，在民间，经学却取得了迅速的发展，经过六十多年的积累，终于形成了"士族"这一强宗豪族力量。……宣成时期今文经学确立全面统治地位，本质上是由这种情况造成的。

　　汉代经学重师法、家法，又形成"累世经学"的特殊现象。每一经师，门徒众多，代代相传，党同伐异，壁垒森严，在社会上形成为一种特殊的势力和朋党。……经学的经师或"家"的代表，往往是政府中的大官，相互援引荐举，门生故吏亦纷纷占据要津。于是上下左右，朝内朝外，盘根错节，其势力更加牢不可拔。这也是经学在宣成时期能够确立统治地位的原因。①

这样一种由今文经学势力垄断政治和仕途的局面，仅凭刘歆的建议，就想让古文经学插足进来，将固有的格局打破，当然是不可能的。

　　东汉时期的争论，比较明显的有三次。第一次发生在东汉光武帝建武四年。据《后汉书·儒林传·序》，建武初年，刘秀即已恢复了西汉的十四博士之学。② 尚书令韩歆又上疏，"欲为《费氏易》、《左氏春秋》立博士"。③ 于是"诏下其议。四年正月，朝公卿、大夫、博士，见于云台"，对韩歆的建议展开讨论，刘秀亲自主持了这次讨论，并指名要今文《梁丘易》博士范升发言，说："范博士可前平说。"于是范升竭力反对为此二种古文经立博士，"遂与韩歆及太中大夫许淑等互相辩难，日中乃罢"。下来以后，范升又以书面形式上奏朝廷，表达自己的反对意见。范升提出的反对理由，除认为"《左氏》不祖孔子"，传授不明，非先帝所立等外，最值得注意的是下面这段话：

---

　　① 见金春峰《汉代思想史·宣成时期今文经学统治地位的确立》之六：《儒学确立统治地位的社会阶级背景》，中国社会科学出版社，1997年。
　　② 按据《后汉书·儒林传·序》及《百官二》，所立十四博士不数《庆氏礼》，然据《后汉书·曹褒传》记载，曹褒之父曹充"持《庆氏礼》，建武中为博士"，是建武所立，实为十五博士。然《儒林传》及《百官志》之所以没有道及《庆氏礼》，盖如王国维所说："后《庆氏》学微，博士亦中废，至后汉末，《礼》博士只有大、小戴二家，故司马彪、范晔均遗之耳。"（《观堂集林·汉魏博士考》）
　　③ 《后汉书》卷36《范升传》。按本章以下引文凡不注出处者，皆出此《传》。

近有司请置《京氏易》博士,群下执事,莫能据正。《京氏》既立,《费氏》怨望,《左氏春秋》复以比类,亦希置立。《京》、《费》已行,次复《高氏》,《春秋》之家,又有《驺》、《夹》。如令《左氏》、《费氏》得置博士,《高氏》、《驺》、《夹》,《五经》奇异,并复求立,各有所执,乖戾分争。从之则失道,不从则失人,将恐陛下必有厌倦之听。……今《费》、《左》二学,无有本师,而多反异,先帝前世,有疑于此,故《京氏》虽立,辄复见废。疑道不可由,疑事不可行。……孔子曰:"攻乎异端,斯害也已。"传曰:"闻疑传疑,闻信传信,而尧舜之道存。"愿陛下疑先帝之所疑,信先帝之所信,以示反本,明不专己。

由这段话可以看出,范升所竭力反对的是增立博士,而并不问所增立的是古文、今文。《左》、《费》是古文,不用说了,然而《京氏易》属今文,他也反对,只是前此未能阻止得了,至今心中怏怏,还要说它不当立。又其所举可能会竞相争立的经学派别,亦不限于古文,如《高氏易》就属今文。《汉书·儒林传》说高氏名相,其学"亡章句,专说阴阳灾异,自言出于丁将军",而丁将军之《易》则受自田何,是《高氏》属今文《易》学无疑。又《春秋》学的《驺》、《夹》二家,《汉志》"驺"作"邹",只说"邹氏无师,夹氏未有书",是其为今文、古文,尚难断定。当时未立博士的经学派别,还不止上述诸家,故范升又提到"《五经》奇异,并复求立"。所谓"《五经》奇异",无非是经说互异的各种学派,其中盖今、古文兼包之。而范升之所以反对增立博士,则是为了捍卫经学的道统,故曰"从之则失道,不从则失人",并引孔子的话,以示"异端"之害而当攻之,而要求"反本"。其所谓"疑先帝之所疑"一语,亦暗示《京氏易》虽立而当废,因为《京氏》主要讲阴阳灾异,与《施》、《孟》、《梁丘》明显不同,[①] 故西汉先帝于"《京氏》虽立,辄复见废"。因此他主张除现有的博士外,不论今古,一概不再增立,以绝《五经》奇异竞立之望。他把攻击的焦点,集中在"《左氏》不祖孔子"

---

① 《汉书》卷88《儒林传》曰:"诸《易》家说皆祖田何、杨叔〔元〕、丁将军,大谊略同,唯京氏为异。"

上，又"奏《左氏》之失凡十四事"。而《左氏》学专家陈元对范升的反驳，也集中在说明《左氏》所传乃"孔子之正道"，① 于是相互辩难，书"凡十余上"。这次争论的结果，倒是古文经学取得了部分的暂时的胜利：刘秀虽没有同意立《费氏易》，然"卒立《左氏》学"。当时太常为刘秀提出了四位《左氏》专家的名单，作为《左氏》博士的人选，供刘秀圈定，陈元排在第一位。刘秀却"以（陈）元新忿争，乃用其次司隶从事李封"。但李封当时已年迈，不久就病死了，于是"《左氏》复废"。

由上可见，这次今古文之争的性质，已由西汉末年利禄之途的争夺转变为学术道统之争了。这种转变的原因何在呢？这就与古文经学在东汉初年所处的地位有关了。古文经学在西汉一直处于受压、受排挤的地位（王莽当政时曾立古文经博士，这里姑且不论），但到了东汉，这种局面已经彻底改变了。刘秀本人就是古文经学的支持者，这由他"卒立《左氏》"可见。且刘秀自建国之初，就十分重视古文经学及其学者，已经把今、古文经学置于同等重要的地位。他大量任用古文经师为官，甚至充任朝廷要职，就是明证。下面试举几例。

杜林，是两汉之际著名的古文经学大师，尤以传授漆书《古文尚书》而闻名于世。东汉初年杜林曾被隗嚣拘于西州，建武六年得脱。刘秀听说他已回到关中，立即征拜为侍御史。后来杜林的官位不断升迁，由侍御史升至大司徒司直，又升为光禄勋，建武二十二年，又代朱浮为大司空。第二年杜林死，刘秀还"亲自临丧送葬"，可见刘秀对杜林信爱之厚。②

郑兴，是与杜林同时的另一位古文经学大师，他"好古学，尤明《左氏》、《周官》"。他也曾被拘于西州隗嚣处。杜林任侍御史后，便向刘秀推荐郑兴，刘秀即"征为太中大夫"。

陈元，是两汉之际著名的《左氏春秋》学者，"建武初，与桓谭、杜林、郑兴俱为学者所宗"。因为陈元"以高才著名"，故得辟司空李通府任职，李通罢相后，"复辟司徒欧阳歙府"。后以病去官，老死于家。

桓谭，也是当时著名的古文经学家，他"博学多通，遍习《五经》"，而

---

① 见《后汉书》卷36《陈元传》。按本章以下引文凡不注出处者，皆出于此《传》。
② 按自杜林至以下所论郑兴、陈元、桓谭、卫宏诸人事迹，皆见《后汉书》本传。

"尤好古学"。刘秀称帝后,经大司空宋弘的推荐,官拜议郎给事中。

卫宏,"与河南郑兴俱好古学",尤精于《毛诗》学,后又从杜林受《古文尚书》,并为之作《训旨》,致使"古学大兴"。刘秀知其名,征拜为议郎。

这样的例子还可以举出不少。由于通古文经也可以做官,甚至被朝廷所重用,人们自然争趋而研习之。这里还有一条材料,很值得注意,但以前却被人们所忽略,即在这次围绕韩歆提出为《左氏春秋》立博士的争论中,竭力反对立《左氏》博士的,还有当时著名的古文经学大师桓谭和卫宏!据《东观汉记》记载:"光武兴立《左氏》,而桓谭、卫宏并共毁訾,故中道而废。"[①] 这两位古文经学家具体出于什么理由而加入反对立古文博士的大合唱,因史料缺乏,已不可考。但有一条是可以肯定的,即以刘秀为首的东汉政权对今古文学者一视同仁地重视和任用,利禄之途既开,因此是否立学官,已经没有什么实际意义了。这应该是桓谭和卫宏反对立《左氏》博士的基本前提。

总之,自东汉初年开始,今古文之争,已成为道统之争(谁更能传孔子之道)、学术之争,与西汉末年的今古文之争,性质已迥然不同。我们从发生于东汉的以后两次争论,更可以看出这一点。

东汉的第二次今古文之争,实际是由章帝发起的,是章帝支持古文经学大师贾逵对今文经学展开的一次全面挑战。贾逵之父贾徽就是两汉之际的一位古文经学家,他"从刘歆受《左氏春秋》,兼习《国语》、《周官》,又受《古文尚书》于涂恽,学《毛诗》于谢曼卿,作《左氏条例》二十一篇"。[②] 逵则"悉传父业,弱冠能诵《左氏传》及《五经》",而"尤明《左氏传》、《国语》,为之《解诂》五十一篇"(李注曰:"《左氏》三十篇,《国语》二十一篇")。章帝即位,"特好《古文尚书》、《左氏传》",诏逵入讲,而"善逵说",于是命贾逵"发出《左氏传》大义长于二《传》者"。这是章帝在《春秋》学领域命贾逵对今文经学发起的挑战。于是贾逵"摘出《左氏》三十事尤著明者",认为"斯皆君臣之正义,父子之纪纲"。并且特别强调:"《五经》家(按指今文博士)皆无以证图谶明刘氏为尧后者,而《左氏》独

---

① 吴树平:《东观汉记校注》卷15《陈元》,中州古籍出版社,1987年,第612页。
② 《后汉书》卷36《贾逵传》。按本章以下引文凡不注出处者,皆出自此《传》。

有明文。"① 其书上奏章帝后，受到章帝的嘉奖，赐给他布五百匹，衣一袭，并令他"自选《公羊》严、颜诸生高才者二十人，教以《左氏》"。可见太学此时虽未立《左氏》博士，实已开设《左氏》课程，且选《公羊》学之高才生以教授之，由此开了东汉太学教授古文经学的先例。这是古文经学取得的一次重大胜利。

贾逵又"数为帝言《古文尚书》与经传《尔雅》诂训相应"，于是章帝又"诏令撰《欧阳》、大、小《夏侯尚书》、《古文》同异"。这是章帝支持贾逵在《尚书》学领域对今文经学发起的挑战。于是贾逵又"集为三卷"，上奏章帝，"帝善之"。紧接着又命他"撰《齐》、《鲁》、《韩诗》与《毛氏》异同，并作《周官解诂》"，这是在《诗》学和《礼》学领域支持贾逵对今文经学发起的挑战。这一系列针对今文经学的挑战，由于有章帝的支持，都取得了辉煌的胜利。接着，章帝又命"诸儒（即太学博士）各选高才生，受《左氏》、《穀梁春秋》、《古文尚书》、《毛诗》，由是四经遂行于世"，这就进一步打破了自西汉以来太学只讲授博士之学的旧制。这种太学兼授古文经学的局面，一直相沿而未变，到东汉后期则更甚，例如在《郑玄生平事迹考略》里笔者提到的郑玄在太学从师所受今古学的情况，就是明证。章帝不仅让贾逵在太学教授古学，且"皆拜逵所选弟子及门生为千乘王国郎（李注曰："千乘王伉，章帝子也。"），朝夕受业黄门署，学者皆欣欣羡慕焉"。《后汉书·儒林传·序》也说，当时古文经"虽不立学官，然皆擢高第为讲郎，给事近署"。这又开了古文经弟子拜官的先例，实际是自刘秀以来任用古文经师政策的延续和发展。我们由"学者皆欣欣羡慕"可以看出，此例之开，在当时对学者影响之大。从章帝支持贾逵对今文经学展开挑战和取得的胜利可见，古文经学对于今文经学，已隐隐有压倒之势。

这次贾逵在章帝支持下对今文经学的挑战，基本上唱的是独角戏，即有挑战而无反击，所以严格地说，谈不上争论。据《后汉书·儒林传》记载，只有一个《春秋公羊》学者，名叫李育，"颇涉猎古学，尝读《左氏传》，虽乐文采，然谓不得圣人深意"。在他拜博士前，曾作《难左氏义》四十一事，

---

① 按此实贾逵伪窜《左氏》之文，以适谶纬之说，以取悦于东汉统治者，这一点前人早已指出，详可参看顾颉刚《五德终始说下的政治和历史》第十二节：《汉为尧后说》，收在《古史辨》第5册中。

但并非针对贾逵的进攻,而是有感于"前世陈元、范升之徒更相非折,而多引谶纬,不据理体"而发。李育拜博士后,曾参加章帝于建初四年(79)召开的讲论《五经》异同的白虎观会议,在这次会上李育"以《公羊》义难贾逵,往返皆有理证"。如果说对于贾逵的挑战今文经学家有什么反应的话,也只仅此而已。

东汉的第三次争论发生在桓、灵之际。当时著名的《春秋公羊》学者何休正遭党祸"废锢"在家。据《后汉书·儒林传》记载,他"作《春秋公羊解诂》,覃思不窥门,十有七年"。又"与其师博士羊弼,追述李育意以难二《传》,作《公羊墨守》(李注曰:"言《公羊》之义不可攻,如墨翟之守城也。")、《左氏膏肓》、《穀梁废疾》"。这可以说是《公羊》学对《左氏》、《穀梁》二《传》发起的挑战。然与他同时的郑玄则针锋相对,撰写了《发墨守》、《箴膏肓》、《起废疾》三书,对其一一加以批驳。于是何休见而叹曰:'康成入吾室,操吾矛,以伐我乎!'"

所谓今古文之争,自西汉末至东汉后期,近二百年间,见诸史籍而能寻绎其脉络者,仅此而已。由上可见,对于汉代的今古文之争,既不可夸大,以为贯穿于汉代经学之始终,而对争论的性质,亦不可一概而论,当区别西汉与东汉:西汉是围绕立博士之争,实为利禄之争,东汉则主要是学术道统之争。且就学术之争而言,其焦点也主要在《左氏》。故皮锡瑞说:"汉之今古文家相攻击,始于《左氏》、《公羊》,而今古文家相攻若仇,亦唯《左氏》、《公羊》为甚。四家《易》之于《费氏易》,三家《尚书》之于《古文尚书》,三家《诗》之于《毛诗》,虽不并行,未闻其相攻击(自注:汉博士惟以《尚书》为备,亦未尝攻古文)。惟刘歆请立《左氏》,则博士以左丘明不传《春秋》抵之;韩歆请立《左氏》,则范升以《左氏》不祖孔子抵之……各经皆有今古文,未有相攻若此之甚者。"① 这种说法倒是比较客观的。因此,除《左氏》外,其他诸经之今古文,皆不闻相攻之例,各自传其学,相安无事。就经学的争论而言,今古文之争,还远不如今学内部的争论之甚,且贯穿两汉经学之始终,其例甚多,而西汉宣帝甘露三年的石渠阁会议和东

---

① 见皮锡瑞《经学通论》之《春秋通论》"论《公羊》《左氏》相攻最甚何郑二家分左右祖皆未尽得二《传》之旨"条,中华书局,1954年。

汉章帝的白虎观会议即其显例。

四　今古文经学的融合与郑学的出现

今古文经学虽为两个不同的学派，它们对经书的解说不同，治经的方法与学风不同，但它们都是封建地主阶级的经学，在维护汉代的封建统治、为封建政治服务方面，都是一致的，两者并没有根本的利害冲突，这是汉代的今古文两派虽有斗争却能够长期并存，并走向融合的政治基础。因此，当刘歆提出为古文经立博士而遭到今文博士和执政大臣反对的时候，哀帝却能够护着刘歆，使之不致遭他们的毒手；王莽时期则采取今古文经学并重的政策，且为古文经立博士；① 东汉的皇帝，更是支持和鼓励古文经学的发展，并任用古文经的学者为官。有学者认为汉代的今古文之争具有阶级斗争或政治斗争的性质，这种看法并不符合历史事实。

今古文经学的融合，发生在东汉，而主要是由古文经学大师来完成的。古文经学大师，多兼通今古学，号称"通人"。如"杨雄则称'无所不见'，杜林则称'博洽多闻'，桓谭则称'博学多通'，贾逵则'问事不休'，马融则'才高博洽'，自余班固、崔骃、张衡、蔡邕之伦，并以弘览博达，高文赡学"。② 康有为在其《伪经传授表下》中还特设"通学"一栏，③ 列举汉代古文学家而堪称"通学"者达五十余人之多。这种博学兼通，比之大多只专守一经、罕能兼通的今文"章句"陋儒，是一种巨大的学术优势，这正是古文经学大师能促使今古文经学走向融合的学术基础。

今古文经学的融合，还与今文经学自身的腐败以及今古文之间的争议有关。今文经学的腐败，主要表现在它的烦琐化上。这种烦琐化，一是表现为师法、家法的增多。今文经学立博士的就有十四家，而未立博士的今文学派，更是多不胜数，我们只要略翻两《汉书》之《儒林传》便可看出这一点，故班固有"大师众至千余人"之讥。④ 二是章句解说的增多，如《小

---

① 参见拙作《论王莽与今古文经学》，《文史》第53辑，中华书局，2001年4月。
② 康有为：《新学伪经考·伪经传于通学成于郑玄考第八》，中华书局，1956年。
③ 《新学伪经考·伪经传授表第十二下》。
④ 《汉书》卷88《儒林传·赞》。

夏侯尚书》学者秦近君,"能说《尧典》,篇目两字说至十余万言,但说'曰若稽古'三万言"。① 故班固批评说:"后世经传既已乖离,博学者又不思多闻阙疑之义,而务碎义逃难,便辞巧说,破坏形体,说五字之文,至于二三万言。后进弥以驰逐,故幼童而守一义,白首而后能言,安其所习,毁所不见,终以自蔽。"② 这种烦琐化的趋势,到东汉则更甚,尽管东汉统治者曾多次下令删减经说,虽亦小有所改,③ 终不能遏止这种趋势。故范晔批评说:"及东京,学者亦各名家,而守文之徒,滞固所禀,异端纷纭,互相诡激,遂令经有数家,家有数说,章句多者或乃百余万言,学徒劳而少功,后生疑而莫正。"④

今文经学日趋烦琐化的结果,使之终成无用之学。皮锡瑞说:"凡学有用则盛,无用则衰。存大体,玩经文,则有用;碎义逃难,便辞巧说,则无用。有用则为人崇尚而学盛,无用则为人诟病而学衰。"⑤ 经学本是为政治服务的。对统治者来说,能为政治服务即为有用,不能为政治服务,丧失其思想统治的功能,即为无用。如果一种学术,烦琐到皓首也难穷经,支离到令人莫知所从,这种学术也就走到尽头了。东汉的今文经学之所以衰落而为古文经学所战胜,其根本原因即在此。说到今文经学的腐败,人们还往往指出它的谶纬迷信化、神学化。这无疑是正确的。但就当时的时代思想氛围来说,还没有把摒除谶纬的任务提到日程上来。东汉时期,不仅今文经学日益谶纬迷信化,就连古文经学,也跟着谶纬化了,不过在程度上没有今文经学那么严重罢了。这一点,我们从最终完成今古文经学融合任务的郑玄身上就可以看出来:郑玄本人就是个谶纬学的大专家(详本编第一章《郑玄生平事迹考略》)。

---

① 见《汉书·艺文志》"六艺"类小序颜注引桓谭《新论》。按《汉书·儒林传》秦近君之"近"作"延",载其名字曰"秦恭延君",并说他"增师法至百万言"。
② 《汉书》卷30《艺文志》"六艺"类小序。
③ 如《后汉书》卷3《章帝纪》载建初四年十一月诏曰:"中元元年(按指光武帝刘秀建武中元元年)诏书,《五经》章句烦多,议欲减省。"是自刘秀时即有删减经说的诏令。明帝还亲自动手删书,曾"自删《五家要说章句》,令(桓)郁校定于宣明殿",见于《后汉书·桓郁传》。又《张霸传》载:"初,霸以樊鯈删《严氏春秋》犹多烦辞,乃减定为二十万言,更名《张氏学》。"《张奂传》载:"初,(尚书)《牟氏章句》浮辞烦多,有四十五万余言,奂减为九万言。"是皆删经说之例。
④ 《后汉书》卷35《郑玄传·论》。
⑤ 皮锡瑞:《经学历史》四《经学极盛时代》,中华书局,1959年。

从为政治服务的角度来说，今文经学的烦琐化，固已愈益难餍统治者所需，而今古文经学之间对经书解说的歧异和争议，亦使经学日益背离"尊儒"的初衷。因此，改造传统经学的任务，自然就提到日程上来了。这种改造，在经学范畴内，就只能走融合的道路。

今文经学虽烦琐，但并非一无是处。所谓融合，就是兼采今古文经学之长，革除今文经学烦琐之弊，重新对经书作简明扼要的阐释，而造成一种新的经说。这一任务，在当时，就只能由兼通今古的古文经学家来完成了。

首先在融合方面作出努力的，当数许慎。许慎是东汉著名的古文经学大师，却博通群经及今古文经学，故"时人为之语曰：'《五经》无双许叔重。'"[①] 许慎的著作有多种，然最重要、最有影响的，要数《说文解字》，其次则为《五经异义》。许慎撰《说文解字》在前，作《五经异义》在后。[②] 在《说文解字》中，许慎对字义的解释，虽多采古文经说，然亦兼采今文说。《说文叙》曰："其称《易》孟氏，《书》孔氏，《诗》毛氏，《礼》，《周官》，《左氏》，《论语》，《孝经》皆古学也。"就其所列举之经书而言，即有《易》孟氏为今学。又《礼》，即《仪礼》，段注说，当时"有大戴、小戴、庆氏之学，许不言谁氏者，许《礼》学无所主也。古谓之《礼》，唐以后谓之《仪礼》，不言《记》者，言《礼》以该《记》也"。[③] 是其所据《礼》亦为今文经学。又见于《说文》中明引今文说者，还有《公羊传》五处，分见于"嗌"、"辵"、"睸"、"觊"、"娟"诸字之注；董仲舒说二处，分见于"王"、"蠓"二字之注；《易》京房说一处，见于"贞"字注；《鲁诗》说一处，见于"薾"字注；《尚书》欧阳氏说一处，见于"离"字注；《五行传》（段注说即伏生的《洪范五行传》）二处，分见于"疴"、"疹"二字注，等等。这种兼采，正体现了融合的精神。

更能体现融合精神的，则是许慎的《五经异义》。惜其书宋时已佚，清人

---

① 《后汉书》卷79下《儒林列传下·许慎传》。
② 许慎撰《说文解字》始于和帝永元二年（90），时年24岁，历时10年，至永元十一年（99），许慎33岁时，初稿撰成，至安帝建光元年（121）定稿，由其子许冲奏上。而《五经异义》之作，则始于安帝永初五年（111），当许慎45岁时。参见王蕴智《中国的字圣许慎》七：《许慎系年》，河南大学出版社，1994年。
③ 按段注以为《仪礼》之名始于唐，不确。据文献考之，最迟在东晋初年即已有《仪礼》之名了，参见本编第五章《三礼概述》之二：《仪礼概述》。

有多种辑本，我们这里用陈寿祺《五经异义疏证》本。该本辑《异义》凡94条。[①] 由该本可见，《五经异义》于有争议之每一事，皆先列举今、古文说，然后以"谨案"的形式，表明自己的看法。其中大部分肯定古文家说，反映了许慎作为古文经学家的基本立场，但也有一些是肯定今文家说的。如关于服役的年龄问题，即肯定今文《易》孟氏说和《韩诗》说，而否定《古周礼》说；论虞主所藏，则肯定今文《戴礼》及《公羊》说，而否定古文《左氏》说；论天子驾数，引今文《易》孟、京及《春秋公羊》说，又引古文《毛诗》说，而肯定今文家说，等等。但还有一些情况，也很能说明问题。其一，虽肯定一种古文说，却否定另一种古文和今文说。如论饮酒器爵、觚、觯之制，所引有今文《韩诗》说及古文《毛诗》、《周礼》说，却肯定《周礼》说而否定《毛》、《韩》之说。其二，肯定一种古文和今文说，而否定另一种今文说。如论"妾母之子为君，得尊其母为夫人不"，引《春秋公羊》说、《穀梁》说及《古春秋左氏》说，以为"《公羊》、《左氏》义是"，而否定今文《穀梁》说。其三，以为今、古文说皆非而以己意说之。如论社神，引《今孝经》说及《古左氏说》，二者皆不从，而引《春秋》出己说以解之。其四，以为今、古文说皆非而肯定另一种经说。如论赴天子之丧，引《公羊》说和《左氏》说而皆非之，其"谨案"又引《易下邳传》甘容说，而以为"容说为近礼"。按甘容其人不可考，其学之今古文属性亦不明。其五，并存今古文说而对其是非不加评断。如论明堂之制，引今《礼》戴说、《明堂》、《月令》说，以及讲学大夫淳于登说，又引《古周礼》说，而"谨案"曰："今《礼》、古《礼》各以其义说，无明文以知之。"其六，引今、古文说而调停之。如关于朝聘之制，引今文《公羊》说，古文《左氏》说，二说不同，而"谨案"曰："《公羊》说虞、夏制，《左氏》说周礼，《传》曰：'三代不同物。'明古、今异说。"由上可见，作为古文经学家的许慎，却并不固执其古文家说，而是以一种较为客观的、实事求是的态度，来看待今、古文经说，是则肯定之，非则否定之，如今古文皆是则皆肯定之，皆非则皆否定之，故时或出己意以为说，或引他家之说以决是非。由此亦可见，许慎对传

---

① 一般说陈氏《疏证》本辑《异义》百余条，其实同一事而佚文兼出者，只能算作一条，故实际只有94条。

统的今古文经学已不满，而企图对之加以改造，故陈寿祺在其《五经异议疏证》之《自叙》中说："叔重此书，盖亦因时而作，忧大业之陵迟，救末师之薄陋也。"

今古文经学的改造、融合，最终是由东汉末年的古文经学大师郑玄完成的。郑玄在《戒子书》中述其平生之志曰："但念述先圣之元意，思整百家之不齐。"所谓百家，即指今古文经学及其间所包含的林立的派系。将此林立之派系，纷纭之经说，加以改造而整齐之，一统于他所理解的"先圣之元意"，此即郑玄平生之志。郑玄之所以终身不仕，就是为实现他的这一志向。因此他"括囊大典，网罗众家，删裁繁诬，刊改漏失"，① 而遍注群经，对各经皆以经过他改造而融合今古文经说之长并参以己意的经说，重新解说之。这是一项巨大的工程，非郑玄这样博学宏通之大儒不能胜任。经过他的这一番改造，今古文的界限不见了，家法、师法的藩篱不见了，而使经学以一种崭新的面貌出现在世人面前，人称郑学。长者出而短者绌，新学出而旧学衰。当汉末经学派系林立，官方经学烦琐可憎，学者无所适从之时，博采众家之长而又简明扼要的郑学的出现，自然使学者感到新鲜可喜，"自是学者略知所归"，② 皆争趋而学之。于是郑学出，而两汉传统的今古文经学皆衰微了。皮锡瑞说：

> 所谓郑学盛而汉学衰者……学者苦其时家法繁杂，见郑君闳通博大，无所不包，众论翕然归之，不复舍此趋彼。于是郑《易注》行而施、孟、梁丘、京之《易》不行矣；郑《书注》行而大、小夏侯之《书》不行矣；郑《诗笺》行而鲁、齐、韩之《诗》不行矣；郑《礼注》行，而大小戴之《礼》不行矣；郑《论语注》行，而齐、鲁《论语》不行矣。……故经学至郑君而一变。③

可见郑学盛行，而两汉经学之家法皆因罕有人传习而渐趋衰亡了。皮锡瑞又

---

① 《后汉书》卷35郑玄本传。
② 同上。
③ 皮锡瑞：《经学历史》五《经学中衰时代》。

说:"郑君党徒遍天下,即经学论,可谓小统一时代。"① 清代的今文经学家,每以汉代经学家法的灭亡归罪于郑玄,这是不公正的。殊不知优胜劣汰,是学术发展的自然规律,郑玄何罪之有?两汉传统经学的灭亡,咎在其自身,不在郑玄也。

---

① 皮锡瑞:《经学历史》五《经学中衰时代》。

第 四 章

略论"礼是郑学"

郑玄博极群经而尤长于礼学，其关于礼学的著述，就有《周礼注》、《仪礼注》、《礼记注》、《丧服经传注》、《丧服变除注》、《丧服谱注》、《答临孝存周礼难》、《礼议》、《鲁礼禘祫志》、《三礼目录》、《三礼图》、《礼纬注》、《礼记默房注》等十三种之多（详本编第二章《郑玄著述考》），故唐孔颖达《礼记正义》有"礼是郑学"之称。[①] 清人陈澧对于"礼是郑学"有以下解释，说：

> 考两《汉书·儒林传》，以《易》、《书》、《诗》、《春秋》名家者多，而礼家独少。《释文·叙录》："汉儒自郑君外，注《周礼》及《仪礼·丧服》者，惟马融；注《礼记》者，惟卢植。"郑君尽注《三礼》，发挥旁通，遂使《三礼》之书，合为一家之学，故直断之曰"礼是郑学"也。……郑君礼学，非但注解，且可为朝廷定制也。袁彦伯云："郑玄造次颠沛，非礼不动。"然则郑君礼学，非但注解，实能履而行之也。

可见，陈氏对"礼是郑学"的解释主要有三点：第一，两汉诸儒，唯郑

---

① 陈澧《东塾读书记》卷13《郑学》曰："孔冲远云：'礼是郑学。'《月令》、《明堂位》、《杂记·疏》，皆有此语。不知出于孔冲远，抑更有所出？"按孔颖达《礼记正义序》曰："今奉敕删理，仍据皇氏（按指皇侃的《礼记义疏》）为本，其有不备，以熊氏（按指熊安生的《礼记义疏》）补焉。"是其语亦有出自皇、熊二氏之可能，然今已不可确考。但不论出自谁氏，要为唐以前人之说则无疑。

玄"尽注《三礼》","遂使《三礼》之书,合为一家之学"。第二,郑玄不只是为《三礼》作注解,"且可为朝廷制礼",即能付诸实际运用。第三,郑玄还能以礼律己,"履而行之",做到"非礼不动"。台湾学者李云光在其所著《三礼郑氏学发凡》一书之第 1 章第 1 节中,① 对于陈氏所说以上三点,又作了很好的解释发挥。于其第一点曰:"后人所读《三礼》之书,是郑氏所校定者也;所赖以解《三礼》者,亦不能外郑氏之注释也。然则,学礼而不从郑氏,岂非欲入室而不由户乎!"对其第二点,即"为朝廷制礼",则解释说:"今可考见者,尚有二事。"然后举出杜佑《通典》卷 67 所载郑玄"皇后敬父母议"一条,及《通典》卷 71 所载郑玄"春夏封诸侯议"一条以为证。对陈氏所说第三点,即"履而行之","非礼不动",则引刘以贵及丁晏之言以申释之。② 除此三点之外,李氏又指出郑玄礼学之专著甚夥,且"凡郑氏之其他著述中,亦莫不有论礼之言。但以现存之《毛诗笺》言之,据他书以言礼者不计,仅引据《三礼》以释《诗》者,凡百二十有一条(自注:"据赖炎元《毛诗郑笺释例》文中所计者,见台湾省立师范大学《国文研究所集刊》第 3 号 117 页)。陈奂《郑氏笺考征》云:'笺《诗》在注《礼》之后,以《礼》注《诗》。'故以著述观之,郑氏虽号通儒,而所专精,尤在于礼学;且礼学所关者,亦唯博学宏通者,始能专精其学也。"又谓王肃不好郑氏,欲夺郑学之席而终未能也。故其结论曰:

  综上所述,无论以校《礼》注《礼》,以及议礼行礼,以及礼学著述之富,与夫自王肃而下未有能夺其席者论之,但就礼学言,即谓郑氏为至高无上之钜子,百世不祧之儒宗,亮非过誉。然则,孔氏所谓"礼

---

① 李云光:《郑氏〈三礼〉学发凡》,(台湾)学生书局,1966 年。
② 刘以贵之言曰:"康成生汉季,四海蝡纷,独能安贫乐道,绝意仕进,何进辟之不就,袁绍召之不赴,前得免党锢(李云光注:"按郑氏以为杜密郡吏而坐党禁锢十有四年,此语非也。")后得脱黄巾害,彼于圣贤立身大节,既已较然无负。……况郑氏之笺注,主于垂世立教,初未尝私为己物,图以暴于世而博名也。昔康成欲注《春秋传》尚未成,与服子慎遇宿客舍,先未相识,服在外车上与人说注《传》意,郑听之良久,多与己同,因就车与语曰:'尚未了;听君向言,多与吾同,今当尽以所注与君。'遂为服氏注。非学造次大贤,焉得具此心胸乎!"(见黄奭《高密遗书》引乾隆莱州府刘以贵《郑康成论》)丁晏之言曰:"余夙好郑学,……每一想象,如见其人,其仪则伟容也,其行则通儒也,其学则纯儒也,其节则高士也。外戚豪家,富贵不能淫也;躬耕播殖,贫贱不能移也;公府将军,威武不能屈也。"(见《汉郑君年谱序》)

是郑学"，虽有语病，终非诐辞也。

这些说法都很正确，然犹未尽也。笔者以为"礼是郑氏"最根本的意思是：后世之礼学皆宗郑学，或后世治礼学者，皆不可舍郑学。也即陈澧所述而李云光先生所申述之第一点，当是理解此语的关键。惜李氏未能对此点展开论述，且恰在此点上言之过简，故笔者在此略加申释。

郑玄注《三礼》之前，并无《三礼》之名，自郑玄兼注《周礼》、《仪礼》、《礼记》，始"通为《三礼》焉"，① 而此后始有所谓《三礼》之学。按礼学之渊源虽甚久远，然通《三礼》而为学者，则始于郑玄。自郑玄对《三礼》加以整理、校注之后，后世之研究《三礼》者（不论是研究其中之一《礼》、二《礼》或兼研《三礼》），皆不可舍其书。故黄侃说："郑氏以前未有兼注《三礼》者，（以《周礼》、《仪礼》、《小戴礼记》为《三礼》，亦自郑氏，《隋书·经籍志》：'《三礼目录》一卷，郑玄撰。'）故舍郑无所宗也。"② 亦正如李云光先生所云："学礼而不从郑氏，岂非欲入室而不由户乎！"如前所说，"礼是郑学"之说出自唐以前人，那我们就来看看唐以前的礼学情况。

汉末至魏晋之际，是郑学统治时期。皮锡瑞说："郑君康成……当时莫不仰望，称伊、洛以东，淮、汉以北，康成一人而已，咸言先儒多阙，郑氏道备。自来经师未有若郑君之盛者也。"又说："郑君党徒遍天下，即经学论，可谓小统一时代。"③ 据刘汝霖考证，魏时所立十九博士，除《公羊》、《穀梁》和《论语》三经外，《易》、《书》、《毛诗》、《周官》、《仪礼》、《礼记》和《孝经》，皆宗郑氏。④ 郑学不仅为学者所宗，且朝廷议论，亦皆竞相引以为据。故《孝经注并序》题下邢疏曰："魏晋朝贤辩论时事，郑氏诸注，无不撮引。"⑤ 不仅如此，当时朝廷诸礼仪及典章制度，亦多据郑义而设。如明帝景初元年六月，"群公更奏定七庙之制"：以武帝曹操为太祖，文帝曹丕为高

---

① 《后汉书》卷79下《儒林列传下》。
② 《礼学略说》，见《黄侃论学杂著》，上海古籍出版社，1980年。
③ 《经学历史》五《经学中衰时代》。
④ 见刘汝霖《汉晋学术编年》卷6，"魏文帝黄初五年"条，中华书局，1987年。
⑤ 陈澧《东塾读书记》卷13《郑学》云："此刘知幾语，见《文苑英华》卷七百六十六，《唐会要》卷七十七。"

祖，明帝曹叡预拟为烈祖，高祖与烈祖为二祧，太祖、高祖、烈祖"三祖之庙万世不毁，其余四庙亲尽迭迁，一如周后稷、文、武庙祧之礼"。而所谓"周后稷、文、武庙祧之礼"，实据郑说。郑玄云："周制七庙：太祖及文王、武王之祧，与亲庙四，并而七。"① 又如关于为嫡长子服丧之礼，按照丧礼的规定，父亲本身为嫡长子，其嫡长子死了，这个父亲就要为其嫡长子服斩衰三年之丧。如果父亲是庶子，其嫡长子死了，就不得为之服斩衰三年之丧。但如果庶子过继给了宗子，而成为"继祢者"，那他就得为嫡长子服斩衰三年之丧了。故"郑玄注《小记》（按指《礼记·丧服小记》），则以为己身继祢，便得为长子斩。自后诸儒皆用郑说"。② 类似的例子甚多，可见郑学特别是其《三礼》学，在当时影响之大。

然魏有王肃者，"不好郑氏"，依仗司马氏的政治势力与姻戚关系（王肃之女嫁给了司马懿之子司马昭，生下后来的晋武帝司马炎），其所为"《尚书》、《诗》、《论语》、《三礼》、《左氏》解，及撰定父朗所作《易传》，皆列于学官"，又"集《圣证论》以讥短玄"，③ 一时王学大盛，故甘露元年高贵乡公临幸太学，问诸儒经义，帝虽执郑说，而博士之对，则以王义为长。"故于此际，王学几欲夺郑学之席"。④ 然正如李云光所说："试问王氏所言，非郑氏有以启之耶？《周礼·地官·媒氏·疏》引王氏云：'吾幼为郑学之时'云云，是可证王氏非能自外于郑氏之门，但以盗憎主人，必夺之而后快尔。"⑤ 且王肃虽不好郑氏，亦不能尽弃郑学而不用，故陈澧云："王肃虽好与郑立异，然亦有用郑说者。《通典》载魏明帝崩，'尚书访曰：当以明皇帝谥告四祖，祝文于高皇帝称玄孙之子云何？王肃曰：荀爽、郑玄说，皆云天子、诸侯事曾祖以上，皆称曾孙。'此肃之从郑说者。"⑥ 且王学之盛，仅昙花一现，随着西晋王朝的覆灭，王学博士俱废。

---

① 引文皆见《通典》卷47、《礼》7、《吉》6"天子宗庙"条，《十通》本，浙江古籍出版社，1988年。
② 引文见《通典》卷88、《礼》48、《凶》10"斩衰三年"条。
③ 《三国志》卷13《魏书·王肃传》。
④ 马宗霍：《中国经学史》第7节，《魏晋之经学》，上海书店，1984年。
⑤ 李云光：《三礼郑氏学发凡》第1章第1节。
⑥ 陈澧：《东塾读书记》卷14，《三国》。按陈氏所引王肃说，见《通典》卷79、《礼》39、《凶》1，引文于"荀爽"上略去了"礼称曾孙某谓国家也"九字。

东晋初年，简省博士，"博士旧制十九人，今五经合九人"。① 其中《三礼》唯《周礼》、《礼记》立博士，而皆用郑注。后来荀崧又建议增立郑氏《仪礼》博士及郑氏《易》博士、《公羊春秋》博士、《穀梁》博士各一人，元帝诏曰："《穀梁》肤浅，不足置博士，余如奏。"然因王敦之难而不果立。② 直到元帝末年，始增置《仪礼》郑氏博士及《春秋公羊传》博士各一人，合为十一博士。③ 可见东晋之《三礼》学，皆宗郑氏。

南北朝时期，天下分为南北，经学亦分为"南学"、"北学"。南朝疆域狭小，且人尚清谈，家藏释典，经学益衰。到梁武帝时，始较重经学，经学出现了一个相对繁荣的时期。到了陈朝，又迅速衰落了。然而南朝之《三礼》学则特盛。《南史·儒林传》于何佟之、严植之、司马筠、孔佥、沈俊、皇侃、沈洙、戚衮、郑灼诸儒，或曰"少好《三礼》"，或曰"尤明《三礼》"，或曰"尤精《三礼》"，或曰"尤长《三礼》"，或曰"善《三礼》"，或曰"通《三礼》"，或曰"受《三礼》"，而所载张崖、陆诩、沈德威、贺德基诸儒，也都以礼学称名于世。《南史·儒林传》所载凡二十九人，就有二十六人明于礼学（或兼治《三礼》，或治一《礼》，或治二《礼》，或明于礼服学④）。其礼学所宗，除谓严植之"遍习郑氏《礼》"外，其他则未一一明言。然据《隋书·儒林传·序》说，"南北所治，章句好尚，互有不同"，然于《三礼》"则同遵于郑氏"（《北史·儒林传·序》说同而文字稍异）。是已一言以包之矣。然南学所尚，亦非纯为郑氏，偶亦间采王肃说。如《北史·儒林传·李业兴传》载东魏天平四年，李业兴使梁，梁散骑常侍朱异问业兴曰："魏洛中委粟山是南郊邪？圆丘邪？"业兴曰："委粟是圆丘，非南郊。"朱异曰："比闻郊、丘异所，是用郑义。我此中用王义。"是其显例。然南朝之《三礼》学，以郑学为宗，则是没有疑义的。

北朝经学，稍盛于南朝，其间如魏文帝、周武帝，崇奖尤至。北朝号称大儒，能开宗立派的，首推徐遵明。徐遵明博通群经，北朝诸经传授，多始

---

① 《晋书》卷75《荀崧传》。
② 同上。
③ 《宋书》卷39《百官上》。
④ 按所谓礼服学，实即《仪礼》中的《丧服》之学。南朝社会划分为士、庶两大阶级，故礼服学特盛。

第四章 略论"礼是郑学" 53

于徐遵明。据《北史·儒林传·序》："《三礼》并出遵明之门。"而其《三礼》学则一遵于郑氏，不杂王学，这由上引徐遵明的学生李业兴与朱异有关郊、丘之礼的问答可知。① 又据《北史·儒林传·序》，徐遵明的《三礼》学传给了李铉等人，李铉传给了熊安生等人，熊安生又传给了孙灵晖、郭仲坚、丁恃德等人，"其后能通《礼经》者，多是安生门人"。

南、北学不仅《三礼》同遵于郑氏，且治经方法亦大体相同。汉人治经，多以本经为主，所作传注，皆为解经。魏晋以后人治经，则多以疏释经注为主，名为经学，实为注学，于是义疏之体日兴。只要略翻看《隋书·经籍志》和南、北《儒林传》，即可见南北朝时期义疏体著述之多。其间南朝皇侃的《礼记义疏》48卷和《礼记讲疏》99卷（皆见《隋志》），以及北朝熊安生的《礼记义疏》30卷（见于《北史·儒林传》），则为唐初《礼记正义》所取材。

隋、唐统一天下，经学亦归于统一。隋朝祚短，经学罕可称道者。然隋立博士，《三礼》学仍宗郑氏。② 当时治礼学最著名者，要数张文诩，史称"特精《三礼》"，"每好郑玄注解"。③ 隋朝大儒，共推刘焯、刘炫，二刘于诸经皆有《义疏》，并曾"问礼于熊安生"，④ 是其礼学之渊源甚明。唐朝统治者十分重视经学，是自汉末以来历四百年后，经学重又振兴。唐初，太宗以儒学多门，章句繁杂，诏孔颖达与诸儒撰定《五经正义》，以统一经说。贞观十六年，书成，后经增删修订，至高宗永徽四年，正式颁布于天下，作为士人的标准读本，每年明经，依此考试，于是天下士民，皆奉以为圭臬。自汉以来，经学之统一，未有如此之专者。然《五经正义》于《三礼》独收《礼记》（《礼记正义》70卷），而以郑注为宗，为之疏解。其疏解则主要参考皇、熊二氏之《义疏》，而以皇氏为本，以熊氏为辅。孔颖达在《礼记正义序》中批评皇、熊二氏说："熊则违背本经，多引外义，犹之楚而北行，马虽疾而去逾远矣。又欲释经文，唯聚难义，犹治丝而棼之，手虽繁而丝益乱也。皇

---

① 《北史》卷81《儒林上·李业兴传》于朱异曰"比闻郊、丘异所，是用郑义。我此中用王义"之后，业兴曰："然。洛京郊丘之处，用郑义。"是北朝礼学宗郑氏之明证。
② 《隋书》卷32《经籍一》说，《三礼》"唯郑注立于国学，其余并多散亡，又无师说"。
③ 《隋书》卷77《隐逸·张文诩传》。
④ 《隋书》卷75《儒林·刘焯传》曰："少与河间刘炫结盟为友，同受《诗》于同郡刘轨思，受《左传》于广平郭懋当，问《礼》于阜城熊安生。"

氏虽章句详正，微稍繁广，又既遵郑氏，乃时乖郑义，此是木落不归其本，狐死不首其丘。此二家之弊，未为得也。然以熊比皇，皇氏胜矣。"可见孔颖达之学宗郑氏，而稍尚南学。高宗永徽年间，曾参与修撰《礼记正义》的贾公彦，又撰《周礼义疏》50卷，《仪礼义疏》40卷，[①] 其《义疏》亦皆宗郑注。是就《三礼》学而言，至唐而郑氏益成独尊之势矣。

综上述可见，自郑玄兼注《三礼》之后，除魏晋之际一度几为王学夺席，实皆以郑学为宗，宜孔颖达有"礼是郑学"之称也。

[①] 见《旧唐书》卷189《儒学上·贾公彦传》。

第五章

《三礼》概述

一 《周礼》概述

(一) 关于《周礼》书名

《周礼》在汉代最初名为《周官》,始见于《史记·封禅书》,曰:

> 《周官》曰:"冬日至,祀天于南郊,迎长日之至;夏日至,祭地祇。"

又曰:

> 自得宝鼎,上与公卿诸生议封禅。封禅用希旷绝,莫知其礼仪,而群儒采封禅《尚书》、《周官》、《王制》之望祀射牛事。

《汉书·礼乐志》亦称之为《周官》,曰:

> 自夏以往,其流不可闻已,《殷颂》犹有存者。《周诗》既备,而器用张陈,《周官》具焉。

又《汉书·王莽传上》载平帝元始四年（4）征天下"异能之士"，其所列书名，亦称之为《周官》：

> 征天下通一艺、教授十一人以上，及有《逸礼》、古《书》、《毛诗》、《周官》、《尔雅》、天文、图谶、锺律、月令、兵法、《史籀》文字，通知其意者，皆诣公车。网罗天下异能之士，至者前后千数。

至《汉书·郊祀志》记平帝元始五年，王莽奏改南北郊祭礼时，仍称《周官》，其奏文有曰：

> 《周官》天墬（地）之祀，乐有别有合。

又奏言：

> 谨案《周官》"兆五帝于四郊"，山川各因其方，今五帝兆居在雍五畤，不合于古。

同年五月，公卿、大夫、博士、议郎、列侯九百余人奏为王莽加九锡之礼，犹称引之为《周官》，曰：

> 谨以《六艺》通义，经文所见，《周官》、《礼记》宜于今者，为九命之锡。（《汉书·王莽传上》）

以上所记，皆在王莽未居摄时。

王莽居摄三年（8）九月，莽母功显君死，时刘歆与博士诸儒七十八人议功显君服，则改称《周官》为《周礼》了，其议有曰：

> 圣心周悉，卓尔独见，发得《周礼》，以明因监。

又引《司服》之文，亦称《周礼》，曰：

《周礼》曰："王为诸侯缌衰"，"弁而加环绖"。

是可知《周官》之改名为《周礼》，当在王莽居摄之后、居摄三年之前（6至8年间），故刘歆等七十八人之议方径称之为《周礼》。

　　《周礼》又有《周官经》之称，见于《汉书·艺文志》，曰："《周官经》六篇。"按《汉志》是沿袭刘歆的《七略》，据王葆玹说，刘歆奏上《七略》，在哀帝建平元年（前6）之初，① 由此看来，似乎早在王莽居摄之前，《周官》已被尊为"经"了，则恐不然。因为《周官》之改称《周礼》与被尊为经，都是王莽居摄以后的事。哀帝建平元年（前6）刘歆争立古文经博士时，也只提到《左氏春秋》、《毛诗》、《逸礼》和《古文尚书》，未及《周官》，而《汉志》虽沿袭《七略》，亦非一字不易地照抄，《周官经》的"经"字，盖班固据东汉古文经盛行以后所加，并非西汉旧名。东汉以后人确有称《周礼》为《周官经》的，如荀悦《汉纪》云："刘歆以《周官经》十六（按"十"字盖衍文）篇为《周礼》，王莽时，歆奏以为礼经，置博士。"② 又《经典释文·序录》云："王莽时，刘歆为国师，始建立《周官经》为《周礼》。"可见，在"歆奏以为礼经"之前，《周官》是不曾称"经"的。又据上引《汉纪》和《释文》之说可知，改称《周官》为《周礼》，始于刘歆。然《释文》说"刘歆为国师"时，"始建立《周官经》为《周礼》"，则不确。据《汉书·王莽传中》，刘歆为国师在王莽始建国元年（9），而在此三年以前刘歆已改称《周官》为《周礼》了。《释文》之说，未得其实。

　　又《汉书·食货志下》记王莽下诏曰："夫《周礼》有赊贷。"接着记莽"又以《周官》税民"。同一《志》中而两见其名者，武亿曰："凡莽及臣下施于诏议章奏，自号曰《周礼》，必大书之。而（班固）自为史文，乃更端见例，复仍其本名。"③ 然则《周官》一书，自刘歆改名之后，迄于东汉，《周官》、《周礼》两名每互见错出。蒋伯潜说："如郑玄《周礼注自序》已称《周礼》，其注《仪礼》、《礼记》引《周礼》亦甚多，而《后汉书·儒林传》

---

① 见王葆玹《今古文经学新论》第3章第4节，中国社会科学出版社，1997年。
② 《两汉纪》上册，中华书局，2002年，第435页。
③ 武亿：《授堂文钞》卷1，《周礼名所由始考》，偃师武氏道光二十三年（1843）刻本。

犹称玄作《周官》;《卢植传》有《周礼》之称,《儒林传》又称马融作《周官传》;郑玄《序》则谓郑兴、郑众、卫宏、贾逵、马融皆作《周礼解诂》。"① 是其例也。

又古人还有所谓《周礼》有七处异名之说,见于孔颖达《礼记》大题《疏》,曰:

<blockquote>
《周礼》见于经籍,其名异者见有七处。案《孝经说》云"《经礼》三百",一也;《礼器》云"《经礼》三百",二也;《中庸》云"《礼仪》三百",三也;《春秋说》云"《礼经》三百",四也;《礼说》云"有《正经》三百",五也;《周官外题》谓为《周礼》,六也;《汉书·艺文志》云"《周官经》六篇",七也。七者皆云三百,故知俱是《周官》。《周官》三百六十,举其大数而云三百也。
</blockquote>

这里所谓七处异名,实际只有六名,曰《经礼》(见一、二两处。据阮校,宋本《孝经说》"经礼"作"礼经",则与下引《春秋说》同,亦重其名),曰《礼仪》,曰《礼经》,曰《正经》,曰《周礼》,曰《周官经》。《周礼》、《周官经》二名前已辨之。《经礼》、《礼经》、《礼仪》、《正经》四名,则皆据"三百"之数以断其为《周礼》之异名,实则不然。孔氏之误,缘自郑玄。郑玄于《礼记·礼器》"经礼三百,曲礼三千"下注曰:"经礼谓《周礼》也。《周礼》六篇,其官三百六十。曲犹事也,事礼今谓《礼》(按指《仪礼》)也。"是郑玄以《周礼》为经礼,而以《仪礼》为事礼或曲礼。其实《礼器》所谓"经礼",乃指礼之大纲,"曲礼"则指其细目,而三百、三千之数,不过极言其多且盛。朱熹曰:"经礼三百,便是《仪礼》中士冠、天子冠礼之类,此是大节,有三百条。如始加,再加,三加,又如'坐如尸,立如齐'之类,皆是其中之小目,便有三千条。或有变礼,亦是小目。"② "礼经"、"礼仪"、"正经"之名,义亦仿此。孙诒让说:"盖《周礼》乃官政之法,《仪礼》乃礼之正经,二经并重,不可相对而为经、曲。《中庸》'礼

---

① 蒋伯潜:《十三经概论》第4编第1章"周礼之名始于刘歆条",上海古籍出版社,1983年。
② 《朱子语类》卷87,《小戴礼·礼器》,中华书局,1986年。

仪'、'威仪'，咸专属《礼经》（按指《仪礼》），与《周礼》无涉。《孝经》、《春秋》、《礼说》所云'礼经'（按当作'经礼'）、'礼义'（按当作'礼经'）、'正经'者，亦无以定其必为此经。郑（玄）、韦（昭）、孔（颖达）诸儒，并以三百大数巧合，遂为皮傅之说，殆不足冯。"[①] 按孙说是也。孔颖达所举"经礼"、"礼经"、"礼仪"、"正经"四者，实皆非《周礼》之异名。

（二）《周礼》的发现

有关《周礼》一书发现的记载，最早见于《汉书·景十三王传》之《河间献王传》，曰：

> 河间献王德，以孝景前二年立，修学好古，实事求是。从民得善书，必为好写与之，留其真，加金帛赐以招之。由是四方道术之人不远千里，或有先祖旧书，多奉以奏献王者，故得书多，与汉朝等。……献王所得书皆古文先秦旧书，《周官》、《尚书》、《礼》、《礼记》、《孟子》、《老子》之属，皆经传说记，七十子之徒所论。

按河间献王刘德立于景帝前元二年（前155），立二十六年而薨，是薨于武帝元光五年（前130），而武帝即位在公元前140年，是河间献王刘德之前十六年在景帝时期，后十年在武帝时期，因此他很有可能在景帝时期即已从民间得《周官》之书。

又有河间献王得《周官》于李氏之说，见于陆德明《释文序录》所引"或曰"：

> 景帝时河间献王好古，得古礼献之。或曰河间献王开献书之路，时有李氏上《周官》五篇，失《事官》一篇，乃购千金不得，取《考工记》以补之。

《隋书·经籍志》亦曰：

---

① 孙诒让：《周礼正义》第1册，《周礼》大题《疏》，中华书局，1987年。

> 而汉时有李氏得《周官》。《周官》盖周公所制官政之法，上于河间献王，独阙《冬官》一篇，献王购以千金不得，遂取《考工记》以补其处，合成六篇奏之。

按李氏献《周官》之说在当时或有所本，但今已不可考其确然否。要河间献王当时确曾从民间得《周官》之书则无可疑。或以为《史记·五宗世家》未言河间献王得古文旧书事，遂以为《汉书·河间献王传》的记载不可信（如康有为《新学伪经考》即力主此说）。然而这种因为《史记》缺载，遂疑《汉书》所记为不可信的说法，理由并不充分。王葆玹《今古文经学新论》一书对此说作了有力的批驳。据王葆玹考证，《史记》对于河间献王得书事之所以缺载，是因为司马迁对河间王国的情况缺乏了解，他从未到过河间王国，也不可能看到河间王国的文献，所以司马迁的《五宗世家》对河间献王刘德的记载极简略，总共只用了几十个字。王葆玹还论证了河间王国是当时与汉帝的王朝相并列的两个古文经传的汇集点之一，完全有可能收集到包括《周官》在内的大量古文旧书。王说甚辩，详可见其书第 3 章第 1 节。

又上引《释文序录》说"得古礼（当包括《周礼》）献之"，《隋志》亦曰"合成六篇奏之"，这都是说河间献王曾将所得《周礼》上献于汉王朝。唐孔颖达在其《春秋左传正义》篇首之《春秋序》题下《疏》中亦曰："汉武帝时河间献《左氏》及《古文周官》。"然《史记·五宗世家》及《汉书·河间献王传》皆未言及河间献王献书事，《河间献王传》唯曰"武帝时，献王来朝，献雅乐，对三雍宫，及诏策所问三十余事"。盖河间献王这次朝武帝、献雅乐，同时亦有献书事，而《汉书》缺载欤？

武帝时期汉朝廷"秘府"中确曾有一部《周礼》。唐贾公彦《序周礼废兴》说：

> 《周官》孝武之时始出，秘而不传。《周礼》后出者，以其始皇特恶之故也。是以马融《传》云："秦自孝公以下用商君之法，其政酷烈，与《周官》相反，故始皇禁挟书，特疾恶，欲绝灭之，搜求焚烧之独悉，

是以隐藏百年。孝武帝始除挟书之律（按秦挟书律汉惠帝四年已除，见《汉书·惠帝纪》，此误），开献书之路，既出于山岩屋壁，复入于秘府，五家之儒莫得见焉。"

这里是说，《周礼》因秦始皇焚书而被隐藏，至汉"开献书之路"始出于"山岩屋壁"，出而复入于汉王朝之"秘府"，致使"五家之儒"（指汉代传《礼》者高堂生、萧奋、孟卿、后仓、戴德戴圣五家）也都"莫得见"。这部出于"山岩屋壁"的《周礼》，盖即河间献王从民间所得而献之者。故孙诒让说："秘府之本，即献王所奏……至马《序》（按指贾公彦《序废兴》所引马融《传》）云'出山岩屋壁'，只谓薶藏荒僻，与淹中孔壁，绝无关涉。"① 黄侃也说："汉武帝时，河间献王献《左氏》及《古文周官》，此则马（融）所云'出于山岩屋壁，复入于秘府'者，即指献王之本矣。"② 盖因河间献王献书时，汉王朝立于学官的儒家经典已经确定了《诗》《书》《易》《礼》《春秋》五经，这五经都是用当时通行的隶书写成的，而又得此古文《周礼》，且其所述制度又与当时的制度相左，故即将其藏之秘府，致使"五家之儒莫得见焉"。这部"入于秘府"的《周礼》，到成帝时刘向、歆父子校理秘书，始又发现而著于《录》《略》，到王莽时方得以表彰而大显于世。

关于《周礼》的发现，还有出于孔壁之说。郑玄《六艺论》曰："《周官》，壁中所得，六篇。"③ 又《太平御览》卷619引杨泉《物理论》曰："鲁恭王坏孔子旧宅，得《周官》，缺，无《冬官》，汉武购千金而莫有得者，遂以《考工记》备其数。"按此说并无史实根据。我们看以下材料：

《汉书·楚元王传》载刘歆《移让太常博士书》曰：

  及鲁恭王坏孔子宅，而得古文于坏壁之中，《逸礼》有三十九篇，《书》十六篇。天汉之后，孔安国献之，遭巫蛊仓卒之难，未及施行。及

---

① 孙诒让：《周礼正义》第1册，《周礼》大题《疏》，中华书局，1987年。
② 黄侃：《礼学略说》，见《二十世纪中国礼学研究论集》，学苑出版社，1998年。
③ 《礼记》大题孔《疏》引，中华书局影印阮校《十三经注疏》本。按本章以下凡引《十三经》之文及其注疏，皆据自此本，不复注。

《春秋》左氏丘明所修，皆古文旧书，多者二十余通。

《汉书·艺文志》曰：

  《古文尚书》者，出孔子壁中。武帝末鲁共（恭）王坏孔子宅（按鲁恭王以景帝前元二年立，立二十八年而薨，见《汉书·鲁恭王传》，是其薨时当武帝元朔元年，不得云武帝末），欲广其宫，而得《古文尚书》及《礼记》、《论语》、《孝经》凡数十篇，皆古字也。……孔安国者，孔子后也，悉得其书，以考二十九篇，得多十六篇，安国献之，遭巫蛊事，未列于学官。

许慎《说文叙》曰：

  壁中书者，鲁恭王坏孔子宅，而得《礼记》、《尚书》、《春秋》、《论语》、《孝经》。

王充《论衡·佚文篇》曰：

  恭王坏孔子宅以为宫，得佚《尚书》百篇，《礼》三百，《春秋》三十篇，《论语》二十一篇。

又《释文序录》云：

  《古文尚书》者，孔惠（孔子之末孙）之所藏也，鲁恭王坏孔子旧宅，于壁中得之，并《礼》、《论语》、《孝经》，皆科斗文字。

按以上诸文所记出于孔壁之书虽参差不一，然无一言及《周礼》，是郑玄《六艺论》及杨泉《物理论》之说，并不可信，故孙诒让斥之为"妄撰"。[①]

[①] 孙诒让：《周礼正义》第1册，《周礼》大题《疏》，中华书局，1987年。

又有所谓孔安国献《周礼》之说，见于《后汉书·儒林传》，曰："孔安国所献《礼古经》五十六篇及《周官经》六篇，前世传其书，未有名家。"按孔安国献书之说，已见于上引刘歆《移让太常博士书》及《艺文志》，其所献乃孔壁中书，而孔壁所出书既不见《周礼》，孔安国又何得而献之？且据《移让书》和《艺文志》，孔安国所献乃《逸礼》和《古文尚书》，又何曾献过《周礼》？又孔安国是否有过献书的事，学者亦颇疑之。《史记·孔子世家》曰："安国为今皇帝博士，至临淮太守，蚤卒。"按孔安国之生年不可考，何时任博士亦不可考，据常理推之，其任博士之年盖不小于二十岁。又武帝元朔五年（前124）曾下诏"崇乡党之化，以厉贤材"，① 于是公孙弘上书建议令郡国荐举"好文学"者以为博士弟子，② 此后有兒宽者，"以郡国选诣博士，受业孔安国"。③ 可见孔安国任博士，定当在元朔五年之前，而兒宽之被选为弟子并受业于孔安国，则当在元朔五年之后，前后相隔，盖不少于三年。即使孔安国任博士、公孙弘建议郡国荐举"好文学"者及兒宽之被举而为孔安国弟子都在同一年，即都在元朔五年，而巫蛊事件（当指戾太子巫蛊事件）则发生在征和二年（前91），距元朔五年已经33年，孔安国如果还活着，他的年龄已不小于五十三岁，且实际年龄可能远在五十三岁以上，那就同司马迁称其"蚤卒"的记载不相符了。《史记·仲尼弟子列传》曰："（颜）回年二十九，发尽白，蚤死，孔子哭之恸。"颜回小于孔子三十岁，孔子死时年七十三岁（见《孔子世家》），则颜回死时绝不会大于四十二岁，而称"蚤死"，则孔安国有生之年断不可能及于巫蛊事件明矣。是所谓孔安国献书而遭巫蛊事件之说，亦不可信，盖属传闻之误。

还有所谓文帝时得《周礼》之说，见于《礼记·礼器》"故经礼三百，曲礼三千，其致一也"下之孔《疏》，曰："（《周官》）经秦焚烧之后，至汉孝文帝时，求得此书，不见《冬官》一篇，乃使博士作《考工记》补之。"按此说益不知何据，汉人从无文帝时得《周礼》的记载，故孙诒让斥之曰"此尤谬悠之说，绝无根据者也"。④

---

① 《汉书》卷6《武帝纪》。
② 《汉书》卷88《儒林传》。
③ 《汉书》卷58《兒宽传》。
④ 孙诒让：《周礼正义》第1册，《周礼》大题《疏》，中华书局，1987年。

综上所考可见，《周礼》一书的发现，当以汉初河间献王从民间献书所得之说，较为可信，而其他诸说，则皆经不住推敲。

（三）《周礼》的成书时代与真伪

《周礼》一书，古文经学家大抵以为周公所作，其说始于刘歆。贾公彦《序周礼废兴》引马融《传》曰：

> （《周礼》）既出于山岩屋壁，复入于秘府，五家之儒莫得见焉。至孝成皇帝，达才通人刘向、子歆校理秘书，始得列序，著于《录》《略》……时众儒并出共排，以为非是。唯歆独识，其年尚幼，务在广览博观，又多锐精于《春秋》，末年乃知其周公致太平之迹，迹具在斯。

是刘歆以为《周礼》乃"周公致太平之迹"，即周公治周所建制度之实录。后来郑玄袭其说，而于《周礼·天官·序官》"惟王建国"下注曰：

> 周公居摄而作"六典"之职，谓之《周礼》，营邑于土中，七年致政成王，以此《礼》授之，使居雒邑治天下。

又贾公彦《序周礼废兴》引郑玄《序》（盖即郑玄《周礼序》）曰：

> 斯道也，文、武所以纲纪周国，君临天下，周公定之，致隆平龙凤之瑞。

《隋书·经籍志》亦曰：

> 《周官》盖周公所制官政之法。

此后中国封建时代的学者大多信用此说。孙诒让更就郑玄之说考订周公摄政的年代与颁行《周礼》的时间，其结论曰："周公作《周礼》虽在（居摄）

六年，其颁行则在致政时，① 故《明堂位》孔《疏》亦谓成王即位乃用《周礼》是也。"②

但此书一开始就遭到与刘歆同时的今文学家的攻击，故贾公彦《序废兴》说："时众儒并出，共排以为非是。"由此可以想见当时攻击之激烈。到了东汉，大约与郑玄同时，又有林孝存（即临硕）、何休等竭力否定其为周公之书，《序废兴》说：

> 然则《周礼》起于成帝刘歆，而成于郑玄，附离之者大半。故林孝存以为武帝知《周官》末世渎乱不验之书，故作《十论》、《七难》以排弃之。何休亦以为六国阴谋之书。

郑玄因此与他们展开了论战，《序废兴》接着说：

> 唯有郑玄遍览群经，知《周礼》乃周公致大平之迹，故能答临硕之《论》、《难》，使《周礼》义得条通。

然林孝存之《论》、《难》（按林孝存作有十《论》、七《难》以排弃《周礼》）及郑玄所答，"其书久佚，今惟《女巫》及《夏官·叙官》贾《疏》、《诗·卫风·伯兮》、《大雅·棫朴》、《礼记·王制》孔《疏》，引其佚文各一事，余不传，莫详其说"。③

最早提出《周礼》为刘歆伪造说的，是宋代的胡安国、胡宏父子。朱熹说：

> 《周礼》，胡氏父子以为是王莽令刘歆撰。④

---

① 按谓居摄七年。《周礼·天官·叙官》"惟王建国"下贾《疏》引《书传》云："七年致政成王。"
② 孙诒让：《周礼正义》卷一《天官·叙官》"惟王建国"下孙《疏》。
③ 孙诒让：《周礼正义》卷一《周礼》"郑氏注"下孙《疏》。
④ 《朱子语类》卷86，《周礼·总论》。

然宋代主张《周礼》为刘歆伪造说最有力者，大概要数包恢了。朱彝尊《经义考》引刘克庄曰：

> 宏斋包公（恢）著《六官疑辨》。盖先儒疑是书者非一人，至宏斋始确然以为国师刘歆之书。一日，克庄于缉熙殿进讲《天官》，至《渔人》，奏曰："《周礼》一书用于新室，再用于后周，三用于熙宁，皆为天下之祸。臣旧疑其书，近见恢《疑辨》，豁然与臣意合。陛下试取其书观之，便见其人识见高，非世儒所及。①

又引吴澄曰：

> 毁《周礼》非圣经，在前固有其人，不若吾乡宏斋包恢之甚，毫分缕析，逐节诋排，如法吏定罪，卒难解释，观者必为所惑。近年科举不用《周礼》，亦由包说惑之也。②

包恢之书久佚，然由《经义考》所引刘克庄及吴澄说，可见包恢于否定《周礼》用力之深，影响之大。其后否定《周礼》为周公所作者，代有其人。至清万斯大又作《周官辨非》，"以《周官》非周公之书，举其可疑者辨驳之，凡五十五则。或举吴氏之说，或独抒己见，皆持之有故，言之成理。"③ 然以《周礼》为刘歆伪造说之集大成者，当数季清之康有为。康氏撰有《周官证伪》一书，又于其《新学伪经考》中力辨《周礼》为刘歆伪作。其书俱在，兹以文繁不录。

除以上相互对立的两说外，亦颇有主调停之说者：或以为周公作而未实行，或以为周公作而间有后儒之增窜。如宋程颢说："《周礼》不全是周公之礼法，亦有后世随时添入者，亦有汉儒撰入者。"④ 朱熹亦曰："《周礼》毕竟

---

① 朱彝尊：《经义考》卷124，《周礼五》"包氏恢《六官疑辨》"条下引，中华书局据1936年《四部备要》影印本，1998年。
② 朱彝尊：《经义考》卷124，《周礼五》。
③ 《清朝文献通考》第2册卷214，《经籍四》，《十通》本，浙江古籍出版社，1988年。
④ 《二程集》第2册，中华书局，1981年，第404页。

出于一家。谓是周公亲笔做成，固不可，然大纲却是周公意思。某所疑者，但恐周公立下此法，却不曾行得尽。"又曰："恐是当时作成此书，见设官太多，遂不用，亦如《唐六典》今存，唐时元不曾用。"① 这种调停说，要以纪昀之说最有代表性，他在《四库提要》之《周礼注疏》下说：

  《周礼》一书，上自河间献王，于诸经之中，其出最晚，其真伪亦纷如聚讼，不可缕举。惟《横渠语录》曰："《周礼》是的当之书，然其间必有末世增入者。"郑樵《通志》引孙处之言曰"周公居摄六年之后，书成归丰，而实未尝行。盖周公之为《周礼》，亦犹唐之《显庆》、《开元礼》，预为之以待他日之用，其实未尝行也。惟其未经行，故仅述大略，俟其临事而损益之。故建都之制不与《召诰》、《洛诰》合，封国之制不与《武成》、《孟子》合，设官之制不与《周官》合，九畿之制不与《禹贡》合"云云，其说差为近之，然亦未尽也。夫《周礼》作于周初，而周事之可考者不过春秋以后，其东迁以前三百余年，官制之沿革，政典之损益，除旧布新，不知凡几。其初去成、康未远，不过因其旧章，稍为改易，而改易之人，不皆周公也。于是以后世之法窜入之，其书遂杂。其后去之愈远，时移势变，不可行者渐多，其书遂废。此亦如后世律令条格，率数十年而一修，修则必有所附益，特世近者可考，年远者无征，其增删之迹，遂靡所稽，统以为周公之旧耳。迨乎法制既更，简编犹在，好古者留为文献，故其书阅久而仍存。此又如《开元六典》、《政和五礼》，在当代已不行用，而今日尚有传本，不足异也。使其作伪，何不全伪六官，而必阙其一，至以千金购之不得哉！且作伪者，必剽取旧文，借真者以实其赝，《古文尚书》是也。刘歆宗《左传》，而《左传》所云"礼经"皆不见于《周礼》。《仪礼》十七篇皆在《七略》所载古经七十篇中，《礼记》四十九篇亦在刘向所录二百十四篇中，而《仪礼·聘礼》宾行饔饩之物，禾米刍薪之数，笾豆簠簋之实，铏壶鼎瓮之列，与《掌客》之文不同。又《大射礼》天子、诸侯侯数侯制，与《司射》（按当作《射人》）之文不同。《礼记·杂记》载子男执圭，与《典

---

① 《朱子语类》卷86，《周礼·总论》。

瑞》之文不同。《礼器》天子、诸侯席数，与《司几筵》之文不同。如斯之类，与二《礼》多相矛盾。歆果赝托周公为此书，又何难牵就其文，使与经传相合，以相证验，而必留此异同，以启后人之攻击？然则《周礼》一书，不尽原文，而非出依托，可概睹矣。

经过近现代许多学者的研究，周公作《周礼》说及刘歆伪造说，大体上已经没有人相信了，而调停说是建立在前者基础上的，自然也不可信。但《周礼》究竟成书于何时，至今也还没有定论。彭林在其所著《周礼主体思想与成书年代研究》（中国社会科学出版社1991年）之第1章第2节中，对于有关《周礼》成书时代诸说，罗列较备，兹除其第1说即"《周礼》为周公手作"说和第6说即"刘歆伪造"说外，其他诸说，录之如下（某些地方以"愚按"的形式作简略的说明或补充）：

2. 作于西周。日本学者林泰辅在《周公と其时代》一书中，详尽地分析了《周礼》所见天神、地示、人鬼，以及伦理思想、政治制度等，认为此书作于西周厉王、宣王、幽王时代。蒙文通先生认为，《周礼》"虽未必即周公之书，然必为西周主要制度，而非东迁以下之治"（蒙文通《从社会制度及政治制度论周官成书年代》，载《图书集刊》第1期）。愚按：朱谦之在其《周礼的主要思想》（载《光明日报》1961年11月12日第2版）一文中说："此书中所用古体文字，不见于其他古籍，而独与甲骨文金文相同，又其所载官制与《诗经·大雅、小雅》相合，可见非在西周文化发达的时代不能作。"陈汉平在其所著《西周册命制度研究》（学林出版社1986年）一书中也说："笔者倾向于《周官》成书在西周之说。"（第218页）又，前所举诸调停说，实际也是一种西周说。

3. 作于春秋。近人刘起釪先生认为："《周礼》一书所载官制材料，都不出春秋之世周、鲁、卫、郑四国官制范围，没有受战国官制的影响。"（刘起釪《洪范成书时代考》，载《中国社会科学》1980年3期）愚按：刘起釪所著《古史续辨》一书（中国社会科学出版社1991年），其中有《周礼真伪之争及其书写成的真实依据》一篇，其结论说："《周礼》成书有一个发展过程。第一步只是一部官职汇编，至迟成于东周春秋时代，它依据的是自西周以来逐渐完备的周、鲁、卫、郑四国的姬周系统的官制，初步还记录了一些官职的职掌。后来逐渐详细补充，写成了各官职的职文，除主要保存了春秋以上资料外，还录进了不少战国数据，所以全书的补充写定当在战国时期。到汉代整理图书时，又有少数汉代资料掺进去了，但不影响这部书原是周代的旧籍。"（第650页）又金景芳先生说："我认为《周礼》一书是东迁后某氏所作。作者得见西周王室档案，故讲古制极为纤细具体，但其中也增入了作者自己的设想。例如封国之制、畿服之制一类的东西，就是作者自己设想所制定的方案。"（《经书浅谈》，中华书局，1984年，第46页）

4. 作于战国。此说始于东汉经师何休。何休认为《周礼》是"六国阴谋之书"（见贾公彦《序周礼废兴》。愚按：所谓"阴谋"，顾颉刚解释说"即是私下的计划"，见《文史》第六辑第39页），汉儒张禹、包咸等从其说。季本《读礼疑图》、清儒崔述《丰镐考信录》、皮锡瑞《经学通论》、近代学者钱穆先生《周官著作时代考》（载《燕京学报》第11期，1933年6月）、郭沫若先生《周官质疑》（见郭著《金文丛考》）、顾颉刚先生《"周公制礼"的传说和〈周官〉一书的出现》（载《文史》第6辑）、范文澜先生《经学讲演录》（见《范文澜历史论文选集》）、杨向奎先生《周礼的内容分析及其著作时代》（载《山东大学学报》1954年4期。愚按：还可参看杨氏《宗周社会与礼乐文明》一书，人民出版社1992年）等均持此说，成为目前学术界最有影响的说法。愚按：顾颉刚、杨向奎二先生还进一步认定《周礼》作者是战国时的齐人，如顾颉刚说："《周官》我敢断定是齐国人所作，但今本《周官》是否即齐国的原本，我却不敢断定。"（《文史》第6辑第36页）杨向奎说："我向来认为《周礼》是齐人编成，他们根据西周文献及齐国当时制度加以理想化而成书。"（《宗周社会与礼乐文明》第288页）今人钱玄所著《三礼通论》（南京师范大学出版社1996年）用钱穆说，又补充新证，证明"《周礼》必成书于战国晚期"（见第31—32页）。齐思和也说："《周官》乃战国末年之书。"（《西周时代之政治思想》，载《燕京社会科学》第1卷，1948年8月）

5. 作于周秦之际。毛奇龄云："此书系周末秦初儒者所作。"（毛奇龄《经问》卷2）梁启超说："这书总是战国、秦、汉之间，一二人或多数人根据从前短篇讲制度的书，借来发表个人的主张。"（梁启超《古书真伪及其年代》，中华书局，1955年，第125页）魏了翁疑为"秦汉间所附会之书"（魏了翁《鹤山文钞·师友雅言》）。胡适因《周礼》屡屡有"祀五帝"之语，故说，"其为汉人所作之书似无可疑"（胡适《论秦時及周官书》，《古史辨》第5册）。近人陈连庆先生《周礼成书时代的新探索》一文（载《中国历史文献研究》二，1988年）认为："《周礼》制作年代的上限，不早于商鞅变法"，"它的下限也不会晚于河间献王在位之时"，"《周礼》成书年代最大可能，是在秦始皇帝之世"。港台学者史景成先生《周礼成书年代考》一文（载《大陆杂志》32卷，第5、6、7期）认为，此书作于《吕氏春秋》以后，秦统一天下之前。日本学者池田温先生认为，"《周礼》基本上为战国时代思想家的构想，至汉代始以如今日所见的形式固定下来成书。在其内容中，作为素材的那些被认为是从周至春秋战国的诸制度和诸事物，乃是经过种种加工而收入进去的"。（池田温《中国古代籍帐研究》，中华书局，1984年，第39页）

彭林本人则认为"《周礼》成书于汉初"，"《周礼》一书的作者当是与贾谊同时代的人"，"《周礼》成书的下限，当不得晚于文景之世"（见《周礼主体思想与成书年代研究》第7章第5节）。

以上诸说，都各有一定的理由，但又都不可尽释读者之疑。如持西周说者，就很难解释《周礼》中为什么有那么多春秋战国乃至秦汉时代的材料，所谓后世增入说，也只是推测，很难有切实的证据。持春秋、战国诸说者，又很难解释《周礼》中为什么没有铁器和牛耕。持汉初说者，则对于《周礼》中的畿服制和王权分封制与大一统的汉代所实行的中央集权制的矛盾很难作出令人满意的解释，且《周礼》所设计的职官系统与汉代的官制也根本不类，如果《周礼》的作者是汉人而以汉代的情况为背景来设计的建国规划，怎么可能搞出这样一套同现实制度如此大相径庭的东西来呢？且汉初天下统一，制度已定（尽管还不完备），哪里还需要什么人出来再设计一套建国纲领或规划之类的东西呢？大凡一种思想，一种计划，或一种制度，都是因时代的某种需要而产生的，否则就只能如无本之木，无源之水，没有产生的可能。

因此能够产生出像《周礼》这种作品的时代，绝不可能在天下一统的秦汉时代。总之，不论哪一说，都不是无懈可击，都可以指出许多疑点而不能令人完全信服。看来，要解决《周礼》的成书时代问题，还有许多工作要做，还有待学者们的共同努力，来继续推动这一问题的解决。就笔者的看法而言，第一，我比较倾向于成书于战国说。像《周礼》这样的建国规划，只有在战国那样有统一希望和统一要求的时代背景下才有可能被制订出来。这一点顾颉刚先生在他的《"周公制礼"的传说和〈周官〉一书的出现》一文的第2节中，已经作了很好的论述。

第二，除了钱穆、顾颉刚、杨向奎诸先生所提出的各种证据外，钱玄先生于其所著《三礼通论》中又提出一证。他将《尚书·禹贡》、《吕氏春秋·有始览》、《尔雅·释地》中所载九州，同《周礼·夏官·职方氏》的九州相对比，然后说：

> 《周礼·职方氏》独多出一并州。又《职方氏》的幽州与《吕氏春秋·有始览》、《尔雅·释地》的幽州，名同而地不同。幽，是表示北方的意思。战国时，燕在北，故幽州相当于燕国的地方，即今河北省一带。后来，燕伐东胡，新拓辽东五郡：上谷、渔阳、右北平、辽西、辽东。就将新拓的五郡属幽州。《职方氏》云：幽州"其山镇医无闾"。医无闾山在今辽宁省锦州北与阜新之间，可见《职方氏》的幽州包括辽东五郡。又把原来幽州，改称并州。《职方氏》云：并州"其山镇曰恒山"。恒山在今河北曲阳县西北，则并州为原燕国之地。燕伐胡，约在燕昭王时（前311—前279）。《职方氏》九州名称之增改，还在其后，则可证《周礼》必成书于战国晚期。（见第32页）

这确实是一条能够说明《周礼》成书时代的很好的材料。

第三，《周礼》是一部未完成的著作。此说宋代已有人提出，如王应麟《困学纪闻》引九峰蔡氏说："周公方条治事之官，而未及师保之职，《冬官》亦阙，首尾未备，周公未成之书也。"[①] 其说之不可取处，在于认定《周礼》

---

① 见王应麟《困学纪闻》卷4引，山东友谊书社，1992年。

为周公作,至于说《周礼》是"未成之书",则甚是。清人江永也说:"《周礼》本是未成之书,阙《冬官》,汉人求之不得,以《考工记》补之,恐是当时原阙也。"① 近人郭沫若、蒋伯潜亦有此论。郭沫若说:"其书盖未竣之业,故书与作者均不传于世。"② 蒋伯潜说:"窃疑此书尚属初稿,不仅《冬官》一篇,未及创制,以上五官,亦犹待增删易稿,而作者遽尔溘逝,未能成书,传之汉世,因以为亡佚耳。"③ 按此说可从。正因为《周礼》是一部因遭变故而未及完成的著作(据蒋伯潜推测是因为作者"遽尔溘逝"),所以书稿存于作者家中而未及流传,以致不为当时人所见。赵光贤先生说:"战国是百家争鸣时期,当时如有这样有组织、有条理,讲周代官制的书,设官分职,细密如此,一定会震惊一世,争相引用。事实乃正相反,先秦诸子不仅无人引用,甚至无人提及此书,岂非怪事。"④ 但若知《周礼》乃未竣之作,当时并未公诸于世,则赵先生所说的情况,就不值得奇怪了。但这部未竣之作保存到汉代,终于被人发现而献之于河间献王,后又献之于汉王朝。然汉人亦不知其为未竣之作,故出重金以求其《冬官》,终不可得,方以《考工记》补之。

按古人有主《冬官》不亡一派,谓《冬官》即分寄在五官中,于是割裂五官以就《冬官》。如宋俞庭椿之《周礼复古编》即力主此说。《四库提要》曰:

> 庭椿之说,谓五官所属皆六十,不得有羡,其羡者,皆取以补《冬官》。凿空臆断,其谬妄皆不足辩。……复古之说,始于庭椿,厥后邱葵、吴澄皆袭其谬,说《周礼》者遂有"《冬官》不亡"一派,分门别户,辗转蔓延,其弊至明末而未已。

按此说确属谬妄而不足辩,却影响不小,非但至明末,及至清初还有人相信此说,而尤以明人遵信此说为愈(参见第5节)。然究其原因,实皆因不知

---

① 江永:《周礼疑义举要·考工记一》,《清经解》第2册,上海书店出版社,1988年,第227页。
② 郭沫若:《周官质疑》,见《金文丛考》,人民出版社影印本,1954年。
③ 蒋伯潜:《十三经概论》,上海古籍出版社,1983年,第315页。
④ 见赵先生为彭林《周礼主体思想与成书时代研究》一书所写的《序》。

《周礼》乃未竣之业所致。

至于《考工记》，实亦战国时人所作。《南齐书·文惠太子传》有一条材料，说：

> 时襄阳有盗发古冢者，相传云是楚王冢，大获宝物玉屐、玉屏风、竹简书青丝编。简广数分，长二尺，皮节如新，盗以把火自照。后人有得十余简，以示抚军王僧虔。僧虔云是科斗书《考工记》，《周官》所阙文也。

所谓科斗书，李学勤先生说，是"春秋战国之际毛笔手写的文字"，"其特点是笔划中肥末锐，形似蝌蚪"。[①] 因此科斗书《考工记》的发现，正是《考工记》作于秦以前的一个有力的证据。江永考证《考工记》为东周以后齐人所作，曰：

> 《考工记》，东周后齐人所作也。其言"秦无庐"，"郑之刀"，厉王封其子友始有郑，东迁以后西周故地与秦始有秦，故知为东周时书。其言"橘逾淮而北为枳"，"鹳鹆不逾济"，"貉逾汶则死"，皆齐鲁间水。而"终古"、"戚速"、"椑茭"之类，郑《注》皆以为齐人语，故知是齐人所作也。盖齐鲁间精物理、善工事而工文辞者为之。[②]

近现代学者，则多以为是战国时人的著作。如皮锡瑞说："《考工记》据'胡无弓、车'之类，亦属战国人作。文字奥美，在《周官》上。"[③] 蒋伯潜说："此《记》述古代工业，可以考见战国时我国工业发达之情况。"[④] 翦伯赞说："青铜器制作在战国手工业中仍占重要地位。……《周礼·考工记》有所谓'锺鼎'、'斧斤'、'戈戟'、'大刃'、'削杀矢'、'鉴燧'这样六齐。

[①] 李学勤：《东周与秦代文明》，文物出版社，1984年，第366页。
[②] 江永：《周礼疑义举要·考工记一》，《清经解》第2册，第227页。
[③] 皮锡瑞：《经学通论》三，《三礼》之"论《周礼》在周时初未举行亦难行于后世"条，中华书局，1954年。
[④] 蒋伯潜：《十三经概论》，上海古籍出版社，1983年，第257页。

齐是指铜、锡的比例，这说明当时掌握铜、锡比例已有很丰富的经验。"① 郭沫若先生在20世纪40年代曾以为"《考工记》是春秋年间齐国的官书"，②但在他主编《中国史稿》时，又将它列为战国时期的科学技术成就中，说它是战国时期"齐国的一部技术书"，其所记"六齐"，"是世界上最早的金属合金成分规律"。③ 闻人军在其所撰《〈考工记〉成书年代新考》一文中，从度量衡制、历史地理称谓、金石乐器形制、青铜兵器形制、车制等方面，考定其成书于战国初年，可备一说。④

至于《考工记》是何时补入《周礼》的，文献记载说法不一。从《周礼》一书的发现情况来看，盖河间献王得《周官》后、献于武帝之前补之。钱玄说："按《经典释文·序录》及《隋书·经籍志》并谓李氏上《周官》五篇时已失《事官》一篇，献王乃购千金不得，取《考工记》补之。则秦汉间已失《冬官》（按钱先生信《周礼》原为完书），补《记》者为河间献王。此说较为允当。"⑤

（四）《周礼》立博士及其在汉代的流传

《周礼》一书经河间献王献之于汉王朝后，旋即藏入秘府，其原因盖如贾公彦《序废兴》引林孝存的说法，即"武帝知《周官》末世渎乱不验之书"的缘故。末世者，谓《周礼》为周末之书也；"渎乱不验"者，盖谓其所述制度既与立学官的今文《五经》不合，也与大一统的西汉王朝的现实制度相左。所以《周礼》一书并没有受到西汉统治者的重视，当时汉王朝诸儒亦无研治《周礼》者。然《汉志》礼家类却记有"《周官传》四篇"，据王葆玹先生考证，这四篇《传》很可能是河间献王组织人编写的。⑥ 可见《周礼》一书发现后，在河间王国曾有研治者，但此后《周礼》学的承传便中断了。

成帝时，刘向、歆父子校理汉王朝秘书（据《汉书·成帝纪》，校书事始于河平三年，前26），发现了《周礼》，刘向将其著之于《别录》。成帝绥和

---

① 翦伯赞：《中国史纲要》第1册，人民出版社，1979年，第68页。
② 郭沫若：《十批判书》，人民出版社，1954年，第24页。
③ 郭沫若主编：《中国史稿》第2册，人民出版社，1979年，第94页。
④ 闻人军：《〈考工记〉成书年代新考》，载《文史》第23辑。
⑤ 钱玄：《三礼通论》，南京师范大学出版社，1996年，第25页。
⑥ 见王葆玹《今古文经学新论》第3章第5节。

元年（前8），刘向卒。第二年成帝亦死，哀帝即位，命刘歆继续校书，以卒父业。于是刘歆又在其父《别录》的基础上撰成《七略》奏之。刘歆奏《七略》的时间，据现有材料看，盖在哀帝即位之初。《汉书·刘歆传》说：

> 哀帝初即位……（刘歆）复领《五经》，卒父前业。歆乃集六艺群书，种别为《七略》。

《汉志》亦曰：

> 会向卒，哀帝复使向子侍中奉车都尉歆卒父业。歆于是总群书而奏其《七略》。

故钱穆在其所著《刘向歆父子年谱》（见《古史辨》第5册）中，便将刘歆奏《七略》事系于哀帝即位之初、改元建平之前（按成帝死于绥和二年三月，至翌年始改元）。至建平元年，刘歆请立《左氏春秋》、《毛诗》、《逸礼》及《古文尚书》博士，遭到今文博士反对，于是刘歆上《移让太常博士书》以切责之。

我们举出上述史实，目的在于说明，《周礼》虽于成帝时被发现，后又著于《录》《略》，然不但未引起当时统治者的重视，亦不为刘向、歆父子所重。刘歆争立古文经博士并不包括《周礼》，其《移让书》中亦未言及《周礼》。刘歆所最重视的，是《左传》，故《刘歆传》说："及歆校秘书，见古文《春秋左氏传》，歆大好之。"并加以研究，为之做解说，这也就是贾公彦《序废兴》引马融《传》所说"多锐精于《春秋》"。所以《周礼》自被发现后，除前所说河间献王组织人编写的《周官传》四篇外，不见有其他研治者，故《后汉书·儒林传下》说："《周官经》六篇，前世传其书，未有名家。"

《周礼》真正被重视，并被立学官，是到了王莽时候的事。《汉志》"《周官经》六篇"下颜《注》说："王莽时，刘歆置博士。"这"王莽时"具体指什么时间呢？史无明文。然据史料分析，当指王莽居摄时。据《王莽传上》，平帝元始四年曾"立《乐经》，益博士员，经各五人"，这里载明立《乐经》博士，而未及《周礼》。而下文紧接着记王莽征"异能之士"，其中才提到通

《周官》者。这时《周官》尚未改名《周礼》，而这时才征求通《周官》的人才，显然当时尚未立博士。到元始五年，《周礼》仍称《周官》（见本文第1节），是亦尚未立博士也。直到居摄三年，莽母功显君死，刘歆与博士诸儒七十八人议功显君服，才赞扬王莽"发得《周礼》，以明因监"。这"发得"二字尤其值得注意：《周礼》一书明明是刘氏父子从秘府中发现而加以著录的，何以又称王莽"发得《周礼》"呢？可见这"发得"二字不能简单地理解为发现，而应该理解为特加提倡。康有为《新学伪经考》说："'发得《周礼》，以明因监'，为《周礼》大行之始，故特著焉。"① 这是说得不错的。可见这时《周官》不仅已经改名为《周礼》，列之为经，并且已经立了博士，否则不会把"发得《周礼》"作为王莽的一项功绩来加以颂扬。这就说明，《周礼》之立博士，大概与改名同时，都在居摄年间（6—8），即所谓"王莽时"也。王莽为什么要重视《周礼》呢？其重要原因之一就在于它为王莽"加九锡"提供了理论依据（参见《春官·典命》），既加九锡，其居摄称帝才能顺理成章。那么，既然是王莽重视并"发得《周礼》"，颜《注》又何以说是"刘歆置博士"，荀悦《汉纪》又何以说"歆奏以为《礼经》，置博士"呢？这是因为刘歆当时职典羲和，是文化教育方面的主管官，王莽有某种想法或要求，必然要讽示而通过有关官员去做，所以立《周礼》博士的事，当然要由刘歆来付诸实施。② 王莽既重视《周礼》，受到王莽信重的刘歆，自然也就不能不重视《周礼》，并认真对《周礼》加以研究了，这大概就是《序废兴》引马融《传》所说，刘歆"末年乃知其周公致太平之迹，迹具在斯"的缘故。

《周礼》虽在王莽时立博士，但好景不长，随着短命的新莽政权的覆灭，王莽所立诸古文经博士，自然也就被废弃了。但《周礼》学却在王莽时期有了一个突出的发展。由于史书缺载，尽管我们不能指出具体的史实，但自王莽居摄年间立《周礼》博士，到新朝灭亡，也有十六七年的历史，这期间由于博士的讲授，生员的研习，自可为《周礼》学的传播打下基础。且自平帝时，郡国及县、道、邑、侯国以至乡、聚皆立学，以普及经学教育，③ 而平帝

---

① 康有为：《新学伪经考》，《汉书刘歆王莽传辨伪第六》，中华书局，1956年。
② 此处参用王葆玹说，见《今古文经学新论》第3章第4节。
③ 见《汉书》卷12《平帝纪》元始三年。

元始四年，王莽又进一步扩大太学的规模，"为学者筑舍万区"，"益博士员，经各五人"。① 据《汉书补注》沈钦韩引《御览》534 所引《黄图》说："五经博士领弟子员三百六十，六经三十博士，弟子万八百人。"可见当时官学发展规模之大。又由于王莽特别重视《周礼》，上之所好，下必甚焉，《周礼》学在王莽时期必然有一个相当规模的传播发展。刘歆由好《左传》转而研治《周礼》，就是趋同王莽所好的一个典型的例子。

到了东汉，《周礼》博士虽废，然民间的传习，依然延绵不绝。据《序废兴》引马融《传》说：

> 遭天下仓卒，兵革并起，疾疫丧荒，（刘歆之）弟子死丧，徒有里人河南缑氏杜子春尚在，永平之初，年且九十，家于南山，能通其读，颇识其说，郑众、贾逵往受业焉。众、逵洪雅博闻，又以经书记转（阮校说当作"传"）相证明为解。逵解行于世，众解不行，兼揽二家为备，多所遗阙，然众时所解说，近得其实。……至六十，为武都守，郡小少事，乃述平生之志，著《易》、《尚书》、《诗》、《礼传》皆迄，惟念前业未毕者，唯《周官》。年六十有六，目瞑意倦，自力补之，谓之《周官传》也。

据马融说，王莽时刘歆《周礼》学之弟子甚众，然皆因遭时战乱而死丧，只有里人杜子春尚在，于东汉明帝永平年间传其学于郑众、贾逵，郑、贾二人皆著有《周官解》，马融又兼揽郑、贾之学而著《周官传》。是可见杜子春乃两汉之际《周礼》学承传的关键人物。然马《传》的说法也颇有一些问题。如说杜子春是刘歆的"里人"（同乡）就不可信，因刘歆生长在长安，与河南缑氏县相去甚远，这一点王葆玹先生已经正确地指出了。② 但王先生又疑杜子春"未必是刘歆的弟子"，则疑所不当疑。因为马融《传》上下文的意思十分明白，说刘歆"弟子死丧，徒有……杜子春尚在"，这就清楚地说明杜子春是刘歆弟子的仅存者，正常的理解是不应产生歧义的。又，马《传》未提

---

① 《汉书》卷 99 上《王莽传上》。
② 见王葆玹《今古文经学新论》第 3 章第 5 节。

及郑众之父郑兴，而《序废兴》引郑玄《序》述东汉《周礼》的承传，就首先提到郑兴，说：

> 世祖（光武帝刘秀）以来通人达士大中大夫郑少赣名兴，及子大司农仲师名众，故议郎卫次仲、侍中贾景伯、南郡太守马季长，皆作《周官解诂》。

是郑众之父郑兴亦传《周礼》学，郑玄在其《周礼注》中亦曾多次引用其说，《后汉书·郑兴传》也说"兴好古学，尤明《左氏》、《周官》"。郑兴的《周礼》学，当亦受之于杜子春无疑。据王葆玹考证，是"郑兴先派其子郑众向杜子春请教，再由郑众那里了解《周官》之学的内容。这就是说，郑兴传习《周官》应在郑众之后"，① 或可备一说。又对照郑《序》来看，马《传》还遗漏了卫次仲（据《后汉书·卫宏传》当作"敬仲"），即卫宏，钱大昭《补续汉书艺文志》、侯康《补后汉书艺文志》、姚振宗《后汉艺文志》及曾朴《补后汉书艺文志》，亦皆载有卫宏《周礼解诂》，② 其实都是根据的郑《序》，然《卫宏传》并未言及卫宏研治《周礼》事，其说亦不见前人称引，不知郑《序》此说确然否。

又《后汉书·张衡传》载张衡著有《周官训诂》。张衡与马融同时，其《周礼》学不明所受，然从崔瑗对其《周官训诂》的评价"以为不能有异于诸儒"来看，盖亦上承传自杜子春、郑氏父子及贾逵之学。稍晚于马融还有卢植，《后汉书》本传载其著有《三礼解诂》，又记其给灵帝的上书说"臣少从通儒南郡太守马融受古学"，又说"臣前以《周礼》诸经发起粃谬，敢率愚浅，为之解诂"。是卢植亦著有《周礼解诂》，其学受之于马融，是亦上承杜子春、二郑一系。又有张恭祖者，亦治《周礼》，③ 然其学不知所承。

东汉是古文经学大发展时期，其主要原因就在于东汉统治者从其开国皇帝刘秀起，就很重视古文经学，并重用古文经师。④ 章帝还"特好"古文经

---

① 见王葆玹《今古文经学新论》第3章第5节。
② 皆见《二十五史补编》第2册，中华书局，1955年。
③ 见于《后汉书》卷35《郑玄传》。
④ 说详拙作《刘秀与经学》，载《史学月刊》1997年第3期。

学，并曾命贾逵作《周官解诂》。① 东汉中后期的统治者，也继承了这种重视古文经学的传统。而郑氏父子，及贾逵、马融等，又都是东汉一代有影响的古文经学大师，因此尽管《周礼》在东汉时期没有立学官，但由于统治者及上述诸大儒的提倡，遂大行于世。

在《周礼》学的发展史上，还要特别提到东汉后期的郑玄。郑玄的《周礼》学，据《后汉书·儒林传》说，是"马融作《周官传》，授郑玄，玄作《周官注》"。然《后汉书》本传则说"从东郡张恭祖受《周官》"，而《序废兴》所引郑《序》则曰：

> 玄窃观二三君子之文章，顾省竹帛之浮辞，其所变易，灼然如晦之见明；其所弥缝，奄然如合符；复析斯，可谓雅达广揽者也。然犹有参错，同事相违。则就其原文字之声类，考训诂，捃秘逸。谓二郑者，同宗之大儒，明理于典籍，粗（粗）识皇祖大经《周官》之义，存古字，发疑正读，亦信多善，徒寡且约，用不显传于世。今赞而辨之，庶成此家世所训也。

可见郑玄之《周礼》学，亦综揽前儒，非仅受之于马融。郑玄博通今古文经学而又遍注群经。《后汉书》本传载郑玄《戒子书》述其治经之宗旨说："但念述先圣之元意，思整百家之不齐。"故郑玄注经，括囊大典，网罗众家，博综兼采，择善而从，从而能使天下靡然乡风，咸宗其学，且致使今文博士之学，一蹶不振。其《周礼注》亦然，实为汉代《周礼》学集大成的著作，这是值得注意的第一点。第二，郑玄兼注《三礼》，而特崇《周礼》，在汉代经学史上，第一次把《周礼》排在了《三礼》之首（先《周礼》，后《仪礼》，再《礼记》），这就大大地提高了《周礼》的地位。第三，两汉的今古文两派，其区分的最重要标志在于礼制，故廖平说："今学博士之礼制出于《王制》，古文专用《周礼》。"② 皮锡瑞也说："《王制》为今文大宗，《周礼》

---

① 见《后汉书》卷36《贾逵传》。
② 廖平：《四益馆经学四变记·初变记》，《六益馆丛书》本，四川存古书局，民国12年（1923）印本。

为古文大宗，两相对峙。"① 这种区分是否正确，固然还可以讨论，但正如杨志刚所说："有一点却是清楚的，那就是礼经学特别是《周礼》之学，在汉代经学的发展中，处于枢纽的地位。从两汉之际始，学界渐以《三礼》尤其是《周礼》移释它经。及至马融、郑玄，更突出地将其他经义纳入礼学的阐释系统。"② 这种学风尤以郑玄为甚，故皮锡瑞批评郑玄"尊信《周礼》太过"。③孔颖达也说："《礼》是郑学。"④ 故郑玄对于此后中国礼学尤其是《周礼》学的发展，实起了奠基作用。

就两汉经学的发展而言，西汉是今文经学的时代，东汉是古文经学发展并压倒今文经学的时代，而古文经学的发展，又以《周礼》学的发展为旗帜、为代表，所以尽管终东汉一代《周礼》没有立博士，然实堪称东汉古文经学之"素王"。

（五）汉以后的《周礼》学

汉魏之际，天下战乱，经学衰微，唯郑学独盛。王粲称"伊、洛已东，淮、汉之北，（郑玄）一人而已，莫不宗焉。咸云先儒多阙，郑氏道备"；魏博士张融称"（郑）玄《注》泉深广博，两汉四百余年，未有伟于玄者"。⑤皮锡瑞说："郑君党徒遍天下，即经学论，可谓小统一时代。"⑥ 据刘汝霖考证，曹魏所立十九博士，除《公羊》、《穀梁》、《论语》三经外，《易》、《书》、《毛诗》、《周礼》、《仪礼》、《礼记》和《孝经》，初皆宗郑学。⑦ 是可见皮氏所谓郑学"小统一时代"，非虚言也。

然而魏时王肃不好郑学。王肃亦学贯今古，博通群经，并遍注群经，其中有《周官礼注》12卷（见于《释文序录》、《隋志》及《旧唐志》）。王肃之经学称为王学，然其经注却处处与郑玄立异，且"集《圣证论》以讥短

---

① 皮锡瑞：《经学通论·三礼》之"论《王制》为今文大宗即《春秋》素王之制"条。
② 杨志刚：《中国礼学史发凡》，见《二十世纪中国礼学研究论集》，学苑出版社，1998年，第128页。
③ 见皮锡瑞《经学通论·三礼》之"论《周礼》在周时初未举行亦难行于后世"条。
④ 《礼记》之《月令》、《明堂位》、《杂记》等篇之孔《疏》皆有此说。
⑤ 皆见《旧唐书》卷102《元行冲传》载冲《释疑》所引。
⑥ 皮锡瑞：《经学历史》五，《经学中衰时代》，中华书局，1959年。
⑦ 刘汝霖：《汉晋学术编年》卷6之"魏文帝黄初五年"条，中华书局，1987年。

玄",又"规玄数十百件",①一心要取代郑学的地位。郑学之徒如马昭、孙炎、王基等则起而申郑驳王。当时王肃党于司马氏,其女又嫁给了司马懿之子、司马师之弟司马昭,因此凭借政治势力和姻戚关系,其所注诸经"皆立于学官"。②按司马氏控制曹魏政权,当在曹芳正始十年(249)司马懿杀了曹爽之后,第二年即改元为嘉平,是王肃所注诸经立学官,盖不早于嘉平年间,这时已是曹魏中后期。据《魏志·高贵乡公纪》,甘露元年(256),高贵乡公临幸太学,问诸博士经义,帝执郑氏说,而博士之对,则以王肃之义为长。故马宗霍说:"于此际,王学几欲夺郑学之席。"③

晋承魏绪,而尤重王学,其朝廷仪制,"一如宣帝所用王肃议",④而不用郑氏说,是王学盛而郑学衰。然而王学之盛,仅昙花一现,随着西晋的灭亡,王学博士俱废。东晋元帝初年,减省博士,"博士旧制十九人,今五经合九人"。⑤而所立九博士,除《周易》用王弼注、《古文尚书》用伪孔《传》本、《左传》用杜预、服虔注,其他六经,即《周礼》、《礼记》、《尚书》、《毛诗》、《论语》、《孝经》,则皆用郑注。⑥可见东晋虽经学衰微,而郑学则复盛。

南北朝时期,天下分为南北,经学亦分为"南学"、"北学"。据《隋书·儒林传·序》,"南北所治,章句好尚,互有不同",然《三礼》之学,"则同遵于郑氏"。南朝疆域狭小,加上玄学和佛教的盛行,经学益衰。梁武帝时,始较重经学,经学出现了一个相对繁荣的时期,但到陈朝,又迅速衰落了。南朝经学,最可称道者,要数《三礼》学。《南史·儒林传》所载何佟之、严植之、司马筠、崔灵恩、孔佥、沈峻、皇侃、沈洙、戚衮、郑灼诸儒,皆精于《三礼》学,张崖、陆诩、沈德威、贺德基等人,也都以礼学见称于世。然南朝社会因划分为士、庶两大阶级,严于等级门第之分,故甚重《仪礼》学,特别是其中的《丧服》学(即所谓礼服学),故南朝治《仪礼》及礼服学者尤众,著作亦特多。而《周礼》学则不甚为人所重,唯梁人沈峻

---

① 《三国志》卷13《魏书·王肃传》。
② 同上。
③ 马宗霍:《中国经学史》第7编,《魏晋之经学》,上海书店出版社,1984年,第63页。
④ 《晋书》卷13《志第九·礼上》。
⑤⑥ 《晋书》卷75《荀崧传》。

之《周礼》学，颇为时人所推重。时吏部郎陆倕与仆射徐勉书荐之曰："凡圣贤可讲之书，必以《周官》立义，则《周官》一书，实为群经源本。此学不传，多历年世……惟助教沈峻，特精此书……莫不叹服，人无间言。弟谓宜即用此人，命其专此一学，周而复始，使圣人正典，废而更新，累世绝学，传于学者。"① 由陆倕的推荐书，亦可见当时《周礼》几成绝学。然陆倕的建议，也未能改变这种局面。盖南朝诸儒兼习《三礼》者虽众，而研治《周礼》者则寡。今就《隋志》所见，南朝时有关《周礼》的著作，仅寥寥数种，远不及《仪礼》和《礼记》之夥。

　　北朝经学，稍盛于南朝，其间魏文帝、周武帝，崇奖尤至。北朝号称大儒，能开宗立派者，首推徐遵明，次则为刘献之。徐遵明博通群经，北朝诸经传授，除《毛诗》传自刘献之外，《周易》、《尚书》、《春秋》、《三礼》等，皆传自徐遵明。徐氏之《三礼》学传于李铉等，李铉又传熊安生等，熊安生又传孙灵晖等。然"诸生尽通《小戴礼》，于《周》、《仪礼》兼通者，十二三焉"。② 可见北朝于《三礼》最重《礼记》之学。就礼学而言，成就较著者，当推熊安生。据《周书·熊安生传》，安生虽"事徐遵明，服膺历年"，但前此已"从房虬受《周礼》，并通大义"，东魏时期，又"受《礼》于李宝鼎"，后"专以《三礼》教授"，并撰有《周礼义疏》20卷、《礼记义疏》40卷，是其礼学亦不尽出自徐遵明。值得一提的是，北朝重视《周礼》，远胜于南朝。特别是西魏时期，宇文泰当政，任用苏绰进行改制，全仿《周礼》建立六官。及至其子建立北周，仍沿用六官之制，因此当时颇多研习《周礼》者。故《熊安生传》说："时朝廷既行《周礼》，公卿以下多习其业。"可见北朝后期，颇兴起一股《周礼》热。

　　隋、唐天下一统，经学亦归于统一。隋朝祚短，经学罕可称道者。隋立博士，《三礼》学仍宗郑氏。然《隋书·儒林传》所载，以礼学名家者，唯称马光"尤明《三礼》"，褚辉"以《三礼》学称于江南"而已。隋朝大儒，当推刘焯、刘炫，二刘于诸经皆有《义疏》，并曾"问礼于熊安生"，然并非礼学专门。唐初诏颜师古考订《五经》文字，撰成《五经定本》。又诏孔颖

---

① 《梁书》卷48《儒林》。
② 《北史》卷81《儒林上·序》。

达与诸儒撰《五经正义》，后经修订，于高宗永徽四年（653），颁布于天下，作为标准读本，据以科考取士。然所谓"五经"，谓《周易》、伪孔传本《古文尚书》、《毛诗》、《礼记》、《春秋左传》，是可见唐初于《三礼》唯重《礼记》，《周礼》和《仪礼》皆不见重。高宗永徽年间，贾公彦为太学博士，撰《周礼义疏》50卷，《仪礼义疏》40卷，[1] 同《礼记正义》一样，其《义疏》皆宗郑《注》，是就《三礼》学而言，郑学益成独尊之势。贾公彦之礼学，据两《唐书·儒学传》，受之于张士衡，士衡则受之于刘轨思、熊安生及刘焯，是其学渊源于北学可知。后杨士勋撰《春秋穀梁传疏》，徐彦撰《春秋公羊传疏》。贾、杨、徐所作之四经《疏》与前五经之《正义》，被称为《九经正义》。后四经亦皆立学官，用于科考取士，《新唐书·选举志上》即列以上九经为科考之经书，其中《周礼》和《仪礼》在当时被称为"中经"（《礼记》、《春秋左氏传》为大经，《易》、《尚书》、《春秋公羊传》、《穀梁传》为小经）。然而后四经是在何时立学官的，以及立学官是否用此四家之《义疏》，则史无明文。开元八年（720），国子司业李元瓘上书言："《三礼》、《三传》及《毛诗》、《尚书》、《周易》等，并圣贤微旨，生人教业……今明经所习，务在出身，咸以《礼记》文少（按就大经言，《礼记》文少于《左传》，故以为文少），人皆竞读，《周礼》经邦之轨则，《仪礼》庄敬之楷模，《公羊》、《穀梁》历代崇习，今两监及州县，以独学无友，四经殆绝。"[2] 至开元十六年（728）国子祭酒杨玚犹奏言："《周礼》、《仪礼》及《公羊》、《穀梁》殆将废绝，若无甄异，恐后代便弃。望请能通《周》、《仪礼》、《公羊》、《穀梁》者，亦量加优奖。"[3] 是可见《周礼》等四经虽立学官，然名利所趋，避难就易，在唐代并不太为士人所重。但开元年间，却有一事值得一书。据韦述《集贤记注》说，开元十年（722），曾诏按《周礼》六官编制官制之典，张锐以其事委徐坚，然徐坚"思之历年，未知所适"。又委毋煚、余钦、韦述，"始以令式入六司，象《周礼》六官之制"。然用功艰难，最后勉强编成《唐六典》30卷，"至今在书院，亦不行用"。但据晁公武《郡斋读书志》说，"其秩品以拟《周礼》，虽不能悉行于世，而诸司遵用，殆将过半，观《唐会

---

[1] 见《旧唐书》卷189上《儒学上·贾公彦传》。
[2] 《通典》卷15，《选举三》，《十通》本。
[3] 《旧唐书》卷185下《良吏下·杨玚传》。

要》,请事者往往援据以为实,韦述以为书虽成,而竟不行,过矣"。① 是《周礼》对于唐代官制,也还是有一定影响。但总的说来,唐代《周礼》学并不太盛行。然贾公彦的《周礼义疏》却甚为学者推重,对后世影响亦甚大。朱熹说:"《五经》中,《周礼疏》最好。"② 后世学者皆以为此评实有见地。《四库提要》也称贾《疏》"极博核,足以发明郑学"。

由上可见,《周礼》之学,自汉末至唐,除魏晋之际一度几为王学夺席外,皆以郑《注》为中心。这种情况,至宋初亦然。然而到宋仁宗庆历以后,学风始变。王应麟说:"自汉儒至于庆历间,谈经者守训诂而不凿。《七经小传》(按作者为刘敞,庆历间进士)出,而稍尚新奇矣。至(王安石)《三经新义》行,视汉儒之学若土梗。"③ 马宗霍说:"宋儒治经,不惟喜新好奇,为异于前也,尚有二事,颇足以启后人之议。其一曰疑经,其一曰改经。"《周礼》学亦然。马宗霍举例说:"赵汝谈谓《周礼》为傅会女主之书,欧阳修、苏辙、胡宏亦并疑《周官》,此疑《礼》者也";"刘敞谓《周礼》'诛以驭其过','过'当作'祸';'士田、贾田','士'当作'工';九筮五曰'巫易',当作'巫阳'。……俞庭椿《周礼复古编》谓'五官所属皆六十,不得有羡',其羡者皆取以补《冬官》。又谓《天官·世妇》与《春官·世妇》,《夏官·环人》与《秋官·环人》,为一官复出,当省并之。……此改《礼》者也"。④ 按胡宏之疑《周礼》,俞庭椿之《周礼复古编》,本文第3节已略言之。欧阳修、苏辙之疑《周礼》,兹略举其说如下。欧阳修之说有曰:

> 《周礼》,其出最后。……然今考之,实有可疑者。夫设公卿大夫士,下至府史胥徒,以相副贰;外分九服,建五等,差尊卑,以相统理:此《周礼》之大略也。而六官之属略见于经者五万余人,而里闾县都之长,军师卒伍之徒不与焉。王畿千里之地,为田几井,容民几家,王官王族之国邑几数,民之贡赋几何,而又容五万人者于其间?其人耕而赋乎?如其不耕而赋,则何以给之?夫为治者,故若是其烦乎?此其一可

---

① 以上引文皆见《文献通考》卷202,《经籍考二十九》,《十通》本。
② 《朱子语类》卷86,《周礼·总论》,中华书局,1986年。
③ 王应麟:《困学纪闻》卷8,山东友谊书社,1992年。
④ 马宗霍:《中国经学史》第10篇,《宋之经学》,上海书店出版社,1986年,第124—126页。

疑者也。秦既诽古，尽去古制，自汉以后，帝王称号，官府制度，皆袭秦故，以至于今，虽有因革，然大抵皆秦制也，未尝有意于《周礼》者。岂其体大而难行乎？其果不可行乎？夫立法垂制，将以遗后也，使难行，而万世莫能行，与不可行等尔。然反秦制之不若耶？脱有行者，亦莫能兴，或因以取乱，王莽、后周是也。则其不可用决矣。此又可疑者也。①

苏辙之说有曰：

> 言周公所以治周者，莫详于《周礼》。然以吾观之，秦汉诸儒以意损益之者众矣，非周公之完书也。何以言之？周之西都，今之关中也；其东都，今之洛阳也。二都居北山之阳，南山之阴，其地东西长，南北短，短长相补，不过千里，古今一也。而《周礼》王畿之大，四方相距千里，如画棋局，近郊、远郊、甸地、稍地、小都、大都，相距皆百里，千里之方地，实无所容之，故其畿内远近诸法，类皆空言耳。②

由上可见庆历以后《周礼》学之一斑。这种学风，亦波及到当时的年轻人。司马光曾批评说："新进后生，口传耳剽，读《易》未识卦爻，已谓《十翼》非孔子之言；读《礼》未知篇数，已谓《周官》为战国之书；读《诗》未尽《周南》、《召南》，已谓毛、郑为章句之学；读《春秋》未知十二公，已谓《三传》可束之高阁。"③ 按我们这里只说宋儒拨弃传注旧说、务求新义的学风，并不涉及其观点的正确与否。宋儒学风虽变，却并非不重《周礼》学，事实乃正相反：宋神宗支持王安石利用《周礼》进行变法，就是突出的例证。王安石撰有《三经新义》，三经者，《尚书》、《毛诗》、《周礼》也。其《周礼新义》凡22卷，王安石说：

---

① 《欧阳文忠公全集·居士集》卷48，《问进士策》之一，上海锦章图书局，民国14年（1925）石印本。
② 苏辙：《栾城后集》卷7，《历代论·周公》，《四库全书》本，按苏辙归纳《周礼》有"三不可"，此处所引是其一。
③ 司马光：《论风俗札子》，见司马光《传家集》，《四库全书》本。

> 制而用之存乎法，推而用之存乎人。其人足以任官，其官足以行法，莫盛乎成周之时。其法可施于后世，其文有见于载籍，莫具乎《周官》之书。盖其因习以崇之，赓续以终之，至于后世，无以复加，则岂特文、武、周公之力哉！①

是其欲效成周、据《周礼》以行新法之意昭然。然而王氏之经学，亦是典型的宋学，因此有人曾批评其《三经新义》本于刘敞《七经小传》，如宋人吴曾曰："庆历以前，多遵章句注疏之学；至刘原甫为《七经小传》，始异诸儒之说。至王荆公修《经义》，盖本于原甫。"② 至皮锡瑞则径谓其《新义》"多剿敞说"。③ 这种批评虽未必尽当，而其学风与刘敞不异，则是事实。然王安石亦非照搬《周礼》以行新法，不过打出圣经的旗号，务塞反对者之口而已，故《四库提要》卷19于《周官新义》下说：

> 宋当积弱之后，而欲济之以富强，又惧富强之说必为儒者所排击，于是附会经义，以箝儒者之口实，实非真信《周礼》为可行。

然而宋儒之攻击《周礼》者（如以为《周礼》不可信，或径谓之为伪书等等），很大程度实出于反对王安石变法的守旧派学者。但肯定《周礼》的也不乏其人，宋神宗即是这方面的典型。如熙宁十年（1077）侍讲沈季长、黄履奏问讲何经，神宗即说："先王礼乐法度，莫详于周，宜讲《周礼》。"④ 南宋大儒朱熹也说，"《周礼》一书好看，广大精密，周家法度在里"，"《周礼》一书，也是做得缜密，真个盛水不漏"。⑤ 王安石的《周礼新义》撰成后，即于熙宁八年（1075）颁于学官，用作试士标准，故王氏之《周礼》学在当时影响甚大，统治学界近六十年，至南宋始废。晚于王安石的王昭禹撰《周礼详解》，王与之撰《周礼订义》，林之奇撰《周礼讲义》，皆"颇据其说"。⑥

---

① 王安石：《临川先生文集》卷84，《周礼义序》，中华书局，1959年。
② 吴曾：《能改斋漫录》卷2之"注疏之学"条，《四库全书》本。
③ 皮锡瑞：《经学历史》八，《经学变古时代》。
④ 司马光：《资治通鉴》卷72，中华书局，1956年。
⑤ 《朱子语类》卷86，《周礼·总论》。
⑥ 见《四库提要》之《周官新义·提要》。

宋儒于《周礼》著述颇丰，王与之《周礼订义》所采旧说五十一家，其中宋人说就占四十五家。如叶时撰《礼经会元》，括《周礼》以立论，凡一百篇，其第二篇专驳汉儒之失，且谓郑玄之《注》深害《周礼》；第一百篇补《冬官》之亡，谓《冬官》散见于五篇中，与俞庭椿之说同，是皆宋人习气。郑伯谦撰《太平经国书》，首列四图，以明成周及秦汉官制，继则为目三十二篇，如教化、宰相、官刑、税赋、考课、官制等，以发挥《周礼》之义，其体例与叶时《礼经会元》略同。易被撰《周官总义》，研索经文，断以己意，虽与先儒旧说颇有异同，要皆以经释经，颇有考据，非凿空杜撰之作。黄度撰《周礼说》，颇非《注》《疏》，然肯定《注》《疏》处亦多，立论较持平。朱申撰《周礼句解》，则大略据《注》《疏》以为说，逐句诠释经文，义取简约，虽无大发明，犹不失为谨严之作，是于宋学统治之时，犹略见汉唐遗风。又有林希逸者，撰《鬳斋考工记解》，则专研制作。按前此专研《考工记》者，唐有杜牧之《注》，宋有陈祥道、林亦之、王炎诸家之《解》，其书皆不传，唯林氏此《解》仅存，其说较为明白浅显，且附有图，甚便初学，然所说多与郑《注》相刺缪，是亦宋学习气。

元人株守宋学。仁宗于皇庆二年（1313）所定"考试程序"，即明确规定《四书》以朱熹《集注》为主，《诗》以朱熹《集传》为主，《书》以蔡沈（朱熹弟子）《集传》为主，《易》以程颐《传》和朱熹《本义》为主，《春秋》用《三传》及胡安国《传》（按胡安国学宗二程），唯《礼记》用古《注》《疏》。① 由此可见元人经学所尚。元人不甚重《周礼》学，虽世祖至元二十四年（1287）立国子学时规定的经书中有《周礼》，② 然试士则不用。故元代《周礼》学衰微，虽有研治者，亦不脱宋学窠臼。如陈友仁所辑《周礼集说》，乃用宋人旧本重辑，而于王安石《新义》采摘尤多，又于《考工记》后附俞庭椿《周礼复古编》。毛应龙撰《周官集传》，于宋学诸家训释引据颇博，宋以来诸家散佚之说，尚因是书得以存其崖略。至邱葵所撰《周礼补亡》，径本俞庭椿、王与之《冬官》不亡之说，谓《冬官》一职，散见于五官中，于是割裂五官，而定《冬官》之属五十四职，故其书深为世人所诟病。

---

① 《元史》卷81《选举一·科目》。
② 《元史》卷81《选举一·学校》。

由以上所述可见元人《周礼》学之大概。

明人又株守元人之学。明初所颁"科举定式",一仍元人"考试程序"之旧,亦不用《周礼》。到永乐年间,其《礼记》又改为"止用陈澔《集说》"。① 永乐十二年(1414)十一月,敕命胡广等三十九人修《尚书》、《诗经》、《礼记》、《春秋》、《四书》等《五经大全》。此《大全》仅用不到一年时间,翌年九月即告成,而"废《注》《疏》不用",② 成祖亲为制《序》,颁行天下,科举取士,以此为则。皮锡瑞批评说,修纂《大全》,"此一代盛事,自唐修《五经正义》,越八百年而得再见者也。乃所修之书,大为人姗笑",不过"取已成之书,钞誊一过",而所取之书,不过是"元人遗书,故谫陋为尤甚"。③ 顾炎武的批评更尖锐,说:"若有明一代之人,其所著书,无非盗窃而已。"④ 明人之《周礼》学,自亦不脱此弊。如郎兆玉《古周礼》,"皆钞撮旧文,罕能通贯";张采《周礼注疏》,则"疏浅特甚"。⑤ 且明人之作尤多袭俞庭椿、王与之等《周礼》不亡之说而臆为窜乱者。如何乔新《周礼集注》、舒芬《周礼定本》、陈深《周礼训隽》、沈珤《周礼发明》、金瑶《周礼述注》、郝敬《周礼完解》等,皆属此类。唯王志长之《周礼注疏删翼》,虽多采宋以后说,尚能"以《注》《疏》为根柢","恪遵古本","在经学荒芜之日,临深为高,亦可谓研心古义者矣"。⑥ 又王应电所撰《周礼传》,"覃研十数载",用力颇深,尚能"因显以探微,因细以绎大","论说颇为醇正,虽略于考证,而义理多所发明",然割裂《叙官》之文,分别部居,以类相从,则颇嫌窜乱,是亦不免宋学习气。⑦ 明人专研《考工记》的著作亦有数种,如林兆珂之《考工记述注》、徐昭庆之《考工记通》、程明哲之《考工记纂注》等等,然皆少发明,无可称道者。

由上可见,宋、元、明三代,皆属宋学统治时代。若比较此三代之经学,

---

① 《明史》卷70《选举二》。
② 同上。
③ 皮锡瑞:《经学历史》九,《经学积衰时代》。
④ 顾炎武:《日知录》卷18之"窃书"条,(清)黄汝成《日知录集释》本,岳麓书社,1994年。
⑤ 皆见《四库提要》卷23。
⑥ 见《四库提要》卷19《周礼注疏删翼·提要》。
⑦ 见《四库提要》卷19《周礼传·提要》。

则元不如宋，明又不如元，每况而愈下。皮锡瑞说："宋儒学有根柢，故虽拨弃古义，犹能自成一家。若元人则株守宋人之书，而于《注》《疏》所得甚浅。……明人又株守元人之书，于宋儒亦少研究。……故经学至明为积衰时代。"①

清初仍是宋学占上风。顺治二年（1645）所定试士例，"《四书》主朱子《集传》，《易》主程、朱二《传》，《诗》主朱子《集传》，《书》主蔡《传》，《春秋》主胡《传》，《礼记》主陈氏《集说》"，②是仍袭元、明旧制。其时治《周礼》者，如王芝藻《周礼订释古本》、高愈《高注周礼》、高宸《周礼三注粹钞》等，则皆俞庭椿、王与之、邱葵等《冬官》不亡说之末流。万斯大《周官辨非》，力攻《周礼》之伪；方苞之《周官析疑》、《周官辨》，每力诋经文及郑《注》；姜兆锡《周礼辑义》，多本王与之《周礼订义》而攻诘郑《注》，是皆宋学之余也。然清初硕学大儒王夫之、顾炎武、黄宗羲等，则已启汉、宋兼采之风。嗣后治《周礼》学者，如李光坡《周礼述注》，其侄李鍾伦《周礼训纂》，汪基《周礼约编》，沈淑《周官翼疏》，官献瑶《石溪读周官》等，皆汉、宋兼采之作。乾隆十三年（1748），钦定《三礼义疏》（其中《周官义疏》48卷），采掇群言，混淆汉、宋，第一次以朝廷名义打破了元、明以来宋学对经学的垄断，且将《周礼》置于《三礼》之首。治经独标汉帜而专欲复兴汉学者，亦始于乾隆时期。然稍早于此的惠士奇，实已肇其端，其所著《礼说》，就《周礼》中有所考证辨驳者，各为之说，而说皆以郑氏为宗，"持论最有根柢"。③稍后有沈彤，"尤邃于礼，著《周官禄田考》，因欧阳修有《周礼》官多田少，禄且不给之疑，故详究周制以与之辨"。④王鸣盛撰《周礼军赋说》，专研《周礼》军赋之制，"繁征博引，辑为是编，考周制军赋者，自莫能外是书。"⑤沈、王二氏之书，皆能自成一家。其时深于礼学者，共推江永，著有《礼经纲目》及《周礼疑义举要》等著作多种。其《周礼疑义举要》融会郑注，参以新说，于经义多所阐发。其解

---

① 皮锡瑞：《经学历史》九，《经学积衰时代》。
② 《清朝通典》卷18，《选举一》，《十通》本。
③ 《四库提要》卷19，《礼说·提要》。
④ 江藩：《国朝汉学师承记》，中华书局，1983年，第30页。
⑤ 中国科学院图书馆整理：《续修四库全书总目提要》上册，中华书局，1993年，第471页。

《考工记》，尤为学者所称道。江永的学生金榜，则"专治《三礼》，以高密（按指郑玄，郑玄是山东高密人）为宗，不敢杂以后人之说，可谓谨守绳墨之儒矣"。① 又有戴震，撰《考工记图》，考据精审，多所发明，甚为学者所称道。而程瑶田的《考工创物小记》，则更加详矣。此外如段玉裁的《周礼汉读考》，发疑正读，甚为精核。按清人于《周礼》著述颇丰，见于中国科学院图书馆所整理的《续修四库全书总目提要》的还有胡翘元《周礼会通》、孔广林《周礼肊测》、李调元《周礼摘笺》、程际盛《周礼故书考》、蒋载康《周官心解》、徐养原《周礼故书考》、吕飞鹏《周礼补注》、曾钊《周官注疏小笺》等等，达五十三种之多，而专研制度或制作的还有程瑶田《沟洫疆理小记》、胡匡衷《周礼畿内授田考实》、钱坫《车制考》、阮元《考工记车制图解》、王宗涑《考工记考辨》、郑珍《轮舆私笺》等等，达十四种之多，再加上见于《清史稿·艺文志》的毛奇龄《周礼问》、沈梦兰《周礼学》、丁晏《周礼释注》等等，数量更多，超过前此任何一代。而集《周礼》学之大成的著作，则共推孙诒让的《周礼正义》。该书是孙诒让用了二十多年工夫撰成，是其毕生精力所粹。据书前自序说，该书草创于同治季年，始为长编数十巨册，继复更张义例，剟繁补缺，二十多年来，草稿屡易，而后才撰成这部86卷、230余万字的巨著。该书于汉唐以来，历宋元明，迄于清乾嘉诸儒之旧诂，以及凡古籍中与《周礼》内容有关的材料，皆广为搜集，兼及近世欧洲政艺，亦加汲纳，而于书中详加考辨，折中是非，博采而约取，持论宏通，且无门户之见。其每述一义，每引一说，则必称其人，指明原委，绝不攘人之善。该书就学术水平而言，已远超唐宋旧疏之上，故自问世以来，向为学者所推重。而其所征数据之繁富，洵为治《周礼》学者之渊薮。然孙氏笃信《周礼》为周公所作，且以其一人之力，成此巨帙，故对于名物制度以及经义的解释，亦难免有错误或不当处，但全书善处多，是皆瑕不掩瑜也。

孙诒让之后治《周礼》学者，亦不乏其人。如李滋然《周礼古学考》、刘光《周官学》、于鬯《读周礼日记》、李步清《周官讲义》、王闿运《周官笺》、刘师培《周礼古注集疏》、叶德辉《周礼郑注正字考》、廖平《周礼订

---

① 江藩：《国朝汉学师承记》，中华书局，1983年，第78页。

本略注》，等等，皆见于《续修四库全书总目提要》，故皮锡瑞《经学历史》称清代为"经学复盛时代"，仅就《周礼》学而论，洵非虚言。

（六）《周礼》内容简析

《周礼》一书，体大事繁，是一部宏大的建国规划。全书分为《天官》、《地官》、《春官》、《夏官》、《秋官》、《冬官》六篇，分述六个系统的职官，而皆统之于天官。

天官系统共有63职官。天官之长曰大宰，亦即冢宰：就其统领天官则称大宰，就其总摄六官则称冢宰。天官系统的官，依照其《叙官》的说法，属于"治官"，即治理国政之官，然其实际职掌却十分复杂，可以称得上治官的，仅大宰、小宰、宰夫、大府、内府、外府、司会、司书、职内、职岁、职币等11职而已。其他诸官的职掌，大体可以分为以下几类。第一类是为王、王后及太子等掌饮食的官，如负责烹煮或制作食物的膳夫、庖人、内饔、外饔、亨人、腊人、醢人等，负责捕获兽类或鱼鳖等以供膳食的兽人、渔人、鳖人等，负责进献食物的笾人和醢人，负责制作和供应酒浆的酒正、酒人、浆人等，还有专门为王调配食物的食医，掌盐的盐人，掌供巾幂以覆盖饮食的幂人，掌供冰以冷藏食物的凌人等，总凡19职。第二类是为王、王后和太子掌服装的官，如为王掌皮裘的司裘，负责缝制衣服的缝人，掌首服（头上装饰物）的追师，掌鞋的屦人等，凡4职。第三类是医官，有医师、疾医、疡医、兽医等4职。第四类是掌寝舍的官，有负责为宫寝清除污秽的宫人，有为王外出设宫舍、帷帐等的掌舍、幕人、掌次等，凡4职。第五类是宫官，有宫正、宫伯、内宰、内小臣、阍人、寺人、内竖等5职。第六类是妇官，其中有服事王并协助王后行礼事的九嫔、世妇、女御，有为王后掌祭祀和礼事的女祝、女史，凡5职。第七类是掌妇功的官，有典妇功、典丝、典枲等3职。另外还有为王掌藉田的甸师，为王掌收藏的玉府，掌皮革的掌皮，掌染丝帛的染人，掌大丧为王招魂的夏采等5职，皆可自成一类。以上分类虽未必尽当，但可以帮助我们对于天官系统的职官有一个大概的了解。从本篇职文可以看出，作为天官之长、六官之首的大宰的职权是何等重大，他既要"掌建邦之六典"，以作为天、地、春、夏、秋、冬六个系统官吏的典则，以佐王治理天下邦国，又要掌理王国的"八法"、"八则"、"八柄"、"八统"、

"九职"、"九赋"、"九式"、"九贡"、"九两"等等,然其属官,除前所列11职(其中又主要是小宰)协助大宰施行部分职掌外,其他各类职官的职事皆甚细微,几与天官作为治官的职掌无涉,而尤以服务于王、王后、太子的生活和宫内事务的职官居多,占了天官系统职官的绝大部分,因此颇为后世学者所讥。斯维至说:"曩读《周礼》,觉其言冢宰之权能极尊,而细按所属,则凡庖人、宫人、世妇、女御等,殆皆王之小臣,可谓头大尾小,殊不相称。"① 蒋伯潜说,天官"以掌宫中事务者为最多,凡寝舍、膳食、饮料、服装、医药、妇寺,皆统于天官,次则为掌财货会计者。可见天官一方统摄六官,一方兼掌杂务,恰似现代各机关中之总务处焉"。② 金景芳则认为,上述批评"都是不懂得历史唯物主义,用后世之见来臆测古人的。殊不知《周礼》这些记载,恰是当时的真实情况"。③ 然而是否"恰是当时的真实情况",恐怕还有待证明,否则也只能是一种臆测。

地官系统总共有78职官,若加上《叙官》中提及而职文中未列的乡老一职,合计为79职。地官之长曰大司徒。依照《叙官》的说法,地官属于"教官",即掌教育之官,然细按其职文,掌教育固其职责之一,却并非主要职责。地官的主要职责,是掌土地和人民。《大司徒》职文开头就说:"大司徒之职,掌邦之土地之图,与其人民之数。"此其大纲,以下即据此以记其具体职掌。小司徒是大司徒的副手,协助大司徒工作,其主要职责,亦不外掌土地和人民两大类。大、小司徒以下的77属官,职掌则甚繁杂,大体上可以划分为以下几类。第一类是掌基层各级行政的官,其中有掌都郊六乡各级行政的乡师、乡老、乡大夫、州长、党正、族师、闾胥、比长,有掌郊外野地六遂各级行政的遂人、遂师、遂大夫、县正、鄙师、酂长、里宰、邻长,总计16职。第二类是掌赋税、力役的官,有载师、闾师、县师、遗人、均人、旅师、稍人、委人、土均、角人、羽人、掌葛、掌染草、掌炭、掌荼、掌蜃等,总计16职。第三类是掌山林、川泽、场圃、矿藏等的官,有山虞、林衡、川衡、泽虞、迹人、丱人、囿人、场人等,总计8职。第四类是指导农业生产的官,有草人、稻人、司稼等3职。第五类是掌管粮食及仓贮的官,有廪人、

---

① 斯维至:《两周金文所见职官考》,《中国文化研究汇刊》1947年9月第7卷。
② 蒋伯潜:《十三经概论》,上海古籍出版社,1983年,第272页。
③ 金景芳:《经书浅谈·周礼》,中华书局,1984年。

舍人、仓人、司禄（职文缺）、舂人、饎人、槁人等，凡7职。第六类是掌市政（市场管理）及门关的官，有司市、质人、廛人、胥师、贾师、司暴、司稽、胥、肆长、泉府、司门、司关、掌节等，凡13职。第七类是掌管教育的官，有师氏、保氏、土训、诵训、司谏、司救等，凡6职。第八类是负责有关祭祀事务的官，有封人、鼓人、舞师、牧人、牛人、充人等，凡6职。还有掌为民调解仇怨的调人，掌民婚姻的媒氏，皆可自成一类。以上诸职，特别是前四类以及调人和媒氏，凡45职，其主要职掌仍然可以概括为土地和人民两大类。而第五、第六两类凡20职，亦密切关系着人民的生产和生活。可见在六官中，地官所掌，关乎国计民生，乃立国之根本，最为重要，而与所谓"教官"之说，出入甚大。还有些职掌，盖当属之他官而混入此官。如《大司徒》记其所掌"乡八刑"及听断民之"不服教而有狱讼者"，即当属之秋官；而上述第八类掌祭祀诸职，则似当属之春官。还有职掌与他官相冲突的，如《大司徒》曰"颁职事十有二于邦国都鄙"，而其所颁之前九职与天官大宰所掌"任万民"之"九职"无异，而又增学艺、世事、服事三职，则"任万民"之职，究竟当由何官颁之，而所颁究竟是九职还是十二职？读者不能不生疑窦。诸如此类的问题还不少，盖皆由作者思之未密，或因《周礼》一书尚属未完成之作所致。

春官系统共有70职官，大宗伯是其长，小宗伯是大宗伯的副手。依照《叙官》的说法，春官属于"礼官"，即掌礼事的官，此说较确。大、小宗伯的主要职责就是掌礼（包括吉、凶、宾、军、嘉五礼）。其下68属官，大体可以划分为以下几类。第一类是掌礼事的官，有肆师、郁人、鬯人、鸡人、司尊彝、司几筵、典瑞、典命、司服、典祀、守祧、世妇、内宗、外宗、冢人、墓大夫、职丧、都宗人、家宗人、神仕等，凡20职。第二类是掌乐事的官，有大司乐、乐师、大胥、小胥、大师、小师、瞽矇、视瞭、典同、磬师、锺师、笙师、镈师、韎师、旄人、籥师、籥章、鞮鞻氏、典庸器、司干等，凡20职。第三类是掌卜筮的官，有大卜、卜师、龟人、菙氏、占人、筮人、占梦、视祲等，凡8职。第四类是巫祝之官，有大祝、小祝、丧祝、甸祝、诅祝、司巫、男巫、女巫等，凡8职。第五类是掌史及星历之官，有大史、小史、冯相氏、保章氏、内史、外史、御史等，凡7职。第六类是掌车旗的官，有巾车、典路、车仆、司常等，凡4职。还有天府一职，虽亦掌礼事，但主要职责是掌宗庙宝物重器以及吏治文书的收藏，可自成一类。从以上分类看，春官的职责虽不尽掌礼事，但主要还是掌礼。如第二类掌乐事的官，就是直接为礼事服务的，且礼、乐二官的数量占了春官系统职官的大半。第三、第四、第六三类职官，也主要是为礼事服务的，而天府一官也有为礼事服务的职责。然第二类即掌乐事的官中，又有掌学校教育的职责，如《大司乐》"掌成均（大学）之法"，《乐师》"掌国之学（小学）政"，《大胥》"掌学士之版"，《小胥》"掌学士之征令"，等等，则似当属之地官。

夏官系统共有69职官，大司马是其长，小司马是大司马的副手。依照《叙官》的说法，夏官属于"政官"，即掌军政之官，这个说法大体不错。如大司马所掌九伐之法，征收军赋，教民习战，救无辜而伐有罪，以及王亲征时掌其戒令，皆属军政，而所掌"制军诘禁"一项则纯属军事性质。本篇的《小司马》职文缺佚，仅残存数语，其详虽不可考，然由"掌其事，如大司马之法"一语，可推知其职掌的性质亦属军政无疑。大、小司马之下的67属官，其中军司马、舆司马、行司马、掌疆、司甲五官职文缺佚，其他62官的职掌，则较复杂，虽多属掌军政者，亦有许多与军政无关的职事，大体可以分为以下几类。第一类是掌军事或与军事有关者，有司勋、环人、挈壶氏、诸子、司右、司兵、司戈盾、司弓矢、槁人、戎右、戎仆、掌固、司险、候人、都司马、虎贲氏、旅贲氏等，凡17职。第二类是掌天下邦国者，包括邦国的封建，疆域的划分，协调各邦国的关系，通财利，一度量，徕远民，致方贡等等，有职方氏、量人、土方氏、怀方氏、合方氏、训方氏、形方氏、山师、川师、原师、匡人、撢人等，凡12职。盖对邦国的管理需依靠军事实力，故将此类职官属之司马。以上两类职官的数量最多，其所掌也是夏官的主要职责。第三类是掌养马及马政者，有校人、趣马、巫马、牧师、廋人、圉师、圉人、马质等，凡8职。盖马为军事所需，故将此类职官属之司马。第四类是为王掌车者，其中戎右、戎仆掌王军车，已属之第一类中，此外还有齐右、道右、大驭、齐仆、道仆、田仆、驭夫等，凡7职，分掌王其他诸事所乘车。盖王车安全保卫第一，故将此类职官属之司马。此外还有一部分职官，则与军政无关。依《周礼》对于六官性质的划分，似当属之他官，而亦以属之司马。如掌吏治与朝仪的司士，掌出纳王命的大仆、小臣，掌吏民向王的上书和奏事的御仆，掌王冕服的节服氏、弁师，以及掌寝庙杂役的隶仆，凡7职，似当属之天官；掌射礼之事的缮人、射人，掌视察祭祀准备情况的祭仆，掌羊牲以供祭祀的小子、羊人，掌驯养猛兽以供祭祀的服不氏，掌射鸟、捕鸟、养鸟以供祭祀的射鸟氏、罗氏、掌畜，掌驱疫鬼和魍魉的方相氏等，凡10职，则似当属之春官。还有掌行火之政令的司爟，则可自成一类。《周礼》之六官，要数夏官的职掌最为复杂错综，盖皆因《周礼》尚属未完成之作，作者尚未及修改定稿所致。《夏官》的《叙官》详载军事建置，以一万二千五百人为军，王六军，大国三军，次国二军，小国一军，军以下又有师、旅、卒、两、伍等建置，这是《夏官》写法的一个特点。又《职方氏》详载天下九州的划分，以及各州的山川、泽薮、人民和物产，与其他职文的写法不同而颇类《禹贡》之体，这是《夏官》写法的又一特点。

秋官系统共有66职官，大司寇是其长，小司寇是大司寇的副手。依照《叙官》的说法，秋官属"刑官"，即掌刑法之官，此说大体不误。如大司寇的主要职责就是掌刑法，其中包括惩治违法诸侯的三典，惩治违法之民的五刑，用圜土（狱城）聚教不良之民，定期宣布刑法，等等，皆属掌刑法之职。小司寇协助大司寇工作，其主要职责也是掌刑法。但此外小司寇还掌询万民和群臣，又掌大校比时登记民数以上报天府，以及孟冬献民数于王等职，则似与秋官性质不类。大、小司寇之下的64属官，其中掌祭祀、掌货贿、都则、都士、家士等五官职文缺佚，其他59官，职掌则较复杂，大体可以划分为以下几类。第一类是掌刑法狱讼的官，有士师、乡士、遂士、县士、方士、讶士、朝士、司刑、司刺、司厉、司圜、掌囚、掌戮、布宪、禁杀戮、禁暴氏等，凡16职。第二类是掌各种禁令的官，有雍氏（掌沟渎之禁）、萍氏（掌水禁）、司寤氏（掌宵禁）、司烜氏（掌火禁）、野庐氏（掌路禁）、脩闾氏（掌国中路禁）、衔枚氏（禁喧哗）等，凡7职。盖禁令近于刑法，故属之司寇。第三类是掌隶民的官，有司隶、罪隶、蛮隶、闽隶、夷隶、貉隶等，凡6职。按隶民罪犯（罪隶）和少数民族战俘，把他们当做奴隶加以监管和役使，有执法性质，故此类职官亦属之司寇。第四类是掌司盟约的官，有司约、司盟2职。盟约亦有类似法律的约束力，故此二官亦属之司寇。第五类是掌接待四方宾客以及与诸侯和蛮夷交往的官，有大行人、小行人、司仪、行夫、环人（与夏官之环人名同而职异）、象胥、掌客、掌讶、掌交等，凡9职。第六类是掌辟除的官，有蜡氏、冥氏、庶氏、穴氏、翨氏、柞蔟氏、翦氏、赤犮氏、蝈氏、壶涿氏、庭氏等，凡11职。还有负责统计民数的司民，掌为王侯出巡时"执鞭以趋辟"的条狼氏，掌有关矿物开采戒令的职金，掌除草木造田的柞氏、薙氏，掌供祭祀之杖及杖函的伊耆氏，掌供犬牲的犬人等，皆可自成一类。可见司寇的属官除掌刑法外，还有许多与刑法无关的职事，其中有些似亦当属之他官而杂入此官。如第五类官的主要职责是掌宾礼，当属之春官；掌统计民数的司民，掌除草木造田的柞氏、薙氏，以及掌矿物的职金等，则当属之地官。又第六类职官的职掌至微，分工至细，例如同样是掌捕鸟兽，既有攻捕猛兽的冥氏，又有掌捕蛰兽的穴氏；同样是掌除虫，既有掌除毒虫的庶氏，又有掌除蠹虫的翦氏，还有掌除墙中虫豸的赤犮氏，以及掌除水虫的壶涿氏；同样掌除鸟，既有掌除猛鸟的䎽氏，又有掌覆妖鸟巢的硩蔟氏，还有掌射妖鸟的庭氏；又仅因嫌蛙类叫声吵人而亦特设蝈氏一职，专掌除蛙类，真可谓不厌其烦，故亦颇为后世学者所讥。

《周礼》缺《冬官》，汉人补之以《考工记》，前已述之。冬官系统的职官，按作者的构想，当为"事官"，掌"事典"，亦即《小宰》所谓"事职"，其职责在于"富邦国"，"养万民"，"生百物"（皆见《小宰》）。既为"事官"，则其属固不当限于"工"，然《记》文仅列30工（其中段氏、韦氏、裘氏、筐氏、楖人、雕人等6工职文缺佚）。《考工记》既别为一书，则自与《周礼》体例不同。其首为全篇之总叙，其中论述百工的分工一节，是《考工记》全篇的大纲。其分工凡六类。第一类是攻木之工，有轮人、舆人、弓人、庐人、匠人、车人、梓人等，凡7工。第二类是攻金之工，有筑氏、冶氏、凫氏、栗氏、段氏（原文缺）、桃氏等，凡6工。第三类是攻皮之工，有函人、鲍人、韗人、韦氏（原文缺）、裘氏（原文缺）等，凡5工。第四类是设色之工，有画工、缋工（按《记》文将此二工合而为一，而总言"画缋之事"）、锺氏、筐人（原文缺）、㡛氏等，凡5工。第五类是刮磨之工，有玉人、楖人（原文缺）、雕人（原文缺）、磬氏、矢人等，凡5工。第六类是抟埴之工，有陶人和瓬人，凡2工。以上六类，总为30工。从《记》文看，记车工之事尤详，盖因"周人尚舆"，而车又为乘载及战争所必需，且工艺又最复杂的缘故。其次则详于弓矢，而尤详于弓的制作，盖因戎为国之大事，而弓矢为战争所必需的缘故。又《考工记》所记诸制作，不仅详于尺度、要求和要领，而且善于总结制作经验，这是其一大特点。如《筑氏》总结铜锡合金因二者所占比例不同而区分为六等，记载各等的名称及其所适宜制作的器物，反映出战国时期的冶金业和手工制造业已经达到相当高的水平，具有极其珍贵的史料价值。

(七)《周礼》的行文特点

通览《周礼》除《考工记》外前五篇的内容，盖有以下几个特点值得注意。

第一，各篇开头皆有一《叙官》，先列出该篇或该系统设有多少职官，每一职官的级别及其属员的级别和员数，正如孙诒让所说："《叙》之通例，皆先楬官名，次陈爵等，次纪员数。"[1] 因此各篇的《叙官》，也即是各篇职官的大纲。又每篇《叙官》的开头，都同样有"惟王建国，辨方正位，体国经野，设官分职，以为民极"五句，盖为强调各系统职官设置之郑重，以警戒各级官员慎重职事，恪尽职守。

第二，以职官联系着各种制度，是《周礼》行文的最突出特点。《周礼》是讲官制的书，因此它的各篇都以叙述各官的职掌为主要内容。但各级官吏又都是在一定的制度下工作的，因此其职掌的叙述（即所谓职文）就必然紧密联系着各方面的制度。语其大者，如《天官·大宰》曰："大宰之职，掌建邦之六典，以佐王治邦国。"掌建邦之六典，是大宰最主要的职责，而其所建之"治典"、"教典"、"礼典"、"政典"、"刑典"、"事典"，也即是国家六个方面的根本制度。又如大宰所掌之"八法"、"八则"、"八柄"，是作者所设计的治官制度；"八统"、"九两"，是治民制度；"九职"、"九赋"、"九式"、"九贡"，则是国家的理财制度。又如《地官·大司徒》曰："凡建邦国，以土圭土其地而制其域。诸公之地，封疆方五百里，其食者半。诸侯之地，封疆方四百里，其食者参之一。诸伯之地，封疆方三百里，其食者参之一。诸子之地，封疆方二百里，其食者四之一。诸男之地，封疆方百里，其食者四之一。"即是邦国封建制度。语其细者，如《天官·膳夫》曰："凡王之馈食用六谷，膳用六牲，饮用六清，羞用百二十品，珍用八物，酱用百有二十瓮。"这是王的馈食制度。《地官·遗人》曰："凡国野之道，十里有庐，庐

---

[1] 孙诒让：《周礼正义》第1册，《天官·叙官·疏》，中华书局，1987年。

有饮食；三十里有宿，宿有路室，路室有委；五十里有市，市有候馆，候馆有积。"这是道路委积制度。又如《夏官·巫马》曰："马死，则使其贾粥之，入其布于校人。"按巫马是掌疗马疾的官，但如果马疾治疗不好而马死了，该怎么处理呢？这里就是记巫马处理死马的制度（或规定）。我们在读《周礼》时，如果注意会通，就可以看出作者所设计的国家在各方面的制度是怎样的了。

第三，《周礼》职文中，还每每记及有关方面的经验、技术或人们对某些事物的认识。如《天官·内饔》曰："辨腥、臊、膻、香之不可食者。"这是内饔的职责。下面接着又说："牛夜鸣则庮。羊泠毛而毳，膻。犬赤股而躁，臊。鸟麃色而沙鸣，貍。豕盲视而交睫，腥。马黑脊而般臂，蝼。"这就是从平时观察中得出的有关牛、羊、犬、鸟、豕、马等不可食的情况的认识，以提醒内饔及当时的人们注意。《天官·疾医》曰："掌养万民之疾病。"这是疾医的职责。下面接着又说："四时皆有疠疾：春时有痟首疾，夏时有痒疥疾，秋时有疟寒疾，冬时有嗽上气疾。"这是从长期行医实践中得出的对于人们四季常见疾病的认识。《天官·兽医》曰："掌疗兽病，疗兽疡。"这是兽医的职责。下面接着又说："凡疗兽疾，灌而行之，以节之，以动其气，观其所发而养之"；"凡疗兽疡，灌刮之，以发其恶，然后药之、养之、食之。"这里所记则是治疗兽疾、兽疡的方法或技术。《秋官·萩蔟氏》曰："掌覆夭鸟之巢。"这是萩蔟氏的职责。下面接着又说："以方书十日之号，十有二辰之号，十有二月之号，十有二岁之号，二十有八星之号，县其巢上，则去之。"此所记则是驱除妖鸟的方术，这在今天看来自然荒唐可笑（所谓妖鸟之说本身就很荒唐），却反映了当时人的宗教神学观念。类似的例子在《周礼》中很多，这些方面的记载都十分具体而生动地反映了当时人们的思想观念和认识水平，具有珍贵的史料价值。

第四，互文见义，是《周礼》行文的又一突出特点。如《天官·大宰》所记"佐王治邦国"的"六典"，仅列其名目，曰治典，曰教典，曰礼典，曰政典，曰刑典，曰事典，至其具体内容，则包括在六官职事的记述中，当于六官职文中求之。《周礼》中所记许多大事，如祭祀、宾客、丧纪、军旅、田役等等，皆由诸多官吏共同完成，这在《周礼》中叫做"官联"（见《大宰》），而每一官的职文，则仅述其当官之职事，故必明其互文见义的行文法则，方可知某一事是由哪些官吏怎样相互配合共同完成的。如祭祀，其外祀以祭祀天地为大，内祀以祭祀宗庙为大，不论是祭天地还是祭宗庙，都涉及到众多的官员。兹仅以宗庙祭祀为例，粗略地统计，即涉及到128职官之多（其中还不包括冬官），这些职官都各有从不同方面为宗庙祭事服务的职责。因祭祀事体太繁，涉及的职官、职事太多，篇幅所限，不可详述，仅述其供祭祀用牲一项。其事，先由遂师"共其野牲"，即由遂师收取牧之于野的六牲（牛、羊、豕、马、犬、鸡）而供之于遂人，再由遂人供之于牧人加以牧养。经牧人牧养后，择其牲体和毛色纯好者，供牛牲于牛人，供马牲于圉人，供羊牲于羊人，供豕牲于豕人，供犬牲于犬人，供鸡牲于鸡人，再由他们分别对六牲专门加以饲养。其中牛、羊二牲，到祭前三月，又当交给充人系之于牢而刍之，即加以特别喂养。但在交给充人之前，得先由肆人"展牺牲"，即察其牲体毛色是否符合要求，然后才交给充人。犬牲则于祭前系之于槁人加以喂养。豕牲盖亦当于祭前特加喂养，然经无明文。马和鸡祭前是否须特加喂养，亦无文。临祭前，要由封人"饰其牛牲"（即将牛牲洗刷干净），由羊人"饰羔"（洗刷羔羊）。其他诸牲是否须"饰"，亦无明文。"饰"后还要由小宗伯"毛六牲"，即再检查一遍六牲的毛色是否符合要求，然后"颁之于五官，使共奉之"，即颁牛牲于大司徒，颁鸡牲于大宗伯，颁羊牲和马牲于大司马，颁犬牲于大司寇，颁豕牲于冬官大司空。天官尊而不奉牲，但要"赞王牲事"，即协助王行纳亨（烹）礼。按祭祀宗庙，王要亲自出庙迎牲，并牵牛牲入庙而纳之于庭，向神行"告杀"礼，即报告神将杀此牲。当王牵牲时，封人要跟在后面"歌舞牲"，所歌的内容是赞美牲又肥美又香，可用以供神歆享。然后王要亲自射牲，射牲所用的弓矢，是由司弓矢特制而供给的，即所谓"凡祭祀，供射牲之弓矢"（《司弓矢》）。王射杀后的牲，再交给亨人加以烹煮。从王迎牲到射牲后交给亨人，这个过程就叫做纳亨。在王行纳亨礼时，除大宰赞王，还有大司寇"前王"（此时大司寇不知是否还牵着犬牲），即为王做前导。又有射人"赞射牲"，有大仆"赞王牲事"，然具体"赞"法皆不详。在亨人烹煮牲之前，先要由内饔加以宰割，宰割牲时所需用的悬挂牲体的木架子（即所谓互）和盛牲肉的"盆簝"（簝是一种盛牲肉的竹器）则由牛人供给，而羊牲则由羊人加以宰割，并"登其首"，即将割下的羊头拿上堂而供之于室中的神位前。其他诸牲由何官宰割，经无明文。烹煮用的薪柴是由委人负责供给的，而点火则是用的明火，这明火是由司烜氏用阳遂取之于日，而由大司寇奉上的。开始煮牲之前，还要由大宗伯"省（视察）牲镬"，然后亨人才开始烹煮。烹煮好的牲，要盛之于鼎中，用时再从鼎中捞出盛于俎而进奉于神。《外饔》曰："掌外祭祀之割亨……陈其鼎俎，实之牲体。"内祭祀，则盖由内饔陈鼎俎而实牲体。实于鼎中的牲体，则由诸子负责用朼将其捞出而放置在俎上，以便进上。又《大司徒》有"奉牛牲，羞其肆"之职，羞其肆者，即将经剔解、烹煮而已盛于俎的牲体，进献于神位前。所进献于神的牲肉是放置在神位席前的茅草上的，而这茅草则是由乡师负责供给的，故《乡师》曰："大祭祀，羞牛牲，共茅蒩。"其他五牲，则盖分别由大宗伯、大司马、大司寇、大司空羞进之。除供奉六牲外，还有兽人、囿人和服不氏供奉野牲。具体说：由兽人供奉田猎所获之"生兽、死兽"，由囿人供奉养之于苑囿中的"生兽、死兽"，由服不氏供奉经过驯养的"猛兽"（如虎豹熊罴之属），由渔人供奉鱼牲，而由腊人供给各种干的牲肉（脯、胹、胖等）。由上可见，仅宗庙祭祀用牲一项，已涉及如此众多的官吏，我们只要遍览以上诸官的职文而加以会通，就可以了解《周礼》中所设计的宗庙祭祀用牲制度。其他各方面的制度或事项，亦需根据《周礼》互文见义的特点加以会通而求之。

（八）《周礼》与西周史研究

自《周礼》被今文学派诬为伪造，曾一度致使治中国古史者视为禁区，莫敢援引其说，这实在是一大冤案。经过近现代学者的深入研究，这种"伪造"说已经没有什么人相信了。尤其通过大量金文材料的证明，其珍贵的史料价值，已愈益显现出来。这里仅以《周礼》对于西周史研究的意义为例，来说明这个问题。

《周礼》虽非西周的作品，更非周公所作，而出于战国人之手（已见前述），但其中确实保存有大量的西周史料，只要我们善于择别，并证以其他先秦文献和出土资料，就可以为我们今天研究古史，特别是西周史所用。在这方面，许多前辈学者以及当今的不少中青年学者，都已经作出了很好的成绩。这里，笔者仅以杨向奎的《宗周社会与礼乐文明》，[①] 以及张亚初、刘雨二先

---

① 杨向奎：《宗周社会与礼乐文明》，人民出版社，1992年。

生的《西周金文官制研究》为例，[①] 来说明这个问题。

杨向奎的《宗周社会与礼乐文明》一书，内容十分丰富，篇幅所限，此处仅略述其有关西周社会发展模式的研究。对此，杨向奎主要就是依据《周礼》的材料，并参以《管子》和其他先秦文献以及金文材料，以西周主要地区之一的齐国为例，来进行探讨的。其结果，"肯定西周是宗法封建社会，也就是'前期'封建制，它们自氏族社会转变而来，没有经过奴隶制"。其主要依据如下：

一、《周礼》中有奴隶制残余存在，但奴隶已经不是主要生产者，在农业社会，他们不从事农业生产，他们从事的工作，或者是为贵族的享乐，或者是看守门户，或者管畜牧，或者是其他贱役。

二、虽然《周礼》中有奴隶存在，但其中有广大的从事于农业的农民及封建贵族地主。这种农民在《周礼》中称作"甿"，他们的地位高于奴隶，他们是授田的对象，他们是居于野的"野人"。

三、根据《周礼》和《管子》的记载，我们可以知道当时东部地区治国用彻法，治鄙用助法。这是一种封建式剥削而有东方色彩。在国内正是"统治种族自己的公社形成的农村组织"，而在鄙内存在着"被统治异族的公社"。在被统治异族公社的农民是受奴役的农民，这些人是不自由的，《周礼》说农民徙于他乡，为之旌节而行之；没有旌节的，关上便须呵问，查出来要受处罚。而国内的农村组织的农民——士，可以称为"自由农民"，他们没有那些限制，士是贵族中的小宗成员，是贵族成员中的大多数，《仪礼》实际是《士礼》。

四、"书社"的制度正好说明齐国地方组织有浓厚的农村公社色彩，它包括有土地和人民，而区域不大，家数不多，可以用来赐人的公社组织。《周礼》中的井田制是公社，与书社性质相似，都是区域的农村公社。如果说国内公社是氏族公社原生形态的变种，那么，区域公社也就是鄙内公社，就是氏族公社的次生形态了。国内公社成员是贵族小宗成员，他们有血缘关系，鄙内农民不存在宗法，而且组织划分由统治者摆

[①] 张亚初、刘雨：《西周金文官制研究》，中华书局，1986年。

布，只能是地区性的农民公社。

　　五、在地方行政组织上，齐国也有由原始部落留下来的十进制的行政组织，如《地官·族师》及《管子·立政》都有类似的记载。①

　　杨向奎还指出当时社会发展的不平衡性，认为"齐国在宗周各国中可能是最早进入宗法封建制的国家"，然而"在西周以至春秋时代，东方齐，南方楚，西方秦，北方晋，各国的历史传统不同，地理环境不同，因之不能说他们的社会形态是完全相同的"，因此"我们不能把问题简单化"。

　　在具体的分析论证中，杨向奎还主要依据《周礼·地官》的材料，提出了如下一些见解。他认为周实行分封后，在每一国中的居民可以大别为两个不同的阶级，即：1. 宗周的小宗成员——士及没落的殷商贵族；2. 居于野外的依附农民。前者居于乡遂，属于国畿；后者居于都鄙，属于野外。他们所耕种的土地，以"田"为单位，一田是一千亩。但不同的是，乡遂实行的是"十夫为沟"的田制，一田千亩，都属份地，田间有小邑，居住十家，称为"十室之邑"，构成一个小小的公社组织；都鄙则是实行的"九夫为井"的田制，千亩之田，九夫各耕百亩，是为份地，其中百亩则为公田；居住于乡遂的是国人，向国家缴纳贡赋；居住于都鄙的为野人，向国家出劳役租。贵族领主则居于国内即城内。战时，乡遂之民有当兵的义务，称作甲士；都鄙之民则充作徒兵。土地划分为方形和长方形：一夫百亩是方形，一邑千亩则是长方形。土地的规划有"图"，属专人保管，而土地上所居之民的户籍则称为"版"，统治者通过"版图"来控制土地和人民。但这种棋盘形的田制，是整齐化了的结果，实际一邑之田可以有多有少。在国畿附近实行的是"宗族公社"，这是由小宗成员组织的公社，它是氏族公社的发展；在郊野中实行的则是以地区划分的农村公社，在这里不存在宗法制度，地区划分代替了血缘组织，是氏族公社的次生形态，这已经是阶级社会中的基层行政单位了，等等（皆见杨著之上卷第3篇第1节）。

　　杨向奎的上述见解是否正确，当然还可以讨论，但我们从杨向奎的探讨中可以清楚地看出，《周礼》一书对于研究西周历史具有何等重要的意义，可

---

　　① 杨向奎：《宗周社会与礼乐文明》，第183—184页。

以说，没有《周礼》所提供的材料，就不可能得出上述看法。

利用金文材料来研究西周官制并验证《周礼》，是现代学者所十分注目的一项课题。首先致力于此项课题的，是杨筠如先生，他的《周代官名略考》一文，① 从文献及金文中搜寻材料，用以证明《周礼》一书保存了部分周代官制。此后，有郭沫若先生作于1932年的名文《周官质疑》，文中以金文所见西周官制同《周礼》进行比较，以推定"其真伪纯驳与其时代之早晚"。杨、郭二先生之后，从事这方面研究的学者还很多，而近年在这方面作出重要贡献的，要数张亚初、刘雨两先生的《西周金文官制研究》一书。

该书在前人研究的基础上，对西周职官方面的铭文作了比较彻底的清理，搜集了有关职官铭文的铜器近500件，整理出了不同的职官材料近900条（包括同铭之器在内），归纳出西周职官213种，按十五类进行整理研究，然后以这些西周当时的第一手材料为依据，与《周礼》的记载进行对比研究。"发现西周金文中的职官也有许多与《周礼》所记相合。"② 具体说：《天官》64官，与西周金文有相同或相近者19官；《地官》80官有26官；《春官》71官有13官；《夏官》74官有27官；《秋官》67官有11官。总计《周礼》356官有96官与西周金文相同或相近，说明《周礼》中有四分之一以上的职官在西周金文中可以找到根据。再则，（一）就职官体制言，《周礼》六官的体系除司寇一官与其他五官并列与西周金文不合，其余五官大体与西周晚期金文中的官制相当。（二）就宰职言，《周礼》的天官冢宰总摄百官，主司王家内外一切，地位与其他五官有上下之别，这种宰职的设置在金文中也可以找到来源，如西周晚期金文中所见毛公、番生，其职权即与《周礼》的冢宰十分切合。（三）就《周礼·夏官》中的司士职言，其职掌大体可以归纳为以下四项：1. 掌群臣之版（名册）；2. 正群臣朝仪之位；3. 掌群臣之爵禄赏赐，三岁考核一次；4. 掌群臣之治，即其戒令刑罚。这四项职掌与西周金文中的司士和士的职司都能对上号。（四）就乡遂制度言，金文中虽未出现"遂"字，但出现了"乡"字，且西周中晚期金文中有奠人与邑人之分，据陈梦家、杨宽先生考证，此即乡遂两处的官吏，这虽是诸侯国的乡遂官吏，但综观金

---

① 杨筠如：《周代官名略考》，载《国立中山大学语言历史研究周刊》1928年第2集第22期。
② 张亚初、刘雨：《西周金文官制研究》，第112页。

文中周王与诸侯国官吏的建置，两者是大同小异的，从诸侯国的建置当可推见王官的建置。（五）就《周礼》中的爵制而言，虽有公、侯、伯、子、男五等之分，然就杨向奎先生的研究，这五等仅用于封地大小的不同，而其礼制上的划分则为三等，即公一等，侯伯一等，子男一等。这种三等爵与金文中的三等爵虽然名称不尽相同，但其对应关系则是显而易见的。《周礼》中记录的九命为公、七命为侯伯、五命为子男的爵级，也与金文中频繁的册命制度十分一致。综上所述可见，《周礼》与西周金文"有如此众多的相似之处，无论如何不能说是偶然的巧合，只能证实《周礼》一书在成书时一定是参照了西周时的职官实况。"① "其书虽有为战国人主观构拟的成分，然其绝非全部向壁虚造。"② "所以，我们认为对《周礼》一书似有重新认识的必要。对这部书过去一段时间的研究多从否定方面出发，而今后有必要多从肯定方面，援引第一手金文材料，找出其合于西周制度的内容，充分利用它帮助我们开辟西周职官研究的新途径。"③ 总之，通过张、刘两先生的研究，对于《周礼》的史料价值，作了比较客观、科学的评价。

最后，笔者想引用李学勤先生在其《从金文看周礼》一文中的一段话："法国汉学家毕瓯（E. Biot）翻译《周礼》，自以为业绩不在发掘巴比伦、亚述之下，这是在1890年克尼翁（F. G. Kenyon）在不列颠博物院新入藏的纸草中鉴定出《雅典政制》之前。《雅典政制》的确认和研究，大有裨于古希腊历史的探讨。通过与金文比较，重新认识《周礼》的价值，一定会在中国古代历史文化的研究上起类似的重要作用。"④

二 《仪礼》概述

（一）关于《仪礼》书名

《仪礼》这个书名是后起的。先秦时期，《仪礼》只单称《礼》。如《礼记·经解》曰："恭俭庄敬，《礼》教也。"《庄子·天运篇》记孔子曰："丘

---

① 张亚初、刘雨：《西周金文官制研究》，第140页。
② 同上书，第112页。
③ 同上书，第144页。
④ 李学勤：《从金文看周礼》，载《寻根》1996年第2期。

治《诗》《书》《易》《礼》《乐》《春秋》六经。"以上引文中的《礼》，都是指的《仪礼》。

汉代《仪礼》亦单称《礼》，又称《士礼》，又称《礼经》。如《史记·儒林列传》曰：

> 言《礼》自鲁高堂生。
>
> 诸学者多言《礼》，而鲁高堂生最本。《礼》固自孔子时而其经不具，及至秦焚书，书散亡益多，于今独有《士礼》，高堂生能言之。
>
> 鲁徐生善为容……传子至孙徐延、徐襄。襄，其天姿善为容，不能通《礼经》。

《仪礼》在汉代还有《礼记》之名（非同于大、小戴之《礼记》）。阮元曰："按《礼经》在汉只称为《礼》，亦曰《礼记》；《熹平石经》有《仪礼》，载洪适《隶释》，而戴延之谓之《礼记》是也。无称《仪礼》者。"①洪业先生亦持此说，其主要根据是，司马迁在《史记·孔子世家》中既曰"《礼记》出自孔氏"，在《儒林列传》中又曰"于今独有《士礼》"，是《世家》之《礼记》即《儒林》之《士礼》无疑。② 阮、洪二氏之说都不错。我们还可以举出一些证据来。如郑玄注《诗经·采蘩》引《仪礼·少牢》经文，而曰"《礼记》：'主妇髲鬄'"。郭璞注《尔雅·释言》引《仪礼·有司》经文，而曰"《礼记》曰：'厞用席'"。郭璞是晋人，盖袭用汉时书名。

汉代无《仪礼》之名，对此，古今学者皆无疑义。陈梦家说，两《汉书》中，"从未出现《仪礼》的名目"，并由此推断武威出土汉简本《仪礼》，"若有大题应是《礼》"。③

《仪礼》之名究竟是什么时候出现的，今已很难确考。《晋书·荀崧传》记荀崧上疏请求增立博士，其中有"郑《仪礼》博士一人"。这说明最迟在东晋元帝时，已经有《仪礼》之名了。

---

① 《仪礼注疏》卷1之"《仪礼》疏卷第一"下阮校。
② 洪业：《仪礼引得序》，见《仪礼引得》，上海古籍出版社，1983年。
③ 《武威汉简》，文物出版社，1964年，第13页。

(二)《仪礼》的来源与孔子定《礼》

今本《仪礼》凡十七篇，其中第十三篇《既夕礼》是第十二篇《士丧礼》的下篇，第十七篇《有司》是第十六篇《少牢馈食礼》的下篇，所以实际上只记载了古代的十五种礼仪。但是中国古代的礼仪却远远不止此十五种。

中国上古的人类从原始社会进入阶级社会以后，便逐渐建立起森严的等级制度。为了维护这种等级制度，使高高在上的贵族与庶民和奴隶相区别，并使贵族中的不同等级相区别，便制定出许许多多的礼，诸如朝觐、盟会、锡命、军旅、蒐阅、巡狩、聘问、射御、宾客、祭祀、婚嫁、冠笄、丧葬，等等，后人把些礼概括成吉、凶、宾、军、嘉五大类（始见于《周礼·春官·大宗伯》）。不同等级的贵族，行用不同的礼。即使在同一种典礼活动中，贵族的等级不同，其所使用的器物，所穿的衣服，所行的仪式等等也各不相同。贵族统治者通过这许许多多的礼，来贯彻其政治意图，维护其建立在等级制度基础上的社会秩序，这就是所谓"礼以体政"。① 然而，这许许多多的礼究竟是怎样产生的呢？据杨宽先生研究，有一些礼是从氏族社会时期沿袭下来的礼俗演变而来的。如籍礼来源于氏族社会时期由族长或长老所组织的鼓励成员们进行集体劳动的仪式，蒐礼来源于军事民主制时期的武装"民众大会"，冠礼来源于氏族社会的成丁礼，乡饮酒礼来源于氏族社会的会食制度，等等。②

然而由氏族社会的礼俗演变而来的礼，还只是很小的一部分。为适应贵族统治者从各个方面维护其特权和统治秩序的需要，这些礼是远远不够的，还需制定许多新的礼。邵懿辰说："礼本非一时一世而成，积久服习，渐次修整而臻于大备。"③ 这话说得很对。但是我们也不能否认个人在制礼过程中的作用。中国古代有所谓"周公制礼"的传说，说周礼都是周公制定出来的。如《左传》鲁文公十八年记鲁国季文子的话说："先君周公制礼。"《尚书大传》说得更具体，曰：

> 周公摄政，一年救乱，二年克殷，三年践奄，四年建侯卫，五年营

---

① 《左传》桓公二年。
② 说详杨宽《古史新探》，中华书局，1965年。
③ 邵懿辰：《礼经通论·论孔子定礼乐》，国学扶轮社铅印本，清宣统三年（1911）。

成周，六年制礼作乐，七年致政成王。①

这种说法在春秋战国时期很盛行，但并不是没有道理的。《论语·为政》篇说："周因于殷礼，其损益可知也。"周公作为周初的最高行政长官，根据当时的情况，拿了殷礼来斟酌取舍，做一番"损益"的工作，从而制定出一套适合新兴的周王朝需要的礼，是完全有可能的。只是不应该把这件事情加以神化，或者说把周公对于制定周礼所起的作用过于夸大。正如顾颉刚所说："周公制礼这件事是应该肯定的，因为在开国的时候哪能不定出许多的制度和仪节来？……不过一件事情经过了长期的传说，往往变成了过分的夸大。周公制礼这件事常常说在人们的口头，就好像周代的一切制度和礼仪都由他一手而定，而周公所定的礼是最高超的，因此在三千年来的封建社会里，只有小改而无大变化，甚至说男女婚姻制度也是由他创立，那显然违反了历史的真实。"②

既然周公可以制礼，周公以后的执政者就也可以制礼。他们或者根据当时的需要对周初的礼作一些必要的调整和修订，或者再制定出一些新的礼来；他们可能亲自做这件事，也可能命令当时统治阶级中有关这方面的专家（相当于后来的礼家）来做这件事，就像后世朝廷的统治者经常命其大臣们议礼、制礼一样。这样一来，礼的数量就不断地增多，礼仪也随之而日益繁缛起来。故《礼记·礼器》有所谓"经礼三百，曲礼三千"之说，是极言其多而繁。这些不断增多和日益繁缛起来的礼，统称之为周礼。

这许许多多的周礼在当时是否形诸文字，或者说，在西周时代是否有类似后来的礼书一类的东西，因无确切的证据，尚不敢断言。但以情理推之，周统治者既然如此重视礼，那么他们把所制定的礼用文字记载下来，以便贵族及其子弟们去学习和实践，也是理所当然的事。《论语·八佾》记孔子曰："夏礼，吾能言之，杞不足征也；殷礼，吾能言之，宋不足征也。文献不足故也。足，则吾能征之矣。"这里的"文献"二字，据朱熹《集注》的解释，"文"指典籍，"献"指熟悉历史典故的贤者。孔子说"文献不足"，是可见夏殷之礼，在当时还是多少有一些文字记载的。在《论语》的同一篇中孔子

---

① 引自（明）柯尚迁《周礼全经释原》卷首，《源流叙论》，文渊阁《四库全书》本。
② 顾颉刚：《"周公制礼"的传说和〈周官〉一书的出现》，载《文史》第6辑，中华书局，1979年。

又说："周监于二代，郁郁乎文哉！"难道这"郁郁乎文哉"的周礼，反倒没有文字的记载吗？孔子又何从知其"郁郁乎文"呢？《庄子·天运》记老子曰："夫六经，先王之陈迹也。"此所谓"陈迹"，即指周的先王们遗留下来的文献，当然也包括记载礼的文献。[1] 我们再看下面的材料。

《孟子·万章下》：

> 北宫锜问曰："周室班爵禄也，如之何？"孟子曰："其详不可得闻也。诸侯恶其害己而皆去其籍。"（按班爵禄，既是周的一种行政制度，同时也是一种礼。周王室在给贵族功臣班爵禄时，无不举行隆重的典礼。）

《汉书·礼乐志》：

> 及其衰也，诸侯逾越法度，恶礼制之害己也，去其篇籍。

《汉书·艺文志》：

> 帝王质文，世有损益。至周，曲为之防，事为之制，故曰："礼经三百，曲礼三千。"及周之衰，诸侯将逾法度，恶其害己，皆灭去其籍。

上面这些说法如果可信（其实我们今天也很难找到确切的证据来证明它们就不可信），那就正可以说明，周礼原本是有"籍"的。这些记载周礼的"籍"，便是后来《仪礼》的源。

到了春秋时期，随着生产力的发展，新的阶级力量开始崛起。与此同时，周王室衰落了，诸侯强大起来；公室衰落了，私门强大起来。这样，旧的等级制度和等级关系开始动摇了，而维护旧的等级关系的一系列的礼，自然也就遭到破坏，于是就出现了诸如"八佾舞于庭"、"三家者以《雍》彻"[2] 等

---

[1] 参见《周予同经学论著选集》，上海人民出版社，1983年，第800页。
[2] 皆见《论语·八佾》。

"僭越"行为和所谓"礼崩乐坏"的局面。与此同时,强凌弱,大侵小,诸侯之间战争不断,整个社会动荡不安,人民深受其害。于是就有儒家出来,以拯救现实社会为己任,其最初的代表人物就是孔子。

孔子所提出的救世学说,核心就是仁和礼:仁以止杀伐,礼以救衰乱。"克己复礼为仁"这句话,① 概括了他全部的政治纲领。他的最高政治理想,就是回复到西周时期那种和谐安定的礼制社会,也就是他所谓"郁郁乎文哉!吾从周"。

孔子既然幻想建立一个礼制社会,所以他就以维护和恢复周礼为己任。他对各种违反礼和破坏礼的行为都加以批评和斥责。如他指责鲁国的季氏用"八佾舞于庭"说:"是可忍,孰不可忍!"对于鲁国的仲孙、叔孙、季孙三家祭祀时"以《雍》彻",他批评说:"'相维辟公,天子穆穆',奚取于三家之堂?"对于季氏行祭泰山之礼,他批评说:"曾谓泰山不如林放乎?"对于鲁国的国君行禘祭之礼,他说:"自既灌而往者,吾不欲观之矣。"对于子贡"欲去告朔之饩羊",他说:"尔爱其羊,我爱其礼。"② 与此同时,他积极地宣传礼,实践礼,并把礼作为他教育学生的科目之一。在《论语》一书中,记载孔子有关礼的言论,占了很大比重,仅"礼"字就用了七十二次之多,此外还有许多虽未用"礼"字而实际是讲礼的言论,如上举《八佾》诸条,除批评子贡一条外,就都没有用"礼"字。

孔子关于周礼的知识,其来源盖有二途。一是勤问。如《论语·八佾》篇曰:"孔子入太庙,每事问。或曰:'孰谓鄹人之子知礼乎?入太庙,每事问。'孔子曰:'是礼也。'"二是阅读有关周礼的文献记载。尽管春秋时期诸侯因"恶其害己"而"去其籍",但各国的情况是不一样的。例如鲁国在当时就是保存有关周礼的文献较多的一个诸侯国,因此晋国的韩宣子在鲁国"观书"之后,有"周礼尽在鲁矣"之赞叹。③ 孔子是鲁国人,又曾仕鲁,做过"能自通于国君"的官。④ 大约在他五十二岁时,还做过鲁国的司寇,⑤ 因此他完全有条件、有可能读到鲁国的文献,从中学习和研究周礼。他还曾周游列国,因此

---

① 《论语·颜渊》。
② 以上引文皆见《论语·八佾》。
③ 《左传》昭公二年。
④ 崔述:《洙泗考信录》卷1,商务印书馆,1936年。
⑤ 崔述:《洙泗考信录》卷2。

也可能接触到其他一些诸侯国中所保存的文献。勤问加上勤学,就使他成为当时有关周礼的最知名的专家,并且要拿了周礼来拯救当时的社会。

孔子既然如此热衷于周礼,那么他对周礼做一些加工修订的工作,按照他的理想使之更加严密和完善,并把他认为重要的礼用文字记载下来,作为教育弟子的教材,就是很自然的事。《孔子世家》载晏婴批评孔子说:"孔子盛容饰,繁登降之礼,趋详之节,累世不能殚其学,当年不能究其礼。"可见周礼到了孔子手里,是被加工得更加细密繁琐了。这里说"殚其学","究其礼",可见孔子已经有了一套自成体系的礼学。《史记·儒林列传》曰:"孔子闵王路废而邪道兴,于是论次《诗》《书》,修起《礼》《乐》。"有学者认为,这里上文用的是"论",下文用的是"修",措辞不同,说明所做的工作也不一样。其实,这里的"论"和"修",是用的"参互见义"的书例,都说的是修订编次的意思。《孔子世家》说:"孔子不仕,退而修《诗》《书》《礼》《乐》。"司马迁在这里只用了一个"修"字,就是明证。我们再看《礼记·杂记下》中的一条材料:

恤由之丧,哀公使孺悲之孔子学士丧礼,《士丧礼》于是乎书。

孺悲所"书"的《士丧礼》,其内容不只限于今本《仪礼》的《士丧礼》,而是包括全部有关士的丧礼。据沈文倬先生说,它应该包括《仪礼》中《士丧礼》、《既夕礼》、《士虞礼》和《丧服》四篇的内容,① 这是说得很正确的。可见孺悲所书的丧礼是直接来自孔子。《杂记下》的这条材料可以说明以下几点。一是孔子确曾用他关于礼的学问来教育学生,不过孺悲奉鲁哀公之命只跟孔子学了士丧礼。二是礼是很容易被忘记的,所以孺悲要乘学习的同时,或刚学之后印象深刻的时候,赶快把所学的内容"书"下来,以备遗忘。"三年不为礼,礼必坏"。② 丧礼不可能三年内必有行用的机会,如果不用文字记载下来,那就必坏无疑了。三是古代的书写条件差,不像现在,学生学习都有教材。关于礼的教材,孔子那里只能有一份自编的底本,孔子给学生讲授

---

① 沈文倬:《略论礼典的实行和〈仪礼〉书本的撰作》(下),载《文史》第16辑。
② 《论语·阳货》。

时，要靠学生用心记，再通过演习来加以巩固，最后再整理记录下来，就像孺悲那样。这种情况，直到汉朝经师们传经还是如此。所以这里说"《士丧礼》于是乎书"，绝不能反证孔子那里就没有书。

孔子所编定的用作教材的《礼》，就是《仪礼》的初本。至于当初孔子究竟选定了哪些礼来用作教材，今已不可得知。但可以肯定，它必包括今本《仪礼》而又远不止今本《仪礼》的十七篇。

据《孔子世家》说，孔子在离开鲁国十四年之后，又返回到鲁国，然后"追迹三代之礼"，从事"编次"的工作，"故《书传》、《礼记》自孔氏"。此处所谓《礼记》，就是指的《礼》，也就是《仪礼》，前已言之。这就是说，孔子最后编定《礼》，应当是在返鲁之后、去世之前的这段时间里。据《左传》记载，孔子返鲁是在鲁哀公十一年（前484），而去世是在哀公十六年（前479）。这个时候，正当春秋末期。

说今本《仪礼》最初是由孔子在春秋末期编定的，这个成书时间，我们还可从《仪礼》中找到一个内证。

今本《仪礼》中所载器物名称，有敦，也有簋。但是《仪礼》中的"敦"、"簋"二字是不分的，即都是指的敦。《聘礼》、《公食大夫礼》有"簋"而无"敦"；《士昏礼》、《士丧礼》、《既夕礼》、《士虞礼》、《少牢馈食礼》有"敦"而无"簋"；《特牲馈食礼》"敦"字七见而"簋"字一见。《特牲馈食礼》曰：

主妇设两敦黍稷于俎南，西上。及两铏，芼，设于豆南，南陈。

又曰：

筵对席。佐食分簋、铏。

此处所分之簋，即前所设之两敦。故郑《注》曰："分簋者，分敦黍于会为对也。"关于这个问题，容庚在其所著《商周彝器通论》中，还做过专门的考证，并得出《仪礼》中"'敦''簋'为一字"的结论。[①]

---

① 详容庚：《商周彝器通论》，台湾大通书局，1973年，第323—324页。

为什么会出现这种"敦""簋"不分的情形呢？这就与这两种器物本身的兴衰有关了。簋的出现较早，主要盛行于西周，到春秋中晚期已经不大行用了，到战国时期，已基本退出了青铜礼器的系列。而敦的出现较晚，主要盛行于春秋晚期到战国时期。[①] 簋和敦都是食器，用以盛黍稷等。春秋晚期，正是这两种器物兴衰交替的时期：簋已基本不见行用，而敦却正盛行。如前所说，孔子修订礼，是要用它来救世的，是要人们去实行的，所以行礼中所用的器物，即所谓礼器，必须是当时盛行之物。西周时期盛行的簋在当时既已不甚行用，而敦正盛行，那么孔子在修订礼的时候，把原来礼仪中规定用簋的地方改换成敦，就是很自然的事。但器物改了，而器物名称的用字则可能改之未尽（《仪礼》中"敦"字凡二十三见，而"簋"字八见）。然而这种改之未尽的情况，却正好留下了《礼》最初编定成书的时代的痕迹。

簋与敦虽然都是食器，但器形不同。敦之形如两个半球相合而成，盖与器造型全同，皆各有三足，故盖可仰置于地。敦盖在《仪礼》中叫作会，所以《仪礼》中凡设敦，皆有"启会"（揭开敦盖）而仰置于地的仪节，《特牲馈食礼》中更有用所启之会来分取敦黍（即上所引"佐食分簋"）的仪节。簋的盖则浅而无足，不可用以盛食物。可见在簋盛行而敦尚未出现的西周，是不可能有启会、分簋（敦）之类的仪节。由此也可以证明，《仪礼》中凡有关敦的使用的仪节，都是孔子修订礼的时候增加进去的，此孔子修礼之可考者也。

（三）《仪礼》在汉代的流传与郑玄注《仪礼》

由孔子编定的《礼》，经其弟子和后学者递相传授，经战国、秦，至汉，已非其原貌。理由有二：一是如前所说，孔子所传授的《礼》，弟子们是靠记忆整理记录下来的。这种整理记录的工作有可能当时就做，也可能时隔很久才做，又由于各自记忆力的差异，他们所整理记录的《礼》，在文字和仪节上，就必然会出现差异，所以虽得于同一孔子之传，经弟子记录下来却可能不一样，这样就可能有不同本子的《礼》流传下来。二是孔子的弟子和后学者，也可能对孔子所传的《礼》又不断有所修订和变动（把孔子神圣化，认

[①] 参见《商周彝器通论》第439、441页；马承源主编《中国青铜器》第2章第4节，上海古籍出版社，1988年。

为孔子说过的话句句是真理，千古不可改易，否则就是"非圣无法"，罪莫大焉，那是到了汉代以后的事）。由于以上原因所造成的《礼》书的变动，我们从先秦文献所引《礼》文与今本的不同就可以看出来。兹举数例如下（今本《礼》文在上，先秦文献所引《礼》文在下）：

《士相见礼》：宅者在邦则曰市井之臣，在野则曰草茅之臣。
《孟子·万章下》：在国曰市井之臣，在野曰草莽之臣。

《士冠礼》：（冠者）北面见于母。母拜受。子拜送。母又拜。冠者见于兄弟。兄弟再拜，冠者答拜。
《礼记·冠义》：见于母，母拜之；见于兄弟，兄弟拜之：成人而与为礼也。

《士相见礼》：凡侍坐于君子，君子欠伸，问日之早晏，以餐具告。改居则请退可也。
《礼记·少仪》：侍坐于君子，君子欠伸，运笏，泽剑首，还屦，问日之蚤莫，虽请退可也。

《士丧礼》：复者一人，以爵弁服，簪裳于衣，左何之，簪领于带。升自东荣，中屋，北面，招以衣，曰："皋某复。"三，降衣于前。受用箧，升自阼阶，以衣尸。复者降自后，西荣。
《丧大记》：小臣复，复者朝服。……士以爵弁。……皆升自东荣，中屋履危，北面三号，衣投于前。司服受之。降自西北荣。

《士丧礼》：瑱笄用桑，长四寸，缓中。布巾环幅不凿。掩练帛广终幅，长五尺，析其末。瑱用白纩。幎目用缁，方尺二寸，䞓里，著，组系。
《荀子·论礼》：充耳而设瑱……设掩面，偾目，鬠而不冠笄矣。

这样的例子还可以举出许多。这就说明，孔子所传的《礼》，在其后学者手中，确实每每有所改易。既可改其文字、仪节，连篇目也可能有所删并或析分。如今本关于士丧礼的四篇，在孺悲那里就只是一篇（已见前述），到底是孺悲合并了孔子原书的篇目，还是后世学者析分了孔子原书的篇目，已无从考知了。

孔子所编定的《礼》流传到汉，其间还遭受了秦火之灾。《史记·儒林列传》曰："及至秦之季世，焚《诗》《书》，坑术士，《六艺》从此缺焉。"这是符合历史事实的记载。《礼》书经秦火有两大损失。其一是本子减少，如上所说，孔子所传授的《礼》在战国时期演变出了许多不同的本子，但许多本子都因未能逃脱秦火而灭绝了，流传到汉代而立于学官的，只是高堂生所传本。其二是篇目的减少，即侥幸流传下来的本子，也因秦火而残缺不全，所以在汉代立于学官的《礼》，就只有十七篇。关于这一点，《逸礼》的发现就是明证。但邵懿辰在其所著《礼经通论》中却说《仪礼》十七篇并没有残缺，而所谓《逸礼》三十九篇，全是刘歆伪造的，这不过是从极端今文学家的立场来立论，并不可取。

本文的开头曾引《史记·儒林列传》，既曰"言《礼》自鲁高堂生"，又曰"于今独有《士礼》，高堂生能言之"，是知先秦时期的《礼》传到汉初，只有高堂生的《士礼》。《汉书·艺文志》亦曰："汉兴，鲁高堂生传《士礼》十七篇。"但高堂生所传的《士礼》源于何人，又传给了何人，就都不清楚了。《史记·儒林列传》又曰：

> 而鲁徐生善为容。孝文帝时，徐生以容为礼官大夫，传子至孙徐延、徐襄。襄，其天姿善为容，不能通《礼经》；延颇能，未善也。

此所谓襄"不能通"、"延颇能"而"未善"的《礼经》，大概就是传自高堂生的《士礼》。因为徐生与高堂生都是鲁人，而徐氏家学本为礼容而无《礼经》。然徐延、徐襄已是孙辈，可能已是高堂生的再传或三传弟子了。《儒林列传》又曰：

> 襄以容为汉礼官大夫，至广陵内史。延及徐氏弟子公户满意、桓生、单次，皆尝为汉礼官大夫，而瑕丘萧奋以礼为淮阳太守。是后能言《礼》

为容者，由徐氏焉。

由此看来，萧奋也是徐氏弟子，他和徐襄、徐延一样，也同是高堂生的再传或三传弟子。正因为他们既从徐氏家学而善为容，又受有传自高堂生的《礼经》，所以说"是后能言《礼》为容者，由徐氏焉"。

据《汉书·儒林传》，萧奋生所受的《礼经》，又授给了东海人孟卿，孟卿授后仓，后仓授闻人通汉子方，以及戴德、戴圣和庆普。戴德当时号为大戴，戴圣号为小戴。至此，《礼》学分而为三家："有大戴、小戴、庆氏之学"。据《汉书·艺文志》，三家在汉宣帝时都立了学官（但据《后汉书·儒林传》，今文学十四家博士不数《礼》庆氏，而数《易》京氏，是庆氏《礼》在西汉是否立学官，还是个疑问）。

据《汉书·儒林传》，大戴之《礼》学授给了徐良，于是大戴《礼》又分化出了徐氏学。小戴之《礼》学授给了桥仁和杨荣，于是小戴《礼》又分化出了桥氏学和杨氏学。庆氏之《礼》学授给了夏侯敬，以及族子庆咸。

到了东汉，大、小戴之《礼》学衰微了，朝廷所立二戴博士官虽相传不绝，但影响已不大。只有庆氏《礼》较盛行。据《后汉书·儒林传》，曹充习庆氏《礼》，传其子曹褒。曹褒撰《汉礼》，有名当时。又有董钧，亦习庆氏《礼》，甚受朝廷信用。但总的说来，东汉《礼》学已渐衰落。故《隋书·经籍一》说："三家虽存并微。"

三家所传《礼》都已亡佚。1959年7月，甘肃武威县出土了比较完整的九篇《仪礼》，据陈梦家考证，可能就是失传了的庆氏《礼》。[①]

以上所述，是《礼》的今文学派。

《汉书·艺文志》又记载有《礼古经》56卷（篇）。班固说，"《礼古经》出于鲁淹中（里名）及孔氏（孔壁），与十七篇文相似，多三十九篇"。这多出的三十九篇，就是所谓《逸礼》。刘歆在《移让太常博士书》中说的"《逸礼》有三十九篇"，即指此。古文《礼》没有流传下来，什么时候亡佚的，亦无可确考。

到了东汉末年，郑玄给《仪礼》作《注》。郑玄在经学上是一位混淆今

---

① 详陈梦家《武威汉简·叙论》，文物出版社，1964年。

古学派的通学者。他在给《仪礼》作《注》时，对《仪礼》原文也作了一番整理工作。其整理的方法，就是把今古文两个本子拿来互相参照，每逢两个本子用字不同时，他就要作一番选择，或采今文，或采古文，"取其义长者"。①用今文之字则必于《注》中注明古文该字作某，用古文之字则必于《注》中注明今文该字作某，即《士丧礼》贾《疏》所说，从今文，则"于《注》内叠出古文"，从古文，则"于《注》内叠出今文"。这样经郑玄杂采今古文并为之作《注》的《仪礼》，就是今本《仪礼》，也就是所谓《仪礼》郑氏学。所以今本《仪礼》，已经是一部混淆了今古文的本子。

郑玄除给《仪礼》作《注》，还给《周礼》和《礼记》两书作了《注》，于是《周礼》、《仪礼》、《礼记》，始"通为《三礼》焉"。② 这就是《三礼》名目的由来。

（四）关于《仪礼》的篇次

郑《注》本《仪礼》（即今本《仪礼》）的篇次是：《士丧礼》第一，《士昏礼》第二，《士相见礼》第三，《乡饮酒礼》第四，《乡射礼》第五，《燕礼》第六，《大射》第七，《聘礼》第八，《公食大夫礼》第九，《觐礼》第十，《丧服》第十一，《士丧礼》第十二，《既夕礼》第十三，《士虞礼》第十四，《特牲馈食礼》第十五，《少牢馈食礼》第十六，《有司》第十七。据贾《疏》引郑玄《仪礼目录》说，这个篇次，是根据的刘向《别录》本。

此外，还有大戴（戴德）本和小戴（戴圣）本两种不同的篇目编次（皆见于今本《仪礼》各篇题下贾《疏》所引郑玄《仪礼目录》），兹列之如下。

大戴本篇目编次是：《士冠礼》第一，《士昏礼》第二，《士相见礼》第三，《士丧礼》第四，《既夕礼》第五，《士虞礼》第六，《特牲馈食礼》第七，《少牢馈食礼》第八，《有司》第九，《乡饮酒礼》第十，《乡射礼》第十一，《燕礼》第十二，《大射》第十三，《聘礼》第十四，《公食大夫礼》第十五，《觐礼》第十六，《丧服》第十七。

小戴本篇目编次是：《士冠礼》第一，《士昏礼》第二，《士相见礼》第

---

① 《后汉书》卷79下《儒林列传下·董钧传》。
② 同上。

三,《乡饮酒礼》第四,《乡射礼》第五,《燕礼》第六,《大射》第七,《士虞礼》第八,《丧服》第九,《特牲馈食礼》第十,《少牢馈食礼》第十一,《有司》第十二,《士丧礼》第十三,《既夕礼》第十四,《聘礼》第十五,《公食大夫礼》第十六,《觐礼》第十七。

  这三种篇目编次,前三篇都相同,以后的十四篇,则编次互异。对于这三种篇目编次的优劣,自来就有不同的看法。但大多数学者认为,小戴本的编次较杂乱,最无可取,因此争议的焦点在于大戴本与刘向《别录》本的优劣上。如清代今文学家即以为大戴本的编次最优,详可参看邵懿辰《礼经通论》之首节《论礼十七篇当从大戴之次》。但因为郑《注》本采用了《别录》本的编次,而郑《注》本又盛行于世,所以学者大多还是认为《别录》本最优。贾公彦于《士冠礼》题下《疏》曰:"其刘向《别录》,即此十七篇之次是也。皆尊卑吉凶次第伦叙,故郑用之。至于大戴……小戴……皆尊卑吉凶杂乱,故郑玄皆不从之矣。"其实,贾《疏》的说法也较牵强。如按吉凶之次说,《少牢馈食礼》与《有司》属吉礼,当置于《丧服》之前,却置于篇次之末;若依尊卑之次说,则《觐礼》(朝天子礼)之后不当再出现士之丧礼,而士之丧礼之后,又不当再出现卿大夫之礼(《少牢馈食礼》属卿大夫庙祭之礼)。总之,三种本子的编次皆各有其不足处。不过相对来说,笔者以为还是《别录》本的编次较优一些,即它大体上是按先吉礼而后凶礼的次序编排的,而排在前边的十篇吉礼,也大体上是按照从士到大夫、到诸侯、再到天子的顺序排列的。这种编次方式要比其他的编次较有助于对《礼》文的理解。

  除以上三种本子的编次外,又有武威简本《仪礼》的编次。武威出土的汉简本《仪礼》有甲、乙、丙三种。其中乙本只有一篇《服传》,丙本只有一篇《丧服》,无所谓编次。甲本有七篇,其每篇之首皆题记篇题和篇次,由此可以推知全书的编次。据陈梦家考证,武威甲本的编次如下(加有方括号者,为甲本篇目所无):〔《士冠礼》第一〕、〔《士昏礼》第二〕、《士相见之礼》第三、〔《乡饮酒礼》第四〕、〔《乡射礼》第五〕、〔《士丧礼》第六〕、〔《既夕礼》第七〕、《服传》第八、〔《士虞礼》第九〕、《特牲》第十、《少牢》第十一、《有司》第十二、《燕礼》第十三、《泰射》第十四、〔《聘礼》第十五〕、〔《公食大夫礼》第十六〕、〔《觐礼》第十七〕。陈梦家说:"武威甲本,既不同于两戴,和《别录》亦异,而近于小戴本。两者的篇次,仅在

《士丧》、《既夕》与《燕礼》、《大射》对调而已。"① 据此，则武威甲本的编次也不能优于其他三家。

（五）《仪礼》非士礼

《仪礼》在汉代因为有《士礼》之名，故有人即以为《仪礼》是专记士礼的。其实这是一种望文生义的误解。《仪礼》中所记载的，不仅有士礼，还有卿大夫、诸侯（公）和天子之礼。尽管《仪礼》只有十七篇，而且实际上只记载了十五种礼（已如前述），但这些礼已经涉及到了中国古代贵族的各个阶层。下面我们就来具体分析一下。

《士冠礼》、《士昏礼》、《乡射礼》、《士丧礼》、《既夕礼》、《士虞礼》、《特牲馈食礼》，这七篇记了六种礼（《既夕礼》是《士丧礼》的下篇），这六种礼无疑都是士礼。

《乡饮酒礼》是记载诸侯的乡大夫主持的饮酒礼。《少牢馈食礼》及其下篇《有司》，是记诸侯的卿大夫庙祭之礼。所以这三篇所记的两种礼，属于卿大夫之礼。

《燕礼》是记诸侯（即公）宴享臣下之礼。《大射》是记诸侯与其臣下举行的射箭比赛之礼。《聘礼》是记诸侯国之间的聘问之礼。《公食大夫礼》则是记诸侯国君款待来聘的大夫之礼。这四种礼，应该属于诸侯礼。

《觐礼》是记诸侯觐见天子和天子接待来觐的诸侯之礼。所以这一篇可以视为天子礼，也可以视为诸侯礼。

《士相见礼》的内容较杂，既记了士与士相见之礼，又记了其他各级贵族互相访见之礼，还记了其他方面一些仪节。《丧服》记中国古代的丧服制度，据说这篇所记的服制，上从天子，下到庶民都适用。所以我们可以把这两篇所记的礼称为通礼。

由上可见，把《仪礼》说成是士礼是没有道理的。那么古人为什么给它取个《士礼》的名称呢？至今还没有令人满意的解释。有人认为可能因为《仪礼》中记士礼较多，因此举其多者而名之。蒋伯潜先生则认为"《士礼》

---

① 陈梦家：《武威汉简》，文物出版社，1964年，第11页。

以首篇得名",即因"此书首篇为《士冠礼》,遂通称全书为《士礼》"。① 笔者以为蒋氏的说法是较为可信的。但如果把蒋氏的说法稍作修正,笔者以为就更加合理了,即《士礼》不是以首篇得名,而是以首篇的开头二字得名。古人有以诗文的首一二字或若干字来给诗文命名的习惯,如《诗经》中的大部分篇名都是这样取的。《仪礼》中的《既夕礼》和《有司》也都是取篇首二字命名的。对全书的命名,也可能采用同一种命名法。《仪礼》全书的开头就是篇名"士冠礼"三个字,若保留"冠"字,则于义太狭,因此去"冠"而仅用其"士""礼"二字,这样就造出了《士礼》的书名来。所以这个书名并没有什么实际含义,只不过是用做书的代号而已。

(六)汉以后的《仪礼》学

自郑玄注《仪礼》,大、小戴及庆氏三家之学衰亡,汉魏之际,形成了郑学独盛的局面。

魏、西晋时期,王肃力反郑学,而独标新帜。王肃曾习今文经学,又治贾逵、马融所传古文经学,也是一位通儒。他作《仪礼注》及《仪礼·丧服经传注》,处处与郑玄立异:郑《注》用今文说,他就以古文说驳之;郑《注》用古文说,他就用今文说驳之。所以《礼》学到了王肃手里,混淆今古文家法更甚。至此,《仪礼》原本的今文经学面目已不复存在。又有蜀国李譔,亦注《三礼》,而依准于贾、马古文学,虽与王肃殊隔而不相谋,然其《礼》说之意归多同,是亦足为王学张目。王肃又因托姻于司马氏,借助于政治上的势力,得使其《礼》学列于学官。因此在魏、西晋时期,王学几夺郑学之席。但西晋灭亡,王学亦随之衰微。东晋建立后,《三礼》唯郑氏学。元帝初年立郑氏《周礼》、《礼记》博士,元帝末年,又增立郑氏《仪礼》博士。

南北朝时期,国家分为南北,经学亦分为南学、北学。然《北史·儒林传》曰:"《礼》则同遵于郑氏。"南朝通《三礼》学者甚众,据《南史·儒林传》,何佟之、司马筠、崔灵恩、孔佥、沈峻、皇侃、沈洙、戚衮等皆通《三礼》。而雷次宗《三礼》之学最有名,时人将其与郑玄并称为"雷郑"。

---

① 蒋伯潜:《十三经概论》,上海古籍出版社,1983年,第325页。

治《仪礼》则专家尤众，明山宾、严植之、贺玚等皆精《仪礼》，而鲍泉"于《仪礼》尤明"（见《南史》本传）。当时南朝社会划分为士庶两大阶级，故治《仪礼》者，多偏究《丧服》。而王学的影响，也依然存在，学者每兼采之以为说，并非专遵郑氏学。

北朝经学，号为大儒者，首推北魏徐遵明。徐遵明兼通诸经，《三礼》则宗郑氏学。据《北史·儒林传》，北朝"《三礼》并出遵明之门"。徐遵明传李铉等，李铉撰《三礼义疏》。李铉传熊安生等。熊安生传孙灵晖、郭仲坚、丁恃等，"其后能通《礼经》者，多是安生门人"。又有北周沈重，为当世儒宗，撰有《仪礼义》35卷。

隋平陈而统一天下，经学之南、北学亦随之统一。皮锡瑞曰："天下统一，南并于北；而经学统一，北学反并于南。"① 然于《仪礼》，仍以郑学为本。《隋书·经籍一》曰："唯郑《注》立于国学。"当时治礼学最著名的，要数张文诩，史称"特精《三礼》"，"每好郑玄注解"，② 唯不闻有著作传世。

唐朝初年，太宗诏颜师古考定五经文字，撰成《五经定本》，颁布天下。又诏孔颖达等撰《五经正义》，亦颁布天下，并作为明经取士的依据，实现了真正的经学大一统。但唐初不重《仪礼》，所诏定的五经中，《三礼》只有《礼记》。唐高宗永徽年间，太学博士贾公彦撰《仪礼义疏》40卷（即今《十三经注疏》中的《仪礼注疏》），专门对郑《注》进行疏解，遂使郑氏《仪礼》学得以保存下来。据二《唐书·儒学传》，贾公彦之《礼》学受自张士衡，张士衡受自刘轨思、熊安生，是亦郑学之渊源有自。开元八年（720），国子司业李元瓘上疏请立《仪礼》博士，朝廷从其议，于是《仪礼》始立学官。但所立之《仪礼》是否用的贾《疏》本，就不可确知了。《仪礼》虽立学官，仍然传习者不多，因此到了开元十六年国子祭酒杨玚上奏说："《周礼》、《仪礼》及《公羊》、《穀梁》殆将废绝，若无甄异，恐后代便弃。"又说："玚常叹《仪礼》废绝，虽士大夫不能行之。"③ 是可知唐代《仪礼》学虽相续不绝，但已衰微。

宋初经学仍然袭唐人之旧，将《三礼》、《三传》、《易》、《诗》、《书》

---

① 皮锡瑞：《经学历史》七，《经学统一时代》，中华书局，1959年。
② 《隋书》卷77《张文诩传》。
③ 《旧唐书》卷185下《良吏下·杨玚传》。

九经列于学官，并用以取士，且将这九经的《注疏》本都镂版附印。宋又增《论语》、《孝经》、《尔雅》、《孟子》四种《注疏》，皆立学官，于是《十三经》与《十三经注疏》之名始立。然宋自庆历（1041—1048）以后，经学为之一变。唐以前经学，多笃守古义，学者各承师传，无取新奇，渊源于汉学。庆历以后，始兴疑古之风，不信前人《注》《疏》，务出新义。《仪礼》学本实学，所以受宋学风气影响不甚深。然北宋于《仪礼》学无可称者，神宗熙宁（1068—1077）年间王安石又废罢《仪礼》学官，于是学者鲜治其经。至南宋，孝宗乾道八年（1172）两浙转运判官曾隶刊郑氏所注《仪礼》17卷，张淳为之校定，参照多种版本，订正经注中的误字，撰成《仪礼识误》一书，"最为详审"。① 李如圭撰成《仪礼集释》17卷（今本分为30卷），全录郑玄之《注》，又旁征博引以为之释，多发贾《疏》所未发。魏了翁撰《仪礼要义》50卷，盖因郑《注》古奥，而贾《疏》文繁，于是取《注》《疏》之精华，撰成此书，"其梳剔爬抉，于学者最为有功"。② 其后朱熹及其弟子黄榦撰《仪礼经传通解》，以《仪礼》为经，而取《周礼》、《礼记》及诸经史杂书所载有及于礼者，皆以附经之下，具列《注》《疏》及诸儒之说，以成是书，是其书未免宋学风气，而混合《三礼》以谈《礼》，则比郑玄更甚。又有朱熹弟子杨复撰《仪礼图》17卷，亦颇有益于学者。由上可见，宋代《仪礼》学虽微，然较之唐代，则为可观。

元明经学，仍未脱宋学习气。元代取士不用《仪礼》，罕有治其学者。唯当时名儒吴澄颇研习《仪礼》，并做过校订工作。吴澄撰《仪礼逸经传》2卷，杂采诸书，指为《仪礼》逸文。其书编纂体例，盖仿朱熹《仪礼经传通解》。又有敖继公撰《仪礼集说》17卷，以为郑《注》疵多而醇少，于是删其以为郑说之不合于经者，而更为之说，亦是宋学风气所使然。

明代《仪礼》几成绝学，郝敬竟谓《仪礼》不可为经，其所撰《仪礼节解》，几尽弃《注》《疏》而更为己说。张凤翔撰《礼经集注》，主朱熹以《仪礼》为经之说，然其大旨则以郑《注》为主。其后有朱朝瑛撰《读仪礼略记》，于经文不全录，而所采多敖继公、郝敬之说。可见明代《仪礼》学最

---

① 《四库提要》卷20，《仪礼识误·提要》。
② 《四库提要》卷20，《仪礼要义·提要》。

无可称者。

　　清代号称经学复盛时代，然清初犹未脱宋学遗风。至乾隆以后，汉学大兴。乾隆年间，特刊《十三经注疏》分布学官。乾隆十三年（1748），又钦定《三礼义疏》，其中《仪礼义疏》48 卷，多宗敖继公说，而兼用郑《注》。此后《仪礼》之研究和著述渐盛，著名的学者和著作甚多。如张尔岐《仪礼郑注句读》17 卷，全录郑《注》，摘取贾《疏》，而略以己意断之，并定其句读而疏其章节，该书最具家法，颇为学者所称道。万斯大尤精《三礼》，其所著《仪礼商》2 卷，取《仪礼》17 篇，篇为之说，颇有新意。方苞晚年自谓治《仪礼》十一次，用力最勤，所著《仪礼析疑》17 卷，举《仪礼》之可疑者而辨之，亦创获颇多。福建海防同知吴廷华，去官后隐居萧寺，"穿穴贾孔，著二礼《疑义》数十卷"。其《周礼疑义》今存，《仪礼疑义》或即今所传《仪礼章句》17 卷（参见《四库提要》）。该书于篇内划分章节，析其句读，训释多本郑、贾，亦兼采他说，附"案"以发明其义，行文至简约，颇有补于《礼》学。蔡德晋《礼经本义》17 卷，引宋元明以来诸家之说，与《注》《疏》互相参证以发明其义，于名物制度考辨颇悉，亦兼出新义。盛世佐《仪礼集编》40 卷，搜辑古今说《仪礼》者 197 家，而断以己意，持论严谨，无浅学空疏之谈，于诸家谬误，辨证尤详，是研究《仪礼》的一部很好的参考书。他如沈彤的《仪礼小疏》，褚寅亮的《仪礼管见》，胡匡衷的《仪礼释官》，江永的《仪礼释宫增注》，程瑶田的《仪礼丧服足征记》，等等，都是一时的名著。而其中最有名、也最有功于《仪礼》学的，要数胡培翚的《仪礼正义》、张惠言的《仪礼图》和凌廷堪的《礼经释例》三部著作了。

　　胡培翚的《仪礼正义》40 卷，约有四例：一曰疏经以补《注》，二曰通《疏》以申《注》，三曰汇各家之说以附《注》，四曰采他说以订《注》。是亦《仪礼》之新《疏》，是一部《仪礼》学的集大成的著作，后世研究《仪礼》者，皆不可舍其书。张氏《仪礼图》6 卷，按照《仪礼》各篇礼仪的演进，每一重要的仪节皆绘制一图，每图皆详其宫室建制、礼器和人物的位置以及行礼过程中人与物处所方位的变化，等等，使难明的礼文，视其图即可一目了然，甚便于学者。凌氏《礼经释例》13 卷，把《仪礼》中的礼例分类归纳为 246 例，他在《序》中自称是"矻矻十余年，稿凡数易"而成，又说《仪礼》之"节文威仪，委曲繁重，骤阅之如治丝而棼，细绎之，皆有经纬可分也；乍睹如入山而迷途，历之皆有途径可跻也。是故不得其经纬途径，虽上哲亦苦其难；苟其得之，中材固可以勉而赴焉"。他撰此书的目的，就在于"聊借为治丝登山之助"。① 凌氏此书对于读《仪礼》，可收到触类旁通的效果，至今仍是我们理解《仪礼》的一把钥匙。

由上可见，《仪礼》学到了清代，堪称蔚为大观矣。

（七）《仪礼》对于今天的意义

《仪礼》中所记载的各种繁缛的礼仪，古人就早已认为它们是不切时用的东西了。例如韩愈就曾经说："余尝苦《仪礼》难读，又其行于今者盖寡，沿袭不同，复之无由考，于今诚无所用之。"② 朱熹也曾多次说："古礼今实难行。"又说："礼，时为大。有圣人作者，必因今之礼而裁酌其中，取其简易易晓而可行，必不至复取古人繁缛之礼而施之于今也。古礼如此繁冗，今岂可行！"③

随着封建社会的覆灭，《仪礼》所记载的各种礼仪制度，已经失去了社会凭借，成了历史的陈迹。但《仪礼》作为一部重要的传统文化典籍，仍具有十分宝贵的价值。

中国古代社会，从奴隶社会到封建社会，都是实行礼制的社会，这正是《仪礼》一书得以产生和流传的根本原因。通过《仪礼》一书，我们就可以清楚地看到中国古代的统治阶级是怎样利用礼来为维护和巩固他们的等级制度服务的。尽管《仪礼》中所记载的礼仪，封建统治阶级也因其过于繁缛而感到不切时用，但却一直把它尊为经，作为议礼、制礼的重要依据。这一点，我们只要略翻《二十四史》中的《礼志》，或《通典》、《文献通考》等书，就可以找出大量的例子。如果不依《仪礼》的精神或礼例，或不参照其中的仪则，就会受到批评。如朱熹就曾批评说："横渠（张载）所制礼，多不本诸《仪礼》，有自杜撰处。"相反，他对于遵循《仪礼》者却加以肯定，说："如温公（司马光），却是本诸《仪礼》，最为适古今之宜。"④ 所以，《仪礼》一

---

① 凌廷堪：《礼经释例·序》，《清经解》第5册，上海书店出版社，1988年，第135页。
② 《韩昌黎集》卷11，《读仪礼》，《国学基本丛书》本，商务印书馆，1958年。
③ 《朱子语类》卷84，《论考礼纲领》，中华书局，1986年。
④ 《朱子语类》卷84，《论后世礼书》。

书对于我们今天认识和研究中国古代社会的历史，特别对于认识和研究中国古代社会所实行的礼制，具有重要意义。

礼学与仁学相辅相成，是中国古代儒家学说的核心。《仪礼》则是儒家礼学最早也是最基本的文献。要研究中国古代的儒家思想，特别是儒家的礼学思想，《仪礼》就是必读的文献。同时还应该看到，在中国古代社会里，儒家的礼学思想已经成为国家统治思想的重要组成部分，它已渗透到人们日常生活的各个方面，成为指导人们思想和言行的准则，以及伦理道德的规范，即孔子所谓"非礼勿视，非礼勿听，非礼勿言，非礼勿动"。[1] 这些准则和规范不是空洞的、抽象的，而是通过一系列礼仪和礼容的具体要求来体现的，而《仪礼》就是统治阶级提出和确定这些要求的重要依据。所以《仪礼》一书不仅对于研究儒家的礼学，而且对于研究古代社会中人们的思想、生活和伦理道德观念等等，都有重要意义。

《仪礼》一书还具有十分重要的史料价值。由于《仪礼》中记载最多的是士礼，因此《仪礼》一书集中而大量地提供了有关中国古代士的阶级地位、士内部的等级关系、士所担任的职官、士的生活和经济状况等等方面的材料，为现今所知其他任何一种文献所难以比拟。《仪礼》中所记载的从天子到诸侯、到卿大夫、到士的不同的礼仪，以及通过这些礼仪所体现的他们相互之间的关系，则是我们研究中国古代阶级关系的重要资料。《仪礼》中还保留了许多有关中国古代职官的材料，是我们今天研究中国古代官制的宝贵资料。清人胡匡衷曾作《仪礼释官》，已在这方面为我们提供了可资借鉴的先例。又如《仪礼》中所记载的中国古代的宫室制度、服饰制度、饮食制度以及大量的礼器的应用制度等等，对于我们今天研究古史，以及在考古学的研究上，都有重要价值。

我们还要指出，读懂《仪礼》，对于我们读懂许多其他古代文献，是十分重要的。因为中国古代文献中有许多关于礼的记载，或者说许多记载都涉及到礼，没有读过《仪礼》的人，对于有关记载就很难真正理解。例如，没有读过《仪礼》，就很难读懂《礼记》和《周礼》的有关篇章，也一定很难理解《荀子》的《礼论》篇。又如，《左传》宣公十八年记鲁公孙归父受宣公

---

[1] 《论语·颜渊》。

之命聘于晋，回来时，宣公已死，于是"子家（公孙归父的字）还，及笙（地名），坛帷，复命于介。既复命，袒，括发，即位哭，三踊而出"。没有读过《仪礼》的《聘礼》和《丧服》，对于《左传》这段记载中所涉及的礼，就不可能真正理解。再如，《论语·八佾》篇记孔子曰："射不主皮。"如果没有读过《乡射礼》，也就很难理解这句话的意思。这样的例子举不胜举，如果是细心读过《仪礼》的读者，自然就有体会了。

综上所述可见，对于《仪礼》这部书，我们绝不可因其已是历史的陈迹，以为与现实社会相去太远而置之不顾。只要我们善于发掘，其中定有大量宝贵的资料可资今天的研究者所利用，也是今人学习和了解中国传统文化的一部珍贵而值得研读的典籍。

三 《礼记》概述

（一）关于《礼记》的来源与编纂

《礼记》，亦称《小戴礼记》或《小戴记》，凡四十九篇，是一部先秦至秦汉时期的礼学文献选编。该书最初为西汉时期的戴圣所纂辑。

戴圣本是《仪礼》学的专家。《汉书·儒林传》曰：

> 汉兴，鲁高堂生传《士礼》（按即今所谓《仪礼》）十七篇。……而瑕丘萧奋以《礼》至淮阳太守。……孟卿，东海人也，事萧奋，以授后仓、鲁闾丘卿。仓说《礼》数万言，号曰《后氏曲台记》，授沛闻人通汉子方、梁戴德延君、戴圣次君（按据《后汉书·儒林传下》，戴圣为戴德之兄子）、沛庆普孝公。孝公为东海太傅。德号大戴，为信都太傅；圣号小戴，以博士论石渠，至九江太守。由是《礼》有大戴、小戴、庆氏之学。

《汉书·艺文志》亦曰：

> 汉兴，鲁高堂生传《士礼》十七篇，迄孝宣世，后仓最明，戴德、戴圣、庆普皆其弟子，三家立于学官。

可见戴圣师事后仓，本为今文《仪礼》博士。

然而《仪礼》仅17篇，而其中《既夕礼》为《士丧礼》的下篇，《有司》为《少牢馈食礼》的下篇，实际只有15篇。这15篇所记又大多为士礼，只有《觐礼》记诸侯朝觐天子而天子接见来朝诸侯之礼，算是涉及到天子之礼，这对于已经实现了天下大一统的西汉王朝来说，欲建立一整套朝廷礼制，显然是不够用的。所以当时礼学家便采取了三个办法来加以弥补。第一是"推士礼而致于天子"，① 即从17篇《仪礼》所记诸士礼以推导出朝廷天子之礼。第二是经师自撰礼文或礼说。这种做法从汉初的叔孙通就开始了。叔孙通曾撰《汉仪十二篇》，② 而王充《论衡·谢短篇》则称其书为《仪品十六篇》，魏张揖在其《上广雅表》中还称他"撰置礼《记》，文不违古"。而后仓撰《曲台记》③ 亦其显例。第三是杂采当时所可能见到的各种《记》文，以备朝廷议礼或制礼所用。如汉宣帝甘露三年（前51）诏诸儒讲五经同异于石渠阁，后仓弟子闻人通汉、戴圣等皆与其议。其议有曰：

> 《经》云："宗子孤为殇。"言"孤"何也？闻人通汉曰："孤者，师传曰：'因殇而见孤也。'男子二十冠而不为殇，亦不为孤，故因殇而见之。"戴圣曰："凡为宗子者，无父乃得为宗子。然为人后者，父虽在，得为宗子，故称孤。"圣又问通汉曰："因殇而见孤，冠则不为孤者，《曲礼》曰：'孤子当室，冠衣不纯采。'此孤而言冠，何也？"对曰："孝子未曾忘亲，有父母、无父母，衣服辄异。《记》曰：'父母存，冠衣不纯素；父母殁，冠、衣不纯采。'故言孤。言孤者，别衣冠也。"圣又曰："然则子无父母，年且百岁，犹称孤不断，何也？"通汉曰："二十而冠不为孤。父母之丧，年虽老，犹称孤。"④

此所谓《经》云者，见于《仪礼·丧服》。所谓《曲礼》者，见今《礼记·曲礼上》。所谓《记》曰者，盖《曲礼》逸文。

---

① 《汉书》卷30《艺文志》。又《礼乐志》曰："今学者……但推士礼以及天子。"
② 见《后汉书》卷35《曹褒传》。
③ 《汉书》卷30《艺文志》载有"《曲台后仓》九篇"。
④ 杜佑：《通典》卷73，《继宗子议》，《十通》本，浙江古籍出版社，1988年。

石渠……又问："庶人尚有服，大夫臣食禄反无服，何也？"闻人通汉对曰："《记》云：'仕于家，出乡不与士齿。'是庶人在官者也，当从庶人之为国君三月服制。"①

此所谓《记》云，见今《礼记·王制》。

　　汉石渠议。闻人通汉问云："《记》曰：'君赴于他国之君曰不禄；夫人，曰寡小君不禄。'大夫、士或言卒、死，皆不能明。"②

　　此所谓《记》曰者，见今《礼记·杂记上》。可见当时的礼家，皆各掌握有若干礼的《记》文（如《曲礼》、《王制》、《杂记》等）的抄本。这些《记》文当为礼家所习见，而且具有实际上不亚于经的权威性，故在石渠这种最高级别的议论经义的场合，能为礼家所公开引用以为议论的依据。今所见《礼记》四十九篇的初本，很可能就是在这个时期由戴圣抄辑而成的。

　　必须指出的是，当时有关礼的《记》文是很多的。洪业有"《记》无算"的说法，曰：

　　所谓《记》无算者，以其种类多而难计其数也。且立于学官之《礼》，经也，而汉人亦以《礼记》称之，殆以其书中既有经，复有记，故混合而称之耳。……兹姑略举其他。按《汉书·艺文志》列《礼》十三家，其中有"记百三十一篇"，原文注云："七十子后学者所记也。"明云记者，仅此而已。然"王史氏二十篇"，而后云"王史氏记"；"曲台后仓九篇"，而如淳注曰"行礼射于曲台，后仓为记，故名曰《曲台记》"：是亦皆记也。至于"明堂阴阳三十三篇"，"中庸说二篇"，后人或指其篇章有在今《礼记》中者，是亦记之属欤？又礼家以外，《乐》家有《乐记》二十三篇，《论语》家有《孔子三朝》七篇，亦此类之记

---

① 《通典》卷81，《诸侯之大夫为天子服》。
② 《通典》卷83，《初丧》。

也。略举此数端,已见"礼记"之称甚为广泛矣。①

如此众多的《记》,礼家根据自己的需要,选抄其一定的篇数,以为己用,于是就有了戴圣的49篇之《礼记》,以及戴德的85篇之《礼记》。戴圣之《礼》学既以"小戴"名家(见前引《汉书·儒林传》及《艺文志》),故其所抄辑之《记》,后人也就称之为《小戴礼记》。同样道理,戴德所抄辑之《记》,后人称之为《大戴礼记》。

戴圣的49篇《礼记》,据郑玄《礼记目录》,每篇都有此于《别录》属某类的记载。如《曲礼上第一》下《目录》云"此于《别录》属制度",《檀弓上第三》下《目录》云"此于《别录》属通论",《王制第五》下《目录》云"此于《别录》属制度",等等。《别录》是刘向所撰。由郑玄《目录》所引《别录》,可以说明两个问题:第一,《礼记》49篇的抄辑时间,当在成帝命刘向校书之前;第二,由《别录》的分类可见,49篇之《礼记》是从各种《记》书中抄合而成的。如《月令第六》下《目录》云:"此于《别录》属《明堂阴阳记》。"《明堂位第十四》下《目录》云:"此于《别录》属《明堂阴阳》。"说明这二篇都是抄自《汉志》"《礼》家"的"《明堂阴阳》三十三篇";《乐记第十九》下《目录》云:"此于《别录》属《乐记》。"说明此篇是抄自《汉志》"《乐》家"的"《乐记》二十三篇"。又《哀公问》一篇,文同于《大戴礼记》的《哀公问于孔子》篇,《汉志》的"《论语》家"有"《孔子三朝》七篇",颜师古《注》曰:"今《大戴礼》有其一篇,盖孔子对〔鲁〕哀公语也。三朝见公,故曰《三朝》。"是可见大、小《戴记》名异而实同的此篇都抄自《孔子三朝》。其他诸篇盖亦如此,只是后人已不可一一考明其出处罢了。

至于大、小二《戴记》的关系,旧有"小戴删大戴"之说,始于晋人陈邵。《经典释文·序录》引其说云:

陈邵(原注:字节良,下邳人,晋司空长史)《周礼论序》云:"戴德删古礼二百四篇为八十五篇,谓之《大戴礼》。戴圣删《大戴礼》为

---

① 洪业:《礼记引得序》,见《礼记引得》卷首,上海古籍出版社,1983年,第20页。

四十九篇，是为《小戴礼》。后汉马融、卢植考诸家同异，附戴圣篇章，去其繁重，及所叙略，而行于世，即今之《礼记》是也。郑玄亦依卢、马之本而注焉。"

后来《隋书·经籍志》更附益其说，曰：

汉初，河间献王又得仲尼弟子及后学者所记一百三十一篇献之，时亦无传之者。至刘向考校经籍，检得一百三十篇（姚振宗《汉书艺文志条理》曰："案'一'在'十'之下，写者乱之。"）向因第而叙之。而又得《明堂阴阳记》三十三篇、《孔子三朝记》七篇、《王史氏记》二十一篇、《乐记》二十三篇，凡五种，合二百十四篇（陈寿祺《左海经辨·大、小戴礼记考》以为以上五种《记》合为二百十五篇，此处减少一篇，失之）。戴德删其繁重，合而记之，为八十五篇，谓之《大戴记》。而戴圣又删大戴之书，为四十六篇，谓之《小戴记》。汉末马融遂传小戴之学。融又定《月令》一篇、《明堂位》一篇、《乐记》一篇，合四十九篇；而郑玄受业于融，又为之注。

是《隋志》虽采陈邵"小戴删大戴"之说，而删后的篇数则异，非49篇，而为46篇，于是又生出马融足三篇之说。

清代学者如纪昀、戴震、钱大昕、陈寿祺等皆力驳所谓小戴删大戴，以及马融足三篇之说。如纪昀曰：

其说不知所本。今考《后汉书·桥玄传》云："七世祖仁，著《礼记章句》四十九篇，号曰桥君学。"仁即班固所谓小戴授梁人桥季卿者，成帝时尝官大鸿胪（按据《汉书补注》，桥仁为大鸿胪在平帝时，此误）。其时已称四十九篇，无四十六篇之说。又孔《疏》称《别录》："《礼记》四十九篇，《乐记》第十九。"四十九篇之首，《疏》皆引郑《目录》，郑《目录》之末，必云此于《别录》属某门。《月令》，《目录》云"此于《别录》属《明堂阴阳记》"。《明堂位》，《目录》云"此于《别录》属《明堂阴阳记》"。《乐记》，《目录》云"此于《别录》属

《乐记》，盖十一篇，今为一篇"。则三篇皆刘向《别录》所有，安得以为马融所增？《疏》又引玄《六艺论》曰："戴德传《记》八十五篇，则《大戴礼》是也。戴圣传《礼》四十九篇，则此《礼记》是也。"玄为马融弟子，使三篇果融所增，玄不容不知，岂有以四十九篇属于戴圣之理？况融所传者，乃《周礼》，若小戴之学，一授桥仁，一授杨荣，后传其学者，有刘佑、高诱、郑玄、卢植，融绝不预其授受，又何从而增三篇乎？知今四十九篇，实戴圣之原书，《隋志》误也。"①

戴震曰：

郑康成《六艺论》曰："戴德传《记》八十五篇。"《隋书·经籍志》曰："《大戴礼记》十三卷，汉信都王太傅戴德撰。"今是书传本卷数与《隋志》合，而亡者四十六篇。《隋志》言"戴圣删大戴之书为四十六篇，谓之《小戴记》"，殆因所亡篇数傅会为是言与？其存者，《哀公问》及《投壶》，《小戴记》亦列此二篇，则不在删之数矣。他如《曾子大孝》篇见于《祭义》，《诸侯衅庙》篇见于《杂记》，《朝事》篇自"聘礼"至"诸侯务焉"见于《聘义》，《本命》篇自"有恩，有义"至"圣人因杀以制节"见于《丧服四制》。凡大小戴两见者，文字多异。《隋志》以前未有谓小戴删大戴之书者，则《隋志》不足据也。②

又陈寿祺曰：

《礼记正义》引《六艺论》云："戴德传《记》八十五篇，则《大戴礼》是也。戴圣传《记》四十九篇，则此《礼记》是也。"寿祺案：二戴所传《记》，《汉志》不别出，以其具于百三十一篇《记》中也。《乐记·正义》引《别录》有《礼记》四十九篇，此即小戴所传；则大戴之八十五篇，亦必存其目，《别录》兼载诸家之本，视《汉志》为详

---

① 《四库提要》卷21，《礼记正义·提要》。
② 戴震：《戴东原集》卷一，《大戴礼记目录后语一》，《四部丛刊》本，商务印书馆，民国年间。

矣。《经典释文·序录》引陈邵《周礼论序》云:"戴德删古礼二百四篇为八十五篇,谓之《大戴礼》。戴圣删《大戴礼》为四十九篇,是为《小戴礼》。后汉马融、卢植考诸家同异,附戴圣篇章,去其繁重及所叙略,而行于世,即今之《礼记》是也。"邵言微误。《隋书·经籍志》因傅会,谓戴圣删大戴之书为四十六篇,马融足《月令》、《明堂位》、《乐记》为四十九篇。休宁戴东原辨之曰:"孔颖达《义疏》于《乐记》云:'案《别录》:《礼记》四十九篇。'《后汉书·桥玄传》:'七世祖仁著《礼记章句》四十九篇,号曰桥君学。'仁即班固所说小戴授梁人桥仁季卿者也。刘、桥所见篇数已为四十九,不待融足三篇甚明。康成受学于融,其《六艺论》亦但云戴圣传《礼〔记〕》四十九篇。作《隋书》者徒谓大戴阙篇,即小戴所录,而尚多三篇,遂聊归之融耳。"寿祺案:桥仁师小戴,《后汉书》谓从同郡戴德学(按《后汉书·桥玄传》有"七世祖仁,从同郡戴德学"之文),亦误。又《曹褒传》:"父充持《庆氏礼》,褒又传《礼记》四十九篇,教授诸生千余人,庆氏学遂行于世。"然则褒所受于庆普之《礼记》亦四十九篇也。二戴、庆氏皆后仓弟子,恶得谓小戴删大戴之书耶?《释文·序录》云:"刘向《别录》有四十九篇,其篇次与今《礼记》同。"则谓马融足三篇者,妄矣。[①]

以上诸说,驳小戴删大戴、马融足三篇之说,可谓有力。不过陈氏谓大、小二《戴记》皆取自《汉志》所载百三十一篇之《记》中,则非是。其实二《戴记》皆各从多种《记》书中抄合而成,前已论之。又其仅据《后汉书·曹褒传》谓其"父充持《庆氏礼》。褒又传《礼记》四十九篇",遂断言"褒所受于庆普之《礼记》亦四十九篇",亦属臆说。曹褒传其父之《庆氏礼》,是《仪礼》而非《礼记》。《后汉书》并无其父充传习《礼记》49篇的记载,又怎能由曹褒"传《礼记》四十九篇"一语,即断言是传自一百余年前西汉武、宣时期的庆普呢?且庆普既自以《礼》学名家,与大、小二戴之《礼》学鼎足为三,则其如抄辑有《记》,篇目与篇数,亦必自有取去,正如《小戴

[①] 陈寿祺:《左海经辨》之"《大戴记》八十五篇,《小戴记》四十九篇"条,《清经解》第7册,第205—206页。

记》之不同于《大戴记》一样，何乃至于恰同于小戴？因此曹褒所传的《礼记》49篇，其渊源所自，尚难遽定。颇疑小戴之49篇，传至东汉中期，已为众多学者所共习，曹褒亦不例外。故周予同说："曹褒于传庆氏《仪礼》学之外，又兼传小戴《礼记》之学。"① 然曹褒对此49篇的解说，则皆依己见，使之成为充实其《庆氏礼》学的一大方面军，故《曹褒传》曰："又传《礼记》四十九篇，教授诸生千余人，庆氏学遂行于世。"可见《庆氏礼》之盛行于东汉，与曹褒传授《小戴礼记》关系甚大。如果此说可以成立，就更可证东汉中期以前即已流传有《小戴礼记》49篇，而不待马融凑足其数。

至于说《汉志》不载二戴《礼记》，学者颇有以此为据而否认西汉有二戴《礼记》的（如清人毛奇龄的《经问》即持此说）。笔者以为此实不足为据，然亦非如陈寿祺所说"以其具于百三十一篇《记》中"。但陈氏说"盖《别录》兼载诸家之本，视《汉志》为详"，倒是可信的。因为《汉志》是班固根据刘歆《七略》"删其要"而撰作的，② 而刘歆的《七略》，又是在其父所撰《别录》的基础上删要而成。故姚名达说："先有《别录》而后有《七略》，《七略》乃摘取《别录》以为书，故《别录》详而《七略》略也。"③故《汉志》未载之书，不等于《七略》未载，更不等于《别录》亦无其书。且《释文·序录》明云"汉刘向《别录》有四十九篇，其篇次与今《礼记》同"，复何可疑？再则西汉时代的书，而《汉志》未收录的甚多，董仲舒的《春秋繁露》就是显例。如果我们再翻翻姚振宗的《汉书艺文志拾补》，则《汉志》未收录的，又岂止《繁露》和二《戴记》呢！

近人洪业不信戴圣纂辑49篇《礼记》之说。他在《礼记引得序》中，除提出诸多可疑之点外，主要有两条看似无可辩驳的证据。其一曰："《说文》引《礼记》辄冠以'礼记'二字，独其引《月令》者数条，则冠以'明堂月令曰'，似许君所用之《礼记》尚未收有《月令》，此可佐证《月令》后加之说也。"洪业自注其所引关于《说文》引《礼记》的说法，是依据丁福保《说文解字诂林》，是可见洪氏本人并未取《说文》加以详核。今考《说文》所引《礼记》，并无一定义例，情况较为复杂。据1963年12月中华书局影印

---

① 周予同：《群经概论》四，《三礼——周礼、仪礼与礼记》，上海人民出版社，1983年。
② 见《汉书》卷30《艺文志·序》。
③ 姚名达：《中国目录学史·溯源篇》之《别录与七略之体制不同》节，商务印书馆，1998年。

陈昌奉刻本，明引《礼记》者，凡六处。1.《示部》"禜"字注曰："《礼记》曰：'雩禜祭水旱。'"然段《注》以为此处是"误用错语为正文"。2.《艸部》"苄"字注曰："《礼记》：'铏毛，牛藿，羊苄，豕薇。'"王筠《说文句读》说，此处所引是《仪礼·公食大夫礼》后边的《记》文。3.《羽部》"翣"字注曰："棺羽饰也。天子八，诸侯六，大夫四，士二。"王筠以为这是引的《礼器》之文。4.《鸟部》"鸐"字注曰："《礼记》曰：'知天文者冠鸐。'"王筠说此处引文出自《逸礼》，而非《礼记》。5.《血》部"衉"字注曰："《礼记》有监衉。"王筠以为"监衉"出《仪礼》、《周礼》，不出于《记》。段注本于此条则删去《礼记》之"记"字，而曰："各本'礼'下有'记'字，误，今依《韵会》本。"6.《亻部》"偭"字注曰："《少仪》曰：'尊壶者其鼻。'"由以上诸条可见，《说文》所引而确可信为出于《礼记》的，只有3、6两条，而第3条中未标《礼记》书名，第6条则仅举其篇名（《少仪》）。可见洪氏所谓《说文》引《礼记》而皆冠以"礼记"二字之说，并不符合事实。又考《说文》全书凡11引《月令》，其9处皆曰《明堂月令》，而《耳部》"聧"字下则曰："一曰若《月令》'靡草'之'靡'。"又《酉部》"酋"字注曰："《礼》有大酋，掌酒官也。"此处所谓《礼》，实据《月令》，王筠曰："《月令》'仲冬乃命大酋'，《注》：'酒熟曰酋。大酋者，酒官之长。'"可见《说文》引《月令》，并非皆冠以《明堂月令》，而以此作为许慎所用《礼记》尚未收有《月令》的证据，也就不能成立了。

洪氏的第二个也是最重要的证据就是，戴圣是今文《礼》学家，如果他"别传有《礼记》以补益其所传之经，则其《记》亦当皆从今文，而不从古文"。然而《礼记》中的文字颇多从古文者，且收有《奔丧》、《投壶》二篇，出于古文《逸礼》，而《燕义》首段百余字，又出于《周礼·夏官·诸子》，作为今文《礼》家的戴圣，其所编《礼记》，何至于此？"合以上诸点观之，故曰后汉之《小戴记》非戴圣之书也"。因此洪氏认为49篇之《小戴礼记》的编纂成书，当是在"二戴之后，郑玄之前，'今礼'之界限渐宽，家法之畛域渐泯"以后的事，且"不必为一手之所辑，不必为一时之所成"，而之所以名之为《小戴礼记》，不过是"误会"，是"张冠而李戴"（末语见《仪礼引得序》）。

洪氏此论，今细揣之，实不敢苟同。这里首先涉及到的，就是一个对于汉代的今古文之争究竟应当怎样认识的问题。其实，认为汉代今古学两派处处立异，"互为水火"，不过是清代学者（如廖平《今古学考》）的看法。而真正使古学两派壁垒分明，互为水火的，也只是清代学者的事。特别是到了晚清，借经学以为政治斗争的武器，更是如此。所以清代的今古文之争，已非单纯的学术宗派之争，实具有政治斗争的性质，有其极端的严峻性。康有为所著《新学伪经考》，三次被清廷降旨毁版（参见钱玄同《重论经今古文学问题》），就是显例。因为清代的今古学两派都打着复兴汉学的旗号，所以也就不免夸大汉代今古文之争的严重性。其实汉代的今古文之争，是纯粹的学术宗派之争，并不带政治斗争的性质。关于这一点，我们从王莽改制既用古文经，又用今文经，虽立古文经博士而并不废今文博士，其所建新朝对于今古文两派学者并加重用，一视同仁，[①] 以及东汉建武初年刘秀准立《左氏春秋》博士，而汉章帝竟至"特好《古文尚书》、《左氏传》",[②] 等等，都可以说明这一点。又汉代的今古文之争，突出地表现在古文学家欲为古文经争立学官上。今文学博士为保持其在学术上的统治地位，以及为本学派垄断利禄之途，则竭力反对立古文经学博士。然而古文经只要不争立博士，今古文两派就可相安无事。因此自成帝时诏谒者陈农"求逸书于天下",[③] 并诏刘向等校书，对于所搜集和校理的大量古文经籍，今文博士并无异议或以为不可。相反，博士们所可以读到的朝廷藏书（据《汉志·序》注引刘歆《七略》说，武帝时，"外则有太常、太史、博士之藏，内则有延阁、广内、秘室之府"。可见自武帝时已为博士官建有专门的藏书处。至于太常、太史所藏书，博士们大概也是可以读到的），对于其中的古文经记，实早已暗自抄辑，并公开引用了。如前举《通典》所载石渠阁之议，戴圣和闻人通汉即已引用了《曲礼》、《王制》、《杂记》等《记》，其中《曲礼》和《杂记》据廖平《今古学考》的分类，即属于古学之书（此问题下面还要谈到）。况且古文经的提出以及今古文之争，发生在哀帝建平元年刘歆奏请朝廷为古文经立博士之后，前此并无今古学的概念，更无今古文之争。所以遭秦火之后，经籍残缺而孤

---

① 参见拙作《论王莽与今古文经学》，载《文史》第53辑，中华书局，2001年4月。
② 《后汉书》卷36《贾逵传》。
③ 《汉书》卷35《艺文志·序》。

陋的博士们，因不敷大一统王朝之需而于所可能发现的、出于山岩屋壁的古文经记，皆"贪其说"而抄辑之以为己用，本是很自然的事，并没有门户之见从中作梗。由此可见，今古文之争未起，而生当武、宣时期的大、小二戴所抄辑的《礼记》，混有古文经记，并不足为奇。

关于49篇《礼记》的今古文属性问题，廖平在其所著《今古学考》中认为最为驳杂，而将其划分为今文学、古文学、今古学混杂的、今古学相同的四大类，并一一列其篇目。然廖氏仅作了简单的篇目分类，并未说明理由或加以论证，因此当时以及后来的学者们对廖氏的分类颇多非议，以为不可据信。如廖氏以《礼运》属古文学，而康有为则以为属今文学，并特为之作《注》，就是显例。然对于廖氏的分类尽管非议颇多，不能得一般学者的承认，而认为49篇之《礼记》是一部今古文混杂的著作，则为一般学者所公认。这种看法亦始于清代学者，也确有一定道理。但我们的看法和立场，与清代学者不同。如清代今文学者以《王制》为今文学之大宗（如皮锡瑞在其所著《三礼通论》中就专立有《论王制为今文大宗即春秋素王之制》一节），是因为《王制》所设计的制度与《周礼》不同，而《周礼》为古文经，这是无可争议的，那么《王制》自然就属今文之作了。其实这种划分，本出于清代学者的门户之见。汉人并无以《王制》为今文之说。至于《王制》与《周礼》的矛盾，就郑《注》所见，是以所记为"夏制"或"殷制"来加以解释的。如果我们再考查一下《礼记》49篇的来源，益可知清人分类之说的不可靠。

《礼记》中可以肯定有今文《记》。今可考者，则出自今《礼》博士、二戴之师后仓。《汉志》有《后氏曲台记》九篇。王应麟曰：

> 本《传》："仓说《礼》数万言，号曰《后氏曲台记》，授大、小戴。"服虔曰："在曲台校书著《记》，因以为名。"《七略》曰："宣皇帝时行射礼，博士后仓为之辞，至今记之曰《曲台记》（自注：颜氏曰'曲台在未央宫'）。"初礼唯有后〔仓〕，孝宣世复立大、小戴《礼》（自注：案《大戴·公符篇》载孝昭冠辞，宣帝时《曲台记》也）。[1]

---

[1] 王应麟：《汉艺文志考证》，见《二十五史补编》第二册，中华书局，1955年，第1397页。

由王氏说可见，二戴既传后仓之学，则取其师所撰之《记》，以入己所纂辑之《记》，自是理所当然的事。王氏已列举大戴抄取《曲台记》之例（孝昭冠辞），小戴盖亦然，只是今天已不可考知49篇中何篇或某篇中之何章节取自《曲台记》了。而以王氏所引《七略》度之，则49篇中有关射礼或射义的文字（如《射义》所载，以及散见于其他篇章中者），或许有取自《曲台记》的文字。又据朱彝尊《经义考》引孙惠蔚说："曲台之《记》，戴氏所述，然多载尸灌之义，牲献之数。"据此，则二戴《记》中确可信抄辑有《曲台记》的内容，这些内容盖涉及到祭义或祭法。又任铭善《礼记目录后案》以为《曲礼上第一》的开头自"毋不敬"以下的十二字，即录自《后仓曲台记》，亦是一例。①

然而除抄录自《曲台记》的部分外，49篇的大部分篇章，实皆抄辑自古文《记》。考汉代诸多礼《记》的来源，实皆出自古文。如《汉书·河间献王传》曰：

> 河间献王德以孝景前二年立，修学好古，实事求是。从民得善书，必为好写与之，留其真，加金帛赐以招之。……献王所得书，皆古文先秦旧书，《周官》、《尚书》、《礼》、《礼记》、《孟子》、《老子》之属，皆经传说记，七十子之徒所论。

按河间献王所得古文《礼记》，盖指有关礼的《记》文，非指专书，故师古注曰："《礼记》者，诸儒记礼之说也。"又《汉志》曰：

> 武帝末（按当为"武帝初"之讹。恭王以孝景前三年徙王鲁，薨于武帝元光六年），鲁共王坏孔子宅，欲以广其宫，而得《古文尚书》及《礼记》、《论语》、《孝经》，凡数十篇，皆古字也。

是鲁恭王所得古书，亦有《礼记》，盖亦"诸儒记礼之说"。又《释文·序录》曰：

---

① 任铭善：《礼记目录后案》，齐鲁书社，1982年，第5页。

郑《六艺论》："后得孔氏壁中、河间献王古文《礼》五十六篇，《记》百三十一篇，《周礼》六篇，其十七篇与高堂生所传同，而字多异。"刘向《别录》云："古文《记》二百四篇。"

按郑玄所谓《记》百三十一篇，即《汉志》"礼家"类所载"《记》百三十一篇"。至于《别录》所谓"古文《记》二百四篇"，陈寿祺曰："百三十一篇之《记》，合《明堂阴阳》三十三篇，《王史氏》二十一篇，《乐记》二十三篇，《孔子三朝记》七篇，凡二百十五篇，并见《艺文志》。而《别录》言二百四篇，未知所除何篇。疑《乐记》二十三篇，其十一篇已具百三十一篇《记》中，除之，故为二百四篇。"又曰："《隋志》言刘向考校经籍，检得一百三十篇，向因第而序之，又得《明堂阴阳记》、《孔子三朝记》、《王史氏记》、《乐记》五种，合二百十四篇。减少一篇，与《别录》、《艺文志》不符，失之。"① 可见大、小二戴《记》就其来源而言，本多为古文《记》。至于其中所收《投壶》、《奔丧》二篇原出《逸礼》，则更不待言。故蒋伯潜曰：

《景十三王传》言河间献王所得，皆古文先秦旧书，中有《礼记》；鲁恭王坏孔子宅而得古文书凡数十篇，皆古字，中亦有《礼记》。《经典释文·序录》引郑玄《六艺论》述孔氏壁中及河间献王书，亦以《礼记》与古文《周礼》并举；又引刘向《别录》，亦曰古文《记》二百四篇。四十九篇之《小戴礼记》辑自《记》百三十一篇及《明堂阴阳》等五种，则为古文明甚。②

还有一事，不可不明，即自先秦流传至汉代的经、记，原本皆先秦古文。汉代的经学家以当时流通的文字（隶书）抄而读之，以为己用，即成今文。故大、小二戴《记》尽管从其来源说，多为古《记》，甚至还有古经《逸礼》（《投壶》、《奔丧》），然既为今古文之争未起时之二戴所抄辑而用之，也就成

---

① 陈寿祺：《左海经辨》之"刘向《别录》'古文《记》二百四篇'，《汉书·艺文志》'《记》百三十一篇'"条，《清经解》第7册，第205—206页。
② 蒋伯潜：《十三经概论》第5编第2章之"《礼记》今古文"条。

今文了，不当用哀帝时始兴起的今古学二派的立场，去推论二戴必不可抄辑古文《记》。至于说《燕义》首节全录《周礼·夏官·诸子》之文，不过是《注》文误录入正文，不足为据。关于这一点，顾实先生有一段话说得很好，曰：

> 《戴记》为古文之证颇多。司马迁以《五帝德》、《帝系姓》为古文（自注：《史记·五帝本纪》），而《大戴礼》有之，其证一。本《志》（按谓《汉书·艺文志》）明言《礼古经》出鲁淹中，及《明堂阴阳》、《王史氏记》（自注：承上古经而言，故亦为古《记》），而《小戴记》之《月令》、《明堂位》，《别录》属《明堂阴阳》，其证二。则岂独其间有糅合逸经者为古文哉？成帝绥和元年，立二王后，推迹古文，以《左氏》、《穀梁》、《世本》、《礼记》相明（自注：本书《梅福传》），则凡《礼记》，明皆古文。二戴先成帝之世（自注：当宣帝世，见《儒林传》），岂便特异？且《穀梁》后为今文，则《礼记》之后为今文，亦宜也（自注：凡诸经、记，原本皆古文，后易而隶书，遂为今文耳。彼今文古文之争，非其本然也）。[①]

综上述可见，洪业因为《礼记》中混有古文，从而否认作为今文《仪礼》博士的戴圣辑有《礼记》，是不能成立的。49篇之《礼记》初为武、宣时期的戴圣所纂辑，当无可疑。

（二）关于《礼记》的内容与分类

《礼记》49篇的内容，十分驳杂，其篇目编次，也最无义例。故刘向校书撰《别录》时，曾将《礼记》诸篇加以分类。兹列举49篇之目，附孔《疏》引郑玄《礼记目录》所述《别录》的分类如下：

> 《曲礼上第一》，《目录》云："此于《别录》属制度。"

[①] 顾实：《汉书艺文志讲疏》二，《六艺略·礼》之"《记》百三十一篇"条，上海古籍出版社，1987年。

《曲礼下第二》，《目录》云："义同前篇。简策重多，分为上下。"

《檀弓上第三》，《目录》云："此于《别录》属通论。"

《檀弓下第四》，《目录》云："义同前篇，以简策繁多，故分为上下二卷。"

《王制第五》，《目录》云："此于《别录》属制度。"

《月令第六》，《目录》云："此于《别录》属明堂阴阳记。"

《曾子问第七》，《目录》云："此于《别录》属丧服。"

《文王世子第八》，《目录》云："此于《别录》属世子法。"

《礼运第九》，《目录》云："此于《别录》属通论。"

《礼器第十》，《目录》云："此于《别录》属制度。"

《郊特牲第十一》，《目录》云："此于《别录》属祭祀。"

《内则第十二》，《目录》云："此于《别录》属子法。"

《玉藻第十三》，《目录》云："此于《别录》属通论。"

《明堂位第十四》，《目录》云："此于《别录》属明堂阴阳。"

《丧服小记第十五》，《目录》云："此于《别录》属丧服。"

《大传第十六》，《目录》云："此于《别录》属通论。"

《少仪第十七》，《目录》云："此于《别录》属制度。"

《学记第十八》，《目录》云："此于《别录》属通论。"

《乐记第十九》，《目录》云："此于《别录》属乐记。"

《杂记上第二十》，《目录》云："此于《别录》属丧服。"

《杂记下第二十一》（按《目录》无文，义同上）。

《丧大记第二十二》，《目录》云："此于《别录》属丧服。"

《祭法第二十三》，《目录》云："此于《别录》属祭祀。"

《祭义第二十四》，《目录》云："此于《别录》属祭祀。"

《祭统第二十五》，《目录》云："此于《别录》属祭祀。"

《经解第二十六》，《目录》云："此于《别录》属通论。"

《哀公问第二十七》，《目录》云："此于《别录》属通论。"

《仲尼燕居第二十八》，《目录》云："此于《别录》属通论。"

《孔子闲居第二十九》，《目录》云："此于《别录》属通论。"

《坊记第三十》，《目录》云："此于《别录》属通论。"

《中庸第三十一》，《目录》云："此于《别录》属通论。"
《表记第三十二》，《目录》云："此于《别录》属通论。"
《缁衣第三十三》，《目录》云："此于《别录》属通论。"
《奔丧第三十四》，《目录》云："此于《别录》属丧服之礼。"
《问丧第三十五》，《目录》云："此于《别录》属丧服。"
《服问第三十六》，《目录》云："此于《别录》属丧服。"
《间传第三十七》，《目录》云："此于《别录》属丧服。"
《三年问第三十八》，《目录》云："此于《别录》属丧服。"
《深衣第三十九》，《目录》云："此于《别录》属制度。"
《投壶第四十》，《目录》云："此于《别录》属吉礼。"
《儒行第四十一》，《目录》云："此于《别录》属通论。"
《大学第四十二》，《目录》云："此于《别录》属通论。"
《冠义第四十三》，《目录》云："此于《别录》属吉事。"
《昏义第四十四》，《目录》云："此于《别录》属吉事。"
《乡饮酒义第四十五》，《目录》云："此于《别录》属吉事。"
《射义第四十六》，《目录》云："此于《别录》属吉事。"
《燕义第四十七》，《目录》云："此于《别录》属吉事。"
《聘义第四十八》，《目录》云："此于《别录》属吉事。"
《丧服四制第四十九》，《目录》云："此于《别录》属丧服。"

综上《别录》所划分，凡九类，其中属"制度"的6篇，属"通论"的16篇，属"明堂阴阳记"的2篇（按《月令第六》之"明堂阴阳记"与《明堂位第十四》之"明堂阴阳"当属一类，或前者衍一"记"字，或后者脱一"记"字，今已不可考），属"丧服"的11篇，属"世子法"的1篇，属"祭祀"的4篇，属"子法"的1篇，属"乐记"的1篇，属"吉事"的7篇（按《投壶第四十》之"吉礼"，盖"吉事"之误，故合之于"吉事"类）。这种分类法，显然很不恰当。首先，刘向所依以分类的根据就不确定：制度、丧服、祭祀、世子法、子法五类，是根据内容来分类的；明堂阴阳记（或明堂阴阳）、乐记，则是根据记文的出处来分类；通论，是根据文体来分类；吉事，则又是根据所记内容的性质来分类。其次，若论其分类之不合理处，那就更多了。如《曲礼》多记琐细的仪节以及有关为人处世的态度，而纳之于制度；《檀弓》主要杂记丧礼，而归之于通论；《学记》主要是谈学校教育的，亦属之通论，等等。因此可以说，《别录》的分类，对于帮助人们理解《礼记》的复杂内容，作用并不大，有些地方反而更加淆乱了。

后来的学者鉴于《礼记》类内容的驳杂，不少人也相继做过分类整理工作。如郑玄门人孙炎曾作《礼记类钞》，"始改旧本，以类相比"；① 唐魏征则"因炎之书，更加整比，兼为之注"，撰成《类礼》二十卷。② 孙、魏二人之书皆亡。南宋朱熹作《仪礼经传通解》，以《礼记》分类隶于《仪礼》篇章之次，其意虽在解经（《仪礼》），也是对《礼记》一书的一种分类整理。元吴澄所撰《礼记纂言》36卷，则是保留至今的一部分类整理《礼记》的重要著作。清代学者对《礼记》做分类整理工作的也不乏其人，如江永的《礼经纲目》，沈元沧的《礼记类编》，王心敬的《礼记汇编》等皆是。然而《别录》的分类尽管不如人意，尚保留着《礼记》的原貌。自孙炎以后的分类整理者，或割裂原文，或更易篇次，则使原书面目全非而成另一著作了。

《礼记》内容的驳杂，不仅表现在篇次的不伦上，更主要的还是表现在各篇所记内容的杂乱上。49篇中，除少数篇外，大部分很少有突出的中心内容，而且同一篇的前后节之间也很少有逻辑联系，往往自成段落，表达一个与上下文皆不相关的意思。即以《曲礼》为例，笔者在《礼记译注》③ 一书中将其划分为104小节（其上篇61小节，下篇43小节），就记载了104条互不相关的内容。郑玄《礼记目录》将这104条内容概括为吉、凶、宾、军、嘉五礼，说："名曰《曲礼》者，以其记五礼之事。祭祀之说，吉礼也；丧荒去国之说，凶礼也；致贡朝会之说，宾礼也；兵车旌鸿之说，军礼也；事长敬老执贽纳女之说，嘉礼也。"然《目录》所谓五礼，实皆散见于上下两篇之中，并非以类相从而记之。但此外还有大量内容，则非五礼所可概括。兹仅举其上篇前5节为例，以见其余。

第1节曰："毋不敬，俨若思，安定辞，安民哉。"这是教人君处事、

---

① 见王应麟《困学纪闻》卷5及《旧唐书》卷102《元行冲传》。
② 见《旧唐书》之《元行冲传》及《魏征传》。
③ 杨天宇：《礼记译注》（繁体字版），上海古籍出版社，1997年。

说话所应有的态度。

第2节曰："敖不可长，欲不可从，志不可满，乐不可极。"这是教人当谦谨节俭。

第3节曰："贤者狎而敬之，畏而爱之。爱而知其恶，憎而知其善。积而能散，安安而能迁。临财毋苟得，临难毋苟免，很毋求胜，分毋求多，疑事毋质，直而勿有。"这是教人以爱敬之道和为人处事之理。

第4节曰："若夫坐如尸，立如齐，礼从宜，使从俗。"这是教人坐、立的仪态及礼俗之所宜。

第5节曰："夫礼者，所以定亲疏、决嫌疑、别异同、明是非也。礼，不妄说人，不辞费。礼，不逾节，不侵侮，不好狎。修身，践言，谓之行善。行修，言道，礼之质也。礼闻取于人，不闻取人；礼闻来学，不闻往教。"这是记礼的作用，说明人的言行皆当依礼，以及学礼之法。

上述5节的内容皆各不相关，而且既不可属之于《别录》所谓制度之类，亦不可属之于《目录》所谓五礼的任何一礼。

《礼记》中有些篇，虽有相对集中的内容，侧重于某一方面，然所记亦多杂乱而无伦次。如《檀弓》上下两篇总计218节（亦据我在《礼记译注》一书中的划分，下同），主要是记丧礼或丧事的，而节节各有独立的内容，互不相关。自《冠义》以下的6篇，从篇名看，当是记载冠、婚、乡（谓乡饮酒礼，下同）、射、燕、聘六种礼的意义的。然所记之义，多杂乱而无序。如《昏义》凡9节，第1节总论婚礼的意义；第2节是就亲迎的若干仪节阐明其义；第3节又论婚礼是礼的根本，按理说，当序之于第1节之后，或合之于第1节之中；第4节则泛论冠、婚、丧、祭、朝、聘、射、乡等"礼之大体"，其义盖在说明婚礼在上述诸礼中的地位，还不算完全离题；第5节又回到婚礼的仪节上来，而论成婚后妇见舅姑（公婆）诸礼仪之义；第6节论妇孝顺公婆义，这就超出婚礼本身了；第7节记对女子进行婚前教育的时间、地点、内容和意义，按理当置于第2节之前，却倒置于后。以上7节虽无伦次，大体上还是围绕婚礼来谈的。第8、9两节就不然了，却是记王后的六宫与天子的六官分掌内外，阴阳相济，相辅相成之义，这就完全离题了。再如被宋代理学家所特别欣赏而被朱熹列于《四书》的《中庸》篇，该篇凡30节，其实只有前 8 节基本上是围绕中庸之道来发挥的,以下 22 节的内容就与中庸无关,而相当广泛了,就连朱熹本人也不得不承认该篇"始言一理,中散为万事"。① 总之,杂乱而无伦次,是《礼记》49 篇所记内容的主要特点。梁启超在其所著《要籍解题及其读法·礼记、大戴礼记》中,曾试将大、小二《戴记》的内容混合在一起,而将它们划分为十类,曰:

(甲)记某项礼节条文之专篇。如《诸侯迁庙》、《诸侯衅庙》、《投壶》、《奔丧》、《公冠》等篇,《四库提要》谓"皆礼古经遗文",虽无他证,要之当为春秋以前礼制之片断,其性质略如《开元礼》、《大清通礼》等之一篇。又如《内则》、《少仪》、《曲礼》等篇之一部分,亦记礼节之条文,其性质略如《文公家礼》之一节。

(乙)记述某项政令之专篇。如《夏小正》、《月令》等,其性质略如《大清会典》之一部门。

(丙)解释礼经之专篇。如《冠义》、《昏义》、《乡饮酒义》、《射义》、《燕义》、《聘义》、《丧服》、《丧服四制》等,实《仪礼》十七篇之传注。

(丁)专记孔子言论。如《表记》、《缁衣》、《仲尼燕居》、《孔子闲居》等,其性质略如《论语》。又如《哀公问》及《孔子三朝记》之七篇(《千乘》、《四代》、《虞戴德》、《诰志》、《小辨》、《用兵》、《少间》),皆先秦儒家所传,孔子传记之一部。其专记七十子言论如《曾子问》、《子张问入官》、《卫将军文子》等篇,亦此类之附属。

(戊)记孔门及时人杂事。如《檀弓》及《杂记》之一部分,其性质略如《韩非子》之《内、外储说》。

(己)制度之杂记载。如《王制》、《玉藻》、《明堂位》等。

(庚)制度礼节之专门的考证及杂考等。如《礼器》、《郊特牲》、《祭法》、《祭统》、《大传》、《丧服记》、《奔丧》、《问丧》、《间传》等。

(辛)通论礼意或学术。如《礼运》、《礼察》、《经解》、《礼三本》、《祭义》、《三年问》、《乐记》、《学记》、《大学》、《中庸》、《劝学》、

---

① 朱熹:《四书章句集注》之《中庸》篇"题解",中华书局,1983 年,第 17 页。

《本命》、《易本命》等。

（壬）杂记格言。如《曲礼》、《少仪》、《劝学》、《儒行》等。

（癸）某项掌故之专记。如《五帝德》、《帝系》、《文王世子》、《武王践阼》等。

梁氏的分类，较有利于人们理解二《戴记》的复杂内容，虽未为尽当，但比起前人的分类来，要合理得多了。

这里，我们还要再谈一谈《礼记》49篇的篇名与内容之间的关系。《礼记》各篇，一部分是依据其所记内容来命名的，但此外还有多种情况，读者绝不可仅据篇名而望文生义，去判断该篇的内容。《礼记》中多数篇的命名，带有很大的随意性，因此许多篇的篇名，都只可视为该篇的代号，而并不能反映该篇的实际内容。综观49篇的命名，大体可以分为以下几种情况。

第一，依据篇中所记主要内容命名。《王制》、《月令》、《礼运》、《内则》、《丧服小记》、《学记》、《乐记》、《祭法》、《祭义》、《坊记》、《三年问》、《奔丧》、《深衣》、《投壶》、《儒行》、《冠义》、《昏义》、《乡饮酒义》、《射义》、《燕义》、《聘义》、《丧服四制》等22篇皆是。

第二，仅据首节或仅据篇中部分内容命名。《檀弓》（上、下）、《文王世子》、《祭统》、《经解》、《中庸》、《表记》、《问丧》等8篇皆是。

第三，取篇首或首句中若干字，或取篇中若干字命名。《曾子问》、《礼器》、《郊特牲》、《玉藻》、《明堂位》、《哀公问》、《仲尼燕居》、《孔子闲居》、《缁衣》、《大学》等10篇皆是。

第四，以所记内容的性质命名。《曲礼》（上、下）、《大传》、《少仪》、《杂记》（上、下）、《丧大记》等7篇皆是。

第五，命名之由不详者。《服问》、《间传》2篇皆是。

由上可见，49篇的命名，非同一例，盖因作记者既非一人，又非一时之人所致。

（三）《礼记》在汉代的传本与郑注《礼记》

《礼记》一书在辗转传抄过程中，衍生出了许多不同的本子，盖因传抄者有意或无意地对其所抄之本进行改字、增删所致。如前引《通典》所载石渠奏议数条，盖戴圣初本之文（而其所抄录之古《记》，当与闻人通汉所共见），即与今传郑注本《礼记》不同。如《通典》卷73记闻人通汉引《记》曰："父母存，冠衣不纯素；父母殁，冠衣不纯采。"此条为今本《礼记》所无，颇疑为《曲礼》初本之文而为后人传抄所删或所遗漏。又《通典》卷81记闻人通汉引《王制》云："仕于家，出乡不与士齿。"今本《王制》"家"下有"者"字，盖为传抄者所增。《通典》卷83记闻人通汉引《杂记上》曰："君赴于他国之君，曰不禄；夫人，曰寡小君不禄。"今本《杂记上》则曰："君讣于他国之君，曰：'寡君不禄，敢告执事。'夫人，曰：'寡小君不禄。'"《通典》所载，盖闻人通汉所约引，而"赴"字今本作"讣"，则为传抄者所改。又前引《说文》中可确信为出自《礼记》的两条，也有类似的情况。《羽部》"翣"字注曰："棺羽饰也。天子八，诸侯六，大夫四，士二。"王筠以为这里是引《礼器》之文。查今本《礼器》此条曰："天子崩七月而葬，五重，八翣；诸侯五月而葬，三重，六翣；大夫三月而葬，再重，四翣：此以多为贵者也。"《说文》所引，盖约《礼器》之文。然今本无"士二"之说，则可能为后世传抄者所遗。又《亻部》"偭"字注曰："《少仪》曰：'尊壶者偭其鼻。'"而今本《少仪》此句作"尊壶者面其鼻"。是《说文》所据本"偭"字，今本作"面"，显为传抄者所改。

关于这一点，大量的证据，还在今本《礼记》郑《注》中。郑《注》于《礼记》正文某字之下，往往《注》曰"某或为某"，或"某或作某"。陈桥枞《礼记郑读考》引其父陈寿祺曰："郑氏《礼记注》，引出本经异文，及所改经字，凡言'或为某'者，《礼记》他本也。"兹仅以《曲礼上》为例。"宦学事师，非礼不行"，《注》曰："学或为御。""席间函丈"，《注》曰："丈或为杖。""敛发毋髢"，《注》曰："髢或作肆。""跪而迁屦"，《注》曰："迁或为还。""共饭不泽手"，《注》曰："泽或为择。""生与来日，死与往日"，《注》曰："与或为予。""前有士师"，《注》曰："士或为仕。""交游之雠不同国"，《注》曰："交游或为朋友。""筴为筮"，《注》曰："筴或为蓍。""立视五巂"，《注》曰："巂或为䜌。"仅此一篇之中，所引异文就达10条之多。据台湾学者李云光统计："如此者，全书《注》中共计206条。其中时有一字连举二种异文者，如《檀弓》云：'衵每束一。'《注》云：'衵或作漆，或作髹。'《郊特牲》云：'乡人祊。'《注》云：'祊或为献，或为儴。'此一字而举二或本异文者共 11 条。"① 由上可见《礼记》在其流传过程中所衍生出来的异本、异文之多。

《礼记》之异本，见于文献而今可考知者，有刘向《别录》本。《释文·序录》自注曰："向《别录》有四十九篇，其篇次与今《礼记》同。"按刘向校书在二戴之后，经刘向校后的《礼记》，与戴圣的初本自不能无异。《汉书·儒林传》曰："小戴圣授梁人桥仁季卿、杨荣子孙（师古曰："子孙，荣之字也。"）……由是……小戴有桥、杨氏学。"而《后汉书·桥玄传》曰："七世祖仁，从同郡戴德（按"德"乃"圣"字之误）学，著《礼记章句》四十九篇，号曰桥君学。"是《礼记》又有桥氏本。而杨荣既与桥仁同师于小戴，且学成后亦独自名家，则可想见《礼记》当亦有杨氏本，不过史书缺载罢了。据《后汉书·曹褒传》，褒"持庆氏《礼》"，又"传《礼记》四十九篇，教授诸生千余人"，是《礼记》又有曹褒传本。据《后汉书·马融传》，马融所注诸书有《三礼》，当是兼《周礼》、《仪礼》、《礼记》而言。又《释文·序录》曰："后汉马融、卢植，考诸家异同，附戴圣篇章，去其繁重及所叙略，而行于世，即今《礼记》是也。"是《礼记》又有马融校注本（按前引纪昀《四库提要》驳《隋志》所谓小戴删大戴为 46 篇而马融足 3 篇之说固为的论，而谓马融绝不预《礼记》之授受，似过于武断）。据《后汉书·卢植传》记载，卢植所著书，有《三礼解诂》，盖亦兼《周礼》、《仪礼》、《礼记》言。又载卢植上书曰："臣少从通儒故南郡太守马融受古学，颇知今之《礼记》特多回冗，……敢率愚浅，为之解诂。"《释文·序录》即载有"卢植注《礼记》二十卷"，可知《礼记》又有卢植校注本。至于流传于当时，今已不可征考者，尚不知几倍于此。而东汉末年郑玄的一大功迹，就在于他将当时流传的《礼记》诸本相互参校，并为之作《注》，从而使《礼记》大行于世，并流传至今。

郑玄校订《礼记》的一大特点，就是既于诸异本、异文中择善而从，又在《注》中存其异文。正如李云光所说："郑氏不没别本异文，以待后贤考定，亦多闻缺疑之意，与他家之有伪窜经文流传后世者异其趣矣。"② 又李云

---

① 李云光：《三礼郑氏学发凡》第 2 章第 1 节，台湾学生书局，1966 年。
② 同上。

光对于郑玄校书的体例，考述甚为详密。其书第 2 章，专论《郑氏对三礼之校勘》，凡十节，兹仅录其目如下：

第一节　以别本校之。
第二节　以他书校之。其中又有三细目，曰：
　　一、以所引用之书校之。
　　二、以相因袭之书校之。
　　三、以相关之书校之。
第三节　以本书内他篇经文校之。
第四节　以本书内上下经文校之。
第五节　以字形校之。
第六节　以字音校之。
第七节　以字义校之。
第八节　以文例校之。
第九节　以算术校之。
第十节　以审定正字之法校之。

其中仅第九节"以算术校之"未举《礼记》之例。是可见郑校《礼记》体例之严密。

郑玄不仅对《礼记》49 篇的文字进行校订，又对《记》文作了注解。郑玄的《注》，博综兼采，择善而从，且一反有汉以来学者（尤其是今文学家）解经愈益烦琐化的趋势，而欲以一持万，"举一纲而万目张，解一卷而众篇明"，[①] 力求简约，以至于往往《注》文少于《记》文。如《学记》、《乐记》二篇，凡 6495 字，而《注》仅 5533 字；《祭法》、《祭义》、《祭统》三篇，凡 7182 字，《注》仅 5409 字，等等。这种"括囊大典，网罗众家，删裁繁诬，刊改漏失"，而又至为简约的《注》，比起那些"章句多者乃至百余万言"，致使"学徒劳而少功"[②] 的繁琐的旧《注》来，其优越性自然不言而

---

① 郑玄：《诗谱序》，见于《毛诗正义》卷首，《十三经注疏》本。
② 《后汉书·郑玄传》。

喻。因此郑注本《礼记》一出，即深受广大学者欢迎。与此同时，篇目繁多的《大戴礼记》则很少有人研习，后来逐渐佚失，到唐代，原书的85篇，就只剩下39篇了。

至于郑注《礼记》的体例，李云光在其所著《三礼郑氏学发凡》中，自第3章至第6章，凡78节，作了更为详密而出色的考述，兹以文繁不录。又已故学者张舜徽在其所著《郑学丛著》①中，有《郑氏校雠学发微》和《郑氏经注释例》两篇，对于郑玄校、注《礼记》的体例亦考述精详，可参看。

（四）汉以后的《礼记》学

东汉末年，由于党锢之祸迭起，继之以军阀混战，三国鼎立，经学急剧衰落。然而郑玄所注诸经，当时称为郑学，却大行于世。马宗霍曰："王粲曰：'世称伊、雒以东，淮汉以北，康成一人而已。咸言先儒多阙，郑氏道备。'张融曰：'玄注渊深广博，两汉四百余年，未有伟于玄者。'"②皮锡瑞曰："学者苦其时家法繁杂，见郑君闳通博大，无所不包，众论翕然归之，不复舍此趋彼。……郑君徒党遍天下，即经学论，可谓小统一时代。"③据刘汝霖考证，曹魏所立十九博士，除《公羊》、《穀梁》和《论语》三经外，《易》、《书》、《毛诗》、《周官》、《仪礼》、《礼记》和《孝经》，初皆宗郑学，④是皮氏所谓郑学"小统一时代"，确非虚言。值得注意的是，在汉代，《礼记》本是附属于经（《仪礼》）的，而自郑玄为之作《注》以后，始与《仪礼》、《周礼》鼎足为三，而魏时又第一次为之立学官。《礼记》在经学中这种地位的变化，实由郑《注》的影响所致。

然而魏时王肃不好郑氏学。王肃亦博通今古，遍注群经（其中包括《礼记》30卷，见于《释文·序录》、《隋志》以及二《唐志》），却处处与郑玄立异，且"集《圣证论》以讥短玄"，⑤当时称为王学。王肃党于司马氏，其女又嫁给了司马昭，因此凭借政治势力和姻戚关系，其所注诸经"皆列于学

---

① 张舜徽：《郑学丛著》，齐鲁书社，1984年。
② 马宗霍：《中国经学史》，上海书店出版社，1984年，第61页。
③ 皮锡瑞：《经学历史》五，《经学中衰时代》，中华书局，1959年。
④ 刘汝霖：《汉晋学术编年》卷6，《三国·魏·文帝·五年甲辰》，中华书局，1987年。
⑤ 《三国志》卷13《魏书·王肃传》。

官"。① 按司马氏控制曹魏政权，当在正始十年（249）司马懿杀了曹爽之后，第二年即改元为嘉平，是王肃所注诸经立学官，盖不早于嘉平年间，这时已是曹魏中后期。据《三国志·魏书·高贵乡公纪》，甘露元年（256），高贵乡公临幸太学，问诸儒经义，帝执郑氏说，而博士之对，则以王肃之义为长，"故于此之际，王学几欲夺郑学之席"。② 晋承魏绪，崇奉儒学，而尤重王学，因此晋初郊庙之礼，"一如宣帝所用王肃议"，③ 而不用郑氏说，是王学盛而郑学衰。然王学之盛，仅昙花一现。到了东晋，王学博士俱废。元帝初年，简省博士，"博士旧制十九人，今五经合九人"。④ 而所置九博士中，除《周易》、《古文尚书》、《春秋左传》三经外，其他六经，即《尚书》、《毛诗》、《周礼》、《礼记》、《论语》、《孝经》，皆宗郑氏。⑤ 可见东晋经学虽衰，郑学则复兴。值得注意的是，《三礼》中唯独盛行于两汉的《仪礼》未立博士，原来附属于《仪礼》的《礼记》反而立了博士，可见魏晋《礼记》学的传习，已胜过《仪礼》了。

南北朝时期，天下分为南北，经学亦分为"南学"、"北学"。据《隋书·儒林传·序》，"南北所治，章句好尚，互有不同"，然于《三礼》，"则同遵于郑氏"。南朝疆域狭小，人尚清谈，家藏释典，经学益衰。到梁武帝时，始较重视经学，经学出现了一个相对繁荣的时期。但到了陈朝，又迅速衰落了。南朝的经学，最可称者，要数《三礼》学了。《南史·儒林传》于何佟之、严植之、司马筠、崔灵恩、孔佥、沈俊、皇侃、沈洙、戚衮、郑灼诸儒，或曰"少好《三礼》"，或曰"遍习郑氏《礼》"，或曰"尤明《三礼》"，或曰"尤精《三礼》"，或曰"尤长《三礼》"，或曰"通《三礼》"，或曰"善《三礼》"，或曰"受《三礼》"，而张崖、陆诩、沈德威、贺德基诸儒，也都以礼学称名于世。

北朝经学，稍盛于南朝，其间如魏文帝、周武帝，崇奖尤至。北朝号称大儒，能开宗立派的，首推徐遵明。徐遵明博通群经，北朝诸经传授，多自

---

① 《三国志》卷13《魏书·王肃传》。
② 马宗霍：《中国经学史》第7编，《魏晋之经学》，上海书店，1984年，第63页。
③ 《晋书》卷19《志第九·礼上》。
④ 《晋书》卷75《荀崧传》。
⑤ 《通典》卷53《礼》13。

徐遵明始。据《北史·儒林传·序》，"《三礼》并出遵明之门"。徐遵明的《三礼》学传李铉等人，李铉又传熊安生等人，安生又传孙灵晖、郭仲坚、丁恃德等人。值得注意的是，"诸儒尽通《小戴礼》（按即指《礼记》），于《周》、《仪礼》兼通者，十二三焉"。可见北朝诸儒于《三礼》中，尤重《礼记》学。

又南、北学虽趣尚互殊，而于治经方法，则大体相同。汉人治经，多以本经为主，所作传注，本为解经。魏晋以后人治经，则多以疏释经注为主，名为经学，实则注学，于是义疏之体日起。只要稍翻看《隋书·经籍志》和南、北《儒林传》，即可见南北朝时期义疏体著作之多。其间为《礼记》郑《注》作义疏而声名较著的，南有皇侃，北有熊安生。《隋志》著录有皇侃《礼记义疏》48卷，又有《礼记讲疏》99卷。熊安生著《礼记义疏》30卷，见于《北史·儒林传》。皇、熊二氏的著作，即为唐初《礼记正义》所取材。

隋、唐统一天下，经学亦归于统一。隋朝祚短，经学罕可称道者。隋立博士，《三礼》学仍宗郑氏。然据《隋书·儒林传》所载，以礼学名家者，唯称马光"尤明《三礼》"，褚辉"以《三礼》学称于江南"而已。又隋朝大儒，共推刘焯、刘炫，二刘于诸经皆有《义疏》，并曾"问礼于熊安生"，然并非礼学专门。

唐朝统治者十分重视儒教，于是自汉末以来经历四百年后，经学重又振兴。贞观四年（630），唐太宗以经籍去古久远，文字多讹谬，诏颜师古考订《五经》文字。师古奉诏校订经文，撰成《五经定本》。太宗又以儒学多门，章句繁杂，诏孔颖达与诸儒撰定《五经义疏》，以统一经说。贞观十六年，书成，凡180卷。博士马嘉运驳正其失，于是有诏更令裁定，功未成。到高宗永徽二年（651），又诏诸臣考订，加以增删，永徽四年，以《五经正义》之名正式颁布于天下。据《新唐书·艺文志》，《五经正义》包括《周易正义》16卷（据《旧唐志》则为14卷），《尚书正义》20卷，《毛诗正义》40卷，《礼记正义》70卷，《春秋正义》36卷（据《旧唐志》则为37卷），总计182卷（据《旧唐志》则为181卷）。自《五经定本》出，而后经籍无异文。自《五经正义》出，而后经书无异说，每年明经，依此考试，于是天下士民，皆奉以为圭臬。自汉以来，经学之统一，未有如此之专者。值得注意的是，《五经正义》于《三礼》独收《礼记》，这是第一次以朝廷的名义正式将其升格为经，且拔之于《仪礼》、《周礼》二经之上。于是《三礼》之学，在唐代形成了《礼记》独盛的局面。《礼记正义》亦宗郑《注》，而以皇侃《义疏》为本，以熊安生《义疏》为辅。孔颖达在《礼记正义序》中批评皇、熊二氏之书说："熊则违背本经，多引外义，犹之楚而北行，马虽疾而去逾远矣。又欲释经文，唯聚难义，犹治丝而棼之，手虽繁而丝益乱也。皇氏虽章句详正，微稍繁广，又既遵郑氏，乃时乖郑义，此是木落不归其本，狐死不首其丘。此二家之弊，未为得也。然以熊比皇，皇氏胜矣。"可见孔颖达之学宗郑氏，而偏尚南学。又孔氏作《正义》，守《疏》不驳《注》的原则，因此《四库提要》批评说："其书务伸郑《注》，未免附会之处。"

由上可见，《礼记》之学，自汉末至唐，除魏晋之际一度几为王学夺席，皆以郑《注》为中心。然而这种情况，到宋朝庆历（1041—1048）以后，为之一变。王应麟说："自汉儒至于庆历间，谈经者守训故而不凿。《七经小传》（按作者为刘敞）出，而稍尚新奇矣。至《三经新义》（按作者为王安石）行，视汉儒之学若土梗。"[①]可见庆历以后，宋儒治经，务反汉人之说，治《礼记》亦不例外。皮锡瑞举例说："以礼而论，如谓郊禘是一，有五人帝，无五天帝，魏王肃之说也（按参见《礼记·祭法》'有虞氏禘黄帝而郊喾，祖颛顼而宗尧'下郑《注》以及孔《疏》所引王肃《圣证论》之说）。禘是以祖配祖，非以祖配天，唐赵匡之说也（按参见同上郑《注》及陆淳《春秋纂例》卷1所引赵匡说）。此等处，前人已有疑义，宋人遂据以诋汉儒。"[②]按皮氏所举之例，其中的是非姑且不论，宋人的《礼记》学不再宗郑《注》，则于此可见一斑。

宋儒治《礼记》用功最勤，成就最著者，当推卫湜。卫湜撰《礼记集说》160卷，日编月削，历三十余年而后成。《四库提要》说，该书"采摭群言，最为赅博，取去亦最精审。自郑《注》而下，所取凡一百四十四家，其他书之涉于《礼记》者，所采录不在此数。今自郑《注》、孔《疏》而外，原书无一存者。朱彝尊《经义考》采摭最为繁富，而不知其书与不知其人者，凡四十九家，皆赖此书以传，亦可云礼家之渊海矣"。从以上评价，可见此书

---

① 王应麟：《困学纪闻》卷8，《经说》，山东友谊书社，1992年。
② 皮锡瑞：《经学历史》八，《经学变古时代》。

的价值。然此书不宗《注》《疏》，以《注》《疏》与所采众家相并列而举之，也是宋学风气所使然。

宋人不仅不信《注》《疏》，进而至于疑经、改经、删经，或移易经文。如《礼记》的《大学》篇，先有二程"为之次其简编"，继而朱熹为之"更考经文，别为次序"，① 即其显例。又程朱既以倡明道学自任，因复特重《大学》、《中庸》，将此二篇从《礼记》中抽出，以与《论语》、《孟子》并行，以为这是道统之所在。朱熹撰《大学章句》、《中庸章句》、《论语集注》、《孟子集注》，合称《四书》，遂使《大学》、《中庸》离《礼记》而独自成学。朱熹死后，朝廷以其所撰《四书》立于学官，于是《四书》亦为一经，此亦可谓《礼记》学之一变。此后治《礼记》而宗宋学者，即皆置《大学》、《中庸》二篇而不释（如元人陈澔的《礼记集说》），且于其原文亦不录，以示对朱熹《章句》的尊崇，遂使《礼记》由49篇而变为47篇了。

元代崇奉宋学。仁宗于皇庆二年（1313）颁布的"考试程序"即明确规定：《大学》、《中庸》、《论语》、《孟子》用朱熹《四书章句集注》，《诗》用朱熹《集传》为主，《尚书》用蔡沈（朱熹弟子）《集传》为主，《周易》用程颐《传》和朱熹《本义》为主，《春秋》用《三传》及胡安国《传》为主（按胡安国学宗二程），《礼记》用郑《注》、孔《疏》。② 由此可见元人经学所尚。然因《礼记》朱熹无所作，故仍用古《注》《疏》。又所立考试科目，《三礼》亦仅用《礼记》，益可见自唐以来，统治者重《礼记》之学，远胜其他二《礼》。

元儒研治《礼记》之作，影响较著的，当数吴澄的《礼记纂言》和陈澔的《礼记集解》。吴澄当时号称大儒，于诸经皆有著述。其《纂言》到晚年始成。吴氏治经，虽不为朱熹之学所囿，然其所述作，于诸经文字率皆有所点窜，而于《礼记》，则以意改并，以成通礼9篇，丧礼11篇，祭礼4篇，通论11篇，"各为标目。如通礼首《曲礼》，则以《少仪》、《玉藻》等篇附之，皆非小戴之旧。他如《大学》、《中庸》依程、朱别为一书，《投壶》、《奔丧》归于《仪礼》，《冠义》等6篇别辑为《仪礼传》，亦并与古不同……改并旧文，俨然删述。"③ 可见吴澄之学，实蹈宋学之迹。陈澔《集说》，浅

---

① 朱熹：《四书章句集注》之《大学章句序》及首章，中华书局，1983年。
② 《元史》卷81《选举一·科目》。
③ 《四库提要》卷21，《礼记纂言》下《提要》，中华书局，1965年。

显简明，然详于礼义而疏于名物。据《四库提要》，其父大猷师饶鲁，饶鲁师黄榦，而黄榦为朱熹高足弟子且为朱熹之婿，是陈澔之学渊源甚明。① 可见《礼记》一学，虽科举用古《注》《疏》，而元儒研治者，学风已大变。

明初所颁"科举定式"，经书所主，仍沿元代之旧，《礼记》仍用古《注》《疏》。到永乐（1403—1424）年间，《礼记》始改为"止用陈澔《集说》"。② 据《明成祖实录》，永乐十二年十一月，命胡广等修纂《五经四书大全》。十三年九月书即告成，计有《书传大全》10卷，《诗大全》20卷，《礼记大全》30卷，《春秋大全》70卷，《四书大全》36卷。成祖亲为制《序》，颁行天下，科举试士，以此为则，而"废《注》《疏》不用"。③ 皮锡瑞批评说，修纂《大全》，"此一代盛事，自唐修《五经正义》，越八百余年而得再见者也，乃所修之书，大为人姗笑"，不过"取已成之书，钞誊一过"，而所取之书，不过是"元人遗书，故谫陋为尤甚"。④ 其中《礼记大全》，采诸儒之说凡42家，而以陈澔《集说》为主。可见明代经学，不过是宋学之遗，而较元尤陋。明人关于《礼记》的著作，见于《四库存目》者甚夥，然几无可称道者。其中如郝敬所撰《礼记通解》22卷，"于郑义多所驳难"，是亦宋学习气所使然。

清代号称汉学复兴，然清初仍是宋学占上风。顺治二年所定试士例，"《四书》主朱子《集注》，《易》主程、朱二《传》，《诗》主朱子《集传》，《书》主蔡《传》，《春秋》主胡《传》，《礼记》主陈氏《集说》"。⑤ 是仍袭元、明旧制。然清初私学，以王夫之、顾炎武、黄宗羲为代表，已启汉、宋兼采之风。如王夫之论学，以汉儒为门户，以宋五子为堂奥，著述宏富，于礼则有《礼记章句》。其后治《礼记》者，如万斯大撰《礼记偶笺》，郑元庆撰《礼记集说》，方苞撰《礼记析疑》等，皆杂采汉、宋之说。乾隆十三年（1748），钦定《三礼义疏》（其中《礼记义疏》82卷），广摭群言，混淆汉、宋，第一次以朝廷名义，打破了元、明以来宋学对于经学的垄断。其时孙希

---

① 《四库提要》卷21，《礼记集说》下《提要》。
② 秦蕙田：《五礼通考》卷175，《嘉礼四十八·学礼》之"元取士"条，《四库全书》本。
③ 《明史》卷70《选举二》。
④ 皮锡瑞：《经学历史》五，《经学中衰时代》。
⑤ 《清朝通典》卷18，《选举一》，《十通》本。

旦著《礼记集解》，博采郑《注》、孔《疏》及宋、元诸儒之说，而断以己意，实亦汉、宋兼采之作。清代真正以复兴汉学为标帜的，始于乾嘉学派，这是清代的古文经学派。然乾嘉学派重考据，《礼记》的研究不及《仪礼》、《周礼》之盛。如江永的《礼记训义择言》（仅自《檀弓》撰至《杂记》），短促而不具大体；朱彬的《礼记训纂》，又过于简约，远不及孙诒让《周礼正义》、胡培翚《仪礼正义》之详审。道、咸时期今文学派崛起，又以《春秋公羊》学为主，对《礼记》的研究，不过重在其中若干篇（如《礼运》、《王制》等）的"微言大义"，以宣扬所谓孔子托古改制之义以及儒家的大同理想。因此清代虽号称"经学复盛"，[①] 然而《礼记》的研究，则未堪其称。清人于《十三经》，唯《礼记》和《孝经》无新《疏》。

[①] 皮锡瑞：《经学历史》十，《经学复盛时代》。

第六章

论郑玄《三礼注》

一　引论

　　《三礼》，是指《周礼》、《仪礼》和《礼记》。

　　《周礼》又名《周官》，学者一般认为战国时人所作。但此书晚出，西汉景帝、武帝时期，为河间献王从民间搜集所得，旋入秘府，世儒莫得见。至成帝时，刘向、刘歆父子校理秘书，始发现此书，著于《录》、《略》。全书凡6篇（《天官》、《地官》、《春官》、《夏官》、《秋官》、《考工记》）。西汉平帝时，王莽执政，立《周礼》于学官，至新朝灭亡，遂废。东汉时，由于杜子春、郑兴、郑众、贾逵、卫宏、马融、卢植等一班古文经学大师为之训诂解说，《周礼》遂大行于世，然终未得立学官。[①]

　　《仪礼》一名《礼经》、《士礼》，或径称《礼》，是春秋末年孔子所编订。汉初高堂生传《礼》17篇。至宣帝时，后仓最明《礼》学，授予戴德、戴圣（戴德兄之子）和庆普，于是《礼》学分为三家，即大戴（戴德）之《礼》学、小戴（戴圣）之《礼》学和庆氏之《礼》学。三家皆立学官。东汉时，三家《礼》虽相传不绝，然已浸微。传二戴《礼》之经师中未有显于儒林者；传《庆氏礼》者虽景况较佳，然影响较著者，也只有曹充及其子曹褒，

---

① 参见本编第五章《三礼概述》之一：《周礼概述》。

以及犍为董钧而已。①

《礼记》今传本凡49篇，是一部先秦至秦汉时期的礼学文献选编。孔颖达《礼记正义序》在谈到《礼记》各篇的作者时说："《中庸》是子思伋所作；《缁衣》公孙尼子所撰；郑康成云《月令》吕不韦所修；卢植云《王制》谓汉文时博士所录。其余众篇皆如此例，但未能尽知所记之人也。"孔颖达所说诸篇之作者虽未为定论，但《礼记》诸篇之作者与时代纷杂不一，则为古今学者所公认。该书初为西汉宣帝时期的戴圣（小戴）所编纂，故亦名《小戴礼记》。②

东汉末郑玄注《三礼》以前，无《三礼》之名。自郑玄注《周礼》、《仪礼》、《礼记》，始"通为《三礼》焉"。③

郑玄，字康成，北海高密（今山东高密县）人。生于顺帝永建二年（127），卒于献帝建安五年（200）。郑玄先从京兆第五元先通今文经，又从东郡张恭祖受古文经。后以山东无足问者，乃西入关，师事扶风马融。郑玄自出外游学，十余年乃归乡里。党锢祸起，郑玄与同郡孙嵩等四十余人俱被禁锢，于是隐修经业，杜门不出。至灵帝中平元年（184），黄巾起义，党锢禁解，仍隐居不仕，专心经术。郑玄著述宏富，"凡玄所注《周易》、《尚书》、《毛诗》、《仪礼》、《礼记》、《论语》、《孝经》、《尚书大传》、《中候》、《乾象历》，又著《天文七政论》、《鲁礼禘祫义》、《六艺论》、《毛诗谱》、《驳许慎五经异义》、《答临孝存周礼难》，凡百万余言"。④

郑玄所处的时代，正是东汉末年政治上最黑暗、腐败的时代，也是阶级矛盾和各种社会矛盾极其尖锐化并达到总爆发的时代。郑玄目睹了宦官、外戚和官僚争权的丑剧，亲身感受了黄巾起义的风暴，并亲眼看到东汉统

---

① 参见本编第五章《三礼概述》之二：《仪礼概述》。
② 参见本编第五章《三礼概述》之三：《礼记概述》。
③ 《后汉书》卷79下《儒林列传下·董钧传》。然《后汉书·马融传》谓马融注书中有《三礼》，《卢植传》亦谓卢植作《三礼解诂》，此所谓《三礼》者，盖范蔚宗自后记而名之欤？黄侃《礼学略说》云："郑氏以前未有兼注《三礼》者（以《周礼》、仪礼》、小戴《礼记》为《三礼》，亦自郑始。《隋书·经籍志》'《三礼目录》一卷，郑玄撰'）。"（见《黄侃论学杂著》，上海古籍出版社，1980年）按黄侃谓"郑玄以前未有兼注《三礼》者"，与史书记载不合，而谓《三礼》之名始自郑玄，当是可信的。

④ 《后汉书》卷35《郑玄传》。按本传所载书目中无《周礼》，盖遗之也。又，此节所述，详可参看本编第一章《郑玄生平事迹考略》及第二章《郑玄著述考》。

治集团怎样在农民起义的打击下分崩离析，作为一个有正义感的头脑清醒的地主阶级知识分子，他憎恶当时黑暗腐败的政治统治，绝不与当权者合作，不论是举贤良方正，或是公府征辟，他皆不应。他主张革除弊政，缓和阶级矛盾。针对东汉末年的政治情势，他特别强调"顺民"和"任贤"。① 另一方面，他认为要挽救和维护封建统治，就必须加强思想统治。所以他致力于经学，"但念述先圣之元意，思整百家之不齐"，② 其目的就是要通过他的经《注》和著述，来寄托自己的社会政治理想，为维护封建统治尽心竭力。

郑玄遍注群经，而尤重礼学。王鸣盛曰："按《英华》卷七百六十六刘子玄引康成《自序》云：'遭党锢之事，逃难注《礼》；党锢事解，注《古文尚书》、《毛诗》、《论语》。为袁谭所逼，未至元城，乃注《周易》。'……《自序》言'遭党锢逃难注《礼》'……合之《戒子书》'坐党锢十四年'，则是康成注经，《三礼》居首，阅十四年乃成，用力最深也。"③ 郑玄之《三礼注》遂为后世治礼学者所宗，故孔颖达云："礼是郑学。"④ 汉末社会混乱，封建之礼法崩坏，君不君，臣不臣，农民起义，"犯上作乱"。要维护封建统治，就必须正定"名分"，"序尊卑之制，崇敬让之节"，⑤ 维护封建的等级礼法制度，即郑玄所谓"为政在人，政由礼也"，⑥ "重礼所以为国本"。⑦ 这正是郑玄特重礼学的根本原因。自古研究郑玄礼学的著作，浩如烟海。这些著作，大体可分为两派：或"申郑"，或"驳郑"。虽亦有"申"、"驳"兼之者，然于两派中亦自有其明显的倾向（宋儒有"视汉儒之学若土梗"者，⑧ 然亦须

---

① 郑玄的"顺民"和"任贤"思想，在他的经注中多所发挥。例如《周礼·地官·乡大夫》"此谓使民兴贤，出使之长；使民兴能，入使治之"，郑《注》："言为政以顺民为本也。《书》曰：'天聪明自我民聪明，天明威自我民明威。'《老子》曰：'圣人无常心，以百姓心为心。'如是，则古今未有遗民而可为治。"又《仪礼·乡饮酒礼》"乃间歌《鱼丽》……歌《南山有台》、笙《由仪》"，郑《注》："《南山有台》，言太平之治，以贤为本。"又《诗·南山有台》郑《笺》："人君得贤，则其德广大坚固，如南山之有基趾。"
② 郑玄：《戒子书》，见《后汉书·郑玄传》。
③ 王鸣盛：《蛾术篇》卷58，《郑氏著述》，商务印书馆，1958年。
④ 引自《礼记·月令》题下《疏》。参见本编第四章《略论"礼是郑学"》。
⑤ 郑玄：《六艺论》，《北堂书钞》卷95引，《四库全书》本。
⑥ 《礼记·中庸》"优优大哉！……至道不凝焉"郑《注》。
⑦ 《仪礼·士冠礼》"前期三日，筮宾，如求日之仪"郑《注》。
⑧ 王应麟：《困学纪闻》卷8，《经说》，山东友谊社，1992年。

先事研讨之，而后方能别出之）。我们这里则试图对郑玄《三礼注》的注经方法和体例，作一点粗浅的分析，并略辨其正谬得失。

二 《三礼注》的注经方法

郑玄在《诗谱序》里曾对自己的注经方法，作过这样一个概括："举一纲而万目张，解一卷而众篇明，于力则鲜，于思则寡，其诸君子亦有乐于是与？"① 这里虽不能概括郑玄注经方法的全部，却道出了郑玄注经方法的主要特色。

原来作为两汉官方经学的今文经学，由于家法纷立，枝离蔓衍，日趋烦琐，已经走入末路。尽管汉统治者也看到这个问题，并多次下令删减经《注》，② 也不能改变这一趋势。其结果，"守文之徒，滞固所禀，异端纷纭，互相诡激，遂令经有数家，家有数说，章句多者或乃百余万言，学徒劳而少功，后生疑而莫正"。③ 在这种情况下，郑玄的提纲挈领、简明扼要的经《注》的出现，自能使人耳目一新。

郑玄经《注》之简约，往往《注》少于经。如《仪礼》之《少牢馈食礼》经2979字，《注》2787字；《有司》经4790字，《注》3356字。《礼记》之《学记》、《乐记》2篇，经6459字，《注》5533字；《祭法》、《祭义》、《祭统》3篇，经7182字，《注》5409字，等等，皆《注》少于经。郑玄在谈到他的注经方法时还说过："文义自解，故不言之。凡说不解者耳。"④ 如《周礼·地官·司稽》"掌巡市而察其犯禁者与其不物者而搏之"，郑《注》："不物，衣服视占不与众同及所操物不如品式。"按理解此句经文的关键就在

---

① 郑玄：《诗谱序》，见《毛诗正义》卷首。
② 如《后汉书·章帝纪》载建初四年（79）十一月，章帝诏会白虎观，其诏文有曰："（光武）中元元年（56）诏书，《五经》章句烦多，欲议简省。"又《后汉书·桓郁传》载显宗"自制《五家要说章句》，令郁校定于宣明殿"。按所谓"要说"者，盖五家章句之删要也。又曰："初，（桓）荣（按桓荣乃桓郁之父）受朱普学（《尚书》）章句四十万言，浮辞繁长，多过其实。及荣入授显宗，减为二十三万言。郁复删省，定成十二万言。"又《后汉书·张霸传》："初，霸以樊儵删《严氏春秋》犹多繁辞，乃减定为二十万言，更名《张氏学》。"《后汉书·张奂传》："初，（《尚书》）《牟氏章句》浮辞繁多，有四十五万余言，奂减为九万言。"
③ 《后汉书》卷35《郑玄传》。
④ 《郑志》郑玄答张逸语，《诗·螽斯·疏》引。

"不物"二字，此二字一解，意皆明矣。

郑玄注经，不唯简约，且欲以一持万。然为达此目的，必先有由万求一的功夫不可。郑玄博贯今古文经学，旁及诸子百家、纬候术数，无所不通，在当时确实是个博学通儒。[①] 当时汉之经学，不仅有今古学之对垒，且遍设家法之藩篱，互相诡激，论难攻讦，使学者莫知所从。郑玄则能打破今古学之界限，冲破家法之藩篱，囊括大典，网罗众家，删裁繁诬，刊改漏失，择善而从，自是学者方略知所归。对此，皮锡瑞有一段议论，说：

> 按郑注诸经，皆兼采今古文。注《易》用费氏古文，爻辰出费氏分野，今既亡佚，而施、孟、梁丘《易》又亡，无以考其同异。注《尚书》用古文，而多异马融；或马从今而郑从古，或马从古而郑从今。是郑注《书》兼采今古文也。笺《诗》以毛为主，而间易毛字。自云："若有不同，便下己意。"所谓"己意"，实本三家。是郑笺《诗》兼采今古文也。注《仪礼》并存今古文：从今文则《注》内叠出古文，从古文则《注》内叠出今文。是郑注《仪礼》兼采今古文也。《周礼》古文无今文，《礼记》亦无今古文之分，其《注》皆不必论。注《论语》，就《鲁论》篇章，参之《齐》、《古》为之注，云："《鲁》读某为某，今从《古》。"是郑注《论语》兼采今古文也。注《孝经》多今文说，严可均有辑本。[②]

从这段文字，我们对郑玄注经方法的特点，可有个大致的了解。这里，仅就郑玄的《三礼注》，作一具体分析。

先说《仪礼注》。皮锡瑞说郑玄"注《仪礼》并存今古文：从今文则《注》内叠出古文，从古文则《注》内叠出今文。是郑注《仪礼》兼采今古文"。按《仪礼》有今古文之分。今文者，汉初高堂生所传《仪礼》17篇是也。又《汉书·艺文志》有《礼古经》56卷（篇），则古文《礼》也。

[①] 《后汉书》卷35《郑玄传》载献帝建安元年（196）"大将军袁绍总兵冀州，遣使要玄，大会宾客。玄最后至，乃延上坐。身长八尺，饮酒一斛，秀眉明目，容仪温伟。绍客多豪俊，并有才说，见玄儒者，未以通人许之，竞设异端，百家互起。玄依方辩对，咸出问表，皆得所未闻，莫不嗟服。"

[②] 皮锡瑞：《经学历史》五《经学中衰时代》。

其 17 篇与今文《礼》相似，多 39 篇，即所谓《逸礼》。① 据《后汉书·儒林传》，郑玄"本习《小戴礼》，后以古经校之，取其义长者，故为郑氏学"，即今本郑注《仪礼》是也。故今本《仪礼》乃混合今古文而成。所谓"从今文则《注》内叠出古文"者，即采今文经之字而于《注》内存古文经之异文。如：

《士冠礼》："筮人还东面，旅占卒，进告吉。"郑《注》："古文旅作胪也。"

所谓"从古文则《注》内叠出今文"者，即采古文经之字而于《注》内存今文经之异文。如：

《士冠礼》："加皮弁如初仪，再醮摄酒。"郑《注》："今文摄为聂。"

至于郑玄从今、从古的标准，古人曾有评说。如贾公彦曰："《仪礼》之内或从今，或从古，皆逐义强者从之。若二字俱合义者，则互换见之。"② 又阮元《仪礼注疏卷一校勘记》曰："郑叠今古有三例：辞有详略则叠之，'宾对曰，某敢不夙兴'，'今文无对'是也（按前句引文为经文，后句为《注》文。下同）；义有乖互则叠之，'礼于阼'，'今文礼作醴'是也；字有通借则

---

① 关于《礼古经》的来源，《汉书·艺文志》说"出于鲁淹中（苏林曰："里名也。"）及孔氏"。刘歆《移让太常博士书》谓"鲁恭王坏孔子宅，欲以为宫，而得古文于坏壁之中，《逸礼》有三十九篇"（见《汉书》本传）。此盖《汉志》所谓得诸孔氏者也。又《汉书·河间献王传》谓献王从民间搜集所得先秦古籍旧书有古文《礼》，此盖《汉志》所谓"出于鲁淹中"者。《隋书·经籍志》亦云："古经出于淹中，而河间献王好古爱学，收集余烬，得而献之，合五十六篇，并威仪之事。"孔颖达《礼记》大题《疏》引郑玄《六艺论》云："得孔子壁中古文《礼》凡五十六篇，其十七篇与高堂生所传同，而字多异。其十七篇外则《逸礼》是也。"贾公彦《仪礼·士冠礼》"布席于门中，闑西阈外，西面"下《疏》曰："鲁人高堂生为汉博士，传《仪礼》十七篇，是今文也。至武帝之末，鲁恭王坏孔子宅，得古《仪礼》五十六篇，其字皆以篆书，是为古文也。古文十七篇与高堂生所传者同，而字多不同。其余三十九篇绝无师说，秘在于馆。"按《逸礼》在西汉末已成绝学，旧说以为至东汉而亡佚，洪业以为"《逸礼》未尝尽亡于东汉，殆为'今学'者所分辑于所传授之经记中耳"。说详《礼记引得序》（见《礼记引得》卷首，上海古籍出版社，1983 年）。

② 《仪礼·士丧礼》"布席于门中，闑西阈外，西面"贾《疏》。

叠之,'阛西阓外','古文阛为埶、阓为蕝'是也。"①

皮锡瑞是从郑玄混淆今古文家法的角度,来谈论郑《注》的,故于《周礼》、《礼记》则无所论。实际上,郑注《周礼》、《礼记》,亦体现出兼采异文、择善而从的特点。

《周礼》有故书、今书的不同。何谓故书、今书,学者说颇纷纭,迄无定论。若笼统言之,说故书指旧本,今书指郑玄当时所见通行本,想无大误。②郑玄注《周礼》,则并存故书、今书,即凡从今书,则于《注》中存故书异文。如:

> 《天官·大宰》:"以九贡致邦国之用,……二曰嫔贡。"郑《注》:"嫔,故书作宾。"贾《疏》:"郑据今文注,故云故书作宾。"

郑注《礼记》,亦间存异文。③ 如:

> 《曲礼》:"宦学事师,非礼不亲。"郑《注》:"学或为御。"
> 《檀弓》:"叔仲衍以告。"郑《注》:"衍或为皮。"
> 《王制》:"周人养国老于东胶。"郑《注》:"胶或作绞。"

凡此类皆郑《注》存异文之例。盖当时流行之《礼记》有数本,郑玄择善而从,而于《注》中存其异文。

又《礼记》乃杂糅今古文而成,故亦有今古文异文的问题。郑玄或从今,或从古,亦于《注》中存其异文,犹《仪礼》于《注》中叠出今古文之例。如:

---

① 按关于这个问题,详可参看《校勘编》第一章《郑玄校〈仪礼〉兼采今古文之条例考》之字例1。
② 参见本书《校勘编》第四章《郑玄校〈周礼〉从今书不从故书考辨》注①。
③ 俞樾《〈礼记〉异文笺·序》云:"《仪礼》之有古文今文也,胡氏承珙为作《〈仪礼〉古今文疏义》;《周礼》之有故书也,徐氏养原为作《周礼故书考》,别异同,有功经学。然郑康成注《礼记》,亦兼存异文,前人未有考究者,辄作此《笺》,以补其阙。"按俞樾《〈礼记〉异文笺》,见《清经解续编》第5册,上海书店出版社,1988年。

> 《乡饮酒义》："盥洗扬觯，所以致洁也。"郑《注》："扬，举也，今《礼》皆作腾。"

按此则从古文而于《注》中存今文之例。又如：

> 《乡饮酒义》："宾主象天地，介僎象阴阳。"郑《注》："古文《礼》僎皆作遵。"

按此则从今文而于《注》中存古文之例。

又有不易《记》文，而于《注》中列举异文，择善而从之者。如：

> 《缁衣》："《君奭》曰：昔在上帝，周田观文王之德，其集大命于厥躬。"郑《注》："奭，召公名也，作《尚书》篇名也。古文'周田观文王之德'为'割申劝宁王之德'，今博士读为'厥乱劝宁王之德'。三者皆异，古文似近之。割之言盖也，言文王有诚信之德，天盖申劝之，集大命于其身，谓命之使王天下也。"孔《疏》："三者，谓此《礼记》及《古文尚书》并今博士读者。三者其文各异，而古文'周田'为'割申'，其字近于义理，故云'古文似近之'。"

按此例即《记》文仍旧，而于《注》中列举古今文之异文，又于三者中择古文而从之。

以上是仅从郑注《三礼》兼采今古文异文及他本异文来分析的。在经说方面，即对经文的解释方面，郑《注》更体现出博综兼采、会通今古的特点。郑注《三礼》，每引今文经、传以释古文经，引古文经、传以释今文经。我们只用略举郑注《周礼》所引用的书目，就可以说明这个问题。他除了引用《春秋左氏传》、《毛诗》、《国语》、《尔雅》等古学家书外，还引用了《春秋公羊传》、《春秋繁露》、《王制》、《司马法》、《孟子》[①]等今学家著作。现举一例以明之。《春官·大司乐》："掌成均之法，以治建国之学政，而合国之子

---

① 据廖平《今古学考》之今古学书目表，《国语》属古学家书，《司马法》、《孟子》属今学家书。

弟焉。"郑《注》："玄谓，董仲舒云：'成均，五帝之学。''成均之法'者，其遗礼可法者。'国之子弟'，公卿大夫之子弟当学者，谓之国子。"贾《疏》："玄谓'董仲舒云：成均，五帝之学'者，前汉董仲舒作《春秋繁露》……彼云'成均，五帝学也'……云'国之子弟，公卿大夫之子弟当学者，谓之国子'者，案《王制》云：'王大子、王子、公卿大夫元士之適子、国之俊选皆造焉。'此不言'王大子、王子与元士之子及俊选'者，引文不具。"

郑注《周礼》，除杂糅今古文著作以释经，还兼存三家之《注》。三家是指郑司农（郑众）、杜子春、郑少赣（郑众之父郑兴）三位古文经学大师。[①] 郑《注》于此三家，或从或违，或增成其义。如《天官·鳖人》："祭祀共蠯蠃蚳，以授醢人。"郑《注》："蠃，螔蝓。郑司农云，蠃，蛤也。杜子春云，蠯，蜯也；蚳，蛾子，《国语》曰：'虫舍蚳蝝。'"贾《疏》："蠃，螔蝓者，一物两名。司农云蠯，蛤也者；杜子春云蠯，蜯也者，蜯即蛤也，亦一物。云蚳，蛾子者，谓蚁之子，取白者以为醢。"按此例郑《注》自释"蠃"，而从郑司农、杜子春说释"蠯"，又从杜子春说释"蚳"。又如《地官·里宰》："以岁时合耦于锄，以治稼穑。"郑《注》："郑司农云，锄读为藉；杜子春云，锄读为助，谓相佐助也。玄谓锄者，里宰治处也，若今街弹之室，于此合耦，使相佐助，因放而为名。"贾《疏》："先郑云锄读为藉者，藉，借也，非相佐助之义，故后郑不从之也。杜子春读锄为助，谓相佐助也，于义合，但文今不足，故后郑增其义也。"按此例则破郑司农之说，而从杜子春说；又以杜子春说于义不足，于是郑玄增成其义。三家《注》早亡，《隋书·经籍志》已不载，幸赖郑《注》而得以睹其说之概。

郑玄不仅杂糅今古文经说以注《三礼》，且欲调和今古文的对立，消除其矛盾，以沟通其说。此盖其所谓"思整百家之不齐"的一个重要方法。郑玄的调和法，说来也很简单，就是以《周礼》为周制，凡不与《周礼》合者，便以殷制或夏制解之。我们举两个例子。《礼记·王制》："天子三公、九卿、

[①] 《周礼·天官·序官》"辨方正位"贾《疏》："《周礼》之内，郑康成所存《注》有三家，司农之外，又有杜子春、郑大夫郑少赣。……郑玄若在司农诸家上注者，是玄《注》可知悉，不言'玄谓'；在诸家下注者，即称'玄谓'，以别诸家。又在诸家前注者，是诸家不释者也；又在诸家下注者，或增成诸家义……或有破诸家者。"

二十七大夫、八十一元士。"郑《注》："此夏制也。《明堂位》曰'夏后氏之官百',举成数也。"孔《疏》："此一经论夏天子设公卿大夫元士之数。……以《周礼》其官三百六十,此官百二十,故云夏制。以夏制不明,更引《明堂位》'夏后氏之官百'以证之。直云'百',不云'百二十',故云'举成数也'。《王制》之文,郑皆以为殷法,此独云夏制者,以《明堂》'殷官二百',① 与此百二十数不相当,故不得云殷制也。记者故杂记而言之,或举夏,或举殷也。"按此例可见郑玄欲调和今古文的矛盾,用心良苦矣,但仍难弥缝其说:本以《王制》为殷制,此又突然冒出来一个夏制,故又引《明堂位》以自申之。孔颖达看出了这个矛盾,但按照《疏》不驳《注》的原则,曲为之说,且把责任推到"记者"身上,这倒是个聪明办法呢。

《周礼·地官·大司徒》："凡建邦国,以土圭土其地而制其域。诸公之地,封疆方五百里。……诸侯之地,封疆方四百里。……诸伯之地,封疆方三百里。……诸子之地,封疆方二百里。……诸男之地,封疆方百里。"《王制》亦有五等之爵,曰："王者之制禄爵,公、侯、伯、子、男,凡五等。"这与《周礼》是一致的。但《王制》又说："天子之田方千里,公侯方百里,伯七十里,子男五十里。"即天子以下,实际按三等以颁田禄,且其封国规模比之《周礼》也小得多了。这是怎么回事呢?郑玄《王制注》说："此地(按指上述之三等封地)殷所因夏爵三等之制也。殷有鬼侯梅伯。《春秋》变周之文,从殷之质,合伯子男以为一,则殷爵三等者,公侯伯也,异畿内谓之子。周武王初定天下,更立五等之爵,增以子男而犹因殷之地,以九州之界尚狭也。周公摄政,致太平,斥大九州之界,制礼,成武王之意,封王者之后为公,及有功者之诸侯,大者地方五百里,其次侯四百里,其次伯三百里,其次子二百里,其次男百里。"原来爵分五等,是周初武王始定的制度。但武王初建国,所拥有的只是原来殷的地盘,太狭小,所以虽立五等之爵,封国犹不能多授土地,只能因袭殷的制度。殷制爵分三等,即公、侯、伯,按公百里、侯七十里、伯五十里以授田。殷的三等爵禄制是因袭了夏制,周武王又因袭殷制,也按三等授田,于是合五等之爵为三等,即公侯为一等,伯一等,子男一等,分别授以百里、七十里、五十里之封地。直到成王时期,

---

① 按《礼记·明堂位》曰："有虞氏官五十,夏后氏官百,殷二百,周三百。"

周公摄政，大兴武功，斥大九州之界，疆土大为广阔了，始能"成武王之意"，按公、侯、伯、子、男五等以封国，且封国的土地也大增，变成五百里、四百里、三百里、二百里、一百里了。郑玄就是这样，把《周礼》与《王制》的不同说法，互相沟通起来。今古文的对立，到了郑玄手里，就变成协调一致的东西了。

然而，郑玄这种调和之说，纯属臆说。周的制度，孟子时已经搞不清楚，[①]《周礼》和《王制》的作者们当然也不可能搞清楚，东汉末年的郑玄，又怎能搞清楚呢？周制尚且搞不清楚，勿论夏、殷矣！其实，汉儒解经，多凭臆说。先秦的文献到了他们手里，为迎合统治者的需要，大都重新作了整理和加工，而且为了争立学官，竞相趋时附会，炮制新说。郑玄自亦难免此积习。不过似郑玄这样敢于破除家法藩篱，熔两汉经今古文学于一炉，重新铸锻而后出之，实在是一代的大手笔。正因为如此，读郑《注》确能收到"举一纲而万目张，解一卷而众篇明"的效果。因此，"经生皆从郑氏，不必更求各家"了。[②]

这里还必须补充说明一点：郑玄虽学兼今古，实以古学为主。其以《周礼》为周制，谓《王制》等不与同者为殷制、夏制，即其明证。因此康有为说"伪经（按康氏以古文经为刘歆伪作，故称之为"伪经"）传于通学成于郑玄"，且特作《伪经传于通学成于郑玄考》，[③] 其结论云："郑学既行，后世乃咸奉刘歆之伪经而孔子之学（按指今文经学）亡。故康成者，刘歆之功臣，孔门之罪人也。"康有为之论，显出门户之见。今学的灭亡，实因其自身之腐败，加以社会之战乱，郑玄何罪之有？[④] 且幸赖郑玄兼采今古，若细加分辨，

[①] 《孟子·万章下》："北宫锜问曰：'周室班爵禄也，如之何？'孟子曰：'其详不可得闻也。诸侯恶其害己也，而皆去其籍。'"

[②] 皮锡瑞：《经学历史》五，《经学中衰时代》。

[③] 见康有为《新学伪经考》第8，中华书局，1956年。

[④] 陆德明《经典释文·叙录》："永嘉之乱，施氏、梁丘之《易》亡。孟、京、费之《易》，人无传者。"《隋书·经籍志》："梁丘、施氏、高氏亡于西晋；孟氏、京氏，有书无师。"按此论《易》学之亡也。又《叙录》："永嘉丧乱，众家之《书》并亡。"《隋志》："永嘉之乱，欧阳、大、小夏侯《尚书》并亡。"按此论《尚书》学之亡也。又《叙录》："《齐诗》久亡；《鲁诗》不过江东；《韩诗》虽在，人无传者。"按此论《诗》学之亡也。又《叙录》："二《传》，近代无讲者。"《隋志》："《公羊》、《穀梁》浸微，今殆无师说。"按此论《春秋》学之亡也。由上可见，汉今文十四博士之学，历魏至晋永嘉之乱（发生于晋怀帝永嘉五年[311]），已陆续灭亡殆尽矣。

犹可窥其学之一斑。这一点，就连清末今文经学大师皮锡瑞也不得不承认。他说："郑君为汉儒败坏家法之学，而后世尤不可无。……郑君杂糅今古，使颛门学尽亡；然颛门学既亡，又赖郑《注》得略考见。今古之学若无郑《注》，学者欲治汉学，更无从措手矣，此功过得失互见而不可概论者也。"①皮氏此论倒较公允，不似康有为之偏激。

三　《三礼注》的注经体例

《后汉书·郑玄传》中批评郑玄的经《注》有曰："玄质于辞训，通人颇讥其繁。"既"质于辞训"，何以"通人"还要"讥其繁"呢？黄侃曰："若夫质于辞训，通人颇讥其繁，然观《郑志》答张逸云：'文义自解，故不言之，凡说不解者耳。众篇皆然。'是知《注》文本简。有时不得不繁，岂秦近君说《尧典》篇目二字至十余万言之比哉。"②按黄氏此论，实未中肯綮。这个问题，应从今古文两家注经方法的特点谈起。

一般说来，今文学家注经，重章句解说，尽量发挥其"微言大义"，其弊在支离破碎，日趋烦琐，以致"浮辞繁长，多过其实"。③故杨终指责"章句之徒，破坏大体"。④古文家注经，重在训诂，举大义，而不为章句。如《汉书·扬雄传》谓"雄少而好学，不为章句，训诂通而已"；《后汉书·桓谭传》谓谭"博学多通，遍习五经，皆诂训大义，不为章句"；《班固传》谓固"所学无常师，不为章句，举大义而已"；《王充传》谓充"好博览而不守章句"；《卢植传》谓植"能通古今学，好研精而不守章句"，等等。因此古学家视今学家每以"章句之徒"讥之，讥其繁也。⑤又古学多"通人"。康有为曰："观传古学诸人，扬雄则称'无所不见'，杜林则称'博洽多闻'，桓谭

---

① 皮锡瑞：《经学历史》五，《经学中衰时代》。
② 黄侃：《礼学略说》，见《黄侃论学杂著》，上海古籍出版社，1980年。
③ 《后汉书》卷37《桓郁传》。
④ 《后汉书》卷48《杨终传》。
⑤ 钱玄同对于今古学家经注之特点作此种分别，颇不以为然，曰："近人或谓今文家言'微言大义'，古文家言'训诂名物'，这是两家最不同之点，此实大谬不然。"说详《重论今古文学问题》（见《古史辨》第5册，上海古籍出版社，1982年）。然就两家注经方法之主导倾向而言，笔者以为上述分别大体上是不错的。

则称'博学多通',贾逵则'问事不休',马融则'才高博洽',自余班固、崔骃、张衡、蔡邕之伦,并以弘览博达,高文赡学,上比迁、向者,并校书东观,传授古学。"① 康氏所作《伪经传授表下》且专设"通学"一栏,② 遍列西汉后期以下诸古学名家。而今文学者,则多专一经,守其家法,罕能兼通,虽亦有精研六经如何休者,③ 可以"通人"许之,然亦凤毛麟角而已。因此"通人"在东汉无异于"古文学家"之同义语。由此可知,讥郑玄之"繁"的"通人",实指古文学家言之。

古文学家何以要讥郑玄之"繁"呢?这实在是出于古文家的偏见。因为郑玄在注经方法上,实际是兼采今古两家的特点,既重"训诂名物",亦重释章句之义,从而别出新的经《注》体例(关于这一点,我们只要将《周礼注》中所存杜子春、郑兴、郑众三位古文家《注》,与郑玄之《注》稍作比较,就可以清楚地看出来了)。因此尽管郑玄"质于辞训",而从古文家立场看来,终难免"章句之徒"的嫌疑,故而讥之矣。实际上,这恰恰说明了这些所谓"通人"的拘陋。下面,我们就来具体分析一下郑玄《三礼注》的体例。

正字读

阮元《周礼注疏校勘记序》曰:"有杜子春之《周礼》,有二郑之《周礼》,有后郑之《周礼》。《周礼》出山岩屋壁间,刘歆始知为周公之书而读之。其徒杜子春乃能略识其字。建武以后,大中大夫郑兴,大司农郑众,皆以《周礼解诂》著,而大司农郑康成乃集诸儒之成,为《周礼注》。盖经文古字不可读,故四家之学皆主于正字。……有云'读如'者,比拟其音也;有云'读为'者,就其音以易其字也;有云'当为'者,定其字之误也。三例既定,而大义乃可言矣。"举例言之。《天官·大宰》:"以九两系邦国之民。……六曰主以利得民。"郑《注》:"玄谓利读如上思利民之利。"按此"读如"之例也。《地官·均人》:"掌均地政。"郑《注》:"政读为征。"按此"读为"之例也。《天官·内饔》:"凡掌共羞、脩、刑、朕、胖、骨、脯,

---

① 康有为:《新学伪经考》之《伪经传于通学成于郑玄考》,中华书局,1956年。
② 见《新学伪经考》第十二下。
③ 《后汉书》卷79下《儒林列传下·何休传》:"休为人质朴讷口,而雅有心思,精研《六经》,世儒无及者。"

以待共膳。"郑《注》："掌共，共当为具。"按此"当为"之例也。

又俞樾《礼记郑读考》云："段玉裁作《周礼汉读考》，于《注》中'读为'、'读若'之义，辨之详矣。然而郑康成注《礼记》，亦有'读为'、'读若'之例。"① 按《礼记注》中此例颇多。《仪礼注》中亦有正字读之例，计言"读为"（或"读曰"）者18例，言"读若"（或"读如"）者12例，兹不一一举例。

训名物

《周礼·天官·笾人》："掌四笾之实。"郑《注》："笾，竹器如豆者，其容实皆四升。"《礼记·玉藻》："王后袆衣，夫人揄狄。"郑《注》："袆读如翚，揄读如摇。翚、摇皆翟雉名也。刻缯而画之，著于衣以为饰，因以为名也。后世作字异耳。"《仪礼·士昏礼》："设洗于阼阶东南。"郑《注》："洗，所以承盥洗之器弃水者。"按此皆训名物之例也。

释经文

古制茫昧，古文简奥，往往非《注》而难明。郑玄注经，释而明之。当然，如上所说正字读、训名物，也都是为解释经文服务的。此处所谓释经文，则主要指解释整个文句或章节所包括的内容而言。如《周礼·地官·媒氏》："禁迁葬者与嫁殇者。"郑《注》："迁葬谓生时非夫妇，死既葬，迁之，使相从也。殇，十九以下未嫁而死者。生不以礼相接，死而合之，是亦乱人伦者也。"按《媒氏》此文，若无郑《注》，其义实难索解。

郑玄释经文，采用了多种手段。今择其要，列举如下。

其一，引他经、他传以释此经。有明引之者，如：《周礼·天官·小宰》："丧荒，受其含襚币玉之事。"郑《注》："《春秋传》曰：'口实曰含，衣服曰襚。'"有暗引之者，即引文不标出处，如《仪礼·聘礼》："及郊又展如初。"郑《注》："郊，远郊也。周制天子畿内千里，远郊百里，以此差之，远郊上公五十里，侯伯三十里，子男十里也。近郊各半之。"贾《疏》："云'周制天子畿内千里'者，《周礼·大司徒》云：'制其畿方千里。'据《周礼》而言……云'远郊百里'者，《司马法》文。"亦有无明文可征引，而约上下文之义，或约他经、传文之义以为《注》者，如《周礼·地官·遂大夫》："凡

---

① 俞樾：《〈礼记〉郑读考》，《清经解续编》第5册，第997页。

为邑者，以四达戒其功事，而诛赏废兴之。"郑《注》："四达者，治民之事，大通者有四：夫家众寡也，六畜车辇也，稼穑耕耨也，旗鼓兵革也。"贾《疏》："郑知'四达'是'夫家'已下者，此无正文，唯约上下文而知义尔。按《遂师》云：'夫家众寡，六畜车辇。'此《遂大夫》亦云：'夫家众寡，以教稼穑。'《鄬长》云：'以旗鼓兵革，帅而至。'又云：'趋其耕耨。'郑据而言，故以四事当此四达。"按据贾《疏》可知，郑《注》对"四达"的解释，乃约《周礼·地官》之《遂师》、《遂大夫》、《鄬长》诸文之义而为之。

其二，以今况古，即引汉制、汉俗等以释古制。如《礼记·王制》："大国三卿皆命于天子。"郑《注》："命于天子者，天子选用之，如今诏书除吏矣。"按此以汉制况古制也。又如《周礼·夏官·罗氏》："蜡则作罗襦。"郑《注》："玄谓蜡，建亥之月，此时火伏蛰者毕矣，豺既祭兽，可以罗网围取禽也。……今俗放火张罗，其遗教。"贾《疏》："云'今俗放火张罗，其遗教'者，汉之俗间，在上放火，于下张罗丞之以取禽兽，是周礼之遗教，则知周时亦上放火，下张罗也。"

还有以汉之俗字、俗语、方言等释经字、经义者。如《仪礼·特牲馈食礼》："佐食盛俎，俎释三个。"郑《注》："个犹枚也。今俗言物数有云'若干个'者，此读然。"

其三，据经义推断以释经。如《仪礼·士冠礼》："冠者见于兄弟，兄弟再拜，冠者答拜。见赞者，西面拜，亦如之。"郑《注》："见赞者西面拜，则见兄弟东面拜。"按此由拜赞者之方向，推断出拜兄弟之方向。又如《周礼·地官·乡大夫》："以岁时登其夫家之众寡，辨其可任者。……以岁时入其书。"郑《注》："入其书者，言于大司徒。"贾《疏》："知者，以其上云'受法于司徒'，故知'入其书者，言于大司徒'。"按《乡大夫》开首有曰："正月之吉，受教法于司徒，退而颁之于其乡吏。"郑即据以推断：既受之于司徒，亦当入言于司徒（即向司徒报告）。

亦有据常识判断以注经者。如《周礼·天官·掌皮》："掌秋敛皮，冬敛革，春献之。"郑《注》："皮革逾岁干，久乃可用。"按此即据常识以解皮革何以秋敛而春献之。

其四，经文不具，或文义不足，则郑《注》足而明之。如《仪礼·乡射礼》："主人以宾揖让，说屦，乃升；大夫及众宾皆说屦，升，坐，乃羞。"郑

《注》:"羞,进也。所进者狗胾醢也。燕设啖具所以案酒。"按经文只说"乃羞",而不言"羞"者何物,郑《注》于是足而明之。又如《礼记·王制》:"天子社稷皆大牢,诸侯社稷皆少牢,大夫士宗庙之祭有田则祭,无田则荐。"郑《注》:"有田者既祭又荐新。祭以首时,荐以仲月。士荐牲用特豚,大夫以上用羔,所谓羔豚而祭,百官皆足。《诗》曰:'四之日其蚤,献羔祭韭。'"按《王制》仅言"有田者"之祭礼,郑《注》复足以荐新之礼。又如《周礼·地官·胥》:"凡有罪者,挞戮而罚之。"郑《注》:"罚之,使出布。"按此例无郑《注》,则不明如何"罚之"也。

其五,概括篇章段落之大意,或点明经文之宗旨。如《礼记·内则》:"脍,春用葱……鲂鱮烝,雏烧,雉,芗无蓼。"郑《注》:"自'脍用葱'(按"脍"下脱"春"字)至此,言调和菜酿之所宜也。"按此概括一段之大意也。又如《礼记·礼运》:"饮食男女,人之大欲存焉;死亡贫苦,人之大恶存焉。故欲、恶者,心之大端也。人藏其心,不可测度也。美恶皆在其心,不见其色也。欲一以穷之,舍礼何以哉?"郑《注》:"言人情之难知,明礼之重。"按此点明一段之宗旨也。

其六,若无文献可征,则以己意解之。如《仪礼·士虞礼》:"嘉荐,普淖。"郑《注》:"普淖,黍稷也。普,大也。淖,和也。德能大和乃有黍稷,故以为号云。"贾《疏》:"言'故以为号云'者,郑以意解之,无正文,故言'云'以疑之。"但也有既无文献可征,而己亦不明者,则存而不释。如《礼记·檀弓》:"国亡大县邑,公卿大夫皆厌冠,哭于大庙三日,君不举。"郑《注》:"厌冠,今丧冠,其服未闻。"又如《仪礼·士冠礼》:"宾降,主人降。宾辞,主人对。"郑《注》:"辞、对之辞未闻。"未闻则存疑,慎之也。郑注《礼记·乐记》尝谓《南风》之歌"其辞未闻也"。王肃《圣证论》引《尸子》及《孔子家语》以难郑玄云:"昔者舜弹五弦之琴,其辞曰:'南风之薰兮,可以解吾民之愠兮;南风之时兮,可以阜吾民之财兮。'郑云'其辞未闻',失其义也。"马昭申郑云:"《家语》王肃所增加(按意谓王肃所伪造),非郑所见。又《尸子》杂说,不可取证正经,故言未闻也。"[1] 可见郑玄注经,态度确实是较为严谨的。

---

[1] 见《礼记·乐记》"昔者舜作五弦之琴以歌南风"节下孔《疏》引。

阐礼义

即阐发礼制的目的和意义。按照旧儒的说法，就是要探究"圣人"之"微旨"。黄侃说："自《传》、《记》之后，师儒能言礼意者多矣，要以郑君为最精。"[1] 郑玄注《三礼》，常于章句中阐发礼义，此本今文家习气，然郑《注》简约，不似今文家之浮辞繁长。如《仪礼·士昏礼》："壻乘其车，先，俟于门外。"郑《注》："壻车在大门外，乘之先者，道之也。男率女，女从男，夫妇刚柔之义，自此始也。"又如《周礼·天官·序官》"世妇"，郑《注》："不言数者，君子不苟于色，有妇德者充之，无则阙。"按《周礼》各篇之职官，皆于《序官》中详言其员数。此"世妇"不言数，故郑《注》发此论。再如《礼记·檀弓》："鲁人有周丰也者，哀公执挚请见之。"郑《注》："下贤也。挚，禽挚也。诸侯而用禽挚，降尊就卑之义。"这里必须指出的是，郑玄通过对礼义的阐发，所表现出来的思想是复杂的，多方面的。既有如前所指出的要求"顺民"、"任贤"等在当时历史条件下有一定积极意义的思想，又包含有封建糟粕。就其思想总体来说，没有超出儒家思想的范畴，其核心乃是封建的等级观念和伦理道德观念。以上所举的例子，也可以说明这一点。这正是郑玄的《三礼注》在漫长的封建社会里，一直为封建统治阶级所重视，并成为中国封建礼学之骨干的根本原因。

纠经文之误、衍、脱、错

俞樾曰："自来经师往往墨守本经，不敢小有出入，惟郑学宏通，故其注《三礼》，往往有驳正经之误者。"[2] 郑注《三礼》非唯驳正经文之误，且于衍文、脱文及文次之错乱者，也一一加以订正。例如《周礼·天官·腊人》："凡祭祀，共豆脯、荐脯。"郑《注》："脯非豆实，豆当为羞，声之误也。"按此纠经误字之例。又如《仪礼·大射》："公降，立于阼阶之东南，南乡。小臣师诏揖诸公卿大夫，诸公卿大夫西面，北上。揖大夫，大夫皆少进。"郑《注》："上言大夫，误衍耳。"按此订正衍文之例。又如《礼记·祭义》："霜露既降，君子履之，必有凄怆之心。"郑《注》："霜露既降，《礼》说在秋，此无'秋'字，盖脱尔。"按此订正脱文之例。又如《礼记·玉藻》："而素带，终辟。大

---

[1] 黄侃：《礼学略说》，见《黄侃论学杂著》，上海古籍出版社，1980年。
[2] 俞樾：《郑君驳正〈三礼〉考》，《清经解续编》第5册，第1007页。

夫素带，辟垂。士练带，率下辟。居士锦带，弟子缟带，并纽约用组。"郑《注》："此自'而素带'，乱脱在是耳。宜承'朱里，终辟'。"按"朱里，终辟"乃天子服。郑以为"而素带，终辟"是记诸侯之服，宜放在记天子服之下，即移于下文"天子素带，朱里，终辟"之下。此即订正文次错乱之例。

关于郑玄《三礼注》的体例，还可总结出数条，然其要者，盖如上述。这里需要说明两点。第一，郑玄注《三礼》，乃随文释义，因此上述体例的运用，亦因文施宜；第二，文中所举诸例证，只是为了说明郑《注》的体例，而不涉及所举例证本身的是非正谬。关于郑《注》的是非正谬问题，下文将专门研讨之。

四　关于《三礼注》的考辨

若详考郑玄《三礼注》，辨其是非正谬，恐非数百万言之巨著莫可当，且绝非一人之力所能胜任。而且目前史学研究之成果，也还远不足以全部澄清郑玄《三礼注》的是非，问题还相当多。例如，关于《三礼》的制作时代，尚有多种说法，未能最后确定，而《三礼》中所记载的各种制度，究竟哪些确属周制，哪些是春秋、战国诸侯国之制，哪些是后儒附会其间的秦汉之制，哪些是作者们的构拟，构拟的根据和背景又是什么，等等，都有待深入探讨。况且《三礼》中矛盾抵牾处甚多，许多问题千年聚讼不决，今文家是此非彼，古文家又是彼非此，至今我们也还不能就他们争论的全部问题，作最后的裁决。上述有关《三礼》的历史悬案不解决，我们对于郑玄《三礼注》的是非正谬，也就不可能作出全面正确的评价。但尽管问题很多，我们借助新史学研究的成果，对于郑玄的《三礼注》，还是可以确定一些基本的看法。

我们应该肯定，郑《注》对于我们今天研究《三礼》，研究先秦以至秦汉时期的典章文物制度，是有很大帮助的。郑《注》和《三礼》一样，都是十分宝贵的历史文献。如本文在分析郑玄的注经方法和体例时所看到的，郑《注》在帮助我们弄明白《三礼》的内容方面，以及在订正经文的错谬方面，其功绩是不可磨灭的。且郑玄在解释经文时，又补充了许多经文以外的材料，大大丰富了文献的内容。这些材料在当时定有文献或师说可据，而今已大多亡佚，赖郑《注》而得存其若干，这也是郑《注》的一大功劳。又因郑玄博综今古，兼采异说，若能细加条析，弄清其源流，对于我们今天研究汉代的学术史，将大有裨益。郑玄对礼义的阐发，也为我们研究汉代的政治思想史，留下了一份有价值的遗产。他如研究古代的文字学、音韵学、训诂学等等，都不可舍郑《注》（关于这一点，可参看陆宗达《训诂简论》，北京出版社，1980年）。尤其是我们今天考释地下发掘的先秦以至秦汉的文物，郑玄的《三礼注》更是必须依靠的重要文献。下面举一个小例子。

长沙马王堆一号汉墓中在棺内包裹尸体的衣衾里，发现了两种麻布，一种粗，一种细。这两种麻布就当时条件说，究竟粗是粗到什么程度，细又细到什么程度呢，请看下面一段文字：

> 根据《仪礼·丧服》郑注"布八十缕为升"的记载，这次发现的粗麻布幅面经线总数810根，应为十升；细麻布幅面总数1734—1836根（按幅宽51厘米计），应为二十一至二十三升。过去发现的战国至汉代麻布实物，最精细的是1953年长沙406号楚墓出土的，经密每厘米28根（《长沙发掘报告》64页，科学出版社，1957年），约为十七升。根据《仪礼·士冠礼》"爵弁服"郑注，古代制作弁冕用最细密的三十升布，这次发现的细麻布算是相当细密的了。[①]

由此可见，对于马王堆出土的麻布，若无郑《注》，我们就不可能获得这样具体的认识。对于许多出土器物的名称和用途，也须凭《三礼》和郑《注》加以考辨。

但是，在我们今天看来，郑玄《三礼注》的问题和错谬也是相当多的。现就个人认识所及，略举其大端。

其一，郑注《三礼》的最大错误，就在于笃信《周礼》为周公所作，[②]

[①]《长沙马王堆一号汉墓》上集，文物出版社，1973年，第52页。
[②] 贾公彦《序〈周礼〉废兴》引郑玄《序》云："又云，斯（按指《周礼》）道也，文武所以纲纪周国，君临天下，周公定之，致隆平龙凤之瑞。"贾公彦接着说："……唯有郑玄遍览群经，知《周礼》者，乃周公致太平之迹，故能答临硕之论难，使《周礼》义得条通。"又《周礼·天官·叙官》"唯王建国"下郑《注》云："周公居摄而作六典之职，谓之《周礼》。营邑于中土，七年致政成王，以此《礼》授之，使居雒邑治天下。"按关于这个问题，详可参看本编第五章《〈三礼〉概述》之一《〈周礼〉概述》。

从而笃信《周礼》为周制，而以他经如《礼记·王制》等不与《周礼》同者，为殷制或夏制。实际上，这是党于古文家立场之毫无根据的臆说。《周礼》之非周公所作，汉儒即有此论，而《周礼》所构设的政体之不切实际，古人也早就指出过。如：

> 欧阳修曰："……《周礼》，其出最后……汉武以为渎乱不验之书，何休亦云六国阴谋之说，何也？然今考之，实有可疑者。夫内设公卿大夫士，下至府史胥徒，以相副贰；外分九服，建五等，差尊卑，以相统理；此《周礼》之大略也。而六官之属略见于经者五万余人，而里闾县都之长，军师卒伍之徒不与焉。王畿千里之地，为田几井，容民几家，王官王族之国邑几数，民之贡赋几何，而又容五万人者于其间。其人耕而赋乎？如其不耕而赋，则何以给之？夫为治者，故若是其烦乎？此其一可疑者也。秦既诽古，尽去古制。自汉以后，帝王称号，官府制度，皆袭秦故，以至于今。虽有因有革，然大抵皆秦制也，未尝有意于《周礼》者。岂其体大而难行乎？其果不可行乎？夫立法垂制，将以遗后也；使难行，而万世莫能行，与不可行等尔。然反秦制之不若也？脱有行者，亦莫能兴，或因以取乱，王莽、后周是也。则其不可用决矣。此又可疑也。"①

又苏轼论《周礼》及郑《注》有曰：

> 《周礼》……其言五等之君，封国之大小，非圣人之制也，战国所增之也。何以言之？按郑氏说，武王之时，周地狭小，故诸侯之封及百里而止。周公征伐不服，斥大中国，故大封诸侯，而诸公之地至五百里。不知武王之时，何国不服，而周公之所征伐者谁也。东征之役，见于《诗》、《书》，岂其廓地千里而史不载邪？此甚可疑也。周之初，诸侯八百；春秋之世，存者无数十。郑子产有言：古者大国百里；今晋、楚千

---
① 《欧阳文忠公全集·居士集》卷48，《问进士策三首》之一，上海锦章图书局，民国14年（1925）石印本。

乘，若无侵小，何以至此？子产之博物，其言宜可信。先儒或以《周礼》为战国阴谋之书，亦有以也。①

上述议论，确有见地，其所揭《周礼》及郑《注》的矛盾，颇能发人耳目。

实际上，《周礼》乃是战国后期学者们所设计的一部统一天下的建国规划。其中有周制之遗，也吸收有战国时一些诸侯国的制度，还有许多则出于作者们的构拟。在初作者的原意，也并非想冒充周制的，只是到了汉代古文学家手里，为了争立学官和与今文学家论争的需要，才把它神圣化了。今文家崇奉孔子，古文家便抬出周公来压孔子，于是《周礼》便成为"周公致太平之迹"了。其他二《礼》，即《仪礼》和《礼记》，就材料来源说，也有类似《周礼》的情况，即有周制的遗留，亦杂有六国的制度，甚至还有秦汉的制度附会其间，此外还有许多则是先秦至秦汉时期礼家的《礼》论。总之，《三礼》制作的时代和背景不同，材料之来源又非常复杂。唯其如此，也就必不免互相矛盾抵牾，因此我们在引用时就须十分审慎。而郑玄却沿袭古文家立场，认《周礼》为周制，且企图在此基础上调和《三礼》的矛盾，以构成其新的经说体系，于是一系列的错误，便由此产生了。

更有甚者，郑玄因确认《周礼》为周制，反把他经中确为周制之遗迹者，指为殷制或夏制。例如，《礼记·曲礼》："天子建天官，先六大，曰：大宰、大宗、大史、大祝、大士、大卜，典司六典。"据郭沫若《周官质疑》考证，《小盂鼎》铭文所载王臣有"三左、三右"，之所以名此者，乃因朝王时，三人由阼阶（东阶）升，立于王左；三人由宾阶（西阶）升，立于王右。郭氏以为这"三左、三右"，当即《曲礼》之"天官六大"。其文曰："三左三右此器（按指《小盂鼎》）仅见，亦为旧文献中所无……此鼎乃康王末年之器。……'三左三右'者当即《曲礼》之天官六大，盖三人在王左，三人在王右也。……三左即大史大祝大卜，三右即大宰大宗大士。"顾颉刚在他的《〈"周公制礼"的传说和〈周官〉一书的出现〉》中就郭氏此番考证议论说：

---

① 《东坡续集》卷9，《策》"天子六军之制"篇，清光绪三十四年至宣统元年（1908—1909）刻本。

"这样看来,那部丛杂无绪的《曲礼》倒保存了真实的古史遗文,胜于《周礼》的表面上似乎很有系统而实际上是拼凑加伪造。"然而郑玄却在《曲礼注》中说:"此盖殷时制也。周则大宰为天官,大宗曰宗伯,宗伯为春官,大史以下属焉。大士以神仕者。"这简直是颠倒是非了。所以顾颉刚斥之为"闭着眼睛的胡言,搅乱了古代思想史的进程"。①

实际上,汉代经师的通病,就在于不懂历史,而且为了迎合统治者的政治需要,可以任意地改变或编造古史系统,②即使"博学宏通"如郑玄者,亦不例外。这正是郑玄的《三礼注》之所以产生上述种种错误的根本原因。

其二,郑《注》之谬,还在于用与阴阳五行思想紧密结合的宗教神学思想注经。这也是汉儒的通病。这种宗教神学思想,最集中地表现在纬书中。自西汉末哀、平年间,纬书大出,至东汉,由于统治者的提倡,以纬说经之风盛行。③郑玄处此时代潮流中,自不能免此弊病。故《四库提要》的作者于《周礼注疏》下批评郑玄说:"好引纬书,是其一短。"这里,我们仅举他的"六天说"和"五精感生说"为例。

我们首先须明白,在郑玄的头脑中,存有这样一个天帝人神系统。即他认为天上有一个至上帝,其名为"天皇大帝耀魄宝"。至上帝之下,又有五天帝为之佐,即东方苍帝灵威仰,南方赤帝赤熛怒,中央黄帝含枢纽,西方白帝白招拒,北方黑帝汁光纪(至上帝加五天帝即所谓"六天")。祭祀五天帝时,各以其精所感生的五人帝配食。这五人帝是:太昊(配苍帝)、炎帝(配赤帝)、黄帝(配黄帝。按此项天帝与人帝称号相同)、少昊(配白帝)、颛顼(配黑帝)。五人帝之下又有五官,五官死后为神,亦各配食其帝,即句芒配太昊,祝融配炎帝,后土配黄帝,蓐收配少昊,玄冥配颛顼。顾颉刚曾将郑玄的上述天帝人神系统列为一图:④

---

① 顾颉刚:《"周公制礼"的传说和〈周官〉一书的出现》,载《文史》第6辑,中华书局,1979年。
② 参看顾颉刚:《五德终始说下的政治和历史》,《古史辨》第5册,上海古籍出版社,1982年。
③ 皮锡瑞《经学历史》四,《经学极盛时代》曰:"故光武以赤伏符受命,深信谶纬,《五经》之义,皆以谶决。贾逵以此兴《左氏》,曹褒以此定汉礼。于是《五经》为外学,七纬为内学,遂成一代风气。"
④ 见顾颉刚《王肃的五帝说及其对于郑玄的感生说与六天说的扫除工作》,载1935年《史学论丛》第2期。本文此段之分析,即采顾氏之说。

```
            （大帝）    （五精之帝） （五精之君）（五官）
                    ┌ 苍帝灵威仰 —— 太昊 —— 句芒
                    │ 赤帝赤熛怒 —— 炎帝 —— 祝融
        天皇大帝耀魄宝 ┤ 黄帝含枢纽 —— 黄帝 —— 后土
                    │ 白帝白招拒 —— 少昊 —— 蓐收
                    └ 黑帝汁光纪 —— 颛顼 —— 玄冥
```

在此系统中，天皇大帝与五精之帝（五天帝）即出自纬书。如：《春秋合诚图》："天皇大帝，北辰星也，含元秉阳，舒精吐光，居紫宫中，制御四方，冠有五采。"《春秋佐助期》："紫宫，天皇耀魄宝之所理也。"《河图》："东方青帝灵威仰，木帝也。南方赤帝赤熛怒，火帝也。中央黄帝含枢纽，土帝也。西方白帝白招拒，金帝也。北方黑帝汁光纪，水帝也。"而五人帝与五官之神则出自《礼记·月令》："孟春之月……其帝太皞，其神句芒。……孟夏之月……其帝炎帝，其神祝融。……中央土，其帝黄帝，其神后土。……孟秋之月……其帝少皞，其神蓐收。……孟冬之月……其帝颛顼，其神玄冥。"（按四时之仲月、季月皆与此同）。郑玄则把纬书之说与《月令》之说合而为一，变成了一个上下相承的天帝人神系统。而用以连结这两者的纽带，就是纬书的感生说（所谓感生，即认为五人帝分别是其母感五天帝之精，于是受孕而生，故五人帝实皆五天帝之子）。

  郑玄既在头脑中构成了这样一个天帝人神系统，于是便用之于他的经《注》中。例如，《月令》："令民无不咸出其力，以共皇天上帝，……以为民祈福。"郑《注》："皇天，北辰耀魄宝，冬至所祭于圜丘也。上帝，大微五帝。"《礼记·大传》："礼，不王不禘。王者禘其祖之所自出，以其祖配之。"郑《注》："凡大祭曰禘。自，由也。大祭其先祖所由生，谓郊祀天也。王者之先祖皆感大微五帝之精以生：苍则灵威仰，赤则赤熛怒，黄则含枢纽，白则白招拒，黑则汁光纪。皆用正岁之正月郊祭之，盖特尊焉。"（按据孔《疏》，郑玄此《注》中之感生说，实据《河图》、《元命包》、《春秋纬文耀钩》、《易纬乾凿度》等纬书以为说。）《春官·大宗伯》："以玉作六器以礼天地四方……以玄璜礼北方。"郑《注》："此礼天以冬至，谓天皇大帝，在北极者也。礼地以夏至，谓神在昆仑者也；礼东方以立春，谓苍精之帝，而太昊、句芒食焉；礼南方以立夏，谓赤精之帝，而炎帝、祝融食焉；礼西方以立秋，谓白精之帝，而少昊、蓐收食焉；礼北方以立冬，谓黑精之帝，而颛顼、玄冥食焉。"这样的例子甚多，不一一列举了。

　　这种所谓"六天说"和"五精感生说"，其荒谬可笑自不待言，我们必须指出的是，这套荒谬的神学理论在周代是没有的，而是阴阳五行学说盛行的汉代的产物（感生说虽源出较早，而使之阴阳五行化，则在汉代）。汉初始兴"五天帝"说，即在秦的白、青、黄、赤四帝之外，又加上个黑帝。到汉武帝时，五帝之上又出来了一个"泰一"，为至上帝，五帝则降为"泰一"之佐，于是"六天"说始备。到西汉后期，王莽们才又给这"六天"编造了一套漂亮而又整齐的名字。这套东西到了郑玄手里，又做了一番加工，把它和《月令》的五人帝、人神联系起来，搞成了一套更为完整复杂的宗教神学系统（顾颉刚《五德终始说下的政治和历史》及《王肃的五帝说及其对于郑玄的感生说与六天说的扫除工作》对上述演变过程有详密的论证）。可是郑玄不仅用这套学说注经，而且把它说成是周代就有的制度。如，《礼记·礼器》："故鲁人将有事于上帝，必先有事于頖宫。"郑《注》："上帝，周所郊祀之帝，谓苍帝灵威仰也。鲁以周公之故，得郊祀上帝与周同。"如果我们依据此条郑《注》来研究周代的思想史，以为周初即有所谓"苍帝灵威仰"之说，那就要犯绝大的错误。这实际上只能视为汉代的思想史料。同时我们也就可以知道，经文中有关"六天"之制的记载（如《周礼·春官》中所记载的），显然是汉儒伪入的（参看顾颉刚《"周公制礼"的传说和〈周官〉一书的出现》），也只能视为汉代的思想史料。

　　郑玄用纬注《礼》的例子很多。因为"六天说"和"五精感生说"是郑玄宗教神学思想的骨干，且在其经《注》中广为运用，所以笔者着重谈了这个问题。但同时我们也必须指出，郑玄用纬注《礼》，也不可一概斥为荒谬，因为纬书中还夹杂有我国古代的自然科学方面的知识以及生产技术方面的经验。如郑玄注《周礼·地官·草人》采《孝经纬·援神契》说，以为"黄白（按指土壤颜色）宜以种禾之属"，就反映了我国古代的农业生产经验。所以对郑玄以纬注经，还应作具体分析。

　　其三，郑玄注经，对典章名物的解释，主要依据文献或师说。如文献或师说有误，则郑《注》亦难免发生错误。在文物考古事业发展的今天，我们根据可靠的地下资料,来与郑玄的《三礼注》相对照,就发现其中的错误的确是很多的。下面仅举两个例子。

《周礼·春官·司尊彝》所载"六尊"中,有牺尊(按原文作"献尊",据郑司农说改)、象尊。究竟牺尊、象尊的形制如何,郑《注》引郑司农曰:"牺尊,饰以翡翠;象尊,以象凤皇,或曰以象骨饰尊。"据《礼记·明堂位》"尊用牺、象"郑《注》:"尊,酒器也。牺尊,以沙羽为画饰。(象尊),象骨饰之。"又据孔《疏》引《郑志》郑玄答张逸问曰:"牺读如沙。沙,凤皇也。……刻画凤皇之象于尊,其形婆娑。"则郑玄说与郑司农稍异。后儒对此亦聚讼纷纭。如孙诒让《周礼正义·春官·司尊彝·疏》引王肃《礼器注》云:"为牺牛及象之形,凿背以为尊,故谓之牺、象。"王肃且云:"大和中(按"大和"为三国时魏明帝年号),鲁郡于地中得齐大夫子尾送女器有牺尊,以牺牛为尊。然则象尊,尊为象形也。"阮谌《礼图》则谓:"牺尊,饰以牛;象尊,饰以象。于尊腹上画为牛、象之形。"上述诸说,究竟孰是孰非,古代无考古学,只在文献上打圈圈,终莫得定论。王肃倒很聪明,能跳出文献的圈子,以鲁郡地下出土之实物为说。然后儒宁信纸上的东西,不信地下实物,王念孙竟至斥王肃为"真妄说耳"。[①] 可是现在地下出土的大量实物,都证明了只有王肃的解释才是正确的。如容庚、张维持《殷周青铜器通论》[②] 所载之尊图,凡以鸟兽名者,皆作鸟兽形。牺尊、象尊亦不例外。如图141—143之象尊(殷时器)皆作象形;图151之牺尊(春秋时器)作牺牛形;而图152之牺尊(春秋晚期晋国器)则作牛形,这可能因为牺为牛属之故,或有什么宗教神学上的意义。又1963年陕西兴平豆马村出土的西汉错金银云纹犀(牺)尊,亦作牺牛形。[③]

再举一例。觚、觯之制,也是个纠缠不清的问题。《仪礼·燕礼》:"主人洗,升,献士于西阶上。士长升,拜受觯。主人拜送觯。"郑《注》:"献士用觯,士贱也。今文觯作觚。"即献士所用器,今古文说法不同。贾《疏》:"云'献士用觯,士贱也'者,对上大夫已上献用觚。……不从今文觚者,若从觚,与大夫已上何异?故不从。"可见觚觯相乱,由来久矣。又《周礼·考

---

① 见于孙诒让《周礼正义·春官·司尊彝·疏》引。
② 《殷周青铜器通论》,科学出版社,1958年。
③ 见《中国古青铜器选》,文物出版社,1976年。

工记·梓人》："为饮器，勺一升，爵一升，觚三升，献以爵而酬以觚，一献而三酬，则一豆矣。"郑《注》："觚、豆字，声之误。觚当为觯，豆当为斗。"为什么呢，据贾《疏》，郑玄用《韩诗》说，以为一升曰爵，二升曰觚，三升曰觯。若按"献以爵而酬以觚，一献而三酬"计之，一献（一爵）为一升，三酬（三觚）为六升，合之则七升，而一豆为四升，[①] 不成制矣。若易觚为觯，一觯三升，一献三酬，则合十升，恰为一斗。故郑《注》以为"觚当为觯，豆当为斗"。实际上，从今天地下发掘的实物看，觚与觯的大小容量皆无定制。据《殷周青铜器通论》图229—233所载诸觚（殷时器），其通高分别为22.3、21.2、25.6、18、44.6厘米不等。至于口径之大小，腹部之粗细亦不等。又陕西省西安斗门镇西周穆王时之长由墓出土的一件铜觚，高26厘米、口径15厘米。[②] 觚的形制也不一，多为圆形，四面有棱或无棱，亦间有方形的。觯的情形又怎样呢，据《殷周青铜器通论》图234—241所载诸觯看，其大小高低亦皆不等。就高度言，最高的为安阳出土的《光觯》（殷器），通高19.3厘米，最低的是相传为洛阳出土的《齐史疑觯》（西周前期器），仅11.3厘米。又《上海博物馆藏青铜器》[③] 有西周早期《父庚觯》一件，通高为14.9厘米、口径7.6厘米、重仅340克。就形制而言，多为椭圆，亦有不少圆形的。可惜以上诸器，皆未标注容量。但从以上实物的比较可见，觯一般小于觚，与《韩诗》说恰相反。可见，郑玄仅依文献材料注经，是不太可靠的。同时亦可见《礼》文中有关觚觯献酬之制，实出礼家之构拟，古代实际生活中，并无此等严密的规定。

其四，郑玄常以己意解经，因此《注》中颇多臆说。举一个典型的例子。《礼记·明堂位》："有虞氏官五十，夏后氏官百，殷二百，周三百。"郑《注》："周之六卿，其属各六十，则周三百六十官也。此云三百者，记时《冬官》亡矣。《昏义》曰：'天子立六官，三公、九卿、二十七大夫、八十一元士，凡百二十。'盖谓夏时也。以夏、周推前后之差，有虞氏官宜六十，夏后氏宜百二十，殷宜二百四十，不得如此记也。"按《明堂位》有关各代官数的说法，本来就是无稽之谈。郑玄非但不斥其荒谬，反以臆度，推演出一

[①] 《周礼·天官·笾人》："笾人掌四笾之实。"郑《注》："笾，竹器如豆者，其实皆四升。"
[②] 见《五省出土重要文物展览图录》，文物出版社，1958年。
[③] 《上海博物馆藏青铜器》，上海人民美术出版社，1964年。

个历代官数成倍递增的公式，并按此公式，推算出自有虞氏至周各代的准确官数，且批评《明堂位》的数字不确切，"不当如此记"，这实在太荒谬了！因此俞樾抨之曰："此乃郑之臆说，不足据。"①

其五，郑注《三礼》，常以今况古，使经义易明，这本是郑《注》之一长，但他又常常犯以今代古、以今乱古的错误。例如，《周礼·天官·醢人》记醢人所掌豆实有所谓"三臡"，即麋臡、鹿臡、麋臡，郑《注》曰："三臡亦醢也。作醢及臡者，必先膊乾其肉，乃后莝之，杂以粱曲及盐，渍以美酒，涂置瓶中，百日则成矣。"贾《疏》："云'作醢及臡'已下者，郑以当时之法解之。"原来郑玄所记臡与醢的做法，乃汉时的做法。汉时的做法与古时是否一样，有没有变化？又臡与醢古时是否即一物，若依郑《注》"臡亦醢"，且做法也完全一样，则又何以异其名称？对这些问题，郑玄皆不置一辞，径直以汉法释之，其结果只能是以今代古、以今乱古了。

其六，郑玄之经《注》意思不明，或解释不确切，甚至自相矛盾处，亦每每有之。《礼记·檀弓》："狐死正丘首。"郑《注》："正丘首，正首丘也。"按这种解释，等于没有解释，意思仍然不明。俞樾曰："正之言当也。《广韵》曰：'正，正当也。''正丘'者，当丘也。狐之死也，首必当丘，于文应云'狐死首正丘'，其义方明；乃云'正丘首'者，古人属文之曲也。郑《注》不云'首正丘'，而云'正首丘'，似于正字之义未得矣。"②按俞说是也，其对郑《注》的批评，亦中肯綮。

最后，我们必须指出，郑注《三礼》的目的是很明确的。他要把他的社会政治思想，包括封建的等级观念和伦理道德观念，都体现在他的经《注》里，特别是体现在对礼义的阐发中。对于郑玄的注经思想，本文不打算作具体分析，但这里所要指出的是，郑玄经《注》中的另一类错误，正是导源于他的政治思想。如《仪礼·士冠礼》："公侯之有冠礼也，夏之末造也。"郑《注》："造，作也。自夏初以上诸侯，虽父死子继，年未满五十者，亦服士服，行士礼，五十乃命也。至其衰末，上下相乱，篡杀所由生，故作公侯冠礼，以正君臣也。《坊记》曰：'君不与同姓同车，与异姓同车不同服，示民

---

① 俞樾：《郑君驳正〈三礼〉考》，《清经解续编》第 5 册，第 1011 页。
② 俞樾：《群经平议》，《清经解续编》第 5 册，第 1135 页。

不嫌也。以此坊民，民犹得同姓以杀其君也。"按此段郑《注》完全是从维护封建等级制度的观点出发，抓住两句经文，便发挥一通。所谓"公侯冠礼，夏之末造"，本来就是无稽之谈，郑玄却据此而附会出一篇公侯冠礼由来史。在西汉经师们手里，历史确实成了可以任人打扮的少女。

在今天看来，郑玄《三礼注》的问题和错谬是相当多的，而造成错谬的原因也是复杂的、多方面的。但如能注意到上述诸方面的问题，定将有助于我们正确地研究和利用郑玄的《三礼注》。

校 勘 编

第 一 章

郑玄校《仪礼》兼采今古文之条例考

引 言

　　《仪礼》在汉代有今古文两种本子。今文本,指汉初高堂生所传17篇之《仪礼》;古文本出于孔壁,即《汉志》所载《礼古经》56篇。郑玄在给《仪礼》作注时,凡遇今古文异文,都要作一番校勘,或从今文,或从古文。从今文,则必于注中注明古文该字作某;从古文,则必于注中注明今文该字作某,即所谓"从今文则注内叠出古文,从古文则注内叠出今文"。[①] 对于郑校《仪礼》兼采今古文的问题,前人已多有研究,专门的著作不下十数种,如段玉裁《仪礼汉读考》(1卷,止于《士冠礼》)、陈光煕《仪礼汉读考》(17卷,在段玉裁书基础上完成)、宋世荦《仪礼古今文疏证》(2卷),徐养原《仪礼今古文异同疏证》(5卷),胡承珙《仪礼古今文疏义》(17卷),李调元《仪礼古今考》(2卷),程际盛《仪礼古今文考》(1卷),颜可均《仪礼古今文异同说》(1卷),等等。但这些著作主要是对某字郑玄何以必从今文,或何以必从古文,及其所从之是非,作个案的考析,尚无人对其从今、从古所循的条例,作分析归纳。近人许敬武撰有《仪礼今古文异

---

① 皮锡瑞:《经学历史》五,《经学中衰时代》,中华书局,1959年。

同释例》一文，① 亦仅归纳得数条，每条举若干字例，而撮引胡承珙、徐养原二氏之说以明其义，虽专主于释例，终嫌过于疏略。此后即不见治斯业者。故笔者不揣浅陋，尽索《仪礼》全书中郑玄从今、从古之字例，凡371个字例，一一加以考辨。除文末"结语"所揭郑玄所从不当的5个字例外，对其余366个字例通过考辨加以分析归纳，从中得出52则条例，而将同例之字，依《仪礼》篇次及在各篇中出现的先后，悉列于该条例之下，俾学者得窥其全豹焉。惟念学力浅薄，实不堪斯任，文中错谬之处，在所难免，幸学者同仁有以教我。

说明几点：

1. 本文所录《仪礼》经文及郑玄注文，皆据中华书局1980年影印阮校《十三经注疏》本，《注疏》本偶有讹误，则加以订正。又，本文凡引"正史"之文，则皆据中华书局点校本，文中皆不复注。

2. 一句经文中如有两处以上异文，则亦分两条以上列出。如《士冠礼》"布席于门中闑西、阈外"，郑注："古文闑为槷，阈为蹙"，则以"古文闑为槷"为一条，"古文阈为蹙"为一条而分列之。如果同一句中的两处以上异文所属之例不同，则亦分别归入其所当属之例中。如《士冠礼》"设扃鼏"，郑注："今文扃为铉，古文鼏为密。"则以"今文扃为铉"为一条，归入"从古文通假字不从今文本字"例中；以"古文鼏为密"为一条，归入"从今文本字不从古文通假字"例中。

3. 凡同例之字，则冠以"同例还见于"，而悉附于该字例之下，以便索考。如《士冠礼》："侧尊一甒醴。"郑注："古文甒作廡。"同例还见于，《既夕礼》："甒二，醴、酒。"郑注："古文甒皆作廡。"《士虞礼》："尊两甒于庙门外之右少南。"郑注："古文甒为廡也。"《少牢馈食礼》："司宫莫两甒于房户之间。"郑注："古文甒皆作廡。"

---

① 许敬武：《仪礼今古文异同释例》，载1937年《进德月刊》2期6卷。

条　例

一　从本字不从通假字（126例）

（一）从今文本字不从古文通假字（90例）

1.《士冠礼》："布席于门中阒西、阈外。"郑注："古文阒为槸。"

《说文》："阒，门梱也。""槸，木相摩也。"是阒、槸异义。然二字古音双声叠韵，都属疑母月部，① 故古文假槸为阒。胡承珙亦谓"古文以音近得相通假"。② 郑从今文本字而不从古文通假字，故经文作阒，而于注中注明"古文阒为槸"。以下所举字例皆仿此。同例还见于：

《士丧礼》："席于阒西、阈外。"郑注："古文阒作槸。"

《特牲馈食礼》："席于门中阒西、阈外。"郑注："古文阒作槸。"

2.《士冠礼》："布席于门中阒西、阈外。"郑注："古文阈为蹙。"

《说文》："阈，门榍也。"又曰："榍，门限也。"《说文新附》："蹙，迫也。"阈字古音属晓母职部，蹙属精母觉部，声母虽隔，然职觉二部可以旁转，③ 故蹙可通阈。段玉裁《说文》"阈"下注亦云："《礼》古文阈作戚（蹙），此皆假借字也。"④ 同例还见于：

《聘礼》："傧者立于阈外以相拜。"郑注："古文阈为蹙。"

《士丧礼》："席于阒西、阈外。"郑注："古文阈作蹙。"

《特牲馈食礼》："席于门中阒西、阈外。"郑注："古文阈作蹙。"

3.《士冠礼》："旅占卒。"郑注："旅，众也。古文旅作胪也。"

《说文》："旅，军之五百人为旅。"段注："引申为凡众之称。"又《说

---

① 按本文所注古声母及韵部，主要参考《王力古汉语字典》（中华书局，2000年）、王力《同源字论》（见《同源字典》卷首，商务印书馆，1982年），及郭锡良《汉字古音手册》（北京大学出版社，1986年）。
② 胡承珙：《仪礼古今文疏义》，《清经解续编》第2册，上海书店出版社，1988年，第1117页。
③ "旁转"，及本文中所用"对转"、"旁对转"、"通转"等概念，皆见王力《同源字论》，第14—16页。
④ 段玉裁：《说文解字注》，上海古籍出版社，1981年。按本章以下凡引《说文》段注皆据此本，不复注。

文》:"胪,皮也。"段注:"其本义则皮肤也。"是旅、胪义异,然二字古音双声叠韵,皆属来母鱼部,故胪可通旅。《汉书·叙传下》:"大夫胪岱。"师古注云:"胪岱,季氏旅于太山是也。"朱骏声《定声》亦云:"胪,借为旅也。"① 故郑不从古文。

4.《士冠礼》:"侧尊一甒醴。"郑注:"古文甒作庑。"

甒是古代盛酒器。《玉篇·瓦部》曰:"甒,盛五升小罂也。"② 庑,《说文》训"堂下周屋"。甒、庑古音同,皆属明母鱼部,声调亦同,故庑可通甒。《墨子·备穴》:"垒之中为大庑一。"孙诒让注云:"苏云:'庑,古文甒,见《仪礼》。'"段玉裁亦云:"案古文字少,假借,故以庑为甒。"③ 故郑不从古文。同例还见于:

《既夕礼》:"甒二,醴、酒。"郑注:"古文甒皆作庑。"

《士虞礼》:"尊两甒于庙门外之右少南。"郑注:"古文甒为庑也。"

《少牢馈食礼》:"司宫奠两甒于房户之间。"郑注:"古文甒皆作庑。"

5.《士冠礼》:"爵弁、皮弁、缁布冠,各一匴。"郑注:"匴,竹器名,今之冠箱也。古文匴作纂。"

按纂字《注疏》本作篹,张淳据《释文》定作纂,④ 段玉裁《仪礼汉读考》、《说文》"匴"字注,以及胡承珙《仪礼古今文疏义》亦皆引作纂,今据改。《说文》无纂字。篹是古代竹制食器。《礼记·丧大记》"食于篹者盥",郑注:"篹,竹筥也。"匴则竹制盛冠器,故郑注训之为"冠箱"。然《说文》则释匴为"渌米籔",段注曰:"渌米之籔断非可盛冠,此必异物同名,或别有正字,俟考。"是《说文》之匴,非此经之匴也。此经之匴既为冠箱,是与纂异物、异名。然纂、匴古音同,皆属心母元部,声调亦同,故古文假纂为匴,郑所不从。

6.《士冠礼》:"执以待于西坫南。"郑注:"坫在堂角。古文坫作襜。"

按襜字《注疏》本作襸,张淳《识误》、段玉裁《仪礼汉读考》、胡承珙

---

① 朱骏声:《说文通训定声》,武汉市古籍书店出版社,1983年。按本章以下凡引朱骏声《定声》皆据此本,不复注。

② 此据《宋本玉篇》,北京市中国书店出版社,1983年。按本章以下凡引《玉篇》皆据此本,不复注。

③ 段玉裁:《仪礼汉读考》,《清经解》第4册,上海书店出版社,1988年,第225页。

④ 见张淳《仪礼识误》卷1,《士冠礼误字》"为纂"条,《四库全书》本。

《仪礼古今文疏义》皆已辨其非，今据改。《说文》："坫，屏也。"段注："以土为之，高可屏物蔽，故许云屏也。"是今文作坫，用本字也。古文作檐者，《说文》："檐，楣也。"段注："檐之言廉也，在屋边也。"是与坫字义异。坫、檐二字叠韵，古音皆属谈部；坫是端母，檐是喻母，端喻二母准旁纽，[1]故檐可通坫。故段玉裁云："此从今文不从古文者，郑以坫为正字，檐为假借字。"

7.《士冠礼》："赞者盥于洗西。"郑注："古文盥皆作浣。"

《说文》："盥，澡手也。"按盥字在甲骨文中从爪从皿，即象在皿中澡手之形。《说文》又曰："澣，濯衣垢也。"又出重文"浣"曰："今澣从完。"是澣、浣一字，而与盥义别。然盥、浣古音相近，皆属元部；盥是见母，浣是匣母，见匣旁纽，故浣可通盥。胡承珙曰："盥、浣二字义各判然，古文以声近借浣为盥，此经之义当从澡手，则盥为正字，故郑叠古文不从也。"[2] 同例还见于：

《乡射礼》："奠爵于篚下，盥洗。"郑注："古文盥皆作浣。"

8.《士冠礼》："赞者奠纚、笄、栉于筵南端。"郑注："古文栉为节。"

《说文》曰："栉，梳比之总名也。"又曰："节，竹约也。"是二字义异。然栉、节古音叠韵，皆属质部；栉是庄母，节是精母，庄精为准双声，故节可通栉。段玉裁云："此从今文不从古文者，亦谓栉为正字，节为假借字也。"

9.《士冠礼》："主人酬宾，束帛、俪皮。"郑注："古文俪为离。"

按俪在甲骨文中作丽，不从人。甲骨文丽字之字形虽不一，其基本字形则从二禾、二犬，二禾象耦耕，二犬亦会耦意，故丽的本义为耦。《周礼·夏官·校人》："丽马一圉，八丽一师。"郑注："丽，耦也。"后加亻旁而造俪字，以作为成双之耦的专字。《广雅·释诂四》："俪，耦也。"[3]《士昏礼》："纳征，玄纁束帛俪皮。"郑注："俪，两也。"此经之"俪皮"亦与之义同。离本鸟名，《说文》："离，离黄，仓庚也。"离、俪二字古音双声叠韵，皆属来母歌部，故离可通俪。朱骏声《定声》亦曰："离，假借为丽。"故郑不从

---

[1] 按"准旁纽"，及下文所用"准双声"、"旁纽"、"邻纽"等概念，皆见王力《同源字论》，第19—20页。
[2] 胡承珙：《仪礼古今文疏义》，《清经解续编》第2册，第1118页。
[3] 此据王念孙《广雅疏证》本，中华书局，1983年。按本章以下凡引《广雅》皆用此本，不复注。

古文。

10.《士冠礼》:"设肩鼏。"郑注:"古文鼏为密。"

《说文》:"鼏,鼎覆也。"又曰:"密,山如堂者。"鼏、密义异,然二字古音双声,都是明母;鼏属锡部,密属质部,锡质二部可以通转,故古文假密为鼏,郑所不从。段玉裁亦云:"今本作鼏,正字也。礼古文作密者,假借字也。"同例还见于:

《士昏礼》:"设肩鼏。"郑注:"古文鼏皆作密。"

《公食大夫礼》:"鼏若束若编。"郑注:"古文鼏皆作密。"

《士丧礼》:"设肩鼏,鼏西末。"郑注:"古文鼏为密。"

《士丧礼》:"取鼏委于鼎北。"郑注:"古文鼏为密。"

《士虞礼》:"左人抽肩鼏。"郑注:"古文鼏为密。"

《士虞礼》:"皆设肩鼏。"郑注:"古文鼏作密。"

《特牲馈食礼》:"陈鼎于门外……有鼏。"郑注:"古文鼏为密。"

《特牲馈食礼》:"佐食升肵俎,鼏之。"郑注:"古文鼏皆作密。"

《少牢馈食礼》:"皆设肩鼏。"郑注:"古文鼏皆为密。"

《有司》:"乃设肩鼏。"郑注:"古文鼏为密。"

11.《士冠礼》:"以病吾子。"郑注:"病犹辱也。古文病为秉。"

《说文》:"病,疾加也。"引申而有辱义。又《说文》:"秉,禾束也。"病、秉二字古音皆属阳部;病是并母,秉是帮母,帮并旁纽,故秉可通病。段玉裁云:"病不训辱而可通于辱,故曰犹辱。秉则病之假借字也。"

12.《士冠礼》:"眉寿万年。"郑注:"古文眉作麋。"

《说文》:"麋,鹿属。"《说文》又曰:"眉,目上毛也。"甲骨文、金文眉字即象目上有毛之形。人老则有长眉,故引申为老。《方言》:"眉,老也。东齐曰眉。"① 此经眉寿即其义。麋、眉古音同,皆属明母脂部,声调亦同,故麋可通眉。赤眉,《王莽传下》作赤麋,即通假之例。《说文》"眉"下段注曰:"人老则有长眉,《豳风》、《小雅》皆言眉寿。……《士冠礼》古文作麋,《少牢馈食礼》古文作微,皆假借字也。"故郑不从古文。

13.《士冠礼》:"嘉荐亶时。"郑注:"亶,诚也。古文亶为癉。"

---

① 扬雄:《方言》卷1,《百子全书》第2册,浙江人民出版社,1984年。

《说文》:"亶,多谷也。"段注:"引申之义为厚也,信也,诚也,见《释诂》、《毛传》。"《说文》又曰:"癉,劳病也。"是癉、亶义迥异。然癉、亶古音叠韵,皆属元部;癉是定母,亶是端母,定端旁纽,故癉可通亶。段玉裁云:"古文用假借字。"① 故郑不从古文。

14.《士昏礼》:"腊一,肫,髀不升。"郑注:"古文髀为脾。"

《说文》:"髀,股也。"又曰:"脾,土藏也。"土藏即脾脏。髀、脾古音同,皆属并母支部,声调亦同,故脾可借为髀。胡承珙云:"髀正字,脾同音通假字。"② 故郑不从古文。同例还见于:

《士丧礼》:"载两髀于两端。"郑注:"古文髀为脾。"

《既夕礼》:"髀不升。"郑注:"古文髀作脾。"

《少牢馈食礼》:"髀不升。"郑注:"古文髀皆作脾。"

《有司》:"腊辩,无髀。"郑注:"古文髀作脾。"

15.《士昏礼》:"赞启会却于敦南。"郑注:"古文却为綌。"

《说文》:"却,卪却也。"(此据段注本)段注云:"卪却者,节制而退却也。"《说文》又曰:"綌,粗葛也。"綌、却古音双声叠韵,皆属溪母铎部,故綌可通却。胡承珙云:"却正字,綌借字。"③ 故郑不从古文。

16.《士昏礼》:"赞见妇于舅姑。"郑注:"古文舅皆作咎。"

咎、舅古同音,皆属群母幽部,声调亦同,故咎可通舅。春秋晋之舅犯,《史记·晋世家》、《荀子·臣道》、《韩非子·难二》、《淮南子·人间训》,以及《吕氏春秋》之《尊师》、《义赏》等篇,皆作咎犯,是其例。郑从今文本字,故不从古文通假字作咎。

17.《士昏礼·记》:"子有吉,我与在。"郑注:"与犹兼也。古文与为豫。"

《说文》:"与,党与也。"引申为参与。《广韵·御韵》:"与,参与也。"④ 郑训与为兼,与参与义同。《说文》又曰:"豫,象之大者。"与、豫

---

① 段玉裁:《仪礼汉读考》,《清经解》第 4 册,第 227 页。
② 胡承珙:《仪礼古今文疏义》,《清经解续编》第 2 册,第 1121 页。
③ 同上书,第 1122 页。
④ 此据余迺永《新校互注宋本广韵》本,上海辞书出版社,2000 年。按本章以下凡引《广韵》,皆据此本,不复注。

古同音,皆属喻母鱼部,声调亦同,故豫可通与。胡承珙《疏义》云:"与正字,豫古文假借字。"① 故郑不从古文。同例还见于:

《乡饮酒礼》:"宾,介不与。"郑注:"古文与为豫。"按《注疏》本豫作预,胡培翚云:"案《士昏礼》、《乡射礼》、《聘礼》、《公食大夫礼》、《士虞礼》注皆云'古文与为豫',则此亦当作豫,作预误也。"②

《乡射礼》:"宾不与。"郑注:"古文与作豫。"

《乡射礼·记》:"众宾不与射者不降。"郑注:"古文与为豫。"

《聘礼》:"介皆与。"郑注:"古文与作豫。"

《公食大夫礼》:"鱼、腊不与。"郑注:"古文与作豫。"

《士虞礼》:"主人不与。"郑注:"古文与为豫。"

18.《士相见礼》:"问日之早晏。"郑注:"古文早作蚤。"

《说文》:"早,晨也。""蚤,啮人跳虫也。"早、蚤古音同,皆属精母幽部,声调亦同,故蚤可借为早。《广韵·皓韵》:"蚤,古借为早暮字。"《诗·豳风·七月》:"四之日其蚤,献羔祭酒。"《孟子·离娄下》:"蚤起,施从良人之所之。"郑从今文本字,故不从古文作蚤。

19.《士相见礼》:"君子欠伸。"郑注:"古文伸作信。"

《说文》:"伸,屈伸。"又曰:"信,诚也。"信、伸古音皆属真部;信是心母属齿音,伸是审母属舌音,齿音与舌音为邻纽,故信可通伸。《易·系辞下》:"尺蠖之屈,以求信也。"《荀子·天论》:"老子有见于诎,无见于信。"③《汉书·司马迁传》:"乃欲卬首信眉,论列是非。"是皆假信为伸之例。故郑不从古文作信。

20.《士相见礼》:"问夜,膳荤。"郑注:"荤,辛物,葱薤之属。古文荤作熏。"

《说文》:"荤,臭菜也。"即指葱蒜等有特殊气味的菜。郑训荤为"辛物,葱薤之属",与《说文》义同。《说文》又曰:"熏,火烟上出也。"荤、熏古音双声叠韵,皆晓母文部,熏可通荤。《礼记·玉藻》:"膳于君,有荤、

---

① 胡承珙:《仪礼古今文疏义》,《清经解续编》第 2 册,第 1123 页。
② 胡培翚:《仪礼正义》,《清经解续编》第 3 册,第 574 页。
③ 《荀子》,《诸子集成》第 2 册,上海书店出版社,1986 年,第 213 页。按本章以下凡引《诸子集成》皆据此本,不复注。

桃、荊。"郑注："荤或作煮。"按煮是熏的或体，《玉篇·火部》："煮，火上出也，亦作熏。"是《礼记》或本假煮（熏）为荤。郑从今文本字，故不从古文作熏。

21.《士相见礼》："在野则曰草茅之臣。"郑注："古文茅作苗。"

《说文》："茅，菅也。"又曰："苗，艸生于田者。"茅、苗双声，古音都是明母；茅属幽部，苗属宵部，幽宵旁转可通，故苗可通茅。胡承珙云："古文又假苗为茅。《洛阳伽蓝记》有魏时苗茨之碑，苗茨即茅茨也，取尧舜'茅茨不翦'也。郑于经文则皆从其正者。"①

22.《乡饮酒礼》："坐，挩手，遂祭酒。"郑注："挩，拭也。古文挩作说。"贾《疏》："案《内则》事佩之中有帨，则宾客自有帨巾以拭手也。"段玉裁于《说文》"帅"字重文"帨"下注云："《乡饮酒礼》、《乡射礼》、《燕礼》、《大射仪》、《公食大夫礼》、《有司彻》皆言帨手，注：'帨，拭也。'帨手者于帨，帨，佩巾。据贾氏《乡饮酒》、《公食》二《疏》，知经、注皆作帨，别无挩字。《内则》'盥卒授巾'，注云：'巾以帨手。'即用《礼经》帨手字也。"胡承珙说同，又云："挩字《说文》训'解挩'，与此无涉。帨本帅之或字，《说文》：'帅，佩巾也。或作帨。'帨本所以拭手，而拭手遂谓之帨手，义自可通。……经文必皆作帨手，郑训帨为拭。古文作说者，乃假借字，郑所不从。"②据段、胡二氏说，知此经及注之挩字皆当作帨。按帨本名词，为佩巾，此经用作动词，义为拭手（即所谓帨手）。帨、说古同音，皆审母月部，声调亦同，故说可通帨：帨是本字，说是通假字，故郑不从古文。同例还见于：

《乡射礼》："坐，挩手，执爵。"郑注："古文挩作说。"

《特牲馈食礼》："坐，挩手。"郑注："古文挩皆作说。"

《有司》："坐，帨手，祭酒。"郑注："古文帨作说。"按据段、胡二氏说，则《乡射》与《特牲》经、注及《有司》经文之挩字亦当作帨，唯《有司》注文不误。

23.《乡饮酒礼》："主人释服。"郑注："古文释作舍。"

按郑注于《周礼》之《大胥》、《占梦》、《甸祝》诸职文之舍字，皆读为

---

① 胡承珙：《仪礼古今文疏义》，《清经解续编》第2册，第1125页。
② 同上。

释，又于《司圜》"上罪三年而舍"下注云："舍，释也。"胡承珙云："郑君于《周礼》既读舍为释，此经即从今文作释，叠舍字不用。"①《说文》："释，解也。"又曰："舍，市居曰舍。"舍、释古音双声，都是审母；舍属鱼部，释属铎部，鱼铎二部可以对转，故古文假舍为释，郑所不从。同例还见于：

《大射》："获而未释获。"郑注："古文释为舍。"

24.《乡饮酒礼·记》："磬阶间缩溜。"郑注："缩，从（纵）也。古文缩为蹙。"

《说文》："缩，乱也。"引申为直、纵。段注曰："《释诂》曰：'缩，乱也。'《通俗文》云：'物不申曰缩。'不申则乱，故曰乱也。不申者申之则直。《礼记》：'古者冠缩缝。'《孟子》：'自反而缩。'皆为直也。"直、纵义同，故郑训缩为从。蹙义为促迫，《说文新附》："蹙，迫也。"《诗·小雅·小明》："政事愈蹙。"毛传："蹙，促也。"缩、蹙古音皆属觉部；缩是山母，蹙是精母，山精为准旁纽，故蹙可通缩。胡承珙云："今文作缩者正字，古文作蹙者同声借字，故郑从今文。"② 同例还见于：

《乡射礼》："十纯则缩而委之。"郑注："古文缩皆为蹙。"

《大射》："十纯则缩而委之。"郑注："古文缩皆作蹙。"

《士虞礼》："东缩。"郑注："古文缩为蹙。"

《士虞礼》："缩祭半尹。"郑注："古文缩为蹙。"

《少牢馈食礼》："缩执俎。"郑注："古文缩为蹙。"

《有司》："亦西缩。"郑注："古文缩皆为蹙。"

25.《乡射礼·记》："荐脯用笾，五胏，祭半胏横于上。"郑注："胏犹脡也，为记者异耳。古文胏为截。今文或作植。"

按胏当作枳。张淳《仪礼识误》即以大字"枳"作字头，以示其为正字。③ 阮校亦云："若以《乡饮·记·音义》正之，此胏乃枳之误。"又黄焯云："宋本及张淳所见本大字作枳，小字作胏。阮云，小字当作胏。"④ 胡承珙

---

① 胡承珙：《仪礼古今文疏义》，《清经解续编》第 2 册，第 1125 页。
② 同上。
③ 见张淳《仪礼识误》卷 1，《乡饮酒礼误字》"橶"字条。按此条张淳之校文已佚，仅保留字头。
④ 黄焯：《经典释文汇校》，中华书局，1980 年，第 113 页。

云："注云：'朐犹脡也，为记者异耳。'《乡饮酒·记》'荐脯五挺'，注云：'挺犹朐也。'承珙案，朐当作枳，脡、挺皆当作梴。宋本《乡饮酒·记·释文》云：'犹枳，本亦作朐。'可见注文原作枳字。《乡饮》、《乡射》注梴、枳互训。《说文》'枳，朳也。''梴，一枚也。'二字皆从木。凡从手、从肉者皆误。《聘礼·记》注：'朐脯如板然者，或谓之脡，皆谓直貌焉。'盖朐脡无正字，以其直貌，故取训朳之枳、一枚之梴名之。后人因其为脯脩，改木从肉耳。"① 又《说文》"枳"下段注云："枳，《周礼》作职，《牛人》曰'祭祀共其享牛、求牛，以授职人而刍之'，注云：'职读为枳，枳谓之朳，可以系牛。'引申凡物一枚曰一枳，《乡射礼·记》'荐脯五枳'，注云：'枳犹梴也，为记者异耳。'《乡饮酒礼·记》'荐脯五梴'，注云：'梴犹枳也。'今本《仪礼》枳为朐，梴为挺及脡，今依张淳、叶林宗所据《释文》正。"是此经、注之朐字皆当作枳。"五枳（朐）"犹言五枚，用枳的引申义。或如胡氏说，以此脯之貌直如板，故取枳或梴以名之。后人则以其为肉脩，故又改从木为从肉，遂致误。古文枳（朐）为戠者，枳、戠双声，古音都是照母；枳属职部，戠属之部，职之二部对转，故戠可通枳。郑从今文本字枳，故不从古文通假字作戠。注又云"今文或作植"者，谓今文有作植之本。植字古音属禅母职部，禅照旁纽，故植亦可通枳，是今文亦有用通假字者，郑亦不从。

26.《燕礼》："宾所执脯以赐钟人于门内雷。"郑注："古文赐作锡。"

《说文》："赐，予也。""锡，银铅之间也。"段注："经典多假锡为赐，凡言锡予者，即赐之假借也。"按锡、赐古音双声叠韵，皆心母锡部，故二字可通：赐是本字，锡是通假字。又《觐礼》："天子赐舍。"郑注："今文赐皆作锡。"是赐、锡二字今古文互作。然不论今文、古文，郑皆从其本字，不从通假字。

27.《燕礼》："寡君有不腆之酒。"郑注："腆，膳也。古文腆皆作殄。"

按郑注之膳当作善。胡承珙云："郑注'腆，膳也。'膳当作善。《诗·新台》'籧篨不殄'，笺云：'殄当作腆。腆，善也。'与此训同。"② 胡培翚

---
① 胡承珙：《仪礼古今文疏义》，《清经解续编》第2册，第1127页。
② 同上书，第1129页。

《正义》引此郑注即作"腆，善也。"《说文》："腆，设膳腆，腆，多也。"设膳多则善，故引申而有善义。《广韵·铣韵》："腆，善也。"故郑此注亦训腆为善（膳）。古文作殄者，《说文》曰："殄，尽也。"与腆字义异。殄、腆叠韵，古音皆属文部；殄是定母，腆是透母，定透旁纽，故殄可通腆。《说文》"殄"下段注曰："古文假殄为腆，《仪礼》注云'腆，古文作殄'，是也。"故郑不从古文。

28.《大射》："缀诸箭。"郑注："古文箭作晋。"

晋、箭双声，都是精母；晋属真部，箭属元部，真元旁转可通，故晋可通箭。段玉裁《说文》"晋"下注曰："《周礼》故书皆假晋为箭。"朱骏声《定声》"晋"下亦云："《礼》古文、《周礼》故书，皆假晋为箭。"故郑不从古文。

29.《大射》："相者皆左何瑟，后首。"郑注："古文后首为后手。"

手、首古音双声叠韵，皆属审母幽部，声调亦同，故可相通假。《左传》襄公二十五年："陈知其罪，授手于我，用敢献工。"阮校曰："案《家语》作'授首于我'。惠栋云：'手，古首字。《仪礼·大射仪》、《士丧礼》并以手为古文首字。'"胡承珙云："《春秋》成二年'曹公子首'，《公羊》、《穀梁》作'曹公子手'。《汉书·古今人表》'敉手'，《说文》作'敉首'。此古文首为手者，皆通假字，郑所不从。"① 同例还见于：

《士丧礼》："载鱼左首。"郑注："古文首为手。"

30.《大射》："卑者与尊者为耦，不异侯。"郑注："古文异作辞。"

《说文》："异，分也。"又曰："辞，说也。"（此据段注本）二字异义。古音异属喻母职部，辞属邪母之部，喻母为舌音，邪母为齿音，舌音与齿音为邻纽，职之二部可以对转，故辞可通异。朱骏声《定声》"辞"下云："假借为异。《孟子》'所不辞也'。"按《孟子·万章下》曰："殷受夏，周受殷，所不辞也。"朱氏谓此"所不辞"之辞，即异的借字。古文既用通假字，故郑不从。

31.《大射》："扬触梱复"，郑注："梱复，谓矢至侯不著而还复。古文梱作魁。"

---

① 胡承珙：《仪礼古今文疏义》，《清经解续编》第2册，第1130页。

《说文》："梱，门橜也。"门橜者，段注曰："谓当门中设木也。"盖车至门橜即至家，故引申为至，又引申为凡至之称。王引之《经义述闻·仪礼》"梱复"条云："'扬触梱复'，郑注曰：'梱复谓矢至侯不著而还复。'引之谨案，注内至字，正释梱字。《广雅》曰：'悃，至也。'悃与梱同声，梱之为至，犹悃之为至也。"① 魁的本义为汤勺。《说文》："魁，羹斗也。"魁、梱古音双声，都是溪母；魁属微部，梱属文部，微文对转，故古文假魁为梱，郑所不从。

32.《大射》："公亲揉之。"郑注："揉，宛之，观其安危也。古文揉为纽。"

揉同煣，《易·系辞下》"揉木为耒"，《汉书·食货志上》引作"煣"。《说文》无揉字，煣下曰"屈申木也"，与郑训"揉，宛之"义同。纽，《说文》训"系也。一曰结而可解。"纽、揉叠韵，古音皆属幽部；揉是日母，纽是泥母，日泥准双声，故纽可通揉。胡承珙云："《汉书·古今人表》'公山不狃'，颜师古曰：'即公山不扰。'《史记·索隐》又作'蹂'，皆以声同而通者也。郑以揉为'宛之，观其安危'，宛犹屈也，故不从古文作纽。"②

33.《聘礼》："使者载旜。"郑注："古文旜皆为膳。"

旜是旝的或体。《说文》："旝，旗曲柄也。……《周礼》曰通帛为旝。旜，或从亶。"《说文》又曰："膳，具食也。"膳、旜古音叠韵，皆属元部；膳是禅母，旜是照母，禅照旁纽，故膳可通旜。胡承珙云："案《说文》旜为旝之或字，《周礼》、《仪礼》皆如此作（按谓皆作旜）。古文作膳者，假借字。如《后汉书·杨震传》注云：'鱓音善。'《老子》注'夫虺蟺以渊为浅'，《释文》'蟺本又作蟮'，是也。"③ 故郑不从古文。同例还见于：

《聘礼》："朝服载旜。"郑注："古文旜作膳。"

《既夕礼》："革鞭，载旜。"郑注："古文旜为膳。"

34.《聘礼》："（公）裼降立。"郑注："古文裼皆作赐。"

《说文》："裼，但也。"段注："但，各本皆作袒，今正。"又曰："覆裘之衣曰裼。行礼袒其上衣，见裼衣谓之裼。"《说文》又曰："赐，予也。"

---

① 王引之：《经义述闻》，《清经解》第 6 册，第 852 页。
② 胡承珙：《仪礼古今文疏义》，《清经解续编》第 2 册，第 1131 页。
③ 同上书，第 1132 页。

禓、赐古音双声叠韵，皆属心母锡部，故赐可通禓。胡承珙云："禓正字，赐古文假借字。"① 故郑不从古文。

35.《聘礼》："燕与羞，俶献无常数。"郑注："俶，始也。古文俶作淑。"

《说文》："俶，善也。……一曰始也。"《尔雅·释诂上》亦曰："俶，始也。"《说文》又曰："淑，清湛也。"无始义。俶、淑古音叠韵，皆属觉部；俶是穿母，淑是禅母，穿禅旁纽，故淑可通俶。胡培翚《正义》曰："俶是正字，淑是通假字。《说文》：'淑，水清湛也。'古文假淑为俶，郑所不从。"②

36.《聘礼》："使大夫各以其爵朝服致之以侑。"郑注："古文侑皆作宥。"

侑是姷的或体。《说文》："姷，耦也。……侑，姷或从人。"引申而有劝助义。段注："耕有耦者，取相助也，故引申之，凡相助曰耦，姷之义取乎此。《周礼·宫正》'以乐侑食'，郑注：'侑犹劝也。'按劝即助……古经多假宥为侑。"按宥《说文》训"宽也"。然宥、侑古音双声叠韵，皆属匣母之部，声调亦同，故宥可通侑。胡承珙亦云："侑正字，宥古文假借字。"③ 故郑不从古文。同例还见于：

《有司》："乃议侑于宾以异姓。"郑注："古文侑皆作宥。"

37.《聘礼》："出祖释軷。"郑注："古文軷作祓。"

軷是道祭名。《说文》："軷，出将有事于道，必先告其神，立坛四通，树茅以依神为軷。既祭犯軷，轹於牲而行为范軷。"（此据段注本）《诗·大雅·生民》毛传曰："軷，道祭也。"祓则为除恶之祭。《说文》曰："祓，除恶祭也。"軷、祓叠韵，古音皆属月部；軷是并母，祓是帮母，并帮旁纽，故古文借祓为軷，郑所不从。

38.《聘礼》："宾入门皇。"郑注："皇，自庄盛也。古文皇皆作王。"

按金文有皇字，且字形多变，至于皇字的本义，学者说亦颇纷纭。愚意以李国正及秦建明说为近是。李国正说见其所作《皇字新解》，④ 秦建明说见

---

① 胡承珙：《仪礼古今文疏义》，《清经解续编》第 2 册，第 1132 页。
② 胡培翚：《仪礼正义》，《清经解续编》第 3 册，第 655 页。
③ 胡承珙：《仪礼古今文疏义》，《清经解续编》第 2 册，第 1133 页。
④ 李国正：《皇字新解》，载《语言研究》1986 年第 2 期。

其所作《释皇》。① 李、秦二氏虽于皇字字形的解说略异，但都以为皇字是孔雀或凤凰羽毛的象形。引申之，则有冠冕、光大、盛大、庄严等义。《说文》释皇为"大也"，即其引申义。王字所出亦甚古，甲骨文、金文皆有之，至其形义，亦众说纷纭，迄无定论。愚意就字形看，当以吴其昌、徐中舒说近是。吴氏说："王字之本义，斧也。"并举八证以明之。② 徐氏说："（王字）象刃部向下之斧形，以主刑杀之斧钺象征王者之权威。"③ 是王本指象征王权的斧钺，引申而用作帝王字。王、皇双声叠韵，古音皆属匣母阳部，故王可通皇。《洪范》"皇极之敷言"，《史记·宋微子世家》引作"王极"。郑从今文本字皇，不从古文通假字王。

39.《聘礼·记》："皮马相间可也。"郑注："间犹代也。古文间作干。"

《说文》："间，隙也。"引申之而有代义。《尔雅·释诂下》："间，代也。"故郑训"间犹代"。干字在甲骨文中作前有桠杈之木棒形，盖象先民狩猎之工具。《说文》训干为"犯也"，乃其引申义。间、干古音双声叠韵，皆属见母元部，故干可通间。胡培翬曰："干是假借字。郑据《尔雅·释诂》训间为代，其义较显，故不从古文。"④

40.《聘礼》："贿，在聘于贿。"郑注："贿，财也。古文贿皆作悔。"

《说文》："贿，财也。"郑训与许同。《说文》又曰："悔，悔恨也。"贿、悔古音双声叠韵，皆晓母之部，声调亦同，故悔可通贿。《说文》"贿"下段注云："古假悔字为之。《聘礼》注曰：'古文贿皆作悔。'"胡承珙《疏义》亦云："贿正字，悔同音通假字。"⑤ 故郑不从古文。

41.《聘礼》："赐饔唯羹饪。"郑注："古文饪作腅。"

胡承珙云："腅当作稔。《说文》：'饪，大熟也，古文作肚，作恁。'无作腅者。此礼古经盖借谷熟之稔为之，传写又误作腅耳。《尔雅》：'馈、馏，稔也。'《释文》：'稔，本作飪。'此二字互借之证。"⑥ 据胡氏说，古文腅乃稔字之误，而稔则饪之通假字。《说文》"饪"下段注亦云："饪，孰也。饪

---

① 秦建明：《释皇》，载《考古》1995年第5期。
② 转引自《古文字诂林》第1册，上海教育出版社，1999年，第216—220页。
③ 徐中舒主编：《甲骨文字典》，四川辞书出版社，1988年，第32页。
④ 胡培翬：《仪礼正义》，《清经解续编》第3册，第662页。
⑤ 胡承珙：《仪礼古今文疏义》，《清经解续编》第2册，第1134页。
⑥ 同上。

亦假稊为之。"故郑不从古文。

42.《公食大夫礼》："左人待载。"郑注："古文待为持。"

《说文》："待，竢也。"又曰："持，握也。"待、持双声叠韵，古音皆属定母之部，故可通。胡承珙云："古文待作持者，待持古同声，犹《昏礼》古文侍又作待也。《周礼·服不氏》'以旌居乏而待获'，杜子春云：'待，书亦或为持。'是二字古多假借。此时俎犹未入，当云待载，故郑从今文。"①

43.《公食大夫礼》："宰夫设黍稷六簋于俎西。"郑注："古文簋皆作轨。"

按甲骨文、金文皆有簋字，其字形亦同，皆右旁象一圆形食器，左旁象手持匕栖扱取食物之形。《说文》："簋，黍稷方器也。"以簋为盛黍稷器，甚合簋字本义，然谓为方器，则误。轨的本义，《说文》训"车辙"。轨、簋古音同，皆见母幽部，声调亦同，故轨可通簋。《说文》"簋"下段注曰："古音簋、轨皆读如九也。……轨、九皆古文假借字也。"朱骏声《定声》亦曰："轨，假借为簋。《易·损》范长生本'二轨可用享'。"按今通行本《损卦》皆作"二簋"，而朱氏所引范长生本则用通假字也。郑从今文本字，故不从古文作轨。

44.《公食大夫礼》："胾以东臐、膮、牛炙。"郑注："古文胾作香。"

按《说文》无胾字。胾为牛肉羹。《广韵·阳韵》："胾，牛羹。"盖古无胾字，古人遂借同音之香字名之（香与胾古音皆属晓母阳部），后乃制胾字。据胡承珙说，小篆以后乃有胾字，为牛臛之专称，故《说文》不载。②自胾字出，典籍遂习用之，故《仪礼》及《礼记》中牛臛字皆作胾，而不再假香字，故郑不从古文。

45.《公食大夫礼》："胾以东臐、膮、牛炙。"郑注："古文臐作熏。"

按《说文》亦无臐字。臐为羊肉羹。《广韵·问韵》即引此经郑注曰"羊曰臐"，即谓羊臛（羊羹）为臐。盖古亦无臐字，古人遂假同音之熏名之。小篆以后乃有臐字，作为羊臛之专称，经典遂习用臐而不用熏，故《仪礼》、《礼记》中字皆作臐，而不再假熏字，故郑不从古文。

———————

① 胡承珙：《仪礼古今文疏义》，《清经解续编》第2册，第1135页。
② 同上书，第1136页。

46.《觐礼》："上介皆奉其君之旗置于宫,尚左。"郑注:"古文尚作上。"

尚字金文即有之,至其形义,学者众说纷纭,迄无定论。《说文》:"尚,曾也,庶几也。"王筠《说文句读》以为"庶几也"三字"盖后人以《释言》增"。① 尚字引申而有尊上义,为后世典籍所习用,此经"尚左"即其例。上则为上下字。尚、上古音双声叠韵,皆属禅母阳部,故二字可相通假。胡培翚《正义》引胡承珙云:"案上下字作上,尊尚字作尚,郑从今文作尚者,取其当文易晓耳。"② 故郑不从古文。

47.《觐礼》:"祭地瘞。"郑注:"古文瘞作殪。"

《说文》:"瘞,幽薶也。"又曰:"殪,死也。"瘞、殪双声,古音都是影母;瘞属盍部,殪属质部,盍质同属塞音,可以通转,故殪可通瘞。胡承珙云:"古文假殪为瘞。郑从今文者,用其正字。"③

48.《士丧礼》:"幎目用缁,方尺二寸。"郑注:"幎目,覆面者也。幎读若《诗》云'葛藟萦之'之萦。古文幎为涓。"

《说文》:"幎,幔也。"引申而有覆义。《玉篇·巾部》:"幎,覆也。"故郑训幎目为"覆面者也"。涓,《说文》训"小流也"。又郑注曰"幎读若《诗》云'葛藟萦之'之萦"者,拟其音也。《荀子·礼论》"设掩面儇目"下杨倞注亦云:"《士丧礼》'幎目用缁'……幎读如萦。"④ 是此幎字之读音属影母耕部,涓字则属见母元部,影是喉音,见是牙音,二母为邻纽,而耕元二部旁对转,故涓可通幎。胡承珙云:"郑以幎为正字,故从今文。"⑤

49.《士丧礼》:"抯用巾。"郑注:"抯,晞也,清也。古文抯皆作振。"

按郑注训抯为晞、清,《说文》则训抯为"给也"。段注曰:"给者,相足也。……晞者,干也。浴用巾,既已拭之矣,而复以浴衣抯之,谓抑按之使干也。此干彼湿,可以互相足,故曰给也。"是抯字引申之则有干义,干则洁清,故郑训抯为"晞也,清也"。振,《说文》训"举救也",与此经义无

---

① 王筠:《说文句读》第1册,上海古籍书店出版社影印本,1983年,第137页。按本章以下凡引王筠《说文句读》皆据此本,不复注。
② 胡培翚:《仪礼正义》,《清经解续编》第3册,第682页。
③ 胡承珙:《仪礼古今文疏义》,《清经解续编》第2册,第1137页。
④ 《荀子》,《诸子集成》第2册,第244页。
⑤ 胡培翚:《仪礼正义》,《清经解续编》第3册,第1140页。

涉。振、抧双声，都是照母；振属文部，抧属真部，文真通转，故振可通抧。郑从今文本字，故不从古文振字。胡承珙云："郑以抧为正字，故从今文。"①

50.《士丧礼》："澡濯弃于坎。"郑注："古文澡作缘。"

按郑注之缘字当作湪。胡承珙云："古文澡作缘者，《释文》、《集释》俱作湪。"② 故胡氏改缘为湪。阮校说同。《说文》"澡"下段注，及胡培翚《正义》引此注皆作湪。《说文》："澡，汤也。"《广韵·换韵》："湪，水名。"澡、湪叠韵，古音皆属元部；澡是泥母，湪是透母，泥透旁纽，故湪可通澡。胡承珙云："（湪）与澡音相近。……《仪礼》古文假湪为澡，郑以澡为正字，故从今文。"③

51.《士丧礼》："设决丽于掔。"郑注："丽，施也。古文丽亦为连。"

丽的本义为耦（参见例9），引申而有施义。《广雅·释诂三》："丽，施也。"与郑训同。连字《说文》训"负车也"（此据段注本）。丽、连古音双声，都是来母，故古文假连为丽，郑所不从。

52.《士丧礼》："设鞈带，搢笏。"郑注："古文鞈为合。"

按鞈是韐的或体。《说文》："韐，士无市有韐，制如榼，缺四角，爵弁服，其色韎，贱不得与裳同。从市，合声。鞈，韐或从韦。"段注："按经典有鞈无韐，鞈行韐废矣。"是经典皆习用鞈字。合的本义为闭合。《说文》："合，合口也。"合口即闭口。甲骨文合字象器盖相合之形。鞈从合声，皆属缉部；合是匣母，鞈是见母，匣见旁纽，故合可通鞈。胡承珙云："古文作合者，假借耳。"④ 故郑不从古文。

53.《士丧礼》："幂用疏布久之，系用靲县于重，幂用苇席。"郑注："古文幂皆作密。"

按古文原误作今文，据阮校改。幂谓容器上的覆盖物。《说文》无幂字。《周礼·天官·叙官》"幂人"郑注曰："以巾覆物曰幂。"《仪礼·大射》"幂用锡若絺"，郑注："幂，覆尊巾也。"《乡饮酒礼·记》"尊绤幂"，郑注："覆尊巾也。"《既夕礼》"幂用久布"郑注亦曰："幂，覆也。"密，《说文》

---

① 胡承珙：《仪礼古今文疏义》，《清经解续编》第2册，第1140页。
② 同上书，第1141页。
③ 同上。
④ 同上。

训"山如堂者"。幂、密古音双声,都是明母;幂属锡部,密属质部,锡质通转,故密可通幂。胡承珙云:"案幂之作密,犹鼏之作密,皆同声假借。"① 故郑不从古文。同例还见于:

《既夕礼》:"幂用疏布。"郑注:"古文幂皆作密。"按此"古文"原亦误作"今文",胡承珙云:"《礼经》今文或鼏,或幂,无作密者,惟古文多作密,乃同音假借,郑所以不从,则此注今文当亦古文之误。"②

54.《士丧礼》:"抽扃予左手兼执之。"郑注:"古文予为与。"

《说文》:"予,推予也,象相予之形。"段注:"象以手推物付之。"《说文》又曰:"与,党与也。"予、与古音双声叠韵,皆属喻母鱼部,故古文假与为予。朱骏声《定声》亦曰:"与,假借为予。"故郑不从古文。

55.《士丧礼》:"襚者以褶,则必有裳。"郑注:"古文褶为袭。"

《说文》无褶字,此经褶谓上衣,故曰"襚者以褶,则必有裳"。又《说文》:"袭,左衽袍。"褶、袭古音双声叠韵,皆属邪母缉部,故袭可通褶。《说文》"袭"下段注曰:"褶,《士丧礼》古文作袭,假借字也。"胡承珙云:"古袭字多与习通用……盖专用帛为褶,古文袭为之耳,故从今文。"③

56.《士丧礼》:"两笰,无縢。"郑注:"縢,缘也。古文縢为甸。"

《说文》:"縢,缄也。"段注:"亦所以束者也。"引申而有约束之义。《玉篇·糸部》:"縢,约也。"胡承珙云:"案《说文》'縢,缄也。'縢本缄约之名,凡约物者必自其边始,故又引申为缘边之称。"④ 故注云"縢,缘也"。胡培翚亦云:"凡缘边有约束之意,故以縢为缘。"⑤ 金文甸字从人,与佃为一字。《说文》:"甸,天子五百里地。"即释甸为王田,与此经义无涉。甸、縢双声,古音都是定母;甸属真部,縢属蒸部,真、蒸二部同属鼻音,可以通转,故甸可通縢。郑从今文本字,故不从古文通假字。

57.《士丧礼》:"载鱼左首,进鬐。"郑注:"古文鬐为耆。"

《说文新附》:"鬐,马鬣也。"引申而用作鱼鬐字,此经是也,后又造鳍

---

① 胡承珙:《仪礼古今文疏义》,《清经解续编》第 2 册,第 1141 页。
② 同上书,第 1143 页。
③ 同上书,第 1142 页。
④ 同上。
⑤ 胡培翚:《仪礼正义》,《清经解续编》第 3 册,第 737 页。

字。又《说文》："耆，老也。"耆、鬐古同音，皆群母脂部，声调亦同，故可通。《汉书·扬雄传下》载雄《长杨赋》有曰"究奇瘢耆"，孟康释耆为马脊。《文选》卷34载枚乘《七发》有曰"薄耆之炙"，① 李善注以耆为"兽耆"。是皆假耆为鬐之例。郑从今文本字作鬐，而不从古文通假字。同例还见于：

《士虞礼》："鱼进鬐。"郑注："古文鬐为耆。"

58.《士丧礼》："度兹幽宅，兆基。"郑注："基，始也。古文无兆，基作期。"

《说文》："基，墙始也。"段注："引申为凡始之称。《释诂》、《周语》、《毛诗传》皆曰：'基，始也。'"期，《说文》训"会也"。期、基叠韵，古音皆属之部；期是群母，基是见母，群见旁纽，二字可通。故《说文》"期"下段注云："《周礼·质人》、《士虞礼》古文期年字作基。"《说文》"基"下段注又云："《礼经》古文借基为期年字。"此经古文借期为基始字，故郑不从。

59.《士丧礼》："筮人许诺，不述命。"郑注："述，循也。既受命而申言之曰述。古文述皆作术。"

《说文》："述，循也。"郑训与之同。引申为申述，故注云："既受命而申言之曰述。"术，《说文》训"邑中道也"。述、术皆从术声，故古文假术为述。《说文》"述"下段注曰："述或假借术为之，如《诗》'报我不述'，本作术，是也。"故郑不从古文。

60.《既夕礼》："至于圹……属引。"郑注："古文属为烛。"

《说文》："属，连也。"又曰："烛，庭燎，大烛也。"属、烛古同音，皆属照母屋部，声调亦同，故烛可通属。胡承珙云："属正字，烛借字。上文'设披，属引'，《周礼·大司徒》'帅六乡之众庶属其六引'，字皆作属，故郑从今文。"②

61.《既夕礼·记》："设床笫当牖。"郑注："古文笫为茨。"

《说文》："笫，床箦也。"又曰："茨，以茅苇盖屋。"笫、茨叠韵，古音

---

① 《文选》中册，中华书局，1977年，第480页。
② 胡承珙：《仪礼古今文疏义》，《清经解续编》第2册，第1144页。

皆属脂部；第是庄母，茨是从母，庄从准旁纽，故茨可通第。胡承珙云："《说文》：'第，床箦也。'古文作茨者，声近假借字。……郑以第为正字，故从今文。"①

62.《既夕礼·记》："塈用块。"郑注："古文塈为役。"

按塈同垠。《玉篇·土部》："垠，本亦作塈。"《说文》："垠，匋灶窗也。"（此据段注本）亦指土块垒的灶，此经是也。《士丧礼》"为塈于西墙下"，郑注亦云："塈，块灶。"贾《疏》云："是以（土）块为灶者为塈。"役，《说文》训"戍边也"。役、塈古同音，皆属喻母锡部，故役可通塈。胡承珙云："古文作役者，假借字。"② 故郑不从古文。

63.《既夕礼·记》："伦如朝服。"郑注："伦，比也。古文伦为轮。"

《说文》："伦，辈也。"郑注训比，是其引申义。轮，本义为有辐的车轮。《说文》："轮，有辐为轮。"伦、轮古音双声叠韵，皆属来母文部，声调亦同，故轮可通伦。胡承珙云："轮，古文假借字。"③ 故郑不从古文。

64.《既夕礼·记》："主人乘恶车。"郑注："古文恶作垩。"

《说文》："恶，过也。"引申为粗劣，与美、好相对，此记恶车是也。胡培翚说，此记恶车本指粗恶之车，"与恶衣、恶食文法相类"。④ 垩，《说文》训"白涂也"。恶、垩古音双声叠韵，皆属影母铎部，故可通。胡承珙云："古字恶、垩可互借。《周礼》'则守祧黝垩之'，《礼记》'庐垩室之中'，《释文》并云：'垩，本作恶。'"⑤ 胡氏所举，是假恶为垩之例，此记古文则假垩为恶，故郑不从。

65.《既夕礼·记》："御以蒲菆。"郑注："古文菆为驹。"

惠栋云："案宣十二年：'楚熊负羁囚知罃子，知庄子以其族反之，厨武子御，每射抽矢菆，纳诸厨武子之房。'杜注云：'菆，好箭。'又云：'厨子怒曰：非子之求，而蒲之爱。'注云：'蒲，杨柳，可以为箭。'古文菆作驹者，《汉书·晁错传》云：'错上兵事云：材官驹发，矢道同的。'如淳曰：

---

① 胡承珙：《仪礼古今文疏义》，《清经解续编》第 2 册，第 1144 页。
② 同上。
③ 同上。
④ 胡培翚：《仪礼正义》，《清经解续编》第 3 册，第 760 页。
⑤ 胡承珙：《仪礼古今文疏义》，《清经解续编》第 2 册，第 1144 页。

'䠥,矢也。'颜监曰:'䠥谓矢之善者也。《春秋左氏传》作骹字,其音同耳。骹发,骹矢以射也。手工矢善,故中则同的。'是骹与䠥同也。"① 胡承珙云:"《说文》:'䠥,麻蒸也。'麻蒸即麻茎……麻茎谓之䠥,因而蒲茎亦谓之䠥。古文作骹者,如《广雅》:'稷穰谓之秸。'又《玉篇》云:'䴢,麻茎,古文作䴢。'是也。郑以䠥为正字,故从今文。"② 按《说文》:"骹,胫也。"与此记义无涉。䠥、骹古同音,皆庄母侯部,声调亦同,故可相通假:䠥是本字,骹是通假字,故郑不从古文。

66.《既夕礼·记》:"木镳。"郑注:"古文镳为苞。"

《说文》:"镳,马衔也。"又曰:"苞,艸也,南阳以为麤履。"镳、苞双声,都是帮母;镳属宵部,苞属幽部,宵幽旁转,故二字可通:镳是本字,苞是通假字。胡承珙云:"镳正字,苞借字。《释名》:'镳,苞也,在旁苞敛其口也。'《曲礼》'苞屦',注云:'苞,藨也。'《左传》申包胥,《鹖冠子》作䗱胥,皆以声同而借。"③ 胡培翚《正义》云:"苞与镳通,但镳为正字,故郑从今文耳。"④

67.《既夕礼·记》:"夷床、輁轴馔于西阶东。"郑注:"古文輁或作拱。"

按《说文》有輂,无輁,輁即輂之异体。《说文》:"輂,大车驾马者也。"(此据段注本)段注云:"《礼经》輁轴,輁即輂之异者。"朱珔亦云:"輁即輂,移车于傍耳。……世或未知輂、輁为同字。"⑤ 輁既为马驾之大车,引申为载灵柩之车,此经是也。《广韵·锺韵》:"輁,輁轴,所以支棺也。"古文作拱者,《说文》:"拱,敛手也。"輁、拱古音同,皆见母东部,声调亦同,故拱可通輁。胡承珙云:"郑以輁从车为正字,古文拱为假借字,故从今文。"⑥

68.《既夕礼·记》:"荐乘车……革鞭。"郑注:"鞭,䪐也。古文鞭

---

① 惠栋:《九经古义》,《清经解》第2册,第767页。
② 胡承珙:《仪礼古今文疏义》,《清经解续编》第2册,第1145页。
③ 同上。
④ 胡培翚:《仪礼正义》,《清经解续编》第3册,第760页。
⑤ 朱珔:《说文解字义》,《续修四库全书》第215册,上海古籍出版社,2002年,第405—406页。
⑥ 胡承珙:《仪礼古今文疏义》,《清经解续编》第2册,第1145页。

为杀。"

靾，载魂车上的马缰，故郑注释之曰"䋫（缰）也"。杀，《说文》训"戮也"，与此经义无涉。靾、杀古音皆属月部；靾是心母，杀是山母，心山准双声，故杀可通靾。胡承珙云："古文作杀者，声近假借字。"①

69.《既夕礼·记》："抗木刊。"郑注："剥削之。古文刊为竿。"

《说文》："刊，剟也。"《广雅·释诂三》："剟，削也。"郑训刊为"剥削之"，与《说文》训同。《说文》又曰："竿，竹梃也。"与刊义异。然刊、竿叠韵，古音皆属元部；刊是溪母，竿是见母，溪见旁纽，故竿可通刊。胡承珙云："刊正字，竿古文假借字。"② 故郑不从古文。

70.《士虞礼》："藉用苇席。"郑注："藉犹荐也。古文藉为席。"

《说文》："藉，祭藉也。"段注："引申为凡承藉、蕴藉之义。"郑训藉为荐者，荐本草名，《说文》："荐，兽之所食草。"席以草编，故引申为席。《广雅·释器》："荐，席也。"席则可藉，故又引申而有承藉义，故郑注训藉为荐。古文藉为席者，《说文》："席，藉也。《礼》：天子、诸侯席有黼绣纯饰。"是席即今所谓席子。藉、席叠韵，古音皆属铎部；藉是从母，席是邪母，从邪旁纽，故席可通藉。胡承珙云："郑云：'藉犹荐也。'……古文假席为藉。郑以藉、荐义近，故从今文。"③

71.《士虞礼》："尸饭，播余于篚。"郑注："古文播为半。"

《说文》："播，穜也。一曰布也。"按穜即下种、播种，与布义近。《尚书·大诰》："厥子乃弗肯播，矧肯获。"孔疏云："播犹布种。"古文播为半者，《说文》："半，物中分也。"播、半双声，古音都是帮母；播属歌部，半属元部，歌元对转，故半可通播。胡承珙云："播与半一声之转。播，布也，散也。此言尸饭放其余于篚，播义为近，故从今文。"④

72.《士虞礼·记》："祝入，尸谡。"郑注："谡，起也。古文谡或为休。"

谡义为起。《尔雅·释言》："谡，起也。"《礼记·祭统》"是故尸谡"，

---

① 胡承珙：《仪礼古今文疏义》，《清经解续编》第2册，第1145页。
② 同上。
③ 同上书，第1146页。
④ 同上书，第1147页。

《释文》曰:"谡,起也。"此经郑注亦训谡为起。古文谡或为休者,谓古文谡有作休者。《说文》:"休,息止也,从人依木。"按甲骨文休字即象人在树旁休息状。谡古音山母职部,休晓母幽部,声母虽隔,幽职二部则可旁对转,故休可通谡。胡培翚云:"王石臞先生云:'谡之为休,声近而通假耳。'然则谡正字,休通假字,故郑不从古文或本也。"① 同例还见于:

《士虞礼·记》:"尸谡,从者奉篚哭从之。"郑注:"古文谡作休。"

《少牢馈食礼》:"祝入,尸谡。"郑注:"谡或作休。"

73.《士虞礼·记》:"馔笾豆,脯四脡。"郑注:"古文脡为挺。"

按古肉脯之脡本无正字,或借梃(参见例25),或借挺(如此经古文是也),以梃、挺同源,二字皆有挺直之义,而脯貌直如板故也。后乃造脡字,以作为条状肉脯的专字,即所谓后起本字。《玉篇·肉部》:"脡,脯朐也。"《公羊传》昭公二十五年"高子执箪食与四脡脯",何休注云:"屈曰朐,申曰脡。"脡字既出,故郑不从古文作挺。

74.《士虞礼·记》:"献毕未彻,乃餞。"郑注:"古文餞为践。"

《说文》:"餞,送去也。"徐锴曰:"以酒食送也。"② 又《说文》:"践,履也。"餞、践古同音,皆属从母元部,声调亦同,故可相通假。餞本字,践通假字。《周礼·春官·司尊彝》"其朝践用两献尊",郑注曰:"故书践作餞。"是《周礼》故书假餞为践。胡承珙云:"案《司尊彝》'朝践',注云:'故书践作餞。'是古餞、践二字互相假借。郑以此为尸旦将始祔于皇祖,是以餞送之,故不从古文作践。"③

75.《士虞礼·记》:"用专肤为折俎,取诸脰膉。"郑注:"古文脰膉为头嗌也。"

《说文》:"脰,项也。"古文脰为头者,头、脰古音同,皆属定母侯部,声调亦同,故头可通脰。《说文》"脰"下段注曰:"(古文)假头为脰,皆以异物同音相假借。"郑从今文本字,故不从古文作头。又今文膉则是古文嗌的通假字,而郑从之,详下字例139。

76.《士虞礼·记》:"铏芼用苦若薇。"郑注:"古文苦为枯。"

---

① 胡培翚:《仪礼正义》,《清经解续编》第3册,第768页。
② 徐锴:《说文解字系传》,中华书局,1987年,第98页。
③ 胡承珙:《仪礼古今文疏义》,《清经解续编》第2册,第1148页。

苦即苦菜。《说文》："苦，大苦，苓也。"《诗·唐风·采苓》："采苦采苓。"毛《传》："苦，苦菜也。"枯，《说文》训"槀也"，与此经义无涉。苦、枯古双声叠韵，皆溪母鱼部，故枯可通苦。胡承珙云："苦、枯同声假借。《庄子·人间世》'此以其能苦其生者也'，《释文》：'崔本作枯。'是也。"① 故郑不从古文。

77.《士虞礼·记》："朞而小祥。"郑注："古文朞皆作基。"

朞同期。徐灏《说文解字注笺》云："期，又作朞，同。"② 期，《说文》训"会也"。引申为时间的一个周期，此义后世多写作朞。《广韵·之韵》："朞，周年。又复时也。"基，《说文》训"墙始也"。朞、基古音同，皆见母之部，声调亦同，故可相通假。《说文》"期"下段注云："《周礼·质人》、《士虞礼》古文期年字作基。"《说文》"基"下段注又云："《礼经》古文借基为期年字。"故郑不从古文。

78.《士虞礼·记》："中月而禫。"郑注："古文禫或为导。"

禫是祭名。《说文》："禫，除服祭也。"导之义为引。《说文》："导，导引也。"禫、导二字古音双声，都是定母，故古文假导为禫，郑所不从。胡承珙云："今案，经典皆相承作禫，无作导者，故郑从今文。此注云'古文禫或为导'，是古文本亦有作禫者。"③

79.《特牲馈食礼》："祝酳授尸，尸以醋主人。"郑注："醋，报也。古文醋作酢。"

胡承珙云："案《说文》：'醋，客酌主人也，从酉，昔声'；'酢，醶也，从酉，乍声。'经典每多以酢为醋，惟《礼经》间有醋字。郑于此必作醋，不作酢，从其正字也。其有古今文皆作酢者，则姑存之不复改耳。"④ 按醋、酢二字古音叠韵，皆属铎部；醋是清母，酢是从母，清从旁纽，故酢可通醋，经典多用之。郑于此经不从古文作酢者，为从今文本字也。又按《有司》"尸以醋主妇"，注云："今文醋曰酢。"是醋、酢二字今古文亦互作，而郑皆从其本字。

---

① 胡承珙：《仪礼古今文疏义》，《清经解续编》第 2 册，第 1147 页。
② 徐灏：《说文解字注笺》，《续修四库全书》第 226 册，上海古籍出版社，2002 年，第 23 页。
③ 胡承珙：《仪礼古今文疏义》，《清经解续编》第 2 册，第 1148 页。
④ 同上书，第 1149 页。

80.《特牲馈食礼》:"(主人)诗怀之,实于左袂,挂于季指。"郑注:"古文挂作卦。"

挂义为区画、区分。《说文》:"挂,画也。"段注:"古本多作画者,此等皆有分别画出之意。"引申而有悬挂义。《广韵·卦韵》:"挂,悬挂。"此义俗作掛。《说文》"挂"下段注又云:"后人乃云悬挂,俗制掛字耳。"古文作卦者,《说文》:"卦,筮也。"挂、卦古音同,皆见母支部,且声调亦同,故可通。胡承珙云:"《礼经》'挂于季指',挂正字,古文作卦者,借字。"① 同例还见于:

《少牢馈食礼》:"挂于季指。"郑注:"古文挂作卦。"

81.《少牢馈食礼》:"廪人概甑、甗、匕与敦于廪爨。"郑注:"古文甑为烝。"

《说文》:"甑,甗也。"又曰:"烝,火气上行也。"甑、烝古音叠韵,皆属蒸部,甑是精母属齿音,烝是照母属舌音,舌音与齿音邻纽,故烝可通甑。胡承珙云:"甑正字,烝古文通假字。"② 故郑不从古文。

82.《少牢馈食礼》:"司马升羊右胖,髀不升。"郑注:"古文胖皆作辩。"

《说文》:"胖,半体肉也。"又曰:"辩,治也。"胖、辩古音叠韵,皆属元部;胖是滂母,辩是并母,滂并旁纽,故二字可通:胖是本字,辩是通假字。胡承珙云:"案《既夕》'明日以其班袡',今文班为胖;《士虞礼》'明日以其班袡',古文班或为辩,今文亦为胖。盖今文借胖为班、为辩,此则古文又借辩为胖,皆以声近互借故也。"③

83.《少牢馈食礼》:"上佐食举尸牢干。"郑注:"干,正胁也。古文干为肝。"

干指牲的胁部。《诗·鲁颂·駉》:"駉駉牡马。"毛传:"腹干肥张也。"孔疏:"腹谓马肚,干谓马胁。"《公羊传》庄公元年:"拉干而杀之。"《释文》:"干,胁也。"此经郑注亦释干为"正胁"。肝为脏器名。《说文》:"肝,木藏也。"干、肝古音同,皆属见母元部,声调亦同,故肝可通干。胡承珙

---

① 胡承珙:《仪礼古今文疏义》,《清经解续编》第 2 册,第 1149 页。
② 同上书,第 1150 页。
③ 同上。

云："案干正字，肝古文假借字。"① 故郑不从古文。

84.《少牢馈食礼》："（祝）北面于户西以嘏于主人。"郑注："嘏，大也，予主人以大福。古文嘏为格。"

《说文》："嘏，大、远也。"段注："经传嘏字多谓祭祀致福。"故郑训嘏为"大福"。格，《说文》训"木长皃"，不确。格字原本作各，在甲骨文、金文中格字不从木，与各为一字，象以足至居穴之形，会来至之义，后乃加木旁而为格，或加彳旁而为徦。《尔雅·释诂》："格，至也。"《释文》："格，本又作徦。"是格义与此经义无涉。嘏、格古音双声，都是见母；嘏属鱼部，格属铎部，鱼铎对转，二字可通。《士冠礼》："孝友时格。"郑注："今文格为嘏。"是假嘏为格之例。此经古文则假格为嘏，故郑不从。

85.《少牢馈食礼》："眉寿万年。"郑注："古文眉为微。"

《说文》："眉，目上毛也，从目，象眉之形。"甲骨文、金文中眉字即象目上之毛。人老则有长眉，故引申为老。《方言》："眉，老也。东齐曰眉。"②此经眉寿即其义。古文作微者，《说文》："微，隐行也。"眉、微古音双声，都是明母；眉属脂部，微属微部，脂微旁转，微可通眉。《说文》"眉"下段注曰："人老则有长眉，《豳风》、《小雅》皆言眉寿。……《士冠礼》古文作麋，《少牢馈食礼》古文作微，皆假借字也。"故郑不从古文（参见例12）。

86.《少牢馈食礼》："眉寿万年，勿替引之。"郑注："替，废也。古文替为扶，扶或为戬。戬、替声相近。"

《说文》："替，废。"郑训与之同。古文替为扶者，据阮校说，《集释》、《通解》、《要义》、毛本，扶作袂，又引钱大昕说袂当作秩。钱说是也。是注文当为"古文替为秩，秩或为戬"。《说文》："秩，积皃。"（此据段注本）秩与替古音叠韵，二字皆属质部；替是透母，秩是定母，透定旁纽，故秩可通替。"秩（扶）或为戬"者，戬《说文》作戬，曰："大也。……读若《诗》'戬戬大猷'。"段注云："《小雅·巧言》文。戬戬当作秩秩，今《毛诗》正作秩秩。"《说文》"秩"下段注又云："古假戬为秩，如'秩秩大猷'，《仪礼》注云'秩或为戬'，皆是也。"是戬与戬一字，戬字古音亦与替字叠韵，

---

① 胡承珙：《仪礼古今文疏义》，《清经解续编》第2册，第1150页。
② 扬雄：《方言》卷1，《百子全书》第2册。

皆属质部，载是定母，与替之透母亦为旁纽，故郑注云"载、替声相近"，载（戴）亦替之通假字。是古文秩、载皆通假字，故郑皆不从。

87.《有司》："乃燅尸俎。"郑注："燅，温也，温尸俎于爨。古文燅皆作寻。《记》或作燖，《春秋传》曰：'若可燖也，亦可寒也。'"

《说文》："燅，于汤中爓肉也。"又曰："寻，绎理也。"燅与寻古音同，皆属邪母侵部，声调亦同，故寻可通燅。段注曰："燅者正字，寻者同音假借字。"故郑不从古文。又注云："《记》或作燖，《春秋传》曰：'若可燖也，亦可寒也。'"二燖字皆当作寻。段注云："《有司彻》注中寻字，唐人讹为燖，亦非也。《论语》注：'温，寻也。'又《中庸》'温故而知新'，注曰：'温读如寻温之温。'寻本皆无火旁。"胡承珙亦云："《注疏》本皆云'《记》或作燖'，寻不当有火旁，今更正。"又云："此注云'《记》或作燖'，加火旁，亦传写之误。"①

88.《有司》："乃摭于鱼、腊俎。"郑注："古文摭为撚。"

摭是拓的或体。胡承珙云："《说文》'拓，拾也。拓或作摭。''撚，撮取也。'撮取者，谓少取之。摭与撚本非一字，因双声而借。"②按摭字古音属照母铎部，撚属端母月部；照端准双声，铎月通转，故古文借撚为摭，郑所不从。

89.《有司》："右几。"郑注："古文右作侑。"

右为左右字，其本字为又，甲骨文又字即象右手形，会左右之右意。侑之义为劝。《玉篇·人部》："侑，劝也。"《诗·小雅·楚茨》："以妥以侑。"毛《传》："侑，劝也。"《周礼·天官·膳夫》："以乐侑食。"郑注："侑，犹劝也。"右、侑古同音，皆属匣母之部，声调亦同，故侑可通右。胡承珙云："郑注《礼经》用其正字，故皆从今文。"③

90.《有司》："扉用席。"郑注："扉，隐也。古文扉作茀。"

《说文》："扉，隐也。"郑训与之同。茀义为草多貌。《说文》："茀，道多草不可行。"扉古音属并母微部，茀属滂母物部，并滂旁纽，微物对转，故古文借茀为扉，郑所不从。胡承珙云："扉作茀者，如《说文》'笰，车笭

---

① 胡承珙：《仪礼古今文疏义》，《清经解续编》第2册，第1151页。
② 同上书，第1152页。
③ 同上。

也',《毛诗》亦通假作芾。郑注《礼经》用其正字,故皆从今文。"①

(二) 从古文本字不从今文通假字(36例)

91.《士冠礼》:"爵弁服纁裳。"郑注:"今文纁皆作熏。"

《说文》:"纁,浅绛也。"又曰:"熏,火烟上出也。"纁、熏古同音,皆晓母文部,声调亦同,故可通。朱骏声《定声》"熏"下曰:"假借为纁。"贾疏曰:"纁是色,当从丝旁为之,故叠今文不从熏,从经文古纁也。"同例还见于:

《士昏礼》:"玄纁束帛、俪皮。"郑注:"今文纁皆作熏。"

92.《士冠礼》:"再醮摄酒。"郑注:"摄犹整也。今文摄为聂。"

《说文》:"摄,引持也。"段注:"凡云摄者,皆整饬之义。"《说文》又曰:"聂,附耳私小语也。"摄、聂叠韵,皆属盍部;摄是审母,聂是泥母,审泥准旁纽,故二字可通:摄是本字,聂是通假字。胡承珙《疏义》云:"案《说文》:'摄,引持也。'引持亦整理之义,故郑君训摄为整。"②朱骏声《定声》"聂"下曰:"假借为摄。"故郑不从今文。同例还见于:

《有司》:"司宫摄酒。"郑注:"今文摄为聂。"

93.《士冠礼》"章甫,殷道也。"郑注:"甫,或为父,今文为斧。"

按甫是圃的本原字,③甲骨文、金文中甫字象田中有蔬,本义为菜圃。后借为男子美称,故又在甫外加口而造圃字,以专司其本义,而甫字则转而为男子美称之专字。故《说文》曰:"甫,男子美称。"父在甲骨文、金文中象手持石斧以事操作,是斧字的本原字,引申为父母的父。后父字为引申义所专,故又加斤旁而造斧字,以专司其本义。④故《说文》曰:"斧,所以斫也。"(此据段注本)甫、斧二字古音双声,都是帮母,甫属鱼部,斧属侯部,鱼侯旁转,故二字可通:甫是本字,斧是通假字。又注云"甫,或为父"者,盖郑所见当时有作父之本,父亦甫之音近通假字,故郑亦不从。

---

① 胡承珙:《仪礼古今文疏义》,《清经解续编》第2册,第1152页。
② 同上书,第1119页。
③ 按本原字的概念是蒋绍愚先生提出来的,详其《古汉语词汇纲要》,北京大学出版社,1989年,第207—208页。
④ 此用戴家祥说,见《金文大字典》中册,学林出版社,1999年,第2072页。

94.《士昏礼》："姆加景。"郑注："景之制盖如明衣，加之以为行道御尘，令鲜明也。景亦明也。今文景作憬。"

《说文》："憬，觉悟也，从心，景声。"又《说文》训景为光，郑训景为明，有光则明，二义相因。景之名既以明为义，故字当作景。胡承珙《疏义》云："此景为正字，憬为假借字。"①

95.《士昏礼》："媵侍于户外。"郑注："今文侍作待。"

阮校云："（疏）标经起止云：'媵待至则闻。'疏中两侍字亦俱作待。按此则注当云'今文待作侍'。"阮校是也。经文之侍则当为待。《说文》："待，竢也。"又曰："侍，承也。"待、侍二字叠韵，皆属之部；待是定母，侍是禅母，定禅准旁纽，二字音近可通。《荀子·正论》："执荐者百人，侍西房。"杨倞注："侍，或为待也。"②《庄子·田子方》"孔子便而待之"，《渔父》"窃待于下风"，《释文》并曰："待，或作侍。"③是皆相通之例。此经待是本字，侍是同音通假字，故郑不从今文。

96.《士昏礼》："筵，缁被纁里加于桥。"郑注："桥所以庋笲，其制未闻。今文桥为镐。"

《说文》："桥，水梁也。"是桥之本义为桥梁，引申为凡器上横梁之称，故《正字通·木部》云："桥，凡器有横梁者，工人皆呼之曰桥。"④此庋笲之桥亦象之，是以为名。又《说文》训镐为"温器"，与桥义无涉。镐、桥古音叠韵，皆属宵部，镐是匣母，桥是群母，匣群旁纽，故镐可通桥。郑从古文本字，故不从今文通假字作镐。

97.《士相见礼》："挚，冬用雉，夏用腒，左头奉之。"郑注："今文头为脰。"

《说文》："头，首也。"又曰："脰，项也。"头、脰古音双声叠韵，皆定母侯部，故可通：头是本字，脰是通假字，故郑不从。或如贾疏说："以其脰，项也。项不得为头，故不从也。"同例还见于：

《士相见礼》："上大夫相见以羔……左头，如麛执之。"郑注："今文头

---

① 胡承珙：《仪礼古今文疏义》，《清经解续编》第2册，第1121页。
② 《诸子集成》第2册，上海书店出版社，1986年，第223页。
③ 《诸子集成》第3册，《庄子集释》，上海书店出版社，1986年，第310、444页。
④ 张自烈：《正字通》，见《续修四库全书》第234册，上海古籍出版社，2002年，第561页。

为胆。"

98.《士相见礼》:"若父则游目。"郑注:"今文父作甫。"

据《说文》,甫为"男子之美称",以音近而借为父,故郑不从(参见上例93)。

99.《乡饮酒礼》:"遵者降席。"郑注:"遵者,谓此乡人仕至大夫者也,今来助主人乐宾,主人所荣而遵法者也,因以为名。今文遵为僎,或为全。"

《说文》:"遵,循也。"郑训遵为遵法,与许义同。《说文》又曰:"僎,具也。"遵字古音属精母文部,僎字属床母元部,精床准旁纽,文元旁转,故二字可通:遵是本字,僎是通假字,故郑不从古文。胡承珙云:"古文作遵者,正字,今文假僎为之。"又云:"僎或为全者,声近假借。《论语》'异乎三子之撰',郑注云:'撰读为诠。'萧该《汉书音义》引《字林》:'諢音诠。'是其例也。"① 故郑亦不从。同例还见于:

《乡射礼》:"大夫若有遵者。"郑注:"今文遵为僎。"

100.《乡射礼》:"大夫之矢则兼束之以茅,上握焉。"郑注:"今文上作尚。"

按上是本字,尚是通假字。《觐礼》:"上介皆奉其君之旂置于宫,尚左。"郑注:"古文尚作上。"是从今文本字,而不从古文通假字。此例则从古文本字,而不从今文通假字也(参见例46)。

101.《乡射礼·记》:"以翿旌获,白羽与朱羽糅。"郑注:"今文糅为绦。"

《说文》糅作粈,曰:"杂饭也。"引申之为凡相杂之称,故段注:"今之糅杂字也。"《乡射礼·记》:"无物,则以白羽与朱羽糅。"郑注亦曰:"糅,杂也。"绦,同绦。朱骏声《定声》曰:"绦,字亦作绦。"《说文》又曰:"绦,扁绪也。"糅、绦古音叠韵,皆属幽部,糅是日母,绦是透母,日透准旁纽,故糅、绦二字可通:糅是本字,绦是通假字。胡承珙《疏义》云:"糅为绦者,《诗·生民》'或簸或蹂',《说文·臼部》引作'或簸或舀'。糅之为绦,犹蹂之为舀,亦声近故借,郑亦不从之。"②

---

① 胡承珙:《仪礼古今文疏义》,《清经解续编》第2册,第1125页。
② 同上书,第1128页。

102.《乡射礼·记》："以鸿脰韬上二寻。"郑注："今文韬为翿。"

《说文》："韬，剑衣。"段注："引申为凡包藏之称。"《说文》又曰："翿，翳也，所以舞也。"韬、翿古音叠韵，皆属幽部；韬是透母，翿是定母，透定旁纽，故二字可通：韬是本字，翿是通假字。胡承珙《疏义》云："韬为翿者，亦声近假借。郑以韬义为正，故不从今文。"①

103.《乡射礼·记》："侯道五十弓，弓二寸以为侯中。"郑注："今文改弓为肱也。"

弓，古射箭器，甲骨文、金文弓字即象弓形。《说文》："弓，以近穷远。"即释弓的功用。《说文》以肱为厷的重文，曰："臂上也。"弓、肱古同音，皆见母蒸部，声调亦同，故每相通假。段注："古假弓为厷，二字同音也。传《易》者江东犴臂子弓，犴姓，臂名，子弓字。名臂，故字厷。《左》、《榖梁》邾黑肱，《公羊》作黑弓。郑公孙黑肱，字伯张。则肱即弓也。"此记则古文弓是本字，今文肱通假字，故郑不从今文。

104.《乡射礼·记》："君国中射，则皮树中。"郑注："今文皮树繁竖。"

按阮校曰："毛本树下有为字。"据阮校，郑注当云"今文皮树为繁竖"。是今文皮作繁、树作竖也。皮、繁古音双声，都是并母；皮属歌部，繁属元部，歌元对转，故繁可通皮。又树、竖古同音，皆属禅母侯部，声调亦同，故竖亦可通树。是今文繁竖皆通假字，故郑不从。胡承珙《疏义》云："郑以皮树为兽名，必有所受之。今文繁竖盖假借字，故不从。"②

105.《燕礼》："主人盥洗升，媵觚于宾。"郑注："媵，送也。今文媵皆作腾。"

《说文》媵作媵，曰："送也。"段注："媵，今之媵字。"《说文》又曰："腾，传也。"媵、腾古音叠韵，皆属蒸部；媵是喻母，腾是定母，喻定准旁纽，故二字音近可通：媵是本字，腾是通假字，故郑不从今文。同例还见于：

《大射》："主人盥洗，升，媵觚于宾。"郑注："媵，送也。古文媵皆作腾。"按胡承珙云："此注'古文'疑当作'今文'，传写误耳。"③

106.《聘礼》："公于宾壹食，再飨。"郑注："今文飧（饗）皆为乡

---

① 胡承珙：《仪礼古今文疏义》，《清经解续编》第2册，第1128页。
② 同上。
③ 同上书，第1130页。

（鄉）。"

按甲骨文、金文中，鄉、嚮、饗、卿本为一字，其字象二人面对酒（酉）相向而坐的样子，为相向之向的本字。后乃造区别字嚮表示本义，造饗表饮酒义（即《说文》所谓"饗，乡人饮酒也"），又将字形略简化而为公卿的卿字，而其本原字则借作乡邑字，且皆为经典所习用。后起之四字既义各有所专，也就被后世视为该义之本字了。是此经当以飨（饗）为本字，而乡（鄉）则通假字，故郑不从。然乡、飨二字今古文亦多互作，古文亦有作乡者。如《公食大夫礼》"设洗如飨"，郑注："古文飨或作乡。"又《公食大夫礼》"迎宾于门外，拜至，皆如飨拜"，郑注："古文飨或作乡。"是皆今文作飨，而古文或本作乡。然郑皆从其本字飨，而叠通假字乡不用。

107.《公食大夫礼》："炙南醢，以西牛胾、醢、牛鮨。"郑注："今文鮨作鳍。"

鮨的本义为鱼酱，《说文》："鮨，鱼䐑酱也。"段注曰："酱字衍。䐑者，豕肉酱也，引申为鱼肉酱，则称鱼䐑可矣。"鮨又引申为牛肉酱，故段注又曰："牛得名鮨，犹鱼得名䐑也。"《说文》无鳍字，鳍即鱼鳍，《广韵·脂韵》："鳍，鱼脊上骨。"鮨、鳍古同音，皆群母脂部，故可通：鮨是本字，鳍是通假字。故段注又曰："今文鮨作鳍，按鳍是假借字。"胡承珙《疏义》亦云："今文又借鱼脊之鳍为鮨者，则以其声同耳。"[1]

108.《公食大夫礼·记》："铏芼：牛藿，羊苦，豕薇，皆有滑。"郑注："苦，苦荼也。今文苦为苄。"

郑释苦为苦荼，而苄据《说文》及《尔雅·释草》乃地黄，别为一物。《广雅·释草》"地黄"下王念孙《疏证》云："古人饮食无用地黄者，苄乃苦之假借字。"按苦、苄二字古音叠韵，皆属鱼部；苦是溪母，苄是匣母，溪匣旁纽，故苄可通苦。同例还见于：

《士虞礼》："铏芼用苦若薇。"郑注："今文（苦）或作苄。"

《特牲馈食礼·记》："铏芼用苦若薇。"郑注："今文苦为苄。苄乃地黄，非也。"

109.《公食大夫礼·记》："簠有盖幂。"郑注："幂，巾也，今文或作幕。"

---

[1] 胡承珙：《仪礼古今文疏义》，《清经解续编》第2册，第1136页。

郑释幂为巾，而幕则别为一物，《说文》："帷在上曰幕，覆食案亦曰幕。"幂、幕古音双声，都是明母；幂属锡部，幕属铎部，锡铎旁转，故二字可通：幂是本字，幕是通假字。胡承珙《疏义》云："《礼经》此篇古文作幂，与《周礼》同。……《说文》：'帷在上曰幕。'今文借幕为幂。《礼记·礼器》'牺尊疏布幂'，注云：'幂或作幕。'亦犹是也。"①

110.《觐礼》："伯父实来，予一人嘉之。"郑注："今文嘉作贺。"

《说文》："嘉，美也。"又曰："贺，以礼相奉庆也。"贺、嘉古音叠韵，皆属歌部；贺是匣母，嘉是见母，匣见旁纽，故二字可通：贺是本字，嘉是通假字。《广雅·释言》"贺，嘉也"，王念孙《疏证》云："嘉与贺古同声而通用。"

111.《士丧礼》："缀足用燕几。"郑注："今文缀为对。"

《说文》："缀，合箸也。"对字甲骨文象手持兵器将与人对御状，②其本义当为对抗，而《说文》曰："对，应无方也。"则其引申义，然皆与此经义无涉。缀、对古音双声，都是端母；缀属月部，对属物部，月物旁转，故对可通缀。胡承珙《疏义》云："缀，正字。对，声近假借字。郑以下《记》及《礼记·丧大记》'缀足用燕几'，又《檀弓》'毁灶以缀足'，字并作缀，故从古文。"③

112.《士丧礼》："为铭，各以其物。亡则以缁长半幅，赪末长终幅，广三寸。书铭于末曰：'某氏某之柩。'"郑注："今文铭皆为名。"

铭本指刻在器物上的文字，或以记名，或以自警，或以颂功。如《国语·鲁语下》"故铭其栝曰'肃慎氏之贡矢'"，《左传》昭公三年引"《谗鼎之铭》曰"，《礼记·大学》引"《汤之盘铭》曰"，《后汉书·窦宪传》"刻石勒功，纪汉威德，令班固作铭"，皆其例。引申之，则灵柩前记死者姓名和官衔之旗幡亦可称铭，即此经"为铭"是也。《说文》："名，自命也。"与铭字义异。马叙伦云："复检许书，无从名得义或得声之字，金文中亦罕见。……铭字独见于古文经传。"又曰："周季始行此（铭）字，而以刻识加

---

① 胡承珙：《仪礼古今文疏义》，《清经解续编》第 2 册，第 1136 页。
② 此用高鸿缙说，引自《古文字诂林》第 3 册，上海教育出版社，2001 年，第 164 页。
③ 胡承珙：《仪礼古今文疏义》，《清经解续编》第 2 册，第 1136 页。

金旁耳。"① 今文铭作名，则同音通假字也。至于"书铭于末"之铭字，盖系后人误改。胡承珙《疏义》云："惟'书铭于末'，司农注《小祝》引作名，郑君注《司常》亦引《士丧礼》'书名于末'。此盖经字本作名，浅人因注有'今文铭皆为名'之语，遂改经'书名于末'名字作铭。"② 胡氏说是也。同例还见于：

《既夕礼》："（夏祝）取铭置于重。"郑注："今文铭皆作名。"

113.《士丧礼》："决用正王棘若檡棘。"郑注："今文檡为泽。"

注文"泽"原作"也"，据阮校改。《说文》无檡字。檡棘，木名。《广韵·陌韵》："檡，檡棘，善事坚刃者可以为射决。"泽，《说文》训"光润"，与此经义无涉。泽、檡古音同，皆定母铎部，声调亦同，故泽可借为檡。胡承珙《疏义》云："檡为泽者，《玉篇》云：'檡，椑枣也'，'椑枣似柿而小。'《说文》无檡字，盖从今文。郑以泽为借字，故从古文。"③

114.《士丧礼》："其实特豚：四鬄，去蹄，两胉、脊、肺。"郑注："胉，胁也。今文胉为迫。"

《说文》无胉字。郑释胉为胁。《广韵·铎韵》亦云："胉，胁也。"又《说文》："迫，近也。"与此经义无涉。胉、迫古音叠韵，皆属铎部；迫是帮母，胉是滂母，帮滂旁纽，故迫可通胉。胡培翚《正义》云："今文胉为迫，迫亦是假借字。郑以作胉义显，故从古文耳。"④ 同例还见于：

《士丧礼》："载两髀于两端，两肩亚，两胉亚。"郑注："今文胉为迫。"

115.《士丧礼》："主人髺发袒，众主人免于房。"郑注："今文免皆作绕。"

《说文》无免字。《集韵·愿韵》："免，丧冠也。"绕，同冕。《说文》："冕，大夫以上冠也……绕，冕或从糸。"⑤ 绕、免古同音，皆明母元部，声调亦同，故今文借绕为免。胡承珙《疏义》云："按袒免字古读如'免冠'之免，故今文借冕之或体作绕者为之。《左氏》哀二年《传》'使太子绕'，哀

---

① 转引自《古文字诂林》第2册，上海教育出版社，2000年，第23页。
② 胡承珙：《仪礼古今文疏义》，《清经解续编》第2册，第1139页。
③ 同上书，第1140页。
④ 胡培翚：《仪礼正义》，《清经解续编》第3册，第734页。
⑤ 此据《小学名著六种》本之《集韵》，中华书局影印，1998年。按本章以下凡引《集韵》皆据此本，不复注。

十二年《传》'季氏不绋',皆作绋。襄二十五年《传》'陈侯免',又作免。……今文作绋者,借字。"① 同例还见于:

《既夕礼》:"商祝免。"郑注:"今文免作绋。"

116.《士丧礼》:"进柢。"郑注:"柢,本也。今文柢皆为胝。"

《说文》:"柢,木根也。"又"本"下曰:"木下曰本。"是郑训与许同。又《说文》:"胝,腄也。"胝、柢二字古音双声叠韵,皆端母脂部,故可通假。胡承珙《疏义》云:"此今文又借胝为之。郑以柢为正字,故从古文。"② 同例还见于:

《士虞礼》:"载犹进柢。"郑注:"今文柢为胝。"

117.《既夕礼》:"设披。"郑注:"今文披皆为藩。"

贾疏:"言'皆'者,此文披及下文'商祝御柩执披',并下记'执披者'三字,皆为藩,今不从之也。"披是古丧具。《说文》:"披,从旁持曰披。"《礼记·檀弓上》:"孔子之丧……设披,周也。"郑注:"披,柩行夹引棺者。"《说文》又曰:"藩,屏也。"是与披不同物。披、藩二字古音双声,都是帮母;披属歌部,藩属元部,歌元对转,故二字可通:披是本字,藩是通假字,故郑不从今文。

118.《既夕礼》:"乃窆。"郑注:"窆,下棺也。今文窆为封。"

《说文》:"窆,葬下棺也。"郑训与许同。封字甲骨文、金文皆象植树于土堆之形(金文字形稍繁),本义为封疆,即以林木为疆界。引申为分封字。《说文》:"封,爵诸侯之土也。"即释其引申义。封、窆古音双声,都是帮母;封属东部,窆属谈部,东谈同属鼻音,可通转,故封可借为窆。朱骏声《定声》亦曰:"封,假借为窆。"故郑不从今文。

119.《既夕礼》:"明日以其班祔。"郑注:"班,次也。今文班为胖。"

班的本义为分。《说文》:"班,分瑞玉也。"凡分物必有先后之次,故引申为次第之义。又《说文》:"胖,半体肉也。"与次第义无涉。班、胖古音叠韵,皆属元部;班是滂母,胖是帮母,滂帮旁纽,故胖可借为班。胡培翚《正义》曰:"今文借胖为班,郑所不从也。"③ 同例还见于:

---

① 胡承珙:《仪礼古今文疏义》,《清经解续编》第2册,第1142页。
② 同上。
③ 胡培翚:《仪礼正义》,《清经解续编》第3册,第774页。

《士虞礼》："明日以其班祔。"郑注："古文班……今文为胖。"

120.《既夕礼》："马不齐髦。"郑注："今文髦为毛。"

《说文》："髦，髦发也。"（此据段注本）段注云："发中之秀出者谓之髦发，《汉书》谓之壮发。马鬣称髦，亦其意也。……古亦假髦为毛字，《既夕礼》注曰'今文髦为毛'，是今文《礼》假毛为髦也。"按毛、髦古同音，皆明母宵部，声调亦同，故可通假。

121.《士虞礼》："祝命佐食堕祭。"郑注："下祭曰堕，堕之犹言堕下也。《周礼》曰：'既祭，则藏其堕。'谓此也。今文堕为绥。"

按经文堕字，及注文的前两堕字，皆隋字之误。《周礼·守祧》"既祭则藏其隋"，字即作隋，李如圭《仪礼集释》字亦作隋。《说文》："隋，裂肉也。"裂肉即余肉，谓尸所祭之余肉。段玉裁注云："《衣部》曰：'裂，缯余也。'引申之，凡余皆曰裂。裂肉谓尸所祭之余也。"又云："郑以隋为正字，与许同也。今《仪礼》注隋皆作堕，误。"阮校云："《仪礼》隋祭或作堕，或作隋，诸本不能画一。《说文》：'隋，裂肉也。'唐韵徒果切。此字惟《周礼》有之，他经罕见……此注以'堕下'释隋祭，世遂以堕代隋，间有作隋者，据《周礼》正之可也。"胡培翚《正义》亦云："隋，各本皆作堕，惟《集释》作隋。注内六堕字，各本皆同作堕，《集释》惟'堕下'字作堕，余五字皆作隋。……此经及注当以《集释》本为是，今从之。"① 据以上诸说，是郑从古文本字作隋，绥则是通假字。按隋字古音属邪母歌部，绥属心母微部，邪心旁纽，歌微旁转，故绥可通隋。《王力古汉语字典》于"隋"字下亦谓绥、堕皆是其声近通假字，故郑不从今文。同例还见于：

《士虞礼》："无尸……不绥祭。"郑注："绥，当为堕（隋）。"

122.《士虞礼》："隮祔尔于尔皇祖某甫。"郑注："隮，升也。今文隮为齐。"

《说文》隮作跻，曰："登也。"段注："俗作隮。"按登、升义同，是郑训与许同也。又《说文》："齐，禾麦吐穗上平也。"齐、隮叠韵，皆属脂部；齐是从母，隮是精母，从精旁纽，故齐可通隮。胡承珙《疏义》云："郑云'隮，升也。'承珙案，《诗》'朝隮于西'，传云：'隮，升。'《周礼·眡祲》

---

① 胡培翚：《仪礼正义》，《清经解续编》第3册，第766—767页。

'九曰隮'，司农注云：'隮者，升气也。'《说文》作䠱，《广韵》隮与䠱同。今文隮为齐者，《礼记·乐记》'地气上齐'，注：'齐读为䠱。䠱，升也。'《孔子闲居》'至于汤齐'，注读'汤齐'为'汤䠱'，䠱，升也。郑于此二齐字训升也，皆读为䠱。此隮祔亦升义，故不从今文作齐也。"①

123. 《特牲馈食礼》："不諏日。"郑注："諏，谋也。今文諏皆为诅。"

《说文》："諏，聚谋也。"郑训与许同。《说文》又曰："诅，詶也。"詶同咒。諏古音属精母侯部，诅属庄母鱼部，精庄准双声，侯鱼旁转，故诅可通諏。胡承珙《疏义》云："郑云：'諏，谋也。'承珙案：《说文》'諏，聚谋也。''诅，詶也。''詶，诅也。'詶即今之咒字。诅、詶互训，与諏义别。《礼经》'不諏日'，諏正字；诅假借字。"② 故郑不从今文。

124. 《特牲馈食礼·记》："奉盘者东面，执匜者西面。淳沃。"郑注："淳沃，稍注之。今文淳作激。"

按王引之《经义述闻》"今文淳作激"条云："《释文》曰：'激，一本作浮，刘本作徼。'引之案，激与淳声不相近，激当为敦，盖因淳字而误加水旁，形与激近，故讹为激，又讹为徼也。敦、淳声相近，故今文淳作敦。《周官·内宰》'出其度量淳制'，故书淳为敦，是其证矣。"③ 王说是也。据此，则注文激当作敦。《说文》："淳，渌也。"徐灏《说文解字注笺》云："渌谓渍诸水中，沃则以水浇之，许训淳为渌，即所谓淳而渍之也。"④ 郑则训淳为沃。《士虞礼》"淳沃盥"，《考工记·锺氏》"染羽……淳而渍之"，郑注皆云："淳，沃也。"是与许训义近而稍异。又《说文》曰："敦，怒也，诋也，谁何也。"皆与此经义无涉。淳、敦古音叠韵，皆属文部；淳是禅母，敦是端母，禅端准旁纽，故二字可通：淳是本字，敦是通假字，故郑不从古文。

125. 《有司》："（主妇）取糗与腶脩。"郑注："今文腶为断。"

腶是加姜桂等再经捶捣的干肉。《说文》无腶字。《集韵·换韵》："腶脩，捶脯施姜桂也。"《仪礼·有司彻》："入于房，取糗饵与腶脩，执以出。"

---

① 胡承珙：《仪礼古今文疏义》，《清经解续编》第 2 册，第 1148 页。
② 同上。
③ 王引之：《经义述闻》，《清经解》第 6 册，第 858 页。
④ 徐灏：《说文解字注笺》，《续修四库全书》第 226 册，上海古籍出版社，2002 年，第 450 页。

郑注："殷脩，捣肉之脯。"《礼记·郊特牲》："大飨尚殷脩而已矣。"郑注："加姜桂曰殷脩。"断，《说文》训"截也"。殷、断古同音，皆端母元部，声调亦同，故二字可通。胡承珙《疏义》云："案《公羊》庄廿有四年《传》：'断脩云乎。'（按今通行本断作殷，胡氏从《释文》本，云："当以《释文》所据为古。"）何注云：'取其断断自修正。'《公羊》亦今文，故以断为殷。郑以殷正字，断借字，故从古文。"[①]

126.《有司》："其肴体，仪也。"郑注："仪者，尊体尽，仪度余骨可用而用之，尊者用尊体，卑者用卑体而已。今文仪……或为议。"

《说文》："仪，度也。"仪引申为准则、法度，又引申为度量、衡量。故郑注释仪为仪度。又《说文》："议，语也。"与此经义无涉。议、义古同音，皆疑母歌部，声调亦同，故二字可通：仪是本字，议是通假字。王引之云："仪与议古字通，故今文仪或为议也。"[②] 故郑不从今文或本也。

二 从本原字不从区别字（2例）

（一）从今文本原字不从古文区别字（1例）

127.《士昏礼》："北止。"郑注："止，足也。古文止作趾。"

止是趾的本原字，甲骨文、金文止字即象简化的人足形，后乃加足旁造区别字趾。《说文》训止为"下基"，是释其引申义，非本义。然趾字虽出，经典仍习用止为足趾字。《礼记·内则》"奉席请何趾"，《释文》本作"何止"，曰："本又作趾，足也。"《诗·豳风·七月》"四之日举趾"，《汉书·食货志上》引作"举止"。《刑法志》曰："当斩左止。"皆其例。故郑即从今文本原字，而不烦改字从古文区别字也。

（二）从古文本原字不从今文区别字（1例）

128.《聘礼》："聘君若薨于后，入竟则遂。赴者未至，则哭于巷，衰于馆。"郑注："今文赴作讣。"

---

① 胡承珙：《仪礼古今文疏义》，《清经解续编》第2册，第1151页。
② 王引之：《经义述闻》，《清经解》第6册，第858页。

《说文》:"赴,趋也。"段注曰:"《聘礼》'赴者未至',《士丧礼》'赴曰君之臣某死',注皆云:'今文赴作讣。'按古文赴告字只作赴,取急疾之意,今文从言,急疾意转隐矣,故《言部》不收讣字者,从古文不从今文也。"盖告丧以言,故后又造区别字讣,而失其急疾之义。故邵瑛《说文解字群经正字》曰:"正字统当作赴,为急疾走告义。"① 胡承珙《疏义》亦云:"郑意作赴为正,故于此经定从古文。"② 同例还见于:

《既夕礼》:"赴曰:'君之臣某死。'"郑注:"赴,走告也。今文赴作讣。"

三 从本字不从后起之生僻字(1例)

129.《有司》:"其肴体,仪也。"郑注:"仪者,尊体尽,仪度余骨可用而用之,尊者用尊体,卑者用卑体而已。今文仪皆作䐴,或为议。"

按义、仪本一字,甲骨文、金文仪字不从人。《说文》:"义,己之威仪也。"即义之本义。后义借为道义字,故又加亻旁而造仪字,以为威仪之专字,即所谓后起本字。仪引申为准则、法度,又引申为度量、衡量。《说文》曰:"仪,度也。"即释其引申义。《左传》襄公三十年:"君子谓宋共姬女而不妇,女待人,妇义事也。"王引之《述闻》云:"义读为仪,仪,度也,言妇当度事而行,不必待人也。《说文》:'仪,度也。'《周语》曰:'仪之于民,而度之于群生。'又曰:'不度民神之义,不仪生物之则。'仪与义古字通。"③ 故郑注释仪为仪度。"今文仪皆作䐴"者,盖以仪之为度,为凡度之称,而此经所度者,牲体之骨也,故又改亻旁为肉旁而造䐴字。然此字生僻罕见,胡承珙《疏义》云:"承珙案,注又云'今文仪皆作䐴',考《玉篇》、《广韵》、《五经文字》、《九经字样》皆无䐴字,故毛本䐴为曦,然叶钞《释文》作䐴,云'刘音义',是陆所见本实有此䐴字,但郑不从耳。"④

---

① 邵瑛:《说文解字群经正字》,《续修四库全书》第211册,第54页。
② 胡承珙:《仪礼古今文疏义》,《清经解续编》第2册,第1117页。
③ 王引之:《经义述闻》,《清经解》第6册,上海书店出版社,1988年,第921页。
④ 胡承珙:《仪礼古今文疏义》,《清经解续编》第2册,第1152页。

四　从本字不从俗字（4 例）

（一）从今文本字不从古文俗字（1 例）

130.《士丧礼》"设决丽于掔。"郑注："古文掔作捥。"

《说文》："掔，手掔也。"段注："俗作捥。《左传》'涉佗捘卫侯之手及捥'，非古字也。"又《墨子·大取》："断指以存掔。"毕沅注："掔，此捥字正文。"① 是掔本字，捥后起俗字，故郑不从。

（二）从古文本字不从今文俗字（3 例）

131.《士昏礼·记》："视诸衿鞶。"郑注："视乃正字，今文作示，俗误行之。"

按此注自言其例也。古以物示人皆作视。《说文》："视，瞻也。"段注："引申之，凡我所为使人见之亦曰视。"贾疏曰："古文字少，故眼目视瞻与以物示人皆作视字，故注云视乃正字，今文作示，是俗人以今示解古视，故云误也。"

132.《士丧礼》："其实特豚：四鬄，去蹄，两胉、脊、肺。"郑注："今文鬄为剔。"

《说文》："鬄，发也。"又曰："鬀，剃发也。"段注以为鬄、鬀字异义别，因俗人多识鬄，少识鬀，误认为一字，故致讹鬀为鬄。剔字则是鬀之俗省。段注又曰："鬀之本义而引申之，则为解散。《士丧礼》'特豚四鬄'，注曰：'鬄，解也。今文鬄为剔。'"据段氏说，经、注之鬄是讹字，皆当为鬀。是郑从古文鬀，用本字。今文剔则后起俗字，故郑不从。又马叙伦云："此（鬀）字经典无用之者，《仪礼》今文鬄为剔。郑玄注《礼》有鬀字，盖汉时始有之。"② 按鬀字古籍实罕见，盖汉人始用之，故《说文》收之，而郑注从之也。

133.《既夕礼》："宾奠币于栈左服。"郑注："栈，谓柩车也。今文栈

---

① 《墨子》，《诸子集成》第 4 册，上海书店出版社，1986 年，第 243 页。
② 马叙伦说，转引自《古文字诂林》第 8 册，上海教育出版社，2003 年，第 84 页。

作栈。"

栈是木制的车。《说文》:"竹木之车曰栈。"《说文》无轏字。臧琳《经义杂记》卷三"轏辇即栈字"条云:"案栈为竹木之车,故《说文》在木部。《毛诗》、二《礼》皆作栈,与《说文》同。《左传》亦当作栈。《仪礼》今文作轏,盖俗儒以栈是车名,应从车,遂改栈为轏。郑康成因字本作栈,故定从《礼古经》,与《说文》合。"① 是轏亦后起俗字,故郑不从今文。按轏字的本义,今已难确考。《埤苍》曰:"轏,卧车也。"②《玉篇·车部》:"轏,载枢车。"《广韵·铣韵》:"轏,《埤苍》云:'卧车也,亦兵车。'又《仪礼·注》云:'载枢车也。'"《谏韵》又曰:"轏,卧车,又寝车。"是轏的本义究为何车,已不可知。其谓轏为载枢车者,实据此经郑注所引今文本为说。然今文本盖如臧琳所说,乃俗儒所改,而本字则当作栈,故郑不从古文。

五　从本字不从义近字(1例)

134.《有司》:"二手执桃匕枋以挹湆,注于疏匕。"郑注:"桃长枋,可以抒物于器中者。今文挹皆为扱。"

胡承珙云:"《说文》'挹,抒也','扱,收也。'郑云'桃长枋,可以抒物于器中者',则作挹于义更切,故定从古文。"③ 按郑释挹为抒,与《说文》训同。抒即舀取、酌取之义,故徐锴释之曰:"从上酌之也。"④《说文》训扱为收,与挹字义相近,且二字古音叠韵,皆属缉部,然于此经则无扱字之义贴切,故郑不从今文。

六　从本字不从其义近字之通假字(1例)

135.《聘礼》:"宾进,讶受几于筵前。"郑注:"今文讶为梧。"

---

① 臧琳:《经义杂记》,《清经解》第1册,第798页。
② 班固《西都赋》"于是后宫乘辇辂"下李注引,《文选》第1册,中华书局,1977年,第29页。
③ 胡承珙:《仪礼古今文疏义》,《清经解续编》第2册,第1151页。
④ 徐锴:《说文解字系传》,中华书局,1987年,第239页。

《说文》："讶，相迎也。"又曰："梧，梧桐木。"今文梧实际是悟的通假字。《说文》："悟，屰也。"屰后作逆。胡承珙《疏义》云："悟之为梧，亦由声近假借。"① 惠栋《古义》云："梧本作悟，训为逆，讶亦逆也。"② 是迎受义，讶为本字，悟是其义近字，梧又是悟的通假字，故郑不从。同例还见于：

《公食大夫礼》："从者讶受皮。"郑注："今文曰梧受。"

又，《既夕礼》："若无器，则捂受之。"按捂盖当从《释文》作梧。惠栋《古义》云："《既夕》注不叠古文，明古文讶亦有作梧者也。"

七　从通假字不从本字（8例）

（一）从今文通假字不从古文本字（4例）

136.《士冠礼》："宾盥卒，壹揖，壹让，升。"郑注："古文壹皆作一。"

壹的本义为专一，是形容词；一是数词。壹、一两字同音，皆属影母质部，声调亦同，故典籍每假壹为一。故朱骏声《定声》曰："壹，假借为一。"《王力古汉语字典》"壹"下亦曰"通一"。按《仪礼》中壹字凡32见（《士冠》3见，《士昏》1见，《士相见》2见，《乡饮》3见，《乡射》5见，《大射》2见，《聘礼》9见，《公食》6见，《有司》1见），其中31例皆作数词，借为一，只有1例为形容词，用作状语，即《公食大夫礼》"三牲之肺不离，赞者辩取之，壹以授宾"之"壹"，注云："壹犹稍也。"可见假壹为一，《仪礼》习用，故郑不改从古文本字。贾疏曰："一、壹得通用，虽叠古文，不破之也。"又《少牢馈食礼》"主人洗一爵升"，郑注："古文一为壹也。"是此二字今古文亦互作。同例还见于：

《士相见礼》："君答壹拜。"郑注："古文壹作一。"

《乡饮酒礼》："卒洗，主人壹揖、壹让升。"郑注："古文壹作一。"按此注原文壹、一两字互倒，据阮校改。

《士相见礼》："宾入奠挚，再拜，主人答壹拜。"郑注："古文壹为一。"

《乡射礼》："壹揖、壹让，以宾升。"郑注："古文壹皆作一。"

---

① 胡承珙：《仪礼古今文疏义》，《清经解续编》第2册，第1132页。
② 惠栋：《九经古义》，《清经解》第2册，第766页。

《聘礼》："公壹拜送。"郑注："古文壹作一。"

《聘礼》："公于宾壹食，再飨。"郑注："古文壹皆为一。"

《公食大夫礼》："卒盥，公壹揖，壹让。"郑注："古文壹皆作一。"

《公食大夫礼》："赞者辩取之，壹以授宾。"郑注："古文壹作一。"

《有司》："众宾门东北面皆答壹拜。"郑注："古文壹为一。"

137.《士冠礼》："（冠者）筵末坐，啐醴。"郑注："古文啐为呼。"

《说文》"啐"下段注曰："按呼与啐音义皆隔，必是误字。当是'古文啐为嘩'之误，如'古文酳作酌'，今礼酳皆误酌也。"据段氏说，此注呼当为嘩。王筠《说文句读》亦云："呼盖嘩之讹。"《说文》训啐为"小歠"，训嘩为"惊"，二字义别。然啐、嘩古音叠韵，皆属物部；啐是清母，嘩是山母，清山准旁纽，故可通：啐是本字，嘩是通假字。朱骏声《定声》"嘩"下云："《礼经》皆以嘩为之。"桂馥《说文解字义证》"嘩"下注亦云："经典借嘩字。"按《仪礼》凡啐酒字皆借嘩为之。《礼记》亦用嘩而不用啐，如《杂记下》"众宾、兄弟则皆嘩之"，"大祥，主人嘩之"；《乡饮酒义》"嘩酒，成礼也"，等等。是嘩虽通假字而经典习用，故郑从之。

138.《聘礼》："使者朝服帅众介夕。"郑注："古文帅作率。"

率的本义为牵引、率领。率字甲骨文象大索之形：中象索形，两旁点画象示索上散出麻类短纤维；大索用以牵引，故引申为率领字。金文字形有的从行，表示牵引的动状。篆书略同甲骨文，只不过两端加十，象示纠索的工具或绳结。《文选》卷25谢宣远《答灵运诗》："牵率謏嘉藻。"李注引《左氏传》："智伯曰：'牵率老夫，以至于此。'"皆牵率连言，此率即牵的同义词。引申为率领、统帅，此义后造区别字達，《说文》："達，先导也。"帅的本义为佩巾。《说文》："帅，佩巾也。"帅、率古同音，皆山母物部，声调亦同，故人们习假帅为率。蒋绍愚先生说："率是本字，帅是假借字。但在先秦文献中，表示'将帅'的意义时，用'帅'多，用'率'少。所以后来人看到'率'表示'将帅'意义时，反而要加注。如《荀子·富国》：'将率不能则兵弱。'杨倞注：'率与帅同。'"[①] 是帅虽通假字，以人们习用之故，郑即从之而不改。

139.《士虞礼·记》："用专肤为折俎，取诸胉臄。"郑注："古文胉臄为

---

① 蒋绍愚：《古汉语词汇纲要》，北京大学出版社，1989年，第203页。

头嗌也。"

按此经郑从今文本字胳而不从古文通假字头，详上字例75。又《说文》无腊字。《玉篇·肉部》："腊，胳肉也。"此经上文"肤祭，三取诸左腊上"，郑注："腊，胳肉也。"《玉篇》之训盖本此。又《说文》云："嗌，咽也，从口，益声。籀文嗌上象口，下象颈脉理也。"是与腊字义异。胡承珙云："嗌为正字。《玉篇》引《埤苍》云'腊，豕伏槽'，与嗌异义，《礼经》假腊为嗌。郑注'取诸左腊上'云：'腊，胳肉也。'此注于胳不从古文假头，而于嗌又从今文假腊者，殆当时头、胳殊别，嗌、腊通假，学者所易晓与？"① 按嗌、腊皆同益声，二字可通。据胡氏说，假腊为嗌，而释之为胳肉，盖当时已为学者所习知，故郑从之。

（二）从古文通假字不从今文本字（4例）

140.《乡饮酒礼》："众宾辩有脯醢。"郑注："今文辩皆作徧。"

《说文》："辩，治也。"又曰："徧，帀也。"是二字义异。辩字古音属并母元部，徧字属帮母真部，并帮旁纽，元真旁转，二字音近可通：徧是本字，辩是通假字。然郑从通假字而不从本字者，盖以《仪礼》中周徧字习用辩字故也。今检《仪礼》中辩字凡56见（《士相见礼》3见，《乡饮酒礼》5见，《乡射礼》9见，《燕礼》8见，《大射》10见，《公食大夫礼》9见，《少牢馈食礼》12见），而徧字仅2见（《士相见礼》、《士丧礼》各1见）。通假字辩既为《仪礼》所习用，故郑亦相沿而不改。同例还见于：

《乡饮酒礼》："众工则不拜受爵，祭饮，辩有脯醢，不祭。"郑注："今文辩为徧。"

《乡饮酒礼》："众工则不拜受爵，坐祭，立饮，辩有脯醢，不祭。"郑注："今文辩为徧。"

《燕礼》："大夫辩受酬。"郑注："今文辩皆作徧。"

《大射》："大夫辩受酬。"郑注："今文辩作徧。"

《少牢馈食礼》："尸取韭菹辩擩于三豆。"郑注："今文辩为徧。"

《少牢馈食礼》："司士乃辩举。"郑注："今文辩为徧。"

---

① 胡承珙：《仪礼古今文疏义》，《清经解续编》第2册，第1148页。

《有司》:"宰夫赞主人酌,若是以辩。"郑注:"今文辩皆为徧。"

141.《燕礼》:"幂用绤若锡。"郑注:"今文锡为緆。"

锡是金属名。《说文》:"锡,银铅之间也。"《说文》又曰:"緆,细布也。"段注:"今文緆其本字,古文锡其假借字也。《子虚赋》'被阿锡',即《列子》之'衣阿緆'。"朱骏声《定声》"锡"下亦曰:"假借为緆。"按锡、緆古同音,皆属心母锡部,声调亦同,故锡可借为緆。然以緆、锡经典习多通用,故郑不改从本字。胡承珙《疏义》云:"锡与緆古字通,皆取滑易之义,同为细布,或作锡,或作緆耳。"① 按《大射》"幂用锡若绤",郑注:"今文锡或作緆。"是今文亦有作锡之本。

142.《大射》:"总众弓矢、楅,皆适次而俟。"郑注:"今文俟作待。"

《说文》俟训大,竢训待,俟是竢的通假字。《说文》"竢"下段注曰:"经传多假俟为之,俟行而竢废矣。"又《说文》:"待,竢也。"是此经当以今文待为本字。然郑从古文通假字俟,而不从今文本字者,胡承珙《疏义》云:"《礼经》多用俟,少用待,故郑从古文。"② 按《仪礼》中俟字凡65见,而待字仅12见,是"多用俟,少用待"也。

143.《觐礼》:"伯父实来,予一人嘉之。"郑注:"今文实作寔。"

《说文》:"实,富也。"又曰:"寔,正也。"(此据段注本)又曰:"正,是也。"故寔义即是也。段注云:"正与是互训,寔与是音义皆同。"商承祚亦云:"寔与是义同。《尔雅·释诂》:'寔,是也。'《诗·小星》:'寔命不同。'传:'寔,是也。'《书·秦誓》:'是能容之。'《大学》引作寔。"③ 实字古音属床母质部,寔字属禅母锡部,床是齿音,禅是舌音,舌音与齿音为邻纽,故二字可通:寔是本字,实是通假字。典籍中寔每假实为之。故段注又云:"故多有以实为寔者。《韩诗》'实命不犹',即'寔命不犹'也。《大雅·韩奕》'实墉实壑',即'寔墉是壑'也。《周语》'咨于故实',即'故寔'。故韦云:'故事之是者也。'"朱骏声《定声》亦云:"实,假借为寔。"然郑不从今文本字而从通假字者,胡承珙《疏义》云:"此经'伯父实来',犹言'伯父是来',依义当作寔。郑从古文作实者,以二字经典多通,义苟可

---

① 胡承珙:《仪礼古今文疏义》,《清经解续编》第2册,第1128页。
② 同上书,第1130页。
③ 转引自:《古文字诂林》第6册,上海教育出版社,2003年,第785页。

知，不烦改字。如《頍弁》'实维伊何'，笺云：'实犹是也。'言'犹是'者，意谓假实为寔，其义亦犹寔之训是也，故不必改作寔耳。"① 是假实为寔，经典习用，故郑不改从本字。

八　从通假字不从本字之义近字（1例）

144.《士冠礼》："设扃鼏。"郑注："今文扃为鉉。"

《说文》："扃，外闭之关也。"《说文》又曰："鼏，以木横贯鼎耳举之。"（按鼏字不同于此经从冖之冪）段注曰："扃者假借字，鼏者正字。"《说文》又曰："鉉，所以举鼎也。"是鉉与鼏义近。故"鼏"下段注又谓"鉉者，音近义同字"。按鼏亦古文，《说文》"鼏"下引《周礼·考工记·匠人》曰："庙门容大鼏七个。"段注："今本作'大扃七个'，许所据作鼏，用此知《礼经》古本亦作鼏。"然郑不从古文本字作鼏，亦不从今文音近义同字作鉉，而从古文通假字作扃者，盖如胡承珙《疏义》所说，因"经典相承以声同皆易为扃"②，即经典相承习用扃字故也。同例还见于：

《士昏礼》："设扃鼏。"郑注："今文扃作鉉。"
《公食大夫礼》："设扃鼏。"郑注："今文扃作鉉。"
《士丧礼》："抽扃予左手兼执之。"郑注："今文扃为鉉。"
《士虞礼》："设扃鼏。"郑注："今文扃为鉉。"
《士虞礼》："左人抽扃、鼏。"郑注："今文扃为鉉。"
《士虞礼》："皆设扃鼏。"郑注："今文扃作鉉。"
《有司》："乃设扃鼏。"郑注："今文扃为鉉。"

九　从通假字不从通假字之通假字（8例）

（一）从今文通假字不从古文通假字之通假字　（4例）

145.《大射》："既拾取矢，捆之。"郑注："捆，齐等之也。古文捆

---

① 胡承珙：《仪礼古今文疏义》，《清经解续编》第2册，第1136页。
② 同上书，第1119页。

作魁。"

梱、魁古音双声，都是溪母；梱属文部，魁属微部，文微对转，二字可通。胡承珙云："魁与梱一声之转，古文同声假借，郑所不从。"① 然梱的本义为门橛（见《说文》），郑训齐等，实用其通假义。朱骏声《定声》云："梱，假借为稇。《仪礼·大射仪》'既拾取矢，梱之'，注：'齐等之也。'"《说文》稇训"絭束"（按《说文》稇，本或作稛，朱骏声以为作稛误，是也），絭束即以绳束之。盖将束之，必先整齐之，故稇字引申而有齐等之义。可见此经今文梱字是稇的通假字。而古文又假魁为之。魁的本义是汤勺，《说文》曰："魁，羹斗也。"假魁为梱，则是通假字之通假字，义反转迂，故郑不从古文。

146.《聘礼》："肦肉及廋车。"郑注："古文肦作纷。"

肦同颁。《集韵·文韵》："颁，大首皃，或从肉。"朱骏声《定声》"颁"下曰："字亦作肦。"胡承珙《疏义》云："《周礼》'匪颁之式'，郑司农云'颁读为班布之班。'《礼记·王制》'名山大泽不以肦'，注云'肦读为班。'颁、肦皆从分得声，二郑并读为'分瑞玉'之'班'。段氏玉裁云：'颁，古音读如汾，在十三部；班，在十四部：合音最近，古相假借。'承珙案，《仪礼》古文肦作纷者，此又同音假借也。"② 是肦（颁）为班之通假字，而纷又是肦的通假字。郑以作肦（颁）经典习见，故不从古文。

147.《既夕礼·记》："有柲。"郑注："柲，弓檠。古文柲作枈。"

胡承珙《疏义》云："古文枈当作梁。《说文》有梁无枈。《集韵》：'枈，兵眉切，地名。'此即梁之误字。《说文》梁训恶米，此梁之本义，又云'《周书》有《梁誓》'，此地名，皆与弓檠无涉，故郑不从古文也。"③ 据胡氏说，枈是梁的误字。按《说文》："柲，攒也。"假借为弓檠之名。朱骏声《定声》亦曰："柲，假借为弼。《仪礼·既夕·记》'有柲'，注：'弓檠，弛则缚之于弓里。'"按《说文》："弼，辅也。"朱氏《定声》曰："当训'弓辅也'，从重弓、从丙会意。"是朱氏以为弓檠之本字当作弼，是也。弼字古音并母物部，柲字帮母质部，并帮旁纽，物质旁转，故今文假柲为弼。古文

---

① 胡承珙：《仪礼古今文疏义》，《清经解续编》第2册，第1130页。
② 同上书，第1134页。
③ 同上书，第1146页。

第一章 郑玄校《仪礼》兼采今古文之条例考 233

柴则又柲之通假字，故郑不从。

148.《特牲馈食礼》："主妇俎觳折。"郑注："古文觳皆作斛。"

胡承珙《疏义》云："《考工记》'豆实三而成觳。'郑注：'斗二升曰觳。'此觳之本义也。经典借为足跗之名。古文作斛，又是借斛为觳，故郑从今文。"① 按《说文》："觳，盛觵卮也。"段注："盛字当是衍义。觵卮谓大卮。觵者，酒器之大者也。……小者曰卮，可以饮。大卮曰觳，可宁（贮）酒浆，以待酌也。"这是说觳之功用，而郑注"斗二升曰觳"则是说其容量，是皆以觳为盛酒器，故胡氏以为郑注是说觳之本义。又《既夕礼》郑注云："觳，足跗也。"是胡氏所谓"借为足跗之名"。觳、斛古音叠韵，皆属屋部；觳是见母，斛是匣母，见匣旁纽，故古文可借斛为觳，是又通假字之通假字，故郑不从。

（二）从古文通假字不从今文通假字之通假字（4例）

149.《士冠礼》："孝友时格。"郑注："格，至也。今文格为嘏。"

格，本指木的长枝条。《说文》："格，木长兒。"假借为徦。《说文》："徦，至也。"格、徦古音双声，都是见母；格属铎部，徦属鱼部，铎鱼对转，故格可通徦。然因徦字经典多借格或假为之，徦字遂废。《说文》："嘏，大远也。"与此经义无涉。嘏实为格之假借。郝懿行《尔雅义疏》曰："（格）通作嘏。《少牢馈食礼》云：'以嘏于主人。'郑注：'古文嘏为格。'《士冠礼》云：'孝友时格。'郑注：'今文格为嘏。'"② 按嘏字古音属见母鱼部，故今文借为格，是又通假字之通假字，郑所不从。

150.《士昏礼》："主人说服于房。"郑注："今文说皆作税。"

说的本义为谈说。《说文》："说，说释也，从言兑。一曰谈说。"杨树达曰："谈说乃造文之始义，许以说释（悦怿）为正义，殆非也。……谈说者，说之始义也。由谈说引申为说释之说，又引申为悦怿之悦。许君以引义为正义，失其次矣。"③ 说借为解脱字，经传多用之。《易·蒙·初六》："利用刑人，用说桎梏。"《诗·大雅·瞻卬》："此宜无罪，女反收之；彼宜有罪，女

---

① 胡承珙：《仪礼古今文疏义》，《清经解续编》第2册，第1150页。
② 郝懿行：《尔雅义疏》第1册，北京中国书店出版社，1982年，第5页。
③ 转引自：《古文字诂林》第3册，上海教育出版社，2001年，第29页。

覆说之。"《左传》僖公十五年："车说其輹,火焚其旗,不利行师。"是皆假说为脱之例。而税则又说之借字。《礼记·服问》"唯公门有税齐衰",注云："税犹免也。古者说或作税。"胡承珙据此说："此则又古文（说）之假借者矣。"① 同例还见于：

《乡饮酒礼》："说屦。"郑注："今文说为税。"

《乡射礼》："弟子说束。"郑注："今文说皆作税。"

《既夕礼》："主人说髦。"郑注："今文说皆作税。"

《士虞礼》："尸坐不说屦。"郑注："今文说为税。"

《士虞礼》："丈夫说绖带于庙门外。"郑注："今文说为税。"

151.《既夕礼·记》："弓矢之新,沽功。"郑注："今文沽作古。"

沽本水名。《说文》："沽,沽水,出渔阳塞外,入东海。"贾疏云："沽谓麤为之。"按麤沽义字本作盬。《王力古汉语字典》曰："盬,未加工的盐,引申为粗糙,不坚固。"《周礼·天官·典妇功》："凡授嫔妇功,及秋献功,辨其苦良。"郑注引郑司农云："苦读为盬,谓分别其缣帛与布纻之麤细。"沽、盬古音双声叠韵,都是见母鱼部,只是声调不同,故沽可通盬。而今文古又是沽的借字。胡承珙《疏义》云："今文作古,又从沽省借耳。"又云："郑以《丧服传》'冠者沽功',彼沽功为麤功,知此亦当从古文作沽。"②

152.《少牢馈食礼》："主妇被锡。"郑注："被锡,读为髲鬄。今文锡为緆。"

按鬄当作髢,乃俗人所误改（参见字例132）。郑注读被锡为髲鬄（髢）,即以被锡为髲鬄（髢）之借字。而此经今文緆又锡之借字。故胡承珙《疏义》云："古文被、锡二字皆假借,今文之緆又因锡而假借耳。"③ 故郑不从今文。

一〇　从通假字不从义异之字（1例）

153.《少牢馈食礼》："上佐食以绥祭。"郑注："绥或作挼,挼读为堕。……古文堕为肵。"

---

① 胡承珙：《仪礼古今文疏义》,《清经解续编》第2册,第1122页。
② 同上书,第1146页。
③ 同上书,第1150页。

按注"古文堕为肵",堕字乃绥字之误。张淳校云:"按经云'上佐食以绥祭',堕当为绥。后注有云'绥亦当为挼,古文为肵',此'绥为肵'之证也。从经。"① 胡培翚云:"凡隋祭字今文多作绥,此'以绥祭'之绥今文或本又有作挼者,故郑据读为堕,以挼与堕义近也。《有司彻》'不傧尸者,其绥祭',注:'绥皆当作挼,挼读为藏其堕之堕。'此注读为堕,义当与彼同。郑意盖皆读从《周礼·守祧职》'既祭则藏其隋'之隋也。堕当作隋。……云'古文绥为肵'者,郑以肵字于隋祭义尤远,故叠之而不从。"② 按绥祭字本当作隋。《说文》:"隋,裂肉也。"裂肉即余肉,谓尸所祭之余肉。段注云:"《衣部》曰:'裂,缯余也。'引申之,凡余皆曰裂。裂肉谓尸所祭之余也。"又云:"郑以隋为正字,与许同也。"而此经绥则是隋的通假字,《王力古汉语字典》于"隋"字下亦谓绥、堕、挼皆是其声近通假字。而肵字之义为敬,《礼记·郊特牲》:"肵之为言敬也。"(《说文》无肵字)。据上引胡培翚说,因"凡隋祭字今文多作绥",而古文肵字则与隋字音义皆异,故郑从今文通假字绥而不从古文肵字。同例还见于:

《少牢馈食礼》:"上佐食绥祭。主妇西面于主人之北受祭祭之。其绥祭如主人之礼。"郑注:"绥亦当作挼,古文为肵。"按胡培翚《正义》云:"前'上佐食以绥祭'注云:'绥或作挼,挼读为堕(隋)。'郑以此绥字与彼同,故云亦也。但彼文或本有作挼者,故郑就挼读之。此则无作挼之本,故破绥为挼也。"③ 据胡氏说,则注所谓"绥亦当作挼",是说其读当如挼字之读为隋也,非谓此经绥字当改作挼。此亦从今文通假字绥,而不从古文义异字肵之例。

一一 从区别字不从本原字(3例)

(一)从今文区别字不从古文本原字(1例)

154.《士丧礼》:"乃朼载。"郑注:"古文朼为匕。"

《说文》无朼字,朼的本原字作匕。匕是取食器,形如今汤匙而大。甲骨

---

① 张淳:《仪礼识误》卷2,《四库全书》本,第103册。
② 胡培翚:《仪礼正义》,《清经解续编》第3册,第803页。
③ 同上书,第804页。

文、金文之匕字即象从侧面看去的匕形，其上端有一小枝则为挂于鼎沿而设。《说文》"匕"下段注说，匕有两种：一种用以匕黍稷，较小；一种用以匕牲体，较大。匕牲体而载于俎，即所谓匕载。这两种匕古经皆只作匕，至汉时始有作朼者。是朼乃匕之区别字，盖为与匕首字相区别而造。胡承珙《疏义》云："郑君固知匕、朼同字，但今文有作朼者，故时或仍之。"① 按《仪礼》中匕字凡 38 见，朼字仅 9 见。作朼者，盖皆汉人所改，原本皆当作匕。然朼字既已为汉人所习用而易晓，故郑"时或仍之"，不再改从古文本原字。同例还见于：

《少牢馈食礼》："长朼。"郑注："古文朼作匕。"

（二）从古文区别字不从今文本原字（2 例）

155.《既夕礼》："楔貌如轭。"郑注："今文轭作厄。"

金文厄、轭一字，即皆作厄。金文厄字即象衡下有厄分两末可叉于马颈之形。厄字《说文》作卮，训"隘"，是引申义。后厄讹为卮，又加车旁而造軶字，以专司其本义。《说文》："軶，辕前也。"段注："曰辕前者，谓衡也。自其横言之谓之衡，自其扼制马言之谓之軶，隶省作轭。"可见，厄是本原字，轭是区别字。以区别字已为人所习用，故郑不从今文本原字。

156.《士虞礼》："哀荐祫事。"郑注："始虞谓之祫事者，主欲其祫先祖也，以与先祖合为安。今文曰古事。"

阮校云："'今文曰古事'，古，《集释》作合。周学健云：'祫之言合也，作合字文义方协。'"胡承珙《疏义》亦以为"古，《集释》作合为是"。② 是郑注当云"今文曰合事"。按合是祫的本原字。饶宗颐云："合殆祫字。《春秋》文二年：'大事于大庙。'《公羊传》：'大事者何？大祫也。大祫者何？合祭也。毁庙之祖陈于太祖，未毁之主，皆外合食于太祖。五年而殷再祭。'《说文》：'祫，大合先祖亲疏远近也。'卜辞：'合𠂤大御祖乙。'为合祭无疑。祖乙为武丁高祖，其下尚有祖辛、祖丁、阳甲诸世，当并升而合食于祖乙也。"③ 是祫祭字原本作合，后为神之而加示旁造区别字，以为合祭之专字。

---

① 胡承珙：《仪礼古今文疏义》，《清经解续编》第 2 册，第 1142 页。
② 同上书，第 1147 页。
③ 转引自《古文字诂林》第 5 册，上海教育出版社，2002 年，第 382 页。

《说文》释祫之字形曰"从示合",又曰:"示,神事也。"祫字出而为经典所习用,故郑从之。

一二 从后起字不从通假字或假借字(2例)

157.《士丧礼》:"竹笏。"郑注:"今文笏作忽。"

惠栋《古义》云:"《说文》无笏字。注'今文'当作'古文',传写之误。古笏字本作曶。郑氏《尚书》曰'予欲闻六律、五声、八音在治曶'注云:'曶者,臣见君所秉书思对命者也。'……《说文》又云:'曶,籀文作曶,一曰佩也。象形。'曶又与忽通,故《仪礼》'一作忽',是也。"① 据惠氏说,郑注"今文笏作忽"当改为"古文笏作忽"。曶是本字(按金文即有曶字②),忽是音近通假借字,笏则是曶的后起字。故胡承珙《疏义》云:"笏字《玉篇》始有,引字书云'琉也,呼骨切'。徐铉注《说文》尚知此字为后人所加。盖郑本《仪礼》古文作曶,今文假忽为之,后人尽改经注之曶作笏耳。"③ 然笏虽后起而已习用易晓,故郑从之。

158.《士虞礼》:"他用刚日。"郑注:"今文他为它。"

《说文》:"它,虫也,从虫而长,象冤曲垂尾形。上古艸居患它,故相问无它乎。"按它,古蛇字。甲骨文它字即象蛇形,且它、也一字,即皆作它。金文字形稍变化,金文之它即后来也字所从出。后它字借作代词,且本义为借义所夺,故人们又加虫旁造蛇字以表其本义。它字作代词泛指人和物。《诗·小雅·鹤鸣》:"它山之石,可以为错。"《释文》:"它,古他字。"后乃造他字(作第三人称代词则是他字的后起义)。徐灏《注笺》曰:"古无他字,假它为之,后增人旁作佗而隶变为他。"④ 是代词它本假借字,他则后起字,然以他字通行而易晓(按《仪礼》中它、他皆作代词,它字凡9见,他字18见),故郑亦从之而不改。郑注《礼记·檀弓下》引此经亦作他。

---

① 惠栋:《九经古义》,《清经解》第2册,第767页。
② 参见《古文字诂林》第5册,上海教育出版社,2002年,第11页。
③ 胡承珙:《仪礼古今文疏义》,《清经解续编》第2册,第1140页。
④ 徐灏:《说文解字注笺》,《续修四库全书》本,第227册,第7页。

一三　从易晓字不从义晦字(1 例)

159.《大射》:"顺羽,且左还。"郑注:"古文且为阻。"

且是祖的本原字,甲骨文、金文祖皆作且,后乃加示旁。且字假借作连词,表相承关系,犹今言"一边……一边……"。刘淇《助字辨略》曰:"此且字,两务之辞,言方且如此,又复如此也。"①《说文》:"阻,阻险也。"与此经义无涉。阻从且声,故可通且,故古文又假阻为且,义反转晦。胡承珙曰:"郑以当文易晓,故从今。"② 所谓当文易晓,即谓且字作连词已是当时常语,人皆习知其义。

一四　从义训贴切之字不从易生歧义之字(1 例)

160.《聘礼》:"门外米三十车,车秉有五籔。"郑注:"今文籔或为逾。"

胡承珙云:"逾疑当作匬。《说文》匬下云:'甌匬,器也,从匚,俞声。'《玉篇》:'匬,余主切,器受十六斗。'此即《论语》'与之庾'之庾,《集解》引苞注:'十六斗为庾。'与贾逵《左传》注,唐尚书《国语》注皆合。若《周礼·陶人》'庾实二䚈',郑云:'豆实三而成䚈,则䚈受斗二升。庾读如请益与之庾之庾。'承珙案,读如,则郑意《陶人》之庾,非《论语》之庾,故贾疏谓庾本有二法,又引《聘礼》注'今文籔为逾',云'逾即庾也',以为十六斗之庾,是也。"③ 据胡氏说,是逾即庾。然籔受十六斗(《聘礼·记》云"十六斗曰籔");庾则有二法:一受十六斗,一受一斗二升。是从今文或本作庾(逾)则易生歧义,故从古文作籔。同例还见于:

《聘礼·记》:"十斗曰斛,十六斗曰籔,十籔曰秉。"郑注:"今江淮之间,量名有为籔者。今文籔为逾。"

---

① 刘淇:《助字辨略》卷 3,《续修四库全书》第 195 册,第 447 页。
② 胡承珙:《仪礼古今文疏义》,《清经解续编》第 2 册,第 1130 页。
③ 同上书,第 1132 页。

一五　已通用的假借字之假借字
则从之而不改(1 例)

161.《乡射礼》:"三耦及众宾皆袒、决、遂,执弓,各以其耦进。"郑注:"以犹与也。今文以为与。"

《说文》:"与,党与也。"假借为连词,《论语·子罕》"子罕言利与命与仁"是也。又《说文》:"以,用也。"以、与古音双声,都是喻母;以属之部,与属鱼部,之鱼旁转,二字音近,故习多通用。朱骏声《定声》曰"以,假借为与",并举此经、注为例。胡培翚《正义》引胡肇昕云:"以、与一声之转,故古多通用。郑君以今文之与,注古文之以,以其音义相同,不烦改字也。"① 然今文以为与,则又假借字之假借,因古多通用之故,郑不改从今文。

一六　从通用字不从其训诂字(1 例)

162.《乡射礼·记》:"司射释弓,视筭如初。"郑注:"今文曰视数也"。

《乡饮酒礼》"无筭爵"下郑注曰:"筭,数也。"《说文》训算亦为"数也。"按筭、算二字古多通用而不别,故《仪礼》全书皆用筭而无算字,胡培翚《正义》本又尽改作算而不用筭字。《王力古汉语字典》"筭"下说:"《说文》'算,数也',视作动词;'筭,长六寸,计历数者',视作名词,强生分别,古籍中二字通用。现作算。"而今文作数者,胡承珙《疏义》云:"是以训诂字代经文者,故郑不用。"②

一七　从正体字不从其异体字(1 例)

163.《特牲馈食礼》:"主妇视馈,爨于西堂下。"郑注:"炊黍稷曰馈。

---

① 胡培翚:《仪礼正义》,《清经解续编》第 3 册,第 594 页。
② 胡承珙:《仪礼古今文疏义》,《清经解续编》第 2 册,第 1127 页。

古文饎作糦，《周礼》作䭈。"

按《周礼》亦古文。《说文》："饎，酒食也，从食，喜声。《诗》曰：'可以馈饎。'䭈，饎或从配。糦，饎或从米。"是糦、䭈皆饎之异体，郑从正体字饎，而不从其异体字糦。至于《周礼》作䭈，实乃误字。《说文》"饎"下段注云："《说文》饎或从配作䭈，疑今《周礼》配下讹多火也。《特牲馈食礼》注曰：'古文饎作糦，《周礼》作䭈。'"徐养原曰："按䭈，《说文》本作䭈，今从熙，传写之误。《特牲》注误与此同。"① 是䭈乃误字，故郑亦不从。

一八　同为假借字从其相承用久者（1例）

164.《士冠礼》："某有子某。"郑注："古文某为谋。"

胡承珙《疏义》云："此本无正字，皆假借为之。《说文》：'某，酸果也，从木，甘声，厥。'古书多假借此为代名之字。谋亦从某声，故古文又作谋。……郑以代名之字，书传相承作某，故不从古文耳。"② 胡说是也。

一九　同为通假字从其于义切近者（6例）

（一）同为通假字从今文于义切近者（2例）

165.《士昏礼》："主人拂几，授校。"郑注："校，几足。古文校为枝。"

校、枝皆假借字。胡承珙《疏义》云："校盖骹之借字。《说文》：'骹，胫也。'与《既夕》注'校，胫也'训同。"枝则肢之通假字。胡氏又云："古文作枝者，盖四体谓之四肢。《说文》胑或作肢。《逸周书》、《孟子》又作枝。"然郑不从古文作枝者，胡氏云："郑以肢（枝）兼手足，骹（校）则专于足胫，故不从古文。"③ 按此经校谓几足，故胡氏云"专于足胫"。同例还见于：

《既夕礼》："缀足用燕几，校在南。"郑注："校，胫也。古文校为枝。"

---

① 徐养原：《周官故书考》，《清经解续编》第2册，第1218页。
② 胡承珙：《仪礼古今文疏义》，《清经解续编》第2册，第1120页。
③ 同上书，第1121页。

166.《士丧礼》:"陈袭事于房中,西领,南上,不绡。"郑注:"绡读为绠。绠,屈也。古文绡皆为精。"

《说文》:"绠,纤未縈绳。"段注曰:"引申为凡纤曲之称。……凡器物曲陈之皆曰绠。"故郑训绠为屈。又《说文》:"绡,赤缯也。"与绠义异。绡、绠古同音,皆庄母耕部,声调亦同,故可通:绠是本字,绡是通假字。又古文作精者,精古音精母耕部,精庄准双声,故精亦可通绠。是绡、精皆通假字。然郑必从今文绡者,胡承珙曰:"绡从纟旁,于縈屈之义为近,故郑于经从今文作绡,而注则变化其字读为绠,以明其义。"①

(二) 同为通假字从古文于义切近者(4例)

167.《士丧礼》:"士举,男女奉尸,侇于堂。"郑注:"侇之言尸也。今文侇作夷。"

按侇是夷的后起字,而夷与尸在甲骨文、金文中本一字:其字形较简者隶作尸,而较繁者隶作夷;作夷者皆象人执弓形,作尸者则省弓。田倩君说:"夷字从先殷金文、甲骨文、周金文,以及今日的楷书,都离不开弓,凡离开弓的夷字,那是简化了的。"②故夷字本为蛮夷字。《说文》释夷为"东方之人",即东夷人也。盖以东夷之人好持弓矢以为兵,传说中善射的东夷人后羿即其代表,故夷字从大从弓(大即人)。后借为尸体字,《说文》"夷,平也","尸,陈也",即盖皆借为尸体字后的引申义。以尸乃人之尸,故又于夷旁加亻而造侇字,以为陈尸字,即此经侇字所取义。是侇乃夷之后起字(《说文》无侇字)。然典籍中侇、夷二字每通用。如《礼记·丧大记》"男女奉尸夷于堂"即作夷,《释文》云:"夷如字,陈也。本或作侇。"然此经郑从古文侇者,胡培翚《正义》曰:"郑所以释从侇者,为依人作之,于陈尸义尤切耳。"③

168.《士丧礼》:"为垼于西墙下,东乡。"郑注:"今文乡为面。"

《说文》:"乡,国离邑,民所封乡也。"又曰:"面,颜前也。"古皆借为面向、朝向字。故《集韵·漾韵》曰:"乡,面也。"《周礼·撢人》郑注曰:

---

① 胡承珙:《仪礼古今文疏义》,《清经解续编》第2册,第1140页。
② 转引自《古文字诂林》第8册,上海教育出版社,2003年,第798页。
③ 胡培翚:《仪礼正义》,《清经解续编》第3册,第734页。

"面犹向也。"然二字在用法上似有区别。胡承珙《疏义》云:"郑注《周礼·撢人》'使万民和说而正王面',《考工记·匠人》'面朝后市',《礼记·玉藻》'唯君面尊',皆云:'面犹乡也。'惟言人则曰面,言物可曰乡,故此从古文。"① 按胡氏意面本义谓人之"颜前",故借为面向字即多用之于人;乡之本义为乡邑,故借为面向字多用之于物。胡说盖是。《周礼·撢人》及《礼记·玉藻》之面字即皆指人,而此经之壑为物而非人,故当从古文乡字而不从今文面也。又按胡氏所举《考工记·匠人》"面朝后市"之例则不确,此面义为前,非面向字。故孙诒让《正义》曰:"云'面犹乡也'者,《撢人》注同。按乡亦前也。《士冠礼》注云:'面,前也。'"②

169.《特牲馈食礼》:"祝命授祭。尸左执觯,右取菹擩于醢,祭于豆间。"郑注:"《士虞礼》古文曰:'祝命佐食堕祭。'《周礼》曰:'既祭,则藏其堕。'堕与授读同耳。今文改授皆为绥,古文此皆为授祭也。"

按此注堕皆当作隋(参见上字例第121)。胡培翚《正义》曰:"郑不直云'《士虞礼》曰隋祭',而云'《士虞礼》古文'者,盖此字各篇古文多不同,《士虞》古文作隋,此篇古文作授,故云'古文此皆为授祭也'。皆者,皆下文'佐食授授祭'言之也。"③ 是此经古文作授,今文作绥,皆本字隋的通假字。段玉裁《说文》"授"下注曰:"隋当是正字,授、绥当是假借字。"然此经不从今文作绥者,《说文》"绥,车中靶也"(此据段注本),与隋字义异;"授,摧也"(据段注本),与《士虞礼》郑注训隋为"堕下"之义近,故段注曰"摧亦有堕下之义",故郑从古文通假字作授,而不从今文通假字绥也。

170.《特牲馈食礼》:"主人退。佐食授授祭。"郑注:"退者,进受爵而反位。妥亦当为授……今文或皆改妥作授。"

张淳《识误》云:"注云'妥亦当为授',又云'今文或皆改妥作授',则经文授盖妥字也,从注。"④ 据张氏说,则此经授字当依注改作妥。然阮校云:"《士虞礼》疏所举五字独不及妥。"(按《士虞礼》"祝命佐食堕(隋)

---

① 胡承珙:《仪礼古今文疏义》,《清经解续编》第2册,第1140页。
② 孙诒让:《周礼正义》第14册,中华书局,1987年,第3428页。
③ 胡培翚:《仪礼正义》,《清经解续编》第3册,第782页。
④ 张淳:《仪礼识误》卷2,《四库全书》本。

祭"下孔疏曰"此五字，或为堕，或为授，或为羞，或为绥，或为擩"，谓隋祭字《礼经》中有此五作），是孔颖达所见《礼经》无作妥之本，则张氏之说未确。胡培翚《正义》云："杨氏本'反位'下有'受亦当为授'五字，疑'妥'、'受'相似而误。授字今文类多作绥，此则或本有改作授者，故注云然。"① 据胡氏说，则注"妥亦当为授"当如杨氏本作"受亦当为授"；又"授字今文类多作绥"，则注文"今文或皆改妥作授"的妥字盖亦绥字之误，当作"今文或皆改绥作授"。是此经今文又有作授之本，授较绥于本字隋之义为近（说见上例169），故郑从之。

二〇　同为假借字从其较古者（1例）

171.《聘礼》："贾人西面坐，启椟，取圭垂缫。"郑注："今文缫作璪。"

按文采字无正字，古文假缫为之，今文假璪或藻为之，故《说文》"璪"下段注曰："《礼经》文采之训，古文多用缫字，今文多用璪、藻字，其实三字皆假借。"按《说文》："缫，绎茧为丝也。"又曰："璪，玉饰如水藻之文。"（马叙伦校《说文》以为此文当作"玉饰，如水藻"，意为"以玉为饰，垂之如水藻"。②）又《说文》藻是薻的重文，"薻"下曰："水草也……藻，薻或从澡。"是三字皆无文采义，故段玉裁云"三字皆假借"。同为假借字，亦有先后之分：古人盖先假缫字，后假璪、藻字，故古文作缫，今文作璪或藻，郑司农谓缫、藻为古今字。《周礼·弁师》"诸侯之缫斿九就"，郑司农曰："缫当为藻。缫，古字也。藻，今字也。同物、同音。"郑从古文而不从今文者，盖为存古义，故其校《周礼》皆从缫而不破从今文，校此经亦然。同例还见于：

《聘礼·记》："所以朝天子，圭与缫皆九寸……缫三采六等，朱白仓。"郑注："古文缫或作藻，今文作璪。"据此注，是古文亦有作藻之本，郑亦不从。

《觐礼》："乃朝，以瑞玉有缫。"郑注："今文缫或为璪。"

---

① 胡培翚：《仪礼正义》，《清经解续编》第3册，第782页。
② 转引自《古文字诂林》第1册，上海教育出版社，1999年，第274页。

二一　二字义同或义近从其习用者（5 例）

（一）二字义同从今文习用者（1 例）

172.《士相见礼》："举前曳踵。"郑注："古文曳作抴。"

曳、抴二字义同。《说文》："曳，臾曳也。"段注："臾曳双声，犹牵引也。"又《说文》："抴，捈也。"段注："抴与曳音义皆同。《檀弓》'负手曳杖'，《释文》作抴。"然郑不从古文者，《礼记·曲礼下》及《玉藻》皆作"曳踵"，《檀弓上》又有"曳杖"，皆用曳而不用抴，故胡培翚《正义》云："郑以《曲礼》诸篇多作曳踵，故不从古文也。"①

（二）二字义同或义近从古文习用者（4 例）

173.《士相见礼》："宅者在邦则曰市井之臣。"郑注："今宅为託。"

按此注"今"下盖脱"文"字。阮校云："毛本作'今文宅或为託'。徐本无'文或'二字。《集释》有'文'字，无'或'字。《通解》无'文'字，有'或'字。"盖当以李如圭《仪礼集释》本为是。《说文》："宅，人所託也。"又曰："託，寄也。"又《广韵·陌韵》引《说文》："宅，託也，人所投託也。"是宅、託义近。又宅、託古音叠韵，皆属铎部；宅是定母，託是透母，定透旁纽，是二字音亦相近，实为同源字。然郑必从古文宅者，以居宅义习用宅字故也，《仪礼》中凡居宅字皆用宅可证。

174.《士昏礼》："赞启会却于敦南。"郑注："今文启作开。"

《说文》："开，张也。"金文开字即象两手启关之形。《说文》又曰："启，开也。"甲骨文启字即从户口，以户开如张口会意。是二字义同。又开、启二字古音双声，都是溪母，开属微部，启属脂部，微脂旁转，是二字音亦相近，为同源字。然郑必从古文启而不从今文作开者，盖如胡承珙《疏义》所说"古人于启闭字多作启，少作开"② 故也。同例还见于：

《既夕礼》："请启期。"郑注："今文启为开。"

---

① 胡培翚：《仪礼正义》，《清经解续编》第 3 册，第 556 页。
② 胡承珙：《仪礼古今文疏义》，《清经解续编》第 2 册，第 1122 页。

《既夕礼》："启之昕。"郑注："古文启为开。"按胡承珙谓此注"古文"乃"今文"之误。①

《士虞礼》："启会却于敦南。"郑注："今文启为开。"

《士虞礼》："启户。"郑注："今文启为开。"

《少牢馈食礼》："乃启二尊之盖幂。"郑注："今文启为开。"

175. 《乡射礼·记》："无物，则以白羽与朱羽糅。"郑注："糅，杂也。今文糅为缩。"

《说文》糅作粈，曰："杂饭也。"引申为凡相杂之称，故段注："今之糅杂字也。"郑注亦以杂训糅。《说文》又曰："缩，乱也。"乱则杂，是其义与糅亦相近。糅字古音属幽部，缩字属觉部，幽觉二部可对转；糅字古音是日母为舌音，缩字古音是山母为齿音，齿舌为邻纽，是糅、缩二字音亦相近。然糅杂义经典习用糅字，除此经今文，尚未见用缩字之例，故郑不从今文。

176. 《士丧礼》："书铭于末曰：'某氏某之柩。'"郑注："今文末为旆也。"

《说文》："末，木上曰末。"引申为凡物之端、稍。故铭之下端曰末。又《说文》："旆，继旐之旗也，沛然而垂。"引申之亦有垂末义。胡承珙《疏义》云："'末为旆'者，《尔雅》'继旐曰旆'，郭注：'帛续旐末为燕尾者。'《释名》云：'旆，以帛继旐末也。'《说文》：'旆，继旐之旗也，沛然而垂。'是旆本旐之垂者，引申为凡垂之称。《小雅·出车·传》曰：'旆旆，旐垂貌。'又引申之，凡垂末者，亦谓之旆。"② 是旆与末义近。又，末、旆二字古音叠韵，皆属月部；末是明母，旆是并母，明并旁纽，是二字音亦相近。然末端义经典习用末字，罕用旆，故郑不从今文。

二二　二字义同从其于义较古者（1例）

177. 《聘礼·记》："问几月之资。"郑注："资，行用也。……古文资作齎。"

---

① 胡承珙：《仪礼古今文疏义》，《清经解续编》第2册，第1122页。
② 同上书，第1139页。

《说文》:"资,货也,从贝,次声。"又曰:"齎,持遗也,从贝,齐声。"是许氏以二字义别。《周礼·外府》:"共其财用之币齎。"郑注:"齎,行道之财用也。《聘礼》曰:'问几月之齎。'郑司农云:'齎或为资,今礼家定齎作资。'玄谓齎、资同耳,其字以齐、次为声,从贝变易,古字亦多或。"是郑以许氏及郑司农所引今礼家说为非,以为资、齎虽异体而实为一字,声义并同,正如段玉裁《周礼汉读考》所说:"此司农说礼家定齎当作资,而郑君非之,谓二字皆可用,齎从贝齐声,资从贝次声,实一字也。"① 故郑此经从今文作资,而注《周礼·外府》引此经又从古文作齎。然郑于此经必从今文者,胡承珙曰:"盖《周礼》故书齎多作资,(胡氏自注:"《典妇功》、《典枲》注皆云然。")其义较古。郑注《外府》引《聘礼》作齎者,则就《周礼》经文作齎故也。"② 所谓"其义较古",盖谓用作行道财用之义,以资字较古,故郑从之,而叠古文齎字不用也。

二三 二字义近从其于义尤切者(9例)

(一) 二字义近从今文于义尤切者 (5例)

178.《士冠礼》 "兄弟毕袗玄。"郑注:"袗,同也。……古文袗为均也。"

按经、注之袗字皆袀字之误,王应麟《困学纪闻》卷5、惠栋《九经古义》、段玉裁《仪礼汉读考》、胡承珙《仪礼古今文疏义》、胡培翚《仪礼正义》等皆已辨之。段氏《汉读考》云:"注以同释袀,以同玄释袀玄者,此据其字之从匀而言。袀、均字皆取匀会意,不从古文作均者,经言衣服,则字从衣为切近也。"③ 按《说文》无袀字。袀之本义指军中将士穿同一的军服。《玉篇·衣部》:"袀,戎服也。"《广韵·谆韵》:"袀,戎衣也。《左传》曰:'均服振振。'《字书》从衣。"《吕氏春秋》卷16《悔过》:"今袀服回建,左不轼而右之超乘者五百乘,力则多矣,然而寡礼,安得无疵?"高诱

---

① 段玉裁:《周礼汉读考》,《清经解》第4册,第190页。
② 胡承珙:《仪礼古今文疏义》,《清经解续编》第2册,第1133页。
③ 段玉裁:《仪礼汉读考》,《清经解》第4册,第225页。

注:"钧,同也。兵服上下无别,故曰钧服。"① 引申之则为凡同服之称。《汉书·五行志中之上》引《左传》晋献公时童谣曰:"袀服振振,取虢之旂。"颜师古注:"袀服,黑衣。"即谓同为黑色的服装。此经"毕袀玄"则谓同为玄色的服装。是袀、均二字义近,而今文袀字从衣,于此经之义为尤切,故郑从之。

179.《大射》:"(媵爵者)序进酌散,交于楹北,降适阼阶下。"郑注:"古文曰降造阼阶下。"

胡承珙《疏义》云:"案《说文》:'适,之也。''造,就也。'义本相近,故《小尔雅》'造,适也',造亦训适。然《礼经》多用适,少用造,惟《士丧礼》'新盆、盘、瓶、废敦、重鬲,皆濯,造于西阶下',注云:'造,至也,犹馈也。以造言之,丧事遽。'是郑意以造字义别,故于此不从古文也。"② 又《仪礼》中造字用作至、往义,还有两例,皆见于《聘礼》,曰:"若宾死未将命,则既敛于棺,造于朝,介将命。"又曰:"若介死,归复命,唯上介造于朝。"此二造字,皆谓前往见尊者:前者"造于朝"是往见主国之君,后者则是往见本国之君。《王力古汉语字典》"造"下辨造、适二字之义曰:"造、适两字都有前往某处的意思。适只表示行走的方向和去处,所带处所宾语比较广泛;造所带处所宾语往往是指尊贵者或敬畏者,去某处并非目的,去某处要见的人才是目的。这就是造与适的不同之处。"王说是也。考《仪礼》中用造字仅3见,而用适字则多达106见,都是表示行走的方向和去处,是此经以用适字为义切,故郑不从古文。

180.《士丧礼》:"布巾环幅不凿。"郑注:"环幅,广袤等也。古文环作还。"

《王力古汉语字典》"还"字注以为还、环为同源字,云:"还、环同音,都有回转、环绕义,实同一词。"是二字音同义近。郑从今文作环者,郑云"环幅,广袤等也",即谓布之四周边长相等,皆同于布之幅宽。故胡承珙《疏义》云:"环幅者,周一幅也。昭十六年《左传》:'环而堑之。'注:'环,周也。'《尔雅》:'肉好若一谓之环。'李巡注云:'其孔与边肉大小适

---

① 《吕氏春秋》,《诸子集成》第6册,第187页。
② 胡承珙:《仪礼古今文疏义》,《清经解续编》第2册,第1130页。

等曰环。'然则此广袤等曰环幅，亦其义也。故郑从今文。"① 是今文环字于义尤切，故郑从之。

181.《士丧礼》："鬠用组，乃笄。"郑注："古文鬠皆为括。"

《说文》有髺无鬠，段注云："鬠即髺字之异者。"又《说文》："髺，絜发也。"段注："絜发指束发也。"《说文》又曰："括，絜也。"段注："絜者，麻一端也，引申为絜束之絜。"是髺（鬠）、括二字义近，皆有束义。然此经所记为束发，故胡承珙《疏义》云："郑以从髟义近，故从今文。"② 同例还见于：

《士丧礼》："主人鬠发袒。"郑注："古文鬠作括。"

182.《少牢馈食礼》："使女受禄于天，宜稼于田。"郑注："古文禄为福。"

《说文》："禄，福也。"又福字甲骨文、金文皆有之。罗振玉云："（甲骨文福字）从两手奉尊于示前，或省廾，或并省示，即后世之福字。"③ 是福之本义即为福。《说文》释福为"佑"，乃引申义。是禄、福皆有福义，然而有别，徐中舒云："《说文》以福释禄，福为一切幸福之总称，故禄得释福，此通义也。析言之，禄之本义，当释为奉禄。"④ 胡承珙《疏义》云："禄为福者，《尔雅·释诂》：'禄，福也。'本叠韵为训。《诗·既醉》'天被尔禄'，《传》亦云：'禄，福也。'郑笺始以福为五福，禄为禄位，分别言之。此云'受禄于天，宜稼于田'，盖因有田禄以共祭祀，故郑从今文也。"⑤ 是禄、福二字虽义近，而禄字于此经之义尤切，故郑不从古文。

（二）二字义近从古文于义尤切者（4例）

183.《士相见礼》："若君赐之食，则君祭先饭，徧尝膳。"郑注："今云呫尝膳。"

按此注盖有脱误。臧琳《经义杂记》卷9"《穀梁传》呫血"条校云："《释文》：'呫，尝，音贴，他箧反。《穀梁》未尝有呫血之盟。呫，尝也。'

---

① 胡承珙：《仪礼古今文疏义》，《清经解续编》第2册，第1140页。
② 同上书，第1141页。
③ 转引自《古文字诂林》第1册，上海教育出版社，1999年，第98页。
④ 转引自《古文字诂林》第1册，第91页。
⑤ 胡承珙：《仪礼古今文疏义》，《清经解续编》第2册，第1150页。

案咕既训尝，则咕即尝之驳文，咕下不得更著尝字。盖古文'徧尝膳'，今文'徧咕膳'，注'今云咕尝膳'，当作'今文云咕膳'，文脱、尝衍也（按谓郑注脱"文"字，衍"尝"字）。……《说文》口部无咕，食部有䶃，云'相谒食麦也'。……《广雅》二《释诂》䶃、尝同训为食，则䶃为咕之本字无疑。"① 如臧氏说，则郑注当作"今文云咕膳"。按尝，《说文》训"口味之"，是古文用本字。今文作咕，字既生僻，且其本字为䶃，本意为食，与尝义近而有别，故郑不从今文。

184.《公食大夫礼》："伦肤七。"郑注："伦，理也，谓精理滑脆者。今文伦或作论。"

《说文》："伦……一曰道也。"此注郑训伦为理，与《说文》"一曰"训同，又引申之，谓肤之"精理滑脆者"。按《说文》："论，议也。"段注："论以仑会义……《龠部》曰：'仑，理也。'……凡言语循其理、得其宜谓之论，故孔门师弟子之言谓之《论语》。"是论与伦音同而义近。然论字无"精理滑脆者"之义，是此经以从古文作伦于义为切，且《仪礼》中伦肤字无作论者，故郑不从今文或本。

185.《既夕礼·记》："士处适寝。"郑注："今文处为居。"

《说文》："处，止也，夂得几而止。"金文中处字即象人头戴皮冠坐于几上休息之形。段注："引申为居处之字。"《说文》居作凥，曰："凥，处也。"段注："凡尸得几谓之凥，尸即人也，引申为凡凥处之字，既又以蹲居之字代凥，别制踞为蹲居字，乃致居行而凥废矣。"是居、处二字义同。然郑从古文处者，胡承珙《疏义》云："居、处二字，其义略同。然居则有常安之义，处可为暂止之名，故《易·系辞》曰：'上古穴居而野处。'于穴言居，于野言处，微有区别。此适寝本非常居，以疾迁处于此，似以作处于义较切，故郑从古文。"②

186.《聘礼》："辞苟足以达，义之至也。"郑注："至，极也。今文至为砥。"

至字甲骨文、金文皆象矢射中目的之形，其本义为达到，引申为极，故郑训至为极。砥是厎的重文。《说文》："厎，柔石也，从厂，氐声。砥，厎或

---

① 臧琳：《经义杂记》，《清经解》第1册，第842页。
② 胡承珙：《仪礼古今文疏义》，《清经解续编》第2册，第1144页。

从石。"段注曰:"柔石,石之精细者。郑注《禹贡》曰:'厉,摩刀刃石也,精者曰砥。……底者,砥之正字。……底之引申之义为致也,至也。"故《玉篇·厂部》曰:"底,致也,至也。"是砥(底)字与至义近。然砥无极义,是此经无古文至字义切,故郑不从今文。

二四 二字义近从本书中用多者(2例)

187.《士昏礼》:"大羹湆在爨。"郑注:"今文湆皆作汁。"

《说文》:"湆,幽湿也。"引申为肉汁。段注云:"《仪礼音义》引《字林》云:'湆,羹汁也。'《玉篇》、《广韵》同。……肉之精液如幽湿生水也。"《说文》又曰:"汁,液也。"《王力古汉语字典》"湆"下曰:"多指食物中的汁液。"是与湆字义近。然经典相承肉汁字习用湆,故郑亦从之。胡承珙《疏义》云:"《说文》虽只训湆为幽湿,而经典相承,皆以湆为肉汁字。其汁字则古人多假借为和叶字。如《周礼·大史》'协事'注:'故书协作叶。杜子春云:书亦或为协,或为叶。'又《大行人》'协辞命'注:'故书协辞命作汁词命。'《乡士》'汁日刑杀',司农注云:'汁,合也,和也。'《方言》'斟、协,汁也',郭注:'汁谓和协也。'故郑于此仍依古文作湆耳。"[①] 同例还见于:

《公食大夫礼》:"大羹湆不和。"郑注:"今文湆为汁。"

《特牲馈食礼》:"设大羹湆于醢北。"郑注:"今文湆皆为汁。"

《有司》:"羊肉湆。"郑注:"今文湆为汁。"

188.《公食大夫礼》:"右人抽扃,坐,奠于鼎西,南顺。"郑注:"今文奠为委。"

奠字甲骨文、金文皆象置酒于地或丌(丌象承尊器)之形,故《说文》曰:"奠,置祭也。"段注:"引申为凡置之称。"委字《说文》训为随,盖非其本义。甲骨文有委字,盖从禾而女声,其本义为禾积,《周礼》有委人,孔子尝为委吏,皆主禾积之官可证。[②] 禾积则当置而藏之,故引申而有置义。

[①] 胡承珙:《仪礼古今文疏义》,《清经解续编》第2册,第1121页。
[②] 此用马叙伦说,见《古文字诂林》第9册,上海教育出版社,2004年,第837页。

《仪礼·乡射礼》："弟子取矢，北面坐委于福。"《战国策·燕策三》："是以委肉当饿虎之蹊，祸必不振矣。"《世说新语·雅量》："羊了不昞，唯脚委几上。"① 《齐民要术·作豉法》："漉水尽，委著席上。"② 是皆以委置字用之也。胡承珙《疏义》云："《毛传》云：'奠，置也。'《荀子·大略》云：'置质，犹言委质也。'高诱注《吕览》云：'置犹委也。'是奠与委义本相近。下文云'大夫既匕，匕奠于鼎'，又云'旅人取匕，甸人举鼎，顺出，奠于其所'。此篇多作奠，故从古文。"③ 奠、委二字义近，亦皆可用，然以《仪礼》中多用奠而少用委，故郑从用多者。按《仪礼》全书作放置义用奠字凡 401 见，用委字仅 33 见，且《公食大夫礼》全篇亦尽用奠字（凡 7 见），而无一委字，故郑不从今文。

二五　从习用之通假字不从其本字之义近字（1 例）

189.《特牲馈食礼》："乃宿尸。"郑注："宿读为肃。肃，进也。进之者，使知祭日当来。古文宿皆作羞。"

肃义为敬，《说文》曰："肃，持事振敬也。"引申为恭敬地引进，故有进义。《尔雅·释诂下》曰："肃，进也。"又《礼记·曲礼上》"主人肃客入"，郑注亦云："肃，进也。"宿则无进义，《说文》："宿，止也。"然宿、肃二字古同音，皆心母觉部，声调亦同，可相通假，故郑注云"宿读为肃"。朱骏声亦云："宿，假借为肃。"是肃为本字，宿为通假字。又羞亦进，《说文》曰："羞，进献也。"段注："引申之，凡进皆曰羞。《今文尚书》：'次二曰羞用五事。'羞，进也。"是羞、肃二字义近。然郑不从羞，而从肃之通假字宿者，以经典习用故也。胡培翚云："今案羞虽亦训进，而各经宿戒字无作羞者，故郑不从古文也。"④ 是郑据经典习用以决从今文通假字。同例还见于：

《少牢馈食礼》："宿。前宿一日，宿戒尸。"郑注："古文宿皆作羞。"

---

① 《世说新语》，《诸子集成》第 8 册，第 100 页。
② 《齐民要术》，《百子全书》第 4 册，卷 8，第 5 页。
③ 胡承珙：《仪礼古今文疏义》，《清经解续编》第 2 册，第 1135 页。
④ 胡培翚：《仪礼正义》，《清经解续编》第 3 册，第 778 页。

二六　二字通用从其义切者(2 例)

190.《聘礼》："问大夫之币俟于郊，为肆。"郑注："肆犹陈列也。古文肆为肄。"

按肄、肆甲骨文、金文本一字，后字形变化而有肄、肆二字，义亦各异：肄，《说文》训"习也"；肆，《说文》训"极陈也"。人们遂以《说文》之训为此二字之本义。然此二字实为一字之分化，本同源，故典籍中每通用。宋世荦云："《仪礼·聘礼》'为肆'，注：'古文肆为肄。'《小戴记·玉藻》'肆束及带'，注：'肆读为肄。'《曲礼》'大夫与士肄'，《内则》'请肄简、谅'，陆德明本并作肆。《学记》'《宵雅》肄三'，《释文》：'肄，本又作肆。'《春秋》左文四年《传》：'臣以为肄业及之也。'陆德明本肄作肆。昭十三年《传》：'若为三师以肄焉。'《释文》：'本又作肆。'"① 是皆二字通用之证。肄、肆虽可通用，然习义终以肄字为切，故郑不从古文。

191.《聘礼·记》："十筥曰稯，十稯曰秅。"郑注："古文稯作緵。"

稯、緵同音，皆量词，而义微别。计禾数曰稯，此《聘礼·记》是也。计布缕数则曰緵，《史记·孝景本纪》"令徒隶衣七緵布"是也。然稯、緵二字古每通用而不别，故《说文》无緵字，而于"稯"下曰："布八十缕为稯。"段玉裁以为此处有夺文，"布"上必云"禾四十秉为稯"。是计禾与布缕皆可言稯。而古文作緵者，盖谓计禾与布缕亦皆可言緵。故段注云："布缕与禾把皆数也，故同名。"然此记"十筥曰稯"是言禾数，当以从禾之稯字于义为切，故胡承珙云："郑以十筥曰稯为禾数，故从今文。"②

二七　二字通用从书中用多者(1 例)

192.《聘礼》："管人布幕于寝门外。"郑注："今文布作敷。"

---

① 宋世荦：《周礼故书疏证》卷三，《续修四库全书》第 81 册，第 177 页。
② 胡承珙：《仪礼古今文疏义》，《清经解续编》第 2 册，第 1134 页。

布、敷二字同源通用。《王力古汉语字典》"铺"下说:"铺、布、陈三字声母相近,均属鱼部,在布陈、敷陈这个意义上同源。'铺敦淮溃',《韩诗》作'敷'。《广雅·释诂》三:'铺,布也。'《书·禹贡》:'禹敷土。'郑注:'敷,布也。'"是布、敷二字此经皆可用。然郑不从今文作敷者,胡承珙云:"郑以此经铺陈字多作布,如《士冠礼》'布席于门中',《士昏礼》'媵布席于奥,御布对席'之类,故于此经从古文作布。"① 胡氏说是也。《仪礼》中凡铺陈字皆作布,而无作敷者,郑从书中习用之字,故不从今文。

二八 二字通用则不烦改字(6例)

193.《大射》:"大射正执弓,以袂顺左右隈。"郑注:"今文顺为循。"

《说文》:"顺,理也。"循理则顺,故引申为循。《释名·释言语》:"顺,循也,循其理也。"② 又《说文》:"循,行顺也。"桂馥《说文解字义证》曰:"行顺也者,当为顺行。"是循、顺义同,古籍亦多通用。胡承珙《疏义》云:"案顺、循声义并同。《庄子·天下篇》'己之大顺',《释文》云:'顺,本作循。'"③ 徐养原《疏证》亦云:"顺、循二字义同音近,古盖通用。"④ 按此经之顺,义实即循,郑盖以二字通用而皆易晓,故不改从今文。

194.《大射》:"摈者以命升宾。宾升就席。"郑注:"今文席为筵。"

胡承珙《疏义》云:"筵、席散文固通,然此经上下文多言席,惟上文'司正以命升宾,宾升复筵',彼古今文皆作筵,即不必破为席。此既古文作席,故叠今文不用也。《士虞礼》'古文席为筵'者,按本篇首云'素几、苇席在西序下',其下凡为神设者,皆言席,惟'筵祝,南面'一言筵耳。其记饯尸云:'尸出,执几从、席从。'注云:'几、席,素几、苇席也。'下云'无尸则不饯,犹出几席,设如初',如初者,谓如饯尸时,'席设于尊西北,东面,几在南'。然则此文仍当作席,故郑又叠古文筵不用也。"⑤ 按筵、席二

---

① 胡承珙:《仪礼古今文疏义》,《清经解续编》第2册,第1132页。
② 此据王先谦《释名疏证补》本,上海古籍出版社,1984年。本章以下凡引《释名》皆据此本,不复注。
③ 胡承珙:《仪礼古今文疏义》,《清经解续编》第2册,第1131页。
④ 徐养原:《周官故书考》,《续经解》第2册,第1240页。
⑤ 胡承珙:《仪礼古今文疏义》,《清经解续编》第2册,第1131页。

字经典多通用，今古文亦多互作。故此经从古文作席而注云"今文席为筵"，《士虞礼》又从今文作席而注云"古文席为筵"。是皆因筵、席通用之故，郑即据当篇所用多者从之，而不烦改字也。

195.《聘礼》："君使卿韦弁归饔饩五牢。"郑注："今文归或为馈。"

归、馈二字同源通用，今古文亦多互作，故郑每各从所作而不改。胡承珙《疏义》云："《论语》'咏而归'，'归孔子豚'，'齐人归女乐'，《释文》并云'归，郑本作馈。'盖《鲁论》皆作归，郑从古文作馈。此《仪礼》则古文作归，今文作馈，郑又从古文作归者，古文家亦各有师承，经字不必尽同。《士虞礼》注云：'馈犹归也。'馈与归音义并通，故各从所作。《仪礼》古文不必与《论语》同也。"又云："此经古文作归者，本与馈同义，故不必改从今文作馈。"① 按《仪礼》中馈饷义归、馈二字错出，郑皆沿而不改，皆缘二字同源通用而易晓，故不烦改字。同例还见于：

《聘礼》："夕，夫人归礼。"郑注："今文归作馈。"

196.《聘礼》："公使卿赠如觌币。"郑注："今文公为君。"

胡承珙《疏义》云："郑叠今文不用者，公与君本为通称，于义无别，经文固无定例。此节古文作公，故不复易之。"② 按公、君义同而通用。《尔雅·释诂》："公，君也。"《既夕礼》"公赗"，郑注曰："公，国君也。"又顾炎武《日知录》卷20"非三公不得称公"条曰："平王以后，诸侯通称为公。"③ 故《仪礼》中诸侯国君或称公，或称君，义无定例，郑亦皆从而不改。

197.《士昏礼·记》："至於某之室。"郑注："今文於为于。"

按于、於二字同源通用。《尔雅·释诂》："于，於也。"《广雅·释言》："於，于也。"胡承珙云："于、於二字经传通用为语辞。郑于《昏礼》、《大射仪》从古文作於，《既夕礼》又从古文作于者，正欲见古文二字已通用耳。"④ 是今古文于、於二字通用而互作，故郑亦两从之而不烦改字。同例还见于：

---

① 胡承珙：《仪礼古今文疏义》，《清经解续编》第2册，第1132页。
② 同上书，第1133页。
③ 据黄汝成《日知录集释》本，岳麓书社，1994年。
④ 胡承珙：《仪礼古今文疏义》，《清经解续编》第2册，第1122页。

《大射》:"士御於大夫。"郑注:"今文於为于。"
《既夕礼·记》:"寝东首于北墉下。"郑注:"今文于为於。"
198.《乡饮酒礼》:"介俎脊、胁、肫、胳、肺。"郑注:"今文胳作骼。"
按胳骼二字,实因形旁义近而通用。此类字甚多,如肌与飢、脾与髀、骴与胔、胼与骿、胲与骸、股与骰、膑与髌,及此胳与骼等等,皆是。① 正因为胳骼二字可通用,故今古文亦互作。如此经用古文作胳,而注云"今文胳作骼"。《有司》"羊骼一",郑注云:"古文骼为胳。"是《有司》今文又作骼而注存古文胳字。故郑亦两从之而不加改一。

二九 二字异名同实则从书中习用者(1例)

199.《聘礼》:"加其奉于左皮上。"郑注:"古文奉为卷。"
奉,所奉以致命,谓束帛及玄纁也。古文奉为卷,奉本动词,谓两手奉持之。金文奉字即象双手捧持物之形,此义后写作捧。因束帛皆两手奉持,故即以奉字指代束帛,用作名词。又凡币帛都是卷起来的,帛四丈从两端向内卷之,每端二丈为一卷,二卷相合则为一两,五两为一束,即所谓束帛,故亦用卷字来指代束帛。胡承珙云:"'古文奉为卷'者,《礼记·杂记》'纳币一束,束五两,两五寻',注云:'五两五寻,则每卷二丈也。'是则束帛本有卷称,郑不从者,以下文行礼,凡币皆言奉故也。"② 是奉、卷二字皆指束帛,异名而同实。然《仪礼》中凡束帛皆奉持之,束锦亦然(束锦之制同束帛)。即以《聘礼》为例,凡束帛、束锦皆曰奉,其中"奉束帛"4见,"奉币"(币亦即束帛)6见,"奉束锦"2见,而"卷币"仅1见,郑从书中习用者,故从今文奉,而不从古文卷字。

三〇 二字异名同实从其名实较切者(1例)

200.《既夕礼·记》:"设依、挞焉。"郑注:"今文挞为銛。"

---

① 参见高明:《中国古文字通论》,北京大学出版社,1996年,第136—137页。
② 胡承珙:《仪礼古今文疏义》,《清经解续编》第2册,第1122页。

按挩、铦二字，异名而同实，皆指弣侧矢道，即后世所谓箭溜。朱珔《说文假借义证》说箭溜曰："以韦若骨及金玉为之，大如钱，嵌入弣侧，以别上下，射时在弓之右，矢之上，矢由此而去，故名溜。"① 古文作挩，盖取挩有达、疾之义。《诗·商颂》"挞彼殷武"，《释文》引《韩诗》云："挞，达也。"毛传云："挞，疾也。"盖谓矢由此而发，可疾达于的也。今文作铦者，盖以铦有利义。《广雅·释诂二》："铦，利也。"是与挩疾之义相近。然用作矢道名，终以挩字之义为切，故胡承珙云："郑以挩义较切，故从古文。"②

三一　二字同为异体字从其习用易晓者（1例）

201.《聘礼·记》："宰夫始归乘禽，日如其饔饩之数。"郑注："古文饩为既。"

按此注阮校本原文作"既为饩"，乃误倒。胡承珙校曰："案十行本作'古文既为饩'，疏标目亦云'注稍禀至为饩'，毛本同。盖皆传写误倒，今更正。"③《说文》："氣，馈客之刍米也，从米，气声。《春秋传》曰：'齐人来氣诸侯。'餼，氣或从既。饩，氣或从食。"是饔饩字之正体作氣，而餼、饩皆氣之异体重文。段注云："今字假氣为云气字，而饔饩字乃无作氣者。"然经典饔饩字亦有作既者，如《中庸》"既禀称事"，注云："既读为饩。"《大戴礼·朝事》"私觌致饔既"，既亦即饩字。此经古文亦作既。段玉裁认为以上既字皆餼字之省。又曰："从食而氣为声（按指饩字），盖晚出俗字，在假氣为气（气是云气之本字）之后。"是饩乃晚出之异体字。郑之所以从饩者，盖以经典习用而易晓故也。按《仪礼》中凡饔饩字皆作饩，而无作既（餼）者。胡承珙云："郑注《中庸》云'既读为饩'者，转从今字，使人易晓。"④

---

① 朱珔：《说文通假义证》，《续修四库全书》本，第215册，第268页。
② 胡承珙：《仪礼古今文疏义》，《清经解续编》第2册，第1146页。
③ 同上书，第1134页。
④ 同上。

三二　二字音近义同今古文亦互作
则划一其字（1 例）

202.《士昏礼》："並南上。"郑注："今文並当作併。"

胡承珙校此注文云："'当'字疑衍。"① 胡校是也。按並的本原字作竝，甲骨文、金文即作竝，象二人並立之形，並是竝的隶变。竝、併二字古不同音：竝属並母阳部，併属帮母耕部，然帮并旁纽，耕阳对转，音亦可通。又竝、併义同，《说文》："竝，併也。""併，竝也。"二字互训。故竝、併二字古通用，《仪礼》中並（竝）、併二字今古文亦互作。如此经古文作並，《有司》"雍人合执二俎，陈于羊俎西，並"，郑注："古文並皆作併。"是今文又作並。然郑校《仪礼》，则皆划一其字而作並。胡承珙云："郑注此经竝（並）皆训併。……然郑意经字则一概从竝（並），故《有司彻》注又叠古文作併者不用也。"② 同例还见于：

《聘礼》："皆二以並。"郑注："今文並皆为併。"

《公食大夫礼》："二以並。"郑注："並，併也，今文曰併。"

《公食大夫礼》："二以並，北陈。……二以並，南陈。"郑注："今文並作併。"

《士丧礼》："二人以並。"郑注："今文並为併。"

《少牢馈食礼》："皆二骨以並。"郑注："今文並皆为併。"

《有司》："雍人合执二俎，陈于羊俎西，並。"郑注："古文並皆作併。"

三三　二字义同而礼书中用各有宜
则据以决所从（1 例）

203.《特牲馈食礼·记》："刌肺三。"郑注："今文刌为切。"

胡承珙《疏义》云："案《礼经》举肺谓之离肺。《士冠礼》'离肺'注

---

① 胡承珙：《仪礼古今疏义》，《清经解续编》第 2 册，第 1122 页。
② 同上。

云：'离，割也。'盖离者午割之，离而不殊，留中央少许相连，祭时以右手绝而祭之，其余在左手者，则哜之也，故亦谓之哜肺。祭肺谓之刌肺，《公食大夫礼》'三牲之肺不离'，注云：'不离者，刌之也。不言刌，刌则祭肺也。故此'刌肺三'注云：'为尸、主人、主妇祭。'《说文》：'刌，切也。''切，刌也。'二字双声同义，故今文于刌肺之刌作切，于'安下切上'之切又作刌。郑义盖以专指牲体之名则作刌，兼言剥割之事则作切，故于二处皆从古文。"① 按《少牢馈食礼》"心皆安下切上"，郑注："今文切皆为刌。"据胡氏说，"刌肺三"之刌肺是专指用于祭的牲体名，故从古文作刌而不从今文作切；《少牢》"心皆安下切上"的切则是说的剥割之事，故亦从古文作切而不从今文作刌。是皆据名物之所宜，以决所当从之字。

三四　不从误字（20例）

（一）不从古文误字（13例）

204.《士昏礼》："宾执雁，请问名。主人许。宾入，授，如初礼。"郑注："古文礼为醴。"

敖继公《仪礼集说》云："初礼，'三揖'以下之仪也。"② 是所谓"初礼"，指上文记行纳采礼"至于庙门，揖入，三揖至于阶，三让"以下之礼，是此"礼"显指礼仪，故不从古文"醴"字。按醴、礼（禮）二字皆从豊声，本可通。俞樾云："醴、礼二字，《礼经》通用。"③ 郑盖以借醴为礼，人易误以为醴酒字，故每指为误字。如《士昏礼》"出请醴宾"，注云："此醴当为礼。"《礼记·内则》"宰醴负子"，注云："醴当为礼，声之误也。"郑既以古文为误字，故不从。

205.《乡射礼》："而后下射射。"郑注："古文而后作後，非也。《孝经》说'然后'曰：'后者，後也。'当从后。"

此所引《孝经》乃《孝经·援神契》文。按先後字，後是本字。《说文》："後，迟也。"甲骨文後字即象足有所系故後而不得前之形。后本为君后

---

① 胡承珙：《仪礼古今文疏义》，《清经解续编》第2册，第1149—1150页。
② 敖继公：《仪礼集说》卷2，《四库全书》本。
③ 俞樾：《群经平议·礼记》四，"执醴授之执镫"条，《清经解续编》第5册，第1151页。

字，在此是後的同音通假字。胡承珙《疏义》云："经传多借后为後，郑非不知后为後之假借。《聘礼·记》'君还而后退'，注云：'而后犹然後也。'此注必云'当从后'者，正以古文多假借，当本作后。《孝经》亦古文，故引以为证。又《大射仪》'而后下射射'，彼今古文盖皆作后，故以此古文作後者为非，谓是传古文者之误。古文本当作后，不作後也。"① 据胡氏说，郑所见古文本作後，乃误字。古文多用假借字，故当作后，不作後，故郑直指其"非也"而不从。

206.《燕礼》："（主人）更爵洗，升，酌膳酒以降，酢于阼阶下。"郑注："更爵者，不敢袭至尊也。古文更为受。"

《说文》："更，改也。"受则为授受字。更、受二字音义皆异。胡承珙《疏义》云："案郑注：'更爵者，不敢袭至尊也。'《特牲》注云：'主人更爵自酢，男子不承妇人爵也。'宾更爵自酢，亦不承妇人爵。更与受声义皆不相近，古文作受者，字之误，郑所不从。"② 同例还见于：

《大射》："（主人）更爵洗"，郑注："易爵，不敢袭至尊。古文更为受。"

《特牲馈食礼》："主人更爵酯醋。"郑注："古文更为受。"

《特牲馈食礼》："更爵酢于主人。"郑注："古文更为受。"

207.《大射》："以商至乏，声止。"郑注："古文声为磬。"

声、磬虽同部，然义迥异，故胡承珙《疏义》云："古文声为磬者，字之误。"③ 盖以形近致误也。

208.《大射》："授获者，退立于西方。获者兴，共而俟。"郑注："古文获皆作护，非也。"

获、护二字虽音近而义异。胡承珙《疏义》云："案古文获作护者，声之误。"④ 徐养原《疏证》亦云："护乃字之误，盖传写古文者失之。"⑤

209.《聘礼》："明日问大夫。"郑注："古文曰问夫人也。"

胡承珙《疏义》云："此经所云'宾请有事于大夫也'，盖以聘日请之，

---

① 胡承珙：《仪礼古今文疏义》，《清经解续编》第2册，第1126页。
② 同上书，第1128页。
③ 同上书，第1130页。
④ 同上。
⑤ 徐养原：《仪礼古今文异同疏证》，《清经解续编》第2册，第1240页。

明日行之，郑云：'不以残日问人，崇敬也。'古文曰'问夫人'者，盖涉下文'夕，夫人归礼'而误耳。"① 是古文"夫人"乃"大夫"之误，故郑不从。

210.《觐礼》："四传摈。"郑注："古文传作傅。"

传（傳）、傅二字虽形近而音义皆异，古文傅显系误字。胡承珙《疏义》云："傅与传声义皆不相近，自由形似而误。《周礼·训方氏》'诵四方之传道'，注：'故书传为傅。杜子春云当为传。'是也。"②

211.《士丧礼》："决用正王棘若檡棘。"郑注："古文王为玉。"

按小篆王、玉皆作三横中贯以一竖，唯王字之中画靠上，玉字则三画均，故古书中二字每易相混。胡承珙《疏义》云："小篆玉与王皆三画，惟玉三画匀，王中画近上，不匀，故古书每多相溷。《尔雅》凡物之大者有王名，如'蟒，王蛇'之类。《周礼·渔人》亦云：'王鲔，鲔之大者。'此注云'王棘与檡棘，善理坚刃者'，盖棘之善者，亦以王名之，故从今文作王。"③ 是古文玉乃王字之误，故郑不从。

212.《士丧礼》："褖衣。"郑注："古文褖为缘。"

褖，王后燕居或祭祀所穿的一种服装名。《说文》无褖字。《玉篇·衣部》："褖，褖衣。"《集韵·换韵》："褖衣，黑衣，王后之服。"《周礼·内司服》"缘衣"下郑注云："此缘衣者，实作褖衣也。褖衣，御于王之服，亦以燕居。……缘，字之误也。"按《周礼》为古文经，故字作缘，与此经古文同。而郑以缘为误字，故不从之。

213.《士丧礼》："幂奠用功布。"郑注："古文奠为尊。"

尊字甲骨文、金文从廾从酉，象双手捧酒器之形。篆书则作尊、算二形，作算者则与奠相似，故奠易误作算，而算又传写作尊也。胡承珙引惠栋曰："古尊字作算，与奠相似，故讹从之。"④ 是古文尊乃奠字形近之误，故郑不从。

214.《士丧礼》："告于莁卜与主人：'占曰：某日从。'古文曰为日。"

---

① 胡承珙：《仪礼古今文疏义》，《清经解续编》第 2 册，第 1134 页。
② 同上书，第 1137 页。
③ 同上书，第 1140 页。
④ 同上书，第 1141 页。

郑谓古文"占曰"作"占日",日字显系曰字形近之误。或如胡承珙说,是涉下文而误,其《疏义》云:"案此谓'占曰'之曰,古文作日,盖涉下'某日'日字而误。"①

215.《既夕礼·记》:"篚在东,南顺,实角觯四。"郑注:"古文角觯为角柶。"

郑谓古文"角觯"的觯作"柶",此亦涉下文而误。胡承珙《疏义》云:"案《士丧礼》云:'东方之馔,两瓦瓶,其实醴、酒,角觯、木柶。'此记'角觯'古文为'角柶'者,盖涉下'木柶'柶字而误。"②

216.《特牲馈食礼》:"尸备答拜焉。"郑注:"备犹尽也。古文备为复。"

《说文》:"备,慎也。"按慎乃具之误。马叙伦云:"《华严经音义》七十五引作'具也'。伦按'慎也'者,当为'具也'。经记无以慎训备者。具讹为俱,又讹为慎也。《广雅·释诂三》:'备,具也。'"③ 是备义为具,故郑释之为"犹尽也"。又《说文》:"复,往来也。"无尽义,故此经备不可改为复。胡培翚《正义》云:"案复与备义异,古文盖字误,故郑不从。"④

(二)不从今文误字(7例)

217.《士相见礼》:"众皆若是。"郑注:"今文众为终。"

《说文》:"众,多也。"甲骨文众字作日下三人之形,会多人在日下劳作之意,故本义为众人。金文日讹作目,篆书承之。终则为终结字,甲骨文终字象一根丝之两端打结,即会终结意。是终与众义异。然二字双声叠韵,皆属照母冬部,仅声调不同,是音极相近,故致误。

218.《乡射礼》:"主人升就席。……主人阼阶上再拜,宾西阶上答再拜。皆揖就席。"郑注:"今文揖为升。"

注谓今文"皆揖就席"作"皆升就席"。按"升就"连用则文复,且据《仪礼》文例,凡登席,言升则不言就,言就则不言升。《仪礼》中亦有"升就"连用者(如此经即言"主人升就席"),然其义皆为自堂下升堂而就席,

---

① 胡承珙:《仪礼古今文疏义》,《清经解续编》第2册,第1143页。
② 同上书,第1144页。
③ 转引自《古文字诂林》第7册,上海教育出版社,2002年,第322页。
④ 胡培翚:《仪礼正义》,《清经解续编》第3册,第787页。

是指前后相关的两个动作。现在主人在阼阶，宾在西阶，宾主皆已在堂上，故不得复言"升就席"。是今文"升"乃误字，当从古文作"撎"。胡承珙《疏义》云："案上文云'宾升席'，'主人升席'，言升则不言就，言就则不必言升。又云'大夫及众宾皆升就席'者，谓自堂下升也。此宾主皆在阶上，不必言升。今文涉上'主人升就席'而误，故郑从古文。"① 同例还见于：

《有司》："主人就筵。"郑注："古文曰升就筵。"

219.《士丧礼》："设冒橐之，帉用衾。"郑注："今文橐为櫜。"

《说文》："櫜，车上大橐。"段注："云车上大橐者，谓可藏任器载之于车也。……引申之义，凡韬于外者皆为櫜。"《说文》又曰："橐，囊也。"段注："《大雅》毛传曰：'小曰橐，大曰囊。'……许多用毛传，疑当云'橐，小囊也'。……此盖有夺字。"是橐、櫜义近，皆谓囊，唯大、小为异。此经之橐是为冒尸而设，自当用大囊，故字当从古文作櫜，而不当用小囊之橐。盖因橐、櫜二字之形、义皆相近，故今文遂误作櫜。胡培翚《正义》曰："橐、櫜形似。又《说文》'橐，囊也。'橐櫜亦所以盛物，故字讹为櫜。郑以櫜有韬义，于冒尤切，故从古文。"②

220.《既夕礼·记》："犬服。"郑注："今文犬为大。"③

犬、大形近而义迥异，今文大显系误字。胡承珙《疏义》云："案犬为大者，今文脱画耳。"

221.《既夕礼》："木錧。"郑注："今文錧为辖。"

按錧、辖为二物。錧同軔，《说文》："軔，毂端錔。"本指包裹在毂端的金属套（即所谓錔）。此经记明车，故用木錧。又《说文》："辖，一曰键也。"是辖指竖贯于轴端的金属键。錧、辖二物不得相混。故胡培翚《正义》云："今文錧为辖者，此亦形近致误。"④

222.《士虞礼》："明齐溲酒。"郑注："明齐，新水也，言以新水溲酿此酒也。……今曰明粢。粢，稷也，皆非其次。"

按此经上文云"嘉荐普淖"，郑注："普淖，黍稷也。"是虞祭所用物已

---

① 胡承珙：《仪礼古今文疏义》，《清经解续编》第2册，第1126页。
② 胡培翚：《仪礼正义》，《清经解续编》第3册，第732页。
③ 胡承珙：《仪礼古今文疏义》，《清经解续编》第2册，第1145页。
④ 胡培翚：《仪礼正义》，《清经解续编》第3册，第760页。

有黍稷，而今文云"明粢"，粢即稷，是又言稷，与上文复，故郑以为"非其次"，且稷不可用以"溲酒"，是今文粢显系误字。故贾疏云："今文又为稷解者，上已云'普淖'，兼黍稷，何用又见稷也？"臧琳《经义杂记》卷10"稷为明粢"条云："郑以普淖为黍稷，故从古文。注云：'明齐，新水也，言以新水溲酿此酒也。'《郊特牲》曰：'明水涚齐，贵新也。'是《礼经》明齐为新水。作明粢者，乃声近之误，郑所不从。"① 按齐、粢古音叠韵，皆属脂部；齐是从母，粢是精母，从精旁纽，是齐、粢音近，故臧氏谓今文作粢乃"声近之误"也。

223.《乡射礼》："卒受者以虚觯降，奠于篚。执觯者洗，升，实觯，反奠于宾与大夫。"郑注："今文无执觯，及宾觯、大夫之觯，皆为爵。实觯，觯为之。"

按此注文盖有脱错。注云"今文无执觯"，而经文作"执觯者"，疑注文"无执觯"下脱"者"字。又注云"及宾觯、大夫之觯，皆为爵"，而此经无"宾觯、大夫之觯"之文。故学者颇疑此注当为上经之注，而误移于此。上经云："执觯者受觯，遂实之，宾觯以之主人，大夫之觯长受。"其下当实之以此注。故胡承珙《疏义》引许宗彦云："此注'今文无执觯及宾觯大夫之觯皆为爵'十五字，当在上'执觯者'节下。"据此，则此注当作"今文实觯，觯为之"。② 按"觯为之"，之乃误字。故胡承珙《疏义》云："'实觯，觯为之'，则今文字误，亦所不从。"③

三五　不从衍字（3例）

224.《士相见礼》："主人对曰：'某不敢为仪，固请吾子之就家也。'"郑注："古文云'固以请'也。"

按注意谓古文"固"下衍"以"字。胡承珙云："古文盖涉下文宾对之辞有'固以请'而误衍耳。"④ 按下文曰："宾对曰：'某不敢为仪，固以

---

① 臧琳：《经义杂记》，《清经解》第1册，第848页。
② 胡承珙：《仪礼古今文疏义》，《清经解续编》第2册，第1127页。
③ 同上。
④ 同上书，第1123页。

请。'"古文即涉此而衍。

225.《乡射礼》:"获者负侯北面拜受爵。"郑注:"古文曰再拜受爵。"

按此经获者之"拜受爵",其仪与《大射》之献服不氏、服不氏拜受爵之仪同,彼言服不氏"北面拜受爵",而不言"再拜",则此经之获者亦当如今文言"拜受爵",而不当言"再拜受爵"。故胡承珙《疏义》云:"案《大射》献服不云:'服不侯西北三步,北面拜受爵。'与此献获者事同,知古文'再'字衍也。"① 故郑不从古文。

226.《乡射礼》:"长受酬。酬者不拜。"郑注:"言酬者不拜者,嫌酬堂下异位当拜也。古文曰受酬者不拜。"

按此经谓行旅酬之礼,堂上卒受之宾酌以献堂下之宾,堂下之宾受此酬酒,而堂上献酬者不拜也。因堂上之宾献堂下之宾,上下异位,恐人疑献酬者亦当拜,故经特云"(献)酬者不拜",即郑注所谓"言酬者不拜者,嫌酬堂下异位当拜也"。而古文曰"受酬者不拜",则有违经义,是"受"字显系衍文。下文记堂下之受酬者卒觯,方云"受酬者不拜受"。故胡承珙《疏义》云:"案此酬者谓堂上酬堂下者,注云'酬者不拜,嫌酬堂下异位当拜也',下乃云'受酬者不拜受',则此古文'受'字衍也。"② 故郑不从古文。

三六　不从误倒字(2例)

(一) 不从今文误倒字 (1例)

227.《特牲馈食礼》:"主妇洗爵酌,致爵于主人。"郑注:"今文曰主妇洗酌爵。"

按经云"洗爵酌",谓洗爵以酌酒,然后"致爵于主人"。若如今文作"洗酌爵",则不辞矣。今文"酌爵"二字显系误倒。胡培翚云:"洗者,洗爵也。今文二字误倒,故从古文。"③

---

① 胡承珙:《仪礼古今文疏义》,《清经解续编》第2册,第1127页。
② 同上。
③ 胡培翚:《仪礼正义》,《清经解续编》第3册,第785页。

（二）不从古文误倒字（1例）

228.《乡射礼》："宾与大夫坐，反奠于其所，兴。"郑注："古文曰反坐。"

按注谓古文将上句末之"坐"字，与下句句首之"反"字误倒，是依古文此经当云"宾与大夫反坐奠于其所"。胡承珙《疏义》云："案此宾与大夫当举觯者奠于荐右之时，既坐受觯以兴矣，至此乃坐而反奠于其所。反奠者，谓还奠于荐右。上文一人举觯亦云'举觯者西阶上拜送，宾反奠于其所'，彼不言坐者，省文。然'反奠'连文，与此正同。古文作'反坐'者，误倒，郑所不从。"①

三七　不从坏字（1例）

229.《聘礼》："赐饔唯羹饪。"郑注："古文羹为羔。"

胡承珙云："古文羹为羔者，盖字之烂夺。"② 按羹、羔二字音义皆异，小篆羹字从羔从美，古文盖烂夺字之下半。

三八　据礼制以决所从（24例）

（一）据礼制以决从今文（11例）

230.《士昏礼》："赞尔黍。"郑注："古文黍作稷。"

胡承珙云："此经云'尔黍，授肺脊，皆食以湆酱'，注：'皆食，食黍也。'是郑意此昏礼尔敦惟尔黍，而不及稷。下文'三饭卒食'注云：'同牢示亲，不主为食起，三饭而礼成也。'此可知不必遍食黍稷矣。且黍重于稷，下文妇馈舅姑有黍无稷，故此尔敦不及稷。古文作稷，郑所不用。"③ 是谓郑意依礼当尔黍，而不当尔稷，故不从古文。

231.《士昏礼》："舅飨送者以一献之礼，酬以束锦。"郑注："古文锦皆为帛。"

---

① 胡承珙：《仪礼古今文疏义》，《清经解续编》第2册，第1127页。
② 同上书，第1134页。
③ 同上书，第1122页。

乾隆十三年敕撰《仪礼义疏》云："昏礼用束帛，此酬用束锦，或亦辟昏礼之正欤？《小行人》'合六币'，锦次帛，绣次锦，则差次可知。"① 按据《士昏礼》，昏礼之正礼用束帛，故纳征用"玄纁束帛"。此飨送者（即女方之送嫁者），非正礼，故用束锦。故下文"姑飨妇人送者"，以及赠异邦之"丈夫送者"，皆"以束锦"。这是因为锦文于帛，而尊则次于帛，故《周礼·小行人》记"合六币"曰："璧以帛，琮以锦。"璧以飨天子，特尊，故配以帛；琮以飨王后，尊次之，故配以锦。可知昏礼正礼用束帛，酬送者非正礼则当用束锦，礼制如此，故郑不从古文。

232.《乡射礼·记》："唯君有射于国中，其余否。"郑注："古文有作又。"

按有、又虽古多通用，然此记实谓唯君有射于国中之礼，而大夫、士则否。若据古文作又，则谓君与大夫、士皆得射于国，唯君得又射，大夫、士不得又射而已，与礼制不合，故郑不从古文。贾疏云："天子、诸侯皆燕射在国。又天子宾射在朝亦在国。大夫、士燕射、宾射不在国。大夫又得行大射，虽无郊学，亦不得在国。是以孔子为乡射，射于矍相之圃，是其一隅。若然，此乡射亦不在国射，亦宜在国外，故记人于是见之。"是贾据礼制以释此记。胡承珙《疏义》亦云："此有射于国中，对大夫、士不得在国射，故当作有。"②

233.《燕礼》："主人北面盥，坐取觚洗。"郑注："古文觚皆为觯。"

贾疏："此宰夫为主人，非正主，故用觚，对《乡饮酒》、《乡射》是正主，皆用爵。"按《燕礼》以宰夫为主人，代君行献酬之礼，故此主人非正主，只是代理主人，所用酒器亦当降一等，以避正主。凡饮酒器，爵最尊，觚次之，觯又次之。是此代理主人尊降一等，则当用觚而非觯也。故胡承珙《疏义》云："《特牲记》'筐在洗西，南顺，实二爵、二觚、四觯、一角、一散。'盖饮酒之器，爵最尊贵，觚次之，觯又次之，角、散为下，故《礼器》云'贵者献以爵，贱者献以散，尊者举觯，卑者举角。'此献辟正主，不用爵，宜降一等而用觚，故不从古文作觯也。"③

---

① 乾隆十三年敕撰《仪礼义疏》，文渊阁《四库全书》本，第106册，第163页。
② 胡承珙：《仪礼古今文疏义》，《清经解续编》第2册，第1128页。
③ 同上。

234. 《燕礼》:"长致,致者阼阶下再拜稽首。公答再拜。"郑注:"古文云阼阶下北面再拜。"

按依礼,臣拜君,不论拜君命或拜君赐,皆当行再拜稽首礼,《仪礼》中所记皆是。如《士相见礼》记士、大夫见君,"则奠挚,再拜稽首"。又记他邦之人接受主君所退还之挚,曰:"君不有其外臣,臣不敢辞。"然后"再拜稽首受"。又记君赐臣食,臣"则下席再拜稽首"。此《燕礼》所记亦然。如记公命某(下大夫)为宾,则"宾再拜稽首,许诺"。又记主人(宰夫)酌君之膳酒自酢,以代君酢己,饮酒前向君行拜礼时,"北面坐,奠爵,再拜稽首",饮毕再次向君行拜礼,亦"再拜稽首",而"公(君)答再拜"。又记公命二位下大夫为"媵觯者",此二位下大夫"阼阶下皆北面再拜稽首",以拜谢君命,等等。故依礼,此"长致者"亦当向公再拜稽首。而古文云"再拜",则与礼不合。胡承珙《疏义》亦云:"上文'媵爵者阼阶下皆北面再拜稽首',注云:'再拜稽首,拜君命也。'又云:'若君命皆致,则序进,奠觯于篚,阼阶下皆再拜稽首。'盖凡拜君,无不稽首者。此一人致爵,与上皆致同为拜君,不应独无稽首。《大射仪》云:'长致者,阼阶下再拜稽首。'注亦云:'再拜稽首,拜君命。'郑以彼决之,故不从古文。"①

235. 《聘礼》:"至于阶,让,大夫先升一等。"郑注:"让不言三,不成三也。凡升者,主人让于客三。敌者则客三辞,主人乃许升,亦道宾之义也。使者尊,主人三让,则许升矣。今使者三让,则是主人四让也。公虽尊,亦三让乃许升,不可以不下主人也。古文曰三让。"

据郑注,主客让升有三种情况:一是主客敌;二是主尊于客:这两种情况皆三让而主人先升以道(导)客;三是客尊于主,则主人三让,客不三辞而先升(辞亦让也),是未成三让之礼,即郑注所谓"让不言三,不成三也"。此经所言即属第三种情况。胡培翚《正义》云:"谓主人一让,而客一辞;再让,而客再辞;至主人三让,则客不辞而即升,是无三让矣。"②若如古文作"三让",即谓客当三辞,那么主人就当四让了,而礼无四让者。故褚寅亮《仪礼管见》云:"主人第三让,宾遂不辞而先升,主让三而宾让二,故

---

① 胡承珙:《仪礼古今文疏义》,《清经解续编》第 2 册,第 1129 页。
② 胡培翚:《仪礼正义》,《清经解续编》第 3 册,第 652 页。

注云'不成三'。又言'今使者三让，则是（主人）四让也'者，明其必不然。是驳古文'三让'之文，见所以不从之故。"① 同例还见于：

《聘礼》："宾奉束帛入，三揖皆行，至于阶，让。"郑注："古文曰三让。"按下文曰"宾升一等，大夫从升堂"，郑注云："宾先升，使者尊。"是此亦客尊于主人而先升之例，故亦不得言三让。

236.《公食大夫礼》："宰东夹北，西面，南上。"郑注："宰，宰夫之属也。古文无南上。"

按据《仪礼》礼例，凡两人以上为列，则必明其位之尊卑，若无"南上"（以南边为上位），则位之尊卑不明，故不从古文。胡培翚《正义》云："郑以宰为宰夫之属，明非一人，故从今文，不从古文也。"②

237.《觐礼》："天子赐侯氏以车服。（侯氏）迎于外门外，再拜。"郑注："古文曰迎于门外也。"

按"迎于外门外"，外门即侯氏之大门。若曰"门外"，则谓侯氏之舍门外，是迎而不出大门也。此经记天子遣使者来赐侯氏以车服，侯氏尊天子之使，自当迎于外门外，故不从古文无外字。依礼，凡君使来，主人皆当迎于外门外，尊君使即尊君也。如《聘礼》记主国之君遣大夫来宾馆向聘国之使者"归饔饩"，使者"迎大夫于外门外"；大夫离去，使者又"送于外门外"。《聘礼》又记聘国之使者前去慰问主国之卿，此卿虽与使者地位同，而亦"朝服迎于外门外"，以使者乃聘君所遣故也。胡承珙《疏义》云："《聘礼》'大夫馆于大夫'，其归饔饩，还玉，皆迎于外门外。……郑据《聘礼》还玉，从古文作外门外，此又从今文有外字，其取去当矣。"③ 按所谓取去当，谓郑或从今文，或从古文，其取去于礼制皆当也。

238.《士虞礼》："荐此常事。"郑注："言常者，昔而祭，礼也。古文常为祥。"

胡承珙《疏义》云："郑云'言常者，昔而祭，礼也'，疏云：'虞、祔之祭非常。一期，天气变易，孝子思之而祭，是其常事。'承珙案：言常事者，此为小祥，当与大祥辞别，大祥凶事尽除，故曰祥事，小祥则只取天道

---

① 褚寅亮：《仪礼管见》，《清经解续编》第1册，第905页。
② 胡培翚：《仪礼正义》，《清经解续编》第3册，第667页。
③ 胡承珙：《仪礼古今文疏义》，《清经解续编》第2册，第1137页。

之常言之，故郑不从古文。"① 是此处"常事"指小祥祭，小祥顺天道之常而祭，故云"常事"。大祥丧事尽除，方可云"祥事"，故此经下文云"又朞而大祥，曰：'荐此祥事'"。是郑据礼制以决不从古文祥字。

239.《特牲馈食礼》："主人洗角，升，酌酢尸。……尸祭酒，啐酒。宾长以肝从。"郑注："酢犹衍也，是献尸也。……古文无长。"

按此经主人酢尸，即献尸，故郑注曰："酢犹衍也，是献尸也。"依礼，凡主人初献尸，皆由宾长（宾中之长者）以肝从献，故《士虞礼》主人洗废爵酌酒初献尸，"宾长以肝从"；《少牢馈食礼》主人初献尸，"宾长羞牢肝用俎"，皆其例也。古文无长，则谓"以肝从"者非宾长，而为众宾矣，与礼不合，故不从古文。

240.《有司》："其绥祭，其嘏，亦如侯。"郑注："绥皆当作挼，挼读为'藏其堕'之堕。古文为擩。"

按注文堕字当作隋。阮校云，堕字《释文》、《集释》并作隋，"当以《释文》为正"。胡培翚云："凡隋祭字今文多作绥……《有司彻》不侯尸者'其绥祭'，注：'绥皆当作挼，挼读为藏其堕之堕。'此注读为堕，义当与彼同。郑意盖皆读从《周礼·守祧职》'既祭则藏其隋'之隋也。堕当作隋。"②绥祭字本当作隋。《说文》："隋，裂肉也。"裂肉即余肉，谓尸所祭之余肉。段注云："《衣部》曰：'裂，缯余也。'引申之，凡余皆曰裂。裂肉谓尸所祭之余也。"又云："郑以隋为正字，与许同也。"而此经绥、挼则是隋的通假字，《王力古汉语字典》于"隋"字下亦谓绥、堕、挼皆是其声近通假字。故郑注谓"挼读为'藏其堕（隋）'之堕（隋）'"。又贾疏云："经唯有一'绥'而云'皆'者，郑并下'佐食绥'总破之，故云'皆'也。"按注云"绥皆当作挼"，以挼较绥于本字隋义为近故也（已见上胡培翚说）。以《有司》无作挼之本，故郑未擅改经字，唯于注中明之，是其慎也。然此经古文作擩，而郑不从者，胡培翚云："擩祭与隋祭义异，故郑不从古文。"③ 按擩祭属《周礼·大祝》九祭之一，彼郑注总释九祭曰："皆谓祭食者。"所谓祭食，即行食前祭礼。隋祭虽亦食前祭礼，然与擩祭之义则有别，故郑不从

---

① 胡承珙：《仪礼古今文疏义》，《清经解续编》第2册，第1148页。
② 胡培翚：《仪礼正义》，《清经解续编》第3册，第803页。
③ 同上书，第817页。

古文。

(二) 据礼制以决从古文 (13 例)

241.《乡饮酒礼》:"主人揖（按谓揖宾），先入。宾厌介，入门左。介厌众宾，入。众宾皆入门左，北上。"郑注:"推手曰揖，引手曰厌。今文皆作揖。又曰众宾皆入左，无门。"

按揖、厌礼不同，前者推手，后者引手，且揖尊于厌，故主人请宾入门曰揖，而后宾再厌介（宾的副手）。今文皆作揖，则二礼无别，故郑不从。又今文无门字，则文意不备，故郑亦不从。同例还见于：

《乡饮酒礼》:"宾厌介，升。介厌众宾，升。"郑注:"今文厌皆为揖。"

《乡射礼》:"宾厌众宾。"郑注:"今文皆曰揖众宾。"

242.《乡饮酒礼》:"主人介右北面拜送爵。"郑注:"今文无北面。"

凌廷堪《礼经释例》卷1《通例上》云:"堂上之拜皆北面。"① 胡承珙《疏义》云:"案凡堂上之拜皆北面。此主人献介时西南面，介既北面拜受爵（按上文云"介西阶上立。主人实爵，介之席前西南面献介。介西阶上北面拜"），主人当北面拜送爵。凡拜者同面，若无'北面'，嫌于主人尚西南面，故郑从古文。"② 是依礼，介既北面拜受爵，主人亦当北面拜送爵，若从今文无"北面"，则疑主人仍是西南面而拜，与礼不合，故郑不从。

243.《乡射礼》:"卒受者以虚觯降，奠于篚。执觯者洗，升，实觯，反奠于宾与大夫。"郑注:"今文无执觯，及宾觯、大夫之觯，皆为爵。实觯，觯为之。"

按此节注文盖有脱误。注云"今文无执觯"，经文则作"执觯者"，疑注文"无执觯"下脱"者"字。又注云"及宾觯、大夫之觯，皆为爵"，而此经无"宾觯、大夫之觯"之文，故学者颇疑此注当为上经之注，而误移于此。上经云:"执觯者受觯，遂实之，宾觯以之主人，大夫之觯长受。"其下则当实之以此注。故胡承珙《疏义》引许宗彦云:"此注'今文无执觯及宾觯大夫之觯皆为爵'十五字，当在上'执觯者'节下。"③ 按今文"宾觯、大夫之

---

① 凌廷堪:《礼经释例》,《清经解》第5册, 第136页。
② 胡承珙:《仪礼古今文疏义》,《清经解续编》第2册, 第1125页。
③ 同上书, 第1128页。

觯，皆为爵"，则不合礼制。此经所记乃行无筭爵之礼，依礼，无筭爵用觯而不用爵，上经亦明云"无筭爵，使二人举觯"，今文觯作爵，则非，故郑不从。贾疏云："'又今文无执觯，及宾觯、大夫之觯皆为爵'，不从者，以其皆在无筭爵之科，明不为爵。"

244.《燕礼》："射人纳宾。"郑注："射人为摈者也。今文曰摈者。"

按此礼是用射人担任摈者之职，射人与摈者实为一人，故郑注特明之曰"射人为摈者"。若依今文改"射人"为"摈者"，就意味着此经之纳宾者与请宾、命宾者非一人，即除射人外另有摈者，那就不符合礼制了。故胡承珙《疏义》云："案注云'射人为摈者也'，此经请宾、命宾皆射人。若如今文云'摈者纳宾'，则嫌异人，故郑从古文。"[1]

245.《燕礼》："主人洗，升，献士于西阶上。士长升，拜受觯。主人拜送觯。"郑注："献士用觯，士贱也。今文觯作觚。"

贾疏云："对上大夫以上献用觚，旅酬乃用觯。此献士即用觯，故云士贱也。不从今文觚者，若从觚，与大夫以上何异？故不从。"按饮酒器，爵最尊，其次为觚，其次为觯，又其次为角、为散。故《特牲馈食礼·记》曰："篚在洗西，南顺，实二爵、二觚、四觯、一角、一散。"即以尊卑为序。是此经献大夫用觚，献士降一等则当用觯，故贾疏云"不从今文觚者，若从觚，与大夫以上何异？"又胡承珙《疏义》引郑玄《驳五经异义》云："觯字角旁著氏，汝颍之间师读所作。今礼角旁单，古书或作角旁氏，角旁氏则与觚字相近。学者多闻觚，寡闻觗，写此书乱之而作觚耳。"[2] 是谓古书觯或写作觗，故易与觚相乱。胡承珙又云："觚、觯二字之误，则由觗、觚形近易讹，（郑）言之尤为明晰。《仪礼》古文多作觯，故虽觚字亦为觯。今文多作觚，故虽觯字亦为觚。郑参校古今文，以义定之。"[3] 按所谓"以义定之"，实据礼制以定之，即据礼之仪节当用觯则从觯字，当用觚则从觚字，且据字形以明其致误之由也。同例还见于：

《燕礼》："宾降，洗象觯。"郑注："今文曰洗象觚。"

《燕礼》："公坐取宾所媵觯，兴。"郑注："今文觯又为觚。"

---

[1] 胡承珙：《仪礼古今文疏义》，《清经解续编》第 2 册，第 1128 页。
[2] 同上书，第 1129 页。
[3] 同上。

《大射》:"主人洗,酌,献士于西阶上。士长升,拜受觯。"郑注:"今文觯作觚。"

《大射》:"宾降洗,升,媵觯于公。"郑注:"今文觯为觚。"

246.《大射》:"幂用锡若绤,缀诸箭。"郑注:"今文绤或作绤。"

按绤、绤皆葛布,绤较精细,绤较粗疏。覆尊之幂,皆以葛布为之,而有尊卑之不同:礼尊者用绤,尊次者用绤。此大射之礼,是国君为选拔宗庙祭祀之助祭者而行,其礼尊。而燕礼则为国君与其臣下燕饮而设,故尊降于大射。是大射覆尊之幂当用绤,燕礼则当用绤,礼制然也。故胡承珙《疏义》云:"案葛之精者曰绤,粗者曰绤。《燕礼》'幂或用绤',敖继公曰:'见其贬于大射。'郑不从今文作绤,殆为此与?"①

247.《大射》:"司马升,命去侯如初,还右乃降。"郑注:"还右,还君之右也。今文曰右还。"

按此经所记,是君与宾为偶而射之事。依礼,君与宾射,宾为上射,就左物(在西);君为下射,就右物(在东)。然此时君尚未就物,故胡承珙《疏义》说此经"还右"之义云:"此时君未就物(按下文乃云君就物),盖犹在阼阶上西面之位。司马命去侯迄,由君之北而东,而南,然后西向降自西阶,故云还右,谓由君之右而还也。"然若如今文作"右还",则是司马向右还上射而降,与礼不合,故郑不从。

248.《公食大夫礼》:"宾立于阶西,疑立。"郑注:"不立阶上,以主君离阼也。今文曰西阶。"

按宾主堂上之位,宾在西阶之西,当西序端;主人在阼阶之东,当东序端:此礼之通例。故此经云"宾立于阶西",即西阶西也。若如今文曰"西阶",是谓宾立于西阶上矣,不合于礼,故郑不从今文。胡承珙《疏义》云:"上文云'公立于序内,西乡',注云:'不立阼阶上,示亲馈。'此注云:'宾不立阶上,以主君离阼也。'敖氏继公曰:'阶西,西阶上之西也。'承珙案,宾位本在西阶之西,诸礼皆无宾立于西阶上者,故郑从古文。"②

249.《公食大夫礼·记》:"司宫具几与蒲筵常,缁布纯;加萑席寻,玄

---

① 胡承珙:《仪礼古今文疏义》,《清经解续编》第2册,第1130页。
② 同上书,第1135页。

帛纯。"郑注:"今文萑皆为莞。"

胡承珙《疏义》云:"郑君注《仪礼》以《周礼》决之。《周礼》诸侯祭祀席蒲筵,加莞席,昨(通酢,下同)席莞筵加繢席;其筵国宾与昨席同。笫曰国宾,虽不明孤、卿、大夫,以《仪礼》上大夫蒲筵加萑席差之,故知国宾谓孤。总之《聘礼》昨云'改筵',则此食礼之席必不当同于祭祀之蒲筵莞席。"① 按《周礼·司几筵》曰:"诸侯祭祀,席蒲筵缋纯,加莞席纷纯,右雕几;昨席莞筵纷纯,加繢席画纯。"是祭祀之席加莞席以依神。此食礼而非祭礼,宜与之不同,故《聘礼》纳宾行聘享礼前,设几筵以依神,而于聘享之后将礼宾,则"宰夫彻几,改筵",即谓依神与待宾之几筵不同。若依今文改萑作莞,则与《周礼》所载祭祀之礼无异,故郑不从。

250.《丧服》:"疏衰裳,齐,牡麻绖,冠布缨,削杖,布带,疏屦,期者。"郑注:"今文无冠布缨。"

贾疏云:"此章'疏衰'已下,与前章不殊,唯'期'一字与前'三年'有异。今不直言其异,而具列之者,以其此一期与前三年悬绝,恐服制亦多不同,故须重列七服者也(按七服谓此经所列衰、裳、绖、缨、杖、带、屦七者)。"疏又云:"此注……从经古文,有'冠布缨'为正也。"胡承珙《疏义》云:"疏义甚明。既须重列七服,不应无'冠布缨',故郑从古文。"按无"冠布缨",则齐衰期丧之服制不备,与丧礼不合,故郑不从今文。

251.《士丧礼》:"君坐,抚当心。主人拜稽颡,成踊,出。"郑注:"今文无成。"

按据《士丧礼》,凡臣丧而国君前来吊、襚、赗及临大敛,丧主人皆当稽颡,成踊。所谓成踊,即"踊三者三"(三踊为一节,如是者三,即九踊,是谓成踊)。若如今文无"成"字,则不成踊礼矣。故胡承珙《疏义》云:"案上文君使人吊,云'吊者致命,主人哭拜,稽颡,成踊。'注:'成踊,三者三。'疏引《曾子问》:'三者三,凡九踊也。'盖主人于君之吊、襚、赗及临大敛,无不拜稽颡成踊者,则此踊亦当言成,故从古文。"②

252.《既夕礼·记》:"槀车载蓑笠。"郑注:"槀犹散也,散车,以田以

---

① 胡承珙:《仪礼古今文疏义》,《清经解续编》第2册,第1136页。
② 同上书,第1142页。

鄙之车。……今文槀为潦。"

按郑释槀为散,是说此车是一种制作之功粗散之车。故胡承珙《疏义》云:"《周礼·巾车》'凡良车、散车不在等者',注云:'作之有功有沽。'疏云:'精作为功,则曰良;粗作为沽,则曰散。'《说文》'槀,木枯也',亦与粗散义近,故郑云'槀犹散'也。"① 今文槀作潦,潦是指一种有盖可防雨的车。《考工记》曰:"轮人为盖,上尊而宇卑,则吐水疾而溜远。"郑注云:"盖者,主为雨设也。乘车无盖。《礼》所谓潦车,谓盖车与?"此所记"《礼》所谓潦车",即指此经今文所作,是此经依今文则指有盖以防雨的车,与槀车异。郑以此所记乃葬前设迁祖奠时所荐之车,依礼当为槀车,故不从今文。

253.《士虞礼》:"祝取肝擩盐,振祭,哜之,加于俎。"郑注:"今文无擩盐。"

胡培翚《正义》云:"案《特牲》、《少牢》主人献祝,肝从,祝皆取肝擩于盐,振祭,哜之,则此亦当有'擩盐'二字,故郑从古文也。"② 按凡振祭皆当先以肝擩盐。《周礼·春官·大祝》九祭之"五曰振祭",杜子春释之云:"但擩肝盐中,振之,拟之若祭状,弗祭,谓之振祭。……《少牢》曰:'取肝擩于盐,振祭。'"按振者,谓振去肝上所擩多余的盐,以便食。故郑注曰:"振祭、擩祭本同,不食者擩则祭之,将食者既擩必振乃祭。"是振祭必先擩盐,若如今文无"擩盐"二字,则与振祭之礼不合,故郑不从今文。

三九　据经义以决所从(3例)

(一) 据经义以决从今文 (1例)

254.《士昏礼》:"于是与始饭之错。"郑注:"始饭,谓舅姑。错者,媵馂舅余,御馂姑余。古文始为姑。"

按始饭,谓舅姑先所食之饭,故郑注曰"始饭,谓舅姑"。上文记妇馈舅姑,舅姑所食之余,先由妇馂,然后彻于房中,由媵、御馂。媵、御馂时,

---

① 胡承珙:《仪礼古今文疏义》,《清经解续编》第2册,第1145页。
② 胡培翚:《仪礼正义》,《清经解续编》第3册,第768页。

如注说，是"滕馂舅余，御馂姑余"，故经言"错"，即交错而馂之意。若如古文作"姑"，是滕、御皆食姑之余，则无所谓"错"矣，与经义不合，故郑不从。

（二）据经义以决从古文（2例）

255.《士昏礼》："宾升西阶，当阿。"郑注："阿，栋也。入堂深，示亲亲。今文阿为庪。"

按《乡射礼·记》"序则物当栋，堂则物当楣"下郑注云："是制五架之屋也。正中曰栋，次曰楣，前曰庪。"是栋指堂之中脊，庪则当堂前檐处。郑此注以"入堂深，示亲亲"为义，故不从今文作庪。

256.《士虞礼》："明齐溲酒。"郑注："明齐，新水也，言以新水溲酿此酒也。《郊特牲》曰'明水，涗齐贵新也。'今文溲为酭。"

胡承珙《疏义》云："《说文》'溲，浸沃也，从水，叟声。'郑此注引《郊特牲》'明水涗齐'，疏引彼注云'涗犹清也，五齐浊，沛之使清谓之涗'，此与《说文》'浸沃'义合。《说文·酉部》无酭字。《聘礼》'酭黍清，皆两壶'，注云：'酭，白酒也。'与此溲酒为溲酿义无涉，故今文作酭，亦郑所不从也。"[①] 是郑意此经之溲义为溲酿，而酭则为白酒，非此经之义，故郑不从今文。同例还见于：

《士虞礼》："普荐溲酒。"郑注："今文溲为酭。"

四〇 据文意以决所从（48例，皆据文意以决从古文）

257.《士冠礼》："礼于阼。"郑注："今文礼作醴。"

贾《疏》曰："郑不从今文者，以其言'醴'则不兼于醮，言'礼'则兼醴、醮二法故也。"按据《士冠礼》，行冠礼有用醴和用酒二法。冠礼的正礼用醴；然亦有用酒者，用酒之法就叫做醮，即所谓"若不醴则醮，用酒"。用醴则醴于阼，即在阼阶上向冠者进醴；用酒则醮于阼，即在阼阶上向冠者

[①] 胡承珙：《仪礼古今文疏义》，《清经解续编》第2册，第1147页。

进酒。此二法皆谓之"礼冠者"。因为礼冠者都是在阼阶上进行的，故曰"礼于阼"。是言"礼"则可兼用醴和用酒二法；如据今文改"礼"为"醴"，则不得兼二法，不合于文意，故郑从古文不从今文。

258.《士昏礼》"妇赞成祭。"郑注："赞成祭者，授处之。今文无成也。"

贾疏："赞成祭者，谓授之，又处之，令知在于豆间也。"是谓妇赞姑行食前祭礼，既为之取所当祭之食物，又为之置于豆间，这样来帮助姑完成食前祭礼，故经曰"赞成祭"。胡培翚《正义》曰："祭荐（脯醢）、肺及黍也。成者，谓既授之，又处置之，使知当在豆间。"[①] 是若无成字，则文意不备：只知妇赞姑祭，而不知是否赞成其祭，故不从今文。

259.《士相见礼》："请吾子之就家也，某将走见。"郑注："走犹往也。今文无走。"

贾疏："无走，于文义不足，故不从今文从古文也。"

260.《士相见礼》："某不敢为仪。"郑注："今文不为非。"

贾疏："云'非敢'于义不便，故不从今文非也。"按《说文》："非，韦也。"（此据段注本）段注："韦者，相背也。……韦以相背为义。"按甲骨文、金文非字即象鸟张开的两翼相背之形。又《说文》："不，鸟飞上翔不下来也。"按不字甲骨文、金文不象"鸟飞上翔不下来"之形，许说非。不字之本义究为何，学者说颇纷纭，迄无定论，然以为假借为今之否定副词，用作不然字，且假借义行而本义废，则学者皆无异业。是非、不二字之义近而有别，"非敢"不如"不敢"之意径直明白，即贾疏所谓"于义不便也"，故郑不从今文。同例还见于：

此经下文："某不敢为仪。"郑注曰："今文不为非。"

261.《士相见礼》："某也不依于挚不敢见。"郑注："今文无'也'。"

胡承珙《疏义》云："从古文作'某也'者，取其配文足句，非有他义。然亦足见郑君于经文一句一字可谓审慎不苟矣。"[②] 按古文"某"下有"也"字，则辞气从容温婉，且"也"字对主语"某"可起强调作用，即胡氏所谓

---

① 胡培翚：《仪礼正义》，《清经解续编》第 3 册，第 547 页。
② 胡承珙：《仪礼古今文疏义》，《清经解续编》第 2 册，第 1123 页。

"配文足句"之意。若如今文无"也"字，则语促而生硬，辞气、文意皆不如古文，故郑不从今文。同例还见于：

此经下文："某也固辞不得命。"郑注："今文无'也'。"按胡承珙《疏义》云："此据毛氏汲古阁本。十行本作'今文无'，脱'也'字。"① 按注疏本亦脱"也"字。

又下文："某也非敢求见。"郑注："今文无'也'。"

又下文："某也既得见矣，敢辞。"郑注："今文无'也'。"按胡承珙《疏义》云："十行本亦作'今文无'，脱'也'字。"② 按注疏本亦脱"也"字。

262.《士相见礼》："若君赐之爵。"郑注："今文曰若赐之爵，无君也。"

胡承珙《疏义》云："无君字，则不明所赐。且此文上下与《玉藻》文略同，彼有君字，故郑从古文也。"③ 按无君字则主语不明，即胡氏所谓"不明（孰）所赐"，文意不备，故郑不从今文。

263.《士相见礼》："凡执币者不趋，容弥蹙以为仪。"郑注："今文无容。"

胡承珙《疏义》云："若无容字，则于义不明。《孟子》：'其容有蹙。'古文有容义长，故郑从之。"④ 按无容字亦文意不备，故郑不从今文。

264.《乡饮酒礼》："众受酬者受自左。"郑注："今文无众酬者"。

阮校曰："众字疑当作受。"胡承珙《疏义》亦云："注众字当作受。今文但云'众受自左'，古文多'受酬者'三字，承上文'受酬者自介右'而言。'受酬者'谓众宾之内为首者一人，此'众受酬者'则疏所谓'自第二以下，关堂下众宾'是也，文义较明，故郑从古文。"⑤ 是如今文无"受酬者"三字，则缺主语，致使文意不明，故郑不从今文。

265.《乡射礼》："主人坐，取爵于上筐以降。宾降。主人阼阶前西面坐，奠爵，兴，辞降。"郑注："今文无阼阶。"

---

① 胡承珙：《仪礼古今文疏义》，《清经解续编》第2册，第1123页。
② 同上。
③ 同上书，第1124页。
④ 同上。
⑤ 同上书，第1125页。

胡承珙《疏义》云："案注'今文无阼阶'，似当作'今文无阼阶前'。盖今文但云'主人西面坐奠爵'而已。若止无'阼阶'二字，则是以'主人前'为句读，为'王前'、'鬺前'之前，《礼经》无此文例矣。下文'宾以虚爵降。主人降。宾西阶前东面坐，奠爵，兴，辞降'，彼有'西阶前'，此自当有'阼阶前'，故郑从古文。"① 按胡氏说是也。若无"阼阶前"三字，则主人坐、奠之处所皆不明，故不从今文。

266.《乡射礼》："进，坐，取觯兴。"郑注："今文坐取觯，无进。"

胡承珙《疏义》云："案进者，蒙上退文，有进为是。《乡饮酒》'退共少立'，下但云'坐取觯'，不言进者，文不具耳。"② 是无"进"则割断了与上文的逻辑联系，致使文意不备，故郑不从今文。

267.《乡射礼》："弟子相工如初入，降自西阶，阼阶之下东南，堂前三笴。"郑注："笴，矢也。今文无南。"

此经谓弟子从西阶下堂后，来至阼阶下的东南边、北距堂三笴处而立。若无南字，则不能准确说明弟子所立位置，是亦文意不备也。胡承珙《疏义》云："其南去堂之节，以三笴为度。……经文'堂前三笴'，正缘上南字而设，今文无南非是。"③ 故郑不从今文。

268.《乡射礼》："释获者执余获，升告左右卒射。"郑注："今文曰告于宾。"

据郑注，今文此句盖为"升告于宾，左右卒射"，比古文多"于宾"二字。胡培翚《正义》引胡肇昕云："'升告左右卒射'六字为句，谓以左右卒射升告之也。若作'告于宾'，当有'曰'字，如上文'告于宾曰左右卒射'，其义方显。若仅作'告于宾'，似'左右卒射'为告宾后事矣，故郑不从今文。"④ 是据今文，嫌与此经之文意相异，故郑不从。

269.《乡射礼·记》："献工与笙，取爵于上篚，既献奠于下篚；其笙则献诸西阶上。"郑注："今文无与笙。"

胡承珙《疏义》云："案经文云'主人取爵于上篚献工'，其下云'遂献

---

① 胡承珙：《仪礼古今文疏义》，《清经解续编》第2册，第1126页。
② 同上。
③ 同上。
④ 胡培翚：《仪礼正义》，《清经解续编》第3册，第595页。

笙于西阶上'，其下又云'主人以爵降，奠于篚'。此记'取爵上篚，奠于下篚'，当总记献工与笙。《乡饮酒礼·记》亦云'献工与笙'，故郑不从今文无与笙也。"① 是据上下经文意，当有"与笙"二字，文意方备，故不从今文。

270.《乡射礼·记》："君射则为下射，上射退于物一笴，既发则答君而俟。"郑注："今文君射则为下。"

按君与宾为耦而射，宾为上射，就西物；君为下射，就东物。若如今文作"君射则为下"，而无射字，则不明君为下射之意。故胡承珙《疏义》云："若如今文无射字，于义不明，故郑从古文。"②

271.《乡射礼·记》："唯君有射于国中，其余否。"郑注："今文无其余否。"

胡承珙《疏义》云："今文无其余否，亦文不备，故郑不从。"③ 按"其余否"，谓自大夫以下无射于国中之礼，若无此三字，则文意不明，故郑不从今文。

272.《乡射礼·记》："君在，大夫射则肉袒。"郑注："今文无射。"

此经谓行射礼而有君在，则大夫射时当肉袒。若无射字，则意为凡有君在的场合大夫就当肉袒，非经意矣，故郑不从今文。胡承珙《疏义》云："不从今文无射者，亦以文不备。"④

273.《燕礼》："宾以虚爵降。主人降。宾洗南坐奠觚，少进，辞降。主人东面对。"郑注："上既言爵矣，复言觚者，嫌易之也。……今文从此以下，觚皆为爵。"

按爵有二义：一指饮酒器之一种，与觚、觯等相对；二可泛指饮酒器，即觚、觯等亦皆可称之为爵，即此经之爵是也。故此经先言"宾以虚爵降"，后又言"宾洗南坐奠觚"，是上句之爵，即指此觚可知。故郑注云"上既言爵矣，复言觚者，嫌易之也"，意思是虽变换了用词，嫌易之（谓以觚易爵），而实未易，因为此经之爵即是觚。而"今文从此以下，觚皆为爵"，则因未理

---

① 胡承珙：《仪礼古今文疏义》，《清经解续编》第2册，第1127页。
② 同上。
③ 同上书，第1128页。
④ 同上。

解此经爵字之意而误。其实此经上文记主人献宾用觚，故此经宾所降洗亦当为觚，而所谓"宾以虚爵降"实即以觚降可知，而不得以觚为爵。故胡承珙《疏义》云："注云'上既言爵矣，复言觚者，嫌易之也'，疏云：'上文主人洗觚献宾，云宾以虚爵降，此经又云坐奠觚。中间言爵者，欲见对文一升曰爵，二升曰觚，散文即通，觚亦称爵，以此言之，此觚即前爵。周公作经，嫌易之，故复言觚也。'承珙案，爵者饮酒器之总名，今文从散文之通称，郑所不用。"① 是今文"觚皆为爵"，则与经意相乖，故郑不从。

274.《燕礼》："主人辞洗。"郑注："今文无洗。"

按这是主人向宾献酒后，宾洗觚将以酢酒酢主人，主人谦而辞宾之洗。若如今文无洗字，则不明其所辞，文意不备。故胡承珙《疏义》云："案郑从古文有洗者，取其文义备。"②

275.《燕礼》："寡君固曰不腆，使某固以请。"郑注："今文无使某。"

按此句经文之主语是"寡君"，是寡君"使某固以请"；若无"使某"，则变成寡君"固以请"，文意迥异，且不合于礼。胡培翚《正义》曰："无使某则文不备，且上两请皆有使某也。"③

276.《燕礼·记》："与卿燕，则大夫为宾。与大夫燕，亦大夫为宾。"郑注："今文无则，下无燕。"

按无"则"则辞气不备，下文无"燕"则文意不备。故胡培翚《正义》云："郑不从者，以其文不备，故从古文也。"④

277.《大射》："司射去扑，适阼阶下，告射于公，公许。"郑注："今文曰阼阶下，无适。"

按凡去扑，皆倚于西阶西。如《乡射礼》云："司射去扑，倚于西阶之西。"此经上文云："司射去扑，倚于西阶之西。"又云："司射适西阶西，倚扑。"而告公则当至阼阶下，故当有"适"字。今文无适字，文意不备，故郑不从。

278.《大射》："司马师命获者以旌与荐俎退。"郑注："今文司马师无

---

① 胡承珙：《仪礼古今文疏义》，《清经解续编》第2册，第1128页。
② 同上。
③ 胡培翚：《仪礼正义》，《清经解续编》第3册，第615页。
④ 同上。

'司马'"。

按此经有司马正，又有司马师，司马师是司马正的副手。然此经除司马师外，还有小臣师、仆人师。若如今文无"司马"二字，则不知此"师"为何职，文意不明，故郑不从今文。胡承珙《疏义》云："案《乡射》唯司马一人，而司马即前之司正。此则大射正为司正，不为司马，而别有司马正一人，司马师一人。《乡射》命弟子说侯，命获者以旌退，皆司马命之，此则司马正命解纲，司马师命退旌。师者，正之贰也。此外有小臣师，又有仆人师，若如今文无'司马'，单言'师'，未明何人，故从古文。"①

279.《聘礼》："官陈币：皮北首，西上，加其奉于左皮上；马则北面，奠币于其前。"郑注："今文无则。"

按郑此注之上文释"则"字之义曰："马言则者，此享主用皮，或时用马，马入则在幕南。"是"则"字在此表转折语气，是说如果不用皮而用马，"则北面，奠币于其前"。若无则字，则文意不备，故郑不从今文。

280.《聘礼》："卿为上摈，大夫为承摈，士为绍摈。摈者出请事。"郑注："今文无摈。"

胡培翚《正义》曰："云'今文无摈'者，盖'出请事'上今文无'摈者'二字耳。"② 按无"摈者"则"出请事"之主语不明，且嫌三摈同时出请事，有违经文原意，故郑不从。

281.《聘礼》："介皆入门左，北面，西上。"郑注："今文无门。"

按上经云摈者"纳宾，宾入门左"。介则随宾，亦入门左，故此经云"介皆入门左"。若无门字，则文意不明。故胡承珙《疏义》云："无'门'于文不备，故郑从古文。"③

282.《聘礼》："公升，侧受几于序端。"郑注："今文无升。"

按此经上文云："公出，迎宾以入，揖让如初。"这是说公下堂出庙门迎宾而入。此经云公"侧受几于序端"，则当先升堂，而后方可于序端受几，故此经先云"公升"。若如今文无"升"字，则文意不明。故胡承珙《疏义》

---

① 胡承珙：《仪礼古今文疏义》，《清经解续编》第2册，第1131页。
② 胡培翚：《仪礼正义》，《清经解续编》第3册，第643页。
③ 胡承珙：《仪礼古今文疏义》，《清经解续编》第2册，第1132页。

云："案上文但云'公出迎宾以入，揖让如初'，此当有升字，故郑从古文。"①

283.《聘礼》："君使卿皮弁还玉于馆。宾皮弁，袭，迎于外门外。"郑注："今文曰迎于门外。"

按聘国之使者，即此经所谓宾，到主国（即被聘问之国）后，馆于主国大夫家之庙，即《聘礼·记》所说"卿馆于大夫"，郑注云"馆必于庙"是也。庙有庙门，庙门之外还有大门，即外门。此经之卿是主国之君所派出的使者，宾尊君使，故迎之于外门之外。若如今文单言门而无外字，则不明其为大门、庙门，是文意不备，故郑不从。胡培翚《正义》云："案下《记》云：'卿馆于大夫。'大夫有二门，外门即大门也。上归饔饩云：'宾皮弁迎大夫于外门外。'此今文门上无外字，故郑不从。"②

284.《聘礼》："宾自碑内听命，升自西阶，自左南面受圭。"郑注："自左南面，右大夫且并受也。……今文或曰'由自西阶'，无'南面'。"

按自、由文复，既曰"自"，则不必赘以"由"。又，此经所记，是主君使其大夫前来向宾还圭，而宾受之。其授受之礼，在宾馆之堂上，并授受，即大夫与宾皆面朝南并立而授受。如无"南面"，则并授受之仪不明，文意不备，故郑不从今文。胡承珙《疏义》云："自即由，言自则不必言由。……凡授受之礼，相乡（向）者谓之讶授受，同面者谓之并授受。《曲礼》'乡与客并，然后受'，郑云：'于堂上则俱南面，礼敌者并受。'……今文无'南面'，即并受之义不明，故郑从古文。"③

285.《聘礼》："明日，宾拜礼于朝。"郑注："今文礼为醴。"

按此经谓宾拜谢主国之君使卿归饔饩，及夫人使下大夫所行归礼，而非拜谢主君之醴酒。醴虽可通礼，然终无礼字于表达文意为切。故胡承珙《疏义》云："皆与醴酒无涉，今文以同声假借，皆郑所不用。"④

286.《聘礼·记》："无行则重贿反币。"郑注："今文曰贿反币。"

注谓今文贿上无重字。胡培翚《正义》云："无重字，则厚答聘君之意不

---

① 胡承珙：《仪礼古今文疏义》，《清经解续编》第2册，第1132页。
② 胡培翚：《仪礼正义》，《清经解续编》第3册，第655页。
③ 胡承珙：《仪礼古今文疏义》，《清经解续编》第2册，第1133页。
④ 胡承珙：《仪礼古今文疏义》《士冠礼》"礼于阼"条，《清经解续编》第2册，第1120页。

见，故郑不从也。"① 是重贿谓重礼以答聘君，无重字则此意不明。

288.《公食大夫礼》："宰右执镫，左执盖，由门入，升自阼阶。"郑注："今文曰入门自阼阶，无升。"

按宰自庙门外入，自阼阶升堂，若无升字，则文意不明，故郑不从今文。胡承珙云："郑从古文者，亦以其文义备。"②

288.《公食大夫礼》："（大夫）受酱、湆、侑币束锦也。"郑注："今文无束。"

按锦或帛，皆十端（一端为二丈）为束（二十丈，即一匹），若无束字，则大夫所受锦之多少不明。故胡培翚《正义》云："凡物十曰束，故上注云'束帛，十端帛也'。若无束字，于义不备，故郑氏从古文。"③

289.《觐礼》："以瑞玉有缫。"郑注："瑞玉，谓公桓圭，侯信圭，伯躬圭，子榖璧，男蒲。今文玉为圭。"

按不同等级的诸侯觐见天子，所执瑞玉也不同。《周礼·春官·大宗伯》云："以玉作六瑞，以待邦国：王执镇圭，公执桓圭，侯执信圭，伯执躬圭，子执榖璧，男执蒲璧。"此经之玉，即包桓圭、信圭、躬圭、榖璧、蒲璧言。故郑注云："瑞玉，谓公桓圭，侯信圭，伯躬圭，子榖璧，男蒲。"若如今文"瑞玉"为"瑞圭"，则仅见公、侯、伯所执，而不及子男，文意不备，故郑不从今文。胡承珙《疏义》云："言玉则兼圭璧，言圭嫌不见子男，故郑从古文。"④

290.《士丧礼》："度兹幽宅，兆基。"郑注："古文无兆。"

兆谓兆域。基，郑注曰"始也"。兆基者，始于此画定兆域也。若无"兆"字，则不明所始（基）者何也，语意不明，故郑不从古文。

291.《既夕礼》："商祝执功布以御柩。"郑注："今文无以。"

按《礼记·丧大记》曰："君葬……御棺用羽葆。大夫葬……御棺用茅。士葬……御棺用功布。"此经之以字，犹《丧大记》之用也。无以字，虽义亦可通，终无有以字之文意该备。故胡承珙《疏义》云："案以者，用也。《丧

---

① 胡培翚：《仪礼正义》，《清经解续编》第 3 册，第 665 页。
② 胡承珙：《仪礼古今文疏义》，《清经解续编》第 2 册，第 1136 页。
③ 同上。
④ 同上。

大记》云：'士丧（按当作葬），比出宫，御棺用功布。'郑注《周礼·乡师》引《杂记》曰：'匠人执翿以御柩。'此注从古文有以者，亦取其文备。"①

292.《既夕礼》："宾吊者升自西阶，曰：'如之何！'"郑注："今文无曰。"

按无"曰"字，则不知"如之何"是宾吊者所言，而以为是对"宾吊者升自西阶"的行为发问，有违经意，故郑不从今文。

293.《既夕礼》："凡绞、紟用布，伦如朝服。"郑注："今文无紟。"

按经文意甚明：凡敛尸所用绞、紟皆用布制成。今文无紟，则唯绞用布，紟是否用布则不得而知矣，故郑不从今文。贾疏："言'凡'，非一之言，以其唯小敛至大敛有绞，大敛又有紟，故知'凡'中有大、小敛也。言类（伦）如朝服者，《杂记》云'朝服十五升'是也。"胡承珙云："案紟虽小敛所无，记者欲明用布如朝服，紟与绞同，不应有绞无紟。《丧大记》亦云'绞、紟如朝服'，故郑从古文。"②

294.《既夕礼》："序从如初，适祖。"郑注："今文无从。"

序从，谓以次相从。胡培翚《正义》云："郑以序下无从字，则义不明，故从古文也。"③

295.《士虞礼》："佐食出，立于户西。"郑注："今文无于户西。"

贾疏："不从今文无'于户西'三字者，若无此文，不知立之所在，故不从也。"

296.《士虞礼·记》："虞，沐浴，不栉。"郑注："今文曰沐浴。"

阮校引许彦宗云："'今文曰沐浴'，盖无'不栉'二字，异于古文耳。观后经文'沐浴栉蚤翦'，注曰'今文曰沐浴蚤翦'，对勘自明矣。盖后注言今文无'栉'字，此注言今文无'不栉'字，以后证前，毫无可疑，诸校者皆误。"胡承珙《疏义》云："许说是也。惟后记注亦系'今文曰沐浴'为句，'蚤翦'属下文'或为蚤揃'六字为句，许以'今文曰沐浴蚤翦'连句微误。此郑注云'不栉，未在于饰也，唯三年之丧不栉，期以下栉可也'，后注云'弥自饰也'，是前虞时少饰，故沐浴不栉；袝时弥饰，故沐浴而栉，其

---

① 胡承珙：《仪礼古今文疏义》，《清经解续编》第2册，第1144页。
② 同上。
③ 胡培翚：《仪礼正义》，《清经解续编》第3册，第761页。

别在是。今文无之（按谓无"不栉"二字），于义未备，故郑从古文。"① 同例还见于：

《士虞礼·记》："沐浴，栉，搔翦。"郑注："今文曰沐浴。"胡承珙《疏义》云："今文曰'沐浴'，无'栉'，郑所不从。说已见前。"②

297. 《士虞礼》："孙妇于皇祖姑某氏。"郑注："今文无某氏。"

胡培翚《正义》云："案祖姑或非一人，必须言某氏以别之。上衬女子云'皇祖妣某氏'，此亦当有'某氏'二字。今文无之，故郑不从也。"③ 是无某氏则文意不明，故郑不从今文。

298. 《特牲馈食礼》："（尸）洗爵酳致于主人、主妇。"郑注："今文曰洗致。"

按无爵字，则不明所洗而酳以至于主人、主妇者为何种饮酒器，故郑不从今文。胡承珙《疏义》云："案《有司彻》云：'宾献祝及二佐食，洗致爵于主人。'彼既有爵字，虽无酳字，不言可知也。今文于此但言洗致，并无爵字，文不备，故郑从古文。"④

299. 《特牲馈食礼》："主人降阼阶，西面拜宾如初，洗。宾辞洗。卒洗，揖让升。"郑注："今文无洗。"

注意谓"卒洗，揖让升"今文作"卒，揖让升"。按这是主人洗爵，将以酳酒献宾，宾谦而辞洗，而主人则"卒洗"。若无"洗"字，或可理解为"宾辞洗卒"，即与宾"揖让升"，则与此经文意相乖，故郑不从今文。

300. 《特牲馈食礼》："举觯者皆奠觯于荐右。"郑注："今文曰奠于荐右。"

按无"觯"字，则不明所奠何物，且嫌奠于荐右的非觯而成了举觯者自身。故胡培翚《正义》云："今文奠下无觯字，义不显，故郑从古文。"⑤

301. 《少牢馈食礼》："（主妇）坐设（敦稷）于黍南，敦皆南首。主妇兴，入于房。"郑注："今文曰主妇入于房。"

---

① 胡承珙：《仪礼古今文疏义》，《清经解续编》第 2 册，第 1147 页。
② 同上书，第 1148 页。
③ 胡培翚：《仪礼正义》，《清经解续编》第 3 册，第 774 页。
④ 胡承珙：《仪礼古今文疏义》，《清经解续编》第 2 册，第 1149 页。
⑤ 胡培翚：《仪礼正义》，《清经解续编》第 3 册，第 788 页。

按上文既说主妇"坐设",则当兴(起身)而后入于房,今文无"兴"字,则文意不备。故胡培翚《正义》云:"郑以上云'坐设',言坐则必有兴。古文有兴字,文义较备,故叠今文不从也。"①

302.《有司》:"主妇入于房。司宫设席于房中,南面。主妇立于席西。"郑注:"今文曰南面立于席西。"

按注谓今文"立于席西"上无"主妇"二字,然上承"司宫设席于房中,南面"之文,则立于席西者,非主妇,而变为司宫了,文意异矣,故郑不从今文。胡培翚《正义》云:"古文'南面'下有'主妇'二字,今文无,则文义不明,故郑从古文。"②

303.《有司》:"二手执桃匕枋以挹湆,注于疏匕。"郑注:"桃谓之歃,读如'或舂或抌'之抌。字或作挑者,秦人语也。此二匕者,皆有浅升,状如饭糁。桃长枋,可以抒物于器中者。今文桃作抌。"

按注"字或作挑者"之挑乃挑字之讹,经文作桃,则此或本不当与之同,故胡承珙《疏义》引此文即改作挑,曰:"注疏本此字仍作桃,非是。"③ 又按桃,器名,是匕的一种,其形制如注说,"有浅升,状如饭糁。桃长枋,可以抒物于器中者",即谓桃是一种长柄的匕。至桃字之读音,如注说,"读如或舂或抌之抌",读如者,拟其音。而今文桃作抌,抌是动词,是舀的或体,其义为抒臼,即从臼中舀取物,见《说文·臼部》"舀"下,非器名。此经"执桃匕枋"者,谓执桃匕之柄也。若易桃为抌,则文不成义矣,故郑不从今文。至于或本作挑,乃秦人语,属方言,故郑亦不从。

304.《乡射礼》:"卒受者以虚觯降,奠于篚。执觯者洗,升,实觯,反奠于宾与大夫。"郑注:"今文无执觯,及宾觯、大夫之觯,皆为爵。实觯,觯为之。"

按此节注文盖有脱错。注云"今文无执觯",经文作"执觯者",无"执觯"则"者"字无着,疑注文"无执觯"下脱"者"字。又注云"及宾觯、大夫之觯,皆为爵",而此经无"宾觯、大夫之觯"之文,故学者颇疑此注当为上经之注,而误移于此。上经云:"执觯者受觯,遂实之,宾觯以之主人,

---

① 胡培翚:《仪礼正义》,《清经解续编》第3册,第801页。
② 同上书,第812页。
③ 胡承珙:《仪礼古今文疏义》,《清经解续编》第2册,第1151页。

大夫之觯长受。"其下当实之以此注。故胡承珙《疏义》引许宗彦云:"此注'今文无执觯及宾觯大夫之觯皆为爵'十五字,当在上'执觯者'节下。"①按此经意谓"执觯(者)受觯",若如今文无"执觯(者)",则"受觯"者不知何人,文意不明,故郑不从今文。

四一　据文理以决所从(10例)

(一) 据文理以决从今文 (8例)

305.《士相见礼》:"主人对曰:'某也固辞不得命,将走见。'"郑注:"古文曰'某将走见'。"

按上文主语"某"通下"将走见"言,"将走见"上再增一"某",则辞复,不合于文理,且嫌此"某"为指代另一人,故郑不从古文。贾疏云:"上已云'某也固辞不得命',于下不须云'某',于文便。古文更云'某将走见',文叠,故不从也。"

306.《乡射礼·记》:"司马阶前命张侯,遂命倚旌。"郑注:"古文曰遂命获者倚旌。"

按前经文已云"司马命张侯,弟子说束,遂系左下纲;司马又命获者倚旌于侯中",是所命张侯者为弟子,倚旌者为获者已明。此记文则补充说明司马命张侯与命倚旌二事在时间上前后相因,以及命时所在的位置,即同在"(西)阶前",故不必重复所命之人,因此省略了"弟子"与"获者"。古文却在"倚旌"前加"获者",而"张侯"前则又不加"弟子"二字,是前后句式不一,且文辞累赘,不合于文理,故郑不从古文。

307.《乡射礼·记》:"君国中射,则皮树中,以翿旌获。"郑注:"古文无以。"

按"以"与"翿旌"构成介宾结构,介词"以"不可省。下文云"翿旌以获",则是介宾倒置的用法,亦可证此经"以"字不可省,故郑不从古文。

308.《乡射礼·记》:"士鹿中,翿旌以获。"郑注:"古文无以获。"

按"翿旌以获",是"以翿旌获"的倒置用法。若无"以获",则句子不

---

① 胡承珙:《仪礼古今文疏义》,《清经解续编》第2册,第1127页。

完整，犹俗所谓"半截话"。故胡承珙《疏义》云："无'以获'则文不备，故郑亦不从。"①

309.《燕礼》："众工不拜受爵，坐祭，遂卒爵。"郑注："古文曰卒爵不拜。"

注谓古文于"遂卒爵"下有"不拜"二字。按此经言主人向工献酒，工贱，唯其长者一人受爵后当拜，卒爵则不拜，而众工更贱，卒爵不拜更不待言。古文于众工"遂卒爵"后增"不拜"二字，则辞复。故胡承珙《疏义》云："案上文主人献工，'一人拜受爵……卒爵不拜'，注云：'一人，工之长者……贱，不备礼。'是工之长者以贱故，只受爵拜，卒爵不拜。此众工更贱，受爵且不拜矣，言'遂卒爵'，无庸更言不拜。《大射仪》亦云'众工不拜受爵，坐祭，遂卒爵'，郑以彼决之，故不从古文。"②是众工卒爵不拜，不言自明，古文赘以"不拜"二字，乃画蛇添足。

310.《燕礼》："寡君有不腆之酒。"郑注："今文皆曰不腆酒，无'之'。"

胡培翚《正义》引胡肇昕云："今文无'之'，文不备，故从古文有'之'。"③按此经"之"字是结构助词，与"不腆"结合而作为"酒"的定语。若无"之"字，则不合文法，即胡氏所谓"文不备"，故不从今文。

311.《聘礼》："上介奉币，皮先，入门左。"郑注："皮先者，介随执皮者而入也。……古文重入。"

注谓古文此经作"皮先入，入门左"，重"入"字，亦辞复。胡培翚《正义》曰："古文'皮先'下有两'入'字。案'皮先'谓执皮者先于上介，则入门左自兼执皮与上介言之，不必重也。故从今文。"④

312.《既夕礼》："俎二以成，南上，不绪。特鲜兽。"郑注："成犹并也。古文特为俎。"

按特者，一也，无偶之谓也。"特鲜兽"与上"二以成"对言，谓鲜兽仅一俎而无偶。若如古文作"俎鲜兽"，则失其对文之义。故胡承珙《疏义》

---

① 胡承珙：《仪礼古今文疏义》，《清经解续编》第 2 册，第 1128 页。
② 同上书，第 1129 页。
③ 胡培翚：《仪礼正义》，《清经解续编》第 3 册，第 516 页。
④ 同上书，第 649 页。

云:"疏云:'鲜兽在北,北无偶,故云特。'是特者,对成言之,经当作特,不应作俎,故郑从今文。"①

(二)据文理以决从古文(2例)

313.《士冠礼》:"冠而字之。"郑注:"今文无'之'。"

按冠、字二字在此均作及物动词,"之"字则其宾语,指代冠者,无"之"字则缺宾语,冠、字之义皆无着。《礼记·郊特牲》亦作"冠而字之",《冠义》作"已冠而字之",皆有"之"字,与古文合。

314.《乡饮酒礼》:"(举觯者二人)皆进,荐西奠之,宾辞,坐取觯以兴。"郑注:"今文曰宾受。"

注意谓经"宾辞"二字今文作"宾受"。胡承珙《疏义》曰:"经'荐西奠之'下'宾辞',然后'坐取觯'。若今文作'宾受,坐取觯以兴',则不辞矣。此节是无由以'宾受'二字连文。"②按经既言举觯者将觯"荐西奠之",下即不得言"宾受",且宾既受之矣,而下又云"坐取觯以兴",前后矛盾,文理不通,故胡氏谓之"不辞"。

四二 据文例以决所从(29例)

(一)据文例以决从今文(6例)

315.《乡饮酒礼·记》:"其笙则献诸西阶上。"郑注:"古文无上。"

按《仪礼》凡献笙,皆曰献于"西阶上"。如《乡射礼》:"(主人)不洗,遂献笙于西阶上。"《燕礼》:"主人洗,升,献笙于西阶上。"此记亦曰"其笙则献诸西阶上"。而古文"西阶"下无"上"字,不合《仪礼》文例,故郑不从。胡承珙《疏义》亦云:"经言'主人献笙于西阶上。'《乡射礼·记》:'其笙则献诸西阶上。'此亦当有上字,故从今文。"③

316.《乡射礼》:"司正实觯,降自西阶,中庭北面坐奠觯,兴,退,少立。"郑注:"古文曰少退立。"

---

① 胡承珙:《仪礼古今文疏义》,《清经解续编》第2册,第1143页。
② 同上书,第1125页。
③ 同上。

按《乡饮酒礼》云:"司正实觯,降自西阶,阶间北面坐奠觯,退,共少立。"《燕礼》云:"司正降自西阶,南面坐取觯,升酌散,降,南面坐奠觯,右还北面少立。"《大射》云:"司正降自西阶,南面坐取觯,升酌散,降,南面坐奠觯,兴,右还,北面少立。"是皆云"少立",而无作"少退立"之例。是郑以《乡饮》、《燕礼》、《大射》之文决之,故不从古文。

317.《乡射礼》:"命上射曰:'某御于子。'"郑注:"古文曰'某从于子'。"

按《大射》云:"遂告曰:'大夫与大夫,士御于大夫。'"又云:"司射命上射曰:'某御于子。'"又云:"命宾御于公。"又云:"命上射曰:'某御于子。'"又云:"告于大夫曰:'某御于子。'"是皆作"御"而不作"从",故胡承珙《疏义》云:"郑以《大射》决之,故从今文。"①

318.《大射》:"卒射,释获者遂以所执余获适阼阶下。"郑注:"余获,余筭也。古文曰余筭。"

按此经下文云:"反位坐,委余获于中西。"又曰:"释获者执余获进告左右卒射如初。"《乡射礼》云:"卒射,释获者遂以所执余获升自西阶。"皆作"余获",而无作"余筭"者,故不从古文。胡承珙《疏义》云:"郑云'余获,余筭也'。《乡射》云:'卒射,释获者遂以所执余获升自西阶,尽阶,不升堂,告于宾曰:左右卒射。'郑以彼决此,故从今文。"②

319.《特牲馈食礼》:"盛两敦陈于西堂,藉用萑。"郑注:"古文用为于。"

胡承珙《疏义》云:"案《士虞礼》'馈黍稷二敦于阶间,西上,藉用苇席';《有司彻》'右几,厞用席':皆作用,不作于,故郑从今文。"③ 是郑据文例以决从今文而不从古文。

320.《有司》:"主人北面于东楹东答拜。"郑注:"古文曰东楹之东。"

注谓古文"东楹"下有"之"字。按此经上文云:"主人东楹东,北面拜至。"又云:"主人东楹东,北面拜。"又云:"尸西楹西,北面拜洗。主人东楹东,北面奠爵答拜。"又云:"主人东楹东,北面拜送爵。"此经下文又

---

① 胡承珙:《仪礼古今文疏义》,《清经解续编》第2册,第1126页。
② 同上书,第1131页。
③ 胡培翚:《仪礼正义》,《清经解续编》第3册,第1149页。

云："尸降筵，北面于西楹西坐……奠爵，拜，执爵以兴。主人北面于东楹东答拜。"又云："主人东楹东北面拜受爵。尸西楹西北面答拜。"是皆云"东楹东"，无作"东楹之东"者。故胡培翚《正义》云："郑以前后多云'东楹东'，与'西楹西'相对为文，故从今文，不从古文。"①

（二）据文例以决从古文（23例）

321.《士冠礼》："宾对曰：'某敢不夙兴！'"郑注："今文无对。"

这是记主人宿宾之辞，在主人戒宾之后。上文主人"戒宾曰：'某有子某，将加布于其首，愿吾子之教之也。'宾对曰：'某不敏，恐不能共事，以病吾子，敢辞。'"又"主人曰：'某犹愿吾子之终教之也。'宾对曰：'吾子重有命，某敢不从！'"是记宾之答辞皆言"宾对曰"，则此宿宾之辞，宾之答辞亦当云"宾对曰"。今文无"对"，不合于文例。胡承珙《疏义》云："案上文戒宾、宾辞及宾许，皆有对，此宿宾亦当有对，故不从今文。"②

322.《士相见礼》："执玉者则唯舒武。"郑注："今文无'者'。"

胡承珙《疏义》云："上文云'凡执币者不趋'，此'执玉者'文相配，亦当有'者'。"③按此郑据上文例以决当从古文有"者"字。

323.《乡饮酒礼》："（主人）坐奠爵于篚下，盥洗。"郑注："今文无奠。"

胡承珙《疏义》云："郑以上文'主人坐奠爵于阶前'，下文'主人坐奠爵于篚'，皆有奠字，故从古文。若无奠字，则'坐爵'连文，不成辞矣。"④按此郑据上下文例以决当从古文有"奠"字，且无"奠"字，亦不合文理。

324.《乡饮酒礼》："明日宾服乡服以拜赐。"郑注："今文曰宾服乡服。"

按阮元校此经曰："《通解》、敖氏俱无上服字。朱子曰：'注云今文曰宾服乡服，明古经文宾下无服，今有，衍文也。'"据阮校，则此经当作"明日宾乡服以拜赐"。而今文则曰"明日宾服乡服"，宾下有"服"字。胡培翚《正义》曰："郑以《乡射》'明日宾朝服以拜赐于门外'决之，故从古文无

---

① 胡培翚：《仪礼正义》，《清经解续编》第3册，第810页。
② 胡承珙：《仪礼古今文疏义》，《清经解续编》第2册，第1120页。
③ 同上书，第1124页。
④ 同上。

上服字。"① 是郑据《乡射礼》之文例以决此经当从古文作"明日宾乡服以拜赐"。

325.《乡射礼》："进，坐，取觯兴，反，坐，不祭，遂卒觯，兴，坐奠觯拜。"郑注："今文曰坐奠之拜。"

胡承珙《疏义》云："执觯、取觯皆言觯，此不应变'觯'为'之'。"② 按《仪礼》凡言执觯、取觯，无以"之"代"觯"者，是变"觯"为"之"，不合《仪礼》文例，故不从今文。

326.《乡射礼》："获者适侯，执旌负侯而俟。"郑注："俟，待也。今文俟为立。"

按《仪礼》之《乡射礼》、《大射》凡获者或释获者负侯而待皆曰"而俟"。如《乡射礼》"司马命获者执旌以负。获者适侯，执旌负侯而俟。"又曰："获者执旌许诺，声不绝，至于乏，坐，东面，偃旌，兴而俟。"又曰司马命取矢，"获者执旌许诺，声不绝，以旌负侯而俟"。又曰："获者负侯而俟。"又《大射》曰："负侯者皆适侯，执旌负侯而俟。"又司马正命取矢，"负侯许诺如初去侯，皆执旌以负其侯而俟。"又曰："公将射，则司马师命负侯。皆执其旌以负其侯而俟。"而无"俟"作"立"之文。郑以文例决之，故从古文作"而俟"。胡承珙《疏义》云："案《大射仪》云：'负侯者皆适侯，执旌负侯而俟。'《乡射礼》：'三耦俟于堂西，南面，东上。'郑以彼此互决，故皆从古文。"③ 同例还见于：

《大射》："三耦俟于次北。"郑注："今文俟为立。"

327.《乡射礼》："司射犹挟一个以进，作上射如初。"郑注："今文或言作升射"。

胡承珙《疏义》云："敖氏继公曰：'上字是衍，否则其下当有耦字。今文或言作升射，盖亦疑其误而易之也。'承珙案，敖谓'上'字衍，是也。疏云'此直进作射'，似经文但言'作射如初'，本无'上'字。郑不从今文'作升射'者，《大射仪》'司射犹挟一个，以作射如初'，亦不言'作升射'

---

① 胡培翚：《仪礼正义》，《清经解续编》第 3 册，第 573 页。
② 同上。
③ 胡承珙：《仪礼古今文疏义》，《清经解续编》第 2 册，第 1126 页。

也。"① 按此礼及《大射》或言"作上耦射",或言"作上耦取矢",或径言"作射",而无"作上射"之例,亦无"作升射"之例。故此处经文或衍"上"字,或脱"耦"字,皆如敖氏说也。

328.《燕礼》:"辩献卿,主人以虚爵降,奠于篚。"郑注:"今文无奠于篚。"

胡承珙《疏义》云:"案上文'宾进,受虚爵,降奠于篚','大夫卒受者,以虚觯降,奠于篚。'又下献工云'主人受爵,降奠于篚',知此亦当有'奠于篚'。《大射仪》亦云:'辩献卿,主人以虚爵降,奠于篚'。郑以彼决之,故从古文。"② 是郑据《燕礼》及《大射》之文例以决从古文有"奠于篚",而不从今文。

329.《大射》:"宾降,洗,升,媵觯于公。酌散,下拜。公降一等。小臣正辞。宾升,再拜稽首。公答再拜。"郑注:"今文公答拜,无再拜。"

阮校此注曰:"'拜'字疑衍。"即谓今文作"公答拜,无再"。胡承珙《疏义》云:"案《燕礼》云:'宾降,洗,升,媵觚于公,酌散,下拜,公降一等,小臣辞。宾升,再拜稽首。公答再拜。'郑以彼决此,故从古文。"③ 是郑据此经上文例以决从古文作"公答再拜",而不从今文无"再"字。

330.《聘礼》:"庭实设,介奉币入。"郑注:"今文曰入设。"

按此经上文记宾觌公之礼曰"庭实设",郑注:"庭实,乘马。"记公使卿向宾归饔饩曰"庭实设,马乘",记宾问卿之礼亦曰"庭实设,四皮"。又《公食大夫礼》记宾食正馔而公赠宾以乘皮亦曰"庭实设"。是据《仪礼》文例皆曰"庭实设",而不言"庭实入设",故郑不从今文。胡承珙《疏义》云:"案上文宾问卿云'庭实设,揖让如初',不云'入设',郑以彼决此,故从古文。"④

331.《聘礼》:"(大夫)自下听命,自西阶升受,负右房而立。"郑注:"此仪如还圭然。今文无而。"

胡培翚《正义》曰:"前还圭时'负右房而立',有'而'字,此亦当有

---

① 胡承珙:《仪礼古今文疏义》,《清经解续编》第2册,第1127页。
② 同上书,第1128页。
③ 同上书,第1131页。
④ 同上书,第1133页。

'而'字，故郑从古文。"① 是郑据上文例以决从古文。

332.《士丧礼》："宰洗柶，建于米，执以从。"郑注："今文宰不言执。"

注谓"宰……执以从"，今文作"宰……以从"，无"执"字。胡承珙《疏义》云："案上文'主人……洗贝，执以入'，下文'商祝执巾从入'，皆有执字，此宰亦当言执，故郑从古文。"② 是据《士丧礼》之文例，皆当有"执"字，故郑不从今文。

333.《士丧礼》："宾出。妇人踊。主人拜送。"郑注："今文无拜。"

胡培翚《正义》曰："案大小敛奠毕，宾出，俱云'主人拜送'。又下云'主人卒拜送宾'，正蒙此拜送之文，宜有拜字，故郑从古文。"③ 是据《士丧礼》之文例，当从古文作"拜送"。

334.《士丧礼》："敦启会，却诸其南。"郑注："会，盖也。今文无敦。"

胡培翚《正义》云："会即敦之盖也。下文彻朔奠云'敦启会'，有敦字，则此亦宜有，故郑从古文。"④

335.《士丧礼》："筮者东面抽上韇，兼执之。"郑注："今文无兼。"

按《士冠礼》云："筮人执筴抽上韇兼执之，进受命于主人。"又《少牢》云："史朝服，左执筮，右抽上韇，兼与筮执之，东面受命于主人。"胡承珙云："郑以《士冠》、《少牢》决此当有兼字，故从古文。"⑤

336.《既夕礼·记》："掘坎南顺，广尺，轮二尺，深三尺。"郑注："今文掘为垈也。"

贾疏："经直云'甸人掘坎于阶间'，不辨大小，故记人明之。"

按垈可用作动词，有掘坎之义，故下记"甸人筑垈坎"，郑注云："穿坎之名一曰垈。"若如今文改"掘"为"垈"，文义亦不变。然如贾疏说，此记本为释经，经既云"甸人掘坎于阶间"，则作记之人不得径改作"垈坎"，有违记文之例。按凡记文除增广异闻外，多针对经文以释之，或阐发经义，或补经之不备。即以《士丧礼》之经、记而言（按《既夕礼》是《士丧礼》的

---

① 胡培翚：《仪礼正义》，《清经解续编》第 3 册，第 655 页。
② 胡承珙：《仪礼古今文疏义》，《清经解续编》第 2 册，第 1141 页。
③ 胡培翚：《仪礼正义》，《清经解续编》第 3 册，第 655 页。
④ 同上书，第 643 页。
⑤ 胡承珙：《仪礼古今文疏义》，《清经解续编》第 2 册，第 1143 页。

下篇，其记通上下篇言）：经言"死于适室"，记即云"士处适室，寝东首于北墉下……乃卒"；经言"楔齿用角柶"，记即云"楔貌如轭，上两末"；经言"缀足用燕几"，记即云"缀足用燕几，校在南，御者坐持之"；经言"乃赴于君"，记即云"赴曰'君之臣某死'"，等等，皆对应经文以释之，而不改易经字（如适室、楔、缀足用燕几、赴，等等）。是郑以今文改"掘"为"坅"，不合记文之例，故不从之。

337.《士虞礼》："俎入，设于豆东，鱼亚之。"郑注："今文无之。"

胡承珙《疏义》云："案郑以上文云'一铏亚之'，又云'从献豆两亚之，四笾亚之'，皆有之字，故从古文。"①

338.《特牲馈食礼》："筮子为某尸，占曰吉，敢宿。"郑注："今文无敢。"

胡承珙《疏义》云："案下文宿宾辞曰：'某荐岁事，吾子将莅之，敢宿。'有敢字。《少牢馈食礼》宿尸辞亦曰'敢宿'，则此有敢为是，故郑从古文。"②

339.《特牲馈食礼》："宾出，主人出，皆复外位。"郑注："今文复为反。"

胡承珙《疏义》云："案下文'卒载，加匕于鼎，主人升，入，复位'；又'主人左执角，再拜稽首受，复位'；又'主人答拜，受角，降，反于篚，复位'；又'主人更爵酌醋，卒爵，降，实于篚，入，复位'。惟《记》云'宾从尸俎出庙门，乃反位'。蒙其余通篇皆言'复位'，不言反位，故郑从古文。"③是经文例皆言"复位"，故郑不从今文改"复"为"反"。

340.《特牲馈食礼》："尸祭酒，啐酒。"郑注："今文曰啐之。"

按《仪礼》中凡尝酒皆曰"啐酒"。如《士冠礼》："冠者升筵坐，左执爵，右祭脯醢，祭酒，兴，筵末坐，啐酒。"《乡饮酒礼》："（宾）兴，席末坐，啐酒。"《乡射礼》："（宾）兴加于俎，坐挩手，执爵，遂祭酒，兴，席末坐，啐酒。"《燕礼》："（宾）兴，席末坐，啐酒。"《大射》："（宾）兴，席末坐，啐酒。"等等，而无作"啐之"者，故郑不从今文。

---

① 胡承珙：《仪礼古今文疏义》，《清经解续编》第2册，第1146页。
② 同上书，第1148页。
③ 同上书，第1149页。

341.《有司》:"主妇主人之北西面答拜。"郑注:"今文无西面。"

胡培翚《正义》云:"上主妇献尸'尊南西面拜',又'西面于主人之席北拜送爵',则此亦西面可知,故郑从古文。"① 是郑据上文文例,以决从古文而不从今文。

342.《有司》:"宰夫赞主人酳,若是以辩。"郑注:"今文若为如。"

胡承珙《疏义》云:"案下文'主人献兄弟于阼阶上,坐祭,立饮,不拜既爵,皆若是以辩'。又'主人献内宾于房中,坐祭,立饮,不拜既爵,若是以辩'。又'主人献私人于阼阶上,坐祭,立饮,不拜既爵,若是以辩':凡此皆作若,不作如,郑以彼决此,故从古文。"② 按《仪礼》经文皆作"若是",而无作"如是"者,是此经亦当作"若是",故不从今文。

343.《有司》:"妇人赞者执枣糗授妇赞者。妇赞者不兴受,设枣于菹南,糗在枣东。"郑注:"妇人赞者,宗妇之弟妇也。今文曰妇也赞者执枣糗授妇赞者,不兴受。"

胡承珙《疏义》云:"案上文皆云'妇赞者',此特言'妇人赞者',郑云'妇人赞者,宗妇之弟妇也'。今文云'妇也赞者',《礼经》无此文例,郑所不从。下云'授妇赞者,妇赞者不兴受',文义必叠乃明,故郑皆从古文。"③

四三 据情理以决所从(4例)

(一)据情理以决从今文(2例)

344.《士昏礼·记》:"(主人)对曰:'某得以为昏姻之故,不敢固辞。敢不从!'"郑注:"不言外,亦弥亲之辞。古文曰外昏姻。"

按上文"主人(女父)对曰:'某以得为外昏姻之数'",而此处则言"某得以为昏姻之故",不再言"外",表示与男家的亲密关系更进了一层,故注云"不言外,亦弥亲之辞"。若如古文有"外"字,是女父仍以"外亲"自居,则与"弥亲"之情理不合矣,故郑不从古文。

345.《有司》:"宰夫洗觯以升。主人受酳,降,酬长宾于西阶南。"郑

---

① 胡培翚:《仪礼正义》,《清经解续编》第3册,第811页。
② 胡承珙:《仪礼古今文疏义》,《清经解续编》第2册,第1151页。
③ 同上。

注："古文酳为爵。"

胡培翚《正义》云："'主人受酳'之酳，古文作爵。但主人受时必酳酒于觯，而后降以酬宾，若无'酳'文，则似以虚爵降矣。"[1] 按礼无以虚爵酬宾之理，为免此不合情理之嫌，故郑不从古文。

（二）据情理以决从古文（2例）

346.《士昏礼·记》："某之子惷愚，又弗能教。"郑注："今文弗为不，无能字。"

《说文》："不，鸟飞上翔不下来也。"按不字甲骨文、金文不象"鸟飞上翔不下来"之形，许说非。不字之本义究为何，学者说颇纷纭，迄无定论，然以为假借为今之否定副词，用作不然字，且假借义行而本义废，则学者皆无异义。又《说文》："弗，矫也。"引申为矫拂字，段注曰："今人矫、弗皆作拂，而用弗为不。"是不、弗皆用作否定副词，而义又微别。段注曰："凡经传言不者其文直，言弗者其文曲。"是弗于意较委婉。故胡承珙《疏义》云："下文纳吉对曰'某子之不教'，盖至纳吉则事已定而情弥亲，故其辞径遂。此纳采则礼初行，而情未惬，故其辞微婉耳。"[2] 又能字在此亦使辞气委婉。是据情理断之，当以古文作"弗"字、有"能"字于意为允，故郑不从今文。

347.《士昏礼·记》："（壻）对曰：'某以非他故，不足以辱命，请终赐见。'"郑注："今文无终赐。"

按此经记壻（婿）不亲迎而在妇入三月后前往拜见女父之辞，有"终赐"二字，则辞气婉而谦，较合于情理。胡承珙《疏义》云："古文有'终赐'者，盖以辞谦为得礼耳。"[3] 故郑不从今文。

四四　据事理以决所从（2例）

（一）据事理以决从今文（1例）

348.《聘礼》："陈皮北首。"郑注："古文曰陈币北首。"

---

[1] 胡培翚：《仪礼正义》，《清经解续编》第3册，第814页。
[2] 胡承珙：《仪礼古今文疏义》，《清经解续编》第2册，第1122页。
[3] 同上书，第1123页。

胡培翚云："郑不从古文者，下云'北首'，皮可言首，币不得言首也。"①按皮谓兽皮，有首尾之分，故言"北首"。币则帛也，无首尾之分，不得言"北首"，此事理之显然，故郑不从古文。

（二）据事理以决从古文（1例）

349.《乡射礼》："（司射）适堂西，改取一个挟之。"郑注："今文曰适序西。"

胡承珙《疏义》云："案上文惟宾与大夫之弓倚于西序，主人之弓在东序，众弓则皆倚于堂西，矢在其上，此司射取矢，自当云'适堂西'。又《大射仪》司射诱射毕，亦云'遂适堂西，改取一个挟之'。郑以彼决此，故从古文。"②按众弓既依放在堂西，则自当适堂西取之，事理甚明，而不当如今文作"适序西"也。

四五 据上下文以决所从（4例）

（一）据上下文以决从今文（1例）

350.《既夕礼》："主人之史请读赗，执筹从。"郑注："古文筹皆为策。"

胡承珙云："上文云'书赗于方，书遣于策'，此读赗即书于方者也。筹所以释数，必执筹者，物有多寡，宜知其数也。筴乃策字之别。（胡氏自注："《颜氏家训》云：'简策字竹下施束，末代隶书似杞宋之宋，亦有竹下遂为夹者。'《易·释文》云：'策，本作筴。'"）古文筹为筴者，筹本筹策之物，故亦可为策。郑嫌于书遣之策，故从今文。"③是谓筹、筴二字皆可用，然因嫌与上文"书遣于策（筴）"（即遣策）字复，易使人误以为是执所书遣策以从，故郑不从古文筴字。

（二）据上下文以决从古文（3例）

351.《少牢馈食礼》："司宫奠两甒于房户之间，同棜，皆有幂。"郑注：

---

① 胡培翚：《仪礼正义》，《清经解续编》第3册，第641页。
② 胡承珙：《仪礼古今文疏义》，《清经解续编》第2册，第1126页。
③ 同上书，第1143—1144页。

"今文鼏作幂。"

据胡承珙《疏义》校，此注鼏、幂二字误倒，注当云"今文幂作鼏"。胡培翚《正义》本即从其说而改之。胡氏《疏义》又云："郑因下文'启二尊之盖幂'作幂，不作鼏，故于此从古文经字作幂，叠今文不用耳。"①

352.《少牢馈食礼》："主妇洗，酌献祝。祝拜，坐受爵。"郑注："今文曰祝拜受。"

胡承珙《疏义》云："案下文云'卒爵不兴'，则此当有坐字。又上文主人酌献上佐食，上佐食亦'拜，坐受爵'，下文主妇献上佐食亦'拜，坐受爵'，郑以彼决此，故从古文。"②按郑以上下文"受"前皆有"坐"字，此不当独无，故不从今文。

353.《有司》："主妇荐韭菹、醢，坐奠于筵前，菹在北方。妇赞者执二笾麷蕡。"郑注："今文无二笾。"

胡承珙《疏义》云："案上文云'主妇荐韭菹、醢，坐奠于筵前，醢在南方。妇赞者执二笾麷蕡，以授主妇'，郑以彼决此，故从古文。"③

四六 据行文语气以决所从（2例）

354.《聘礼·记》："如馈食之礼。"郑注："如少牢馈食之礼，不言少牢，今以大牢也。今文无'之'。"

按无"之"字，义虽不异，然于语气则似过促，故郑不从。《仪礼》有《少牢馈食礼》，彼为篇名，文尚简洁，故无"之"字（武威汉简本此篇名只作《少牢》，更简）。此记为叙事，语尚舒缓，以符合常人语气，故以有"之"字为胜。且《仪礼》中《士相见礼》、《乡饮酒礼》、《乡射礼》、《公食大夫礼》、《特牲馈食礼》及《少牢馈食礼》，其经文开篇首句叙其礼皆于礼前加"之"字，而《大射》篇之首句则叙作"大射之仪"，是皆以篇名尚简，而叙述语尚舒缓故也。胡承珙《疏义》云："案此及上'负右房而立'，郑君

---

① 胡承珙：《仪礼古今文疏义》，《清经解续编》第2册，第1150页。
② 同上书，第1151页。
③ 同上。

皆审定字句，决择所从，其不苟有如此者。"①

355.《公食大夫礼》："宾升席坐，取韭菹以辩擩于醢。"郑注："今文无'于'。"

按无介词"于"字，义亦不异，然亦嫌语气过促，故郑不从。

四七　据校定之字以决所从（2例）

（一）据校定之字以决从今文（1例）

356.《有司》："兄弟之后生者举觯于其长。"郑注："古文觯皆为爵。延熹中设校书，定作觯。"

是郑据已校定之字决从今文。按注文"延熹"乃"熹平"之误。胡培翚《正义》云："延熹，严本、《释文》、《集释》、《要义》俱作熹，《通解》作景。"又引盛世佐云："《后汉书·灵帝纪》'诏诸儒正五经文字，刻石立于大学门外'，事在熹平四年。《儒林传》、《蔡邕传》并同。汉诸帝年号无称延景者，唯桓帝时有延熹之号，而事实又不合。当依《后汉书》作熹平为是。"②按校书及刊石事实行于熹平四年，其年蔡邕等奏请正定五经文字，灵帝许之，邕遂自书丹而刻石，而桓帝延熹年间则无校书事，盛说是也。

（二）据校定之字以决从古文（1例）

357.《少牢馈食礼》："资黍于羊俎两端。"郑注："资犹减也，减置于羊俎两端。今文资作齍。"

胡承珙《疏义》云："郑云'资犹减也，减置于羊俎两端'。案此字本当作齐，《诗·楚茨》'既齐既稷'，笺云：'齐，减取也。'盖齐者，谓有分限。《周礼·亨人》'以给水火之齐'，注云：'齐，多少之量。'又《酒正》'辨五齐之名'，注云：'齐者，每有祭祀，以度量节作之。'此减黍者，亦是分限之义。古文作资者，同音假借。今文作齍者，《诗·甫田》'以我齐明'，《释文》云：'齐本作齍。'"③按有分限之齐，后写作剂，古文资是其通假字，今

---

① 胡承珙：《仪礼古今文疏义》，《清经解续编》第2册，第1134页。
② 胡培翚：《仪礼正义》，《清经解续编》第3册，第815页。
③ 胡承珙：《仪礼古今文疏义》，《清经解续编》第2册，第1151页。

文齎亦其通假字，郑实以资、齎同字。《周礼·外府》"共其财用之币齎"，郑注："齎，行道之财用也。《聘礼》曰：'问几月之齎。'郑司农云：'齎或为资，今礼家定齎作资。'玄谓齎、资同耳。其字以齐次为声，从贝变易，古字亦多或。"《说文》"齎"下段注曰："此玄不用许书说，谓齎、资一字，声义皆同也。许则释资为货，释齎为持而予之，其义分别，不为一字。"郑既以齎、资为一字，而"今礼家"又定作资，故从古文作资而不从今文齎也。

四八　异体字从其习用者（5例）

（一）从今文习用之异体字（1例）

358.《士虞礼》："主人洗废爵，酌酒酳尸。"郑注："古文酳作酌。"

《说文》无酳字，"酌"下段注曰："《曲礼》注：'以酒曰酳。'按《礼》、《礼记》皆作酳，许书作酌。《玉篇》云'酌、酳同字'，是也。考《士虞礼》注、《少牢礼》注皆云'古文酳作酌'，《特牲》注云'今文酳皆为酌'，三酌字必皆酌字之误；其一曰'今文'者，则'古文'之误。许于此字用古文《礼》，故从酌。《礼记》多用今文《礼》，故记作酳。"据段氏说，注文酌乃酌字之误，而酳与酌同，是异体字。胡承珙《疏义》是其说，又曰："今文酳字，学者相承通用，故郑从今文。"①按《仪礼》中酳字凡15见，而无一作酌（酌）者，《礼记》亦皆用酳字，是酳字"学者相承通用"之证。同例还见于：

《特牲馈食礼》："酌酳尸。"郑注："今文酳皆为酌。"按据《说文》"酌"下段注，此注"今文"乃"古文"之误。

《少牢馈食礼》："乃酳尸。"郑注："古文酳作酌。"按据段氏说，《特牲》与《少牢》注中之酌字皆当为酌。

（二）从古文习用之异体字（4例）

359.《聘礼》："皆玄纁系，长尺，绚组。"郑注："今文绚作约。"

---

① 胡承珙：《仪礼古今文疏义》，《清经解续编》第2册，第1147页。

按此经《释文》"作絇"下自注曰:"《声类》以为绚字。"①（按注文之绚字原误作絇，据黄焯《经典释文汇校》改）。又《玉篇》"绚"下又出"絇"字，而注云:"同上。"是以絇为绚之本字。胡承珙《疏义》云:"古从旬之字，每多作匀，如《诗》'畇畇原隰'，《释文》:'畇，本作昀。'《周礼·均人》'公旬'，注云:'《易·坤》为均。今书亦有作旬者。'然则绚、絇本一字。《说文》有绚，无絇，从《礼》古文。"② 是绚、絇乃异体字，盖以古籍中习用绚，鲜用絇（按先秦文献中皆未见用絇之例），故郑从古文。

360.《公食大夫礼》:"昌本南麋臡，以西菁菹、鹿臡。"郑注:"今文臡皆作麋。"

按注文麋当作胹。《说文》"胹"下曰:"从肉，而声。"又出重文"臡"字曰:"胹或从难。"段注曰:"案《公食大夫礼》注曰:'今文臡皆作麋。'麋系胹之误。《仪礼》，《尔雅音义》曰:'臡，《字林》作胹。'《五经文字》曰:'臡，见《礼经》、《周礼》。《说文》、《字林》皆作胹。'"胡承珙曰:"段说是也。此注当本是'今文臡皆作胹。'若'今文臡皆作麋'，则于义不通，郑当订为字误，不应仅存而不论。"据《说文》及段、胡二氏说，臡、胹为异体字，然郑从古文作臡者，以《周礼》（《醢人》、《盐人》）、《尔雅·释器》及此经皆作臡，是从习见者以决之也。

361.《觐礼》:"侯氏裨冕，释币于祢。"郑注:"今文冕皆作绕。"

绕是冕的异体字。《说文》"冕"下云:"冕或从糸。"胡承珙《疏义》云:"《说文》'冕，大夫以上冠也。从曰，免声。冕或从糸作绕。'段玉裁曰:'《觐礼》注云:今文冕皆作绕。许或之者，许意从古文也。绕字亦见《管子》、《荀卿子》及《封禅书》。'承珙案，《逸周书》冕字亦皆作绕，郑出今文于注，意正与许同。"按古书虽有用绕字者，然以用冕为习见，如《周礼》、《礼记》皆用冕字，故郑从古文。

362.《既夕礼》:"两敦，两杅，盘匜。"郑注:"杅，盛汤浆。今文杅为桙。"

《说文》无杅、桙二字。据郑注，杅是盛汤浆器。桙则是杅的异体，《集

---

① 陆德明:《经典释文》，中华书局，1983年，第152页。
② 胡承珙:《仪礼古今文疏义》，《清经解续编》第2册，第1134页。

韵·虞韵》：" 枅，器也。或作桦。"郑不从今文桦者，以经典中盘枅字，除此经今文外，皆习用枅而不用桦故也。

四九　异体字而两从之者（1例）

363.《特牲馈食礼》："祝命尝食，篹者、① 举奠许诺。"郑注："古文篹皆作餕。"

此注"古文"盖"今文"之误。《说文》篹训"具食"，而以馔为篹的重文。段注曰："《论语》：'先生馔。'马云：'饮食也。'郑作'餕，食余曰餕'。按马注者，《古论》；郑注者，校周之本，以《齐》、《古》读，正凡五十事。其读正者云：'《鲁》读为某，今从《古》。'此不云'今从古'，则是从《鲁》作餕者。何晏作馔，从孔安国、马融之《古论》也。据《礼经·特牲》、《少牢》注皆云'古文篹作餕'，许书则无餕，有篹、馔字，是许于《礼经》从今文不从古文也。但《礼经》之篹训'食余'，而许篹、馔同字，训为具食，则食余之义无着。且《礼经》言馔者多矣，注皆训陈，不言古文作餕。食余之字皆作篹，未有作馔者，然则礼馔、篹当是各字。馔当独出训'具食也'，篹、餕当同出训'食余也'，乃与《礼经》合。若《论语》鲁餕，古馔，此则古文假馔为餕，此谓养亲必有酒肉，既食恒餕，而未有原，常情以是为孝也。又按《礼记》之字，于《礼经》皆从今文，而皆作餕，疑《仪礼》注当云'今文篹皆作餕'。"按段说甚辨，由其云"篹、餕当同出训'食余'"可见，段以篹、餕为余食义之异体字。胡承珙《疏义》亦是其说。又毛奇龄《辨定祭礼通俗谱》卷4亦云："篹即餕，谓食祭之余馔也。"② 然篹、餕虽为异体字，二字在汉盖同时行用，故《仪礼》中两作之，郑亦两从之。如《士昏礼》作餕（凡7见），而《特牲》、《少牢》、《有司》则皆作篹（凡30见）。盖古文多作篹，今文多作餕，故《礼记》于《仪礼》皆从今文而皆作餕。郑注亦皆从今文，故于《特牲》、《少牢》、《有司》诸篇之篹，皆以餕释之。

---

① 篹，《说文》曰："从食，算声。"然《十三经注疏》本《仪礼·特牲馈食礼》原文作"篹"，盖误刻或传抄致讹。

② 毛奇龄：《辨定祭礼通俗谱》，文渊阁《四库全书》，第142册，第784页。

五〇　古今字而从通用之今字（1例）

364.《士冠礼》："将冠者采衣，纚。"郑注："纚，结发。古文纚为结。"

《说文》无纚字，"结"下云："缔也。"段注云："古无髻字，即用此。"又段氏《仪礼汉读考》云："结、纚古今字，皆即后世髻字。"① 然郑不从古文作结者，胡承珙云："殆以纚之为结，当时通用。如《六月》毛传云'象弭所以解纚'，疏云：'纚与结义同。'毛氏《诗》多古文，而亦用纚字。"② 是纚字已为汉时通用，故郑注《丧服》曰"髽，露纚也"，注《士丧礼》曰"髻发者，去笄𬘼而纚"，注《少牢馈食礼》曰"古者或剔贱者刑者之发，以被妇人之纚为饰"，注《周礼·追师》曰"编列发为之，其遗象，若今假纚矣"，注《礼记·檀弓上》曰"去𬘼而纚曰髽"，等等，皆用纚而不用结。同例还见于：

此经下文："主人纚而迎宾"，郑注："古文纚为结。"

五一　同物异名而从名字近古者（1例）

365.《士冠礼》："葵菹、蠃醢。"郑注："今文蠃为蜗。"

按蠃一物三名：一曰蠃，一曰蜾蠃，一曰蜗，见《说文》"蠃"下段注。又《说文》"蜗"下段氏云："蠃，蜾蠃。此物亦名蜗，故《周礼》、《仪礼》蠃醢，《内则》作蜗醢，二字叠韵相转注。"又曰："薛综《东京赋》注曰：'蜗者，螺也。'……今人谓水中可食者为螺，陆生不可食者曰蜗牛，想周、汉无此分别。"是蠃与蜗古同物而异名。然郑不从今文作蜗者，胡培翚《正义》云："郑以蠃字近古，故叠今文不用。"③ 同例还见于：

《既夕礼》："葵菹、蠃醢。"郑注："今文蠃为蜗。"

《少牢馈食礼》："执葵菹、蠃醢以授主妇。"郑注："今文蠃为蜗。"

《士丧礼》："其实葵菹芋、蠃醢。"郑注："今文蠃为蜗。"

---

① 段玉裁：《仪礼汉读考》，《清经解》第4册，第225页。
② 胡承珙：《仪礼古今文疏义》，《清经解续编》第2册，第1118页。
③ 胡培翚：《仪礼正义》，《清经解续编》第3册，第537页。

五二　存古字而不破之(1例)

366.《乡射礼》："豫则钩楹内，堂则由楹外。"郑注："序无室，可以深也。周立四代之学于国，而又以虞氏之庠为乡学。《乡饮酒义》曰'主人迎宾于庠门外'，是也。庠之制，有堂有室也。今言豫者，谓州学也。读如'成周宣谢灾'之谢，《周礼》作序。凡屋无室曰谢，宜从谢。州立谢者，下乡也。今文豫为序，序乃夏后氏之学，亦非也。"

据注意，郑谓州学之名以作谢为是。按豫、序、谢三字古音相近。豫、序古音叠韵，皆属鱼部；豫是喻母，序是邪母，喻邪邻纽，故二字可通。谢古音属邪母铎部字，鱼部与铎部阴入对转亦可通。《说文》训豫为"象之大者"，训序为"东西墙"，训谢为"辞去"，三字皆以音近而借为州学名。既皆为借字，故今古文亦互作。如此注说今文为序，而《周礼》古文亦作序，是其例。郑于州学名则多作谢，以与乡学之名庠对举，如下经之注云"鹿中，谓射于谢也，于庠当兕中"，又后注有云"或言堂，或言序，亦为庠、谢互言也"，又后注云"乡射或于庠，或于谢"，皆其例。故郑注云："庠之制，有堂有室。……凡屋无室曰谢，宜从谢。州立谢者，下乡也。"即谓州学的建制规模较小，其屋有堂而无室，级别比乡学低，其名曰谢；乡学之屋则有堂又有室，其名曰庠。又郑不从今文作序者，以为"序乃夏后氏之学，亦非也"。然郑既以谢为是，而经文则仍从古文作豫者，胡承珙云："郑于经豫字，不即破其字为谢，所以存古字古音。"[①] 按以豫为州学名，传世先秦古籍仅此一见，若破之，则后人无复知州学之名有作豫者矣，故郑存而从之，仅在注中说明其字"宜从谢"。

结　语

以上所归纳凡52则条例，若综而言之，此52则条例又大体可分为五类，即郑玄兼采今古文的五项原则：一是字义贴切的原则；二是习用易晓的原则；

---

① 胡承珙：《仪礼古今文疏义》，《清经解续编》第2册，第1126页。

三是合理的原则；四是符合规范的原则；五是存古字的原则。详可参看本编第二章《郑玄校〈仪礼〉兼采今古文的五原则》。

《后汉书·儒林传》曰："(郑玄)本习《小戴礼》，后以古经校之，取其义长者，故为郑氏学。"唐贾公彦曰："《仪礼》之内，(郑玄)或从今，或从古，皆逐义强者。"① 至于郑玄如何"取义长者"而"逐义强者"，通过以上条例的分析归纳，盖可见矣。

然而郑玄对于今古文异文的取舍，亦偶有不当或自违其例处。兹列之如下。

一　当从本字而从通假字(1例)

367.《既夕礼》："加茵，用疏布，缁翦。"郑注："翦，浅也。今文翦作浅。"

翦、浅同部，翦是浅的通假字。翦的本义《说文》训"羽初生"，朱骏声《定声》"翦"下云："假借为浅。"《王力古汉语字典》"翦"下亦云"通浅"。依郑氏校字例，此经当从今文本字，不当从古文通假字，且浅字经典习用，借翦为浅则并非习见，是郑校书自违其例。

二　本字与通假字两从之而不加择别(2例)

368.《士冠礼》："加柶覆之，面叶。"郑注："叶，柶大端。古文叶为擖。"

《说文》："叶，艸木之叶也。"段注："凡物之薄者皆得以叶名。"故郑注曰："叶，柶大端。"而"古文叶为擖"者，段玉裁以为擖是擸的误字，云："擖当作擸，字之误也。旧籍鱻皆讹葛……《士冠》、《士昏》注皆云'古文叶为擖'，而《聘礼》'以柶兼诸觯，尚擸'，擸即擖字。《聘礼》从古文，《冠》、《昏礼》从今文也。所从不一者，叶是本字，谓平面如木叶然。擸是

---

① 见《士冠礼》"布席于门中，闑西阈外"下贾公彦疏。

假借字,皆可从也。《聘礼》注不云'今文擖为叶'者,可互见也。"① 据段氏说,此注当云"古文叶为擖"。擖字古音与叶同部,皆属叶部;叶是喻母,擖是来母,喻来皆舌音,为准旁纽,是二字音近,故擖可通叶。然郑于此经从今文本字作叶,而于《聘礼》则从古文通假字作擖,是所从不一也。又郑非但于《聘礼》不从今文叶字,且于《聘礼》"加柶于觯,面枋"下注云:"不面擖,不讶授也。"是郑之注文亦用古文擖字。可见郑于今文本字、古文通假字兼用而不加择别,是亦自违其校书之例也。

369.《士冠礼》:"宾受醴于户东,加柶面枋。"郑注:"今文枋为柄。"《士昏礼》:"皆南枋。"郑注:"今文枋作柄。"《少牢馈食礼》:"加二勺于二尊覆之,南柄。"郑注:"古文柄皆为枋。"

按枋、柄同部,枋是木名,朱骏声《定声》"枋"下曰:"假借为柄。"然郑于《士冠》、《士昏礼》从古文假借字作枋,于《少牢》又从今文本字作柄,是亦两从之而无所择别。

三 不从通假字而从通假借字之通假字(1 例)

370.《士昏礼》:"腊一,肫,髀不升。"郑注:"肫,或作纯。纯,全也。古文纯为钧。"

肫、纯皆从屯声。《说文》"肫"下段注曰:"《士昏礼》'腊一,肫',肫者纯之假借。纯,全也。"胡承珙以为作肫为今文,作纯为今文或本,其《疏义》云:"郑注《礼经》云'或作'者,多标明古文、今文。如云'今文绤或作綌','古文缫或作藻',盖今、古文各有一字两作者,郑亦两存之。……此经今文作肫,本纯之假借,当时盖别有作纯之本,故郑云'肫,或作纯。纯,全也'。其下即就纯字叠之。"又云:"云古文纯为钧。……郑于此不从古文作钧者,盖以《少牢》之纯为正字(按《少牢馈食礼》作"腊一,纯",凡两见),钧音与纯稍远,惟肫音与纯相近,故但取纯训,其字则仍从今文作肫耳。"② 按据《说文》,纯的本义为丝,郑训纯为全,是其通假

---

① 段玉裁:《仪礼汉读考》,《清经解》第 4 册,第 226 页。
② 胡承珙:《仪礼古今文疏义》,《清经解续编》第 2 册,第 1121 页。

义。纯字古音属禅母文部，全字属从母元部，禅从分属舌齿音为邻纽，文元旁转，是纯全二字音近可通。朱骏声《定声》"纯"下曰："假借为全。"胡氏说"纯为正字"，非是。可见今文或本纯为全之通假字，而今文脧及古文钧则又纯字之通假。郑不从古文作钧，盖如胡氏所说"钧音与纯稍远"之故（按钧字古音在见母真部，韵部虽可旁转，而声母则隔）。然郑亦不从今文或本通假字作纯，反而从纯的通假字作脧，且《少牢馈食礼》已两作"腊一，纯"矣，是又郑校体例不一之例。

四 所从不合礼制（1例）

371.《燕礼》："执散爵者酌以之公命所赐。所赐者兴受爵，降席下奠爵，再拜稽首。公答拜。"郑注："古文曰公答再拜。"

胡培翚《正义》引姜氏云："《大射》严君臣之礼，尚有再字，《燕礼》可知，当从古文。"又引盛氏云："案经但云答拜者，答一拜也。燕礼贵和，君于臣皆答再拜，姜说得之。"① 是据姜、盛二氏说，此经当从古文，而郑竟从今文，是所从不合于礼也。然胡承珙《疏义》云："案此经、注疑有脱误，经文当是'公答再拜'，注云'古文曰公答拜'。盖凡臣再拜稽首，公皆答以再拜。有但言公答拜者，省文耳。若古文明云'公答再拜'，郑不应反从今文去再字。又《大射仪》此节亦云'公答再拜'，知此经文亦必有再字。但贾疏标目已如今本，则其误久矣。"② 胡氏之说虽有理据，然经、注相承既久，若无确证，则不敢遽改。

然以上诸例，就《仪礼》全书而言，不过微疵，所谓瑕不掩瑜也。

---

① 胡培翚：《仪礼正义》，《清经解续编》第3册，第614页。
② 胡承珙：《仪礼古今文疏义》，《清经解续编》第2册，第1129页。

第 二 章

郑玄校《仪礼》兼采今古文的五原则
——字义贴切的原则、习用易晓的原则、合理的原则、符合规范的原则和存古字的原则

《仪礼》在汉代有今古文两种本子。今文者,汉初高堂生所传十七篇是也。古文者,出于孔壁,《汉书·艺文志》所载《礼古经》五十六篇是也。郑玄在给《仪礼》作注时,凡遇今古文异文,都要作一番校勘,或从今文,或从古文。从今文,则必于注中注明古文该字作某;从古文,则必于注中注明今文该字作某,即所谓"从今文则注内叠出古文,从古文则注内叠出今文"也。[①]《后汉书·儒林传》曰:"(郑玄)本习《小戴礼》,后以古经校之,取其义长者,故为郑氏学。"唐贾公彦曰:"《仪礼》之内,(郑玄)或从今,或从古,皆逐义强者。"[②] 这种评价是正确的。然而郑玄从今、从古究竟遵循哪些原则,尚无人作过专门的研究。故本人不揣浅陋,通过尽索《仪礼》全书中郑玄从今、从古之字例,加以分析归纳,总结出郑玄校《仪礼》兼采今古文的52则条例(见上章),又从这52则条例中总结出郑玄兼采今古文的五原则,非敢自以为得之,意在抛砖引玉而已。

---

① 皮锡瑞:《经学历史》,中华书局,1959年,第142页。
② 见《仪礼·士冠礼》"布席于门中,闑西阈外"下贾公彦《疏》。

一 字义贴切的原则

郑玄对于《仪礼》今古文异文的校勘，首先注意的是，何字用之于此，于经义更为贴切，而择其字义贴切者从之。这有以下多种情况。

（一）从本字不从通假字。《仪礼》中有今文用本字而古文用通假字者，亦有古文用本字而今文用通假字者。郑玄校《仪礼》时，则多从本字而不从通假字，而不论其为今文或古文，以本字于义最为贴切故也。此例最多，兹举二例。

1. 从今文本字不从古文通假字。如《士冠礼》："布席于门中闑西、阈外。"郑注："古文闑为槷。"按《说文》："闑，门梱也。""槷，木相摩也。"是闑、槷异义。然二字古音双声叠韵，皆属疑母月部，故古文假槷为闑。胡承珙亦谓"古文以音近得相假借"①。郑从今文本字而不从古文通假字，故经文作闑，而于注中注明"古文闑为槷"。

2. 从古文本字不从今文通假字。如《士昏礼》："姆加景。"郑注："景之制盖如明衣，加之以为行道御尘，令鲜明也。景亦明也。今文景作憬。"按《说文》："憬，觉悟也。"又曰："景，光也。"二字义异。然二字古音皆属见母阳部，可相通假。《说文》训景为光，郑训景为明，有光则明，二义相因。如郑注说，景衣之名既以明为义，则字当作景，今文憬乃通假字，故郑不从。

（二）从本字不从义近字。义近字不如本字之义切，自不待言，故郑不从义近字。如《有司彻》："二手执桃匕枋以挹湆，注于疏匕。"郑注："今文挹皆为扱。"胡承珙云："《说文》'挹，抒也'，'扱，收也。'郑云'桃长枋，可以抒物于器中者'，则作挹于义更切，故定从古文。"②按郑释挹为抒，与《说文》训同，抒即舀取、酌取之义，故徐锴释之曰："从上酌之也。"③是挹为舀取义之本字。又《说文》训扱为收，与挹字义相近，且二字之古音亦相近，扱与挹皆属缉部，扱字是溪母，挹字是影母，溪影邻纽亦可通，然于此经则无挹字之义贴切，故郑不从今文。

---

① 胡承珙：《仪礼古今文疏义》，《清经解续编》第 2 册，上海书店出版社，1988 年，第 1117 页。
② 胡承珙：《仪礼古今文疏义》，《清经解续编》第 2 册，第 1151 页。
③ 徐锴：《说文解字系传》，中华书局，1987 年，第 239 页。

（三）从义训贴切之字不从易生歧义之字。易生歧义之字，将会影响人们对经义的正确理解，故郑不从。如《聘礼》："门外米三十车，车秉有五籔。"郑注："今文籔或为逾。"按胡承珙云："逾疑当作䩺。《说文》䩺下云：'甌䩺，器也，从匚，俞声。'《玉篇》：'䩺，余主切，器受十六斗。'此即《论语》'与之庾'之庾，《集解》引苞注：'十六斗为庾。'与贾逵《左传》注，唐尚书《国语》注皆合。若《周礼·陶人》'庾实二觳'，郑云：'豆实三而成觳，则觳受斗二升。庾读如请益与之庾之庾。'承珙案，读如，则郑意《陶人》之庾，非《论语》之庾，故贾疏谓庾本有二法，又引《聘礼》注'今文籔为逾'，云'逾即庾也'，以为十六斗之庾，是也。"① 据胡氏说，是逾即庾。然籔受十六斗（《聘礼·记》云"十六斗曰籔"），庾则有二法，一受十六斗，一受一斗二升，是从今文或本作庾（逾）则易生歧义，故从古文作籔。

（四）从通假字不从义异之字。今古文之二字，一为通假借字，一为义异之字者。然义异之字于经义不相关，故郑宁从通假字。如《少牢馈食礼》："上佐食以绥祭。"郑注："绥或作挼，挼读为堕……古文堕为肵。"按注"古文堕为肵"，堕字乃绥字之误。张淳校云："按经云'上佐食以绥祭'，堕当为绥。后注有云'绥亦当为挼，古文为肵'，此'绥为肵'之证也。从经。"② 胡培翚云："凡隋祭字今文多作绥，此'以绥祭'之绥今文或本又有作挼者，故郑据读为堕，以挼与堕义近也。《有司彻》'不侑尸者，其绥祭'，注：'绥皆当作挼，挼读为藏其隋之隋。'此注读为堕，义当与彼同。郑意盖皆读从《周礼·守祧职》'既祭则藏其隋'之隋也。堕当作隋……云'古文绥为肵'者，郑以肵字于隋祭义尤远，故叠之而不从。"③ 按绥祭字本当作隋。《说文》："隋，裂肉也。"裂肉即余肉。段注云："《衣部》曰：'裂，缯余也。'引申之，凡余皆曰裂。裂肉谓尸所祭之余也。"又云："郑以隋为正字，与许同也。"④ 而此经绥则是隋的假借字，《王力古汉语字典》于"隋"字下亦谓

---

① 胡承珙：《仪礼古今文疏义》，《清经解续编》第2册，第1132页。
② 张淳：《仪礼识误》卷2，《四库全书》，第103册，第25页。
③ 胡培翚：《仪礼正义》，《清经解续编》第3册，第803页。
④ 段玉裁：《说文解字注》，上海古籍出版社，1981年，第172页。按以下凡引《说文》段注皆据此本，不复注。

绥、墮、挼皆是其声近通假字。① 而胏字之义为敬，《礼记·郊特牲》："胏之为言敬也。"（按《说文》无胏字）据上引胡培翚说，因"凡隋祭字今文多作绥"，而古文胏字则与隋字音义皆异，故郑从今文通假字绥而不从古文胏字。

（五）同为通假字从其于义切近者。有今古文之二字皆为通假字者，则郑亦择其于义更为切近者而从之。如《士昏礼》："主人拂几，授校。"郑注："校，几足。古文校为枝。"按校、枝皆通假字。胡承珙云："校盖骹之借字。《说文》'骹，胫也。'与《既夕》注'校，胫也'训同。"② 枝则肢之借字。胡氏又云："古文作枝者，盖四体谓之四肢。《说文》胑或作肢。《逸周书》、《孟子》又作枝。"③ 然郑不从古文作枝者，胡氏云："郑以肢（枝）兼手足，骹（校）则专于足胫，故不从古文。"④ 按此经之校谓几足，故胡氏云"专于足胫"，是校字较枝字之义为切，故郑从今文。

（六）二字义近从其义切者。有今古文之二字为近义词者，则郑亦择其于经义尤切近者而从之。如《大射》："（媵爵者）序进酌散，交于楹北，降适阼阶下。"郑注："古文曰降造阼阶下。"按胡承珙云："《说文》：'适，之也。''造，就也。'义本相近，故《小尔雅》'造，适也'，造亦训适。然《礼经》多用适，少用造，惟《士丧礼》'新盆、盘、瓶、废敦、重鬲，皆濯，造于西阶下'，注云：'造，至也，犹馈也。以造言之，丧事遽。'是郑意以造字义别，故于此不从古文也。"⑤ 是谓造字有馈义，故胡氏言义别。又《仪礼》中造字用作至、往义，还有两处，皆见于《聘礼》，曰："若宾死未将命，则既敛于棺，造于朝，介将命。"又曰："若介死，归复命，唯上介造于朝。"是此二造字，皆谓前往见尊者：前者"造于朝"是往见主国之君，后者则是往见本国之君。《王力古汉语字典》"造"下辨造、适二字之义说："造、适两字都有前往某处的意思。适只表示行走的方向和去处，所带处所宾语比较广泛；造所带处所宾语往往是指尊贵者或敬畏者，去某处并非目的，去某处要见的人才是目的。这就是造与适的不同之处。"王说是也。考《仪

---

① 王力：《王力古汉语字典》，中华书局，2000年。按本章以下凡引《王力古汉语字典》皆据此本，不复注。
② 胡承珙：《仪礼古今文疏义》，《清经解续编》第2册，第1121页。
③ 同上。
④ 同上。
⑤ 同上书，第1130页。

礼》中用造字仅以上3见，而用适字则多达106见，都只表示行走的方向和去处，是以用适字义为切，故郑不从古文造字。

（七）二字通用从其义切者。如今古文之二字是可通用之字，则郑亦择其于经义尤切者而从之。如《聘礼·记》："十斗曰稯，十稯曰秅。"郑注："古文稯作緵。"按稯、緵同音，皆量词，而义微别。计禾数曰稯，此《聘礼·记》是也。计布缕数则曰緵，《史记·孝景本纪》"令徒隶衣七緵布"是也。然稯、緵二字古每通用而不别，故《说文》无緵字，而于"稯"下曰："布八十缕为稯。"段玉裁以为此处有夺文，"布"上必云"禾四十秉为稯"。是计禾与布缕皆可言稯。而古文作緵者，盖谓计禾与布缕亦皆可言緵。故段注云："布缕与禾把皆数也，故同名。"然此记"十斗曰稯"是言禾数，当以从禾之稯字于义为切，故胡承珙云："郑以十斗曰稯为禾数，故从今文。"①

（八）二字异名同实从其名实较切者。有一物而二名者，今古文之二字各当其一名，郑则择其于名物尤切之字而从之。如《既夕礼·记》："设依、挞焉。"郑注："今文挞为銛。"按挞、銛二字，异名而同实，皆指拊侧矢道，即后世所谓箭溜。朱珔《说文假借义证》说箭溜曰："以韦若骨及金玉为之，大如钱，嵌入拊侧，以别上下，射时在弓之右，矢之上，矢由此而去，故名溜。"② 古文作挞，盖取挞有达、疾之义。《诗·商颂》"挞彼殷武"，《释文》引《韩诗》云："挞，达也。"毛传云："挞，疾也。"盖谓矢由此而发，可疾达于的也。今文作銛者，盖以銛有利义。《广雅·释诂二》："銛，利也。"是与挞疾之义相近。然用作矢道名，终以挞字之义为切，故胡承珙云："郑以挞义较切，故从古文。"③

（九）从本字之后起字不从通假字。今古文之二字，一为本字之后起字，一则为本字之通假字，则郑从后起字而不从通假字，以本字之后起字于义尤切故也。如《士丧礼》："竹笏。"郑注："今文笏作忽。"惠栋《古义》云："《说文》无笏字。注'今文'当作'古文'，传写之误。古笏字本作曶。郑氏《尚书》曰'予欲闻六律、五声、八音在治曶'注云：'曶者，臣见君所秉书思对命者也。'……《说文》又云：'曶，籀文作㫚，一曰佩也。象形。'

---
① 胡承珙：《仪礼古今文疏义》，《清经解续编》第2册，第1134页。
② 朱珔：《说文通假义证》，《续修四库全书》第215册，上海古籍出版社，2002年，第268页。
③ 胡承珙：《仪礼古今文疏义》，《清经解续编》第2册，第1146页。

智又与忽通，故《仪礼》'一作忽'，是也。"① 据惠氏说，郑注"今文笏作忽"当改为"古文笏作忽。"智是本字（按金文即有智字②），忽是音近通假字，笏则是智的后起字，故胡承珙《疏义》云："笏字《玉篇》始有，引字书云'珽也，呼骨切'。徐铉注《说文》尚知此字为后人所加。盖郑本《仪礼》古文作智，今文假忽为之，后人尽改经注之智作笏耳。"③ 然笏虽后起而于义尤切，故郑从之。

二　习用易晓的原则

郑玄注经、校经，皆为使经义明白易晓，故于《仪礼》今古文异文之取舍，亦每以是否习用易晓为原则。这也有多种情况。

（一）**从通假字不从本字**。本字虽专为某义而造，但如果某字之通假字已为人们所习用而易晓，则郑亦择而从之。兹举二例。

1. 从今文通假字不从古文本字。如《士冠礼》："（冠者）筵末坐，啐醴。"郑注："古文啐为呼。"按此注呼字是误字。《说文》"啐"下段注曰："按呼与啐音义皆隔，必是误字。当是'古文啐为㗜'之误。"据段氏说，呼当作㗜。王筠亦曰："呼盖㗜之讹。"《说文》训啐为"小歠（饮）"，训㗜为"惊"，二字义别。然㗜字古音属山母月部，啐属清母物部，山清二母都是齿音，属于王力先生所谓准旁纽，月物二部亦旁转可通，故㗜、啐二字可相通假：㗜是本字，啐是通假字。朱骏声云："啐，《礼经》皆以啐为之。"桂馥亦云："㗜，经典借啐字。"按《仪礼》凡㗜酒字皆借啐为之，《礼记》亦用啐而不用㗜，如《杂记下》"众宾、兄弟则皆啐之"，"大祥，主人啐之"，《乡饮酒义》"啐酒，成礼也"，等等。是啐虽通假字，而经典习用，故郑从之。

2. 从古文通假字不从今文本字。如《燕礼》："幂用绤若锡。"郑注："今文锡为緆。"按锡是金属名。《说文》："锡，银铅之间也。"又曰："緆，细布也。"段注："今文其本字，古文其假借字也。《子虚赋》'被阿锡'，即《列

---

① 惠栋：《九经古义》，《清经解》第2册，第767页。
② 参见《古文字诂林》第5册，上海教育出版社，2002年，第11页。
③ 胡承珙：《仪礼古今文疏义》，《清经解续编》第2册，第1140页。

子》之'衣阿緆'。"朱骏声亦曰"锡,假借为緆。"然假锡为緆,经典已习用,如《仪礼》中凡緆字皆假锡为之(《燕礼》1见,《大射》1见,《丧服》2见),而无一用本字緆者,故郑亦皆不改从本字。

(二)**从区别字不从本原字**。如今古文之二字一为本原字,一为区别字,而区别字已为人所习用,其义明白易晓,则郑亦择而从之,不再改从其本原字。如《士丧礼》:"乃枇载。"郑注:"古文枇为匕。"按匕是枇的本原字,甲骨文、金文之匕即象匕匙之形。今文枇则是区别字。《说文》无枇字,"匕"下段注说,匕有两种:一种用以匕黍稷,较小;一种用以匕牲体,较大。匕牲体而载于俎,即所谓匕载。这两种匕古经皆只作匕,至汉时始有作枇者。按《仪礼》中匕字凡38见,枇字仅9见。作枇者,盖皆汉人所改,本原字皆当作匕。胡承珙云:"郑君固知匕、枇同字,但今文有作枇者,故时或仍之。"① 是枇字虽后起区别字,汉人已习用而易晓,故郑"时或仍之",不再改从其本原字。

(三)**从易晓字不从义晦字**。如今古文之二字,一字之义易晓,一字之义晦而难明,则郑择从前者。如《大射》:"顺羽,且左还。"郑注:"古文且为阻。"按且是祖的本原字,甲骨文、金文祖皆作且,后乃加示旁。且假借作连词,表相承关系,犹今言"一边……一边……"。刘淇《助字辨略》卷3曰:"此且字,两务之辞,言方且如此,又复如此也。"②《说文》:"阻,阻险也。"与此经义无涉。阻从且声,故可通且,故古文又假阻为且,义反转晦。胡承珙曰:"郑以当文易晓,故从今。"③ 即谓且字作连词已是当时常语,人皆习知其义。

(四)**从通假字而不从通假字之通假字**。有本字,有通假字,又有通假字之通假字。如本字已不为常人所知,通假字反较习用,而通假字之通假字则迂远而义晦,则郑从通假字,而不从通假字之通假字。兹举二例。

1. 从今文通假字不从古文通假字之通假字。如《大射》:"既拾取矢,梱之。"郑注:"梱,齐等之也。古文梱作魁。"按梱、魁古音都是溪母,梱属文部,魁属微部,文微二部可对转,故二字可相通假。胡承珙云:"魁与梱一声

---

① 胡承珙:《仪礼古今文疏义》,《清经解续编》第2册,第1142页。
② 刘淇:《助字辨略》,《续修四库全书》第195册,第447页。
③ 胡承珙:《仪礼古今文疏义》,《清经解续编》第2册,第1130页。

之转，古文同声假借，郑所不从。"① 然梱的本义为门橛，郑训齐等，实用其通假义。朱骏声云："梱，假借为稇。《仪礼·大射仪》'既拾取矢，梱之'，注：'齐等之也。'"《说文》稇训"絭束"（按《说文》稇，本或作稛，朱骏声以为作稛误，是也），絭束即以绳束之。盖将束之，必先齐等之，故稇字引申而有齐等之义。可见此经今文梱字是稇的通假字。而古文又假魁为之。魁的本义是汤勺，《说文》曰："魁，羹斗也。"假魁为梱，则是通假字之通假字，义反转迂，故郑不从古文。

2. 从古文通假字不从今文通假字之通假字。如《士昏礼》："主人说服于房。"郑注："今文说皆作税。"按说本悦怿字，《说文》曰："说，说释也。"段注曰："说释即悦怿，说悦、释怿皆古今字。"说字借为解脱字，经传多用之。如《易·蒙卦·初六》："利用刑人，用说桎梏。"《诗·大雅·瞻卬》："此宜无罪，女反收之。彼宜有罪，女覆说之。"皆其例。而今文税又是说的通假字。《礼记·服问》"唯公门有税齐衰"，注云："税犹免也。古者说或作税。"胡承珙说之曰："此（税）则又古文（说）之假借者矣。"② 故郑不从。

（五）同为假借字从其相承用久者。如今古文之二字皆为假借字，其一相承用久，人已习知，另一则人所罕用，郑即择从前者。如《士冠礼》："某有子某。"郑注："古文某为谋。"按胡承珙云："此本无正字，皆假借为之。《说文》：'某，酸果也，从木，甘声，闕。'古书多假借此为代名之字。谋亦从某声，故古文又作谋……郑以代名之字，书传相承作某，故不从古文耳。"③ 是作代词，某、谋皆假借字，以某字相承用久，故不从古文。

（六）二字义同从其习用者。如今古文之二字是同义词，且皆可用，则郑择其较习用者。如《士相见礼》："举前曳踵。"郑注："古文曳作抴。"按曳、抴二字义同。《说文》："曳，臾曳也。"段注："臾曳双声，犹牵引也。"又《说文》："抴，捈也。"段注："抴与曳音义皆同。《檀弓》'负手曳杖'，《释文》作抴。"然郑不从古文者，《礼记·曲礼下》及《玉藻》皆作"曳踵"，《檀弓上》又有"曳杖"，皆用曳，不用抴，故胡培翚曰："郑以《曲礼》诸

---

① 胡承珙：《仪礼古今文疏义》，《清经解续编》第 2 册，第 1130 页。
② 同上书，第 1122 页。
③ 同上书，第 1120 页。

篇多作曳踵，故不从古文也。"①

（七）**二字义近从本书中用多者**。如今古文之二字是近义词，亦皆可用，则郑必视《仪礼》书中用多者而从之。如《公食大夫礼》："右人抽扃，坐，奠于鼎西，南顺。"郑注："今文奠为委。"按胡承珙云："《毛传》云：'奠，置也。'《荀子·大略》云：'置质，犹言委质也。'高诱注《吕览》云：'置犹委也。'是奠与委义本相近。下文云'大夫既匕，匕奠于鼎'，又云'旅人取匕，甸人举鼎，顺出，奠于其所。'此篇多作奠，故从古文。"②是奠、委二字义近，亦皆可用，然奠的本义即为置，《说文》曰："奠，置祭也。"段注："引申为凡置之称。"且放置义《仪礼》中多用奠，少用委，故郑从其用多者。按《仪礼》全书作放置义用奠字凡 401 见，用委字 33 见，且《公食大夫礼》亦尽用奠字（凡 7 见），而无一用委字者，故郑不从今文。

（八）**从习用之通假字而不从其本字之义近字**。如今古文之二字，一为本字的通假字，一为本字的义近字，而通假字已为人所习用，则郑从通假字。如《特牲馈食礼》："乃宿尸。"郑注："宿读为肃。肃，进也。进之者，使知祭日当来。古文宿皆作羞。"按肃义为敬，《说文》："肃，持事振敬也。"引申为恭敬地引进，故有进义。《尔雅·释诂下》曰："肃，进也。"又《礼记·曲礼上》"主人肃客人"，郑注亦云："肃，进也。"宿则无进义，《说文》："宿，止也。"然宿、肃二字古同音，皆心母觉部，可相通假，故郑注云"宿读为肃。"朱骏声亦云："宿，假借为肃。"是肃为本字，宿为通假字。又羞亦进，《说文》曰："羞，进献也。"段注："引申之，凡进皆曰羞。《今文尚书》：'次二曰羞用五事。'羞，进也。"是羞、肃二字义近。然郑不从羞，而从肃之通假字宿者，以经典习用故也。胡培翚云："今案羞虽亦训进，而各经宿戒字无作羞者，故郑不从古文也。"是郑据经典习用以决从今文通假字。

（九）**二字通用则从本书中用多者**。如今古文之二字可通用，则郑视《仪礼》书中用多者而从之。如《聘礼》："管人布幕于寝门外。"郑注："今文布作敷。"按布、敷二字同源通用。《王力古汉语字典》说："铺、布、陈三字声母相近，均属鱼部，在布陈、敷陈这个意义上同源。'铺敦淮濆'，《韩诗》

---

① 胡培翚：《仪礼正义》，《清经解续编》第 3 册，第 556 页。
② 胡承珙：《仪礼古今文疏义》，《清经解续编》第 2 册，第 1135 页。

作'敷'。《广雅·释诂》三：'铺，布也。'《书·禹贡》：'禹敷土。'郑注：'敷，布也。'"是布、敷二字此经皆可用。然郑不从今文作敷者，胡承珙云："郑以此经铺陈字多作布，如《士冠礼》'布席于门中'，《士昏礼》'媵布席于奥，御布对席'之类，故于此经从古文作布。"① 胡氏说是也。《仪礼》中凡铺陈字皆作布，而无作敷者，郑从书中习用之字，故不从今文。

（一〇）**二字通用而今古文亦每互作则不烦改字**。如二字可通用，今古文亦每互作，即今古文二本或用此字，或用彼字，本无定例，则郑即一仍其字而不改之，以二字皆习用易晓故也。如《士昏礼·记》："至於某之室。"郑注："今文於为于。"按于、於二字古通用。《尔雅·释诂》："于，於也。"《广雅·释言》："於，于也。"胡承珙云："于、於二字经传通用为语辞。郑于《昏礼》、《大射仪》从古文作於，《既夕礼》又从古文作于者，正欲见古文二字已通用耳。"② 是今古文于、於二字互作，故郑亦两从之而不烦改字。

（一一）**二字异名同实则从本书中习用者**。如今古文之二字皆指称一物，则郑从《仪礼》中习用者。如《聘礼》："加其奉于左皮上。"郑注："奉，所奉以致命，谓束帛及玄纁也。古文奉为卷。"按奉本动词，谓两手奉持之，此义后写作捧。因束帛皆两手奉持，故即以奉字指代束帛，用作名词。又凡币帛都是卷起来的，帛四丈从两端向内卷之，每端二丈为一卷，二卷相合则为一两，五两为一束（二十丈），即所谓束帛，故亦用卷字来指代束帛。胡承珙云："'古文奉为卷'者，《礼记·杂记》'纳币一束，束五两，两五寻'，注云：'五两五寻，则每卷二丈也。'是则束帛本有卷称，郑不从者，以下文行礼，凡币皆言奉故也。"③ 是奉、卷二字皆指束帛，异名而同实。然《仪礼》中凡束帛皆奉持之，束锦亦然（束锦之制同束帛）。即以《聘礼》为例，凡束帛、束锦皆曰奉，其中"奉束帛"4见，"奉币"（币亦即束帛）6见，"奉束锦"2见，而"卷币"仅1见，郑从书中习用者，故从今文奉，而不从古文卷字。

（一二）**二字同为异体字从其习用易晓者**。如今古文之二字皆为某正体字之异体，即《说文》所谓正篆之重文，则郑从经典习用而易晓者。如《聘

---

① 胡承珙：《仪礼古今文疏义》，《清经解续编》第2册，第1132页。
② 同上书，第1122页。
③ 同上书，第1132页。

礼·记》："宰夫始归乘禽，日如其飨饩之数。"郑注："古文饩为既。"按此注阮校本原文作"既为饩"，乃误倒。胡承珙校曰："案十行本作'古文既为饩'，疏标目亦云'注稍禀至为饩'，毛本同。盖皆传写误倒，今更正。"①《说文》："氣，馈客之刍米也，从米，气声。《春秋传》曰：'齐人来氣诸侯。'槩，氣或从既。饩，氣或从食。"是飨饩字之正体作氣，而槩、饩皆氣之异体重文。段注云："今字假氣为云气字，而飨饩字乃无作氣者。"然经典飨饩字亦有作既者，如《中庸》"既禀称事"，注云："既读为饩。"《大戴礼·朝事》"私觌致飨既"，既亦即饩字。此经古文亦作既。段玉裁认为以上既字皆槩字之省。又曰："从食而氣为声（按指饩字），盖晚出俗字，在假氣为气（气是云气之本字）之后。"是饩乃晚出之异体字。郑之所以从饩者，盖以经典习用而易晓故也。故《仪礼》中凡飨饩字皆作饩，而无作既（槩）者，胡承珙云："郑注《中庸》云'既读为饩'者，转从今字，使人易晓。"②

（一三）**异体字而两从之**。如今古文之二字为异体字，然二字皆为当时所习用，郑亦两从之，不再作取舍。如《特牲馈食礼》："簋者、举奠许诺。"郑注："古文簋皆作餕。"按此注"古文"盖"今文"之误。因《礼记》引《仪礼》皆从今文，而亦皆引作餕，可证餕是今文，而簋则是古文。故《说文》"簋"下段注曰："按《礼记》之字于《礼经》皆从今文而皆作餕，疑《仪礼》注当云'今文簋皆作餕'。"胡承珙亦是其说。段注又云："簋、餕当同出训'食余'也。"毛奇龄亦云："簋即餕，谓食祭之余馔也。"③是簋、餕乃异体字，因二字在汉代同时行用，故《仪礼》中两用之，郑亦两从之。如《士昏礼》从今文作餕（凡7见），而《特牲》、《少牢》、《有司》又皆从古文作簋（凡30见）。于此经之簋，郑亦仅注明其"今文皆作餕"而已，而一仍其古文所用字。

（一四）**古今字而从通用之今字**。如今古文之二字为古今字，而今字当时已通用，则郑即择从今字。如《士冠礼》："将冠者采衣，紒。"郑注："紒，结发。古文紒为结。"按《说文》"结"下段注云："古无髻字，即用此。"又

---

① 胡承珙：《仪礼古今文疏义》，《清经解续编》第2册，第1134页。
② 同上。
③ 毛奇龄：《辨定祭礼通俗谱》，《四库全书》本，第142册，第784页。

段氏《仪礼汉读考》云："结、纻古今字，皆即后世髻字。"① 然郑不从古文作结者，胡承珙云："殆以纻之为结，当时通用。如《六月》毛传云'象弭所以解纻'，疏云：'纻与结义同。'毛氏《诗》多古文，而亦用纻字。"② 是纻字已为汉时通用字，故郑注《丧服》曰"髽，露纻也"，注《士丧礼》曰"髻发者，去笄纚而纻"，注《少牢馈食礼》曰"古者或剔贱者刑者之发，以被妇人之纻为饰"，注《周礼·追师》曰"编列发为之，其遗象，若今假纻矣"，注《礼记·檀弓上》曰"去纚而纻曰髽"，等等，皆用纻而不用结。故本篇下文"主人纻而迎宾"，郑注亦曰："古文纻为结。"

（一五）**已通用的假借字之假借字则从之而不改。** 如今古文之二字，一为假借字，一为此假借字之假借字，且后者习多与前者通用，则郑即从之而不改。如《乡射礼》："三耦及众宾皆袒、决、遂，执弓，各以其耦进。"郑注："以犹与也。今文以为与。"《说文》："与，党与也。"假借为连词，《论语·子罕》"子罕言利与命与仁"是也。又《说文》："以，用也。"以、与古音双声，都是喻母；以属之部，与属鱼部，之鱼旁转，二字音近，习多通用。朱骏声《定声》曰"以，假借为与"，并举此经、注为例。胡培翚《正义》引胡肇昕云："以、与一声之转，故古多通用。郑君以今文之与，注古文之以，以其音义相同，不烦改字也。"③ 然今文以以为与，则又假借字之假借，因古习多通用之故，郑不改从今文。

（一六）**异体字从其习用者。** 如今古文之二字是异体字，而其一较习用，郑即从习用者。如《士虞礼》："主人洗废爵，酌酒酳尸。"郑注："古文酳作酌。"《说文》无酳字，"酌"下段注曰："《曲礼》注：'以酒曰酳。'按《礼》、《礼记》皆作酳，许书作酌。《玉篇》云'酌、酳同字'，是也。考《士虞礼》注、《少牢礼》注皆云'古文酳作酌'，《特牲》注云'今文酳皆为酌'，三酌字必皆酌字之误；其一曰'今文'者，则'古文'之误。许于此字用古文《礼》，故从酌。《礼记》多用今文《礼》，故记作酳。"据段氏说，注文酌乃酌字之误，而酳与酌同，是异体字。胡承珙《疏义》是其说，

---

① 段玉裁：《仪礼汉读考》，《清经解》第4册，第225页。
② 胡承珙：《仪礼古今文疏义》，《清经解续编》第2册，第1118页。
③ 胡培翚：《仪礼正义》，《清经解续编》第3册，第594页。

又曰:"今文酳字,学者相承通用,故郑从今文。"① 按《仪礼》中酳字凡15见,而无一作酌(酳)者,《礼记》亦皆用酳字,是酳字"学者相承通用"之证。

(一七)二字义同而礼书中用各有宜则据以决所从。如今古文之二字义同,但礼书中则有其习惯用法,即何种情况当用何字已相对固定,则郑即据以决所从。如《特牲馈食礼·记》:"刌肺三。"郑注:"今文刌为切。"胡承珙《疏义》云:"案《礼经》举肺谓之离肺。《士冠礼》'离肺'注云:'离,割也。'盖离者午割之,离而不殊,留中央少许相连,祭时以右手绝而祭之,其余在左手者,则哜之也,故亦谓之哜肺。祭肺谓之刌肺,《公食大夫礼》'三牲之肺不离',注云:'不离者,刌之也。不言刌,刌则祭肺也。故此"刌肺三"注云:"为尸、主人、主妇祭。"《说文》:"刌,切也。""切,刌也。"二字双声同义,故今文于刌肺之刌作切,于'安下切上'之切又作刌。郑义盖以专指牲体之名则作刌,兼言剥割之事则作切,故于二处皆从古文。"② 按《少牢馈食礼》"心皆安下切上",郑注:"今文切皆为刌。"据胡氏说,"刌肺三"之刌肺是专指用于祭的牲体名,故从古文作刌而不从今文作切;《少牢》"心皆安下切上"的切则是说的剥割之事,故亦从古文作切而不从今文作刌。是皆据名物之所宜,以决所当从之字。

三 合理的原则

郑玄取舍今古文异文的一项重要原则,就是看何者用之于此经最为合理。所谓合理,包括合于礼制,合于经义,合于文理,合于情理或事理,等等。合理者郑玄即择而从之,反之则于注中叠之而不用。兹举例以明之。

(一)据礼制以决所从。是否符合礼制,是郑玄判断是否合理的一个重要方面。郑玄于今古文异文,皆择其合于礼制者从之。此例较多,兹举二例。

1. 据礼制以决从今文。如《士昏礼》:"赞尔黍。"郑注:"古文黍作稷。"按胡承珙云:"此经云'尔黍,授肺脊,皆食以湆酱',注:'皆食,食黍

---

① 胡承珙:《仪礼古今文疏义》,《清经解续编》第2册,第1147页。
② 同上书,第1149—1150页。

也。'是郑意此昏礼尔敦惟尔黍,而不及稷。下文'三饭卒食'注云:'同牢示亲,不主为食起,三饭而礼成也。'此可知不必遍食黍稷矣。且黍重于稷,下文妇馈舅姑有黍无稷,故此尔敦不及稷。古文作稷,郑所不用。"① 是谓郑意依礼当尔黍,而不当尔稷,故不从古文。

2. 据礼制以决从古文。如《丧服》:"疏衰裳,齐,牡麻绖,冠布缨,削杖,布带,疏屦,期者。"郑注:"今文无冠布缨。"按贾《疏》曰:"此章'疏衰'已下,与前章不殊,唯'期'一字与前三年(按谓三年丧)有异。今不直言其异,而具列之者,以其此一期与前三年悬绝,恐服制亦多不同,故须重列七服者也(按七服,谓此经所列衰、裳、绖、缨、杖、带、屦七者)。"《疏》又云:"此注……从经古文,有'冠布缨'为正也。"胡承珙云:"疏义甚明。既须重列七服,不应无'冠布缨',故郑从古文。"② 按无"冠布缨",则齐衰期丧(即齐衰一年丧)之服制不备,不符合丧礼,故郑不从今文。

(二)据经义以决所从。今古文之二字,何字用之于此最合经义,亦即最为合理,郑即择而从之。如《士昏礼》:"于是与始饭之错。"郑注:"始饭,谓舅姑。错者,媵馂舅余,御馂姑余。古文始为姑。"按始饭,谓舅姑先所食之饭,故郑注曰"始饭,谓舅姑"。上文记妇馈舅姑,舅姑所食之余,先由妇馂,然后彻于房中,由媵、御馂。媵、御馂时,如注说,是"媵馂舅余,御馂姑余",故经言"错",即交错而馂之意。若如古文作"姑",是媵、御皆食姑之余,则无所谓"错"矣,与经义不合,故郑不从。

(三)据文意以决所从。文意,谓《仪礼》的行文之意。今古文之二字,合于文意即为合理,郑即择而从之。如《士冠礼》:"礼于阼。"郑注:"今文礼作醴。"贾《疏》曰:"郑不从今文者,以其言'醴'则不兼于醮,言'礼'则兼醴、醮二法故也。"按据《士冠礼》,行冠礼有用醴和用酒二法。冠礼的正礼用醴;然亦有用酒者,用酒之法就叫做醮,即所谓"若不醴则醮,用酒"。用醴则醴于阼,即在阼阶上向冠者进醴;用酒则醮于阼,即在阼阶上向冠者进酒。此二法皆谓之"礼冠者"。因为礼冠者都是在阼阶上进行的,故

---

① 胡承珙:《仪礼古今文疏义》,《清经解续编》第2册,第1122页。
② 同上书,第1137页。

曰"礼于阼"。是言"礼"则可兼用醴和用酒二法,即贾《疏》所谓"言'礼'则兼醴、醮二法"也。如据今文改"礼"为"醴",则不得兼二法,不合于文意,故郑从古文不从今文。

(四)据文理以决所从。是否符合文理,包括是否符合逻辑,是否符合语法,是否符合古代的语言习惯,等等。今古文之二字,符合文理即为合理,郑即择而从之。此例亦较多,兹举二例。

1. 据文理以决从今文。如《士相见礼》:"主人对曰:'某也固辞不得命,将走见。'"郑注:"古文曰'某将走见'"。按贾《疏》云:"上已云'某也固辞不得命',于下不须云'某',于文便。古文更云'某将走见',文叠,故不从也。"是谓古文重"某"字,辞复,不合于文理,故从今文而不从古文。

2. 据文理以决从古文。如《乡饮酒礼》:"(举觯者二人)皆进,荐西奠之,宾辞,坐取觯以兴。"郑注:"今文曰'宾受'。"按注谓此经"宾辞"二字,今文作"宾受"。胡承珙云:"经'荐西奠之'下'宾辞',然后'坐取觯'。若今文作'宾受,坐取觯以兴',则不辞矣。此节是无由以'宾受'二字连文。"① 按经既言举觯者"荐西奠之",即将觯放置在荐西,而非授之于宾之手,则下即不得言"宾受",且如今文宾既受之矣,而下又云"(宾)坐取觯以兴",是前后矛盾,文理不通,即胡氏所谓"不辞",故郑不从今文。

(五)据文例以决所从。一书有一书的行文习惯,即所谓文例。今古文之异文,符合《仪礼》之文例者即为合理,郑即择而从之。此例亦较多,兹举二例。

1. 据文例以决从今文。如《有司》:"主人北面于东楹东答拜。"郑注:"古文曰东楹之东。"是谓古文"东楹"下有"之"字。按此经上文云:"主人东楹东,北面拜至。"又云:"主人东楹东,北面拜。"又云:"尸西楹西,北面拜洗。主人东楹东,北面奠爵答拜。"又云:"主人东楹东,北面拜送爵。"此经下文又云:"尸降筵,北面于西楹西坐,……奠爵,拜,执爵以兴。主人北面于东楹东答拜。"又云:"主人东楹东北面拜受爵。尸西楹西北面答拜。"是皆云"东楹东",无作"东楹之东"者。故胡培翚云:"郑以前后多

---

① 胡承珙:《仪礼古今文疏义》,《清经解续编》第2册,第1143页。

云'东楹东',与'西楹西'相对为文,故从今文,不从古文。"①

2. 据文例以决从古文。如《士丧礼》:"筮者东面抽上韇,兼执之。"郑注:"今文无兼。"按《士冠礼》云:"筮人执筴抽上韇兼执之,进受命于主人。"又《少牢馈食礼》云:"史朝服,左执筮,右抽上韇,兼与筮执之,东面受命于主人。"胡承珙云:"郑以《士冠》、《少牢》决此当有兼字,故从古文。"② 是据《士冠礼》与《少牢馈食礼》之文例,皆作"兼执",而今文则无"兼"字,故郑不从。

(六)据情理以决所从。 符合情理即为合理,故郑于今古文之异文,择其合于情理者从之。如《士昏礼·记》:"(主人)对曰:'某得以为昏姻之故,不敢固辞。敢不从!'"郑注:"不言外,亦弥亲之辞。古文曰外昏姻。"按上文"主人(女父)对曰:'某以得为外昏姻之数'",而此处则言"某得以为昏姻之故",不再言"外",表示与男家的亲密关系更进了一层,故注云"不言外,亦弥亲之辞"。若如古文有"外"字,是女父仍以"外亲"自居,则与"弥亲"之情理不合矣,故郑不从古文。

(七)据事理以决所从。 符合事理即为合理,故郑于今古文异文,择其符合事理者从之。如《聘礼》:"陈皮北首,西上。"郑注:"古文曰陈币北首。"胡培翚云:"郑不从古文者,下云'北首',皮可言首,币不得言首也。"③ 按皮谓兽皮,有首尾之分,故言"北首"。币则帛也,无首尾之分,不得言"北首",此事理之显然,故郑不从古文。

(八)据上下文以决所从。 如今古文之二字皆可用,但从上下文看,某字用之于此更为适合,亦即更为合理,郑即择而从之。如《既夕礼》:"主人之史请读赗,执筭从。"郑注:"古文筭皆为策。"胡承珙云:"上文云'书赗于方,书遣于策',此读赗即书于方者也。筭所以释数,必执筭者,物有多寡,宜知其数也。筴乃策字之别。(胡氏自注:"《颜氏家训》云:'简策字竹下施束,末代隶书似杞宋之宋,亦有竹下遂为夹者。'《易·释文》云:'策,本作筴。'")古文筭为筴者,筭本筹策之物,故亦可为策。郑嫌于书遣之策,故

---

① 胡培翚:《仪礼正义》,《清经解续编》第3册,第810页。
② 胡承珙:《仪礼古今文疏义》,《清经解续编》第2册,第1143页。
③ 胡培翚:《仪礼正义》,《清经解续编》第3册,第641页。

从今文。"① 是谓筭、筴二字皆可用，然因嫌与上文"书遣于策（筴）"（即遣策）字复，易使人误以为是执所书遣策以从，故郑不从古文筴字。

（九）**据行文语气以决所从**。行文之语气，当符合语法，符合常人语言习惯，凡符合此二者即为合理，郑即择而从之。如《聘礼·记》："如馈食之礼。"郑注："如少牢馈食之礼……今文无'之'。"按无"之"字，义虽不异，然行文语气则似过促，故郑不从。《仪礼》有《少牢馈食礼》，彼为篇名，文尚简洁，故"礼"前无"之"字（武威汉简本此篇名只作《少牢》，更简）。此记为叙事，语尚舒缓，以符合常人语气，故以有"之"字为胜。且《仪礼》中《士相见礼》、《乡饮酒礼》、《乡射礼》、《公食大夫礼》、《特牲馈食礼》，及《少牢馈食礼》，其经文开篇首句述其礼皆于"礼"前加"之"字，而《大射》篇之首句则述作"大射之仪"，是皆以篇名尚简，而叙述语尚舒缓故也。胡承珙云："案此及上'负右房而立'，郑君皆审定字句，决择所从，其不苟有如此者。"②

四　符合规范的原则

郑玄对于《仪礼》今古文异文的取舍，还考虑用何字更符合用字之规范，而择其符合规范者从之，或依规范划一其字。这也有多种情况。

（一）**从本字不从俗字**。今古文之二字，一为本字，一为俗字，则郑从本字而不从俗字，以俗字乃民间流传之异体字，不合于规范故也。如《士丧礼》"设决丽于掔。"郑注："古文掔作捥。"按《说文》："掔，手掔也。"段注："俗作捥。《左传》'涉佗捘卫侯之手及捥'，非古字也。"又《墨子·大取》："断指以存掔。"毕沅注："掔，此捥字正文。"③ 是掔既本字，亦为字之正体，捥则后起俗字，故郑不从。

（二）**从正体字不从其异体字**。今古文之二字，一为正体字，一为异体字，则郑从正体字而不从其异体。如《特牲馈食礼》："主妇视饎，爨于西堂下。"郑注："炊黍稷曰饎。古文饎作糦，《周礼》作饌。"按《周礼》亦古

---

① 胡承珙：《仪礼古今文疏义》，《清经解续编》第 2 册，第 1143—1144 页。
② 同上书，第 1134 页。
③ 《墨子》，《诸子集成》第 4 册，第 243 页。

文。《说文》："饎，酒食也，从食，喜声。《诗》曰：'可以馈饎。'餏，饎或从巸。糦，饎或从米。"是糦、餏皆饎之异体字。郑从字之正体饎，而不从其异体糦。

（三）二字音义同今古文亦互作则划一其字。有今古文之二字虽形异而音义皆同者，则郑据规范之字形划一其字。如《士昏礼》："並南上。"郑注："今文並当作併。"按胡承珙校此注文云："'当'字疑衍。"① 胡校是也。又按並的本原字作竝，並是竝的隶变。竝、併二字古不同音：竝属並母阳部，併属帮母耕部，然帮并旁纽，耕阳对转，音亦可通。又竝、併义同，《说文》："竝，併也。""併，竝也。"二字互训。故竝、併二字古通用。《仪礼》中並（竝）、併二字今古文亦互作。如此经古文作並，《有司》"雍人合执二俎，陈于羊俎西，並"，郑注："古文並皆作併。"是今文又作並。然郑校《仪礼》，则皆划一其字而作並。故胡承珙又云："郑注此经竝（並）皆训併，……然郑意经字则一概从竝（並），故《有司彻》注又叠古文作併者不用也。"②

（四）**不从误字**。既为误字，自不合于规范，故郑皆叠而不从。此例较多，兹举二例。

1. 不从今文误字。如《既夕礼·记》："犬服。"郑注："今文犬为大。"按大是犬的误字。胡承珙云："案犬为大者，今文脱画耳。"③ 胡培翚亦谓今文"由形近致误也"。④

2. 不从古文误字。如《士昏礼》："宾执雁，请问名。主人许。宾入，授，如初礼。"郑注："古文礼为醴。"按敖继公《仪礼集说》云："初礼，'三揖'以下之仪也。"⑤ 是所谓"初礼"，指上文记行纳采礼"至于庙门，揖入，三揖至于阶，三让"以下之礼，是此"礼"显指礼仪，故不从古文"醴"字。按醴、礼二字皆从豊声，本可通。俞樾云："醴、礼二字，《礼经》通用。"⑥ 郑盖以借醴为礼，人易误以为醴酒字，故每指为误字。如《士昏礼》"出请醴宾"，注云："此醴当为礼。"《礼记·内则》"宰醴负子"，注

---

① 胡承珙：《仪礼古今文疏义》，《清经解续编》第2册，第1122页。
② 同上。
③ 同上书，第1145页。
④ 胡培翚：《仪礼正义》，《清经解续编》第3册，第760页。
⑤ 敖继公：《仪礼集说》卷2，《四库全书》本。
⑥ 俞樾：《群经平议·礼记》四"执醴授之执镫"条，《清经解续编》第5册，第1151页。

云：“醴当为礼，声之误也。”郑既以为误字，故不从。

（五）**不从衍字**。既为衍字，自亦不合于规范，故郑亦叠而不从。如《士相见礼》：“主人对曰：'某不敢为仪，固请吾子之就家也。'”郑注：“古文云'固以请'也。”按注意谓古文"固"下衍"以"字。胡承珙云："古文盖涉下文宾对之辞有'固以请'而误衍耳。"① 按下文曰："宾对曰：'某不敢为仪，固以请。'"古文即涉此而衍。

（六）**不从误倒字**。字有误倒，自亦不合于规范，故郑亦不从。如《特牲馈食礼》："主妇洗爵酌，致爵于主人。"郑注："今文曰主妇洗酌爵。"按经文"洗爵酌"，谓洗爵以酌酒，然后"致爵于主人"。若如今文作"洗酌爵"，则不辞矣。今文"酌爵"二字显系误倒。胡培翚云："洗者，洗爵也。今文二字误倒，故从古文。"②

（七）**不从坏字**。坏字，谓由种种原因致使原字之形体不完，而后世则误认其残体为原字，郑校而识之，即不从也。如《聘礼》："赐饔唯羹饪。"郑注："古文羹为羔。"按胡承珙云："古文羹为羔者，盖字之烂夺。"③ 按羹、羔二字音义皆异，小篆羹字从羔从美，古文盖烂脱字之下半。

（八）**据校定之字以决所从**。今古文之二字，如其一为国家组织专家校定之字，即属规范之字，故郑择而从之。如《有司》："兄弟之后生者举觯于其长。"郑注："古文觯皆为爵。延熹中设校书，定作觯。"是郑据已校定之字决从今文作觯，而叠古文爵字不用。按注"延熹"乃"熹平"之误。胡培翚云："延熹，严本、《释文》、《集释》、《要义》俱作熹，《通解》作景。"又引盛世佐云："《后汉书·灵帝纪》'诏诸儒正五经文字，刻石立于大学门外'，事在熹平四年。《儒林传》、《蔡邕传》并同。汉诸帝年号无称延景者，唯桓帝时有延熹之号，而事实又不合。当依《后汉书》作熹平为是。"④ 按校书及刊石事在熹平四年，其年蔡邕等奏请正定五经文字，灵帝许之，蔡邕遂自书丹而刻石，⑤ 而桓帝延熹年间则无校书事，盛说是也。

---

① 胡承珙：《仪礼古今文疏义》，《清经解续编》第 2 册，第 1123 页。
② 胡培翚：《仪礼正义》，《清经解续编》第 3 册，第 518 页。
③ 胡承珙：《仪礼古今文疏义》，《清经解续编》第 2 册，第 1134 页。
④ 胡培翚：《仪礼正义》，《清经解续编》第 3 册，第 518 页。
⑤ 参见《后汉书》卷六十下《蔡邕列传》。

五　存古字的原则

《仪礼》今古文之异文，何者更古，而择其较古者从之，也是郑玄取舍今古文的一个原则。盖因古字更符合《仪礼》之初本，而郑玄校书的目的，也正是力图恢复其初本之原貌。这也有多种情况。

（一）从本原字不从后起字。今古文之二字，一为本原字，一为后起字，则郑从本原字，为其可以存古字，亦即存《仪礼》初本之用字也。如《士昏礼》："北止。"郑注："止，足也。古文止作趾。"按止是趾的本原字，止的本义即为足，甲骨文、金文止字即象简化的人足形，此义后写作趾。高明说："止字，是人足的象形字，独体，乃为字原。"[1]《说文》曰"止，下基也"，乃其引申义。至于古文何以反用后起字，段玉裁《说文》"止"下注以名铭、止趾为例说："周尚文，自有委曲烦重之字不合于仓颉者，故名止者，古文也；铭趾者，后出之古文也。古文《礼》、今文《礼》者，犹言古本、今本也。古本出于周，从后出之古文；今本出于汉，转从最初之古文，犹隶楷之体，时或有舍小篆用古籀体者也。"

（二）二字义同从其于义较古者。今古文之二字如为异体字，郑亦择其于义较古者而从之。如《聘礼》："问几月之资。"郑注："资，行用也。……古文资作齎。"按《说文》："资，货也，从贝，次声。""齎，持遗也，从贝，齐声。"是许慎以二字义别，不为一字。又《周礼·外府》："共其财用之齎。"郑注："齎，行道之财用也。《聘礼》曰：'问几月之齎。'郑司农云：'齎或为资，今礼家定齎作资。'玄谓齎、资同耳，其字以齐、次为声，从贝变易，古字亦多或。"是郑以许氏及郑司农所引今礼家说为非，谓资、齎虽异体而实为一字，声义并同（按郑此说之是非姑且不论），故此经从今文作资，而注《周礼·外府》引此经又从古文作齎。然郑于此经必从今文者，胡承珙曰："盖《周礼》故书齎多作资（胡氏自注：《典妇功》、《典枲》注皆云然），其义较古。郑注《外府》引《聘礼》作齎者，则就《周礼》经文作齎

---

[1] 高明：《中国古文字学通论》，北京大学出版社，1996 年，第 59 页。

故也。"① 所谓"其义较古"，盖谓用作行道财用之义，以资字较古，故从今文作资。

（三）**同物异名而从名字近古者**。有一物而二名者，今古文之二字各当其一名，则郑择其名字较古者。如《士冠礼》："葵菹、蠃醢。"郑注："今文蠃为蜗。"按《说文》"蜗"下段注云："蠃，螔蝓。此物亦名蜗，故《周礼》、《仪礼》蠃醢，《内则》作蜗醢，二字叠韵相转注。"是蠃与蜗同物而异名。然郑不从今文作蜗者，胡培翚云："郑以蠃字近古，故叠今文不用。"② 故于《既夕礼》之"葵菹、蠃醢"，《少牢馈食礼》之"执葵菹、蠃实葵菹芋、蠃醢"，郑注皆曰："今文蠃为蜗。"是皆从古文而不从今文。

（四）**同为假借字从其较古者**。如今古文之二字同为假借字，则郑从其较古者，即较先用为假借字者。如《聘礼》："贾人西面坐，启椟，取圭垂缫。"郑注："今文缫作璪。"按文采字无正字，古文假缫为之，今文假璪或藻为之，故《说文》"璪"下段注曰："《礼经》文采之训，古文多用缫字，今文多用璪、藻字，其实三字皆假借。"按《说文》："缫，绎茧为丝也。"又曰："璪，玉饰如水藻之文。"（马叙伦校《说文》以为此文当作"玉饰，如水藻"，意为"以玉为饰，垂之如水藻"。③）又《说文》薻是藻的重文，"藻"下曰："水草也……藻，薻或从澡。"是三字皆无文采义，故段玉裁云"三字皆假借"。同为假借字，亦有先后之分：古人盖先假缫字，后假璪、藻字，故古文作缫，今文作璪或藻，故郑司农谓缫、藻为古今字。《周礼·弁师》"诸侯之缫斿九就"，郑司农曰："缫当为藻。缫，古字也。藻，今字也。同物、同音。"郑从古文而不从今文者，盖为存古义，故其校《周礼》皆从缫而不破从今文，校此经亦然。

（五）**从本字不从后起之生僻字**。《有司》："其骨体，仪也。"郑注："仪者，尊体尽，仪度余骨可用而用之，尊者用尊体，卑者用卑体而已。今文仪皆作䏜，或为议。"按义、仪本一字，甲骨文、金文仪字不从人。《说文》："义，己之威仪也。"即义字之本义。后义借为道义字，故又加亻旁而造仪字，以为威仪之专字，即所谓后起本字。仪引申为准则、法度，又引申为度量、

---

① 胡承珙：《仪礼古今文疏义》，《清经解续编》第2册，第1133页。
② 胡培翚：《仪礼正义》，《清经解续编》第3册，第537页。
③ 转引自《古文字诂林》第1册，上海教育出版社，1999年，第274页。

衡量。《说文》曰："仪，度也。"即释其引申义。《左传》襄公三十年："君子谓宋共姬女而不妇，女待人，妇义事也。"王引之《述闻》云："义读为仪，仪，度也，言妇当度事而行，不必待人也。《说文》：'仪，度也。'《周语》曰：'仪之于民，而度之于群生。'又曰：'不度民神之义，不仪生物之则。'仪与义古字通。"① 故郑注释仪为仪度。"今文仪皆作䑑"者，盖以仪之为度，为凡度之称，而此经所度者，牲体之骨也，故又改亻旁为肉旁而造䑑字。然此字生僻罕见，胡承珙《疏义》云："承珙案，注又云'今文仪皆作䑑'，考《玉篇》、《广韵》、《五经文字》、《九经字样》皆无䑑字，故毛本䑑为曦，然叶钞《释文》作䑑，云'刘音义'，是陆所见本实有此䑑字，但郑不从耳。"②

（六）**存古之通假字而不破之**。如今古文之二字同为通假字，其一较古，另一则郑以为非，然较古者郑虽亦不以为是，惟其较古，故郑亦存之而不破。此例《仪礼》中仅一见，即《乡射礼》："豫则钩楹内，堂则由楹外。"郑注："序无室，可以深也。周立四代之学于国，而又以虞氏之庠为乡学。《乡饮酒义》曰'主人迎宾于庠门外'，是也。庠之制，有堂有室也。今言豫者，谓州学也。读如'成周宣谢灾'之谢，《周礼》作序。凡屋无室曰谢，宜从谢。州立谢者，下乡也。今文豫为序，序乃夏后氏之学，亦非也。"是郑意州学名以作谢为是。按豫、序、谢三字古音相近。豫、序皆属鱼部，豫是喻母，序是邪母，喻邪邻纽，是二字可通。谢则为邪母铎部字，鱼部与铎部阴入对转亦可通。《说文》训豫为"象之大者"，训序为"东西墙"，训谢为"辞去"，三字皆以音近而借为州学名。既皆为借字，故今古文亦互作。如此注说今文为序，而《周礼》古文亦作序，是其例。郑于州学名则多作谢，以与乡学之名庠对举，如下经之注云"鹿中，谓射于谢也，于庠当兕中"；又后注有云"或言堂，或言序，亦为庠、谢互言也"；又后注云"乡射或于庠，或于谢"，皆其例。故郑注云："庠之制，有堂有室……凡屋无室曰谢，宜从谢。州立谢者，下乡也。"即谓州学的建制规模较小，其屋有堂而无室，级别比乡学低，其名曰谢；乡学之屋则有堂又有室，其名曰庠。又郑不从今文作序者，以为

---

① 王引之：《经义述闻》，《清经解》第6册，第921页。
② 胡承珙：《仪礼古今文疏义》，《清经解续编》第2册，第1152页。

"序乃夏后氏之学，亦非也"。然郑既以谢为是，而经文则仍从古文作豫者，胡承珙云："郑于经豫字，不即破其字为谢，所以存古字古音。"按以豫为州学名，今所存先秦古籍仅此一见，若破之，则后人无复知州学之名有作豫者矣，故郑存而从之，仅在注中说明其字"宜从谢"。

综上所述可见，郑玄对于《仪礼》今古文之异文的校勘、取舍，皆为使经义得到准确表述，且明白易晓，因此他不用义异之字、不贴切之字、易生歧义之字、义晦之字、生僻之字，等等。且于每一字之取舍，既考虑其字用之于此当合理，又考虑其字体之是否合于规范，同时还竭力保存古字古义，以期尽量恢复《仪礼》初本之原貌。故经过郑玄校注的《仪礼》能够成为当时最好的本子，且一直流传至今，使这一份珍贵的文化遗产得以保存下来，其功伟矣！而其校勘《仪礼》今古文异文所遵循的种种原则，也很可为今人从事古籍整理工作提供有益的借鉴。

第三章

郑玄校《周礼》以今书为底本而参之以故书考

《周礼》有故书，有今书。郑玄校《周礼》，则是以今书为底本而参以故书，凡遇故书异文，则于注中注明"故书某作某"。如《天官·太宰》："以九贡致邦国之用。一曰祀贡，二曰嫔贡。"郑注："嫔，故书作宾。"是谓"嫔贡"之"嫔"乃今书所用字，故书则作"宾"，郑于注中存而不从。《天官·司裘》："大丧，廞裘，饰皮车。"郑注："故书廞为淫。"是谓"廞裘"之"廞"乃今书，而故书作"淫"，郑所不从。正因为郑以今书为底本，故凡从今书则毋须标明"今书"二字，而于故书异文，则必标明其为"故书"而存之于注中，以使人明之。

李源澄之说乃正相反。李源澄曾作《郑注〈周礼〉易字举例》一文，① 以为郑玄是据故书之本而参之以今书。李氏说：

> 郑注以故书为主，于今书择善而从。凡注言"故书某作某"，而不言依某书改正者，皆据今书。其不言故书、今书者，皆故书原文，而今书之同于故书与否，置而不论，以其以故书为主。

---

① 李源澄：《郑注〈周礼〉易字举例》，《图书集刊》1943年12月第5期。

这种逻辑实在有点奇怪。郑玄并未明言其以何种本子为主，怎可即断言其"以故书为主"呢？而且郑注中所言"故书某作某"，按正常逻辑思维的人都很清楚，郑玄所依据的底本是今书，而存其所不从之故书异文于注中。那么凡郑不言"故书某作某"者，则所据为今书无疑。李氏却说，"其不言故书、今书者，皆故书原文，而今书之同于故书与否，置而不论，以其以故书为主"。依李氏的逻辑，如前所举《太宰》注之例，曰"嫔，故书作宾"，则此"嫔"字自是今书，而"宾"字及其他"故书"二字所未涉及的文字，则皆故书！这不是有点不可思议么？通研李氏《郑注〈周礼〉易字举例》之文，自始至终并未就郑校《周礼》"以故书为主"的论点加以论证，而即以之为前提，以探究郑注易字之例，故甚难令人信服。

郑校《周礼》是以今书为底本，除书中大量的"故书某作某"可以为证外，我们还可以举出一些例证来。

例一，《地官·师氏》："掌国中失之事，以教国子弟。"郑注："中，中礼者也。故书中为得。杜子春云：'当为得，记君得失，若《春秋》是也。'"

按此经今书字作中，故书字作得，中、得义同，皆谓适宜、得当，是二字于此经皆可用。故惠栋云："《三仓》曰：'中，得也。'（自注：《史记·索隐》）《封禅书》云：'康后与王不相中。'《周勃传》：'子胜之尚公主不相中。'皆训为得。《吕览》云：'禹为司空，以通水潦，颜色黎黑，步不相过，窍气不通，以中帝心。'高诱曰：'中犹得。'然则中失犹得失，故郑用杜说，而不改字。"① 所谓"郑用杜说"，即谓用杜子春以"中失"为"得失"之训，然并不从杜说而改中为得。段玉裁亦云："此郑君从今书作中，杜从故书作得也。……杜、郑说各异，其实中、得双声，两皆可从。"② 徐养原亦云："然则（郑）或改字，或不改字，义得通用也。"③ 正因为中、得义同，于此经皆可用，故郑即从今书所用字，只在注中存故书异文。若依李源澄说，郑所据本为故书用得字，而据今书改得为中，是中、得二字义必有异，不可通用，而非两皆可从，故郑必改故书以从今书，如是则不合中得二字之义矣。

例二，《夏官·槁人》："乘其事，试其弓弩。"郑注："郑司农云：'乘，

---

① 惠栋：《九经古义·周礼下》，《清经解》第2册，第761页。
② 段玉裁：《周礼汉读考》，《清经解》第4册，第195页。
③ 徐养原：《周官故书考》，《清经解续编》第2册，第1220页。

计也，计其事之成功也。故书试为考。'玄谓考之而善，则上其食，尤善又赏之，否者反此。"

按试、考义同，义皆为考校、考查，故郑亦两从之：经从今书作试，而注则以故书考字释之。段玉裁云："字从今书，义从故书，试与考义本亦同也。"① 徐养原亦云："考与试字异义同，故经作试字，而注以考字释之，明其可两通也。"② 孙诒让云："试、考义同，故郑两从之。《中庸》注引此文亦从考。"③ 若依李源澄说，则此经故书作考，今书作试，郑据今书改考为试，则考、试二字之义亦必有异，故郑必改考而从试，则亦不合于二字之义矣。

例三，《秋官·朝士》："凡有责者，有判书以治则听。"郑注："判，半分而合者。故书判为辨。郑司农云：'谓若今时辞讼，有券书者为治之。辨读为别，谓别券也。'"

《说文》："判，分也。"郑玄训判为"半分而合者"，与许义合。故书判为辨者，《说文》："辨，判也。"是辨、判义同。段注："《朝士》'判书'，故书判为辨，大郑辨读为别。古辨、判、别三字义同。"判、辨既义同而于此经皆可用，故郑玄即从今书所用字而不改。若依李源澄说，则此经本从故书作辨，而郑则改从今书作判，是二字之义亦必异而不可通用，则亦不合于二字之义也。

例四，《春官·肆师》："以岁时序其祭祀，及其祈珥。"郑注："故书祈为畿。杜子春读畿当为祈。玄谓祈当为进机之机，珥当为衈。机衈者，衅礼之事。"

按祈珥的祈字所作最纷纭。检《周礼》全书，此经及《夏官·小子》、《羊人》作"祈珥"，《秋官·士师》作"刉珥"，《秋官·犬人》又作"畿珥"，而《小子》郑注又谓"《春官·肆师职》祈或作畿"，是祈字所作甚不一。而郑玄所从亦不一。此经注曰"祈当为进机之机"，《小子》注又以或本作刉为"刉珥正字"，注《犬人》之"畿珥"亦谓"畿读为刉"，而注引郑司农说又以为"畿读为庋"，等等。按祈珥皆衅礼事，如此经及《小子》、《士师》、《犬人》之注皆曰："刉衈，衅礼之事也。"衅礼，谓割取牲血涂物以祭

---

① 段玉裁：《周礼汉读考》，《清经解》第4册，第221页。
② 徐养原：《周官故书考》，《清经解续编》第2册，第1226页。
③ 孙诒让：《周礼正义》第10册，中华书局点校本，1987年，第2576页。

也。《说文》："刉，划伤也。"又曰："衈，以血有所刉，涂祭也。"即谓以所刉之牲血涂祭就叫做衈，是许慎又以为字当作衈。盖祈珥向无正字，古人皆假借为之，祈、刉、衪、幾、畿、庪等，皆同音或音近假借字。衈义亦同刉，《集韵·微韵》："刉，断也，划也。郑康成曰：'刲羽牲曰刉，或作衈。'"（按《集韵》所引郑康成说盖郑注逸文）《说文》"衈"下段注亦曰："衈盖亦刉字之异者。"是衈乃刉字之异体，实亦假借字也。然许慎以衈为正字，郑玄不从。郑玄以刉为正字，又不能坚其说，如此经之注即其例，是亦未必以刉为正字。正因为祈珥无正字，故杜子春及先、后郑所从字皆不同。此经今书作祈，故书作幾，杜从今书"读幾当为祈"，郑玄则谓"祈当为进机之机"，是郑玄既不从故书，亦不从今书，而以己意读之。然于经文则一仍今书作祈而不改，是其慎也。若依李源澄说，郑据故书为本，则此经字本作幾，而郑不从，故据今书改之为祈，是郑必以祈为祈珥正字，或必以作祈为优于故书幾字，则不合于《周礼》及郑注中"祈珥"用字之复杂情况，是李氏强以己说加之于郑也。

例五，《秋官·大行人》："王礼，再祼而酢。"郑注："故书祼作果。郑司农云：'祼读为灌。再灌，再饮公也。'"

《说文》："祼，灌祭也。"故书祼作果者，《说文》："果，木实也。"祼、果音近，故果可通祼。如《春官·大宗伯》："大宾客，则摄而载果。"郑注："果读为祼。"朱骏声亦云："果，假借为祼。"按祼、果二字，《周礼》中每错出。如《春官·大宗伯》"以肆、献、祼享先王"，字作祼；其下经"大宾客，则摄而载果"，字又作果。《小宰》、《内宰》、《大宗伯》、《郁人》、《鬯人》、《典瑞》、《大行人》、《玉人》字皆作祼，而《大宗伯》、《小宗伯》、《肆师》则字皆作果。郑玄于果字或注曰"果读为祼"，如《大宗伯》、《小宗伯》之果字注；或于注中易之为祼，如《肆师》"及果，筑鬻"，郑注："所筑鬻以祼也。"又"赞果将"，注曰："授大宗伯载祼。"是郑于注文皆用本字作祼，而于经文则一仍其所用字而不改。盖以本字和通假字《周礼》兼用之，故郑玄亦兼从之也。若依李源澄说，则郑所据本为故书，字作果，而从今书改之为祼，则不合于《周礼》中祼、果错出兼用之实也，且郑何不凡果字皆改为祼呢？

例六，《地官·族师》："春秋祭酺，亦如之。"郑注："酺者，为人、物灾害之神也。故书酺或为步。……玄谓《校人职》又有冬祭马步，则未知此世所云螟螽之酺与？人鬼之步与？"

按古音酺、步双声，都是并母；酺在鱼部，步在铎部，鱼铎对转，是二字音近，可相通假。然据郑注，酺、步皆为灾害之神名：前者是为物灾害之神，后者是为人灾害之神。孙诒让云："螟螽之酺，即为物灾害之神；人鬼之步，即为人灾害之神也。"① 是祭酺和祭步，即为祈禳此二神之灾害。但此经今书曰"祭酺"，而故书又有作"祭步"者，是此经所祭究系何神，尚难断定。故郑注曰"酺者，为人、物灾害之神也。……则未知此世所云螟螽之酺与？人鬼之步与？"贾疏云："凡国之所祈祭者，皆恐与人、物为灾害……云'则未知此世所云螟螽之酺与？人鬼之步与'者，但此经云酺，不知何神，故举汉法以况之。但汉时有螟螽之酺神，又有人鬼之步神，未审此经当何酺，故两言之。以无正文，故皆云'与'以疑之也。"是郑于此经从今书作酺者，非以故书或本作步者为非，只是姑从今书，而于注中说明其疑而未敢遽定之意。若据李源澄说，则是郑以故书或本作步为非，故从今书而改步为酺，这就与郑疑而不定之意相违了。

例七，《地官·族师》："族师各掌其族之戒令、政事。月吉则属民而读邦法。"郑注："故书上句或无事字。杜子春云：'当为正月吉。书亦或为戒令、政事，月吉则属民而读邦法'。"

孙诒让云："盖故书止有两本：一本无事字，一本有事字。郑玄以有事字者为正本，则以无者为或本；杜子春以无事字者为正本，则以有者为或本。前后两举故书或作，而文不同，由郑、杜意各有所主耳。"② 按孙氏说甚析。郑玄从有事字之本，即今书之本也，而故书亦有有事字之本，故注云"故书上句或无事字"。郑玄之所以不从故书或本者，贾疏云："但族师亲民，读法宜数，若为正月之吉，则与州长同，于义不可。"段玉裁申疏说云："弥亲民者，于教亦弥数。州长正月之吉读法，党正四时孟月吉日读法，族师则每月吉日皆读之，于义为长，不得族师转同于州长也。"③ 是据事理，当以有事字、且属上读、与政字连文而绝句于义为长。若如李源澄说，则郑所据之本，不

---

① 孙诒让：《周礼正义》第3册，第879页。
② 同上书，第878页。
③ 段玉裁：《周礼汉读考》，《清经解》第4册，第194页。

仅是故书，而且是故书之或本，即"上句或无事字"之本，故郑改之而从今书。然而郑注明明说"故书上句或无事字"，则郑即便以故书为底本，也不当是此无"事"字之或本可知。就是说，郑所据之故书，同今书是一样的，那就不存在改字的问题，那么李源澄所谓"凡注言'故书某作某'，而不言依某书改正者，皆据今书"的说法，就不攻自破了：此经郑不仅据今书，亦据故书，唯不据故书或本而已。

这样的例子，我们还可以举出很多。但仅从以上七例即可看出，李源澄所谓郑玄校《周礼》以故书为主的说法，确实是武断而经不起推敲的。郑玄校《周礼》，是以今书为底本而参之以故书。其校勘的结果，发现故书之异文实皆不可从，故仅于注中录而存之，详本编第四章《郑玄校〈周礼〉从今书不从故书考辨》一文。再者，郑玄之所以不以故书为底本，不仅因为故书异文不如今书为长而不可从，还因为故书多误字。[①] 这是故书在其长期流传过程中辗转传抄而不可避免的。而今书自东汉初年以来，由于有杜子春、郑兴、郑众、贾逵、卫宏、马融、卢植等一班古文经学大师为之校勘和训诂解说，[②] 其本子自然优于故书。因此郑玄校《周礼》，自然就选择了今书作为底本。

---

① 详本编第四章《郑玄校〈周礼〉从今书不从故书考辨》一文之条例二七。
② 参见《通论编》第五章《三礼概述》之一：《周礼概述》。

第 四 章

郑玄校《周礼》从今书不从故书考辨

引　言

郑玄所见的《周礼》，有今书和故书两种本子。何谓今书，何谓故书，自古学者说法不一，迄无定论，[①] 本文对此不打算作深入探讨。若笼统言之，说

[①] 关于何谓今书、何谓故书，盖主要有以下数说，兹录之以备参。其一，唐贾公彦云："言故书者，郑注《周礼》时有数本，刘向未校之前，或在山岩石室有古文，考校后为今文。"（见《天官·太宰》"以九贡致邦国之用"下疏，影印阮校《十三经注疏》上册，第648页）清丁晏之说与此略同，云："方《周官》之初出，未显，为故书古文。……成帝后，刘向子歆校理秘书，著于录略，是为今文。"（《周礼释注序》，《续修四库全书》第81册，上海古籍出版社，2002年，第581页）其二，段玉裁云："《周礼》出于山岩屋壁入于秘府者为故书，然则郑君所传为今书也。……郑君所见故书，非真秘府所藏也，亦转写之本目为秘府本耳。"（《周礼汉读考》卷1，《清经解》第4册，上海书店，1988年，第188页）其三，阮元云："云故书者，谓初献于秘府所藏之本也。其民间传写不同者则为今书。"（《周礼注疏校勘记序》，《十三经注疏》上册，第637页）其四，徐养原云："《周礼》有故书、今书之别，疏谓'刘向未校以前为古文，既校以后为今文'，非也。以郑注考之，凡杜子春、郑大夫、郑司农所据之本，并是故书。故书、今书，犹言旧本、新本耳。《周礼》乃古文之学，何今文之有？刘向校书未卒业，子歆续成之。《周礼》盖刘歆所校，杜子春、郑大夫亲从歆问，而并据故书作注，则故书乃校后之本也。……盖杜、郑之本故书也，贾、马之本今书也。故书周壁中书，今书为隶古定。"（《周官故书考叙》，《续修四库全书》第81册，第113页）其五，孙诒让云："此经唯秘府所藏、河间献王所献者为祖本，或为古文字，与孔壁诸经同，此非二郑所得见。然则所谓故书者，有杜及二郑所据之本，有郑玄所据之本，要皆不必秘府旧秩，不过较之今书所出略前耳。今书则郑玄所见同时传写之轶。盖故书、今书皆不能填定其为何家之本也。至杜、郑所校本外，又有贾、马二家，亦今书之别本。以疏及　（转下页）

今书是郑玄当时所见《周礼》的通行本,故书则是旧本,是过去的本子,盖无大误。郑玄在为《周礼》作注时,是据今书之本而参之以故书,[①] 凡遇今书、故书异文,都要作一番校勘。校勘的结果,则皆从今书而不从故书。对于《周礼》今书、故书的问题,自古学者多有研究,专门的著作即有如段玉裁的《周礼汉读考》(6卷),徐养原的《周官故书考》(4卷),宋世荦的《周礼故书疏证》(6卷),程际盛的《周礼故书考》(1卷),等等。其他散见于有关《周礼》的注释或注疏类著作,以及有关礼学或训诂学著作中的考论文字,则举不胜举。但这些论著,多属对于今书、故书异文之间的关系和优劣以及郑玄所从之是非,作个案的分析,尚无人对郑玄凡言故书某作某则皆从今书之条例及所遵循的原则,作过全面的研究探讨。故本人不揣浅陋,尽索《周礼》全书郑玄从今书不从故书之字例,一一加以考辨,从中归纳出35则条例和五项原则,从而使郑玄之所以从今书而不从故书之原因可明。非敢自以为得之,意在抛砖引玉而已。

说明几点:

一、本文所列《周礼》今书、故书异文及其注疏,皆据中华书局1980年影印阮校《十三经注疏》本(简称《注疏》本),《注疏》本偶有讹误,则予以订正。又本文中凡引《十三经》之文及其注疏而不注明版本者,亦皆据

(接上页)《释文》所引考之:《大宗伯》'围败',马本作'国败';《巾车》'有握',马本作'有幄';《梓人》'胃鸣',贾、马作'胃鸣':并不见于注。则今书或本甚多,郑亦不能悉校矣。《夏采》注谓《士冠礼》、《玉藻》故书缕作缕。《礼经》虽有古文,而《小戴记》则本不出壁中,无古文,而亦得有故书,斯亦故书、今书不过新旧本之证也。"(《周礼正义》第1册,中华书局,1987年,第105页)其六,台湾学者李云光先生说:"《周礼》之为古文家所传习,固不待言。许慎《五经异义》每称'古《周礼》说'是也。此仅就其师法而言,若以文字而论,则汉时似有古文、隶书二种写本。郑氏注中所谓故书者,盖皆由秘府抄出之古文本,此本字形未必为大篆或科斗之文,殆《书序》所谓隶古也。其字形乃就古文体而从隶定之,存古为可慕,以隶为可识也。因所出较以通行隶法写之者略前,故自杜子春以来,二郑等悉以故书称之。今检《周礼》注中,凡称引故书者,类皆附有杜及二郑校释之语,其未附者219条(按李先生所统计的故书异文为219条,与我们的统计略有出入)中仅得7条耳(见《天官·典枲》、《地官·序官》、《载师》、《春官·大宗伯》、《肆师》、《夏官·槀人》、《秋官·小司寇》),是可见注中所称故书,盖转载杜及二郑之旧注,赞而辨之;故书之本,郑氏殆未及见也。彼7条异文,似亦录自旧注,非郑氏亲由故书中检得者。"(《三礼郑氏学发凡》,台湾学生书局,1966年,第26—27页)

① 李源澄在其《郑注〈周礼〉易字举例》(载《图书集刊》1943年12月第5期)一文中,则与我们的看法相反,以为郑玄是据故书之本而参之以今书,然实考之未审也。说详本编第三章《郑玄注〈周礼〉以今书为底本而参之以故书考》一文。

《注疏》本；凡引"正史"之文及其注而不注明版本者则皆据中华书局点校本。

二、本文只录郑注明确标以"故书"之字例，郑注还有标以"古书"者二处（分见于《天官·大宰》注及《春官·占梦》注），标以"故字"者一处（见于《夏官·圉师》注），则未包括在内。

三、各条例下所列字例，以在《周礼》中出现的先后为序，同一字例而重出者，则附之于当条字例之下，而标以"同例还见于"字样，不复辨之。

四、同一句经文而出现两处以上异文的，则分列为两条字例，以其所属条例往往不同故也。如《地官·乡师》："巡其前后之屯。"郑注："故书巡作述，屯或为臀。"本文即分列为"故书巡作述"和"故书屯或为臀"两条字例，而分别属之于"二字义近从其义切者"和"从通假字而不从通假字之通假字"两条例之下。

五、凡引郑注所标明的故书异文及相关注疏，为使行文简洁明了，皆节引之，除个别字例之引文（如例 85 所引郑司农云）外，删节处皆不加省略号。如《天官·笾人》："羞笾之实，糗饵、粉餈。"郑注："故书餈作茨。郑司农云：'糗，熬大豆与米也。粉，豆屑也。茨字或作餈，谓干饵饼之也。'"引用此条时，即删去了郑司农云"糗熬大豆与米也粉豆屑也"十一字，而未加省略号，以便突出此条之今、故书异文餈、茨二字（参见《考辨》之字例1）。

考　辨

下面以所归纳之条例为目，将《周礼》中今书、故书之异文尽数列出，并一一加以考辨，以说明郑玄于某字之所以从今书而不从故书的原因。

一　从本字不从通假字(76例)

1.《天官·笾人》："羞笾之实，糗饵、粉餈。"郑注："故书餈作茨。郑司农云：'茨，字或作餈，谓干饵饼之也。'"

按餈、茨二字义异，《说文》训餈为"稻饼"，训茨为"以茅盖屋"。然二字古同音，皆属从母脂部，声调亦同，故故书假茨为瓷，郑玄所不从。《说文》"瓷"下段注亦云："《周礼》故书作茨，假借字也。"① 又郑司农云"茨，字或作瓷"，是故书亦有作瓷之本，与今书同。

2. 《天官·掌舍》："设梐枑再重。"郑注："故书枑为柜。郑司农云：'柜，受居溜水涑橐者也。'杜子春读为梐枑，梐枑谓行马。玄谓行马再重者，以周卫，有外内列。"

《说文》："枑，梐枑也"；"梐，梐枑，行马也。"与杜子春及郑玄训同。故书枑为柜者，柜是木名，即榉也。《说文》："柜，柜木也。"段注："柜，今俗作榉，又音讹为鬼柳树。"枑、柜古音叠韵，皆属鱼部；枑是匣母，柜是见母，匣见旁纽，故故书假柜为枑，郑玄所不从。按枑或省作互，故书柜或省作巨，如《秋官·修闾氏》之"互樴"，郑司农释互为行马，而故书互为巨，是其例。徐养原云："《修闾氏》'互樴'，故书互为巨，郑司农云'当为互'，谓行马。是古者梐枑之枑，或通作互，互与巨形声相似，故作柜则读为枑，作巨则读为互，杜、郑各依字读之。"② 又，此经郑司农从故书作柜之本，而释柜为"受居溜水涑橐者也"，则又一义，与梐枑义无涉，故郑玄不从。同例还见于：

《天官·司会》："以参互考日成。"郑注："故书互为巨。杜子春读为参互。"段玉裁云："按此易巨为互也。以此证之，则梐枑之当为梐枑，更无疑。"③ 孙诒让云："《修闾氏》云'掌比国中宿互樴者'，注云：'故书互为巨。'郑司农云：'巨当为互。'与此义同。互、巨形声并相近，故传写易讹。《掌舍》'梐枑'，故书枑为柜，杜读柜为枑，亦此比例。"④ 是孙氏以故书互作巨，乃传写致讹。然不应故书凡互皆讹为巨，孙氏之说不确。

《秋官·修闾氏》："修闾氏掌比国中宿互樴者。"郑注："故书互为巨。郑司农云：'巨当为互，谓行马，所以障互禁止人也。'"

3. 《天官·司裘》："大丧，廞裘，饰皮车。"郑注："故书廞为淫。郑司

---

① 段玉裁：《说文解字注》，上海古籍出版社，1981年。按本章以下凡引《说文》段注皆据此本，不复注。
② 徐养原：《周官故书考》，《清经解续编》第2册，第1217页。
③ 段玉裁：《周礼汉读考》，《清经解》第4册，第190页。
④ 孙诒让：《周礼正义》第2册，中华书局点校本，1987年，第478页。

农云：'淫祪，陈祪也。'玄谓廞，兴也，若《诗》之兴，谓象似而作之。"

按注"谓象似而作之"，似字《注疏》本原误作饰，据阮校改。廞，陈也。《说文》："廞，陈舆服于庭也。"引申为兴，《尔雅·释诂下》："廞，兴也。"故郑玄训廞为兴。《说文》又曰："淫，侵淫随理也。"与廞字义异。然廞、淫古同音，皆属喻母侵部，可相通假。朱骏声《说文通训定声》"淫"下曰："假借为廞。"① 郑司农训"淫祪"为"陈祪"，即是读淫为陈，用通假义。是今书廞为本字，故书淫通假字，故郑玄不从故书。又按学者颇有以郑玄廞兴之训为非者，认为此经之廞当以训陈为是，详可参看孙诒让《周礼正义》（第 509 页）。因本文旨在探讨郑玄从今书之意，故于其义训之是非，姑置弗论。同例还见于：

《春官·司服》："大丧，共其……廞衣服。"郑注："故书廞为淫。郑司农云：'淫读为廞，廞，陈也。'玄谓廞衣服，所藏椁中。"

《春官·大师》："大丧，帅瞽而廞。"郑注："故书廞为淫，郑司农云：'淫，陈也。陈其生时行迹，为作谥。'"

《夏官·司兵》："大丧，廞五兵。"郑注："故书廞为淫。郑司农云：'淫，陈也。淫读为廞。'玄谓廞，兴也，兴作明器之役器五兵也。"

4.《天官·缝人》："衣翣柳之材。"郑注："柳之言聚，诸饰之所聚。《书》曰：'分命和仲，度西，曰柳谷。'故书翣柳作接槛。郑司农云："接读为翣，槛读为柳，皆棺饰。《檀弓》曰：'周人墙置翣。'《春秋传》曰："四翣不蹕。"'"

按注谓故书"翣柳"作"接槛"，是故书翣作接也。《说文》曰："翣，棺羽饰也。"（按段注以为羽字是衍文）又曰："接，交也。"翣、接二字古音叠韵，皆属盍部；翣是山母，接是精母，都是齿音，属王力先生所谓准旁纽，故接可通翣。朱骏声亦曰："接，假借为翣。"并举此经为例。郑玄从今书本字，不从故书通假字。又郑司农"接读为翣"，且引《檀弓》和《春秋传》为例者，是以接为翣的通假字。《说文》："翣，不滑也。"翣古音属山母缉部，与翣音近，故可通翣。段玉裁云："翣者，翣之假借字也。"故郑玄亦

---

① 朱骏声：《说文通训定声》，武汉市古籍书店影印本，1983 年。按本章以下凡引朱氏《定声》皆据此本，不复注。

不从。

5.《天官·染人》:"凡染,春暴练,夏纁玄。"郑注:"故书纁作䋐。郑司农云:'䋐读当为纁,纁谓绛也。'"

段玉裁云:"此以䋐不见于他经传而易其字也。宛声在十四部,熏声在十三部,声略相似。《说文·黑部》有黫字,云'黑有文也,从黑,冤声,读若饴䈽之䈽。'按黫即䋐字,故书假借为纁字也。"① 徐养原亦以"段义为长"。② 是䋐即《说文》黫字,是纁的通假字,其字生僻罕见。《说文》:"纁,浅绛也。"与郑司农训义同,郑玄从之。然郑司农从作䋐之本而读为纁,郑玄则径从今书作纁之本,用本字也。

6.《地官·叙官》:"廛人。"郑注:"故书廛为坛。杜子春读坛为廛,说云'市中空地'。玄谓廛,民居区域之称。"

段玉裁云:"案此从杜易字,而不从其说。"③ 按《说文》:"廛,二亩半也,一家之居。"(此据段注本)郑玄训廛为"民居区域",与此义同。《说文》又云:"坛,祭坛场也。"是与廛字义异。然廛、坛二字古音双声叠韵,皆属定母元部,可相通假:廛是本字,坛是通假字。阮校亦云:"此等郑君谓之古文假借字。"故郑玄不从故书。同例还见于:

《地官·载师》:"以廛里任国中之地。"郑注:"故书廛或作坛。郑司农云:'坛读为廛。廛,市中空地未有肆,城中空地未有宅者。'玄谓廛里者,若今云邑里居矣。廛,居民之区域也。里,居也。"

7.《地官·牧人》:"凡外祭、毁事,用尨可也。"郑注:"故书尨为龙。杜子春云:'龙当为尨。尨谓杂色不纯。'"

按注"尨为龙"及杜子春云"龙当为尨"之尨字,《注疏》本原皆误作龙,则与上龙字重,据阮校改。尨字是象形字,甲骨文尨字即象腹上长有长毛之犬形,《说文》训尨为"犬之多毛者"。毛多则色杂而难纯,故引申为凡杂色之称。《左传》闵公二年:"衣之尨服。"杜预注:"尨,杂色。"龙字亦象形字,甲骨文、金文龙字虽颇多异形,但大体皆象古人想象中的龙形,《说文》释龙为"鳞之长"。尨、龙二字古音叠韵,皆属东部;尨是明母属鼻音,

---

① 段玉裁:《周礼汉读考》,《清经解》第4册,第192页。
② 徐养原:《周官故书考》,《清经解续编》第2册,第1218页。
③ 段玉裁:《周礼汉读考》,《清经解》第4册,第192页。

龙是来母属边音，鼻音与边音为邻纽，故龙可通假为尨。朱骏声曰："龙，假借为尨。《考工记·玉人》：'上公用龙。'按，杂色玉也。《周礼·巾车》：'革路龙勒。'注：'駹也。'《易·说卦》：'震为龙。'郑注：'读为尨。'"郑玄于此经从今书本字作龙，不从故书通假字作尨。而杜子春云"龙当为尨"，是以龙为误字。段玉裁亦谓故书是"字之误也。龙、尨相似"，① 盖非。龙非误字，乃通假字。

8.《地官·载师》："以宅田、士田、贾田任近郊之地。"郑注："故书郊或作蒿。杜子春云：'蒿读为郊。五十里为近郊，百里为远郊。'"

郊，《说文》："距国百里为郊。"蒿是植物名，《说文》："蒿，菣也。"菣即香蒿。郊、蒿二字古音叠韵，皆属宵部；郊是见母，蒿是晓母，见、晓旁纽，故蒿可通假为郊。徐养原云："按郊、蒿古字通用。《春秋》桓十五年《穀梁》经曰：'公会齐侯于蒿。'《公羊》作郜。又文三年《左氏传》曰：'秦伯伐晋，取王官及郊。'《史记·秦本纪》作鄗。是郊、蒿同音，故并与郜通也。"② 郑玄从今书本字作郊，不从故书通假字作蒿。

9.《地官·师氏》："使其属帅四夷之隶。"郑注："故书隶或作肆。郑司农云：'读为隶。'"

按隶的本义为奴隶。《说文》："隶，附箸也，从隶，奈声。"凡奴隶皆附属于主人，无独立之人格，故《说文》以"附箸"释之。肆的本义为陈。《说文》肆作䑫，云："极陈也，从长，隶声。"邵瑛曰："今经典作肆，变隶为聿，非声矣。始于隶石经《尚书》残碑'肆上口'，《曹全碑》'市肆列陈'如此作，后遂因之。"③ 据《说文》，隶从奈声，肆（䑫）从隶声，奈、隶古音叠韵，皆属月部；奈是泥母，隶是定母，泥定旁纽，故肆（䑫）可通假为隶。郑司农说肆"读为隶"，是亦以肆为借字。郑玄从今书本字，不从故书通假字。按徐养原云："肆，《说文》作䑫，从长，隶声。隶，从隶，奈声。二字形相似。"④ 又宋世荦云："古时肆字本作䑫，易与隶混。"⑤ 是徐、宋二氏

---

① 段玉裁：《周礼汉读考》，《清经解》第4册，第194页。
② 徐养原：《周官故书考》，《清经解续编》第2册，第1219页。
③ 邵瑛：《说文解字群经正字》，《续修四库全书》第211册，上海古籍出版社，2002年，第251页。
④ 徐养原：《周官故书考》，《清经解续编》第2册，第1220页。
⑤ 宋世荦：《周礼故书疏证》，《续修四库全书》第81册，第175页。

皆以肆（隸）为隸的形近之误，盖非。郑司农、郑玄皆不云肆为误字。

10.《地官·司市》："其附于刑者，归于士。"郑注："故书附为坿。杜子春云：'当为附。'"

按附，战国古文作㝊（《中山王方壶》。亦有偏旁付、臣作上下结构者①），从臣，从付，付亦声，会臣附之义，引申为凡附丽之称。小篆讹变作附，从阜而不从臣，则其本义不明。而《说文》遂训附为"附娄，小土山也"，误甚。段玉裁云："《说文》训附为附娄，训坿为益也，似以坿为附丽正字。"② 亦非。附（㝊）即附丽之正字。坿，《说文》："阑足也，从木，付声。"以与附字声符相同，借为附，故郑玄不从故书。

11.《地官·胥》："袭其不正者。"郑注："故书袭为习。杜子春云：'当为袭，谓掩捕其不正者。'"

袭，《说文》："左衽袍。"段注："引申为凡搚袭之用。"习，《说文》："数飞也。"袭、习二字古音双声叠韵，皆属邪母缉部，声调亦同，可相通假。《尚书·大禹谟》"卜不习吉"，孔疏云："《表记》云：'卜筮不相袭。'……然则习与袭同。"又《金縢》"乃卜三龟，一习吉"，孔疏云："习则袭也。"徐养原亦云："袭、习古字通。……《左传》襄十三年：'岁习其祥。'《礼记·表记》注引《传》习作袭。"③ 此经袭是本字，习是通假字，故郑玄不从故书。

12.《地官·泉府》："泉府掌以市之征布，敛市之不售、货之滞于民用者。"郑注："故书滞为癉。杜子春云：'癉当为滞。'"

《说文》："滞，凝也"；"癉，劳病。"二字义异。癉、滞古音双声，都是定母，滞属月部，癉属元部，月元对转，故癉可借为滞，亦犹《廛人》之故书借廛为滞之例。段玉裁云："案滞或为癉，或为廛，此古十四部与十五部合韵最近之理。"④ 郑玄从今书本字作滞，不从故书通假字作癉。

13.《地官·遂师》："宾客，则巡其道修，庀其委积。"郑注："故书庀

---

① 参见何琳仪《战国古文字典》上册，中华书局，1998年，第391页。
② 段玉裁：《周礼汉读考》，《清经解》第4册，第195页。
③ 徐养原：《周官故书考》，《清经解续编》第2册，第1220页。
④ 段玉裁：《周礼汉读考》，《清经解》第4册，第196页。按据段玉裁《六书音韵表一》（附在其《说文解字注》后），元韵在第十四部，月韵在第十五部。

为比。郑司农云：'比读为庀。庀，具也。'"

《说文》无庀字，郑司农训庀为具。《左传》襄公五年"宰庀家器为葬备"，杜注："庀，具也。"又《玉篇·广部》："庀，具也。"[①] 盖庀之本义为具。《王力古汉语字典》亦以"具备"作为庀字的第一义项。此经"庀其委积"即用庀之本义。故书庀为比者，比字无具义。庀、比叠韵，古音皆属脂部；庀是滂母，比是帮母，滂帮邻纽，故故书假比为庀。郑司农云"比读为庀"，是亦以比为借字。郑玄从郑司农说，用今书本字，不用故书通假字。

14. 《地官·委人》："以稍聚待宾客，以甸聚待羁旅。"郑注："故书羁作奇。杜子春云：'当为羁。'"

按《遗人》故书羁作寄，用音同义近字（参见例77）。此经故书羁作奇，奇、羁古同音，皆属见母歌部，声调亦同，是此经故书用同音通假字，故郑玄不从。按此经羁，段玉裁引作羇，云："古音奇、寄、羇同在十七部。"[②] 是亦以奇为羇（羁）的借字。

15. 《地官·草人》："坟壤用麇。"郑注："故书坟作蚠。郑司农云：'坟壤，多蚠鼠也。'玄谓坟壤，润解。"

《说文》："坟，墓也。"引申而有土质肥沃之义。《尚书·禹贡》"厥土黑坟"，《释文》："坟，马云：'有膏肥也。'"《广韵·吻韵》："坟，土膏肥也。"[③] 段注曰："坟之义多引申假借用之。如'厥土黑坟'，'公置之地，地坟'，此引申之用也。"又云："（郑玄）释墓壤为润解，润训坟，壤训解，别于勃壤为粉解。"[④] 是润解即肥沃疏松之义。蚠，同蚡，《说文》作豱，曰："地中行鼠……蚡，或从虫、分。"坟、蚠古同音，皆属并母文部，可相通假：坟是本字，蚠是通假字。徐养原云："按蚠与坟古字通。《春秋》昭五年左氏《经》：'叔弓帅师，败莒师于蚡泉。'《穀梁》作'贲泉'，是贲与蚡同也。蚡即蚠字。又僖四年《左氏传》云：'公祭之地，地坟。'僖十年《穀梁传》则曰'覆酒于地而地贲'，是贲与坟同也。贲既兼通蚠、坟，则蚠、坟亦自相通

---

① 此据《宋本玉篇》，北京中国书店，1983年，第409页。按本章以下凡引《玉篇》皆据此本，不复注。

② 段玉裁：《周礼汉读考》，《清经解》第4册，第197页。

③ 此据余乃永《新校互注宋本广韵》本，上海辞书出版社，2000年。按本章以下凡引《广韵》皆据此本，不复注。

④ 段玉裁：《周礼汉读考》，《清经解》第4册，第197页。

矣。凡故书多假借，今书多用本字。故书借叁为坋，叁壤犹曰坋壤，当以郑玄之说为长。"① 按郑司农云"坋壤，多叁鼠也"，此坋乃叁字之误，段玉裁校改作"叁壤"，曰："（郑司农）依故书作叁，如其字解之。今各本（引郑司农）云'坋壤，多叁鼠'，殊误。"② 段校是也。郑司农既从故书作叁，即依字解叁壤为"多叁鼠也"，而不知故书用通假字，故孙诒让抨之曰："此乃望文为训，故郑玄不从。"③

16.《春官·肆师》："祭之日，表盎盛，告絜。"郑注："故书表为剽。剽、表皆谓徽识也。"

表的本义指穿在外面的衣服。《说文》："表，上衣也。"段注："上衣者，衣之在外者也。"引申为标志、标识，即郑注所谓徽识。剽，《说文》："砭刺也……一曰剽，劫也。"表、剽古音叠韵，皆属宵部；表是帮母，剽是滂母，帮滂旁纽，二字可相通假：表是本字，剽是通假字。段玉裁云："故书作剽，今书作表，故书假借字，今书正字也。"④ 故郑玄不从故书。

17.《春官·鬯人》："禜门用瓢赍。"郑注："故书瓢作剽。郑司农读剽为瓢。"

瓢的本义为瓠瓢，以一瓠剖为二而成。《说文》："瓢，蠡也。"按蠡、瓢在此义同。段注云："蠡之言，劙也，如刀之劙物。"《王力古汉语字典》说："蠡有分解的意思，故以一瓠蠡为二曰瓢，亦曰蠡。"剽的本义《说文》训"砭刺"，"一曰劫也"。瓢与剽义异，然二字古音叠韵，皆属宵部；瓢是并母，剽是滂母，并滂旁纽，故二字可相通假。瓢是本字，剽是通假字。段玉裁云："故书作剽，假借字也。"⑤ 故郑玄不从故书。

18.《春官·鬯人》："庙用脩，凡山川、四方用蜃，凡祼事用概，凡疈事用散。"郑注："故书蜃为谟。杜子春云：'谟当为蜃，书亦或为蜃。蜃，水中蜃也。'郑司农云：'脩、谟、概、散，皆器名。'"

按蜃是动物名，《说文》释之为"大蛤"。《礼记·月令》"孟冬之月"：

---

① 徐养原：《周官故书考》，《清经解续编》第 2 册，第 1220 页。
② 段玉裁：《周礼汉读考》，《清经解》第 4 册，第 197 页。
③ 孙诒让：《周礼正义》第 4 册，中华书局，1987 年，第 1187 页。
④ 段玉裁：《周礼汉读考》，《清经解》第 4 册，第 199 页。
⑤ 同上。

"雉入大水为蜃。"郑注亦曰："大蛤曰蜃。"谟，《说文》曰："议谋也。"蜃古音属禅母文部，谟属明母鱼部，二字音不相近，不可相通假，故学者多以为谟是误字，故杜子春云"谟当为蜃"。王引之以为谟是謓字之误，云："注中三谟字，疑当作謓。《说文》謓读若振，与蜃字声近而通。凡字之真声、辰声者，往往通借。《大祝》'振祭'，杜子春读振为慎。郑司农注《大司马》曰'五岁为慎'，郑玄读慎为麎，是其例也。……（王氏自注：《史记·高祖功臣侯者年表》'甘泉戴侯莫摇'，《汉表》'莫摇'作'真粘'。《朝鲜传》'尝略属真番'，徐广曰：'真，一作莫。'《新序·杂事篇》'黄帝学乎大真'，《路史·疏仡纪》曰：'大真，或作大莫。'《淮南·原道篇》'滇眠于势利'，今本'滇眠'讹为'漠暍'。）学者多见谟，少见謓，故謓讹为谟矣。"① 按关于谟字系何字之讹，以及因何致讹，学者说颇纷纭，兹姑用王氏说。据王氏说，则故书作謓，是蜃的通假字，故郑玄不从。

19.《春官·司尊彝》："其朝践用两献尊。"郑注："故书践作饯。杜子春云'饯当作践。'"

段玉裁云："《说文》'饯，送行食也'，于经无涉，故杜易为践，言践其位，行其礼也。"② 按《说文》："践，履也。"引申为登临。据段氏说，此践义为"践其位"，则今书用本字。饯、践古同音，皆属从母元部，声调亦同，故可相通假。《仪礼·士虞礼·记》"未彻乃饯"，郑注："古文饯为践。"是古文假践为饯。此经故书则假饯为践，故郑玄不从。

20.《春官·司尊彝》："醴齐缩酌。"郑注："故书缩为数。杜子春云：'数当为缩。'"

按《王力古汉语字典》以为缩的本义为减少、短，故以"减少、短"为缩字的第一义项，引申之则谓滤去酒滓为缩，因为滤去酒滓即减少酒中渣滓。滤酒滓用茅，故《左传》僖公四年曰："尔贡苞茅不入……无以缩酒。"《礼记·郊特牲》"缩酌用茅"，郑注："缩，去滓也。"此经郑注亦曰："沛之以茅，缩去滓也。"数，《说文》训"计也"，与缩字义异。缩、数二字古音双声，都是山母；缩属觉部，数属侯部，觉侯旁对转，故故书借数为缩，郑玄

---

① 王引之：《经义述闻·周官下》"蜃或为谟"条，《清经解》第 6 册，第 839 页。
② 段玉裁：《周礼汉读考》，《清经解》第 4 册，第 199 页。

所不从也。

21.《春官·司尊彝》:"郁齐献酌,醴齐缩酌,盎齐涚酌。"郑注:"故书齐为齍。郑司农云:'齍读皆为齐和之齐。'杜子春云:'齍皆读为粢。'"

按杜子春云"齍皆读为粢",齍字《注疏》本原误作齐,据段玉裁校改。段氏云:"《酒正》'五齐',杜子春读齐皆为粢者,正因此经作齍也。此经齍即粢字,故《酒正》齐皆读粢。司农于此经不从杜,读为齐和之齐。郑君从司农,与《酒正》注合。"① 按《酒正》"辨五齐之名"郑注云:"齐者,每有祭祀,以度量节作之。"是郑意齐谓多少之齐,故当以从郑司农读齐为"齐和之齐"为是,谓斟酌多少之量以调和之也。按甲骨文、金文齐字皆象禾麦吐穗参差之形,然远看则齐而平也。故《说文》曰:"齐,禾麦吐穗上平也,象形。"引申之则有调配、调和之义。齍,金文作器中盛粮之形。《说文》:"齍,黍稷器,所以祀者。"齐、齍叠韵,古音皆属脂部,齐是从母,齍是精母,从精旁纽,二字可相通假。齐是本字,齍是通假字,故郑玄不从故书。杜子春从故书作齍而读之为粢,则于此经之义无当。

22.《春官·司几筵》:"凡吉事变几,凶事仍几。"郑注:"故书仍为乃。郑司农云:'变几,变更其质,谓有饰也。乃读为仍,仍,因也,因其质,谓无饰也。《尔雅》曰:儴、仍,因也。'玄谓凶事,谓凡奠几,朝夕相因,丧礼略。"

按仍的本义为因。《说文》:"仍,因也。"因即因袭、不改之义。乃字甲骨文、金文作乃,是个象形字,其所象之形不明,或曰象妇女乳房之侧面形,② 或曰象绳索形。③ 然古人实皆假借用之,或借作汝,或借作是,或借作副词,或借作语气词,而其本义则废。此经故书则假借为仍。朱骏声曰:"乃,假借为仍。"并举此经故书为例。乃字古音属泥母之部,仍字属日母蒸部,泥日准双声,之蒸对转,故乃、仍可相通假。郑司农、郑玄皆训仍为因,从今书本字也。段玉裁云:"此经先、后郑同训因,而说各异。"④

23.《春官·天府》:"凡国之玉镇、大宝器藏焉。"郑注:"玉镇,大宝

---

① 段玉裁:《周礼汉读考》,《清经解》第4册,第200页。
② 见徐中舒主编《甲骨文字典》,四川辞书出版社,1988年,第500页。
③ 参见何琳仪《战国古文字典》,中华书局,1998年,第399页。
④ 段玉裁:《周礼汉读考》,《清经解》第4册,第201页。

器；玉瑞，玉器之美者。……故书镇作瑱。郑司农云：'瑱读为镇。'"

贾疏："此云玉镇，即《大宗伯》'以玉作六瑞'，镇圭之属即此宝镇也。彼又云'以玉作六器'，苍璧礼天之属即此宝器也。"是玉镇指六瑞（谓镇圭、桓圭、信圭、躬圭、穀璧、蒲璧六者），大宝器指六器（谓苍璧、黄琮、青圭、赤璋、白琥、玄璜六者，皆见《大宗伯》）。美其名，则称六瑞为玉镇，六器为大宝器。故此经郑注曰"玉镇，大宝器；玉瑞，玉器之美者"。按镇字《说文》训"博压"，段注："引申之，为重也，安也，压也。"六瑞称"玉镇"，即取其镇国、安国之义，故为美称。而瑱字《说文》训"以玉充耳"，此经故书作瑱者，假借用之也。镇、瑱皆从真声，二字双声叠韵，古同音，故得相通假。故郑司农云"瑱读为镇"。《春官》之镇圭，《秋官·小行人》作瑱圭，曰"王用瑱圭"，是亦通假之例。此经郑玄从今书本字作镇，而不从故书通假字。同例还见于：

《春官·典瑞》："王晋大圭，执镇圭。"郑注："故书镇作瑱。郑司农云：'瑱读为镇。'"

24.《春官·司服》："凡吊事弁绖、服。"郑注："故书弁作絥。郑司农读絥为弁。"

按弁是冕的或体，《说文》："冕，冕也……弁，或冕字。"甲骨文、金文冕字皆作双手扶冠之形。絥同䋰。《说文》曰："䋰，马髦饰也。"《玉篇·系部》："䋰，马髦饰。絥，同䋰。"是絥乃䋰的异体字。絥、弁双声叠韵，古音皆属并母元部，可相通假。徐养原云："《玉篇》絥同繁，弁、絥音同，古字通用，弁为正字，絥为假借。"① 故郑玄不从故书。

25.《春官·守祧》："守祧掌先王、先公之庙祧。"郑注："故书祧作濯。郑司农云：'濯读为祧。'"

《说文新附》："祧，迁庙也。"濯的本义则为洗涤。《说文》："濯，瀚也。"祧字古音属透母宵部，濯字属定母沃部，透定旁纽，宵沃对转，二字可相通假。《尚书·顾命》"王乃洮頮"，郑玄读洮为濯，② 是其例。此经郑司农云"濯读为祧"，是亦以濯为祧之借字。又《尔雅·释鱼》"鼌小者珧"，《释

---

① 徐养原：《周官故书考》，《清经解续编》第 2 册，第 1222 页。
② 见孙星衍《尚书今古文注疏》下册，中华书局，1986 年，第 480 页所引。

文》:"众家本皆作濯。"《尔雅·释训》"佻佻、契契,愈遐急也",《文选·魏都赋》"或明发而㷀歌"下李善注引"佻佻"作"嬥嬥"。① 《淮南子·原道训》"上游于霄雿",高诱注:"雿读翟氏之翟。"② 亦其证。盖古兆傍与翟傍字多相通。㹑是本字,濯是通假借字,故郑玄不从故书。

26.《春官·大师》:"大祭祀,帅瞽登歌,令奏击拊。"郑注:"故书拊为付。郑司农云:'付字当为拊,书亦或为拊。'玄谓拊形如鼓,以韦为之,著之以糠。"

按拊在此用作名词,是古代的一种打击乐器,即郑注所谓"形如鼓,以韦为之,著之以糠"者。而付字的本义为予,金文付即象以手持物予人之形,会付予之意。《说文》训"付,予也"。以拊从付声,故故书假付为拊,郑玄所不从也。

27.《春官·眡祲》:"掌十辉之法,以观妖祥,辨吉凶……七曰弥。"郑注:"故书弥作迷。郑司农云:'弥者,白虹弥天也。'玄谓弥,气贯日也。"

按弥同镾。《说文》:"镾,久长也。"段注:"镾,今作弥。盖用《弓部》之弥代镾而又省玉也。弥行而镾废矣。……镾之本义为久长,其引申之义曰大也,远也,益也,深也,满也,徧也,合也,缝也,竟也。"是此经今书作弥,用本字也。郑司农释弥为"白虹弥天",郑玄释弥为"气贯日",即段氏所谓满、竟之义。又《说文》:"迷,惑也。"与弥字义异。迷、弥古音同,皆明母脂部,声调亦同,故迷可借为弥。《吕氏春秋·慎大览·下贤》:"迷乎其志气之远也。"俞樾云:"迷当读为弥,古字通用。《左传》弥子瑕,《大戴礼·保傅篇》作迷子瑕;《周官·眡祲》'七曰弥',郑注曰'故书弥作迷':并其证也。"③ 此经郑玄从今书本字,不从故书通假字。

28.《春官·眡祲》:"掌十辉之法,以观妖祥,辨吉凶……九曰隮。"郑注:"故书隮作资。郑司农云:'隮者,升气也。'玄谓隮,虹也。《诗》云:'朝隮于西。'"

《说文》:"跻,登也。"隮同跻,登犹升也。段注云:"俗作隮。《顾命》'由宾阶隮',《毛诗》'朝隮于西',《南山》'朝隮',《周礼》'九曰隮',

---

① 《文选》上册,中华书局,1977年,第109页。
② 《淮南子·原道训》,《诸子集成》第7册,上海书店,1986年,第3页。
③ 俞樾:《诸子平议》卷23,《续修四库全书》第1162册,第149页。

皆训升。"孙诒让云："陞即隮之异文。"① 郑司农释隮为"升气"，是符合陞字本义的。郑玄释隮为"虹"，非异于郑司农，乃申郑司农之义也。郑玄非不知隮义为升，其笺《毛诗·鄘风·蝃蝀》"朝隮于西"即曰："朝有升气于西方。"然此朝所升之气即虹也，故即以隮名虹。孙诒让云："虹者本名，因其为雨气上升，映日成采，故又谓之隮。"② 郑玄以虹为十辉之一，故径以虹释隮，较郑司农之义为切。资的本义为财货，《说文》："资，货也。"与此隮字义异。资、隮古同音，皆精母脂部，声调亦同，故故书假资为隮，郑玄所不从也。

29. 《春官·男巫》："冬堂赠，无方无算。"郑注："故书赠为矰。杜子春云：'矰当为赠。堂赠，谓逐疫也。'玄谓冬岁终，以礼送不祥及恶梦，皆是也。"

《说文》曰："赠，玩好相送也。"郑注释赠为送，与《说文》义同。《说文》又曰："矰，隿射矢也。"以赠、矰二字声符同，矰可借为赠。宋世荦云："《小戴记·礼运》'瘗缯'，注：'缯或为赠。'《释文》：'缯，本又作矰。'世荦按，缯、矰、增并假借字。"③ 故郑玄不从故书。然杜子春云"矰当为赠"者，是以矰为误字，盖非。

30. 《春官·小史》："大祭祀，读礼法，史以书叙昭穆之俎簋。"郑注："故书簋或为九。郑司农云：'九读为轨，书亦或为簋，古文也。'"

按甲骨文、金文皆有簋字，字形亦同，皆右旁象一圆形食器，左旁象手持匕栖扱取食物之形。《说文》："簋，黍稷方器也。"以簋为盛黍稷器，甚合簋字本义，然谓簋为方器，则误。注云"故书簋或为九"，段玉裁、徐养原、孙诒让等皆以为九乃九字之误。段玉裁云："案簋字古音同九……今本注九讹几，非其声类。"④ 徐养原云："几字古文在脂微韵，簋、九并在尤韵，其音不同，注文似有讹舛。"⑤ 孙诒让以为"段、徐校是也"。⑥ 按甲骨文、金文至战国文字，九均用为数字，以其古音与簋同，皆属见母幽部，故假借为簋。然

---

① 孙诒让：《周礼正义》第 7 册，第 1982 页。
② 同上书，第 1983 页。
③ 宋世荦：《周礼故书疏证》卷 3，《续修四库全书》第 81 册，第 181 下。
④ 段玉裁：《周礼汉读考》，《清经解》第 4 册，第 206—207 页。
⑤ 徐养原：《周官故书考》，《清经解续编》第 2 册，第 1224 页。
⑥ 孙诒让：《周礼正义》第 8 册，第 2101 页。

除此经故书或本外，未见字例，是其用绝少。又郑司农云"书亦或为簋"者，段玉裁以为此簋当作轨。① 孙诒让曰："凡注云'书亦或为'者，皆或作之字正与所读同，故云'亦'以证成其说。郑司农既不读九为簋，则不当云'书亦或为簋'明矣。郑司农本经文盖亦从簋，故下注直云俎簋。而又兼从作轨之本者，以其与《公食礼》古文合也……故改读为轨，而又释之云'簋古文'，明簋固是正字，而轨亦古文假借。"② 按轨的本义，《说文》训"车辙"。轨字亦属见母幽部，与簋同音，故可借为簋。《仪礼·公食大夫礼》"宰夫设黍稷六簋"，郑注云："古文簋皆为轨。"朱骏声亦曰："轨，假借为簋。《易·损》范长生本'二轨可用享'。"按今通行本《周易·损卦》皆作"二簋"，范长生本则用通假字也。是簋为本字，九、轨皆通假字，且经典习用簋，故郑玄不从故书或本。

31.《春官·巾车》："金路，钩。"郑注："钩，娄颔之钩也。故书钩为拘。杜子春读为钩。"

徐养原云："段氏云：'拘、钩古音同在侯部。'养原按，《说文》拘、钩俱在《句部》：'拘，止也。从句，从手，句亦声'；'钩，曲也，从金，从句，句亦声。'故知拘、钩音同，古字通用。"③ 按拘是钩的音近通假借字，故郑玄不从故书。

32.《春官·巾车》："王后之五路：……鹭总。"郑注："故书鹭或作緊。郑司农云：'鹭读为鸟鹭之鹭。鹭总者，青黑色，以缯为之，总著马勒直两耳与两镳。'"

按鹭本鸟名，《说文》释之曰"鸟属"，引《诗》"鸟鹭在梁"。郑司农曰："鹭总者，青黑色，以缯为之。"段玉裁云："鹭，鸟属，青黑色，缯色似之。"④ 而緊字《说文》训"括衣也"，与此经义无涉。鹭、緊古同音，皆属影母脂部，声调亦同，故徐养原云："鹭、緊同音相借。"⑤ 此经鹭是本字，緊是通假字，故郑玄不从故书。

---

① 段玉裁：《周礼汉读考》，《清经解》第 4 册，第 206—207 页。
② 孙诒让：《周礼正义》第 7 册，第 2102 页。
③ 徐养原：《周官故书考》，《清经解续编》第 2 册，第 1224 页。
④ 段玉裁：《周礼汉读考》，《清经解》第 4 册，第 207 页。
⑤ 徐养原：《周官故书考》，《清经解续编》第 2 册，第 1224 页。

33.《春官·巾车》："辇车，组挽，有翣，羽盖。"郑注："故书翣为馲"，杜子春云："当为翣，书亦或为辑。"

翣，《说文》曰："羽饰也。"引申为扇。《仪礼·既夕礼》："燕器，杖、笠、翣。"郑注："翣，扇。"《淮南子·俶真训》："冬日之不用翣者。"高注亦曰："翣，扇也。"① 此经之翣亦扇也。孙诒让云："辇车之翣，盖亦为大羽扇，树车两旁。"② 馲，段玉裁以为是古文鬣字，云："《释文》曰：'馲、鬣并音猎。'……其作馲者，从马、毛会意，盖古文鬣字之存于汉注中者。"③ 按鬣，《说文》："髮鬣鬣也。"后世多用作马鬣字，是鬣（馲）与翣字义异。翣、鬣二字古音叠韵，同属盍部；翣是山母属齿音，鬣是来母属舌音，齿音与舌音为邻纽，故故书假鬣为翣，郑玄所不从。至于杜子春云"书亦或为辑"者，段氏以为辑是㹲的讹字，云："《说文》鬣或作㹲。辑者，㹲之讹也。旧籍皆讹鬣为葛……《周书·王会篇》'天马黑辑，谓之母兒'，王厚伯云：'辑即㹲字。'是也。"④

34.《春官·巾车》："駹车，藿蔽。"郑注："故书駹作龙。杜子春云：'龙读为駹。'玄谓駹车，边侧有漆饰也。"

按駹是尨的区别字，本原字为尨。尨的本义为犬毛杂色（参见例7），后又加马旁而造駹字，义为马毛杂色。《说文》："駹，马面颡皆白也。"段注："面颡白，其他非白也，故从尨。"又《玉篇·马部》："駹，马黑，面白也。"是谓马毛黑白相杂也。引申之为凡杂色之称。此经駹车，即谓车饰色杂。郑注云："駹车，边侧有漆饰也。"边侧有漆饰，是说车尚未全漆，边侧杂有漆文，即谓车饰之色杂也。故孙诒让释此注云："亦取杂文之义。"⑤ 又《秋官·犬人》："凡几珥、沈、辜，用駹可也。"此駹则谓犬毛杂色也。故书駹作龙者，駹、龙古同音，皆属明母东部，声调亦同，故故书假龙为駹，郑玄所不从。同例还见于：

《秋官·犬人》："凡几珥、沈、辜，用駹可也。"郑注："故书駹作龙。

---

① 《淮南子·俶真训》，《诸子集成》第 7 册，第 30 页。
② 孙诒让：《周礼正义》第 8 册，第 2170 页。
③ 段玉裁：《周礼汉读考》，《清经解》第 4 册，第 207 页。
④ 同上。
⑤ 孙诒让：《周礼正义》第 8 册，第 2177 页。

郑司农云：'龙读为駹，谓不纯色也。'"

35.《夏官·大司马》："乃以九畿之籍，施邦国之政职。"郑注："畿犹限也，自王城以外五千里为界，有分限者九。故书畿为近。郑司农云：'近当言畿。'《春秋传》曰：'天子一畿，列国一同。'《诗·殷颂》曰：'邦畿千里，维民所止。'"

畿，本指天子直接管辖的领地。《说文》："畿，天子千里地，以逮近言之则言畿。"引申为疆界。《诗·商颂·玄鸟》："邦畿千里，维民所止。"毛《传》："畿，疆也。"疆、界、限义同。《小尔雅·广诂》："限、疆、界也。"① 故郑注训畿为限。故书畿为近者，《说文》："近，附也。"近、畿古音相近，近属群母文部，畿属见母微部，群见旁纽，文微对转，故近可借为畿。《说文》"畿"下段注云："按故书作近，犹他书假借圻作畿耳……畿与近合音最近。"是谓近是畿的音近通假字，故郑玄不从故书。

36.《夏官·羊人》："凡沈、辜、侯禳、衅、积，共其羊牲。"郑注："积，故书为眦。郑司农云：'眦读为渍，谓衅国宝、渍军器也。'玄谓积，积柴，禋祀、槱燎实柴。"

《说文》："积，聚也。"眦，同眥，《集韵·霁韵》："眥，《说文》：'目匡也。'或书作眦。"② 积字古音属精母锡部，眦属从母支部，精从旁纽，锡支对转，故故书假眦为积，郑玄所不从。又郑司农从故书作眦之本，而读眦为渍者，孙诒让云："郑司农意渍即是衅，《鍾氏》注云：'渍犹染也。'谓以牲血涂染之也。然依郑司农读，则衅渍义复，且以衅为渍，于经义无征，故郑玄不从。"③

37.《夏官·诸子》："诸子掌国子之倅。"郑注："故书倅为卒。郑司农云：'卒读如物有副倅之倅。'"

《说文新附》："倅，副也。"郑玄亦训倅为副。《夏官·戎仆》："掌王倅车之政。"郑注："倅，副也。"故书倅为卒者，《说文》："隶人给事者衣为卒。"以倅从卒声，故故书假卒为倅。《礼记·燕义》："庶子官职诸侯、卿大

---

① 见王煦《小尔雅疏证》卷1，《续修四库全书》第189册，第345页。
② 《集韵》，《小学名著六种》本，中华书局，1998年。按本章以下凡引《集韵》皆据此本，不复注。
③ 孙诒让：《周礼正义》第9册，第2395页。

夫士之庶子之卒。"郑注:"卒读为倅。"亦假卒为倅之例。此经之注引郑司农云"卒读如物有副倅之倅",段玉裁以为"读如"当为"读为",以为"今本作读如,非也"。① 是亦以卒为倅的通假字,故郑玄不从故书。

38.《夏官·弁师》:"王之皮弁,会五采玉璂。"郑注:"故书会作䯤。郑司农云:'读如马会之会,谓以五采束发也。《士丧礼》曰:桧用组,乃笄。桧读与䯤同,书之异耳。说曰:以组束发乃著笄,谓之桧。沛国人谓反紒为䯤。璂读如綦车毂之綦。'玄谓会读如大会之会。会,缝中也。璂读如薄借綦之綦。綦,结也。皮弁之缝中,每贯结五采玉十二以为饰,谓之綦。《诗》云:'会弁如星。'又曰:'其弁伊綦。'是也。"

《说文》:"会,合也。"因皮弁是以多块皮缝合而成,故名其缝合处为会,故郑玄读会"如大会之会",而释之为"缝中",是会之名于义甚合。皮弁之缝中贯结五采玉珠以为饰,故经云"会五采玉璂"。故书会作䯤者,《说文》:"䯤,骨擿之可会发者。"是䯤为簪发之骨笄。以䯤从会声,故故书假䯤为会,郑玄所不从。郑司农从作䯤之本,读其音为"马会之会",而释其义为"以五采束发",是不以会为皮弁缝中之名,亦不以"五采玉"连文。按束发之正字当作髻,《说文》:"髻,絜发也。"(此据段注本)䯤、髻古同音,皆属见母月部,声调亦同,故䯤可借为髻,故郑司农以束发释之。段玉裁云:"郑君则以经文五采玉,即上文说'冕之五采玉十有二'也,不当误断其句,故从今书作会,读会为大会之会。"②

39.《夏官·司弓矢》:"及其颁之,王弓、弧弓以授射甲革、椹质者。"郑注:"质,正也,树椹以为射正。故书椹为鞎。郑司农云:'椹字或作鞎,非是也。《圉师职》曰:射则充椹质。又此《司弓矢职》曰:泽共射椹质之弓矢。言射椹质自有弓,谓王、弧也。以此观之,言鞎质者非。'"

按《说文》无椹字,椹谓砧板,垫板。《尔雅·释宫》:"椹谓之椹。"邢昺疏云:"椹者,斫木所用以藉者之木名也,一曰椹。"椹或用以为射正,此经是也。故书椹为鞎者,鞎是车箱前皮革制的遮蔽物。《说文》:"鞎,车革前曰鞎。"椹古音属端母侵部,鞎属匣母文部,二字声母虽隔,然韵部同属鼻

---

① 段玉裁:《周礼汉读考》,《清经解》第4册,第210页。
② 同上。

音，可以通转，故䩅可借为椹。宋世荦云："椹、䩅音近，盖假借字也。"① 故郑玄从今书不从故书。郑司农以《囲师职》及此经皆作椹质，故以故书作䩅质为非是，是亦从今书也。

40.《夏官·戎右》："赞牛耳、桃茢。"郑注："郑司农云：'故书茢为灭。'杜子春云：'灭当为厉。'玄谓桃，鬼所畏也。茢，苕帚，所以扫不祥。"

《说文》："茢，芀也。"芀即苇花，故《说文》曰："芀，苇华也。"茢字又用作苕帚名。《说文》"茢"下段注云："芀帚，花退用颖为之。芀一名茢，故帚一名茢。"故郑注释茢为"苕帚"。故书茢为灭者，《说文》："灭，尽也。"灭、茢叠韵，古音都属月部，灭是明母属鼻音，茢是来母属边音，鼻音与边音为邻纽，故故书假灭为茢。又《礼记》、《左传》皆作"桃茢"，故郑玄不从故书。又杜子春云"灭当为厉"者，厉、茢古音双声叠韵，皆属来母月部，厉亦茢之通假字。孙诒让云："茢从列声，与厉亦声近相通……《丧祝》郑司农注亦云'桃厉'，则郑司农盖从杜读。郑玄以《礼记》、《左传》并云'桃茢'，故从今书作茢也。"②

41.《夏官·大驭》："及犯軷。"郑注："故书軷作罚。杜子春云：'罚当为軷。軷读为别异之别，谓祖道、轢軷、磔犬也。'"

按杜子春云"軷读为别异之别"，段玉裁以为"读为"当为"读如"，云："故书作罚，杜据《诗》《礼》改作軷，读軷音如别，三字声类同也。'读如'今本作'读为'，误。此字既定作軷矣，不当又易为别也，故其下文称《诗》《礼》为軷证。"③ 阮校亦引段氏说，又申之云："读如别者，拟軷之音，非易其字。"軷是祭名。《说文》："軷，出将有事于道，必先告其神，立坛四通，树茅以依神为軷。既祭犯軷，轢于牲而行为范軷。"（此据段注本）《说文》又曰："罚，辠之小者。"罚、軷双声叠韵，古音都属并母月部，故故书假罚为軷，郑玄所不从。杜子春说"軷读如别异之别"者，拟其音也。别、軷叠韵，都属月部；别是帮母，与軷之并母为旁纽，是二字古音亦相近也。

---

① 宋世荦：《周礼故书疏证》，《续修四库全书》第81册，第185页。
② 孙诒让：《周礼正义》第10册，第2579页。
③ 段玉裁：《周礼汉读考》，《清经解》第4册，第211页。

42.《夏官·大驭》："及祭，酌仆，仆左执辔，右祭两轵，祭轨，乃饮。"郑注："故书轵为軓。杜子春云：'軓当为軌，軌谓车軾前也。'"

軌，是车式前的挡板。《说文》："軌，车軾前也。"段注："戴先生云：'车旁曰輢，式前曰軌，皆挡舆版也。'軌以挡式前，故汉人亦呼曰挡軌。"又《礼记·少仪》"祭左右轨、范"，郑注曰："軌与范声同（按軌原误作軌，据阮校改），谓軾前也。"是郑玄说与许同。故书轵为軓者，《说文》："軓，軓軨也。"是軓为出行时祭路神之仪，义与軌异。軓、軌双声，古音都是并母；軓属谈部，軌属侵部，谈侵二部可以旁转，故故书假軓为軌，郑玄所不从。按杜子春云"軓当为軌，軌谓车軾前也"者，盖当作"軓当为軌，軌谓车軾前也"。《诗·邶风·匏有苦叶》"济盈不濡轨，雉鸣求其牡"下孔《疏》引此杜子春云，即作"軓当为軌，軌，车軾前"，可证。郑玄从今书作軌者，盖即据杜说。

43.《夏官·职方氏》："竹箭。"郑注："故书箭为晋。杜子春曰：'晋当为箭，书亦或为箭。'"

晋、箭双声，都是精母；晋属真部，箭属元部，真元旁转，故晋可借为箭。段玉裁《说文》"晋"下注曰："《周礼》故书皆假晋为箭。"朱骏声亦云："《礼》古文、《周礼》故书，皆假晋为箭。"故郑玄不从故书。

44.《秋官·叙官》："司烜氏。"郑注："烜，火也，读如卫侯燬之燬。故书毁为垣。郑司农云：'当为烜。'"

按注"故书毁为垣"，毁乃烜字之误。段玉裁云："或云注当作'故书烜为垣'。"① 孙诒让云："段引或说是也。陈寿祺、黄以周说并同。盖此章注中惟此毁字涉上文而误。"② 郑玄释烜义为火，拟其音为卫侯燬之燬，则属晓母微部。云"故书烜为垣"者，《说文》："垣，墙也。"垣字古音属匣母元部，匣晓旁纽，元微旁对转，故故书假垣为烜，郑玄所不从。

45.《秋官·大司寇》："凡庶民之狱讼，以邦成弊之。"郑注："故书弊为憋。郑司农云：'憋当为弊。弊之，断其狱讼也。故《春秋传》曰：弊狱邢侯。'"

---

① 段玉裁：《周礼汉读考》，《清经解》第4册，第212页。
② 孙诒让：《周礼正义》第11册，第2724页。

此经弊义为断。《集韵·祭韵》："弊,断也。"故郑司农释"弊之"为"断其狱讼也",且引《春秋传》以为证。故书弊为憋者,徐养原云:"《说文》无憋字,此与弊皆从敝声,故相假借。《列子·力命》'憋憋'训急速。《方言十》云:'钳疲憋,恶也。'皆非此经之义。"① 是憋字无断义。以憋、弊声符相同,故故书假憋为弊,郑玄所不从也。

46.《秋官·大司寇》:"凡邦之大事,使其属跸。"郑注:"故书跸作避。杜子春云:'避当为辟,谓辟除奸人也。'玄谓跸,止行也。"

按跸同趩。《说文》:"趩,止行也。"段注:"今《礼经》皆作跸,惟《大司寇·释文》作趩,云:'本亦作跸。'是可见古经多后人改窜。亦有仅存古字也,《五经文字》曰:'趩,止行也。'《梁孝王传》:'出称警,入言趩。'"又雷浚云:"《说文》无跸字,《走部》:'趩,止行也,从走,毕声。'此跸之正字。"② 是跸之正体当作趩,后人改为跸,然跸字已为人所习用,且《周礼》全书皆用跸,故郑从之,且释之曰:"跸,止行也。"故书跸作避者,避义为回避、躲避。《说文》:"避,回也。"跸字古音属帮母质部,避属并母锡部,帮并旁纽,锡质通转,故故书假避为跸,郑玄所不从。又杜子春云"避当为辟,谓辟除奸人也"者,是杜从故书作避之本,而易避为辟,训辟为辟除。然辟与跸义似近而实异。段玉裁云:"案《小司寇职》'大宾客前王而辟','凡国之大事使其属跸',辟与跸并见,知其制不同。"③ 孙诒让云:"段说是也。《阍人》云:'凡外内命夫命妇出入,则为之辟。大祭祀丧纪之事,跸宫门、庙门。'亦辟、跸并见。盖辟者,唯辟除奸人,犹《祭义》云'见老者则车徒辟',《左》成三年传'齐侯战败,入国,辟女子',皆是彼此相遇,禁其干犯,不干犯者自得行。跸为止行,则犹《祭义》云'八十九十者,东行西行者弗敢过,西行东行者弗敢过'。盖凡当道者人皆不得行,二字义本相异也。"④ 郑玄意此经为跸止行人,非辟除奸人,故不从杜说。

47.《秋官·小司寇》:"以五刑听万民之狱讼,附于刑。"郑注:"附犹著也。故书附作付。"

---

① 徐养原:《周官故书考》,《清经解续编》第2册,第1227页。
② 雷浚:《说文外编》卷五"跸"下注,《续修四库全书》第227册,第345页。
③ 段玉裁:《周礼汉读考》,《清经解》第4册,第213页。
④ 孙诒让:《周礼正义》第11册,第2761—2762页。

附义为附丽（参见例10），故郑训附为著，著即附丽、附着。《国语·晋语四》"底著滞淫"，韦注："著，附也。"① 付义为付予。以附从付声，故故书假付为附，郑玄所不从。同例还见于：

《秋官·小司寇》："以八辟丽邦法，附刑罚。"郑注："故书附作付，附犹著也。"

48. 《秋官·士师》："七曰为邦朋。"郑注："朋党相阿，使政不平者。故书朋作倗。郑司农云：'倗读为朋友之朋。'"

按郑司农云"倗读为朋友之朋"，读为之为《注疏》本原误作如，据段玉裁校改。② 朋字甲骨文、金文皆象连贝为一系之形。《诗·小雅·菁菁者莪》："既见君子，锡我百朋。"郑笺："古者货币，五贝为朋。"《广韵·登韵》："五贝曰朋。《书》云：'武王悦箕子之对，赐十朋也。'"是朋为古代的货币单位。以朋乃系贝为之，象人之多朋友，亦象人之朋比为党，故引申作朋友字，或朋党字，且为人所习用。《说文》以朋为凤字重文，实误。倗，同棚。孙诒让云："倗即棚之俗。故书当作棚，传写误作倗。"③ 棚字甲骨文、金文皆"象人以贝为饰之形"，而《说文》训棚为辅，"辅义盖由颈饰引申"。④ 棚从朋声，故故书假棚（倗）为朋，郑玄所不从。郑司农"倗读为朋友之朋"，是郑司农从作倗之本，而亦以棚为朋之借字。

49. 《秋官·士师》："凡以财狱讼者，正之以傅别、约剂。"郑注："傅别，中别手书也。故书别为辩。郑司农云：'辩读为风别之别，若今时市买，为券书以别之，各得其一，讼则案券以正之。'"

按郑司农云"辩读为风别之别"，辩字《注疏》本原误作辨，据阮校改。别，《说文》作𠛬，曰："分解也。"段注："分别、离别皆是也。"郑玄训傅别为"中别手书"，是用别字本义。故书别为辩者，《说文》："辩，治也。"别古音属帮母月部，辩属并母元部，帮并旁纽，月元对转，故故书假辩为别，郑玄所不从也。郑司农读辩为风别之别，是亦以辩为别之通假字也。

50. 《秋官·朝士》："令邦国、都家、县鄙虑刑贬。"郑注："故书贬为

---

① 《国语》下册，上海古籍出版社，1978年，第338页。
② 段玉裁：《周礼汉读考》，《清经解》第4册，第213页。
③ 孙诒让：《周礼正义》第11册，第2789页。
④ 见徐中舒主编《甲骨文字典》，第500页。

窆。杜子春云：'窆当为禁。'玄谓贬犹减也。谓当谋虑缓刑，且减国用，为民困也。"

《说文》："贬，损也。"损即减损。《玉篇·贝部》："损，减也，损也。"故郑注训贬为减。故书贬为窆者，《说文》："窆，葬下棺也。"窆、贬古同音，皆属帮母谈部，故故书假窆为贬，郑玄所不从。然杜子春云"窆当为禁"者，杜以窆为禁之误字，故易之。按禁字古音属见母侵部，禁与窆声母虽隔，然侵部与帮部可以旁转，是二字古音亦近，故段玉裁以为"窆为声误"。杜子春之所以易窆为禁者，孙诒让云："（杜）据《胥师》及《小司寇》、《布宪》诸职并有'宪刑禁'之文，故读从之。"①然易窆为禁，则与郑玄所理解的经义不同，故郑玄亦不从杜说。

51.《秋官·蜡氏》："蜡氏掌除骴。"郑注："《曲礼》曰：'四足死者曰渍。'故书骴作脊。郑司农云：'脊读为渍，为死人骨也。'《月令》曰：'掩骼埋胔。'骨之尚有肉者也，及禽兽之骨皆是。"

《说文》："骴，鸟兽残骨曰骴，骴可恶也。"即此经骴字所取义。《说文》又曰："脊，背吕也。"脊字古音属精母锡部，骴属从母支部，精从旁纽，支锡对转，故故书假脊为骴，郑玄所不从。注引《曲礼》"四足死者曰渍"者，《说文》："渍，沤也。"是渍亦骴之借字，郑玄亦不从。郑司农从故书作脊，而曰"脊读为渍"者，则又通假字之通假。段玉裁云："骴、胔、渍、殨、脊五字同音，在古音十六部。《公羊传》'大脊'，《礼记》注引作'大渍'，《汉志》'国亡捐瘠'，孟康曰'肉腐为瘠。'瘠即故书之脊也。'《月令》曰'之上当有'玄谓'二字。司农从故书作脊，而易为渍。郑君从今书作骴，而释其义也。胔同骴，《说文》曰'骴或从肉'，是也。"②

52.《秋官·司烜氏》："凡邦之大事，共坟烛、庭燎。"郑注："故书坟为贲。郑司农云：'贲烛，麻烛也。'玄谓坟，大也。树于门外曰大烛，于门内曰庭燎，皆所以照众为明。"

《说文》："坟，墓也。"引申而有大义。《诗·小雅·苕之华》："牂羊坟首。"毛传："坟，大也。"《尔雅·释诂上》："坟，大也。"郑玄亦释坟为大。

---

① 孙诒让：《周礼正义》第11册，第2832页。
② 段玉裁：《周礼汉读考》，《清经解》第4册，第214页。

故书坋作蕡者，《说文》："蕡，杂香草。"蕡、坋古同音，皆属并母文部，故故书假蕡为坋，郑玄所不从。又，郑司农从故书作蕡而释蕡为"蕡烛，麻烛也"者，段玉裁云："司农谓蕡即茈虋字，故云'蕡烛，麻烛也'。麻烛盖攒麻虋为之。"① 是与郑玄义异。孙诒让云："郑玄以坋烛为与大烛义尤合，故不从郑司农。"②

53.《秋官·薙氏》："春始生而萌之。"郑注："故书萌作甍。杜子春云：'甍当为萌，谓耕反其萌牙。书亦或为萌。'玄谓萌之者，以兹其斫其生者。"

按郑注之两甍字，《注疏》本皆讹作薨，据阮校改。《说文》："萌，草芽也"；"甍，屋栋也"。萌、甍双声，古音都是明母；萌属阳部，甍属蒸部，阳蒸旁转，故故书借甍为萌，郑玄所不从。

54.《秋官·赤犮氏》："以蜃炭攻之。"郑注："蜃，大蛤也。故书蜃为晨。郑司农云：'晨当为蜃，书亦或为蜃。'"

《说文》："蜃，大蛤。"（此据段注本）郑玄训与之同。故书蜃作晨者，《说文》："晨，房星。"蜃、晨古同音，皆属禅母文部，故故书借晨为蜃，郑玄所不从。徐养原云："《说文·晶部》：'曟，房星，为民田时者，从晶，辰声。或省作晨。'又《辰部》：'辰，震也。三月阳气动，雷电振，民农时也。'又曰：'辰，房星，天时也。'然则晨之从辰，形声兼会意也。《史记·律书》曰：'辰者，言万物之蜄也。'蜄字不见于《说文》。《集韵·二十一震》：'蜄，蛟属，通作蜃。'夫晨、辰字义相近，蜃、蜄字体小殊，或借蜄为震（自注：《律书》之蜄即《说文》之震），或借晨为蜃，固有同条相贯之道焉。"③ 又郑司农云"晨当为蜃，书亦或为蜃"者，孙诒让云："郑司农据《左传》有蜃炭，故定从蜃。"④ 按蜃炭见《左传》成公二年，杜注曰"烧蛤为炭以壅圹"，是盖以蜃炭字经典习用蜃，故云然。

55.《秋官·大行人》："其贡嫔物。"郑注："故书嫔作频。郑司农云：'嫔物，妇人所为物也。《尔雅》曰：嫔，妇也。'玄谓嫔物，丝枲也。"

《说文》："嫔，服也。"段注："妇者，服也，故释嫔亦曰服……嫔与妇

---

① 段玉裁：《周礼汉读考》，《清经解》第4册，第214页。
② 孙诒让：《周礼正义》第12册，第2912页。
③ 徐养原：《周官故书考》，《清经解续编》第2册，第1228页。
④ 孙诒让：《周礼正义》第12册，第2934页。

同义。"是嫔即嫔妇。郑司农、郑玄亦皆训嫔为妇，故释嫔贡为妇人所为之物丝枲之类也（参见例103）。故书嫔作㰯者，㰯，《说文》作瀕，曰："瀕，水厓，人所宾附也。"《广韵·真韵》："㰯，《说文》作瀕，水厓。"嫔、㰯古音同，皆属并母真部，声调亦同，故故书借㰯为嫔，郑玄所不从也。

56. 《秋官·小行人》："若国师役，则令槁袷之。"郑注："故书槁为槀。郑司农云：'槀当为槁，谓槁师也。'"

按注"故书槁为槀"，槁字《注疏》本原误作稿，槀字误作槀，据阮校改。阮校又云："此经故书作禾槀字，郑本作槁袷，从木槁，即槀也。"又郑司农云"槀当为槁，谓槁师也"，槀字《注疏》本原误作槀，"槁师"之槁则误作稿，亦据阮校改。槁同槀，《说文》："槁，木枯也。"引申而有犒劳义。段注："凡润其枯槀曰槀，如慰其劳曰劳，以膏润物曰膏，《尚书》'槀饫'，《周礼·槀人》、《小行人》'若国师役则令槀袷之'，义皆如是。"又《槀人》阮校引服虔云："以师枯槁，故馈之饮食。"是皆谓槀字引申而有犒劳义。是犒劳之本字作槁，汉以后始有牛旁之犒。故毛际盛《说文解字述谊》云："《说文·牛部》无犒字……古槀字高在上，后易在右……而转从牛旁，则始于汉时。"① 故书槁为槀者，《说文》："槀，秆也。"槀、槁古音同，皆属见母宵部，故故书借槀为槁，亦即借为犒也。郑玄从今书本字作槁，不从故书通假字。

57. 《考工记·总叙》："或通四方之珍异以资之。"郑注："资，取也，操也。故书资作齐。杜子春云：'齐当为资，读如冬资绨绤之资。'"

《说文》："资，货也。"引申为取，为操。《广雅·释诂》："资，取也。"② 又《释言》："资，操也。"故书资为齐者，《说文》："齐，禾麦吐穗上平也。"资、齐古音叠韵，皆属脂部；资是精母，齐是从母，精从旁纽，故齐可借为资。徐养原云："《外府》等职齍、资通用，《司尊彝》齐、盉通用，此经齐、资通用，并同音相借也。《周易下经·旅卦》'得其资斧'，《释文》云：'子夏《传》及众家并作齐斧。'此亦资通作齐之一证。"③ 郑玄从今书本字，不从故书通假字。又杜子春云"齐当为资，读如冬资绨绤之资"者，段

---

① 转引自《王力古汉语字典》第508页"槀"字注。
② 此据王先谦《广雅疏证》本，卷1上，第19页。按本章以下凡引《广雅》皆据此本，不复注。
③ 徐养原：《周官故书考》，《清经解续编》第2册，第1229页。

玉裁云："此用声类改其字，而复说其音义也。"①

58.《考工记·总叙》："作舟以行水。"郑注："故书舟作周。郑司农云：'周当为舟。'"

《说文》："舟，船也。"甲骨文、金文舟字即象船形。周，《说文》训"密也"，盖非其本义。甲骨文周字象田字而于其四个方格中各加一点，"象界划分明之农田，其中小点象禾稼之形"。②后来金文在甲骨文周字下加口，或省去方格中的四点，而借作朝代名。要皆与舟船义无涉。舟、周古同音，皆属照母幽部，声调亦同，故可相通假。段玉裁云："此古文同音假借字。"③ 惠栋云："《诗·大东》'舟人之子'，郑曰'舟当作周'……《诗》以舟为周，《考工》以周为舟，义并通。"④ 此经舟本字，周通假字，故郑玄不从故书。

59.《考工记·轮人》："凡斩毂之道，必矩其阴阳。"郑注："矩谓刻识之也。故书矩为距。郑司农云：'当作矩，谓规矩也。'"

按矩的本原字为巨。《说文》："巨，规巨也，从工，象手持之。"此说甚是。工是矩的象形，金文巨字即象手持矩（工）形。是矩的本义为规矩，引申而有刻识义。段注云："凡识其广长曰矩，故凡有所刻识皆谓之矩。"故郑玄释矩为刻识。故书矩为距者，《说文》："距，鸡距也。"距、矩皆从巨声，故书借距为矩，故段玉裁云："此亦古假借字。"⑤ 故郑玄不从故书。

60.《考工记·轮人》："弓长六尺，谓之庇轵，五尺谓之庇轮，四尺谓之庇轸。"郑注："庇，覆也。故书庇作秘。杜子春云：'秘当为庇，谓覆斡也。'"

《说文》："庇，荫也。"段注："引申之，为凡覆庇之称。"故书庇作秘者，秘同祕。《说文》："祕，神也。"《广韵·至韵》："祕，密也，神也……俗作秘。"庇、秘古音双声，都是帮母；庇属脂部，秘属质部，脂质二部可以对转，故故书借秘为庇，郑玄所不从也。段玉裁云："必声在古音十二部之入声，比声在十五部，合音亦相近。"⑥ 按质、脂二部正分别在段氏之十二、十

---

① 段玉裁：《周礼汉读考》，《清经解》第4册，第216页。
② 徐中舒主编：《甲骨文字典》，第500页。
③ 段玉裁：《周礼汉读考》，《清经解》第4册，第216页。
④ 惠栋：《九经古义·周礼下》，《清经解》第2册，第764页。
⑤ 段玉裁：《周礼汉读考》，《清经解》第4册，第218页。
⑥ 同上。

五部,① 是段氏亦以秘为庇的音近通假字。

61.《考工记·舆人》:"以其隧之半为之较崇。"郑注:"故书较作榷。杜子春云:'当为较。'"

按较,《说文》作較,曰:"车輢上曲钩也。"(此据段注本)段注云:"較之制,盖汉与周异。周时較高于軾,高处正方,有隅,故谓之較。較之言角也。至汉乃圜之如半月然,故许云车上曲钩。曲钩言句中钩也。"按较是古代车上两旁车箱板上的横木。《诗·卫风·淇奥》:"宽兮绰兮,倚重较兮。"《释文》:"较,车两旁上出轼也。"故书较作榷者,《说文》:"榷,水上横木,所以渡者也。"较、榷古音双声叠韵,皆属见母沃部,故可相通假。徐养原云:"较、榷古字通。《晋书·林邑传》:'韩戢估较太半。'估较即榷酤,此较、榷通用之证。"② 此经较是本字,榷是通假字,故郑玄不从故书。

62.《考工记·舆人》:"饰车欲侈。"郑注:"故书侈作移。杜子春云:'当为侈。'"

《说文》:"侈,奢也。"奢即张大,与此经之义正相合。故书侈作移者,《说文》:"移,禾相倚移也。"侈、移古音叠韵,皆属歌部,侈是穿母,移是喻母,穿喻旁纽,故移可借为侈。《说文》"侈"下段注云:"《三礼》皆假移为侈。"朱骏声《定声》亦云:"移,假借为侈。"移既为借字,故郑玄不从。同例还见于:

《考工记·凫氏》:"侈弇之所由兴。"郑注:"故书侈作移。郑司农云:'当为侈。'"

63.《考工记·辀人》:"及其登阤,不伏其辕。"郑注:"故书伏作偪。杜子春云:'偪当作伏。'"

《说文》:"伏,司也。"段注:"引申之为俯伏。"即此经伏字所取义。故书伏作偪者,《说文》无偪字。《玉篇·人部》:"偪,迫也,与逼同。"《左传》桓公二十三年:"晋桓、庄之族偪。"杜注:"偪迫公室。"伏、偪古音叠韵,皆属职部;伏是并母,偪是帮母,并帮旁纽,故故书假偪为伏,郑玄所不从。

---

① 见段玉裁《六书音韵表一》,附在《说文解字注》后。
② 徐养原:《周官故书考》,《清经解续编》第2册,第1230页。

64.《考工记·辀人》："必繀其牛后。"郑注："故书繀作鳏。郑司农云：'鳏读为繀，关东谓纣为繀。鳏，鱼字。'"

繀是兜在牛马臀部的革带。《说文》："繀，马纣也。"故书繀作鳏者，《说文》、《玉篇》皆无鳏字。据郑司农说"鳏，鱼字"，即谓鳏是鱼名。贾疏云："'鳏，鱼字'者，破故书为鳏也。字犹名也，既鳏是鱼名，明不从故书也。"然繀、鳏音近，段玉裁云："鳏、繀古音同在第三部。"① 即谓二字古音同部，皆属幽部，故鳏可借为繀。郑司农云"鳏读为繀"者，是亦以鳏为繀的通假字，故郑玄不从故书。

65.《考工记·鲍人》："欲其柔滑而腥脂之，则耎。"郑注："故书耎作剸。郑司农云：'剸读为柔耎之耎，谓厚脂之韦革柔耎。'"

按此经及注之耎字，《注疏》本原皆误作需，剸字则误作剭，据段玉裁校改。段玉裁云："耎，各本作需。剸，各本作剭。按《释文》：'耎，人充反；剸，而髓反，又人充反。'盖作《音义》时，字未误也。古音耎声必在第十四元寒桓部，需声必在第四侯部。陆氏在唐初尚未误，自后乃耎需互讹，延及经传。《大祝》'撋祭'，《辀人》'契耎'，及此，皆是也。唐初契耎已误为需，故陆有须音。撋祭及此经未误，故反以而髓、人充，此皆确然不易者，故皆更正。"② 徐养原说亦同，云："需、耎之辨，段说最为明确。"③ 孙诒让亦谓："段、徐说是也。……据《释文》，则陆时经注字已误，而音读相传未误，当据正。"④《说文》："耎，稍前大也。"引申为软弱。《王力古汉语字典》说："秦汉时稍指渐，渐渐，即前面的逐渐大。结果末大于本，则软弱矣。"《广雅·释诂》："耎，弱也。"故书耎作剸者，剸字《说文》不载，《玉篇·刀部》云："剸，刺也。"与此经义无涉。然耎、剸二字古音双声叠韵，皆属日母元部，故故书借剸为耎，郑玄所不从。

66.《考工记·鲍人》："察其线而藏，则虽敝不甐。"郑注："甐，故书或作邻。郑司农云：'甐读为"磨而不磷"之磷。谓韦革缝缕没藏于韦革中，则虽敝，缕不伤也。'"

---

① 段玉裁：《周礼汉读考》，《清经解》第 4 册，第 219 页。
② 同上书，第 220 页。
③ 徐养原：《周官故书考》，《清经解续编》第 2 册，第 1231 页。
④ 孙诒让：《周礼正义》第 13 册，第 3293 页。

甋字《说文》不载，郑玄释其义为敝。《考工记·轮人》："是故轮虽敝，不甋于凿。"郑注："玄谓甋亦敝也。"段玉裁云："甋与磷同，瓦石皆磨甋之物也。邻者，古文假借字。"① 按邻，《说文》训"五家为邻"。甋、邻古音双声叠韵，皆属来母真部，故故书借邻为甋，郑玄所不从。又注云"故书或作邻"者，是故书亦作甋，唯或本作邻也。

67.《考工记·慌氏》："慌氏湅丝，以涚水沤其丝七日。"郑注："故书涚作湄。郑司农云：'湄水，温水也。'玄谓涚水，以灰所沸水也。"

《说文》："涚，财温水也。从水，兑声。《周礼》曰：'以涚沤其丝。'"许盖据郑司农为说。然郑玄释涚水为"灰所沸水"，与许异，而与《礼记》合。段注云："依许说，则《内则》、《祭统》涚字不可解。"故书涚作湄者，段玉裁校以为湄当作溑，云："案湄当作溑，《释文》曰'湄，一音奴短反'可证。《士丧礼》'溑濯弃于坎'，古文溑作湪。湪、涚同字，犹袨、税同字。司农据作湪之本。《说文》据作涚之本。《水部》曰：'涚，财温水也，从水，兑声。'引《周礼》'以涚沤其丝'。郑君则从涚而义异。"② 又段于《说文》"涚"下引《考工记》此注而校之亦云："湄当作溑。《集韵》云：'溑或作湄。'是也。大郑从溑，故释之曰温水。郑玄从涚，故依《礼记》'涚济贵新'之涚，释为'以灰所沸水'。"学者多以段说为是。如孙诒让云："湄，段谓当作溑，近是。"③《说文》："溑，汤也。"是与郑玄所释涚水义异。涚古音属审母月部，溑属泥母元部，审月为准旁纽，月元二部可以对转，故故书假溑为涚，郑玄所不从。郑司农则从故书作溑之本，而释之为温水，是以溑、涚二字义同也，故郑玄不从其说。

68.《考工记·玉人》："黄金勺。"郑注："勺，故书或作约。杜子春云：'当为勺，谓酒尊中勺也。'"

《说文》："勺，挹取也。"又曰："约，缠束也。"段玉裁云："此古文假借。"④ 按约从勺声，故故书借约为勺，郑玄所不从。

69.《考工记·梓人》："顅脰，小体。"郑注："顅，长脰貌。故书顅或

---

① 段玉裁：《周礼汉读考》，《清经解》第 4 册，第 220 页。
② 同上。
③ 孙诒让：《周礼正义》第 13 册，第 3317 页。
④ 段玉裁：《周礼汉读考》，《清经解》第 4 册，第 221 页。

作轻。郑司农云：'轻读为鬜头无发之鬜。'"

顐，郑玄释为"长脰貌"，贾疏："脰，项也，谓长项貌。"而《说文》释顐为"头鬓少发也"，与郑注义异。段玉裁以为《说文》所据"盖贾侍中说"。① 又《说文》："轻，牛膝下骨也。"顐古音属见母元部，轻属溪母耕部，见溪旁纽，元耕同属鼻音，可以通转，故故书借轻为顐，郑玄所不从。又郑司农读轻为"鬜头无发之鬜"者，则是以轻为鬜的通假字，《说文》："鬜，鬓秃也。"而郑司农于顐字则从许说，义为头鬓少发，是与鬜字义同，郑玄不从也。

70.《考工记·梓人》："作其鳞之而，则于眡必拨尔而怒。"郑注："故书拨作废。郑司农云：'废读为拨。'"

《说文》："拨，治也。"引申为分开，拨动。故王昭禹释"拨尔而怒"曰："若拨动其体而怒焉"。②《说文》又曰："废，屋顿也。"拨、废二字古音相近，皆属帮母月部，故故书借废为拨，郑玄所不从也。又郑司农云"废读为拨"，是亦以废为拨的通假字。

71.《考工记·梓人》："必如将废措。"郑注："措犹顿也。故书措作厝。杜子春云：'当为措。'"

《说文》："措，置也。"段注："立之为置，舍之亦为置，措之义亦如是。"是措有废弃义。郑释"措犹顿"，顿亦舍弃、废弃也。《文选》曹植《七启》"顿纲纵网"，李《注》曰："顿犹舍也。"③ 徐养原云："郑训措为顿，则为废坏之义。"④ 故书措作厝者，《说文》："厝，厉石也。"厝、措古同音，皆属清母铎部，声调亦同，故厝可借为措。段玉裁云："此古文假借也。《汉书》'抱火厝之积薪之下'同。子春谓厉石之字，非训，故易为措，古废置皆曰措。"⑤ 厝既为借字，故郑玄不从故书。

72.《考工记·庐人》："凡兵，句兵欲无弹。"郑注："故书弹或作但。郑司农云：'但读为弹丸之弹，弹谓掉也。'"

---

① 段玉裁：《周礼汉读考》，《清经解》第4册，第222页。
② 王昭禹：《周礼详解》卷38，文渊阁《四库全书》本。
③ 《文选》上册，中华书局，1977年，第487页。
④ 徐养原：《周官故书考》，《清经解续编》第2册，第1232页。
⑤ 段玉裁：《周礼汉读考》，《清经解》第4册，第222页。

《说文》:"弹,行丸也。"甲骨文弹字即象于弓弦上着丸待发之形。段玉裁云:"弹丸者,倾侧而转者也,掉之义取此。"① 是弹字引申而有掉义,故郑司农训弹为掉,郑玄从之。故书弹或作但者,《说文》:"但,裼也。"但、弹古同音,皆属定母元部,故但可借为弹。朱骏声云:"但,假借为弹。"并举此记为例。但既为通假字,故郑玄不从。

73.《考工记·庐人》:"凡兵,句兵欲无弹,刺兵欲无蜎。"郑注:"故书蜎或作绢。郑司农云:'绢读为悁邑之悁,悁谓桡也。'玄谓蜎亦掉也,谓若井中虫蜎之蜎。"

按"玄谓若井中虫蜎之蜎",段玉裁以为两蜎字之间衍一之字,云:"郑君从作蜎之本,训掉,谓其掉若井中虫蜎蜎然也。蜎蜎即孑孓,叠字为名。各本作井中虫蜎之蜎,衍一之字。《说文·虫部》蜎篆下曰:'蜎蜎也。'今本作'蜎也',脱一蜎字。"② 是此经蜎即《说文》之蜎蜎,亦即孑孓。孑孓的习性,是不停地扭转身体,故郑玄释之为掉,即上例引段氏说所谓"倾侧而转者也"。故书或本蜎作绢者,绢是丝织物名。《说文》:"绢,缯如麦䅥色。"(此据段注本)绢、蜎古音相近,皆属元部;绢是见母属牙音,蜎是影母属喉音,牙音与喉音为邻纽,故故书借绢为蜎,郑玄所不从也。又郑司农读绢为悁邑之悁者,是以绢为悁的通假字,而训悁为桡。段玉裁云:"大郑本作绢,易为悁。悁邑者,悒悒也,郁抑之皃,桡之义取此。"③ 是郑司农义与郑玄异,郑玄不从其说。

74.《考工记·匠人》:"环涂七轨。"郑注:"故书环作轘。杜子春云:'当为环。环涂,谓环城道。'"

《说文》:"环,璧肉好若一谓之环。"引申为围绕,环绕。《玉篇·玉部》:"环,绕也。"故杜释环涂为"环城道"。故书环作轘者,《说文》:"轘,车裂人也。"环、轘皆属匣母元部,古音近,故故书借轘为环,郑玄所不从也。

75.《考工记·弓人》:"凡昵之类不能方。"郑注:"郑司农云:'谓胶善戾。'故书昵或作枳。杜子春云:'枳读为不义不昵之昵,或为䵸。䵸,黏

---

① 段玉裁:《周礼汉读考》,《清经解》第4册,第222页。
② 同上。
③ 同上。

也。'玄谓枳，脂膏腐败之胒，胒亦黏也。"

《说文》昵是䵒的重文，曰："䵒，日近也。䵒，或从尼作。"日近，即日日近，引申为粘黏，即此经之昵所取义。故郑司农释此经义云："谓胶善戾。"段玉裁云："戾当作丽，声之误也。凡附丽之物莫善于胶。"① 故书昵或作枳者，枳义为木桩。《说文》："枳（橵），弋也。"与此经义无涉。"玄谓枳，脂膏腐败之胒"者，即以枳为胒的通假字。段玉裁云："枳者，脂膏腐败之同部假借字。"② 而胒义为黏，与昵义同。《说文》无胒字，《玉篇·肉部》云："胒，黏也。"与郑玄训同。胒、枳古同音，皆属照母职部，故故书借枳为胒，郑玄所不从。又杜子春云"（枳）或为䵃，䵃，黏也"者，谓故书又有作䵃之本，而䵃之义为粘。按䵃是䵒的或体，《说文》："䵒，黏也，从黍，日声……䵃，䵒或从刃。"是此故书或本亦用本字，然此本盖郑玄所未见，故唯引杜说叠之而不从。

76.《考工记·弓人》："角不胜干，干不胜筋，谓之参均。"郑注："故书胜或作称。郑司农云：'当言称，谓之不参均。'玄谓不胜，无负也。"

《说文》："胜，任也"；"称，铨也"。胜、称古音叠韵，皆属蒸部；胜是审母，称是穿母，审穿旁纽，故称可借为胜。《易·系辞下》："吉凶者，贞胜者也。"陆德明《释文》："姚本作'贞称'。"③ 是其例也。郑玄从今书本字，不从故书或本通假字。郑司农则从故书作称之本。孙诒让云："郑司农云'当言称，谓之不参均'者，谓经胜并当从故书或本作称，经'谓之参均'，又当云'谓之不参均'，此郑司农依故书改二字，又以意增一字也。"④

二　从本字不从其义近字（1例）

77.《地官·遗人》："野鄙之委积，以待羁旅。"郑注："羁旅，过行寄止者。故书羁作寄。杜子春云：'寄当为羁。'"

《说文》羁训"马落头"（此据段注本），段注曰："引申之为羁旅。"又

---

① 段玉裁：《周礼汉读考》，《清经解》第4册，第223页。
② 同上。
③ 陆德明：《经典释文》，中华书局，1983年，第32页。
④ 孙诒让：《周礼正义》第10册，第3559页。

曰："今字作羁,俗作覉。"羁旅者,即郑注所谓"过行寄止者"也。寄,《说文》训"托也"。托者,托身而寓于他所也,故《说文》又训"寓"为"寄"。是寄、羁(覉)二字义近,且二字音亦相近,皆属见母歌部。然羁是羁旅的本字,故郑玄从今书,而不从故书义近字。

三 从本字而不从其义近字之通假字(1例)

78.《春官·大宗伯》："以疈辜祭四方、百物。"郑注："故书疈为罢。郑司农云:'罢辜,披磔牲以祭,若今时磔狗祭以止风。'玄谓疈,疈牲胸也。疈而磔之,谓磔禳及蜡祭。"

疈,同副,《说文》以疈为副的重文,曰:"副,判也。《周礼》曰:'副辜祭。'疈,籀文副。"段注曰:"许所据作副。盖副者,古文、小篆所同也。郑玄所据用籀文。"郑玄既从今书作疈,故即以其本义释之,云:"疈,疈牲胸也。"罢,《说文》曰:"遣有辠也。"与此经义无涉。郑司农从故书作罢,而读之为披,实以罢为披的通假字。按披,本义为古丧具,《说文》释之曰:"从旁持曰披。"引申之而有分开、裂开之义。《广韵·支韵》:"披,开也,分也,散也。"《集韵·纸韵》:"披,裂也。"《左传》成公十八年"今将崇诸侯之奸而披其地",杜注:"披犹分也。"是披与疈字义近。罢、披古音叠韵,皆属歌部;罢是并母,披是滂母,并滂为旁纽,罢可借为披,故郑司农径以披释罢,曰:"罢辜,披磔牲也。"是故书罢乃义近字披的通假字,故郑玄从今书本字而不从故书。

四 从本字不从义异之字(1例)

79.《春官·巾车》:"虎车……髤饰。"郑注:"故书髤为軟。杜子春云:'軟读为桼垸之桼,直谓髤桼也。'玄谓髤,赤多黑少之色韦也。"

按杜子春所云"桼垸",孙诒让云:"依下文及《角人》注,当作'漆垸'。经注例皆作漆,不作桼。"[①]孙校是也。《周礼》全书唯《地官·载师》

---

① 孙诒让:《周礼正义》第8册,第2177页。

"漆林之征二十而五"之漆字，郑注曰"故书作桼"，余皆作漆（参见例122）。髤字《说文》不载。髤同髹。《玉篇·髟部》："髹，赤黑漆也。髤，同髹。"郑注训髤为"赤多黑少"，亦谓漆色赤黑也，是髤之本义盖如此。故书髤为软者，软字《说文》亦不载，其本义不可知，杜子春云"读为桼（漆）"，则是以软为漆之通假字。段玉裁云："古音次同桼……如汉兰陵有次室亭，故鲁次室邑，《列女传》漆室之女，或作次室是也。……易次为桼，于其声类得之。"① 然髤、软二字音义俱隔：髤属晓母幽部，软属清母脂部，二字音理不通；髤言饰车之漆色赤黑，软唯借为漆而不见其色，故杜子春云"直谓髤桼（漆）"，以增成其义。是此经以今书作髤于义为切，故郑玄不从故书。孙诒让云："此经故书作软，今书作髤。故书之软，于义无取，故杜破为桼。今书之髤，则义自可通，故郑玄因而不易。"②

五　从通假字不从通假字之通假字（11例）

80.《天官·职币》："皆辨其物而奠其录。"郑注："故书录为禄。杜子春云：'禄当为录，定其录籍。'"

《说文》："录，金色也。"习多借为记录字。段注："金色在青黄之间也。假借为省录字。"又引申为录籍，即记录之簿籍，是此经所取义。《说文》又曰："禄，福也。"是禄、录二字义异。然二字古同音，皆属来母屋部，可相通假。《广韵·屋韵》："禄，录也。"即释禄之借义。是郑玄从今书作录者，从习用之通假字也。故书录为禄者，则又通假字之通假字也。杜子春云"禄当为录"，是以习用之通假字改故书也，故郑玄从之。

81.《天官·内宰》："出其度、量、淳、制。"郑注："故书淳为敦，杜子春读敦为纯，纯谓幅广也，制谓匹长。玄谓纯、制，《天子巡守礼》所云'制币丈八尺，纯四咫'与？"

《说文》："淳，渌也。"假借为布帛幅宽之称，与下文制为布帛匹长之称相对。徐养原云，布帛幅宽"无正字，或借用淳，或借用纯，俱无不可"。③

---

① 段玉裁：《周礼汉读考》，《清经解》第4册，第207页。
② 孙诒让：《周礼正义》第8册，第2177页。
③ 徐养原：《周官故书考》，《清经解续编》第2册，第1217页。

故书作敦者，则又纯之借字。故杜子春"读敦为纯"，且曰"纯谓幅广也，制谓匹长"。郑玄则淳、纯两从之：经文从今书作淳，注文又从杜子春作纯。皆因幅宽之称无正字，而淳、纯同源通用故也。① 郑玄之所以不从故书作敦者，从通假字，不从通假字之通假字也。又郑玄引《天子巡守礼》"制币丈八尺，纯四咫"者，以证制、纯为布帛长、宽之称也。按"纯四咫"，《仪礼·聘礼》"释币制玄纁束"下郑注引《朝贡礼》作"纯四只"。咫、只并通假字，本字作㧾。《说文》："㧾，中妇人手长八寸，谓之㧾，周尺也。"然而四咫（㧾）则三尺二寸矣，是幅宽过广，故郑玄以为四乃三字之误。《聘礼》"释币制玄纁束"下贾疏引《郑志》郑玄答赵商云："古（三、四字）积画，误为四，当为三。三㧾则二尺四寸矣。"

82.《地官·叙官》："泉府。"郑注："郑司农云：'故书泉或作钱。'"

《说文》："泉，水源也，象水流出成川形。"甲骨文泉字即象水自穴罅中流出之形。徐灏云："泉，借为货泉之名，取其流布也。"② 《说文》又曰："钱，銚也，古田器。"是钱本田器名。钱、泉二字双声叠韵，皆属从母元部，故又假钱为泉，遂为泉货之专字。是以钱为泉，乃假通字之通假字。段注云："秦汉乃假借钱为泉……钱行而泉废矣。"然假钱为泉，由来已久，不自秦汉始。《国语·周语下》："景王二十一年，将铸大钱。"韦注云："古曰泉，后转曰钱。"③ 是其证。又郑司农既云"故书泉或作钱"，是故书亦有作泉之本，作钱者，盖后人所改。故孙诒让云："《汉书·食货志》云'刘歆言周有泉府之官'，则刘所见故书亦作泉，故二郑不从或本作钱。"④

83.《地官·大司徒》："以土圭之法测土深，正日景，以求地中。"郑注："故书求为救，杜子春云'当为求'。"

按杜子春云"当为求"，当字《注疏》本原脱，据阮校补。求的本义为皮裘，甲骨文裘即象皮毛外露之衣。《说文·裘部》则以求为裘的古文。高明先生也说："古求裘同字。"⑤ 后假借为寻求、要求字，且为人所习用。故书求

---

① 淳、纯为同源字，参见王力《同源字典》第518—519页。
② 徐灏：《说文解字注笺》，《续修四库全书》第226册，第459页。
③ 《国语》下册，上海古籍出版社，1978年，第338页。
④ 孙诒让：《周礼正义》第3册，第664页。
⑤ 高明：《古文字类编》，中华书局，1980年，第254页。

为救者，是又假救为求，则是通假字之通假字也。段玉裁云："《周礼》以救为求，古文通假字也。"① 故郑玄不从故书。

84.《地官·乡师》："巡其前后之屯。"郑注："故书屯或为臀。郑大夫读屯为课殿，杜子春读为在后曰殿，谓前后屯兵也。玄谓前后屯，车徒异部也。今书多作屯，从屯。"

按注"郑大夫读屯为课殿"，段玉裁改"读屯"为"读臀"，以为屯字误，② 是也。据郑注，此经之屯字，故书有作臀之本。郑大夫与杜子春皆从作臀之本，且皆读臀为殿，而说则不同。郑大夫读臀为课殿之殿，即今所谓殿军字，义为最下等。杜子春读臀为殿者，为殿与屯通，义为屯兵。故孙诒让云："杜本亦作臀，故读为殿，而训为屯兵，以臀本无屯训，必依声类读为殿，乃可通屯。"③ 郑玄则径从今书作屯，读屯为屯聚字。按屯的本义为难，《说文》："屯，难也，象草木之初生，屯然而难。"假借作屯聚字（参见朱骏声《说文通训定声》"屯"字注），遂久借而不归，人皆习用之，此经亦然。且此经之义，郑玄以为是巡其前后"车徒异部"而屯者，自当以作屯为切。故书屯或为臀者，是故书或本有作臀者。臀、屯古音同，皆属定母文部，故臀可借为屯，是又通假字之通假也，故郑玄不从故书。至于郑大夫从故书作臀而读为课殿字，是别为一义，郑玄亦不从也。孙诒让曰："郑玄以经云'前后之屯'，则不得为殿后之殿；且作屯，与《大司马》文同，于义自通，故不从大夫、子春读也。"④ 又云："云'今书多作屯，从屯'者，谓今书之内亦有二本，一作屯，一作臀，而为屯者多，故郑玄从之。《大司马》亦作屯，不作殿。"⑤

85.《春官·大祝》："掌六祈以同鬼神示……二曰造。"郑注："故书造作灶。杜子春读灶为造次之造，书亦或为造，造祭于祖也。郑司农云：'大师……造于祖……《司马法》曰：'将用师，……乃造于先王。'"

《说文》："造，就也。"假借作祭名，即杜子春所谓"造祭于祖也"。《说

---

① 段玉裁：《周礼汉读考》，《清经解》第4册，第193页。
② 同上。
③ 孙诒让：《周礼正义》第3册，第833页。
④ 同上书，第664页。
⑤ 同上书，第834页。

文》又曰:"灶,炊灶也。"故书作灶者,段玉裁云:"古文假借字也。"① 谓假灶为造,是灶又通假字之通假字。造字古音属从母幽部,灶字属精母觉部,从精旁纽,幽觉对转,故可相通假。惠士奇云:"古文灶、造通。《吴越春秋》:'勒马衔枚,出火于造,闇行而进。'案造,《吴语》作灶,所谓系马舌,出火灶。《龟策传》'灼钻之处亦以造名',注:'造音灶。'本此。"② 郑玄不从故书者,不从通假字之通假字也。按《周礼》全书造祭字皆作造,无作灶者,故杜子春、郑司农亦皆从造字。

86.《春官·巾车》:"藻车,藻蔽。"郑注:"故书藻为辄,杜子春辄读为华藻之藻,直谓华藻也。玄谓藻,水草,苍色。"

段玉裁云:"《说文·艸部》:'藻,水草也,从艸,从水,巢声,或从澡作藻。'是藻、藻同字,义本水草,借为文采字。凡《礼经》文采之训,古文多用缫字,今文多用藻、璪字是也。盖汉人已分别藻为华藻,藻为水草,故杜作藻,郑君作藻。"③ 按郑玄既训藻为水草,故即从今书作藻,用本字也。故书藻为辄者,《说文》无辄字。段玉裁云:"故书作辄,辄字不可得其音义。"④《集韵·晧韵》:"辄,车饰有华藻也,杜子春说。"又《董韵》:"辄,苍色车饰。"此则盖据郑注以为说。然其造字时之音义实已不可考。杜子春"辄读为华藻之藻"者,是以辄为藻的借字。藻既为华藻字之通假字,辄读为藻,是又通假字之通假也,且训义亦与郑注异,故郑玄不从故书。

87.《春官·车仆》:"苹车之萃。"郑注:"苹犹屏也,所用对敌自蔽隐之车也。《孙子》八陈有苹车之陈。故书苹作平。杜子春云:'苹车当为軿车。'"

《说文》:"軿,辎车也。"又曰:"辎,軿车前,衣车后也。"朱骏声云:"按辎、軿皆衣车,前后皆蔽曰辎,前有蔽曰軿。"是軿乃軿车之本字,故杜云"苹车当为軿车"。今书作苹,郑注训之为屏,为隐蔽,是其训义与軿同,而用字则异。苹乃水生植物名。《说文》:"苹,萍也,浮水而生者。"即今所谓浮萍。然苹、軿皆并母耕部,古音相近,故苹可通軿。孙诒让曰:"軿正

---

① 段玉裁:《周礼汉读考》,《清经解》第4册,第205页。
② 惠士奇:《礼说》卷1"不举"条,《清经解》第2册,第31页。
③ 段玉裁:《周礼汉读考》,《清经解》第4册,第207页。
④ 同上。

字，苹声近假借字。"① 然郑玄从通假字而不从本字者，以《孙子》有苹车故也，即所谓"《孙子》八陈有苹车之陈"（按注所引乃《孙子》逸文），是假苹为軿车字，其由来甚古，郑玄为存古字，故不易之。孙诒让云："此苹车义虽当为軿，而《孙子》有苹车，其字近古。"② 孙说是也。而故书作平者，又苹之通假字也。徐养原云："《尧典》'平秩东作'，马本作苹，见《释文》，是平、苹古亦通用……但以平通苹，非以苹通平也。"③ 然假平为苹，义更迂远，故郑玄依《孙子》用古通假字，而不从故书通假字之通假字也。

88.《考工记·总叙》："刮磨之工：玉、楖、雕、矢、磬。"郑注："故书雕或为舟。杜子春云：'雕或为舟者，非也。'"

雕是一种猛禽。《说文》："雕，鷻也。"假借为治玉之琱。《尔雅·释器》："玉谓之雕。"郭璞注云："治璞之名。"郝懿行《义疏》云："雕者，琱之假借也。《说文》云：'琱，治玉也。'"④ 按雕、琱皆从周声，故雕可借为琱。故书雕或为舟者，雕、舟古音叠韵，皆属幽部；雕是端母，舟是照母，端照准双声，二字音近，故舟可借为雕，是又通假字之通假字也。以假雕为琱，经典已习用，故郑玄从之，而不从故书或本作舟。又，杜子春以故书作舟为非者，盖不识其为雕之通假字。段玉裁云："雕从周声，故古文假借舟为之，此亦上文舟作周之类也。以学者不能通，故皆从今书。"⑤

89.《考工记·矢人》："虽有疾风，亦弗之能惮矣。"郑注："故书惮或作伹。郑司农云：'读当为惮之以威之惮，谓风不能惊惮箭也。'"

《说文》："惮，忌难也。"假借为伹。《广雅·释诂》："伹，惊也。"郑司农即释之为惊惮，郑玄从之。《释文》亦曰："惮音伹。"故书惮或作伹者，《说文》："伹，褐也。"惮、伹古同音，皆属定母元部，故故书假伹为惮，是又通假字之通假，故郑玄不从故书。

90.《考工记·梓人》："苟拨尔而怒，则于任重宜，且其匪色，必似鸣矣。"郑注："匪，采貌也。故书匪作飞。郑司农云：'飞读为匪。'"

---

① 孙诒让：《周礼正义》第 8 册，第 2198 页。
② 同上。
③ 徐养原：《周官故书考》，《清经解续编》第 2 册，第 1224 页。
④ 郝懿行：《尔雅义疏》第 2 册，北京中国书店 1982 年影印本，第 18 页。
⑤ 段玉裁：《周礼汉读考》，《清经解》第 4 册，第 217 页。

郑玄释匪为"采貌"，是以匪为斐的通假字。《说文》："斐，分别文也。"段注："谓分别之文曰斐。《卫风》'有斐君子'，传曰：'匪，文章皃。'《小雅》'萋兮斐兮'，传曰：'萋斐，文章相错也。'《考工记》注曰：'匪，采皃也。'皆不言分别。许云分别者，浑言之则为文，析言之则为分别之文。"段注又云："郑君云'匪，文貌'（按据郑注当云采貌），则匪者，斐之假借，与《淇奥》诗同。"《说文》又曰："㣇，鸟鬻也。"㣇、匪古音相近，皆帮母微部，故故书又假㣇为匪，郑玄所不从也。按郑司农云"㣇读为匪"者，是亦以㣇为匪的通假字也。

六　二字义近从其义切者（7例）

91.《地官·乡师》："巡其前后之屯。"郑注："故书巡作述。"

《说文》："巡，视行也（此据段注本），从辵，川声"；"述，循也，从辵，术声。"又曰："循，行也。"（此据段注本）按巡、述之义符皆为辵，是皆有行义，二字义近。然巡字有省视义，即段玉裁《说文》"巡"下注所谓"视行者，有所省视之行也"，而述字则无此义，是巡字在此于义尤切，故郑玄不从故书。

92.《春官·男巫》："王吊，则与祝前。"郑注："巫、祝前王也。故书前为先。郑司农云：'为先，非是也。'"

《说文》："前，不行而进谓之前，从止在舟上。"又曰："先，前进也。从儿之。"是二字义近而微别：前是被动地前进，先是主动地前进。其引申义亦别。《王力古汉语字典》云前字"引申为走在前面"，是就所处位置言，如《仪礼·特牲馈食礼》："尸谡，祝前。"又如《春官·丧祝》"王吊则与巫前"，注引郑司农云："丧祝与巫以桃茢执戈在王前。"此经"祝前"义亦同此。而先字则引申用作时间上的先后字，如《论语·先进》曰："先进于礼乐，野人也。后进于礼乐，君子也。"《广雅·释诂》曰："先，始也。"是皆谓按时间顺序在先。故此经以前字于义为切，且如孙诒让说："《丧祝》、《女巫》并作前，此文不宜异也。"① 故郑玄不从故书。

---

① 孙诒让：《周礼正义》第 8 册，第 2075 页。

93.《夏官·司士》："司士掌群臣之版。"郑注："故书版为班。郑司农云：'班，书或为版。版，名籍。'"

版，字亦作板，谓将木头分解为板状。《说文》："版，判也。"王筠曰："谓判之而为版也。"① 木板可以作字，故引申为书版，又引申为名籍，郑司农云："版，名籍。"即此经所取义。班，《说文》："分瑞玉。"是版、班二字皆有分义。然班字无名籍义，而《周礼》中凡名籍、户籍字皆作版。如《小宰》"三曰听闾里以版图"，郑注："版，户籍也。"《宫正》"为之版以待之"，郑注："版，其人之名籍。"《宫伯》"掌士、庶子在版者"，郑注："版，名籍也，以版为之。今时乡户籍谓之户版。"皆其例。故郑玄不从故书。又郑司农云"班，书或为版"者，是故书亦有作版之本也。

94.《秋官·小行人》："若国札丧，则令赙补之。"郑注："故书赙作傅。郑司农云：'赙补之，谓赙丧家，补助其不足也。若今时一室二尸，则官与之棺也。'"

按注"故书赙作傅"，傅字《注疏》本原误作傳，据阮校改。赙，谓以财物助人办丧事。《说文》无赙字。《广雅·释诂》："赙，送也。"《玉篇·贝部》："赙，以财助丧也。"皆与郑司农说同。故书赙作傅者，《说文》："傅，相也。"《集韵·漾韵》："相，助也。"段玉裁云："其实傅可训为附益。"② 是傅、赙义近。然郑玄必从赙者，以傅相之为助义甚宽泛，而赙之为助则专据丧事言，于义尤切故也。

95.《考工记·辀人》："辀注则利准，利准则久，和则安。"郑注："故书准作水。郑司农云：'注则利水，谓辕脊上雨注，令水去利也。'玄谓利水重读，似非也。注则利，谓辀之揉者形如注星，则利也。准则久，谓辀之在舆下者平如准，则能久也。和则安，注与准和者，人乘之则安。"

《说文》："准，平也。"段注："谓水之平也。天下莫平于水，水平谓之准。"《说文》又云："水，准也。"是水、准义同。然郑玄必从今书作准而不从故书作水者，以郑训准为平，谓准为"辀之在舆下者平如准"，恰与准字本义合。水虽训准，终不及准之径直训平义更贴切。又郑司农云"注则利水，

---

① 王筠：《说文句读》第 2 册，上海古籍书店 1983 年影印本，第 915 页。按本章以下凡引王筠《句读》皆据此本，不复注。

② 段玉裁：《周礼汉读考》，《清经解》第 4 册，第 215 页。

谓辕脊上雨注，令水去利也"者，是郑司农从故书作水之本，故读"利准"为"利水"，而以"辕脊上雨注，令水去利"释之。郑玄不从之者，以辕脊上本不可存水，不存在去水利不利的问题，正如贾疏所云："辀辕之上纵不为雨注，水无停处，故（郑玄）不从也。"故郑玄以为此经不当"利水"连读，而当读"注则利"绝句，水当作准，下当承以"准则久"，而经文衍"利水"二字，故曰"'利水'重读，似非也"。是郑玄与郑司农对经义的理解不同，故不从郑司农说。同例还见于：

《考工记·栗氏》："权之然后准之。"郑注："准，故书或作水。杜子春云：'当为水。金器有孔者，水入孔中，则当重也。'玄谓准，击平正之，又当齐大小。"按此经郑玄亦释准为平，故不从故书作水。段玉裁云："杜从水，郑从准。郑云'击平正之'者，如俗弹天平然，彼此两平，则轻重均矣。天平今用比，旧用弹，即郑玄所云击也。"① 又郑玄不从杜子春说者，孙诒让云："杜意量铸成后，或有衅罅，故以水试之，如加重，则是尚有微孔，是其冶铸未精也。然经义实指未成量言，故郑玄不从。"②

96.《考工记·凫氏》："为遂，六分其厚，以其一为之深而圜之。"郑注："故书圜或作囲。杜子春云：'当为圜。'"

《说文》："圜，天体也。"因中国传统观念认为天道圆，故引申为环、为圆。故段注云："圜，环也。"《考工记·舆人》："圜者中规。"《广雅·释诂》："圜，圆也。"是此经所取义也。故书圜作囲者，《说文》："囲，守也。"甲骨文、金文囲字象人从四周围攻或围守城之形，是囲与圜义近，故《广韵·删韵》曰："圜，囲。"然郑玄必从今书作圜者，孙诒让云："圜、囲义通。《庐人》云：'凡为殳，五分其长，以其一为之被而围之。'注云：'围之，圜之也。'与此文例正同。杜氏因围有方有圜，且与上甬围、衡围无别，故改从圜也。"③ 是圜字于此经之义为尤切，故郑玄从之。

97.《考工记·弓人》："则莫能以速中。"郑注："故书速或作数。郑司农云：'字从速。速，疾也。'"

《说文》："速，疾也。"又曰："数，计也。"数引申之亦有疾速义。段

---

① 段玉裁：《周礼汉读考》，《清经解》第4册，第219页。
② 孙诒让：《周礼正义》第13册，第3274页。
③ 同上书，第3272页。

注:"(数)引申之义、分析之音甚多,大约速与密二义可包之。"《尔雅·释诂下》:"数,疾也。"是速、数二字义近,亦皆可从。然疾速之义终以今书作速字为切,故段玉裁云:"数字义短,故从速。前文'无以为戚速',司农亦不从数。"①

七 二字通用从其义切者(4例)

98.《天官·小宰》:"以官府之八成经邦治……四曰听称责以傅别。"郑注:"郑司农云:'傅,傅著约束于文书。别,别为两,两家各得一也。'傅别,故书作傅辨,郑大夫读为符别,杜子春读为傅别。玄谓大手书于一札,中字别之。"

别,《说文》作刖,曰:"分解也。"段注:"分别、离别皆是也。"《说文》又曰:"辨,判也";"判,分也。"是辨、别义近。又辨、别二字古音双声,都是并母,辨属元部,别属月部,元月对转,是二字音亦相近,实为同源通用字。段玉裁云:"辨、别二字古多通用,如《月令章句》引《别名记》,即《白虎通》之《辨名记》。"②是别、辨二字于此经皆可用。然别字于郑注所谓"大手书于一札,中字别之"之义为尤切,故郑玄不从故书作辨。郑大夫、郑司农、杜子春亦皆从作别之本。同例还见于:

《秋官·士师》"正之以傅别、约剂。"郑注:"故书别为辨。"

99.《春官·小宗伯》:"凡王之会同、军旅、甸、役之祷祠,肄仪,为位。"郑注:"肄,习也。故书肄为肆。杜子春读肆当为肄,谓若今时肄司徒府也。"

按注"谓若今时肄司徒府也",《注疏》本句首原脱谓字,据阮校补。又按肄、肆甲骨文、金文本一字,后字形变化而有肄、肆二字,义亦各异:肄,《说文》训"习也";肆,《说文》训"极陈也"。人们遂以《说文》之训为此二字之本义。然此二字实为一字之分化,本同源,故典籍中每通用。宋世荦云:"《仪礼·聘礼》'为肆',注:'古文肆为肄。'《小戴记·玉藻》'肆

---

① 段玉裁:《周礼汉读考》,《清经解》第4册,第224页。
② 同上书,第188页。

束及带',注:'肆读为肄。'《曲礼》'大夫与士肄',《内则》'请肄简、谅',陆德明本并作肆。《学记》'《宵雅》肄三',《释文》:'肄,本又作肆。'《春秋》左文四年《传》:'臣以为肆业及之也。'陆德明本肆作肄。昭十三年《传》:'若为三师以肄焉。'《释文》:'本又作肆。'"① 是皆二字通用之证。肄、肆虽可通用,然习义终以肄字为切,故郑玄不从故书。

100.《夏官·太仆》:"大丧,始崩,戒鼓传达于四方。"郑注:"戒鼓,击鼓以警众也。故书戒为侅。"

《说文》:"戒,警也。"又曰:"侅,惊也。"侅本义为马受惊,引申为凡惊之称,受惊就会引起警戒,是与戒字义亦相近。戒古音属见母职部,侅属匣母之部,见匣旁纽,职之对转,是二字音亦相近,故古籍中每通用。徐养原云:"《毛诗序》云:'《南陔》,孝子相戒以养。'盖以戒训陔也。凡戒声、亥声多通用。《钟师》'祴夏',杜子春读为陔鼓之陔,是祴陔通用。《大司马》'鼓皆駴',《释文》'駴,本亦作侅'。是駴、侅通用。《春秋》庄二十五年《穀梁传》云:'既戒鼓而侅众。'戒、侅并于一句,字异而义同也。"② 然二字义虽近而小异。段玉裁云:"案《大司马》云:'鼓皆駴。'駴即侅字。郑君曰:'疾雷击鼓曰侅。'谓击鼓声如疾雷响而促也。……此传达四方,无取疾急,故不从故书。"③ 是此经以今书戒字义为切,故郑玄不从故书。

101.《考工记·车人》:"行泽者反輮,行山者仄輮。"郑注:"故书仄为侧。郑司农云:'侧当为仄。'"

《说文》:"仄,侧倾也。"又曰:"侧,旁也。"是二字义近,古亦同音,皆属庄母职部,乃同源通用字。段注云:"不正曰仄,不中曰侧,二义有别,而经传多通用。"然郑玄必从今书作仄者,盖如段玉裁所云:"侧、仄古音同在第一部,今人二字多混用,汉人甚分别。"④ 徐养原亦云:"郑必从仄者,旁曰侧,倾曰仄,因事设词,亦各有所当也。"⑤ 是仄字于此经之义尤切,故郑玄不从故书。

---

① 宋世荦:《周礼故书疏证》,《续修四库全书》第81册,第177页。
② 徐养原:《周官故书考》,《清经解续编》第2册,第1225页。
③ 段玉裁:《周礼汉读考》,《清经解》第4册,第210页。
④ 同上书,第223页。
⑤ 徐养原:《周官故书考》,《清经解续编》第2册,第1232页。

八　同为通假字从其义切者(1例)

102.《春官·典同》："凡声，高声硁。"郑注："故书硁或作䃍。杜子春读硁为铿鎗之铿。郑大夫读硁为衮冕之衮。玄谓高，锺形大上，上大也。高则声上藏，衮然旋如裹。"

按注"衮然旋如裹"之裹字，段玉裁《周礼汉读考》引作"裹"，云："谓其音拳曲盘旋而上，如物苞裹于内也。"① 阮校亦云："惠校本裏并作裹。"按据郑注之意，当以作裹为是，段、阮二氏校是也。段氏又云："案此杜从作䃍之本而易为铿字也。今本'读䃍'作'读硁'，误。《音义》䃍、铿皆苦耕反，陆时盖未误也。"② 亦是也。段氏又云："大夫从作硁之本而易为衮字，各依其声类所近也。衮谓卷龙衣……《礼记》文皆作卷，知衮古音同卷，读为衮犹读为卷，故郑君云'高则声上藏，衮然旋如裹'，所以申少赣之说，谓其音拳曲盘旋而上，如物苞裹于内也。"③ 按郑大夫以硁为衮之假借字，故云"读硁为衮冕之衮"。郑玄从其说而申之。《说文》无硁字，其本义不可知，然硁、衮古音皆属见母文部，故硁可借为衮。《说文》："衮，天子享先王，卷龙绣于下常，幅一龙蟠阿上乡。"（此据段注本）是衮的本义为天子所服绣有卷龙之服。段注云："卷龙，谓龙拳曲。"故借以形容声音之"拳曲盘旋而上，如苞裹在内"，即郑注所谓"衮然旋如裹"。然今书不用本字作衮，而用其通假字硁者，盖形容声音习用硁字欤？故书硁或作䃍者，䃍乃铿之借字，故杜子春"读䃍为铿鎗之铿"。《说文》无䃍字，其本义亦不可知。据《释文》，䃍、铿皆苦耕反，故䃍可借为铿。《说文》亦无铿字，《正字通·金部》"铿"下曰："凡金石、玉佩、琴瑟、钟鼓，节族铮然通曰铿。"④ 是铿为象声词，凡"节族铮然"皆可谓之铿。然铿无拳曲之义，不可用以形容"衮然旋如裹"之声，故郑玄不从。

---

① 段玉裁：《周礼汉读考》，《清经解》第4册，第203页。
② 同上。
③ 同上。
④ 张自烈：《正字通》戌集，《续修四库全书》第235册，第640页。

九　从区别字不从本原字(9例)

103.《天官·大宰》:"以九贡致邦国之用……二曰嫔贡。"郑注:"嫔,故书作宾。郑司农云:'宾贡,皮帛之属。'玄谓嫔贡,丝枲。"

按宾的本义为宾客。《说文》:"宾,所敬也。"甲骨文宾字上作屋形,下从人,从止(自金文始易从止为从贝),会有客自外而至,人在屋中迎接之意。宾是嫔的本原字,嫔则是宾的区别字,"甲骨文宾傧嫔为一字"。①《说文》:"嫔,服也。"段注:"《传》曰:'嫔,妇也。'按妇者,服也,故释妇亦曰服也。"郑玄既释此经嫔贡为丝枲,而丝枲为妇功所用,故从今书作嫔。宾字虽本兼有嫔妇义,然自分化出嫔傧等字后,嫔妇义即为嫔字所专,而宾字则只用其本义作宾客字,故郑玄不从故书。又郑司农云"宾贡,皮帛之属"者,是郑司农从故书作宾之本,而以宾贡为宾客之贡,义与郑玄异,故郑玄不从。

104.《地官·大司徒》:"五曰以仪辨等,则民不越。"郑注:"故书仪或为义,杜子春读为仪,谓九仪。"

按仪、义本一字,甲骨文、金文仪字皆不从人。《说文》:"义,己之威义也。"(此据段注本)段注曰:"古者威仪字作义。"王引之亦曰:"古礼仪字本作义也。"②后乃加亻旁而造仪字,且习用为礼仪字,而其本原字则用作情义字或仁义字。故杜子春、郑玄皆从今书作仪,而不从故书或本作义。按仪的本义为礼仪,《说文》训仪为度,乃其引申义。学者或有据许氏之训而以仪为假借字者,如孙诒让曰:"凡威仪字,古正作义,汉以后假借仪度之仪为之。"③则非也。仪非义之假借字,而是其区别字。同例还见于:

《春官·小宗伯》:"凡王之会同、军旅、甸、役之祷祠,肄仪,为位。"郑注:"故书仪为义。杜子春读义为仪。"

《春官·肆师》:"凡国之大事,治其礼仪,以佐宗伯。"郑注:"故书仪为义。郑司农'义读为仪,古者书仪但为义,今时所谓义为谊。'"

---

① 徐中舒主编:《甲骨文字典》,第885页。
② 王引之:《经义述闻·礼记中》"别之以礼义"条,《清经解》第6册,第893页。
③ 孙诒让:《周礼正义》第3册,第710页。

《春官·典命》："典命掌诸侯之五仪。"郑注："故书仪作义，郑司农义读为仪。"

105.《地官·乡师》："及窆，执斧以莅匠师。"郑注："故书莅作立。郑司农云：'立读为莅，莅谓临视也。'"

按立的本义为站立，甲骨文、金文立字即象人正面站立之形。人之所立，即人之所临也，故引申而有莅临、临视之义。甲骨文中有"立史"连文者，徐中舒曰："疑当读为莅事。"① 金文中亦有"立事"之文（如《国差𦉢》、《陈章壶》等②），亦当读为莅事。战国古文则每见"立事岁"之文，何琳仪《战国古文字典》所举就有十三例之多，③ 盖皆当读为"莅事岁"。后乃造隶字，以为莅临义之专字。《说文》："隶，临也。"或又假位字（按位亦立的区别字，参见例107），如《春秋》僖三年"公子季友如齐莅盟"（按莅、位字同，见下），《穀梁传》云："莅者，位也。"《易·需卦·象传》"位乎天位"，《周易音义》释上位字引郑注曰："音莅。"④ 后又于位旁加水，或于位上加艸，而又造涖、莅二字，且为人所习用，而前此所造之隶字反废。段玉裁《说文》"隶"下注云："《道德经·释文》云：'古无莅字，《说文》作隶。'按莅行而隶废矣。"是故书作立者，用本原字也；今书作莅者，区别字也。郑司农、郑玄皆从区别字而不从本原字，为其于经义尤切，且习用易晓故也。按徐养原以为立是隶的古假借字，而莅是隶的俗字，⑤ 则非也。同例还见于：

《地官·司市》："市师莅焉，而听大治、大讼；胥师、贾师莅于介次，而听小治、小讼。"郑注："故书莅作立。郑司农云：'立当为莅，莅，视也。'"

《春官·大宗伯》："莅玉鬯，省牲镬。"郑注："故书莅作立。郑司农'读为莅。莅，视也。'"

106.《地官·乡大夫》："退而以乡射之礼五物询众庶……五曰兴舞。"郑注："故书舞为无。杜子春无读为舞，谓能为六舞。"

---

① 徐中舒主编：《甲骨文字典》，第1180页。
② 容庚：《金文编》，中华书局影印本，1985年，第710页。
③ 何琳仪：《战国古文字典》下册，中华书局，1998年，第1382页。
④ 陆德明：《经典释文》，中华书局，1983年，第20页。
⑤ 徐养原：《周官故书考》，《清经解续编》第2册，第1218页。

按無是舞的本原字。甲骨文無字即象人之两手持物而舞之形。金文及战国無字的笔划虽渐加繁，但基本字形仍大同。后無借为有無字，于是又在無下加舛而造舞字，舞行而無废，人们皆习以無为有無字，而以舞为舞蹈字。是此经之故书作無乃用本原字，而今书用区别字。杜子春从作無之本，而曰"读为舞"，是以区别字读之，即因人已不识無为舞之本原字故也。郑玄则从今书作舞，以区别字已习用易晓，且于经义尤切故也。惠栋《九经古义·周礼上》，段玉裁《周礼汉读考》卷2，皆以無为舞的假借字，则非也，是皆因不见古文字资料所致。

107.《春官·小宗伯》："小宗伯之职，掌建国之神位。"郑注："故书位作立。郑司农云：'立读为位，古者立、位同字。古文《春秋经》公即位作公即立。'"

按古立、位同字，即皆作立，甲骨文、金文位皆不从人。立的本义为站立，甲骨文、金文立字即象人正面站立之形。站立之地，即人所处之位也，故引申为位。如西周《颂鼎》"王各大室即立"，即"即位"也。[①] 郑司农所引"古文《春秋经》公即位作'公即立'"，亦其显例。后来又造位字，然仍每用立字，[②] 盖自汉而习用位字。立是本原字，位是立的区别字，而郑玄从之。徐养原以为立是位的假借字，云："此古文假借字也。古借立为位。"[③] 则非也。同例还见于：

《春官·肆师》："凡师、甸，用牲于社、宗，则为位。"郑注："故书位为茬。杜子春云：'茬当为位，书亦或为位。宗谓宗庙。'"按徐养原疑故书茬乃立字之误，云："按《乡师》、《司市》、《大宗伯》茬字故书皆作立，《小宗伯》位字故书作立，此经位字故书亦当作立，与《小宗伯》同。今作茬，疑传写之误。"[④] 徐氏所疑甚是。位字可通茬，茬则不可通位，茬必为误字无疑。此经之位，谓祭位，即祭祀时的神位，故贾疏释"为位"云："肆师为位祭也。"此经郑玄从今书作位而不从故书作立，与上《小宗伯》一例。

108.《春官·肆师》："凡师不功，则助牵主车。"郑注："故书功为工。

---

① 容庚：《金文编》，中华书局1985年影印本，第710页。
② 何琳仪：《战国古文字典》下册，中华书局，1998年，第1180、1382页。
③ 徐养原：《周官故书考》，《清经解续编》第2册，第1221页。
④ 同上。

郑司农工读为功。古者工与功同字。谓师无功，肆师助牵之，恐为敌所得。"

按郑司农云"古者工与功同字"者，谓工与功古只作工，甲骨文、金文至战国古文功皆不从力。其字形自甲骨文以降，亦大体相同，盖象规矩之形。规矩为工具，故引申而有工作、事功、功业等义。如《中山王𰯼鼎》"庸其工"，《中山王𰯼壶》"休又成工"，①《中山王圆壶》"先王之工剌"，②工皆读为功。后乃加力旁而造功字，用为功业字，且为典籍所习用，《说文》所谓"功，以劳定国"是也。工是本原字，功是区别字。郑司农、郑玄皆从今书区别字，不从故书本原字。段玉裁谓"此（故书）古文假借字"，③则非也。

109.《春官·乐师》："凡军大献，教恺歌，遂倡之。"郑注："故书倡为昌。郑司农云：'乐师主倡也。昌当为倡，书亦或为倡。'"

甲骨文昌字从日，从口，"会日出讴歌之意，疑唱之初文"。④后乃加口旁而造唱字，义为领唱。《广韵·漾韵》："唱，发歌。"发歌即领唱。又引申而为倡导、提倡。《说文》："唱，导也。"释其引申义也。⑤字亦作倡。《集韵·漾韵》："唱，《说文》：'导也。'……亦作倡。"《史记·陈涉世家》："今诚以吾众诈自称秦公子扶苏、项燕，为天下唱，宜多应者。"司马贞《索隐》："《汉书》作倡，倡谓先也。"《文选》左思《魏都赋》："晷漏肃唱。"李注引《字书》："倡亦唱字也。"⑥是昌为本原字，唱、倡皆区别字。以区别字于此经义尤切，且为人所习用而易晓，故郑玄从之。

110.《春官·锺师》："凡乐事，以锺鼓奏九《夏》：……《纳夏》。"郑注："故书纳作内。杜子春云：'内当为纳。四方宾客来奏《纳夏》。'"

按《纳夏》，阮校以为当作《夏纳》，云："《唐石经》诸本同，《释文》作《夏纳》，云'本或作《纳夏》'。《经义杂记》曰：'《左传》襄四年金奏《肆夏》之三，杜注曰《纳夏》，《释文》作《夏纳》，云本或作《纳夏》，误。'又《春秋正义》曰：'定本《纳夏》为《夏纳》。'依陆氏之书知，旧本是《夏纳》。今《周礼》作《纳夏》，非也。"阮校是也。段玉裁《周礼汉

---

① 见容庚《金文编》，第312页。
② 何琳仪：《战国古文字典》上册，第411页。
③ 段玉裁：《周礼汉读考》，《清经解》第4册，第199页。
④ 何琳仪：《战国古文字典》上册，第654页。
⑤ 参见王力《同源字典》，商务印书馆，1982年，第362页。
⑥ 《文选》上册，中华书局，1977年，第100页。

读考》引此经即作《夏纳》。又按《说文》："内，入也。"金文内、纳本一字，即皆作内，① 后乃造区别字纳字。段玉裁云："古内外、出纳字皆作内，其音亦同。"② 自纳字出，遂习用为出纳字，而其本原字则多用为内外字。据杜子春说，《夏纳》因"四方宾客来"而奏，而夏之义为大（此经郑注引吕叔玉云："夏，大也。"）是《夏纳》之名，盖取义于大迎纳宾客。以纳字于经义尤切，且习用易晓，故杜子春云"内当为纳"。段玉裁云："盖由汉人出纳字皆作纳，故（杜子春）以今字改古字，令读者易明。"③ 故郑玄从今书纳字，而不从故书。

111.《考工记·轮人》："取诸圜也。"郑注："郑司农云：'故书圜或作员，当为圜。'"

《说文》："圜，天体。"引申用为方圆字。《广雅·释诂三》："圜，圆也。"故书圜或作员者，员字甲骨文、金文皆从口从鼎，口象鼎之圆，会方圆之圆意。《说文》所载员字之籀文亦从口从鼎，至篆文始省鼎作贝而为员，是员乃圆之本原字。《说文》："员，物数也。"乃员之假借义，非本义也。然假借义既为人所习用，故又于员外加口而造圆字。又甲骨文、金文皆无圜字，圜、圆皆后起区别字。可见此经故书或本作员，用本原字。以员字习借为员数字，而方圆字则多用区别字圆或圜，故郑玄因而从之。

一〇　从通假字不从音义俱异之字（1例）

112.《考工记·匠人》："置槷以县，眡以景。"郑注："故书槷或作弋。杜子春云：'槷当为弋，读为杙。'玄谓槷，古文臬，假借字。于所平之地中央树八尺之臬，以县正之，视之以其景，将以正四方也。《尔雅》曰：'在墙者谓之杙，在地者谓之臬。'"

按《说文》无槷字，郑注谓为臬之假借字。《广韵·屑韵》："槷，危槷。"盖其本义也。《轮人》："毂小而长则柞，大而短则槷。"郑司农云："槷读为臬，谓辐危槷也。"马融《长笛赋》"巅根跱之槷刖兮"，李善注：

---

① 参见容庚《金文编》，第367页。
② 段玉裁：《周礼汉读考》，《清经解》第4册，第203页。
③ 同上书，第204页。

"槷剌，危貌。"① 皆用槷之本义也。臬字甚古，甲骨文臬字字形与《说文》篆文同。《说文》："臬，射准的也。"段注："引申为凡标准法度之称。"故用作测日影的标杆名。郑谓"于所平之地中央树八尺之臬，以县正之，视之以其景，将以正四方也"，此臬即测日影的标杆。臬、槷二字古音同，皆属疑母月部，声调亦同，故槷可通假为臬，郑玄从之，而于注中作臬以明其义。故书槷或作弋者，《说文》："弋，橜也，象折木衺锐者形。"（此据段注本）是弋即木桩，可系物或挂物，后乃加木旁作杙。弋字古音属喻母职部，与槷臬字音隔。又郑注引《尔雅》"在墙者谓之杙，在地者谓之臬"，是以弋（杙）与槷臬字义别，故不从故书及杜子春说。段玉裁云："郑君则从槷，谓槷为臬之假借……下文引《尔雅》分别杙、臬字，见此经，言在地者则作臬为正，不当如杜作杙也。"是弋与槷臬音义俱异，故郑玄不从故书或本。

一一 从通假字而不从音义俱迂远之字（1 例）

113.《地官·草人》："凡粪种，骍刚用牛。"郑注："故书骍为挈。杜子春读挈为骍，谓地色赤而土刚强也。"

骍本为赤色的马。《诗·鲁颂·駉》"有骍有骐"，毛传："赤黄曰骍。"孔疏："骍为纯赤色。言赤黄者，谓赤而微黄，其色鲜明者也。"《广韵·清韵》亦曰："骍，马赤色也。"然《说文》无骍字，而有𡐩字，曰："赤刚土也。从土，觲省声。"与杜子春释骍刚为"地色赤而土刚强"之义合。段玉裁《周礼汉读考》及徐养原《周官故书考》皆以为𡐩即骍刚之本字，是也。骍、𡐩双声，都是心母，骍属真部，𡐩属耕部，真耕通转，故二字可相假借，𡐩是本字，骍是通假字。然以典籍习用骍字，本字遂废。挈，《说文》："悬持也，从手，㓞声。"是与𡐩、骍音义皆异。故书何以作挈，甚费解。徐养原云："《说文》无骍字，《土部》：'𡐩，赤刚土也，从土，觲省声。'是骍刚之骍，本作𡐩。𡐩、觲音同，故又借用觲。《说文·角部》：'觲，用角低仰便也。'引《诗》曰'觲觲角弓'。又有挈字：'一角仰也，从角，㓞声。'引

---

① 《文选》上册，中华书局，1977 年，第 250 页。

《易》曰：'其牛觢。'今《易》作挈。盖觲与觢义类相近，故觲字转为觢。觢与挈俱从㓞，挈与掔俱从手，掔、觢、挈三字其音亦相近，是其辗转相变之因也。"① 徐氏的解释可备一说。据徐氏说，觲是堅的同音通假字，觢又因与觲义近而字转为觢，觢又因与挈俱从㓞而又转写为挈。是挈字乃本字堅辗转相因而变化的结果，则其音义俱迁远，故郑玄不从。

一二 同为通假字从其易明本字者（1例）

114.《考工记·弓人》："夫角之中恒当弓之畏。"郑注："故书畏或作威。杜子春云：'当为威。威谓弓渊，角之中央与渊相当。'玄谓畏读为秦师入隈之隈。"

按注"畏读为秦师入隈之隈"，"读为"《注疏》本原误作"读如"，据阮校改。畏字甲骨文象鬼执攴而可畏之形。《说文》："畏，恶也……鬼头而虎爪，可畏也。"是畏义与此经无涉。隈从畏声，二字音近，畏可通隈，故郑云"畏读为秦师入隈之隈"。郑释隈为弓渊，《仪礼·大射》"执弓，以袂顺左右隈"，郑注："隈，弓渊也。"孙诒让云："《说文·阜部》云：'隈，水曲隩也。'引申之，弓曲亦曰隈。"② 故书畏或作威者，《说文》："威，姑也，从女，从戌。《汉律》云：'妇告威姑。'"段注："引申为有威可畏。"威字古音亦属影母微部，与隈同音，亦可借为隈，故杜子春云："威谓弓渊。"按威、畏二字同源通用。王力先生说："有威则可畏，故威、畏同源。"③ 徐养原云："威与畏古字本通，《咎繇谟》'天明畏'，马本作威，是也。故子春从威，郑君从畏，并训弓渊也。"④ 是此经畏、威二字都是隈的通假字，且皆可用。然郑必从今书作畏者，盖以隈从畏声，易明其本字故也。故段玉裁云："杜从威，郑则从畏，而读如隈，其训则一。郑意畏即《大射仪》之隈字……后注云：'角长者，当弓之隈。'则径易为隈字矣。"⑤

---

① 徐养原：《周官故书考》，《清经解续编》第2册，第1220页。
② 孙诒让：《周礼正义》第14册，第3538页。
③ 王力：《同源字典》，第293页。
④ 徐养原：《周官故书考》，《清经解续编》第2册，第1232页。
⑤ 段玉裁：《周礼汉读考》，《清经解》第4册，第223页。

一三　二字义同从其习用易晓者(6例)

115.《地官·小司徒》："乃分地域而辨其守。"郑注："故书域为邦，杜子春云：'当为域。'"

甲骨文邦字从丰从田（上丰下田），象植木于田界之形，《说文》训邦为"国也"。又《说文》以域为或之或体，而或字甲骨文从口（非口耳字）从戈，口象城形，以戈守之，亦国之义也。金文之或字则于口下加一画（亦有于口之上下或四旁各加一画者），为后来小篆或字所本。《说文》："或，邦也，从口，戈以守其一，一，地也。"是或、邦二字义本同，皆为国。后或字借为或有字，故又于或字之外加口而造国字以区别之，更加土旁而造域字，用作疆域、地界字。而邦字引申亦有疆界义。《天官·大宰》："掌建邦之六典，以佐王治邦国。"《释文》引干宝云："邦，疆国之境。"邦字既有疆界义，故此经故书作邦，与今书作域，义本不异，而杜子春云"当为域"，是视邦为误字而改之，则非也。故段玉裁《说文》"邦"下注引此经云："邦谓土界。杜子春改邦为域，非也。"然邦虽非误字，疆域、地界义，终以域字为习用而易晓，故郑玄从今书域字，不从故书作邦也。

116.《地官·牧人》："凡外祭、毁事，用尨可也。"郑注："故书毁为甈。杜子春云'甈当为毁。'"

按毁、甈二字音义皆近。毁属晓母微部，甈属疑母月部，晓月旁纽，微月旁对转，是二字音近。《说文》："毁，缺也。"段注："缺者，器破也，因为凡破之称。"《说文》又曰："甈，康瓠，破罂也。"《王力古汉语字典》"甈"下说："（许慎）认为康瓠就是破罂。"是甈义亦为器破，与毁义同。然破坏之义，人皆习用毁字而罕用甈字，故郑玄不从故书。杜子春云"甈当为毁"，则是以甈为误字而易之也。段玉裁亦谓故书是"字之误也。甈、毁相似"，[①] 即以为甈是毁的形近之误。然毁、甈二字小篆字形并不相似，杜、段二氏说皆未允。

117.《秋官·叙官》："壶涿氏。"郑注："壶谓瓦鼓。涿，击之也。故书

[①] 段玉裁：《周礼汉读考》，《清经解》第4册，第194页。

涿为独。郑司农云：'独读为浊其源之浊，音与涿相近，书亦或为浊。'"

按郑司农云"书亦或为浊"之浊字，段玉裁《周礼汉读考》校改为涿，徐养原以为改之"是也"。① 涿，《说文》训"流下滴也"，即以涿为象声词，象水流滴击之声。段注云："《周礼·壶涿氏》注：'壶，瓦鼓也。涿，击之也。'按击瓦鼓之声如滴然，故曰壶涿。今俗谓一滴曰一涿，音如笃，即此字也。"故书涿为独者，独、涿叠韵，古音皆属屋部；独是定母，涿是端母，定端旁纽，是二字音近，故故书借独为象声词。是今书之涿，故书之独，在此义同，皆用作象声词，以象水流滴击之声。然故书亦有作涿之本，即郑司农所谓"书亦或为涿"，是象滴击声以涿字较为习用，故郑玄不从故书。段玉裁云："独之音与水流滴涿字音相近，而书亦或为涿，是以郑君从作涿之本。"②

118.《秋官·壶涿氏》："若欲杀其神，则以牡橭午贯象齿而沈之。"郑注："故书午为五。杜子春云：'五贯当为午贯。'"

甲骨文午字"象丝束交午之形，为午字初形"，③ 是午的本义为交。《说文》训午为"牾也"，不确。《玉篇·午部》："午，交也。"甚合午字本义。贾疏释此经午贯为"贯之为十字"，是亦以午为纵横相交也。五字的本义亦为交。据《说文》，五的古文作✕，段注："古文象阴阳午贯之形。"甲骨文五字亦有作✕者，又有在✕之上下各加一横者，则与金文同。朱芳圃曰："✕象交错形，二谓在物之间也，当以交错为本义。"④ 是午、五二字义同，且读音亦同，皆属疑母鱼部。然郑玄必从作午之本者，盖以相交义经典习用午字故也。如《仪礼·大射》"度尺而午"，郑注："一从一横曰午。"《特牲馈食礼》："肵俎心舌，皆去本末午割之。"郑注："午割，从横割之。"《少牢馈食礼》记载于肵俎之牢心舌，亦皆曰"午割"，及此经"午贯"，皆其例也。

119.《秋官·大行人》："谕语言，协辞命。"郑注："故书协辞命作叶词命。郑司农云：'叶当为协，词当为辞，书或为汁辞命。'"

按郑司农云"叶当为协，词当为辞，书或为汁辞命"，协字《注疏》本原误作汁，汁字原误作叶，皆据阮校改。又协、叶之辨，参见例144。《说

---

① 徐养原：《周官故书考》，《清经解续编》第2册，第1227页。
② 段玉裁：《周礼汉读考》，《清经解》第4册，第213页。
③ 徐中舒主编：《甲骨文字典》，第1595页。
④ 转引自戴家祥主编《金文大字典》上册，学林出版社，1999年，第51页。

文》:"辞,讼也。"是辞的本义为讼辞。引申为言辞,文辞,此经辞命是也。故书辞作词者,《说文》:"词,意内而言外也。"是谓词即今所谓语言的最小单位之词,引申之则为言辞,文辞。是辞、词之引申义同,故辞、词二字此经皆可用,而郑玄必从今书者,以言辞、文辞汉以前习用辞字故也。《王力古汉语字典》"词"下说:"在言词这个意义上,词和辞是同义词,但在较古时多作辞,汉代以后渐以词代辞。"

120.《考工记·总叙》:"刮磨之工五。"郑注:"故书刮作捖。郑司农云:'捖摩之工谓玉也。捖读为刮,其事亦是也。'"

《说文》:"刮,掊把也。"王筠《句读》云:"此刮盖与搜刮之刮相似,此把则与爬罗抉剔之爬同……则所谓掊把者,搂而聚之也。"引申为刮摩。《玉篇·刀部》:"刮,摩也。"故书作捖者,《说文》无捖字,《玉篇·手部》释之曰:"抟圆也。《周礼》注云:'捖摩之工,谓玉工也。'"又《集韵·辖韵》:"刮,摩切,或作捖。"是刮、捖二字义同。又刮古音属见母月部,捖属匣母元部,见匣旁纽,月元对转,是二字音亦相近。可见此经刮、捖二字皆可用。然刮摩义经典习用刮字,而捖字则甚罕见,故郑玄从今书不从故书。

一四　从习用之通假字而不从本字(3例)

121.《地官·载师》:"以家邑之田任稍地。"郑注:"故书稍或作削。"

《说文》:"鄛,国甸,大夫稍稍所食邑。从邑,肖声。"又引《周礼》云:"任鄛地,在天子三百里之内。"则稍地之本字当作鄛。然今本《周礼》无鄛字,凡鄛地字皆作稍,用通假字也。稍本副词,犹今所谓逐渐、渐渐,故《说文》曰:"稍,出物有渐也。"以与鄛字声符同,故借为鄛。按注云"故书稍或作削",段玉裁疑故书削乃鄛字之讹,因为除《说文》引《周礼》作鄛,《大宰》"家削之赋"《释文》亦云"本又作鄛"。《说文》"鄛"下段注云:"《载师》注曰'故书稍或作削',按削当是鄛字之误。许所据正故书或本也。"段校是也。如段氏说,则注当云"故书稍或作鄛",是故书或本用本字,而今书用通假字也。然郑玄从今书通假字而不从本字者,以借稍为鄛已为人所习用,且故书亦有作稍之本,而鄛字反生僻罕见故也。

122.《地官·载师》:"唯其漆林之征二十而五。"郑注:"郑司农云:

'故书漆林为桼林。'杜子春云：'当为桼林。'"

《说文》："桼，木汁，可以髹物。"又曰："漆，水名，出右扶风杜陵岐山，东入渭。"可见桼是本字，漆是通假字，然久借而不归，漆行而桼废。段注云："木汁名桼，因名其木曰桼。今字作漆，而桼废矣。"是漆虽通假字而已为人所习用，故郑玄从今书而不从故书。按杜子春云"当为桼林"者，此桼当作漆（详下文），是亦从习用之通假字也。孙诒让云："经典通借漆为桼，故杜亦从之。……盖此经与注自有常用之字例，不能尽以正字绳之。通校全经，凡漆字之见于经者，《司几筵》、《巾车》、《职方氏》、《轮人》、《弓人》，皆不作桼。见于注者，《角人》、《鼜人》、《司几筵》、《小师》、《笙师》、《巾车》、《轮人》、《辀人》、《弓人》亦皆不作桼。其漆、桼错出者，惟此职，《释文》或本作桼，《巾车》注则作漆者七，作桼者三，自是传写错互，不足以淆经注之通例也。"① 孙说是也。

123.《考工记·鲍人》："鲍人之事。"郑注："鲍，故书或作鞄。郑司农云：'《苍颉篇》有鞄𩊚。'"

按郑司农云"《苍颉篇》有鞄𩊚"，𩊚字《注疏》本原误作究，据阮校改。《说文》："鲍，饐鱼也。"又曰："鞄，柔革工也。……《周礼》曰：'柔皮之工鲍氏。'鞄即鲍也。"段注云："鞄正字，鲍假借。"按鲍、鞄皆从包声，故鲍可通鞄。然此经郑玄之所以从今书用通假字者，盖皮革之工习用鲍字故也。如《周礼》书中用鲍字，许慎所引《周礼》亦用鲍字。又《墨子·非儒下》曰："然今之函、鲍、车匠，皆君子也。"② 字亦作鲍。而注云"故书或作鞄"者，是故书字亦作鲍，唯或本作鞄也。是鲍虽通假字而为经典所习用，故郑玄从之。

一五　同为通假字而从其习用者（4例）

124.《春官·瞽蒙》："讽诵诗、世奠系，鼓琴瑟。"郑注："故书奠或为帝。杜子春云：'帝读为定，其字为奠，书亦或为奠。世奠系，谓帝系，诸侯

---

① 孙诒让：《周礼正义》第4册，第966页。
② 《墨子·非儒》，《诸子集成》第4册，第181页。

卿大夫世本之属是也。'"

奠的本义为置。《说文》曰："奠，置祭也。"甲骨文、金文奠字即作酒尊置于器上之形，引申而为凡置之称。奠与定古同音，皆定母耕部，故奠可借以为定。如《地官·司市》"展成奠贾"，郑注曰："奠读为定。"《春官·小史》"奠系世"，杜子春云："奠读为定。"《考工记·弓人》"寒奠体"，郑注曰："奠读为定。"朱骏声亦曰："奠，假借为定。"此经之所以从今书用通假字作奠者，以《周礼》习用奠字故也。段玉裁云："《周礼》全书中不见有言定者。"① （按《周礼》中定字仅一见，即《秋官·大司寇》"以邦典定之"是也，余皆作奠。）故书或本作帝者，帝与定音亦相近，帝字属端母锡部，端母与定字之定母旁纽，锡部与定字之耕部可以对转，故帝亦可假借为定。朱骏声亦云："帝，假借为定。"并举此经故书为例。然假帝为定，其用罕见，《周礼》仅此经及《小史》之故书或本作帝。又徐养原云："子春之意，作奠可以该帝系，作帝则遗诸侯卿大夫世本，故从奠不从帝。"② 其说盖是，故郑玄从今书不从故书。同例还见于：

《春官·小史》："小史掌邦国之志，奠系世，辨昭穆。"郑注："故书奠为帝，杜子春云：'帝当为奠，奠读为定，书帝亦或为奠。'"

125.《春官·占梦》："遂令始难欧疫。"郑注："难，谓执兵以有难却也。方相氏蒙熊皮，黄金四目，玄衣朱裳，执戈扬盾，帅百隶欧疫疠鬼也。……故书难或为傩。杜子春云：'傩读为难问之难，其字当作难。《月令》：季春之月，命国难，九门磔禳，以毕春气。仲秋之月，天子乃难，以达秋气。季冬之月，命有司大难，旁磔，出土牛，以送寒气。'"

按"杜子春云"，《注疏》本原脱云字，孙诒让校云："贾疏述注有云字，是也，今本并挩。"③ 今据孙校补。又杜子春云"傩读为难问之难"，傩字《注疏》本原误作难，据阮校改。又杜子春引《月令》"季春之月，命国难"，《注疏》本难原误作傩，亦据阮校改。又"季冬之月，命有司大难"，难字《注疏》本原误作傩，而《月令》原文作难，段氏《周礼汉读考》亦引作难，

---

① 段玉裁：《周礼汉读考》，《清经解》第 4 册，第 203 页。
② 徐养原：《周官故书考》，《清经解续编》第 2 册，第 1222 页。
③ 孙诒让：《周礼正义》第 7 册，第 1977 页。

曰:"今本不误,余本误从人。"① 今据改。又按,欧疫之义的本字当作魌。《说文》:"魌,见鬼惊词。"引申之,则为驱逐疫鬼之称,即郑注所谓"欧疫鬼也"。朱骏声云:"魌,见鬼惊貌……读若傩,此驱逐疫鬼正字。击鼓大呼,似见鬼而逐之,故曰魌。"桂馥云:"魌,见鬼惊词者,《纂文》:'人值鬼惊声。'《玉篇》:'魌,惊驱疫疠之鬼也。'徐锴曰:'岁终大傩,侲子口呼魌魌也。'"② 今书难,故书傩,实皆魌的通假字。难本为鸟名,《说文》:"难,鸟也。"而傩字《说文》训"行有节",皆与欧疫义无涉。然难、傩与魌古音同,三字皆泥母歌部,故难、傩可借为魌。朱骏声云:"难,假借为傩,实为魌。"又云:"傩,假借为魌。"王筠亦云:"经典借难为魌。"又云:"经典借傩为魌。"自借难、傩为魌,魌字反废而不用,经典皆习用假借字。如《夏官·方相氏》:"帅百隶而时难。"《礼记·月令·季春纪》:"命国难。"《仲秋纪》:"天子乃难。"《季冬纪》:"命有司大难。"及此经之今书,字皆作难。而《吕氏春秋》之《季春》、《仲秋》、《季冬纪》及《淮南子·时则训》,字又皆作傩。《论语·乡党》:"乡人傩。"及此经之故书,亦皆作傩。然郑玄必从今书作难者,盖汉人多借难为魌,故郑注《月令·季春纪》之"命国难"及《季冬纪》之"命有司大难"曰:"此难,难阴气也。"注《仲秋纪》之"天子乃难"曰:"此难,难阳气也。"字皆作难。杜子春亦曰"其字当作难"。杜、郑盖皆据汉时习用之字为之注也。又段玉裁云:"《说文·人部》:'傩,行有节也。'引《诗》'佩玉之傩',不引《周礼》。然则许君亦依杜说殴疫之字作难矣。"③ 又注云"故书或为难"者,是故书亦有作难之本。故难、傩虽皆通假字,以汉时习借难字,故郑玄从今书而不从故书或本。

126.《春官·巾车》:"木车……疏饰,小服皆疏。"郑注:"故书疏为揟。杜子春读揟为沙。"

《说文》:"疏,通也。"朱骏声云:"假借为粗。《诗》:'彼疏斯粺。'《论语》:'虽疏食菜羹。'"按疏、粗古音叠韵,皆属鱼部;疏是山母,粗是清母,山清为准旁纽,故疏可借为粗。此经疏义即为粗,用通假字也。《说

---

① 段玉裁:《周礼汉读考》,《清经解》第 4 册,第 204 页。
② 桂馥:《说文解字义证》,上海古籍出版社 1987 年影印本。按本章以下凡引桂馥《义证》皆据此本,不复注。
③ 段玉裁:《周礼汉读考》,《清经解》第 4 册,第 204 页。

文》又曰："揾，取水沮也。"段注："沮，今之渣字。取水渣者，必浚之漉之，如醺酒然。然则揾与《水部》之湑音义皆同，今所谓滤水也。"揾字古音属心母鱼部，亦与粗同部，而心母与清母为旁纽，故揾亦可借为粗。然经典多借疏为粗，借揾者绝少，故郑玄不从故书。又杜子春"读揾为沙"者，则以揾为沙之借字，而沙又纱之借字。徐养原云："杜子春读为沙者，盖读为纱也。古无纱字，只借用沙。《内司服》'素沙'，注云'今世有沙縠者，名出于此。'沙、揾双声，故读从之。郑玄以丧车之饰，不当用沙，故改作疏，训为粗布。"① 徐氏说是也。

127.《考工记·轮人》："蒍之以眡其匡也。"郑注："等为蒍蒌，以运轮上，轮中蒍蒌，则不匡刺也。故书蒍作禹。郑司农云：'禹读为蒍，书或作矩。'"

按蒍，又名蒍蒌，是一种可用以测轮牙是否匡刺的工具。《说文》："蒍，艸也，从艸，禹声。"此经借作蒍蒌字。故书作禹者，亦借字。然郑玄必从今书作蒍者，盖蒍蒌字习借蒍字故也。而郑司农云"禹读为蒍"，是径以蒍为正字。又郑司农云"书或作矩"者，矩则别一物，非蒍蒌，故郑司农于注中叠之而不从。徐养原云："按，《说文·艸部》：'蒍，艸也，从艸，禹声。'蒍蒌本无正字，或借用蒍，或借用禹，惟矩字虽亦与蒍同音，自为规矩字，若与蒍通用，则异物同名，易致相溷，恐非所宜。"②

一六　二字通用而从其习用者（1 例）

128.《天官·司书》："司书……以叙其财，受其币，使入于职币。"郑注："故书受为授。郑司农云：'授当为受，谓受财币之簿书也。'玄谓亦受录其余币，而为之簿书，使之入于职币。"

按受、授本一字，甲骨文、金文中皆作受，其字象一手授物，一手承接之形，故受字实兼有授、受二义。后又加手旁造区别字授，于是本原字受用作接受的专字，区别字授则用作授予的专字。然古籍中受授二字仍每通用。

---

① 徐养原：《周官故书考》，《清经解续编》第 2 册，第 1224 页。
② 同上书，第 1129—1130 页。

如《周礼》之故书每以授为受。《地官·大司徒》"五比为间,使之相受",《地官·掌葛》"以权度受之",以及此经,注皆曰:"故书受为授。"《仪礼·特牲馈食礼》"主妇拜受爵",郑注又曰:"今文受为授。"是皆以授为受之例。又《商君书·定分》:"今先圣人为书而传之后世,必师受之。"高亨注:"受读为授。"① 是又以受为授。然区别字既出,人多习用之,以免与本原字之义误混而不明。故郑玄即每指混而通用者为字之误。如《天官·典妇功》"凡授嫔妇功",注云:"授当为受,声之误也。"《秋官·司仪》"再拜授币",注云:"授当为受。"亦有引郑司农说以纠其误者,此经是也。或引杜子春说以纠其误,《掌葛》"以权度受之",故书或本作授,注引杜子春云"当为受"是也。故段玉裁云:"此从司农,以(故书)为声之误而改之也。"② 同例还见于:

《地官·大司徒》:"五比为间,使之相受。"郑注:"故书受为授。杜子春云:'当为受,谓民移徙所到则受之,所去则出之。'"

《地官·掌葛》:"以权度受之。"郑注:"故书受或为授。杜子春云:'当为受。'"

一七　从通假字之通假字而不从通假字(1例)

129.《春官·乐师》:"燕射,帅射夫以弓矢舞。"郑注:"故书帅为率。郑司农云:'率当为帅。'"

按郑训帅为导,如《士昏礼》"祝帅妇以入",郑注:"帅,道(导)也。"又《聘礼》"束帛将命于朝曰:'请帅。'"郑注:"帅犹道也,请道已道路所当由。"然帅导字本作達,《说文》:"達,先道也。"段注:"道,今之导字。達,经典假率为之。"是古文率为達的借字。(按率的本义为捕鸟的网,《说文》:"率,捕鸟毕也。")而今书帅又是率的借字。帅的本义是佩巾(见《说文》,帨是帅的重文),《说文》段注曰:"佩巾本字作帅,假借作率也。"是今书帅字又是通假字率的通假字。然郑不从故书率字而从今书帅者,以汉

---

① 高亨:《商君书注译》,中华书局,1974年,第191页。
② 段玉裁:《周礼汉读考》,《清经解》第4册,第190页。

代引导字习用帅字故也。《说文》"达"下段注曰:"《周礼》'燕射,帅射夫以弓矢舞',故书帅为率。郑司农云:'率当为帅。'大郑以汉人帅领字通用帅,与周时用率不同故也。"段氏又云:"率与帅,则今人混用,而汉人分别,帅领之义必用从巾、自声字也。是以司农以汉时字例正之。"① 故郑玄不从故书率字。

一八　从本原字不从区别字(1例)

130.《春官·乐师》:"凡舞,有帗舞,有羽舞,有皇舞。"郑注:"故书皇作䍿。郑司农云:'皇舞者,以羽冒覆头上,衣饰翡翠之羽。䍿读为皇,书亦或为皇。'玄谓皇,杂五采羽如凤凰色,持之舞。"

按注引郑司农云"皇舞者",段玉裁校以为皇当作䍿,又云:"司农从䍿,又曰'读为皇'。郑君则作皇,而说义各别。"② 段校是也。又按金文皇字形体多变,皇字的本义说亦纷纭,愚意以为李国正及秦建明说近是。李、秦二氏虽于皇字字形的解说略异,但都以为皇字是凤凰羽毛的象形,故持皇而舞,谓之皇舞。③ 郑注释皇字曰:"杂五采羽如凤凰色,持之舞。"当是符合皇字本义的。郑司农说虽稍异,然亦不离羽毛。至于冠冕、光大、庄严等义,实皆皇字的引申义。《说文》训皇为"大也",亦引申义。䍿字则是皇的区别字,用作皇舞的专字。《说文》:"䍿,乐舞,从羽,王声。"按皇字上半的白,乃金文皇字上半之隶变,本是凤凰尾翎的象形,用作皇字的意符,下半的王则为声符(参见李国正说),䍿字从羽,即源于皇字之从白。然䍿字虽出,典籍仍习用皇为皇舞字,故郑玄从今书本原字,不从故书区别字。

一九　从习用之通假字而不从其生僻之异体字(1例)

131.《天官·缝人》:"衣翣柳之材。"郑注:"柳之言聚,诸饰之所聚。《书》曰:'分命和仲,度西,曰柳谷。'故书翣柳作接槾。郑司农云:'接读

---

① 段玉裁:《周礼汉读考》,《清经解》第4册,第202页。
② 同上。
③ 李国正、秦建明说,见《古文字诂林》第1册,上海教育出版社1999年,第233、236页。

为罋，櫺读为柳，皆棺饰。'"

按注谓故书"翣柳"作"接櫺"，是故书柳作櫺也。柳本树名，《说文》："柳，小杨也。"郑玄释柳为聚，又引《书》以证其义。柳聚之训，盖据齐人语。郑玄注《尚书大传》"秋祀柳谷"曰："柳，聚也，齐人语。"① 是齐人语读聚音如柳，遂借柳为聚，且为人所习用。如《仪礼》及《礼记》中凡翣柳字皆作柳，郑注亦一概作柳，是其证。故书柳作櫺者，字书无櫺字，櫺字本义不可知。吴任臣曰："櫺，与柳车之柳同。"② 是以櫺为柳的异体字。然徐养原云："櫺字字书所无，《释文》音柳，亦就此经而作音耳，其本音本义则不可考，殆亦传写之误也。"③ 徐氏所疑，亦有以也。又郑司农云"櫺读为柳"，则是以櫺为柳的通假字。要櫺字生僻罕见，故郑玄不从故书。

二〇　从习用之古字而不从后起之异体字（1例）

132.《地官·乡师》："大军旅、会同，正治其徒役，与其辇辇。"郑注："辇，人挽行，所以载任器也。故书辇作连。郑司农云：'连读为辇。'"

《说文》："辇，挽车也。"即人拉之车。郑注与之义同。《说文》又曰："连，负车也。"（此据段注本）负车亦即挽车，亦人拉之车。段注云："负车者，人挽车而行，车在后如负也。"是辇、连义同，连盖辇字后出之异文。按辇字甚古，商代金文已有之（如《妣癸卣》），且正作二人在车辀两旁相并挽车之形，即后来小篆所本。连字则晚出，甲骨文、金文皆不见，战国文字始有之。连字既出，文献中即有用之者。如《易·蹇》六四："往蹇来连。"虞翻注曰："连，辇。"④《管子·立政篇》"不敢畜连乘车"，⑤ 此连亦辇也。又《海王篇》："行服连轺辇者。"房玄龄注曰："连，辇名。"⑥ 此经之故书辇作连，亦其例也。然古籍中用连字本义者，终属罕见，而多用其引申义作连属字。《说文》"连"下段注云："负车者，人挽车而行……人与车相属不绝，

---

① 转引自惠栋《九经古义·尚书上》，《清经解》第2册，第749页。
② 吴任臣：《字汇补·木部》"櫺"字注，《续修四库全书》第233册，第551页。
③ 徐养原：《周官故书考》，《清经解续编》第2册，第1218页。
④ 见李鼎祚《周易集解》卷8所引，北京中国书店影印，1984年。
⑤ 《管子·立政篇》，《诸子集成》第5册，第12页。
⑥ 同上书，第359页。

故引申为连属字耳。"如《管子》一书,连字凡 25 见,仅以上所举二例用其本义,义同辇,其他 23 例,或用作基层组织名(如"十家而连"、"四里为连"之类,见《乘马篇》、《小匡篇》),或用作人名(《大匡篇》之"连称"),余皆用作连属字(分见《小匡》、《地图》、《侈靡》、《地员》、《轻重戊》、《山至数》等篇)。而辇字之本义则一直相沿而用之,为人所习见而易晓,故郑玄从今书而不从故书。按段玉裁以连、辇为古今字,[1] 则非也。

二一 据文义以决从今书(1 例)

133.《天官·酒正》:"凡王之燕饮酒,共其计,酒正奉之。"郑注:"故书'酒正'无酒字。郑司农云:'正奉之,酒正奉之也。'"

按故书无酒字,唯曰"正奉之",正字虽有长义,[2] 且在此显指酒正之官,然终无今书作"酒正"文义详备,故孙诒让云:"郑司农依故书无酒字,则官名未著,故特释之。郑玄则以故书、今书义并通,而有酒字,文尤详备,故不从故书也。"[3]

二二 据礼制以决从今书(1 例)

134.《天官·司裘》:"王大射则共虎侯、熊侯、豹侯,设其鹄。诸侯则共熊侯、豹侯。"郑注:"故书'诸侯则共熊侯、虎侯',杜子春云:'虎当为豹。'"

按此经云"王大射,则共虎侯、熊侯、豹侯","诸侯,则共熊侯、豹侯",是虎侯者,天子所射,诸侯无之。而故书曰"诸侯则共熊侯、虎侯",是谓诸侯亦有虎侯,且置虎侯于熊侯之下,则失君臣上下之礼矣。故杜子春说"虎当为豹",以故书之虎字为误字,郑玄从之。贾疏云:"虎侯是天子大侯,不宜在诸侯熊侯之下,故不从也。"按对于天子、诸侯所射之侯,文献说法不一。如《说文》"侯"下即谓"天子射熊、虎、豹,服猛也。诸侯射熊、

---

[1] 见《说文》"连"下段注,及《周礼汉读考》卷2。
[2] 《尔雅·释诂下》:"正,长也。"
[3] 孙诒让:《周礼正义》第2册,第362页。

虎"，其说诸侯所射即与故书同。古代学者对此问题颇有争议，详可参见段玉裁《周礼汉读考》卷1，徐养原《周官故书考》卷1，及孙诒让《周礼正义》此经下之疏等，兹姑不论。

二三 据事理以决从今书(4例)

135.《地官·族师》："族师各掌其族之戒令、政事。月吉则属民而读邦法。"郑注："故书上句或无事字。杜子春云：'当为正月吉。书亦或为戒令、政事，月吉则属民而读邦法'。"

孙诒让云："盖故书止有两本：一本无事字，一本有事字。郑玄以有事字者为正本，则以无者为或本；杜子春以无事字者为正本，则以有者为或本。前后两举故书或作，而文不同，由郑、杜意各有所主耳。"[①] 按孙氏说甚析。郑玄从有事字之本，即今书之本也，而故书亦有有事字之本，故注云"故书上句或无事字"。郑玄之所以不从故书或本者，贾疏云："但族师亲民，读法宜数，若为正月之吉，则与州长同，于义不可。"段玉裁申疏之说云："弥亲民者，于教亦弥数。州长正月之吉读法，党正四时孟月吉日读法，族师则每月吉日皆读之，于义为长，不得族师转同于州长也。"[②] 是据事理，当以有事字、且属上读、与政字连文而绝句于义为长。杜子春从故书无事字之本，且易政为正而属下读、与月字连文，是谓族师于"正月吉"读法。按上《州长》曰："正月之吉，各属其州之民而读法。"又《党正》曰："及四时之孟月吉日，则属民而读邦法。"若如杜子春说，是族师读法与州长无异，反不如党正读法之数矣，自与事理不合，故郑玄不从故书或本，亦不从杜子春读。

136.《地官·司市》："凡万民之期于市者，辟布者，量度者，刑戮者，各于其地之叙。"郑注："故书辟为辞。郑司农云：'辞布，辞讼泉物者也。'玄谓辟布，市之群吏考实诸泉人及有遗忘。"

按辟、辞二字音义皆隔，此经二郑各就今、故书以释之。徐养原云："按

[①] 孙诒让：《周礼正义》第3册，第878页。
[②] 段玉裁：《周礼汉读考》，《清经解》第4册，第194页。

《说文·辛部》:'辞,讼也。'又《辟部》:'辟,法也。'二字形虽相近,音义迥别,故二郑各就其字之本义解之。"① 然郑玄必从今书作"辟布"者,《说文》训辟为法,引申之则有审核、考查之义。辟布,即谓考查所当入之泉布。按《地官·廛人》曰:"掌敛欲布、緫布、质布、罚布、廛布,而入于泉府。"此经所谓辟布,即谓考此五布之人者。五布之人皆就近于其所在之叙(叙谓市肆的治事处),而后上入于泉府。考之者,考其是否符合依法当入之数也。或有忘其所当入之数者,亦于其叙考问之。故郑注释"辟布"曰:"玄谓辟布,市之群吏考实诸泉入及有遗忘。"泉即布也,"诸泉入"即谓《廛人》所列五布之人也。孙诒让云:"'玄谓辟布,市之群吏考实诸泉入'者,《说文》辟训法,此引申为考案之义。泉人即谓《廛人》所敛五布入泉府者。市吏各就其叙,以考案市人所入布,与法数当相应,不得有羡缺也。"又云:"'及有遗忘'者,即谓五布之人数或有遗忘,亦就其叙考问之也。"② 孙说是也。郑司农所据本从故书作"辞布",释之为"辞讼泉物者",即谓因泉(钱)物而争讼者。为泉物而争讼,其义甚宽,不必于市肆,故亦不必"各于其地之叙"以听之,是据事理考之,当以从今书作"辟布"为长,故郑玄不从故书。

137.《地官·廛人》:"凡珍异之有滞者,敛而入于膳府。"郑注:"故书滞或作廛。郑司农云:'谓滞货不售者,官为居之。货物沈滞于廛中不决,民待其直以给丧疾,而不可售贾贱者也。廛谓市中之地未有肆而可居以畜藏货物者也。《孟子》曰:市廛而不征,法而不廛,则天下之商皆说而愿藏于其市矣。谓货物贮藏于市中而不租税也,故曰"廛而不征"。其有货物久滞于廛而不售者,官以法为居取之,故曰法而不廛。'玄谓滞读如沉滞之滞。珍异,四时食物也。不售而在廛,久则将瘦腽腐败,为买之入膳夫之府,所以纾民事而官不失实。"

《说文》:"滞,凝也。"郑玄"滞读如沉滞之滞",与许义不异。廛,《说文》训"一家之尻",则与滞异义。然滞、廛双声,都是定母;滞属月部,廛属元部,月元对转,故二字可相通假,滞是本字,廛是通假字。郑玄从今书本字,不从故书通假字。然郑司农从故书作廛者,以为此经是指"货物沈滞

---

① 徐养原:《周官故书考》,《清经解续编》第 2 册,第 1220 页。
② 孙诒让:《周礼正义》第 4 册,第 1066 页。

于廛中不决"者。郑玄则破其说，以为经意是说的"珍异"之物，珍异非一般货物，而是"四时食物"，即时新之食物，不可久贮于廛，如果"不售而在廛，久则将瘦膼腐败"。故以为此经之义，是说"珍异"如果滞销，就由官府"为买之入膳夫之府，所以纾民事而官不失实"也，故当从今书作滞。郑司农不以故书为通假字，而据廛字本义以释此经，谬矣。郑玄据事理以决从今书本字，是也。

138.《春官·典同》："典同掌六律、六同之和。"郑注："故书同作铜。郑司农云：'阳律以竹为管，阴律以铜为管，竹阳也，铜阴也，各顺其性，凡十二律，故《大师职》曰'执同律以听军声'。玄谓律，述气也。同助阳宣气，与之同。皆以铜为。"

按《说文》："同，合会也。"此经用作音律名，"六同"即六吕，指十二律中的六阴律。徐养原云："阴律与阳律合会……故谓之同。"① 铜则矿物名，《说文》："铜，赤金也。"以与同同音之故，假借作阴律名。郑司农从故书作铜者，以为铜属阴，而"阴律以铜为管"故也。郑玄不从者，以为十二律皆"以铜为"。贾疏据《汉书·律历志》以为，十二律管上古用竹，后世用铜，这是符合事理的，郑注即据后世而言。而郑司农以为六律用竹，六吕用铜，则非也，是据故书通假字而为之造说也。段玉裁云："司农从故书作铜，郑君从今书作同也。（郑君）云'皆以铜为'之，言不当阴律独得铜名也。"② 故郑玄不从故书。

二四　据文例以决从今书（3例）

139.《地官·贾师》："凡国之卖儥，各帅其属而嗣掌其月。"郑注："儥，买也。故书卖为买。郑司农云：'谓官有所斥卖，贾师帅其属而更相代直月，为官卖之，均劳逸。'"

按注引郑司农曰"谓官有所斥卖"，《注疏》本卖字上原衍令字，据阮校删。又按儥字实兼卖买二义，《说文》训儥为卖，仅其一也。《周礼》全书儥

---

① 徐养原：《周官故书考》，《清经解续编》第2册，第1222页。
② 段玉裁：《周礼汉读考》，《清经解》第4册，第203页。

字凡六见，郑注训买者四，训卖者二。《司市》"以量度成贾而征㑝"，又曰"掌其卖㑝之事"，及此经，郑注皆训㑝为买。又《质人》"凡卖㑝者，质剂焉"，郑玄虽未出注，以《司市》之文例之，亦当训买无疑。以上四例，皆训买之例也。《胥师》"察其诈伪饰行㑝慝者而诛罚之"，《贾师》"禁贵㑝者"，郑注皆训㑝为卖。以上六例中最典型者，要数《贾师》：其上文"禁贵㑝者"郑注训卖，下文"凡国之卖㑝"注又训买。是皆因㑝兼卖买二义，故郑玄随文以解之。故徐养原云："按《说文·人部》：'㑝，卖也。'上文'贵㑝'，注云'贵卖之'，亦训为卖。此经卖㑝连文，故变训为买，是㑝有卖买二义也。"① 桂馥《义证》亦云："此（㑝）如酤字，亦买卖无定训也。"然㑝字既无定训，而郑玄必从今书作"卖㑝"而训㑝为买，不从故书作"买㑝"而训㑝为卖者，据《周礼》文例，凡买卖字与㑝字连文，皆作"卖㑝"，《司市》"掌其卖㑝之事"及《质人》"凡卖㑝者"是也，而无作"买㑝"之例，故知此经亦当作"卖㑝"，不得作"买㑝"。故孙诒让曰："《司市》、《质人》并有'卖㑝'之文，故郑玄不从故书作'买㑝'。"②

140.《春官·内宗》："内宗掌宗庙之祭祀荐加豆笾。"郑注："故书为笾豆。杜子春云：'当为豆笾。'"

按《周礼》全书凡五言"豆笾"（《九嫔》1，《大宗伯》1，《内宗》2，《外宗》1），而无一言"笾豆"者。以文例校之，此经亦当作"豆笾"。故孙诒让云："云'故书为笾豆'者，文倒也。"③ 故郑玄不从故书。

141.《秋官·行夫》："居于其国，则掌行人之劳辱事焉，使则介之。"郑注："使谓大、小行人也。故书曰夷使。郑司农云：'夷使，使于四夷，则行夫主为之介。'玄谓夷，发声。"

按注谓故书于"使则介之"前多一夷字，而为"夷使则介之"，郑注释此夷字为"发声"，即以为句首语气词。然郑玄不从故书者，以《周礼》全书无此文例也。按《周礼》中夷字凡16见，无一用作句首语词者。故郑玄仅释故书用夷字之意，而并不从之。又古籍中夷字用作句首语词亦绝罕见，王引之《经传释词》卷3仅举《孟子·尽心下》"夷考其行而不掩焉者也"为

---

① 徐养原：《周官故书考》，《清经解续编》第2册，第1220页。
② 孙诒让：《周礼正义》第4册，第1090页。
③ 孙诒让：《周礼正义》第6册，第1690页。

例，然此夷字究当作何解，尚难定论。杨伯峻说："此字不可解，前人有疑其为语首助词而无义者。"① 所谓前人，即指王引之。郑玄不从故书有夷字而犹释之者，《周礼》郑注中亦不乏类似之例。王引之云："凡郑注所列或本亦有为之解者。如《稾人》'试其弓弩'，故书试为考，玄谓'考之而善则上其食，尤善又赏之'。《考工记》'貉踰汶则死'，'貉或作貈，谓善缘木之貈也'。《辀人》'左不楗'，楗或作券，玄谓'券，今倦字也'。是其例也。"② 又郑司农以"夷使"连读，而释之为"使于四夷"者，是以夷为四夷字也。贾疏云："郑玄不从者，以为夷发声者，以经云'居则掌行人之劳辱事'，是行人所使即云介，明还与行人为介，文势不容与行人别行。直四夷使者自使象胥，何得使行夫也？故不从之也。"是谓郑司农之说，与经所述行夫之职掌不合，故郑玄亦不从也。

二五　据制度以决从今书(1例)

142.《考工记·轮人》："部长二尺，桯长倍之四尺者二。十分寸之一谓之枚。"郑注："为下起数也。枚，一分。故书十与上二合为廿字，杜子春云：'当为四尺者二。十分寸之一'。"

按注"故书十与上二合为廿字"，《注疏》本"廿"原误作"二十"，据阮元及段玉裁校改。段玉裁云："各本注误，惟疏不误。《说文·十部》曰：'廿，二十并也，古文省多'；'卅，三十并也，古文省'。案廿读如入，卅读如飒，秦刻石文如是，并为一字，则不读为两字。后世如《唐石经》作廿，作卅，仍读二十，三十，非古也。此经二上属，十下属，而故书合为一字，正由写者不分句度所致。"③ 又按"桯长倍之四尺者二"，当理解为"桯长倍之为四尺而又二之"，是为八尺，故郑《注》云："杠（即桯）长八尺，谓达常以下也。加达常二尺，则盖高一丈。"是车盖之制当如此（达常与桯皆车盖之柄：柄之上节名达常；下节名桯，又名杠）。若如故书"十与上二合为廿

---

① 杨伯峻：《孟子译注》下册，中华书局，1960年，第334页。
② 王引之：《经义述闻·周官下》"则掌行人之劳辱事焉使则介之"条，《清经解》第6册，第843页。
③ 段玉裁：《周礼汉读考》，《清经解》第4册，第218页。

字",则此经文当为"部长二尺,桯长倍之四尺者",即桯长为四尺而不得为八尺,则车盖之高不得为一丈,是不合于车盖之制矣。且读"者"字绝句,亦不合于文法。又将十与二合为廿字,则下句当为"廿分寸之一谓之枚",是又不合于枚制。郑注云"枚,一分",恰为"十分寸之一"。若为"廿分寸之一",则不得为一分矣。故郑玄不从故书。

二六　从正体字不从异体字(3例)

143.《春官·大宗伯》:"以血祭祭社稷、五祀、五岳。"郑注:"故书祀作禩。郑司农云:'禩当为祀,书亦或作祀。'"

按祀的本原字为異。甲骨文異字作双手举子之形,徐中舒说,所举之子,"即祭祀中象征神主之小儿,即所谓尸,举尸即会意为祀。"后来在书写中渐讹变为異,"为《说文》禩(祀别体)字所本,即祀之初文"。① 甲骨文亦有祀字,从示从巳,巳即祭祀时"象征神主之小儿",实为異字之省(異上之田,乃子形之讹变;異下之共,象双手有所举持之形,巳即異字省去下半的共)。② 是異乃祀之本原字,后又加示旁作禩。禩字除见于《说文》,还见于中山王器、碧落碑、《汗简》及《古文四声韵》等书。③ 然后世习用祀而罕用禩,以致许慎亦以禩为祀之或体。唯段玉裁于《说文》"祀"下注云:"《周礼·大宗伯》、《小祝》注皆云'故书祀为禩'。按禩字见于故书,是古文也。篆隶有祀无禩,是以汉儒杜子春、郑司农不识,但云'当为祀'、'读为祀',而不敢直言古文祀,盖其慎也。至许乃定为一字。"段氏以禩为祀之古文,可称卓见。然因其不见甲骨文,亦不识禩(異)为祀的本原字。郑玄自亦不能明禩、祀二字的关系,盖从许氏说以禩为祀的异体,而从字之正体作祀也。同例还见于:

《春官·小祝》:"有寇戎之事,则保郊祀于社。"郑注:"故书祀或作禩。杜子春读禩为祀,书亦或为祀。"按《大宗伯》注云"故书祀作禩",而此云"故书祀或为禩"者,孙诒让云:"《大宗伯》、《小子》'五祀'注云:'故书

---

① 徐中舒主编:《甲骨文字典》,第253页。
② 同上书,第19页。
③ 此用朱德熙先生说,见《中山王器的祀字》,《文物》1987年第11期。

祀作禩。'凡故书，非一本。此经故书间有作祀者，郑玄从祀为正本，故云或作禩。《大宗伯》、《小子》则故书皆作禩，不作祀，故不云'或'，此郑校读之例也。"①

《夏官·小子》："而掌珥于社稷，祈于五祀。"郑注："故书祀作禩。郑司农云：'禩读为祀，书亦或为祀。'"

144.《春官·大史》："戒及宿之日，与群执事读礼书而协事。"郑注："协，合也。合谓习录所当共之事也。故书协作叶，杜子春云：'叶，协也。书亦或为协，或为汁。'"

按协（協）字甲骨文、金文并从三力，会合力之意。《说文》："劦，同力也。"郑注训协为合，与《说文》训义同。叶是协的重文。《说文》"协"下曰："叶，古文协。"郑玄从今书作协之本而不从故书者，从字之正体，不从其或体也。又杜子春云字"或为汁"者，乃通假字。《说文》："汁，液也。"段注云："古经多假汁为叶……汁液必出于和协，故其音义通也。"同例还见于：

《秋官·大行人》："谕语言，协辞命。"郑注："故书协辞命作叶词命。郑司农云：'叶当为协，词当为辞，书或为汁辞命。'"

145.《夏官·叙官》："司勋。"郑注："故书勳作勋。郑司农云：'勋读为勳。勳，功也。'"

《说文》勋是勳的重文，曰："勳，能成王功也。勋，古文也。"按勋在金文中作勋，勳字则小篆始有之，是后起异体字。《说文》以勋为勳的古文，甚是。然勳虽晚出而为经典所习用，《三礼》之《周礼》、《礼记》中皆用勳字可证（《仪礼》中无勳勋字）。故《说文》遂以勳为字之正体，反以勋为异体重文。郑玄从今书习用之正体，故不从故书作勋也。段玉裁云："案《说文·力部》曰：'勳，能成王功也。勋，古文也。'是勳，古文；勋，小篆：实一字。司农当云'勋、勳古今字'，而云'读为'者，时无勋字，不敢定为即勳，宁从易字之例也。"② 按段玉裁此处盖以古今人用字之不同为古今字，故云"司农当云'勋、勳古今字'"。然勋、勳实为异体字，非古今字。③

---

① 孙诒让：《周礼正义》第8册，第2042页。
② 段玉裁：《周礼汉读考》，《清经解》第4册，第208页。
③ 参看洪成玉《古今字》二之（二）：《清人论古今字》之《段玉裁》节，语文出版社，1995年。

二七　不从故书误字(38例)

146.《天官·醢人》："加豆之食……鴈醢、笋菹、鱼醢。"郑注："故书鴈或为鹎。杜子春云：'当为鴈。'"

按鴈、鹎不同物。《说文》："鴈，䳰也"；"雒，雒属。"䳰同鹅，雒同鹎。故书鴈或为鹎者，盖传抄致误也。宋世荦云："《庖人》六禽，鴈鹎居首，故传写或混。"① 故杜子春云"当为鴈"，是亦以鹎为误字。故书或本既为误字，故郑玄不从。

147.《天官·玉府》："若合诸侯，则共珠盘、玉敦。"郑注："故书珠为夷。郑司农云：'夷盘或为珠盘。'"

按夷、珠二字音义俱异，且珠盘、夷盘绝然二物。此经珠盘为供歃血而用。《史记·平原君虞卿列传》记平原君适楚，与楚王歃血之事曰："毛遂谓楚王之左右曰：'取鸡狗马之血来。'毛遂奉铜盘而跪进之楚王曰：'王当歃血而定从。'"此经之珠盘，其制当如毛遂所奉之铜盘，故《索隐》释之曰："若《周礼》则用珠盘也。"夷盘则供寒尸所用，其形制甚大。《天官·凌人》："大丧共夷盘冰。"郑注："夷之言尸也。实冰于夷盘中，置之尸床之下，所以寒尸。尸之盘曰夷盘。"又引《汉礼器制度》以况其制曰："大盘广八尺，深三尺，漆赤中。"是故书之珠为夷，必为误字，故先、后郑皆不从之。徐养原云："珠、夷形声不同，各为一字。《凌人》'共夷盘冰'，依尸而为言者也。此不应与之同名，故不从故书。"②

148.《天官·内宰》："以妇职之法教九御，使各有属，以作二事。"郑注："故书二为三。杜子春云：'当为二，二事谓丝、枲之事。'"

按自甲骨文、金文至秦篆，二、三皆积画为之，故书或脱一画而致误也。段玉裁云："此郑君从杜定为字之误，而改之也。"③

149.《天官·九嫔》："凡祭祀，赞玉齍。"郑注："玉齍，玉敦受黍稷器。故书玉为王，杜子春读为玉。"

---

① 宋世荦：《周礼故书疏证》卷3，《续修四库全书》第81册，第170页。
② 徐养原：《周官故书考》，《清经解续编》第2册，第1217页。
③ 段玉裁：《周礼汉读考》，《清经解》第4册，第191页。

按王、玉二字之字形，自金文至秦篆，皆作三横一竖之形，唯王字中间一横靠上，玉字则三横等距，故甚易误混。如《荀子·王霸篇》"改王改行也"，杨倞注曰："或曰《国语》襄王谓晋文公曰：'先民有言曰，改玉改行'。"王先谦《集解》引卢文弨曰："或说是。古玉字本作王，与王字形近易讹。"① 是其例也。段玉裁云："此郑君从杜，谓字之误而改之也。篆体玉与王皆三画，惟玉三画匀，王上二画相近，不匀。"② 孙诒让云："以王盎无义，而玉盎见《大宗伯》，故杜从之。"③ 是故书王乃误字，故郑玄不从。

150.《天官·缝人》："丧，缝棺饰焉。"郑注："故书焉为馬。杜子春云：'当为焉。'"

按馬、焉二字形近易讹。宋世荦云："《大戴记·王言》'虽有国焉'，《家语·王言》解作'虽有国之良馬'。《春秋》左襄二十八年《传》'庆氏之馬善惊'，昭四年《传》'恃险与馬'，二十年《传》：'不腆先人之产馬'，《唐石经》馬并作焉。"④ 故段玉裁云："按此（故书）字之误也。"⑤

151.《天官·夏采》："夏采掌大丧以冕服复于大祖，以乘车建绥复于四郊。"郑注："郑司农云：'《杂记》曰："诸侯行而死于馆，则其复如于其国；如于道，则升其乘车之左毂，以其绥复。大夫死于馆，则其复如于家；死于道，则升其乘车之左毂，以其绥复。"夏采天子之官，故以冕服复于大祖，以乘车建绥复于四郊。大祖，始祖庙也。'故书绥为緌，杜子春云：'当为绥，緌非是也。'玄谓《明堂位》曰：'凡四代之服器，鲁兼用之。''有虞氏之旗，夏后氏之绥。'则旌旗有徒绥者，当作绥，字之误也。绥以旄牛尾为之，缀于橦上，所谓注旄于干首者。王祀四郊，乘玉路，建大常，今以之复，去其旒，异之于生，亦因先王有徒绥者。《士冠礼》及《玉藻》冠缕之字，故书亦多作缕者，今礼家定作蕤。"

按注引《明堂位》所谓"夏后氏之绥"，绥字《注疏》本原误作缕，据阮校改。又注"则旌旗有徒绥者"，徒字《注疏》本原误作是，亦据阮校改。

---

① 《荀子·王霸篇》，《诸子集成》第2册，第135页。
② 段玉裁：《周礼汉读考》，《清经解》第4册，第191页。
③ 孙诒让：《周礼正义》第2册，第556页。
④ 宋世荦：《周礼故书疏证》，《续修四库全书》第81册，第172页。
⑤ 段玉裁：《周礼汉读考》，《清经解》第4册，第191页。

据郑注，此经今书绥字，故书作禭；杜子春从今书易禭为绥，以为故书"禭非是"；郑司农从杜说；郑玄亦从杜说以故书禭字为非，然以为今书绥也是误字，绥当作緌。按杜子春、郑司农之所以不从故书作禭，而易之为绥者，盖以《礼记·杂记》皆用绥字，故郑司农引以为证。郑玄则以为《杂记》之绥亦是误字，故其注《杂记上》曰："绥当为緌，读如蕤宾之蕤，字之误也。"何以必作緌而不当作绥呢？因为緌是用旄牛尾做的旗饰，是缀于旗杆（即橦）的首端而下垂为饰。平时旗饰有緌有旒，死而用旗招魂（即所谓复），则去旒而只有旄，即所谓"徒緌"，以示异于生时。故郑玄注《杂记上》曰"緌谓旌旗之旄也，去其旒而用之，异于生时也"。《说文》："緌，系冠缨垂者。"（此据段注本）段注曰："引申之为旌旗之緌，以旄牛尾为之。"是此经以用緌为正字。绥的本原字作妥，甲骨文、金文妥皆不从纟，其字象以手抚女之形，会安或安抚之义，后加纟旁作绥。《说文》："绥，车中靶也。"（此据段注本）车中靶，是指执以登车的绳，此引申义也。盖执此绳以登车则安，而绥的本义为安，故即用作车中靶名。徐锴云："礼，升车必正立执绥，所以安也。"① 是绥之与緌，其义迥异。盖以二字古音叠韵，皆属微部，又绥是心母属齿音，緌是日母属舌音，舌齿邻纽，二字音近，且小篆字形亦相似，因致误混。故郑玄说"旌旗有徒绥者，当作緌，字之误也"。郑玄虽以绥为误字，然未改其字，经文仍从今书作绥，是其慎也。按学者于此经之郑注，考辨甚烦，异说颇多。如段玉裁以为绥非误字，而是緌的假借字，"今礼家"定作蕤亦假借字；② 金榜以为此经绥当作籓，故书禭是籓的讹字，因《说文》籓的或体为旞，因讹为禭，杜子春改禭为绥，郑玄又读从緌，皆非；③ 王引之亦以为经字当作旞，旞与籓同，而故书禭则是旞的假借字，因此郑玄"当依故书作禭，而读为旞，不当沿子春之误，径改为绥也"，④ 等等。因本文旨在探究郑玄之意，故不俱引而辨之。

152.《地官·叙官》："饎人，奄二人，女饎八人，奚四十人。"郑注："郑司农云：'饎人，主炊官也。'《特牲馈食礼》曰：'主妇视饎爨。'故书饎

---

① 徐锴：《说文解字系传》，中华书局，1987年，第255页。
② 段玉裁：《说文解字注》，上海古籍出版社，1981年，第653页。
③ 说详金榜《礼笺》卷1"九旗"条，《清经解》第3册，第825页。
④ 王引之：《经义述闻·周官上》"故书绥为禭"条，《清经解》第6册，第834页。

作�。"

《说文》:"饎,酒食也。"又出重文餴、糦,曰:"饎或从配。糦,饎或从米。"段玉裁云:"《说文》饎或从配作餴,疑今《周礼》配下讹多火也。《特牲馈食礼》注曰:'古文饎作糦,《周礼》作䊞。'"① 徐养原曰:"按䊞,《说文》本作餴,今从熙,传写之误。《特牲》注误与此同。"② 是䊞乃误字,故郑玄不从。

153.《春官·大宗伯》:"以吉礼事邦国之鬼神示。"郑注:"故书吉或为告。杜子春云:'书为告礼者,非是。当为吉礼。书亦多为吉礼。'"

按告乃吉字形近之误。段玉裁云:"此(故书)字之误也。《礼记》'尹吉'即'尹告'之误。《周易》'后以施命诰四方',王弼本作'诰四方',亦是字误。"③ 故杜子春以为作"告礼"非是,且谓故书亦多有作"吉礼"之本,故郑玄从今书作吉而不从故书误字。

154.《春官·大宗伯》:"以實柴祀日、月、星、辰。"郑注:"郑司农云:'故书實柴或为賓柴。'"

段玉裁云:"此(故书)亦字之误也。"④ 孙诒让云:"實、賓形近而误,二郑并不从也。"⑤

155.《春官·乐师》:"教乐仪:行以《肆夏》,趋以《采荠》。"郑注:"故书趋作跢。郑司农云:'跢当为趋,书亦或为趋。'"

《说文》:"趋,走也。"《说文》无跢字。《玉篇·足部》:"跢,丁泰切,倒也。又丁佐切,小儿行皃。"是趋、跢二字义异。孙诒让以为故书作跢乃形近之讹,云:"《说文·足部》无跢字,《言部》誃字注云:'读若《论语》跢予之足。'《玉篇·足部》云:'跢,倒也。'趋、跢形近而讹。《玉藻》亦云'趋中《采荠》',故司农破为趋……《说文·走部》:'趋,走也。'重文无跢字,趋与趍义亦别,东汉以后始误用为一字,经典无是也。"⑥ 按小篆趋、跢字形略似,故孙氏谓"趋、跢形近而讹"。郑司农云"跢当作趋",是亦以跢

---

① 段玉裁:《周礼汉读考》,《清经解》第4册,第192页。
② 徐养原:《周官故书考》,《清经解续编》第2册,第1218页。
③ 段玉裁:《周礼汉读考》,《清经解》第4册,第198页。
④ 同上。
⑤ 孙诒让:《周礼正义》第5册,第1305页。
⑥ 孙诒让:《周礼正义》第7册,第1800页。

为误字，故郑玄不从。

156.《春官·乐师》："燕射，帅射夫以弓矢舞。"郑注："故书燕为舞。郑司农云：'舞当作燕。'"

段玉裁云："燕误舞。"① 宋世荦亦曰："燕、舞篆字近，又下有舞字，故讹。"② 而郑司农云"舞当作燕"，是亦以燕为误字。按徐养原云："故书燕为舞，似非字误，盖以弓矢舞，即得谓之舞射，故书与今书各为一义也。"③ 是亦可备一说。然郑玄盖如段、宋二氏说视舞为误字，故不从故书。

157.《春官·乐师》："燕射，帅射夫以弓矢舞。"郑注："故书射夫为射矢。郑司农云：'射矢，书亦或为射夫。'"

按矢乃夫字形近之误。段玉裁云："夫误矢，皆字之误也。"④ 宋世荦亦云："夫、矢亦形近，下亦有矢字，故讹。"⑤ 故郑玄不从故书。

158.《春官·籥章》："国祭蜡，则龡《豳颂》，击土鼓，以息老物。"郑注："故书蜡为蚕。杜子春云：'蚕当为蜡。'"

段玉裁云："此（故书）字之误也。"⑥ 徐养原亦以为故书蚕乃"字之讹"。⑦ 孙诒让云："《礼经》无祭蚕之文，唯《月令》'季冬荐鞠衣于先帝'，注云：'为将蚕，求福祥之助也。先帝，太皞之属。'彼为将蚕告祭之礼，然亦非息老物之时，故杜破为蜡也。"⑧ 故书既为误字，故郑玄不从。

159.《春官·大祝》："凡大禋祀、肆享、祭示，则执明水火而号祝。"郑注："故书示为祊。杜子春云：'祊当为示。'"

此经示字，注易之为示，而曰"故书示为祊"，是郑玄意示即祇字。按甲骨文示字作丅，亦有于一横上再加短横，或于竖画之两侧加点者，其义，徐中舒说："象以木表或石柱为神主之形，丅之上或其左右之点划为增饰符号。卜辞祭祀占卜中，示为天神、地祇、先公、先王之通称。"⑨ 叶玉森云："丅象

---

① 段玉裁：《周礼汉读考》，《清经解》第4册，第202页。
② 宋世荦：《周礼故书疏证》，《续修四库全书》第81册，第179页。
③ 徐养原：《周官故书考》，《清经解续编》第2册，第1222页。
④ 段玉裁：《周礼汉读考》，《清经解》第4册，第202页。
⑤ 宋世荦：《周礼故书疏证》，《续修四库全书》第81册，第179页。
⑥ 段玉裁：《周礼汉读考》，《清经解》第4册，第204页。
⑦ 徐养原：《周官故书考》，《清经解续编》第2册，第1223页。
⑧ 孙诒让：《周礼正义》第7册，第1915页。
⑨ 徐中舒主编：《甲骨文字典》，第11页。

木表，所以代神……古祭人鬼则立尸，祭天神地祇无尸，则植木以象神之所在。"① 说亦与徐氏略同。是示的本义为神主，引申之为凡神之称，此经则指地神。后又造祇字，以为地神之专字，故《说文》曰："祇，地神。"且为人所习用，故郑注易示为祇，且《周礼》全书凡地神之示字，注皆易为祇。如《天官·大宰》"祀大神示亦如之"，注云："大神祇，谓天地。"《春官·大宗伯》"掌建邦之天神、人鬼、地示之礼"，注云："立天神、地祇、人鬼之礼。"《小宗伯》"祷祠上下神示"，注云："祷尔于上下神祇。"之所以易之者，徐养原曰："意取晓俗而已。"② 然经文仍从示者，为存古字也。故徐养原又曰："以示为祇，《周礼》犹存古字。"③ 按《周礼》全书凡地祇字皆作示，故郑注亦依全书之例而存之，仅于注中易之为祇。故书祇作祊者，则误字也。段玉裁云："此（故书）字之误也，杜改为祇，又依全书之例作示。"④ 按祊之与祇，音义俱隔，显系误字，盖形近而误也，故郑玄不从故书。

160.《春官·小祝》："大丧，赞渳。"郑注："故书渳为攝。杜子春云：'当为渳，渳谓浴尸。'"

《说文》："渳，饮歃也。"段注："按浴尸则弗尸口鼻，与饮歃义相近。"引申而用作浴尸字，故杜子春释"渳谓浴尸"。《说文》又曰："攝，引持也。"攝、渳二字音义俱殊，丧礼浴尸无称攝者，攝字显为误字。段玉裁云："此（故书）字之误也。"⑤ 故郑玄不从故书。

161.《春官·巾车》："王后之五路：重翟，锡面，朱緫。"郑注："故书朱緫为䰂。郑司农云：'䰂当为緫，书亦或为緫。'"

按䰂，陆氏《释文》疑为废而不用之字，云："戚云：'检《字林》、《苍雅》及《说文》皆无此字，众家亦不见有音者，唯昌宗音废，以形声会意求之，实所未了，当是废而不用乎？"⑥ 段玉裁亦引《释文》此说，而以为䰂是误字，云："夫字形之误，不妨误为本无之字，宜众家之不为音也。"⑦ 徐养原

---

① 转引自《古文字诂林》第1册，上海教育出版社，1999年，第70页。
② 徐养原：《周官故书考》，《清经解续编》第2册，第1223页。
③ 同上。
④ 段玉裁：《周礼汉读考》，《清经解》第4册，第206页。
⑤ 同上。
⑥ 陆德明：《经典释文》，中华书局，1983年，第124页。
⑦ 段玉裁：《周礼汉读考》，《清经解》第4册，第207页。

《周官故书考》及孙诒让《周礼正义》亦皆同此说。魏既是误字，故郑玄不从故书。

162.《春官·巾车》："孤乘夏篆。"郑注："故书夏篆为夏缘。郑司农云：'夏，赤色。缘，绿色。或曰夏篆，篆读为圭瑑之瑑，夏篆，毂有约也。'玄谓夏篆，五采画毂约也。"

按"夏，赤色"，"赤色"《注疏》本原误作"赤也"，据阮校改。又"故书夏篆为夏缘"，段玉裁以为缘字当作绿，云："故书作绿字，故司农云'夏，赤色；绿，绿色。今各本作缘，此正同《内司服》注之误。"① 段校是也。《说文》："缘，衣纯也。"纯谓衣之镶边。又曰："绿，帛青黄色也。"若如注所引故书作缘，则郑司农不得训为"绿色"，是缘字显系绿字形近之误。然故书作夏绿，实乃误字。按此经之篆，义为毂约，故郑司农释夏篆为赤毂约，郑玄释之为五采画毂约。若如故书作绿，则无毂约之义，是误字无疑。故徐养原云："此（故书）误篆为绿。"② 孙诒让亦云："篆作绿者，形之误。"③ 既为误字，故郑玄不从。郑司农云"或曰夏篆，篆读为圭瑑之瑑"者，是故书亦有作篆之本，与今书同。又"读为"，段氏《汉读考》以为"当作读如，拟其音耳"，④ 非谓篆为瑑之通假字也。

163.《春官·巾车》："岁时更续。"郑注："故书更续作受读。杜子春云：'受当为更，读当为续。更续，更受新。'"

按小篆更与受相似，故书受字乃更字形近之误。《仪礼·燕礼》："（主人）更爵洗。"郑注："古文更为受。"胡承珙云："更与受声义皆不相近，古文作受者，字之误，郑玄所不从。"⑤ 此经段玉裁亦谓受是"字误"。⑥ 故书续为读，亦形近之误。段玉裁以为"声误"，⑦ 亦或然也。续、读古音相近，故传写致误。可见故书之二字皆误字，故杜子春云"受当为更，读当为续"。既为误字，故郑玄不从。

---

① 段玉裁：《周礼汉读考》，《清经解》第4册，第208页。
② 徐养原：《周官故书考》，《清经解续编》第2册，第1124页。
③ 孙诒让：《周礼正义》第8册，第2181页。
④ 段玉裁：《周礼汉读考》，《清经解》第4册，第208页。
⑤ 胡承珙：《仪礼古今文疏义》，《清经解续编》第2册，第1128页。
⑥ 段玉裁：《周礼汉读考》，《清经解》第4册，第208页。
⑦ 同上。

164.《春官·巾车》:"大祭祀,鸣铃以应鸡人。"郑注:"故书铃或作軨。杜子春云:'当为铃。'"

故书铃作軨者,段玉裁云:"此亦声之误也,或古文假借也。"① 按铃、軨不同物:铃为金属响器,軨则为车阑。铃、軨古同音,皆属来母耕部,当可相通假,然未见字例,盖当以声误之说为是。孙诒让云:"軨为车阑,即《舆人》之轵軹,鸣軨于义无取,故杜不从之。"② 郑依杜说,亦不从故书误字也。

165.《夏官·叙官》:"司爟。"郑注:"故书爟为燋。杜子春云:'燋当为爟,书亦或为燋,爟为私火。'玄谓爟读如予若观火之观。今燕俗名汤热为爟,③ 则爟火谓热火与?"

《说文》:"爟,取火于日官名,从火,雚声。《周礼》曰:'司爟掌行火之政令。'举火曰爟。"是爟有二义:一为官名,二为举火。郑以爟为官名,至爟字之义,则释之为"热火",与《说文》举火义异。郑之所以释爟为热火,是因为读爟音为观,而"今燕俗名汤(热水)为爟"。按燕俗名实以爟为涫之借字。《说文》:"涫,瀸也。"即滚水。段玉裁云:"燕俗名汤热为观,此即涫字。涫,瀸也,今俗语滚水是也。古音观、涫、爟三字同音官,因汤热为涫,知热火谓之爟。"④ 司爟之职既掌行火之政令,自当以热火之爟为其官名。而古文爟为燋者,《说文》:"燋,所以然持火也。"是燋为用以引火之物,与爟义异。又爟古音属见母元部,燋属精母宵部,二字声韵俱隔,故段玉裁云:"爟作燋者,字之误也。"⑤ 孙诒让亦云:"爟、燋形近而误。"⑥ 按燋与爟小篆形似,故故书误写作燋,郑玄所不从也。至于杜子春释爟义为"私火",则与《司爟》职文之义不合,故郑玄亦不从。

166.《夏官·大驭》:"及祭,酌仆,仆左执辔,右祭两軹,祭軓,乃饮。"郑注:"故书軹为軝。杜子春云:'軝当作軹,軹谓两轊也。其或言軹,亦非是。'又云:'或读軹为簪笄之笄。'"

按郑玄以軹为毂末,即车毂末端之名。《考工记·总叙》:"六尺有六寸之

---

① 段玉裁:《周礼汉读考》,《清经解》第 4 册,第 208 页。
② 孙诒让:《周礼正义》第 8 册,第 2191 页。
③ 爟,《注疏》本原误作观,据阮校改。
④ 段玉裁:《周礼汉读考》,《清经解》第 4 册,第 208 页。
⑤ 同上。
⑥ 孙诒让:《周礼正义》第 9 册,第 2250 页。

轮，轵崇三尺有三寸也。"郑注："玄谓轵，毂末也。"又《考工记·轮人》："弓长六尺，谓之庇轵。"郑注："玄谓轵，毂末也。"而《说文》训轵为"车毂小穿"，盖本郑司农说。《轮人》："五分其毂之长，去一以为贤，去三以为轵。"郑注："郑司农云：'贤，大穿也。轵，小穿也。'"按小穿即在毂末，是郑玄说亦与郑司农义不异。徐养原云："郑司农注《轮人》，以轵为小穿，与《说文》合。郑玄注《轮人》'庇轵'以为毂末，亦与郑司农义同。盖毂末曰小穿。"① 故书轵为轩者，《说文》无轩字，轩是轵的讹字，盖因轵字之只旁小篆作𠃌，遂讹为开，故轵字讹为轩。故杜子春云"轩当作轵"，是以轩为讹字而正之也。孙诒让《周礼正义》引郑珍曰："以轵字依篆体书之，只作𠃌，传久或增缀，或模糊，即成开旁为轩字。经杜子春正定，其误已明，故《说文》无轩也。"孙诒让以为"郑说是也"。② 轩既为误字，故郑玄不从故书。又杜子春云"轵谓两𨏖也"者，《说文》𨏖是軎的重文，曰："軎，车轴端也。从车，象形。杜林说，𨏖，軎或从彗。"《方言》"车𨏖"下郭璞注云："车轴头也。"③ 轴端与毂末异，二者不同处，是杜说轵与郑玄义异，为郑玄所不取也。又杜云"其或言軹，亦非是"者，孙诒让云："軹，故书别本又有作軹者，盖传写之误。轵、軹形声并远，于义又无取，并涉上文而误，故杜直斥其非也。"④ 杜又云"或读轩为簪笄之笄"者，孙氏云："此仍故书作轩，而读为笄，亦以声兼义也。杜、郑不从，故引之在后。……依杜、郑说，则轩直是讹体，不必有此字也。"⑤

167.《夏官·训方氏》："诵四方之傅道。"郑注："故书傅为傅。杜子春云：'傅当作傳，书亦或为傳。'"

段玉裁云："此（故书）亦字之误也。"⑥ 徐养原亦云："傅为字之误。《车人》博字，故书作搏，与此相类。"⑦ 按傅与傳小篆形似，故传写致误。既为误字，故郑玄不从故书。

---

① 徐养原：《周官故书考》，《清经解续编》第2册，第1226页。
② 孙诒让：《周礼正义》第10册，第2589页。
③ 扬雄：《方言》卷9，《百子全书》本。
④ 孙诒让：《周礼正义》第10册，第2590页。
⑤ 同上书，第2591页。
⑥ 段玉裁：《周礼汉读考》，《清经解》第4册，第212页。
⑦ 徐养原：《周官故书考》，《清经解续编》第2册，第1226页。

168.《秋官·朝士》："令邦国、都家、县鄙虑刑贬。"郑注："故书虑为宪。杜子春云：'宪谓幡书以明之。'玄谓虑，谋也。"

《说文》："虑，谋思也。"郑注义训与许同。故书虑为宪者，《说文》："宪，敏也。"与虑字义异。又虑古音属来母鱼部，宪属晓母元部，二字音亦不相近，故段玉裁以为故书"宪为字误"，① 既为误字，故郑玄不从。然杜子春从故书作宪之本，而释之曰"宪谓幡书以明之"，孙诒让云："（杜）谓书刑禁之事于布帛之幅，县建宜播之，使众共见，若徽识之幡，故云幡书以明之。"② 是杜读宪为县（悬），此又一义也，与郑义异，故郑玄不从杜说。

169.《秋官·蝈氏》："蝈氏掌除蠹物。"郑注："蠹物，穿食人器物者，虫鱼亦是也。故书蠹为橐。杜子春云：'橐当为蠹。'"

按经及注之蠹字，《注疏》本原讹作蠧（上从士），据阮校改。又"故书蠹为橐"之橐字，王引之以为当作櫜，云："作櫜者是也。櫜、蠹古同声，故蠹讹为櫜（按此句櫜、蠹二字盖误倒）。《说文》蠹作蠧，从蚰，橐声。《地官·掌染草》注'櫜芦'，《释文》櫜音托，又音妬。妬与蠹同音，是其证也。若橐与蠹则声远而不可通矣。"③ 王说是也。阮校亦与王氏说同。据王氏说，则郑注当云"故书蠹为櫜。杜子春云：'櫜当为蠹。'"《说文》："蠹，木中虫。"引申之，衣虫名白鱼者，亦称蠹。《玉篇·蚰部》："蠹，木中虫也，又白鱼也。"《尔雅·释虫》："蟫，白鱼。"邢疏："此衣中虫也，一名蟫，一名蛃鱼，《本草》谓之衣鱼是也。"故郑释蠹为虫鱼。故书蠹为櫜者，櫜是蠹的讹字，故杜子春云"櫜当为蠹"。盖因二字形音皆近而致讹，已见上王引之说。櫜既为讹字，故郑玄不从。

170.《秋官·壶涿氏》："以炮土之鼓驱之。"郑注："故书炮作泡。杜子春读炮为'苞有苦叶'之苞。玄谓燔之炮之，炮土之鼓，瓦鼓也。"

按注云"杜子春读炮为'苞有苦叶'之苞"，孙诒让《周礼正义》引臧庸校云："炮字误也。郑始读从火，杜在郑前，不应已作炮字，当改作泡无疑。"孙氏云："案臧说是也。段玉裁说同……《蜀石经》作'杜子春泡当为匏有苦叶之匏'，文虽讹谬，而泡字则不误。"又云："'燔之炮之'下，毛居

---

① 段玉裁：《周礼汉读考》，《清经解》第4册，第214页。
② 孙诒让：《周礼正义》第11册，第2832页。
③ 王引之：《经义述闻·周官下》"故书蠹为櫜"条，《清经解》第6册，第843页。

正、岳珂云当更有一'之'字，段、臧并据增，亦是也。"① 是谓杜本从故书作泡，而读泡为苞也；"玄谓燔之炮之炮"，则当作"玄谓燔之炮之之炮"。《说文》："炮，毛炙肉也。"郑释炮为"燔之炮之之炮"，与《说文》训同。故书"炮作泡"者，《说文》："泡，水，出山阳平乐，东北入泗。"炮、泡小篆形音俱近，故故书误作泡，郑玄所不从也。徐养原亦云："泡乃字之误。"② 又杜子春从故书作泡之本而读为苞者，徐氏云："杜子春注《籥章》云：'土鼓，以瓦为匡，以革为两面，可击也。'此说与苞土不同，却与炮土相合。"③ 是杜亦自违其说也。

171.《秋官·壶涿氏》："若欲杀其神，则以牡橭午贯象齿而沈之。"郑注："故书橭为梓。杜子春云：'梓当为橭，橭读为枯，枯，榆木名。书或为樗。'"

《说文》无橭字。《玉篇·木部》："橭，木名。"据杜子春说，则为榆木名，故《释文》云："如杜义，则音枯，山榆也。"故书橭为梓者，《说文》："梓，楸也。"是梓为别一木，与橭异，不可用以"杀其神"（水怪），梓是橭的误字。段玉裁云："（杜子春云）'梓当为橭'者，字之误也。"④ 梓既为误字，故郑玄不从。又，杜子春云"书亦或为樗"者，谓书又有作樗之本。孙诒让云："杜、郑不从者，牡樗木未闻也。"⑤

172.《考工记·总叙》："妢胡之笴。"郑注："笴，矢干也。故书笴为箇。杜子春云：'箇当为笴，笴读为槁，谓箭槁。'"

按注中两笴字，《注疏》本原皆误作笴；又杜子春云"笴读为槁"，槁字《注疏》本原误作槀，皆据阮校改。笴字《说文》未收，郑注释之为"矢干"，《矢人》"以其笴厚为之羽深"下注同。《广韵·旱韵》亦云："笴，箭笴。"故书笴为箇者，乃形近之误也。段玉裁云："可与句相乱，如《尚书》'尽执柯'，或作执拘。许叔重云'俗谓苛之字止句'；菏水，《郡国志》注作苟水，皆其类也。杜据《仪礼》笴字正笴为字之误，而后明笴之音义曰：'读

---

① 孙诒让：《周礼正义》第12册，第2937页。
② 徐养原：《周官故书考》，《清经解续编》第2册，第1228页。
③ 同上。
④ 段玉裁：《周礼汉读考》，《清经解》第4册，第215页。
⑤ 孙诒让：《周礼正义》第12册，第2939页。

为稾,谓箭稾。'"① 筍既为误字,故郑玄不从故书。

173.《考工记·总叙》:"凡攻木之工七。"郑注:"故书七为十。郑司农云:'十当为七。'"

此故书十乃七字形近之误。徐养原云:"按七、十形相似。《辀人》'轵前十尺',十或作七,与此互讹。又《汉隶字源·五质》:'孔庙置《卒史碑》,元嘉三年三月廿十日;《袁君碑》有十国之谋议者:皆作七。'是汉人每以十为七,亦不解其何说也。"②

174.《考工记·凫氏》:"两欒谓之铣。"郑注:"故书欒作樂。杜子春云:'当为欒,书亦或为欒。'"

故书樂字亦形近之误。段玉裁云:"此(故书)字之误也。《说文》'大夫墓树欒',《周礼正义》引《春秋纬》作藥草,其误正相似。"③ 按《说文》"欒"下云:"《礼》天子树松,诸侯柏,大夫欒,士杨。"《周礼·春官·冢人》贾疏引《春秋纬》则云"大夫(坟高)八尺,树以藥草",藥草是欒字之误(按欒误樂,复加草头),与此经故书误字正相似。宋世荦亦云:"欒、樂形近易混。《史记·高祖功臣年表》'慎阳侯欒说',《索隐》、《汉表》作'樂说'。"④ 故书既为误字,故郑玄不从。又杜子春云"书亦或为欒"者,是故书亦有作欒而不误之本。

175.《考工记·栗氏》:"其臀一寸,其实一豆。"郑注:"故书臀作脣。杜子春云:'当为臀。谓覆之其底深一寸也。'"

《玉篇·肉部》:"臀,尻也。"即今俗所谓屁股。《说文》:"脣,口端也。"臀、脣古音叠韵,皆属文部,臀是定母属舌音,脣是床母属齿音,舌音与齿音为邻纽,二字音近,故书盖因此而致误。段玉裁亦谓故书是"声误也",⑤ 故郑玄不从故书。

176.《考工记·栗氏》:"凡铸金之状。"郑注:"故书状作壮。杜子春云:'当为状,谓铸金之形状。'"

---

① 段玉裁:《周礼汉读考》,《清经解》第4册,第216—217页。
② 徐养原:《周官故书考》,《清经解续编》第2册,第1229页。
③ 段玉裁:《周礼汉读考》,《清经解》第4册,第219页。
④ 宋世荦:《周礼故书疏证》,《续修四库全书》第81册,第191页。
⑤ 段玉裁:《周礼汉读考》,《清经解》第4册,第191页。

《说文》："狀，犬形。"引申为凡物之形状。《说文》又曰："壯，大也。"是狀、壯二字义异，然二字形音皆近，故而误混。段玉裁云："此亦声之误也。"① 徐养原则云："狀、壯亦形之误。王逸《楚辞叙》云'其余十五卷阙而不说，又以壯为狀，义多乖异'，与此相类。"② 又《史记·秦本纪》惠文王后元十四年："蜀相壯杀蜀侯来降。"壯，《集解》引徐广曰："一作狀。"又泷川资言《史记会注考证》引方苞曰："《张仪传》及《秦策》云，司马错定蜀，蜀王更号为侯，而使陈庄相。据此则是《纪》所云蜀相壯，即陈庄。"③ 是蜀相之名，壯、狀、庄三字必有二字是误字，而致误之由，则皆与此经故书相类。

177.《考工记·鲍人》："察其線，欲其臧也。"郑注："故书線或作綜。杜子春云：'綜当为糹旁泉，读为絤，谓缝革之缕。'"

《说文》線是线的重文，云："线，缕也，从糹，戋声。線，古文线。"《周礼》是古文经，故字作線。故书線作綜者，形近之误也。故杜子春云"綜当为糹旁泉"。段玉裁云："泉、宗篆相似，此正其形之误，当为線。"④ 故郑玄不从故书。

178.《考工记·玉人》："命圭七寸，谓之躬圭。"郑注："故书或云'命圭五寸，谓之躬圭'。杜子春云：'当为七寸。'玄谓五寸者，瑑文之阙乱存焉。"

按此经故书"命圭五寸"，五字是七字之误。段玉裁云："此郑玄从杜作七寸，而明经作五寸之所由也。阙乱者，依《典瑞》则有两'命璧五寸'之文而阙，又以五字羼入圭文也，存焉者，于此可考也。"⑤ 徐养原《周官故书考》引段氏此说，又云："养原按，篆文七、五相似，《诗》'七月鸣鶪'，王肃读为五月，盖本诸此。此经因阙而乱，亦字形相涉所致。"⑥ 故郑玄不从故书。

179.《考工记·匠人》："凡任，索约大汲其版。"郑注："故书汲作没。

---

① 段玉裁：《周礼汉读考》，《清经解》第4册，第220页。
② 徐养原：《周官故书考》，《清经解续编》第2册，第1231页。
③ ［日］泷川资言：《史记会注考证》上册，上海古籍出版社，1986年，第134页。
④ 段玉裁：《周礼汉读考》，《清经解》第4册，第220页。
⑤ 同上。
⑥ 徐养原：《周官故书考》，《清经解续编》第2册，第1231页。

杜子春云：'当为汲。'玄谓汲，引也。"

《说文》："汲，引水于井也。"引申为凡牵引之称。《广韵·辑韵》："汲，汲引也。"故郑训汲为引。故书汲作没者，《说文》："没，沈也。"没与汲音义俱殊，实因形近而误。宋世荦云："汲、没形近易混。"① 故郑玄不从故书。

180.《考工记·车人》："辐长一柯有半，其博三寸。"郑注："故书博或为搏。杜子春云：'当为博。'"

博、搏二字义不同，《说文》博训"大，通也"，搏训"索持也。一曰至也"。博、搏同音，字形亦相近，故致误混。故段玉裁云："此（故书）字之误也。"② 故郑玄不从故书。

181.《考工记·弓人》："强者在内而摩其筋。"郑注："故书筋或作蓟。郑司农云：'当为筋。'"

《说文》："筋，肉之力也。"实指附着于骨骼上的韧带。《说文》又曰："蓟，芙也。"乃植物名。筋、蓟古音双声，都是见母；筋属文部，蓟属月部，文月旁对转，故筋、蓟二字音近，且字形亦近，故致误混。徐养原云："段氏曰此双声之误。养原按，亦字之误。"③ 孙诒让云："徐说是也。筋俗书或作筯，故误为蓟也。"④ 故郑玄不从故书。

182.《考工记·弓人》："挢角欲孰于火而无燂。"郑注："燂，炙烂也。故书燂或作朕。郑司农云：'字从燂。'"

《说文》："燂，火孰也。"又曰："朕，我也。"按甲骨文朕象两手奉器治舟之形，盖会舟有裂缝之意。⑤ 朕我之训，假借义也。燂、朕古音双声叠韵，皆属定母侵部，故书因音近致误也。段玉裁云："《说文·火部》曰：'燂，火孰也。'或作朕者，声之误，故司农从燂也。"⑥ 朕既是误字，故郑玄亦不从故书。

183.《考工记·弓人》："利射侯与弋。"郑注："故书与作其。杜子春云：'当作与。'"

---

① 宋世荦：《周礼故书疏证》，《续修四库全书》第81册，第193页。
② 段玉裁：《周礼汉读考》，《清经解》第4册，第193页。
③ 徐养原：《周官故书考》，《清经解续编》第2册，第1232页。
④ 孙诒让：《周礼正义》第14册，第3546页。
⑤ 参见段玉裁《说文解字注》第403页，及徐中舒主编《甲骨文字典》第948页。
⑥ 段玉裁：《周礼汉读考》，《清经解》第4册，第224页。

《说文》："与，党与也。"引申而用作连词，犹和、及也。其是箕的本原字，义为簸箕。甲骨文箕字不从竹，象簸箕之形。《说文》则以其为箕的重文。后来其字借为代词，于是又在其上加竹头而造箕字。是其、与二字义迥异，音亦不相近，故段玉裁云"此（故书）字之误也"，① 故郑玄不从。

二八　不从故书误倒之文（1例）

184.《地官·闾胥》："凡事，掌其比、觵、挞罚之事。"郑注："觵、挞，失礼之罚也。觵用酒，其爵以兕角为之。挞，扑也。故书或言'觵、挞之罚事'。杜子春云：'当言觵、挞罚之事。'"

据郑注，此经"罚之"二字故书倒作"之罚"，则文义异矣。据贾疏，此经之"凡事"，是指凡乡饮酒礼及乡射礼饮酒之时，闾胥掌其惩罚失礼者之事。"觵、挞罚之事"，即谓用觵、挞来惩罚饮酒失礼者。若如故书作"觵、挞之罚事"，就会使人疑除此之外还有别的什么"罚事"，则易生歧义。故段玉裁云："所以必从杜者，嫌觵、挞之外，别有罚事也。"② 是故书"罚之"二字误倒，故郑玄不从。

二九　二字义同而皆可用则两从之（2例）

185.《地官·师氏》："掌国中、失之事，以教国子弟。"郑注："中，中礼者也。故书中为得。杜子春云：'当为得，记君得失，若《春秋》是也。'"

按中字的本义为徽帜，即一种旗，甲骨文、金文中字即象有斿之旗形，省变而为"中"形。古时有大事聚集民众，即先于旷地之中央建中（竖旗），民众望中而趋赴。因建中于旷地之中央，因而引申为凡中央之称。③ 后又引申为适宜、得当。《广韵·东韵》："中，宜也。"《送韵》又云："中，当也。"即此经"中"所取义。故书中为得者，得字甲骨文、金文皆作以手持贝之形，会有所得之义。引申之亦为适宜、得当。《礼记·大学》"虑而后能得"，郑

---

① 段玉裁：《周礼汉读考》，《清经解》第4册，第223页。
② 同上书，第194页。
③ 此据唐兰、徐中舒说，见徐中舒主编《甲骨文字典》第39—40页。

注："得谓得事之宜也。"是中、得二字之引申义同，古籍中亦每通用。惠栋云："《三仓》曰：'中，得也。'（自注：《史记·索隐》）《封禅书》云：'康后与王不相中。'《周勃传》：'子胜之尚公主不相中。'皆训为得。《吕览》云：'禹为司空，以通水潦，颜色黎黑，步不相过，窍气不通，以中帝心。'高诱曰：'中犹得。'然则中失犹得失，故郑用杜说，而不改字。'"① 段玉裁亦云："此郑君从今书作中，杜从故书作得也。……杜、郑说各异，其实中、得双声，两皆可从。"② 按中、得古音都是端母，故云双声。又因中、得二字义同，故云两皆可从。郑玄实亦两从之：其于经文从今书作中，而注引杜说又作得。孙诒让云："《毛诗·十月之交》笺云：'师氏掌司朝得失之事'，则郑亦兼从故书矣。"③ 故徐养原云："然则（郑）或改字，或不改字，义得通用也。"④

186.《夏官·槀人》："乘其事，试其弓弩。"郑注："郑司农云：'乘，计也，计其事之成功也。故书试为考。'玄谓考之而善，则上其食，尤善又赏之，否者反此。"

《说文》："试，用也。"引申为考校、考查，《韩非子·难三》"试之于事"及此经皆是。故书试为考者，《说文》："考，老也。"假借为考，段注："凡言考校、考问字，皆为考之假借也。"又《说文》："攷，敂也。"段注："引申之义为考课，《周礼》多作考，他经考绩、考课皆作攷，假借也。"是试、考义同，且皆为经典所习用，故郑玄两从之：经从今书作试，而注则以故书考字释之。徐养原亦云："考与试字异义同，故经作试字，而注以考字释之，明其可两通也。"⑤ 孙诒让云："试、考义同，故郑两从之。《中庸》注引此文亦从考。"⑥

三〇 二字义同而皆可用则从今书所用字（1例）

187.《秋官·朝士》："凡有责者，有判书以治则听。"郑注："判，半分

---

① 惠栋：《九经古义·周礼下》，《清经解》第2册，第761页。
② 段玉裁：《周礼汉读考》，《清经解》第4册，第195页。
③ 孙诒让：《周礼正义》第4册，第1006页。
④ 徐养原：《周官故书考》，《清经解续编》第2册，第1220页。
⑤ 同上书，第1226页。
⑥ 孙诒让：《周礼正义》第10册，第2576页。

而合者。故书判为辨。郑司农云：'谓若今时辞讼，有券书者为治之。辨读为别，谓别券也。'"

《说文》："判，分也。"郑玄训判为"半分而合者"，与许义合。故书判为辨者，《说文》："辨，判也。"是辨、判义同。段注："《朝士》'判书'，故书判为辨，大郑辨读为别。古辨、判、别三字义同。"故郑玄即从今书所用字。又，郑司农从故书作辨之本，而读辨为别者，盖以《小宰》云"听称责以傅别"，与此经之义正相应，故从故书作辨而读为别也。孙诒让云："（司农）云'辨读为别'者，《士师》'傅别'注'故书别为辨'，引郑司农云'辨读为风别之别'，此读与彼同。《小宰》'傅别'故书亦作'傅辨'，郑大夫、杜子春并读为别。先郑以此经云'凡有责者，有判书以治则听'，与《小宰》'听称责以傅别'文正相应，故从故书作辨，而依郑大夫、杜子春读为别。"① 按别义亦分也，《说文》："刵（别），分解也。"是与判义亦同也。

三一　无正字则从今书用字而不改（1例）

188.《春官·肆师》："以岁时序其祭祀，及其祈珥。"郑注："故书祈为幾。杜子春读幾当为祈。玄谓祈当为进机（機）之机，珥当为衈。机衈者，衅礼之事。"

按祈珥的祈字所作最纷纭。检《周礼》全书，此经及《夏官·小子》、《羊人》作"祈珥"，《秋官·士师》作"刉珥"，《秋官·犬人》又作"幾珥"，而《小子》郑注又谓"《春官·肆师职》祈或作幾"，是祈字所作甚不一。而郑玄所从亦不一。此经注曰"祈当为进机之机"，《小子》注又以或本作刉为"刉珥正字"，注《犬人》之"幾珥"亦谓"幾读为刉"，而注引郑司农说又以为"幾读为庪"，等等。按祈珥皆衅礼事，如此经及《小子》、《士师》、《犬人》之注皆曰："刉衈，衅礼之事也。"衅礼，谓割取牲血涂物以祭也。《说文》："刉，划伤也。"又曰："衈，以血有所刉，涂祭也。"即谓以所刉之牲血涂祭就叫做衈，是许慎又以为字当作衈。盖祈珥向无正字，古人皆假借为之，祈、刉、机、幾、畿、庪，皆同音或音近假借字。衈义亦同刉，

---

① 孙诒让：《周礼正义》第11册，第2827页。

《集韵·微韵》："刉，断也，划也。郑康成曰：'刲羽牲曰刉，或作鬿。'"（按《集韵》所引郑康成说盖郑注之逸文）《说文》"鬿"下段注亦曰："鬿盖亦刉字之异者。"是鬿乃刉字之异体，实亦假借字也。然许慎以鬿为正字，郑玄不从。郑玄以刉为正字，又不能坚其说，如此经之注即其例，是亦未必以刉为正字。正因为祈珥无正字，故杜子春及先、后郑所从字皆不同。此经今书作祈，故书作幾，杜从今书"读幾当为祈"，郑玄则谓"祈当为进机之机"，是郑玄既不从故书，亦不从今书，而以己意读之也。然于经文则一仍今书作祈而不改，是其慎也。兹录《周礼》中所见祈珥字及郑注以备参：

《夏官·小子》："而掌珥于社稷，祈于五祀。"郑注："郑司农云：'珥社稷，以牲头祭也。'玄谓珥读为衈，祈或为刉。刉衈者，衅礼之事也。用毛牲曰刉，羽牲曰衈。衈刉社稷五祀，谓始成其宫兆时也。《春官·肆师职》祈或作幾。《秋官·士师职》曰'凡刉珥则奉犬牲'，此刉衈正字与？"

《夏官·羊人》："凡祈珥，共其羊牲。"（注无说）

《秋官·士师》："凡刉珥，则奉犬牲。"郑注："珥读为衈。刉衈，衅礼之事。用牲，毛者曰刉，羽者曰衈。"

《秋官·司约》："若有讼者，则珥而辟藏。"郑注："珥读曰衈，谓杀鸡取血衅其户。"

《秋官·犬人》："凡幾珥、沈、辜，用駹可也。"郑注："郑司农云：'幾读为庪。《尔雅》曰：祭山曰庪县，祭川曰浮沈。《大宗伯职》曰：以埋沈祭山川林泽，以罢辜祭四方百物。'玄谓幾读为刉，珥当为衈。刉衈者，衅礼之事。"

三二　书中二字兼用者亦兼从之（1例）

189.《秋官·大行人》："王礼，再祼而酢。"郑注："故书祼作果。郑司农云：'祼读为灌。再灌，再饮公也。'"

《说文》："祼，灌祭也。"故书祼作果者，《说文》："果，木实也。"祼、果双声，古音都是见母；祼属元部，果属歌部，歌元对转，故二字音近可通。如《春官·大宗伯》："大宾客，则摄而载果。"郑注："果读为祼。"朱骏声亦云："果，假借为祼。"按祼、果二字，《周礼》中每错出。如《春官·大宗伯》"以肆、献、祼享先王",字作祼;其下经"大宾客,则摄而载果",字又作果。今查《周礼》全书作祼凡22见(《小宰》2,《内宰》2,《大宗伯》1,《郁人》7,《鬯人》4,《典瑞》2,《大行人》3,《玉人》1),作果凡5见(《大宗伯》1,《小宗伯》2,《肆师》2)。郑玄于果字或注曰"果读为祼",如《大宗伯》、《小宗伯》之果字注;或于注中易之为祼,如《肆师》"及果,筑鬻",郑注:"所筑鬻以祼也。"又"赞果将",注曰:"授大宗伯载祼。"是郑于注文皆用本字作祼,而于经文则一仍其所用字而不改。盖以本字和通假字《周礼》兼用之,郑玄亦兼从之也。又郑司农云"祼读为灌"者,则是以祼为灌的通假字。按祼、灌二字音同义近,是同源字,故经典每通用。如《论语·八佾》:"自既灌而往者,吾不欲观之矣。"《礼记·礼器》及《郊特牲》皆云:"灌用郁鬯。"是皆以灌为祼祭字。郑玄于《天官·小宰》"祼将之事",及《考工记·玉人》"祼圭尺有二寸"皆注云:"祼之言灌也。"明祼、灌二字音义相关,而郑司农必易祼为灌则非也。

三三　二字为异体字则因之而不改(1例)

190.《天官·外府》:"凡祭祀、宾客、丧纪、会同、军旅,共其财用之币赍、赐予之财用。"郑注:"赍,行道之财用也。《聘礼》曰:'问几月之赍。'郑司农云:'赍或为资,今礼家定赍作资。'玄谓赍、资同耳。其字以齐次为声,从贝变易,古字亦多或。"

孙诒让云:"郑司农云'赍或为资'者,谓故书或本也。不云'故书'者,文略。"① 按孙氏说由《天官》之《典妇功》、《典枲》郑注皆云"故书赍作资"可证。《说文》:"资,货也";"赍,持遗也。"二字义异。然赍、资二字双声叠韵,皆精母脂部,古多通用。如《春官·巾车》"毁折,入赍于职币",《史记·陈丞相世家》"平既娶张氏女,赍用益饶",是皆借赍为资。又《仪礼·聘礼》"既受行,出,遂见宰,问几月之资"(按此据《仪礼》今文,古文则作赍),《汉书·严助传》"今发兵行数千里,资衣粮,入越地",是皆借资为赍。然郑玄则以为资、赍实为一字而异体,不同于许氏及"今礼家"

---

① 孙诒让:《周礼正义》第2册,第473页。

说。以为二字皆从贝，唯声旁不同：资从次声，賫从齐声，故注云"古字亦多或"。而其义则为"行道之财用"，是兼有《说文》资、賫二字之义：财用即资货之义；此经财用是为了持以行道，即持遗之义也（《汉书·食货志下》："行者赍，居者送。"即所谓持遗之义）。资、賫既不为二字，故此经资、賫皆可用，今书既作賫，故郑玄即从之。按郑校《仪礼·聘礼》从今文作"资"，而注曰"古文资作賫"，注此经引《聘礼》则又从"古文"作賫者，皆因郑玄以资、賫为一字而皆可从故也。段玉裁云："此司农说礼家定賫当作资，而郑君非之，谓二字皆可用，賫从贝齐声，资从贝次声，实一字也。'古字亦多或'者，谓古字多或体，如许君《说文解字》多云某或某字者，是也。"① 然而从古籍实际用字例看，当以许氏分别资、賫二字为长，故段玉裁又云："按《说文·贝部》'资，货也'，'賫，持遗也'，不云是一字，似较郑君为长。"② 同例还见于：

《天官·掌皮》："岁终，则会其财賫。"郑注："賫，所给予人以物曰賫。今时诏书或曰賫计吏。郑司农云：'賫或为资。'"孙诒让云："郑司农云'賫或为资'者，《外府》注同，亦谓故书或本也。"③ 按郑玄此注训賫为"所给予人以物"（此经谓分拨兽皮给百工），即《说文》所谓持遗之义也，故段玉裁云："此与许君賫训持遗合。"④ 然郑玄则并非因为此经所用符合賫字本义而从之，实因以賫、资为一字故也。

《天官·典妇功》："典妇功掌妇式之法，以授嫔、妇及内人女功之事賫。"郑注："事賫，谓女功之事来取丝枲。故书賫为资，杜子春读为賫。郑司农云：'内人谓女御。女功事资，谓女功丝枲之事。'"按段玉裁《周礼汉读考》改"杜子春读为资"之资字为賫，云："此故书作资，子春易为賫，而郑君从之也。今本作'杜子春读为资'，便是'读资为资'，不可通矣。《外府》注云：'賫，行道之财用也。'《掌皮》注云：'所给予人以物曰賫。'此以女功之事来取丝枲，亦当行道给予之，故杜易其字。司农则不易字，读从故书作资，其说曰'资，谓女功丝枲之事'。大约诸家皆训资为货，训賫为

---

① 段玉裁：《周礼汉读考》，《清经解》第 4 册，第 190 页。
② 同上。
③ 孙诒让：《周礼正义》第 2 册，第 512 页。
④ 段玉裁：《周礼汉读考》，《清经解》第 4 册，第 191 页。

持遗，分别与《说文解字》合。"① 孙诒让云："段说是也。杜意经文故书齍资错出，凡为给予之义者当从齍，凡为财资之义者当从资，故此故书作资，而杜读为齍。"② 按此经郑玄虽从齍字，与杜子春同，其义则异也，郑实以资、齍为一字也。

《天官·典枲》："典枲掌布、缌、缕、纻之麻草之物，以待时颁功而授齍。"郑注："故书齍作资。"按此齍字义同于《典妇功》，即《说文》所谓"持遗"也。

三四　疑而难定之字则姑从今书（1例）

191.《地官·族师》："春秋祭酺，亦如之。"郑注："酺者，为人、物灾害之神也。故书酺或为步。杜子春云：'当为酺。'玄谓《校人职》又有冬祭马步，则未知此世所云螟螽之酺与？人鬼之步与？"

按古音酺、步双声，都是并母；酺在鱼部，步在铎部，鱼铎对转，是二字音近，可相通假。然据郑注，酺、步皆为灾害之神名：前者是为物灾害之神，后者是为人灾害之神。孙诒让云："螟螽之酺，即为物灾害之神；人鬼之步，即为人灾害之神也。"③ 是祭酺和祭步，即为祈禳此二神之灾害。但此经今书曰"祭酺"，而故书又有作"祭步"者，是此经所祭究系何神，尚难断定。故郑注曰"酺者，为人、物灾害之神也……则未知此世所云螟螽之酺与？人鬼之步与？"贾疏云："凡国之祈祭者，皆恐与人、物为灾害……云'则未知此世所云螟螽之酺与？人鬼之步与'者，但此经云酺，不知何神，故举汉法以况之。但汉时有螟螽之酺神，又有人鬼之步神，未审此经当何酺，故两言之。以无正文，故皆云'与'以疑之也。"是郑于此经从今书作酺者，非以故书或本作步者为非，只是姑从今书，而于注中说明其疑而未敢遽定之意。杜子春则径据今书而云"当为酺"。贾疏云："杜子春云'当为酺'者……子春亦无正文，直以此经今文（按文盖书字之误）为正，故依之也。"

---

① 段玉裁：《周礼汉读考》，《清经解》第4册，第191页。
② 孙诒让：《周礼正义》第2册，第567页。
③ 同上书，第879页。

三五　存古字而不改（1例）

192.《地官·遗人》："乡里之委积，以恤民之囏阨。"郑注："故书囏阨作攈阨。杜子春云：'攈阨当为囏阨。'"

按经作"囏阨"，而注云"故书囏阨作攈阨"，引经字囏作囏者，段玉裁云："此亦经用古字，注用今字之证也。"① 是郑注以今字易经古字也。又杜子春云"攈阨当为囏阨"，此囏亦当为囏，亦郑注以今字易之也。故孙诒让云："子春易经字为囏，而注仍作囏者，亦用今字也。"② 是此经郑注当云"故书囏阨作攈阨。杜子春云：'攈阨当为囏阨。'"《说文》："囏，土难治也，从堇，艮声。"段注云："引申之，凡难理皆曰囏。"《说文》又云："囏，籀文囏也，从喜。"是囏乃囏阨字的古字。囏字已为人所习用，而郑玄于经文必从今书作囏者，为存古字也。且故书所用乃通假字（见下），亦不如今书之用本字义切也。故书作攈阨者，《说文》云："攈，饰也，从手，堇声。"与囏字义异，而故书假借用之也。故段注曰："故书囏阨作攈阨，按此古文假借字也。"徐养原亦云："囏、攈，以同音相通。"③

结　语

以上所归纳凡35则条例。若综而言之，此35例又大体可以分为五类，即郑玄校《周礼》从今书不从故书的五项原则：

（一）字义贴切的原则，一至一二例皆是。
（二）习用易晓的原则，一三至二〇例皆是。
（三）合理的原则，二一至二五例皆是。
（四）符合规范的原则，二六至二八例皆是。
（五）不轻改字的原则，二九至三五例皆是。

关于这五项原则，详可参看本编第五章《郑玄校〈周礼〉从今书不从故

---

① 段玉裁：《周礼汉读考》，《清经解》第4册，第195页。
② 孙诒让：《周礼正义》第4册，第990页。
③ 徐养原：《周官故书考》，《清经解续编》第2册，第1219页。

书的五原则》。

由以上35则条例和五项原则可知,郑玄校《周礼》今、故书异文之所以从今书而不从故书,实因今书用字优于故书的缘故。而郑玄校《周礼》所遵循的条例和原则,也为后世校勘古籍者提供了有益的借鉴。然郑玄悉从今书而不从故书,亦难免有所从不当者。今就个人所见,列之如下。

一 有未审经义而误从今书者(2例)

193.《天官·小宰》:"七事者,令百官府共其财用,治其施舍,听其治讼。"郑注:"七事,故书为'小事'。杜子春云'当为七事',书亦为七事。"

按曾钊云:"小事,即上云'小事皆有联'是也。国之大事,在祀与戎。故凡非祭祀、朝觐、会同、军旅、田役、丧荒之事,皆谓之小事。杜君改作'七事'者,欲与经相当耳。然小与七形声并远,无容故书讹作小……当仍故书'小事'为正也。"[1] 俞樾云:"(七事)上文既明列其目,则但云'令百官府共其财用'云云足矣,不必更斥之曰'七事者',《周礼》全经亦无此例……又按此'者'字当读为'则',者与则一声之转。凡书传中用'何者',字或作'何则'……此经本云'小事则令百官府共其财用',小字为杜子春改读作七,而则字又声讹为者,其义愈失矣。"[2] 孙诒让亦云:"前'六联':一祭祀,二宾客,三丧荒,四军旅,五田役,六敛弛,皆为大事,而复云'小事皆有联'。此上文与彼正同,惟无敛弛耳。故此亦以'小事'为更端之文,令百官府共其财用等,即上文戒具之事也。此明大事则此官亲掌其戒具,小事则令他官共治之耳。"[3] 是皆谓此经当从故书作"小事",而郑玄依杜说从今书作"七事",是从所不当从。按小、七二字,自甲骨文、金文至秦篆,字形并异,韵部亦隔,实无由致讹,曾氏说是也。又《周礼》中上文单列诸事,下文相承而总之以数曰"七事者",除此经今书外,绝无其例,是不合《周礼》文例,俞氏说是也。盖因此经上云小宰"以法掌祭祀、朝觐、会同、宾客之戒具,军旅、田役、丧荒亦如之",是自祭祀至丧荒恰为七事,

---

[1] 曾钊:《周礼注疏小笺》,《续修四库全书》第81册,第640页。
[2] 俞樾:《茶香室经说》卷5,《周礼上》,《续修四库全书》第177册,第468—469页。
[3] 孙诒让:《周礼正义》第1册,第180页。

后之传抄者，遂疑故书之小字为误字，擅改为七，而杜子春、郑玄等竟未之察，故郑注释之曰"七事，谓先四、'如之'者三也"。是郑玄从今书，既不合文例，又不合事理，实因未详审经义而致误从今书也。

194.《地官·师氏》："凡祭祀、宾客、会同、丧纪、军旅，王举则从。"郑注："举犹行也。故书举为与。杜子春云：'当为与，谓王与会同丧纪之事。'"

《说文》："与，党与也。"引申为参与。《广韵·御韵》："与，参与也。"举的本义为双手向上托物。《说文》举作舉曰："舉，对举也。从手，与声。"举、与古音叠韵，皆属鱼部，故举可借为与。王引之云："作与者是也。王与其事，则亲往可知矣。《大宗伯》之职曰：'若王不与祭祀，则摄位。'《祭仆》曰：'凡祭祀，王之所不与，则赐之禽。'是吉凶之事，王有与有不与也，故曰'王与则从'。与，本字也。举，借字也。《保氏》'王举则从'，亦当为与。"[①] 孙诒让曰："王（引之）申杜义是也。"[②] 可见，此经以从故书作与为是，今书举则是与的通假字。而郑玄从今书作举，训举为行，义虽可通，终无从故书及杜子春说为切，是亦未审经义而误从今书。

二 有自违其例而误从今书者(2例)

195.《地官·闾胥》："凡春秋之祭祀、役、政、丧祭之数，聚众庶，既比则读法。"郑注："四者及比皆会聚众民，因以读法以勒戒之。故书既为暨。杜子春读暨为既。"

按暨的本义《说文》训"日颇见"，借为连词及、与，典籍多用之。既的本义为食毕，甲骨文、金文既字即象人食毕而将离去之形（《说文》训既为"小食也"，则非其本义）。引申为凡事已发生之称，义同于时间副词已。是暨、既二字之义异。然二字古音叠韵，皆属物部，暨是群母，既是见母，群见旁纽，故可相通假。《后汉书·马融传》载马融于元初二年所上《广成颂》有曰"鍾鸣既觞"，李贤注曰："流俗本既字作暨。"《尚书·皋陶谟中》"暨

[①] 王引之：《经义述闻·周官上》"王举则从"条，《清经解》第6册，第837页。
[②] 孙诒让：《周礼正义》第4册，第1077页。

稷播奏庶艰食",①《诗·唐风·蟋蟀》题下所附《唐谱》之孔疏引《皋陶谟》此文则作"既稷播奏庶艰食"。又《晋书·地理志下》载西晋武帝太康二年扬州毗陵郡所置县有"既阳",《五行志中》载东晋安帝隆安初"辅国将军孙无终家于既阳",是县名称既阳。然《晋书》之《五行志下》又载东晋成帝咸康五年有"下邳民王和侨居暨阳",《郭璞传》载"璞以母忧去职,卜葬地于暨阳",《庾亮传》所附《弟怿传》载怿"除暨阳令",等等,是县名又作暨阳。盖二字之互借,自汉以来已习见,故郑玄于此经从今书作既,而于注中则径训"既比"为"及比",是读既为暨也。暨用作连词已是通假字,读既为暨,则又通假借字之通假也。据郑玄校字例,此经当从故书作暨,而径从今书作既,是自违其例也。又杜子春"读暨为既",是杜所据本之经文从故书作暨,较今书为长,而杜以暨为既之借字,义训为已,尽管学者颇有以杜说为是者,然与郑义异,故郑玄亦不从杜说。

196.《夏官·弁师》:"诸侯之缫斿九就,瑉玉三采。"郑注:"故书瑉作璊。郑司农云:'璊,恶玉名。'"

瑉同珉,《集韵·真韵》:"《说文》:'珉,石之美者。'或作瑉。"《释文》亦云:"瑉,本又作珉。"又《说文》曰:"璊,三采玉也。"按此经云"瑉玉三采",是当以从故书作璊为是。故贾疏云:"按许《说文》:'璊,三采玉。从玉,无声。'以其三采,又非玙、璠,故云'恶玉名'也。《说文》又云:'珉,石之美者,从玉,民声。'如是,经云'珉玉三采',当以璊为正,故郑司农从璊,为恶玉名也。"而郑玄从今书作瑉,是所从不当也。盖以瑉、璊古音双声,都是明母,故今书借瑉为璊,据郑玄校字例,当从故书本字,不当从今书通假字也。

三 有未审《周礼》词例而误从今书者(1例)

197.《天官·凌人》:"凌人掌冰正,岁十有二月,令斩冰,三其凌。"郑注:"正岁季冬火星中,大寒,冰方盛之时。故书正为政。郑司农云:'掌冰政,主藏冰之政也。'杜子春读掌冰为主冰也,'政当为正,正谓夏正'。"

---

① 孙星衍:《尚书今古文注疏》上册,中华书局,1986年,第93页。

按此经言凌人所掌，实为藏冰、出冰之政令。正、政二字同源，虽可通用，然政令字当以从故书作政为切而易晓。郑玄必从今书作正者，实由误从杜子春读，以"正"与下"岁"字连文，而释之为"夏正"所致。考《周礼》全书，"正岁"凡十三见（《天官》之《小宰》、《宰夫》、《内宰》，《地官》之《大宰》、《乡师》、《乡大夫》、《州长》、《党正》、《遂大夫》，《春官》之《视祲》，《夏官》之《训方氏》，《秋官》之《小师寇》、《士师》各一见），皆谓夏之正月，而非季冬十二月也。《小宰》"正岁"下郑注亦曰："正岁，谓夏之正月。"若夏十二月，则谓之"终岁"。[①] 故段玉裁云："按此郑君用杜说改政为正下属也。考《周礼》全书，言正岁者，皆谓寅月；言岁终、岁十二月者，皆谓丑月；凡言岁者，皆谓夏正也。言'岁十有二月'，则为夏正已显，明不必加正字，以混于全书内之谓寅月者。司农从故书'掌冰政'为长。"[②] 是郑未审《周礼》历法用词之例，而误从今书也。

然就《周礼》全书而言，此处所举，亦不过微疵也。

[①] 按《天官·宰夫》"终岁"下郑注曰："岁终，自周季冬。"是以"终岁"为周历十二月，非也。戴震、王引之等已辨而驳之，可参看孙诒让《周礼正义》第1册，第209—210页。

[②] 段玉裁：《周礼汉读考》，《清经解》第4册，第189页。

第 五 章

郑玄校《周礼》从今书不从故书的五原则

本编第四章已分析、归纳而得郑玄校《周礼》从今书不从故书的35则条例，今又从中归纳出郑玄从今书不从故书的五项原则，兹论之如下。

一　字义贴切的原则

郑玄对于《周礼》今书、故书异文的校勘，首先注意的是，何字用之于此，于经义最为贴切，而择其字义贴切者从之。这有以下多种情况。

（一）**从本字不从通假字**。此例最多。《周礼》中今书多用本字而故书多用通假字。就笔者所见，在总计197例今、故书异文中，今书用本字而故书用通假字者即占76例，郑玄则皆从本字而不从通假字，以本字于表达经义最为贴切故也。兹举2例。

例一，《春官·守祧》："守祧掌先王、先公之庙祧。"郑注："故书祧作濯。郑司农云：'濯读为祧。'"

《说文新附》："祧，迁庙也。"濯的本义则为洗涤。《说文》："濯，瀚也。"祧字古音属透母宵部，濯字属定母沃部，透定旁纽，宵沃对转，二字可相通假。《尚书·顾命》"王乃洮颒",郑玄读洮为濯,① 是其例。此经郑司农云"濯读为洮",是亦以濯为洮之借字。又《尔雅·释鱼》"鼊小者珧",《释文》:"众家本皆作濯。"《尔雅·释训》"佻佻、契契,愈遐急也",《文选·魏都赋》"或明发而燿歌"下李善注引"佻佻"作"燿燿"。②《淮南子·原道训》"上游于霄雿",高诱注:"雿读翟氏之翟。"③ 亦其证。盖古兆傍与翟傍字多相通。珧是本字,濯是通假借字,故郑玄不从故书。

例二,《夏官·大司马》:"乃以九畿之籍,施邦国之政职。"郑注:"畿犹限也,自王城以外五千里为界,有分限者九。故书畿为近。郑司农云:'近当言畿。《春秋传》曰:'天子一畿,列国一同。'《诗·殷颂》曰:'邦畿千里,维民所止。'"

畿,本指天子直接管辖的领地。《说文》:"畿,天子千里地,以逮近言之则言畿。"引申为疆界。《诗·商颂·玄鸟》:"邦畿千里,维民所止。"毛《传》:"畿,疆也。"疆、界、限义同。《小尔雅·广诂》:"限、疆,界也。"④ 故郑注训畿为限。故书畿为近者,《说文》:"近,附也。"近、畿古音相近,近属群母文部,畿属见母微部,群见旁纽,文微对转,故近可借为畿。《说文》"畿"下段注云:"按故书作近,犹他书假借圻作畿耳……畿与近合音最近。"是谓近是畿的音近通假字,故郑玄不从故书。

(二)**从本字不从其义近字**。本字之较义近字于经义为切,自不待言,故郑玄从前者而不从后者。如:

《地官·遗人》:"野鄙之委积,以待羁旅。"郑注:"羁旅,过行寄止者。故书羁作寄。杜子春云:'寄当为羁。'"

按《说文》羁训"马落头"(此据段注本),段注曰:"引申之为羁旅。"⑤ 又曰:"今字作羁,俗作羁。"羁旅者,即郑注所谓"过行寄止者"也。寄,《说文》训"托也"。托者,托身而寓于他所也,故《说文》又训"寓"为"寄"。是寄、羁(羁)二字义近,且二字音亦相近,皆属见母歌

---

① 见孙星衍《尚书今古文注疏》下册,中华书局,1986年,第480页所引。
② 《文选》上册,中华书局,1977年,第109页。
③ 《淮南子·原道训》,《诸子集成》第7册,第3页。
④ 王煦:《小尔雅疏证》卷1,《续修四库全书》第189册,第345页。
⑤ 段玉裁:《说文解字注》,上海古籍出版社1981年。按本章以下凡引《说文》段注皆据此本,不复注。

部。然羁是羁旅的本字，故郑玄从今书，而不从故书义近字。

（三）从本字而不从其义近字之通假字。义近字之通假字更不如本字之义切，故郑玄不从。如：

《春官·大宗伯》："以疈辜祭四方、百物。"郑注："故书疈为罢。郑司农云：'罢辜，披磔牲以祭，若今时磔狗祭以止风。'玄谓疈，疈牲胸也。疈而磔之，谓磔攘及蜡祭。"

疈，同副，《说文》以疈为副的重文，曰："副，判也。《周礼》曰：'副辜祭。'疈，籀文副。"段注曰："许所据作副。盖副者，古文、小篆所同也。郑玄所据用籀文。"郑玄既从今书作疈，故即以其本义释之，云："疈，疈牲胸也。"罢，《说文》曰："遣有辠也。"与此经义无涉。郑司农从故书作罢，而读之为披，实以罢为披的通假字。按披，本义为古丧具，《说文》释之曰："从旁持曰披。"引申之而有分开、裂开之义。《广韵·支韵》："披，开也，分也，散也。"①《集韵·纸韵》："披，裂也。"《左传》成公十八年"今将崇诸侯之奸而披其地"，杜注："披犹分也。"是披与疈字义近。罢、披古音叠韵，皆属歌部；罢是并母，披是滂母，并滂旁纽，罢可借为披，故郑司农径以披释罢，曰："罢辜，披磔牲也。"是故书罢乃义近字披的通假字，故郑玄从今书本字而不从故书。

（四）从本字不从义异之字。义异之字自不能贴切表达经义，故郑玄不从之。如：

《春官·巾车》："駹车，藿蔽。"郑注："故书駹作龙。杜子春云：'龙读为駹。'玄谓駹车，边侧有漆饰也。"

按駹是尨的区别字，本原字为尨。尨的本义为犬毛杂色，后又加马旁而造駹字，义为马毛杂色。《说文》："駹，马面颡皆白也。"段注："面颡白，其他非白也，故从尨。"又《玉篇·马部》："駹，马黑，面白也。"② 是谓马毛黑白相杂也。引申之为凡杂色之称。此经駹车，即谓车饰色杂。郑注云："駹车，边侧有漆饰也。"边侧有漆饰，是说车尚未全漆，边侧杂有漆

---

① 此据余乃永《新校互注宋本广韵》本，上海辞书出版社 2000 年。按本章以下凡引《广韵》皆据此本，不复注。

② 此据《宋本玉篇》，北京中国书店，1983 年。按本章以下凡引《玉篇》皆据此本，不复注。

第五章　郑玄校《周礼》从今书不从故书的五原则　437

文，即谓车饰之色杂也。故孙诒让释此注云："亦取杂文之义。"① 又《秋官·犬人》："凡幾珥、沈、辜，用駹可也。"此駹则谓犬毛杂色也。故书駹作龙者，駹、龙古同音，皆属明母东部，声调亦同，故故书假龙为駹，郑玄所不从。

（五）从通假字不从通假字之通假字。通假字自比通假字之通假字于经义为切，故郑玄不从后者。如：

《春官·大祝》："掌六祈以同鬼神示……二曰造。"郑注："故书造作灶。杜子春读灶为造次之造，书亦或为造，造祭于祖也。郑司农云：'大师……造于祖……《司马法》曰：'将用师……乃造于先王。'"

《说文》："造，就也。"假借作祭名，即杜子春所谓"造祭于祖也"。《说文》又曰："灶，炊灶也。"故书作灶者，段玉裁云："古文假借字也。"② 谓假灶为造，是灶又通假字之通假字。造字古音属从母幽部，灶字属精母觉部，从精旁纽，幽觉对转，故可相通假。惠士奇云："古文灶、造通。《吴越春秋》：'勒马衔枚，出火于造，闇行而进。'按造，《吴语》作灶，所谓系马舌，出火灶。《龟策传》'灼钻之处亦以造名'，注：'造音灶。'本此。"③ 郑玄不从故书者，不从通假字之通假字也。按《周礼》全书造祭字皆作造，无作灶者，故杜子春、郑司农亦皆从造字。

（六）二字义近从其义切者。如：

《春官·男巫》："王吊，则与祝前。"郑注："巫、祝前王也。故书前为先。郑司农云：'为先，非是也。'"

《说文》："前，不行而进谓之前，从止在舟上。"又曰："先，前进也。从儿之。"是二字义近而微别：前是被动地前进，先是主动地前进。其引申义亦别。《王力古汉语字典》云前字"引申为走在前面"，④ 是就所处位置言，如《仪礼·特牲馈食礼》："尸谡，祝前。"又如《春官·丧祝》"王吊则与巫前"，注引郑司农云："丧祝与巫以桃茢执戈在王前。"此经"祝前"义亦同

---

① 孙诒让：《周礼正义》第8册，中华书局点校本，1987年，第2177页。
② 段玉裁：《周礼汉读考》，《清经解》第4册，第205页。
③ 惠士奇：《礼说》卷一"不举"条，《清经解》第2册，第31页。
④ 王力：《王力古汉语字典》，中华书局，2000年。按本章以下凡引王力《字典》皆据此本，不复注。

此。而先字则引申用作时间上的先后字,如《论语·先进》曰:"先进于礼乐,野人也。后进于礼乐,君子也。"《广雅·释诂》曰:"先,始也。"① 是皆谓按时间顺序在先。故此经以前字于义为切,且如孙诒让说:"《丧祝》、《女巫》并作前,此文不宜异也。"② 故郑玄不从故书。

(七)二字通用从其义切者。如:

《春官·小宗伯》:"凡王之会同、军旅、甸、役之祷祠,肄仪,为位。"郑注:"肄,习也。故书肄为肆。杜子春读肆当为肄,谓若今时肄司徒府也。"

按注"谓若今时肄司徒府也",《注疏》本句首原脱谓字,据阮校补。又按肄、肆甲骨文、金文本一字,后字形变化而有肄、肆二字,义亦各异:肄,《说文》训"习也";肆,《说文》训"极陈也"。人们遂以《说文》之训为此二字之本义。然此二字实为一字之分化,本同源,故典籍中每通用。宋世荦云:"《仪礼·聘礼》'为肆',注:'古文肆为肄。'《小戴记·玉藻》'肆束及带',注:'肆读为肄。'《曲礼》'大夫与士肄',《内则》'请肄简、谅',陆德明本并作肆。《学记》'《宵雅》肄三',《释文》:'肄,本又作肆。'《春秋》左文四年《传》:'臣以为肄业及之也。'陆德明本肄作肆。昭十三年《传》:'若为三师以肆焉。'《释文》:'本又作肄。'"③ 是皆二字通用之证。肄、肆虽可通用,然习义终以肄字为切,故郑玄不从故书。

(八)同为通假字从其义切者。《周礼》有今、故书皆用通假字者,郑玄亦斟酌比较而从其义切者。如:

《春官·典同》:"凡声,高声䃂。"郑注:"故书䃂或作硍。杜子春读䃂为铿鎗之铿。郑大夫读䃂为衮冕之衮。玄谓高,锺形大上,上大也。高则声上藏,衮然旋如裹。"

按注"衮然旋如裹"之裹字,段玉裁《周礼汉读考》引作"裹",云:"谓其音拳曲盘旋而上,如物苞裹于内也。"④ 阮校亦云:"惠校本裹并作裹。"按据郑注之意,当以作裹为是,段、阮二氏校是也。段氏又云:"案此杜从作

---

① 此据王念孙《广雅疏证》本,中华书局,1983年。按本章以下凡引《广雅》皆据此本,不复注。
② 孙诒让:《周礼正义》第8册,第2075页。
③ 宋世荦:《周礼故书疏证》,《续修四库全书》第81册,第177页。
④ 段玉裁:《周礼汉读考》,《清经解》第4册,第203页。

硍之本而易为铿字也。今本'读硍'作'读硜',误。《音义》硍、铿皆苦耕反,陆时盖未误也。"① 亦是也。段氏又云:"大夫从作硍之本而易为衮字,各依其声类所近也。衮谓卷龙衣……《礼记》文皆作卷,知衮古音同卷,读为衮犹读为卷,故郑君云'高则声上藏,衮然旋如裹',所以申少赣之说,谓其音拳曲盘旋而上,如物苞裹于内也。"② 按郑司农以硍为衮之假借字,故云"读硍为衮冕之衮"。郑玄从其说而申之。《说文》无硍字,其本义不可知,然硍、衮古音皆属见母文部,故硍可借为衮。《说文》:"衮,天子享先王,卷龙绣于下常,幅一龙蟠阿上乡。"(此据段注本)是衮的本义为天子所服绣有卷龙之服。段注云:"卷龙,谓龙拳曲。"故借以形容声音之"拳曲盘旋而上,如苞裹在内",即郑注所谓"衮然旋如裹"。然今书不用本字作衮,而用其通假字硍者,盖形容声音习用硍字欤?故书硍或作硜者,硜乃铿之借字,故杜子春"读硜为铿鎗之铿"。《说文》无硜字,其本义亦不可知。据《释文》,硜、铿皆苦耕反,故硜可借为铿。《说文》亦无铿字,《正字通·金部》"铿"下曰:"凡金石、玉佩、琴瑟、钟鼓,节族铮然通曰铿。"③ 是铿为象声词,凡"节族铮然"皆可谓之铿。然铿无拳曲之义,不可用以形容"衮然旋如裹"之声,故郑玄不从。

(九)**从区别字不从本原字**。古代字少,往往一个字兼有多个义项,而一个字"兼职"过多,则又容易引起意义的混淆,于是后人又造出新字来,作为某一义项的专字,此专字就是本原字的区别字,而专字较之本原字于表达经义为切,也就显而易见了。《周礼》中有故书用本原字而今书用区别字者,郑玄即从区别字而不从本原字。如:

《天官·大宰》:"以九贡致邦国之用……二曰嫔贡。"郑注:"嫔,故书作宾。郑司农云:'宾贡,皮帛之属。'玄谓嫔贡,丝枲。"

按宾的本义为宾客。《说文》:"宾,所敬也。"甲骨文宾字上作屋形,下从人,从止(自金文始易从止为从贝),会有客自外而至,人在屋中迎接之意。宾是嫔的本原字,嫔则是宾的区别字,"甲骨文宾傧嫔为一字"。④《说

---

① 段玉裁:《周礼汉读考》,《清经解》第4册,第203页。
② 同上。
③ 张自烈:《正字通》戌集,《续修四库全书》第235册,第640页。
④ 见徐中舒主编《甲骨文字典》,四川辞书出版社,1988年,第885页。

文》："嫔，服也。"段注："《传》曰：'嫔，妇也。'按妇者，服也，故释妇亦曰服也。"郑玄既释此经嫔贡为丝枲，而丝枲为妇功所用，故从今书作嫔。宾字虽本兼有嫔妇义，然自分化出嫔傧等字后，嫔妇义即由嫔字承担，而宾字则只用其本义作宾客字，故郑玄不从故书。又郑司农云"宾贡，皮帛之属"者，是郑司农从故书作宾之本，而以宾贡为宾客之贡，义与郑玄异，故郑玄不从。

（一〇）**从通假字不从音义俱异之字**。音义俱异之字，自不能贴切表达经义，故郑玄宁从通假字。如：

《考工记·匠人》："置槷以县，眡以景。"郑注："故书槷或作弋。杜子春云：'槷当为弋，读为杙。'玄谓槷，古文臬，假借字。于所平之地中央树八尺之臬，以县正之，视之以其景，将以正四方也。《尔雅》曰：'在墙者谓之杙，在地者谓之臬。'"

按《说文》无槷字，郑注谓为臬之假借字。《广韵·屑韵》："槷，危槷。"盖其本义也。《轮人》："毂小而长则柞，大而短则槷。"郑司农云："槷读为挚，谓辐危槷也。"马融《长笛赋》"巅根跱之槷刖兮"，李善注："槷刖，危貌。"① 皆用槷之本义也。臬字甚古，甲骨文臬字字形与《说文》篆文同。《说文》："臬，射准的也。"段注："引申为凡标准法度之称。"故用作测日影的标杆名。郑谓"于所平之地中央树八尺之臬，以县正之，视之以其景，将以正四方也"，此臬即测日影的标杆。臬、槷二字古音同，皆属疑母月部，声调亦同，故槷可通假为臬，郑玄从之，而于注中作臬以明其义。故书槷或作弋者，《说文》："弋，橜也，象折木邪锐者形。"（此据段注本）是弋即木桩，可系物或挂物，后乃加木旁作杙。弋字古音属喻母职部，与槷臬字音隔。又郑注引《尔雅》"在墙者谓之杙，在地者谓之臬"，是以弋（杙）与槷臬字义别，故不从故书及杜子春说。段玉裁云："郑君则从槷，谓槷为臬之假借……下文引《尔雅》分别杙、臬字，见此经，言在地者则作臬为正，不当如杜作杙也。"是弋与槷臬音义俱异，故郑玄不从故书或本。

（一一）**从通假字而不从音义俱迂远之字**。音义俱迂远之字自不能贴切表达经义，故郑玄宁从通假字。如：

---

① 《文选》上册，中华书局，1977年，第250页。

《地官·草人》："凡粪种，骍刚用牛。"郑注："故书骍为挈。杜子春读挈为骍，谓地色赤而土刚强也。"

骍本为赤色的马。《诗·鲁颂·駉》"有骍有骐"，毛传："赤黄曰骍。"孔疏："骍为纯赤色。言赤黄者，谓赤而微黄，其色鲜明者也。"《广韵·清韵》亦曰："骍，马赤色也。"然《说文》无骍字，而有㹀字，曰："赤刚土也。从土，觲省声。"与杜子春释骍刚为"地色赤而土刚强"之义合。段玉裁《周礼汉读考》及徐养原《周官故书考》皆以为㹀即骍刚之本字，是也。骍、㹀双声，都是心母；骍属真部，㹀属耕部，真耕通转，故二字可相假借，㹀是本字，骍是通假字。然以典籍习用骍字，本字遂废。挈，《说文》："悬持也，从手，㓞声。"是与㹀、骍音义皆异。故书何以作挈，甚费解。徐养原云："《说文》无骍字，《土部》：'㹀，赤刚土也，从土，觲省声。'是骍刚之骍，本作㹀。㹀、觲音同，故又借用觲。《说文·角部》：'觲，用角低仰便也。'引《诗》曰'觲觲角弓'。又有觡字：'一角仰也，从角，㓞声。'引《易》曰：'其牛觡。'今《易》作挈。盖觲与觡义类相近，故觲字转为觡。觡与挈俱从㓞，挈与掣俱从手，挈、觡、掣三字其音亦相近，是其辗转相变之因也。"① 徐氏的解释可备一说。据徐氏说，觲是㹀的同音通假字，觡又因与觲义近而字转为觡，觡又因与挈俱从㓞而又转写为挈。是挈字乃本字㹀辗转相因而变化的结果，则其音义俱迂远，故郑玄不从。

（一二）同为通假字从其易明本字者。如今书、故书俱用通假字，郑玄必择其易明本字之通假字，因其易使人联想其本字本义，而于表达经义较切也。如：

《考工记·弓人》："夫角之中恒当弓之畏。"郑注："故书畏或作威。杜子春云：'当为威。威谓弓渊，角之中央与渊相当。'玄谓畏读为秦师入隈之隈。"

按注"畏读为秦师入隈之隈"，"读为"《注疏》本原误作"读如"，据阮校改。畏字甲骨文象鬼执攴而可畏之形。《说文》："畏，恶也……鬼头而虎爪，可畏也。"是畏义与此经义无涉。隈从畏声，二字音近，畏可通隈，故郑云"畏读为秦师入隈之隈"。郑释隈为弓渊，《仪礼·大射》"执弓，以袂顺

---

① 徐养原：《周官故书考》，《清经解续编》第 2 册，第 1220 页。

左右隈",郑注:"隈,弓渊也。"孙诒让云:"《说文·𨸏部》云:'隈,水曲隩也。'引申之,弓曲亦曰隈。"① 故书畏或作威者,《说文》:"威,姑也,从女,从戌。《汉律》云:'妇告威姑。'"段注:"引申为有威可畏。"威字古音亦属影母微部,与隈同音,亦可借为隈,故杜子春云:"威谓弓渊。"按威、畏二字同源通用。王力先生说:"有威则可畏,故威、畏同源。"② 徐养原云:"威与畏古字本通,《咎繇谟》'天明畏',马本作威,是也。故子春从威,郑君从畏,并训弓渊也。"③ 是此经畏、威二字都是隈的通假字,且皆可用。然郑必从今书作畏者,盖以隈从畏声,易明其本字故也。故段玉裁云:"杜从威,郑则从畏,而读如隈,其训则一。郑意畏即《大射仪》之隈字……后注云:'角长者,当弓之隈。'则径易为隈字矣。"④

二　习用易晓的原则

郑玄注经、校经,皆为使经义明白易晓,故于《周礼》今、故书异文之取舍,亦以是否习用易晓为其原则之一。这也有多种情况。

(一三)二字义同从其习用易晓者。今、故书之二字如果义同而皆可用,郑玄必择其习用易晓者从之。如:

《地官·小司徒》:"乃分地域而辨其守。"郑注:"故书域为邦,杜子春云:'当为域。'"

甲骨文邦字从丰从田(上丰下田),象植木于田界之形,《说文》训邦为"国也"。又《说文》以域为或的或体,而或字甲骨文从口(非口耳字)从戈,口象城形,以戈守之,亦国之义也。金文之或字则于口下加一画(亦有于口之上下或四旁各加一画者),为后来小篆或字所本。《说文》:"或,邦也,从口,戈以守其一,一,地也。"是或、邦二字义本同,皆为国。后或字借为或有字,故又于或字之外加口而造国字以区别之,更加土旁而造域字,用作疆域、地界字。而邦字引申亦有疆界义。《天官·大宰》:"掌建邦之六

---

① 孙诒让:《周礼正义》第14册,第3538页。
② 王力:《同源字典》,商务印书馆,1982年,第293页。
③ 徐养原:《周官故书考》,《清经解续编》第2册,第1232页。
④ 段玉裁:《周礼汉读考》,《清经解》第4册,第223页。

典，以佐王治邦国。"《释文》引干宝云："邦，疆国之境。"邦字既有疆界义，故此经故书作邦，与今书作域，义本不异，而杜子春云"当为域"，是视邦为误字而改之，则非也。故段玉裁《说文》"邦"下注引此经云："邦谓土界。杜子春改邦为域，非也。"然邦虽非误字，疆域、地界义，终以域字为习用而易晓，故郑玄从今书域字，不从故书作邦也。

（一四）**从习用之通假字而不从本字**。今、故书之二字，一为通假字，一为本字，若通假字已为人所习用而易晓，本字反罕用而生僻难明，郑玄即从通假字而不从本字。如：

《地官·载师》："以家邑之田任稍地。"郑注："故书稍或作削。"

《说文》："鄘，国甸，大夫稍稍所食邑。从邑，肖声。"又引《周礼》云："任鄘地，在天子三百里之内。"则稍地之本字当作鄘。然今本《周礼》无鄘字，凡鄘地字皆作稍，用通假字也。稍本副词，犹今所谓逐渐、渐渐，故《说文》曰："稍，出物有渐也。"以与鄘字声符同，故借为鄘。按注云"故书稍或作削"，段玉裁疑故书削乃鄘字之讹，因为除《说文》引《周礼》作鄘，《大宰》"家削之赋"《释文》亦云"本又作鄘"。《说文》"鄘"下段注云："《载师》注曰'故书稍或作削'，按削当是鄘字之误。许所据正故书或本也。"段校是也。如段氏说，则注当云"故书稍或作鄘"，是故书或本用本字，而今书用通假字也。然郑玄从今书通假字而不从本字者，以借稍为鄘已为人所习用，且故书亦有作稍之本，而鄘字反生僻罕见故也。

（一五）**同为通假字而从其习用者**。今、故书之二字若同为通假字者，则郑玄亦从其习用者。如：

《春官·瞽蒙》："讽诵诗、世奠系，鼓琴瑟。"郑注："故书奠或为帝。杜子春云：'帝读为定，其字为奠，书亦或为奠。世奠系，谓帝系，诸侯卿大夫世本之属是也。'"

奠的本义为置。《说文》曰："奠，置祭也。"甲骨文、金文奠字即作酒尊置于器上之形，引申而为凡置之称。奠与定古同音，皆定母耕部，声调亦同，故奠可通定。如《地官·司市》"展成奠贾"，郑注曰："奠读为定。"《春官·小史》"奠系世"，杜子春云："奠读为定。"《考工记·弓人》"寒奠体"，郑注曰："奠读为定。"朱骏声《定声》亦曰："奠，假借为定。"① 此经之所以从今书用通假字作奠者,以《周礼》习用奠字故也。段玉裁云:"《周礼》全书中不见有言定者。"②(按《周礼》中定字仅一见,即《秋官·大司寇》"以邦典定之"是也,余皆作奠)。故书或本作帝者,帝与定音亦相近,帝字属端母锡部,端母与定字之定母旁纽,锡部与定字之耕部对转,故帝亦可通定。朱骏声《定声》亦云:"帝,假借为定。"并举此经故书为例。然假帝为定,其用罕见,《周礼》仅此经及《小史》之故书或本作帝。又徐养原云:"子春之意,作奠可以该帝系,作帝则遗诸侯卿大夫世本,故从奠不从帝。"③ 其说盖是,故郑玄从今书不从故书。

(一六)**二字通用而从其习用者**。如今、故书之二字是同源通用字,且于经皆可用,则郑玄亦从其较习用者。如:

《天官·司书》:"司书……以叙其财,受其币,使入于职币。"郑注:"故书受为授。郑司农云:'授当为受,谓受财币之簿书也。'玄谓亦受录其余币,而为之簿书,使之入于职币。"

按受、授本一字,甲骨文、金文中皆作受,其字象一手授物,一手承接之形,故受字实兼有授、受二义。后又加手旁造区别字授,于是本原字受用作接受的专字,区别字授则用作授予的专字。然古籍中受授二字仍每通用。如《周礼》之故书每以授为受。《地官·大司徒》"五比为间,使之相受",《地官·掌葛》"以权度受之",以及此经,注皆曰:"故书受为授。"《仪礼·特牲馈食礼》"主妇拜受爵",郑注又曰:"今文受为授。"是皆以授为受之例。又《商君书·定分》:"今先圣人为书而传之后世,必师受之。"高亨注:"受读为授。"④ 是又以受为授。然区别字既出,人多习用之,以免与本原字之义误混而不明。故郑玄即每指混而通用者为字之误。如《天官·典妇功》"凡授嫔妇功",注云:"授当为受,声之误也。"《秋官·司仪》"再拜授币",注云:"授当为受。"亦有引郑司农说以纠其误者,此经是也。或引杜子春说以纠其误,《掌葛》"以权度受之",故书或本作授,注引杜子春云"当为受"

---

① 朱骏声:《说文通训定声》,武汉市古籍书店1963年影印本。按本章以下凡引朱骏声《定声》皆据此本,不复注。
② 段玉裁:《周礼汉读考》,《清经解》第4册,第203页。
③ 徐养原:《周官故书考》,《清经解续编》第2册,第1222页。
④ 高亨:《商君书注译》,中华书局,1974年,第191页。

是也。故段玉裁云："此从司农，以（故书）为声之误而改之也。"①

（一七）**从通假字之通假字而不从通假字**。有今书用通假字之通假字，而故书用通假字者，若此通假字之通假字已为人所习用，则郑玄即从今书而不从故书。如：

《春官·乐师》："燕射，帅射夫以弓矢舞。"郑注："故书帅为率。郑司农云：'率当为帅。'"

按率的本义是捕鸟的网。《说文》："率，捕鸟毕也。"段注："毕者，田网也，所以捕鸟。"借为率领字。《广韵·质韵》："率，领也。"即释其通假义。《诗·周颂·噫嘻》："率时农夫，播厥百谷。"《史记·绛侯周勃世家》："前日吾诏列侯就国，或未能行，丞相吾所重，其率先之。"是皆借率为率领字。率领的本字作達。故《说文》曰："達，先道。"然達字罕用，人们仍习假率为率领字，達字遂废。又帅的本义为佩巾（见《说文》，帨是帅的重文），《说文》段注曰："佩巾本字作帅，假借作率也。"郑训帅为导，如《士昏礼》"祝帅妇以入"，郑注："帅，道也。"又《聘礼》"束帛将命于朝曰：'请帅。'"郑注："帅犹道也，请道己道路所当由。"即假帅为率导字，是今书帅字又是通假字率的通假字。然郑不从故书率字而从今书帅者，以汉代率领字习用帅字故也。《说文》"達"下段注曰："《周礼》'燕射，帅射夫以弓矢舞'，故书帅为率。郑司农云：'率当为帅。'大郑以汉人帅领字通用帅，与周时用率不同故也。"段氏又云："率与帅，则今人混用，而汉人分别，帅领之义必用从巾、自声字也。是以司农以汉时字例正之。"② 故郑玄不从故书率字。

（一八）**从本原字不从区别字**。有今书用本原字而故书用区别字者，以本原字为人所习用，区别字虽为某一义项之专字却人所罕用，则郑玄仍从本原字而不从区别字。如：

《春官·乐师》："凡舞，有帗舞，有羽舞，有皇舞。"郑注："故书皇作䍿。郑司农云：'皇舞者，以羽冒覆头上，衣饰翡翠之羽。䍿读为皇，书亦或为皇。'玄谓皇，杂五采羽如凤凰色，持之舞。"

---

① 段玉裁：《周礼汉读考》，《清经解》第4册，第190页。
② 同上书，第202页。

按注引郑司农云"皇舞者",段玉裁校以为皇当作翌,又云:"司农从翌,又曰'读为皇'。郑君则作皇,而说义各别。"① 段校是也。又按金文皇字形体多变,皇字的本义说亦纷纭,愚意以为李国正及秦建明说近是。李、秦二氏虽于皇字字形的解说略异,但都以为皇字是凤凰羽毛的象形,故持皇而舞,谓之皇舞。② 郑注释皇字曰:"杂五采羽如凤凰色,持之舞。"当是符合皇字本义的。郑司农说虽稍异,然亦不离羽毛。至于冠冕、光大、庄严等义,实皆皇字的引申义。《说文》训皇为"大也",亦引申义。翌字则是皇的区别字,用作皇舞的专字。《说文》:"翌,乐舞,从羽,王声。"按皇字上半的白,乃金文皇字上半之隶变,本是凤凰尾翎的象形,用作皇字的意符,下半的王则为声符(参见李国正说),翌字从羽,即源于皇字之从白。然翌字虽出,典籍仍习用皇为皇舞字,故郑玄仍从今书本原字皇,不从故书区别字翌也。

(一九)从习用之通假字而不从其生僻之异体字。如果今、故书之二字皆为通假字,然今书之通假字为人所习用,故书则是今书所用通假字的异体字,且生僻而罕见,郑玄即从今书而不从故书。如:

《天官·缝人》:"衣翣柳之材。"郑注:"柳之言聚,诸饰之所聚。《书》曰:'分命和仲,度西,曰柳谷。'故书翣柳作接橮。郑司农云:'接读为翣,橮读为柳,皆棺饰。'"

按注谓故书"翣柳"作"接橮",是故书柳作橮也。柳本树名,《说文》:"柳,小杨也。"郑玄释柳为聚,又引《书》以证其义。柳聚之训,盖据齐人语。郑玄注《尚书大传》"秋祀柳谷"曰:"柳,聚也,齐人语。"③ 是齐人语读聚音如柳,遂借柳为聚,且为人所习用。如《仪礼》及《礼记》中凡翣柳字皆作柳,郑注亦一概作柳,是其证。故书柳作橮者,字书无橮字,橮字本义不可知。吴任臣曰:"橮,与柳车之柳同。"④ 是以橮为柳的异体字。然徐养原云:"橮字字书所无,《释文》音柳,亦就此经而作音耳,其本音本义则不可考,殆亦传写之误也。"⑤ 徐氏所疑,亦有以也。又郑司农云"橮读为柳",

---

① 段玉裁:《周礼汉读考》,《清经解》第 4 册,第 202 页。
② 李国正、秦建明说,见《古文字诂林》第 1 册,上海教育出版社,1999 年,第 233、236 页。
③ 转引自惠栋《九经古义·尚书上》,《清经解》第 2 册,第 749 页。
④ 吴任臣:《字汇补·木部》"橮"字注,《续修四库全书》第 233 册,第 551 页。
⑤ 徐养原:《周官故书考》,《清经解续编》第 2 册,第 1218 页。

则是以櫋为柳的通假字。要櫋字生僻罕见，故郑玄不从故书。

（二〇）**从习用之古字而不从后起之异体字**。有今书用古字，而故书用后起之异体字者，若此古字已为后世所习用，而后出之异体字却用之者甚少，郑玄即仍从古字。

《地官·乡师》："大军旅、会同，正治其徒役，与其辇辇。"郑注："辇，人挽行，所以载任器也。故书辇作连。郑司农云：'连读为辇。'"

《说文》："辇，挽车也。"即人拉之车。郑注与之义同。《说文》又曰："连，负车也。"（此据段注本）负车亦即挽车，亦人拉之车。段注云："负车者，人挽车而行，车在后如负也。"是辇、连义同，连盖辇字后出之异文。按辇字甚古，商代金文已有之（如《妣癸卣》），且正作二人在车辀两旁相并挽车之形，即后来小篆所本。连字则晚出，甲骨文、金文皆不见，战国文字始有之。连字既出，文献中即有用之者。如《易·蹇》六四："往蹇来连。"虞翻注曰："连，辇。"[①]《管子·立政篇》"不敢畜连乘车"，[②] 此连亦辇也。又《海王篇》："行服连轺辇者。"房玄龄注曰："连，辇名。"[③] 此经之故书辇作连，亦其例也。然古籍中用连字本义者，终属罕见，而多用其引申义作连属字。《说文》"连"下段注云："负车者，人挽车而行……人与车相属不绝，故引申为连属字耳。"如《管子》一书，连字凡25见，仅以上所举二例用其本义，义同辇，其他23例，或用作基层组织名（如"十家而连"、"四里为连"之类，见《乘马篇》、《小匡篇》），或用作人名（《大匡篇》之"连称"），余皆用作连属字（分见《小匡》、《地图》、《侈靡》、《地员》、《轻重戊》、《山至数》等篇）。而辇字之本义则一直相沿而用之，为人所习见而易晓，故郑玄从今书而不从故书。按段玉裁以连、辇为古今字，[④] 则非也。

三　合理的原则

郑玄校勘今、故书异文的一项重要原则，就是看何字用之于此经最为合

[①] 见李鼎祚《周易集解》卷8所引，北京中国书店1984年影印本。
[②] 《管子·立政篇》，《诸子集成》第5册，第12页。
[③] 同上书，第359页。
[④] 见《说文》"连"下段注，及《周礼汉读考》卷2。

理。所谓合理，包括合于文义，合于礼制，合于事理，合于文例，合于制度等等。合理者郑玄即择而从之，反之则于注中叠之而不用。经过校勘，在以上诸方面，郑玄以为今书皆较故书合理，故皆从今书而不从故书。兹分别考之如下。

（二一）据文义以决从今书。即以为今书之用字，较故书更符合、更能表达《周礼》之文义，亦即更为合理，故从今书而不从故书。如：

《天官·酒正》："凡王之燕饮酒，共其计，酒正奉之。"郑注："故书'酒正'无酒字。郑司农云：'正奉之，酒正奉之也。'"

按故书无酒字，唯曰"正奉之"，正字虽有长义，[①] 且在此显指酒正之官，然终无今书作"酒正"文义详备，故孙诒让云："先郑依故书无酒字，则官名未著，故特释之。后郑则以故书、今书义并通，而有酒字，文尤详备，故不从故书也。"[②]

（二二）据礼制以决从今书。即以为今书之用字，较故书更合于礼制，故从今书而不从故书。

《天官·司裘》："王大射则共虎侯、熊侯、豹侯，设其鹄。诸侯则共熊侯、豹侯。"郑注："故书'诸侯则共熊侯、虎侯'，杜子春云：'虎当为豹。'"

按此经云"王大射，则共虎侯、熊侯、豹侯"，"诸侯，则共熊侯、豹侯"，是虎侯者，天子所射，诸侯无之。而故书曰"诸侯则共熊侯、虎侯"，是谓诸侯亦有虎侯，且置虎侯于熊侯之下，则失君臣上下之礼矣。故杜子春说"虎当为豹"，以故书之虎字为误字，郑玄从之。贾疏云："虎侯是天子大侯，不宜在诸侯熊侯之下，故不从也。"

（二三）据事理以决从今书。即谓今书之用字，较故书更合于事理，故从今书而不从故书。

《地官·族师》："族师各掌其族之戒令、政事。月吉则属民而读邦法。"郑注："故书上句或无事字。杜子春云：'当为正月吉。书亦或为戒令、政事，月吉则属民而读邦法。'"

[①] 《尔雅·释诂下》："正，长也。"
[②] 孙诒让：《周礼正义》第2册，第362页。

孙诒让云："盖故书止有两本：一本无事字，一本有事字。后郑以有事字者为正本，则以无者为或本；杜子春以无事字者为正本，则以有者为或本。前后两举故书或作，而文不同，由郑、杜意各有所主耳。"① 按孙氏说甚析。郑玄从有事字之本，即今书之本也，而故书亦有有事字之本，故注云"故书上句或无事字"。郑玄之所以不从故书或本者，贾疏云："但族师亲民，读法宜数，若为正月之吉，则与州长同，于义不可。"段玉裁申疏之说云："弥亲民者，于教亦弥数。州长正月之吉读法，党正四时孟月吉日读法，族师则每月吉日皆读之，于义为长，不得族师转同于州长也。"② 是据事理，当以有事字、且属上读、与政字连文而绝句于义为长。杜子春从故书无事字之本，且易政为正而属下读、与月字连文，是谓族师于"正月吉"读法。按上《州长》曰："正月之吉，各属其州之民而读法。"又《党正》曰："及四时之孟月吉日，则属民而读邦法。"若如杜子春说，是族师读法与州长无异，反不如党正读法之数矣，自与事理不合，故郑玄不从故书或本，亦不从杜子春读。

（二四）据文例以决从今书。即谓今书所用字词，较故书符合《周礼》之文例，故郑玄从今书而不从故书。如：

《秋官·行夫》："居于其国，则掌行人之劳辱事焉，使则介之。"郑注："使谓大、小行人也。故书曰夷使。郑司农云：'夷使，使于四夷，则行夫主为之介。'玄谓夷，发声。"

按注谓故书于"使则介之"前多一夷字，而为"夷使则介之"，郑注释此夷字为"发声"，即以为句首语气词。然郑玄不从故书者，以《周礼》全书无此文例也。按《周礼》中夷字凡16见，无一用作句首语词者。故郑玄仅释故书用夷字之意，而并不从之。又古籍中夷字用作句首语词亦绝罕见，王引之《经传释词》卷3仅举《孟子·尽心下》"夷考其行而不掩焉者也"为例，然此夷字究当作何解，尚难遽定。杨伯峻说："此字不可解，前人有疑其为语首助词而无义者。"③ 此所谓前人，即指王引之。郑玄不从故书有夷字而犹释之者，《周礼》郑注中亦不乏类似之例。王引之云："凡郑注所列或本亦有为之解者。如《槀人》'试其弓弩'，故书试为考，玄谓'考之而善则上其

---

① 孙诒让：《周礼正义》第3册，第878页。
② 段玉裁：《周礼汉读考》，《清经解》第4册，第194页。
③ 杨伯峻：《孟子译注》下册，中华书局，1960年，第334页。

食,尤善又赏之'。《考工记》'貈蹫汶则死','貈或作獌,谓善缘木之獌也'。《辀人》'左不楗',楗或作券,玄谓'券,今倦字也'。是其例也。"①是郑玄虽释故书夷字,以其不合于《周礼》文例,而并不从之也。

（二五）据制度以决从今书。即谓今书之用字,其义较故书符合古之制度,故郑玄从今书而不从故书。

《考工记·轮人》:"部长二尺,桯长倍之四尺者二。十分寸之一谓之枚。"郑注:"为下起数也。枚,一分。故书十与上二合为廿字,杜子春云:'当为四尺者二。十分寸之一'。"

按注"故书十与上二合为廿字",《注疏》本"廿"原误作"二十",据阮元及段玉裁校改。段玉裁云:"各本注误,惟疏不误。《说文·十部》曰:'廿,二十并也,古文省多';'卅,三十并也,古文省。'案廿读如入,卅读如飒,秦刻石文如是,并为一字,则不读为两字。后世如《唐石经》作廿,作卅,仍读二十,三十,非古也。此经二上属,十下属,而故书合为一字,正由写者不分句度所致。"② 又按"桯长倍之四尺者二",当理解为"桯长倍之为四尺而又二之",是为八尺,故郑《注》云:"杠(即桯)长八尺,谓达常以下也。加达常二尺,则盖高一丈。"是车盖之制当如此(达常与桯皆车盖之柄:柄之上节名达常;下节名桯,又名杠)。若如故书"十与上二合为廿字",则此经文当为"部长二尺,桯长倍之四尺者",即桯长为四尺而不得为八尺,则车盖之高不得为一丈,是不合于车盖之制矣。且读"者"字绝句,亦不合于文法。又将十与二合为廿字,则下句当为"廿分寸之一谓之枚",是又不合于枚制。郑注云"枚,一分",恰为"十分寸之一"。若为"廿分寸之一",则枚之制不得为一分矣。故郑玄不从故书。

四　符合规范的原则

此处所谓符合规范,就《周礼》今、故书而言,主要指是否符合用字之规范和行文之规范。符合规范者郑玄从之,不符合规范则不从。这有以下几

---

① 王引之:《经义述闻·周官下》"则掌行人之劳辱事焉使则介之"条,《清经解》第6册,第843页。

② 段玉裁:《周礼汉读考》,《清经解》第4册,第218页。

种情况。

（二六）从正体字不从异体字。有今书用正体字而故书用异体字者，郑玄从字之正体而不从其异体，以正体字符合用字之规范故也。如：

《夏官·叙官》："司勳。"郑注："故书勳作勋。郑司农云：'勋读为勳。勳，功也。'"

《说文》勋是勳的重文，曰："勳，能成王功也。勋，古文也。"按勋在金文中作勋，勳字则小篆始有之，是后起异体字。《说文》以勋为勳的古文，甚是。然勳虽晚出而为经典所习用，《三礼》之《周礼》、《礼记》中皆用勳字可证（《仪礼》中无勳勋字）。故《说文》遂以勳为字之正体，反以勋为异体重文。郑玄从今书习用之正体，故不从故书作勋也。段玉裁云："案《说文·力部》曰：'勳，能成王功也。勋，古文也。'是勳，古文；勋，小篆：实一字。司农当云'勋、勳古今字'，而云'读为'者，时无勋字，不敢定为即勳，宁从易字之例也。"[①] 按段玉裁此处盖以古今人用字之不同为古今字，故云"司农当云'勋、勳古今字'"。然勋、勳实为异体字，非古今字。[②]

（二七）不从故书误字。故书既是误字，自不符合用字之规范，故郑玄不从。此例甚多，兹举二例。

例一，《天官·玉府》："若合诸侯，则共珠盘、玉敦。"郑注："故书珠为夷。郑司农云：'夷盘或为珠盘。'"

按夷、珠二字音义俱异，且珠盘、夷盘绝然二物。此经珠盘为供歃血而用。《史记·平原君虞卿列传》记平原君适楚，与楚王歃血之事曰："毛遂谓楚王之左右曰：'取鸡狗马之血来。'毛遂奉铜盘而跪进之楚王曰：'王当歃血而定从。'"此经之珠盘，其制当如毛遂所奉之铜盘，故《索隐》释之曰："若《周礼》则用珠盘也。"夷盘则供寒尸所用，其形制甚大。《天官·凌人》："大丧共夷盘冰。"郑注："夷之言尸也。实冰于夷盘中，置之尸床之下，所以寒尸。尸之盘曰夷盘。"又引《汉礼器制度》以况其制曰："大盘广八尺，深三尺，漆赤中。"是故书之珠为夷，必为误字，故先、后郑皆不从

[①] 段玉裁：《周礼汉读考》，《清经解》第4册，第208页。
[②] 参看洪成玉《古今字》二之（二）：《清人论古今字》之《段玉裁》节，语文出版社，1995年。

之。徐养原云:"珠、夷形声不同,各为一字。《凌人》'共夷盘冰',依尸而为言者也。此不应与之同名,故不从故书。"①

例二,《天官·九嫔》:"凡祭祀,赞玉齍。"郑注:"玉齍,玉敦受黍稷器。故书玉为王,杜子春读为玉。"

按王、玉二字之字形,自金文至秦篆,皆作三横一竖之形,唯王字中间一横靠上,玉字则三横等距,故甚易误混。如《荀子·王霸篇》"改王改行也",杨倞注曰:"或曰《国语》襄王谓晋文公曰:'先民有言曰,改玉改行'。"王先谦《集解》引卢文弨曰:"或说是。古玉字本作王,与王字形近易讹。"②是其例也。段玉裁云:"此郑君从杜,谓字之误而改之也。篆体玉与王皆三画,惟玉三画匀,王上二画相近,不匀。"③孙诒让云:"以王齍无义,而玉齍见《大宗伯》,故杜从之。"④是故书王乃误字,故郑玄不从也。

(二八)不从故书误倒之文。故书之文既误倒,自不符合行文规范,故郑玄亦不从之。如:

《地官·间胥》:"凡事,掌其比、觵、挞罚之事。"郑注:"觵、挞,失礼之罚也。觵用酒,其爵以兕角为之。挞,扑也。故书或言'觵、挞之罚事'。杜子春云:'当言觵、挞罚之事。'"

据郑注,此经"罚之"二字故书倒作"之罚",则文义异矣。据贾疏,此经之"凡事",是指凡乡饮酒礼及乡射礼饮酒之时,间胥掌其惩罚失礼者之事。"觵、挞罚之事",即谓用觵、挞来惩罚饮酒失礼者。若如故书作"觵、挞之罚事",就会使人疑除此之外还有别的什么"罚事",则易生歧义。故段玉裁云:"所以必从杜者,嫌觵、挞之外,别有罚事也。"⑤是故书"罚之"二字误倒,故郑玄不从。

五 不轻改字的原则

郑玄校经,至为谨慎,如无确凿的根据,或不是非改不可,绝不轻易改

---

① 徐养原:《周官故书考》,《清经解续编》第2册,第1217页。
② 《荀子·王霸篇》,《诸子集成》第2册,第135页。
③ 段玉裁:《周礼汉读考》,《清经解》第4册,第191页。
④ 孙诒让:《周礼正义》第2册,第556页。
⑤ 段玉裁:《周礼汉读考》,《清经解》第4册,第194页。

字。这也有以下多种情况。

（二九）二字义同而皆可用则两从之。 今、故书之二字若义同而皆可用，且于表达经义很难判定其优劣，则郑玄即两从之，而不轻改一字以就另一字。如：

《地官·师氏》："掌国中、失之事，以教国子弟。"郑注："中，中礼者也。故书中为得。杜子春云：'当为得，记君得失，若《春秋》是也。'"

按中字的本义为徽帜，即一种旗，甲骨文、金文中字即象有斿之旗形，省变而为"中"形。古时有大事聚集民众，即先于旷地之中央建中（竖旗），民众望中而趋赴。因建中于旷地之中央，因而引申为凡中央之称。① 后又引申为适宜、得当。《广韵·东韵》："中，宜也。"《送韵》又云："中，当也。"即此经"中"所取义。故书中为得者，得字甲骨文、金文皆作以手持贝之形，会有所得之义。引申之亦为适宜、得当。《礼记·大学》"虑而后能得"，郑注："得谓得事之宜也。"是中、得二字之引申义同，古籍中亦每通用。惠栋云："《三仓》曰：'中，得也。'（自注：《史记·索隐》）《封禅书》云：'康后与王不相中。'《周勃传》：'子胜之尚公主不相中。'皆训为得。《吕览》云：'禹为司空，以通水潦，颜色黎黑，步不相过，窍气不通，以中帝心。'高诱曰：'中犹得。'然则中失犹得失，故郑用杜说，而不改字。"② 段玉裁亦云："此郑君从今书作中，杜从故书作得也。……杜、郑说各异，其实中、得双声，两皆可从。"③ 按中、得古音都是端母，故云双声。又因中、得二字义同，故云两皆可从。郑玄实亦两从之：其于经文从今书作中，而注引杜说又作得。孙诒让云："《毛诗·十月之交》笺云：'师氏掌司朝得失之事'，则郑亦兼从故书矣。"④ 故徐养原云："然则（郑）或改字，或不改字，义得通用也。"⑤

（三〇）二字义同而皆可用则从今书所用字。 郑玄校《周礼》所据之本为今书，若故书与今书字异而义同，且很难辨其优劣，则郑玄即从今书所用

---

① 此据唐兰、徐中命说，见徐中舒主编《甲骨文字典》，四川辞书出版社，1988年，第39—40页。
② 惠栋：《九经古义·周礼下》，《清经解》第2册，第761页。
③ 段玉裁：《周礼汉读考》，《清经解》第4册，第195页。
④ 孙诒让：《周礼正义》第4册，第1006页。
⑤ 徐养原：《周官故书考》，《清经解续编》第2册，第1220页。

字,仅在注中存故书异文而已。这也是慎而不轻改字原则的体现。如:

《秋官·朝士》:"凡有责者,有判书以治则听。"郑注:"判,半分而合者。故书判为辨。郑司农云:'谓若今时辞讼,有券书者为治之。辨读为别,谓别券也。'"

《说文》:"判,分也。"郑玄训判为"半分而合者",与许义合。故书判为辨者,《说文》:"辨,判也。"是辨、判义同。段注:"《朝士》'判书',故书判为辨,大郑辨读为别。古辨、判、别三字义同。"故郑玄即从今书所用字,而于注中说明"故书判为辨"。又,郑司农从故书作辨之本,而读辨为别者,盖以《小宰》云"听称责以傅别",与此经之义正相应,故从故书作辨而读为别也。孙诒让云:"(司农)云'辨读为别'者,《士师》'傅别'注'故书别为辨',引郑司农云'辨读为风别之别',此读与彼同。《小宰》'傅别'故书亦作'傅辨',郑大夫、杜子春并读为别。先郑以此经云'凡有责者,有判书以治则听',与《小宰》'听称责以傅别'文正相应,故从故书作辨,而依郑大夫、杜子春读为别。"①按别义亦分也,《说文》:"刐(别),分解也。"是与判义亦同也。

(三一)无正字则从今书用字而不改。若某义自古即无正字,而今、故书皆用假借字,则郑玄亦即从今书用字而不改。如:

《春官·肆师》:"以岁时序其祭祀,及其祈珥。"郑注:"故书祈为幾。杜子春读幾当为祈。玄谓祈当为进扎之扎,珥当为衈。扎衈者,衅礼之事。"

按祈珥的祈字所作最纷纭。检《周礼》全书,此经及《夏官·小子》、《羊人》作"祈珥",《秋官·士师》作"刉珥",《秋官·犬人》又作"幾珥",而《小子》郑注又谓"《春官·肆师职》祈或作幾",是祈字所作甚不一。而郑玄所从亦不一。此经注曰"祈当为进扎之扎",《小子》注又以或本作刉为"刉珥正字",注《犬人》之"幾珥"亦谓"幾读为刉",而注引郑司农说又以为"幾读为庪",等等。按祈珥皆衅礼事,如此经及《小子》、《士师》、《犬人》之注皆曰:"刉衈,衅礼之事也。"衅礼,谓割取牲血涂物以祭也。《说文》:"刉,划伤也。"又曰:"衋,以血有所刉,涂祭也。"即谓以所刉之牲血涂祭就叫做衋,是许慎又以为字当作衋。盖祈珥向无正字,古人皆

---

① 孙诒让:《周礼正义》第11册,第2827页。

假借为之，祈、刉、扐、幾、畿、庪，皆同音或音近假借字。鏖义亦同刉，《集韵·微韵》："刉，断也，划也。郑康成曰：'刲羽牲曰刉，或作鏖。'"（按《集韵》所引郑康成说盖郑注之逸文）《说文》"鏖"下段注亦曰："鏖盖亦刉字之异者。"是鏖乃刉字之异体，实亦假借字也。然许慎以鏖为正字，郑玄不从。郑玄以刉为正字，又不能坚其说，如此经之注即其例，是亦未必以刉为正字。正因为祈珥无正字，故杜子春及先、后郑所从字皆不同。此经今书作祈，故书作幾，杜从今书"读幾当为祈"，郑玄则谓"祈当为进扐之扐"，是郑玄既不从故书，亦不从今书，而以己意读之也。然于经文则一仍今书作祈而不改，是其慎也。

（三二）二字兼用者亦兼从之。《周礼》中表达某义二字兼用，郑玄则一仍《周礼》用字之例而不加改一，这也是慎而不轻改经字原则的体现。如：

《秋官·大行人》："王礼，再祼而酢。"郑注："故书祼作果。郑司农云：'祼读为灌。再灌，再饮公也。'"

《说文》："祼，灌祭也。"故书祼作果者，《说文》："果，木实也。"祼、果双声，古音都是见母；祼属元部，果属歌部，歌元对转，故果、祼可相通假。如《春官·大宗伯》："大宾客，则摄而载果。"郑注："果读为祼。"朱骏声亦云："果，假借为祼。"按祼、果二字，《周礼》中每错出。如《春官·大宗伯》"以肆、献、祼享先王"，字作祼；下经"大宾客，则摄而载果"，字又作果。今查《周礼》全书作祼凡22见（《小宰》2，《内宰》2，《大宗伯》1，《郁人》7，《鬯人》4，《典瑞》2，《大行人》3，《玉人》1），作果凡5见（《大宗伯》1，《小宗伯》2，《肆师》2）。郑玄于果字或注曰"果读为祼"，如《大宗伯》、《小宗伯》之果字注；或于注中易之为祼，如《肆师》"及果，筑鬻"，郑注："所筑鬻以祼也。"又"赞果将"，注曰："授大宗伯载祼。"是郑于注文皆用本字作祼，而于经文则一仍其所用字而不改。盖以本字和通假字《周礼》兼用之，郑玄亦兼从之也。又郑司农云"祼读为灌"者，则是以祼为灌的通假字。按祼、灌二字音同义近，是同源字，故经典每通用。如《论语·八佾》："自既灌而往者，吾不欲观之矣。"《礼记·礼器》及《郊特牲》皆云："灌用郁鬯。"是皆以灌为祼祭字。郑玄于《天官·小宰》"祼将之事"，及《考工记·玉人》"祼圭尺有二寸"皆注云："祼之言灌也。"明祼、灌二字音义相关，而郑司农必易祼为灌则非也。

（三三）二字为异体字则因之而不改。若今、故书之二字实为一字之异体，且很难确定何为正体，则郑玄亦因之而不加改一。如：

《天官·外府》："凡祭祀、宾客、丧纪、会同、军旅，共其财用之币齎、赐予之财用。"郑注："齎，行道之财用也。《聘礼》曰：'问几月之齎。'郑司农云：'齎或为资，今礼家定齎作资。'玄谓齎、资同耳。其字以齐次为声，从贝变易，古字亦多或。"

孙诒让云："郑司农云'齎或为资'者，谓故书或本也。不云'故书'者，文略。"① 按孙氏说由《天官》之《典妇功》、《典枲》郑注皆云"故书齎作资"可证。《说文》："资，货也"；"齎，持遗也。"二字义异。然齎、资二字双声叠韵，皆精母脂部，古多通用。如《春官·巾车》"毁折，入齎于职币"，《史记·陈丞相世家》"平既娶张氏女，齎用益饶"，是皆借齎为资。又《仪礼·聘礼》"既受行，出，遂见宰，问几月之资"（按此据《仪礼》今文，古文则作齎），《汉书·严助传》"今发兵行数千里，资衣粮，入越地"，是皆借资为齎。然郑玄则以为资、齎实为一字而异体，不同于许氏及"今礼家"说。以为二字皆从贝，唯声旁不同：资从次声，齎从齐声，故注云"古字亦多或"。而其义则为"行道之财用"，是兼有《说文》资、齎二字之义：财用即资货之义；此经财用是为了持以行道，即持遗之义也（《汉书·食货志下》："行者齎，居者送。"即所谓持遗之义）。资、齎既不为二字，故此经资、齎皆可用，今书既作齎，故郑玄即从之。按郑校《仪礼·聘礼》从今文作"资"，而注曰"古文资作齎"，注此经引《聘礼》则又从"古文"作齎者，皆因郑玄以资、齎为一字而皆可从故也。段玉裁云："此司农说礼家定齎当作资，而郑君非之，谓二字皆可用，齎从贝齐声，资从贝次声，实一字也。'古字亦多或'者，谓古字多或体，如许君《说文解字》多云某或某字者，是也。"② 然而从古籍实际用字例看，当以许氏分别资、齎二字为长，故段玉裁又云："按《说文·贝部》'资，货也'，'齎，持遗也'，不云是一字，似较郑君为长。"③

（三四）疑而难定之字则姑从今书。若今、故书用字不同，义亦有别，而

---

① 孙诒让：《周礼正义》第2册，第473页。
② 段玉裁：《周礼汉读考》，《清经解》第4册，第190页。
③ 同上。

其是非又疑而难定,郑玄即姑从今书所用字,而在注中说明其疑而难定之意。如:

《地官·族师》:"春秋祭酺,亦如之。"郑注:"酺者,为人、物灾害之神也。故书酺或为步。杜子春云:'当为酺。'玄谓《校人职》又有冬祭马步,则未知此世所云蝝螟之酺与?人鬼之步与?"

按古音酺、步双声,都是并母;酺在鱼部,步在铎部,鱼铎对转,是二字音近,可相通假。然据郑注,酺、步皆为灾害之神名:前者是为物灾害之神,后者是为人灾害之神。孙诒让云:"蝝螟之酺,即为物灾害之神;人鬼之步,即为人灾害之神也。"① 是祭酺和祭步,即为祈禳此二神之灾害。但此经今书曰"祭酺",而故书又有作"祭步"者,是此经所祭究系何神,尚难断定。故郑注曰"酺者,为人、物灾害之神也……则未知此世所云蝝螟之酺与?人鬼之步与?"贾疏云:"凡国之所祈祭者,皆恐与人、物为灾害……云'则未知此世所云蝝螟之酺与?人鬼之步与'者,但此经云酺,不知何神,故举汉法以况之。但汉时有蝝螟之酺神,又有人鬼之步神,未审此经酺定当何酺,故两言之。以无正文,故皆云'与'以疑之也。"是郑于此经从今书作酺者,非以故书或本作步者为非,只是姑从今书,而于注中说明其疑而未敢遽定之意。杜子春则径据今书而云"当为酺"。贾疏云:"杜子春云'当为酺'者……子春亦无正文,直以此经今文(按文盖书字之误)为正,故依之也。"

(三五)存今书古字而不改。若某义今书虽用古字,然所用却是本字,而故书用的则是通假字,则郑玄亦从今书而不从故书,为存古字故也。如:

《地官·遗人》:"乡里之委积,以恤民之囏阨。"郑注:"故书艰阨作撴阨。杜子春云:'撴阨当为艰阨。'"

按经作"囏阨",而注云"故书艰阨作撴阨",引经字囏作艰者,段玉裁云:"此亦经用古字,注用今字之证也。"② 是郑注以今字易经古字也。又杜子春云"撴阨当为艰阨",此艰亦当为囏,亦郑注以今字易之也。故孙诒让云:"子春易经字为囏,而注仍作艰者,亦用今字也。"③ 是此经郑注当云"故书囏阨作撴阨。杜子春云:'撴阨当为囏阨。'"《说文》:"艰,土难治也,从

---

① 孙诒让:《周礼正义》第3册,第879页。
② 段玉裁:《周礼汉读考》,《清经解》第4册,第195页。
③ 孙诒让:《周礼正义》第4册,第990页。

堇，艮声。"段注云："引申之，凡难理皆曰艱。"《说文》又云："囏，籀文艱也，从喜。"是囏乃艱陁字的古字。艱字已为人所习用，而郑玄于经文必从今书作囏者，为存古字也。且故书所用乃通假字（见下），亦不如今书之用本字义切也。故书作摬陁者，《说文》云："摬，饰也，从手，堇声。"与囏字义异，而故书假借用之也。故段注曰："故书囏陁作摬陁，按此古文假借字也。"徐养原亦云："囏、摬，以同音相通。"①

由上述五原则及35则条例可知，郑玄校《周礼》今、故书异文之所以从今书而不从故书，实因今书用字多优于故书故也。而郑玄校《周礼》所遵循的原则和条例，也为后世校勘古籍者提供了有益的借鉴。

---

① 徐养原：《周官故书考》，《清经解续编》第2册，第1219页。

第六章

郑玄校《礼记》不从或本异文考辨

导　言

　　《礼记》（即《小戴礼记》）的初本，自西汉宣帝时期由戴圣编纂成书之后，在其流传过程中，衍生出了许多不同的本子。这些本子见诸文献而可确考者，在西汉有刘向《别录》本，东汉有桥仁季卿本，杨荣子孙本，曹褒传本，马融校注本，卢植校注本，等等。而流传于当时今已不可考者，尚不知几倍于此。郑玄的一大功绩，就在于他将流传于东汉后期的各种《礼记》异本相互参校，并为之作注，从而使《礼记》大行于世，并流传至今（参见《通论编》第五章《〈三礼〉概述》三、《〈礼记〉概述》之1.3节）。至于郑玄校注《礼记》时所依据的底本为何本，陆德明《经典释文·序录》云："郑玄依卢马之本而注焉。"[1] 南宋郑樵《六经奥论》亦曰："郑康成本卢马说为之注。"[2] 此说较可信。郑玄、卢植皆曾师事马融，卢马皆曾为《礼记》作过校注，郑玄又据之而重新为之校注，是完全可能的。而卢植所校注之本，盖即马融本，故《后汉书·卢植传》载卢上书曰："臣少从通儒南郡太守马融

---

[1]　陆德明：《经典释文·序录》，中华书局，1983年，第11页。
[2]　《六经奥论》卷5，《礼记传授》，见《四库全书·经部·五经总义类》。

受古学，颇知今之《礼记》特多回冗……敢率愚浅，为之解诂。"故所谓卢马之本，盖即最后经卢植校注之本也。然郑玄并非仅依卢本为《礼记》作校注，又参考了当时所能见到的多种本子，凡遇异文，则斟酌裁定之，所不从者，则于注中存之，即郑注所谓"某或为某"、"某或作某"者是也。对于郑玄校《礼记》而存异文的问题，后世学者做专门研究的并不多，但也有两部重要的著作：一是俞樾的《礼记异文笺》。俞氏《序》云："《仪礼》之有古文今文也，胡氏承珙为作《仪礼古今文疏义》；《周礼》之有故书也，徐氏养原为作《周礼故书考》，辨别异同，有功经学。然郑康成注《礼记》亦间存异文，前人未有考究者，则作此《笺》，以补其阙。"① 二是陈寿祺、陈乔枞父子的《礼记郑读考》。陈寿祺之《礼记郑读考自序》云："余因专举郑注异读，博稽文字，证明本源，为《礼记郑读考》。"② 俞、陈二氏的著作，主要是从字的形、音、义等方面考证郑玄所从之字与异文之间的关系，然他们都只是做个案的分析，而未能做进一步地研究探讨以从中归纳出郑玄之所以不从异文的原因或条例。故笔者不揣浅陋，遍索《礼记》郑注中所存之异文，凡185条字例，一一加以考辨，并从中归纳出郑玄之所以不从或本异文的17则条例，又从这些条例中总结出郑玄之所以不从或本异文的五项原则，于是郑玄之所以不从或本异文之原因可明。

这里说明几点。第一，本文以所归纳出的17则条例为纲，凡《礼记》中的异文皆分置于相关条例之下，而一一考辨之。字例的排列，则依《礼记》的篇次及诸字例在各篇中出现的先后为序，以便于读者检索原文。第二，郑玄于其所从之字亦有从而不当者，这一点俞、陈二氏的著作亦间有所揭示。本文则将这些从而不当的字例集中在一起（凡7例），并一一考其不当的原因，而一总置于本文之末，以便读者综览。第三，郑玄在其注中所存之异文，有两种表述方式，一曰"某或为某"，一曰"某或作某"。在我们所搜罗得的185条字例中，曰"或为"者142例，曰"或作"者43例。但这两种表述方式并无实质的不同，仅仅是所用术语稍异而已，故笔者将其合在一起而依出现之先后排列，不再加以分别。第四，本文凡引《礼记》及其注疏，以及凡

---

① 俞樾：《礼记异文笺·序》，《清经解续编》第5册，第988页。
② 陈寿祺：《礼记郑读考自序》，《清经解》第7册，第232页。

引《十三经》及其注疏，皆据中华书局影印阮校《十三经注疏》本；凡引"正史"之文则皆据中华书局点校本；凡引陆德明《释文》则皆据中华书局1983年版之《经典释文》，文中皆不复注。

考　辨

一　从本字而不从通假字（72例）

1. 《曲礼上》："席间函丈。"郑注："丈或为杖。"

《文王世子》："凡侍坐于大司成者，远近间三席。"郑注："间犹容也。……席之制，广三尺三寸三分，则是所谓'函丈'也。"此注说"函丈"义甚明。杖、丈音同可通。此记丈是本字，杖是通假字。俞樾云："按杖假为丈，愚所谓文增者也，说详余所著《第一楼丛书》九之五。此自当以丈字为正。"① 郑从本字，故于注中存或本通假字而不用。

2. 《曲礼上》："共饭不泽手。"郑注："为污手不洁也。泽谓挼莎也。礼，饭以手。泽或为择。"

郑训泽为挼莎，挼莎即揉搓。故此记孔疏云："古之礼，饭不用箸，但用手。既与人共饭，手宜洁净，不得临食始挼莎手乃食，恐为人秽也。"又《少仪》："侍坐于君子，君子欠伸，运笏，泽剑首。"郑注云："运、泽，谓玩弄也。"玩弄亦即挼莎之意。或本作择，择与泽古通。《射义》："天子将祭，必先习射于泽。泽者，所以择士也。"是泽通择之例。朱骏声《定声》亦云："泽，假借为择。"此记则借择为泽也。陈乔枞云："郑不从或本者，以择训挼莎，宜从泽为正，或本乃假择为泽字耳。"②

3. 《曲礼上》："前有士师，则载虎皮。"郑注："士师谓兵众……士或为仕。"

或本仕是士的通假字。《孟子·公孙丑下》："有仕于此，而子悦之，不告于王，而与之吾子之禄爵。夫士也，亦无王命而私受之于子，则可乎？"俞樾

---

① 俞樾：《礼记异文笺》，《清经解续编》第5册，第988页。
② 陈乔枞：《礼记郑读考》，《清经解续编》第5册，第120页。

云:"'有仕于此'之仕,即'夫士也'之士。'夫士也'正承'有仕于此'而言。士正字,仕假字,是上下文用字不同而实同义也。"① 仕既是通假字,故郑不从或本。

4.《曲礼下》:"大夫、士去国,逾竟为坛位,乡国而哭,素衣,素裳,素冠……素簚。"郑注:"簚,覆笭也。……簚或为幦。"

簚,字又作幭,车轼上的覆盖物。《说文》无簚字。《集音·锡韵》:"幭,车覆式也。或作簚。"《说文》:"幕,帷在上曰幕,覆食案亦曰幕。"簚、幕古音双声,都是明母;簚属锡部,幕属铎部,锡铎旁转,故二字音近可通:簚是本字,幕是通假字。俞樾云:"案簚,本作幭,从蔑声。幕从莫得声。蔑与莫一声之转。僖十年《左传》'蔑不济矣',犹言莫不济矣。成十六年'蔑从晋矣',犹言莫从晋矣。蔑莫相通,故幭幕亦相通。"② 是郑不从或本异文者,不从通假字也。同例还见于:

《檀弓上》:"布幕,卫也;缣幕,鲁也。"郑注:"幕,所以覆棺上也……幕或为幦。"按幦、簚、幭字异而义同,皆谓车轼上的覆盖物。《广雅·释器》:"覆笭谓之幦。"③《广韵·锡韵》:"幦,车覆笭也。"④《仪礼·既夕礼》:"主人乘恶车,白狗幦。"郑注:"幦,覆笭也,以白狗皮为之。"《公羊传》昭公二十五年:"以幦为席。"何注:"幦,车覆笭。"笭同軨,谓古代车轼及车箱左右两侧的木围栏。《说文》:"笭,车笭也。"王筠《句读》:"笭,与《车部》軨同。"⑤《说文》:"軨,车辖间横木。"幦与簚、幭字音亦同,故亦可通幕。然此记则幕是本字,幦是通假字,故郑不从。

5.《曲礼下》:"临诸侯,畛于鬼神,曰'有天王某甫'。"郑注:"畛,致也。祝告致于鬼神辞也。……畛或为祇。"

畛有告意。《尔雅·释诂上》:"畛,告也。"邢疏:"畛者,致告也。"故

---

① 俞樾:《古书疑义举例》卷1,"一、上下文异字同义例",《古书疑义举例五种》,中华书局,1956年,第1页。
② 俞樾:《礼记异文笺》,《清经解续编》第5册,第989页。
③ 此据王念孙《广雅疏证》本,中华书局,1983年。按本章以下凡引《广雅》皆据此本,不复注。
④ 此据余迺永《新校互注宋本广韵》,上海辞书出版社,2000年。按本章以下凡引《广韵》皆据此本,不复注。
⑤ 王筠:《说文句读》,上海古籍出版社,1983年。按本章以下凡引王氏《句读》皆据此本,不复注。

郑训畛为"祝告致于鬼神辞"。《说文》:"祇,地祇。"即地神。畛、祇古音双声,都是照母;畛属真部,祇属支部,真支通转,故二字音近可通:畛是本字,祇是通假字。陈乔枞云:"畛与祇一声之转,畛与振声同。《玉藻》'振绤绤',注云:'振读为袗。'《论语》云'当暑袗绤绤',字作袗,可证也。《内则》'祇见孺子',注云:'祇或作振。'振与祇相通假,故畛亦得与祇相通假。"① 故此记郑从本字畛,不从或本通假字祇。

6.《曲礼下》:"五官之长曰伯,是职方。"郑注:"职,主也,是伯分主东西者……是或为氏。"

《说文》:"是,直也。从日、正。"氏字甲骨文象种子发芽生根之形,本义为树根,引申为姓氏字。是、氏古音同,皆禅母支部,声调亦同,故可通。《仪礼·觐礼》:"大史是右。"注云:"古文是为氏。"惠栋云:"《汉书》云:'造父后有非子玄孙,氏为庄公。'颜监曰:'氏与是同。'《韩勑修孔庙后碑》以'于氏'为'于是'。汉末有是仪,亦作氏。陈承祚撰《魏志》以为孔文举改氏为是,殊不知营陵是姓顺帝前已见于碑(见洪适《隶续》),何至汉季始改氏为是乎?汉时以是、氏两字本通,故或称氏,或称是,非有异也。"② 此记是是本字,氏是通假字。朱骏声《定声》云:"氏,假借为是。"故郑不从或本。

7.《檀弓下》:"杜蒉自外来。"郑注:"杜蒉或作屠蒯。"

按杜、屠古音双声叠韵,皆属定母鱼部,唯声调不同,故二字可通。又蒉字古音属群母物部,蒯属溪母微部,群溪旁纽,微物对转,故二字亦可通。郑盖以杜蒉为其名之正字,而以屠蒯为通假字,故不从或本。

8.《檀弓下》:"公叔文子卒。"郑注:"文子,卫献公之孙,名拔,或作发。"

拔、发古音叠韵,皆属月部;拔是并母,发是帮母,并帮旁纽,故二字音近可通。按《左传》襄公二十九年作发,然郑盖以作拔为其名之正字,故不从或本。

9.《檀弓下》:"工尹商阳与陈弃疾追吴师,及之。"郑注:"陈或作陵,楚人声。"

---

① 陈乔枞:《礼记郑读考》,《清经解续编》第5册,第122页。
② 惠栋:《九经古义·仪礼下》,《清经解》第2册,第767页。

陈古音属定母真部，陵属来母蒸部；定来旁纽，真蒸皆属鼻音，可以通转，故二字音近可通。郑盖以作陈为其姓之正字，故不从或本作陵。且郑注已云作陵是"楚人声"，是郑以陵为通假字。

10.《檀弓下》："齐庄公袭莒于夺，杞梁死焉。"郑注："《春秋传》曰：'杞植、华还载甲夜入且于之隧。'隧、夺，声相近，或为兑。"

夺、兑古音双声叠韵，皆定母月部，唯声调不同，故夺或假兑。隧字古音邪母物部，邪属齿音与属舌音之定母为邻纽，物部与月部旁转，故隧与夺、兑二字音亦相近而可通。是或本为兑，乃夺的通假字，故郑不从。至于此记作夺而《春秋传》作隧者，俞樾云："乃《左传》与《礼记》不同，非《礼记》异文。"①

11.《檀弓下》："文子曰：'行并植于晋国，不没其身，其知不足称也。'"郑注："并犹专也，谓刚而专己，为狐射姑所杀。没，终也。植或为特。"

植是古代为关门而设的直木。《说文》："植，户植也。"此植必强固而有力，故植引申而有刚强义。孔疏云："植，谓刚也。"特、植古音叠韵，皆属职部；特是禅母，植是定母，禅定准旁纽，故二字音近可通：植是本字，特是通假字。俞樾云："植、特声近，古通用。《诗·柏舟篇》'实维我特'，《韩诗》作'我直'。《礼记·少仪篇》'不特吊'，《尔雅·释水篇》'士特舟'，《释文》并云：'特，本作植。'皆其例也。"是郑不从或本异文者，不从通假字。

12.《檀弓下》："文子其中退然如不胜衣。"郑注："中，身也。退，柔和貌……退或为妥。"

退、妥古音双声，都是透母；退属物部，妥属歌部，物歌旁对转，故二字音近可通：退是本字，妥是通假字。王引之《述闻》云："退之言隤也。《系辞传》'夫坤隤然示人简矣。'马融、韩伯并曰：'隤，柔貌。'孟喜子作退，陆绩、董遇、姚信作妥，正与此同。"② 是郑不从或本异文作妥者，不从通假字。

---

① 俞樾：《礼记异文笺》，《清经解续编》第5册，第989页。
② 王引之：《经义述闻·礼记上》"退然"条，《清经解》第6册，第881页。

13.《檀弓下》:"岁旱,穆公召县子而问然。"郑注:"凡穆或作缪。"

缪、穆古音双声,都是明母;缪属幽部,穆属觉部,幽觉对转,故缪可通穆。朱骏声《定声》云:"缪,假借为穆。"《荀子·王制》:"分未定也,则有昭缪。"杨倞注:"缪读为穆,父昭子穆。"①《礼记·大传》:"序以昭缪,别之以礼义。"郑注:"缪读为穆。"《史记·鲁周公世家》:"武王有疾,不豫,群臣惧,太公、召公乃缪卜。"裴骃《集解》引徐广曰:"古书穆字多作缪。"是或本作缪者,通假字也,故郑不从。

14.《王制》:"出征执有罪反,释奠于学,以讯馘告。"郑注:"讯馘,所生获断耳者。……馘或为国。"

馘、国皆从或声,故可通。而或即古邦国字,甲骨文、金文国字即作或(参见本编第四章《郑玄校〈周礼〉从今书不从故书考辨》之例115)。后乃于或外加口造国字,又加土旁造疆域字,加首旁则为俘馘字。又馘是聝的或体。《说文》"聝"下云"聝,或从首"。段注:"今经传中多从首。"俞樾云:"《说文·虫部》蜮或体作蜠,此即馘或为国之例。"② 此记馘是本字,国是通假字,故郑不从或本异文。

15.《王制》:"凡制五刑,必即天论。"郑注:"必即天论,言与天意合。……论或为伦。"

论、伦古音双声叠韵,皆属来母文部,故可通。俞樾云:"《荀子·性恶篇》:'少言则径而省,论而法。'杨注:'论,或为伦。'"③ 是相通之例也。郑不从或本异文者,不从通假字。

16.《王制》:"周人养国老于东膠。"郑注:"东序、东膠,亦大学,在国中王宫之东。……膠,或作绉。"

绉、膠古音叠韵,皆属幽部;绉是群母,膠是见母,群见旁纽,故绉可通膠。俞樾云:"按《说文》球从玉,求声;或作璆,从翏声。求、翏声同,故膠得通作绉也。"④ 陈乔枞云:"膠、绉声近。字之从求、从翏者,多通

---

① 见《诸子集成》第2册,第94页。
② 俞樾:《礼记异文笺》,《清经解续编》第5册,第990页。
③ 同上。
④ 俞樾:《礼记异文笺》,《清经解续编》第5册,第990页。

用。"① 绿既是通假字，故郑不从或本。

17.《曾子问》："曾子问曰：'下殇土周葬于园，遂舆机而往，涂迩故也。'"郑注："机，舆尸之床也。……舆机，或为馀机。"

舆、馀古同音，皆喻母鱼部，声调亦同，故二字可通。《尔雅·释草》："蒢车芒舆。"《释文》："舆，字或作蒢，音馀。"是舆、馀相通之类也。郑从本字舆，故不从或本异文作馀。

18.《礼运》："然后饭腥而苴孰。"郑注："苴孰，取遣奠有火利也。苴或为俎。"

苴、俎古音叠韵，皆属鱼部；苴是精母，俎是庄母，精庄准双声，故二字音近可通。陈乔枞云："《汉书·郊祀志上》'席用苴秸'，《集注》引如淳曰：'苴读如租。'晋灼曰：'苴，藉也。'师古曰：'苴字本作葅，假借。'"② 郑从本字苴，故不从或本异文用通假字。

19.《礼运》："月以为量，故功有艺也。"郑注："艺犹才也……艺或为倪。"

倪、艺古音双声，都是疑母，故可通。俞樾云："宣二年《左传》'使鉏麑贼之'，《说苑·立节篇》作'鉏弥'。麑从兒声，得通作弥……《尚书·尧典》'归格于艺祖'，《大传》作'归假于祢祖'，艺与祢通。然则艺通作倪，犹弥通作麑矣。"③ 陈乔枞亦云："艺、倪一声之转。"④ 是郑不从或本异文者，不从通假字。

20.《礼运》："天子以德为车，以乐为御。"郑注："车或为居。"

车、居古同音，皆见母鱼部，声调亦同，故可通。陈乔枞云："《尔雅·释草》'望乘居'，《释文》云：'居，本作车。'《庄子·徐无鬼篇》'若乘日之车'，《释文》云：'车，元嘉本作居。'皆以音同通假。"⑤ 此记车是本字，居是通假字，故郑不从或本。

21.《礼器》："周坐尸，诏侑武方。"郑注："诏侑，或为韶囿。"

---

① 陈乔枞：《礼记郑读考》，《清经解续编》第5册，第128页。
② 同上书，第132页。
③ 俞樾：《礼记异文笺》，《清经解续编》第5册，第990页。
④ 陈乔枞：《礼记郑读考》，《清经解续编》第5册，第133页。
⑤ 同上。

诏、韶叠韵，皆属宵部；诏是照母，韶是禅母，照禅旁纽，故诏、韶音近可通。侑、囿双声，都是喻母；侑属之部，囿属职部，之职对转，故侑、囿音近可通。陈乔枞云："岳本《礼记》注作诏侑，或为韶囿……阮氏《校勘记》载段玉裁云：'《韵会·二萧》引作韶囿。'"①《说文》："诏，告也。"侑，谓在筵席上向人劝食。《玉篇·人部》："侑，劝也。"故郑注释诏侑为"告尸行节，劝尸饮食"。是此记诏侑是本字，韶囿是通假字，故郑不从或本。

22.《礼器》："故礼有摈诏，乐有相步，温之至也。"郑注："摈诏，告道宾主者也。……诏或为绍。"

《周礼·秋官·司仪》："司仪掌九仪之宾客摈相之礼，以诏仪容、辞令、揖让之节。"郑注："出接宾曰摈，入赞礼曰相。以诏者，以礼告王。"《说文》："绍，继也。"引申而用作介绍字，无告义。然诏、绍叠韵，皆属宵部；诏是照母，绍是禅母，照禅旁纽，故绍可通诏。俞樾云："犹上文诏或为韶也，《乐记》篇注曰：'韶之言绍也。'诏通韶，故亦通绍矣。"② 故郑不从或本者，从本字不从通假字。

23.《郊特牲》："乡人祃。"郑注："祃，强鬼也。谓时傩，索室敺疫，逐强鬼也。祃或为献。"

据郑注，祃为强鬼，也谓驱逐强鬼，义与傩同。故郑注云："祃，强鬼也。谓时傩，索室敺疫，逐强鬼也。"献与祃音不可通，然献与傩则可通。傩古音属泥母歌部，献属晓母元部，声母虽隔，然韵部歌元对转，是二字音相近。俞樾云："献之与傩，则声固相近。下文'汁献涗于醆酒'，注曰：'献当读为莎。'献可读莎，故得通傩矣。傩正字，献假字。"③ 是献可通假为傩，则与祃义同，故此记祃字有作献之本。郑从本字祃，故不从或本作献。

24.《郊特牲》："唯社丘乘共粢盛：所以报本反始也。"郑注："丘，十六井也。四丘六十四井曰甸，或谓之乘。乘者，以于车赋出长毂一乘。乘或为邻。"

乘字古音属床母蒸部，邻字属来母真部，床与来齿舌二音为邻纽，蒸与真同属鼻音可通转，故乘、邻音近可通：乘是本字，邻是通假字。陈乔枞云：

---

① 陈乔枞：《礼记郑读考》，《清经解续编》第5册，第134页。
② 俞樾：《礼记异文笺》，《清经解续编》第5册，第990页。
③ 同上。

"甸古音同陈，陈乘声同，甸乘字通，乘邻音近。故《檀弓》'陈弃疾'，注云：'陈或作陵，楚人声。'……乘陵训相同，故乘或为邻。"① 是郑不从或本异文者，不从通假字。

25.《郊特牲》："壹与之齐，终身不改，故夫死不嫁。"郑注："齐，谓共牢而食，同尊卑也。齐或为醮。"

俞樾云："齐、醮一声之转。齐之与醮，犹蛴之与螬，蛴螬双声，齐醮亦双声。"② 俞氏之意，齐醮二字双声而相通。据郑注，齐谓共牢而食，醮则齐的通假字，故郑不从或本异文。

26.《郊特牲》："夫也者，夫也。夫也者，以知帅人者也。"郑注："夫之言丈夫也。夫或为傅。"

夫、傅双声叠韵，皆帮母鱼部，故二字可通：夫是本字，傅是通假字。俞樾云："傅从尃声，尃从甫声……《诗》'倬彼甫田'，笺云：'甫之言，丈夫也。甫得训夫，故夫得训傅。'"③ 又《诗·陈风·墓门》："夫也不良。"毛传："夫，傅相也。"郑笺则释傅为"师傅"。是皆夫、傅相通之例，故郑不从或本通假字。

27.《郊特牲》："有虞氏之祭也，尚用气。血、腥、爓祭，用气也。"郑注："爓或为腊。"

爓同焰，《说文》："爓，火焰也。"爓又同燖。《集韵·盐韵》："燖，沈肉于汤也。或作爓。"《礼器》："三献爓，一献孰。"郑注："爓，沈肉于汤也。"《说文》无腊字。腊指半生半熟的肉。《玉篇·肉部》："腊，生熟半也。"《广韵·缉韵》："腊，肉半生半熟。"爓古音属喻母侵部，腊属定母缉部。喻定准旁纽，侵缉对转，故二字音近可通：爓是本字，腊是通假字。俞樾云："《尔雅·释畜》：'骊马黄脊，騽。'《释文》曰：'本亦作驔。'爓之为腊，犹騽之为驔矣。"④ 是郑不从或本异文者，不从通假字。同例还见于：

《郊特牲》："腥，肆，爓，腍祭，岂知神之所飨也？"郑注："治肉曰肆。腍，熟也。爓或为腊。"

---

① 陈乔枞：《礼记郑读考》，《清经解续编》第 5 册，第 136 页。
② 俞樾：《礼记异文笺》，《清经解续编》第 5 册，第 991 页。
③ 同上。
④ 同上。

28.《郊特牲》："祭于祊，尚曰求诸远者与。祊之为言倞也。"郑注："倞犹索也，倞或为谅。"

倞、谅古音叠韵，皆属阳部，故二字可通。按倞同亮，义为明亮。朱骏声《定声》云："倞，明也。字亦作亮。"俞樾引钱大昕云："倞即亮之古字。经典亮字多与谅通。《书·说命》篇'王宅忧亮阴'，《诗·柏舟》篇'不亮人只'，《释文》并曰：'亮，本作谅。'"① 此记郑训倞为索，而谅无索义，倞是本字，谅是通假字，故郑不从或本。

29.《郊特牲》："首也者，直也。"郑注："训所以升首祭也。直或为犆也。"

按直或为犆，犹《檀弓下》之植或为特，详例11。俞樾云："《玉藻》篇'君羔幦虎犆'，注曰：'犆读如直道而行之直。'犆读如直，故直或为犆矣。"② 此记犆是直的通假字，故郑不从或本。

30.《内则》："濡鱼，卵酱，实蓼。"郑注："卵读为鲲。鲲，鱼子。或作䕩也。"

按郑注云"卵读为鲲。鲲，鱼子"，参见本书《训诂编》第一章《郑玄注〈三礼〉之"读为"、"读曰"例考辨》之例86。䕩义为关联。《太玄·摛》："䕩神明而定摹，通同古今以开类。"范望注："䕩，关也。若手相关付，故字有手也。"③ 俞樾云："䕩从卝声，据唐张参《五经文字》云：'卝《说文》为古卵字。'唐元度《九经字样》云：'《说文》作卝，隶变作卵。'然则䕩本从卵声，故䕩得通卵也。"④ 是䕩为卵的音近通假字，故郑不从或本。

31.《内则》："野豕为轩，兔为宛脾。"郑注："宛脾，聂而切之……宛或作郁。"

宛、郁双声，都是影母；宛属元部，郁属物部，元物旁对转，是二字音近可通。此记云"兔为宛脾"，郑注释宛脾为"聂而切之"，即谓将兔肉切成细碎状。至于"聂而切之"何以叫做"宛脾"，据孔疏，是"旧有此言，记者承而用之"。故据此旧言当以宛为正字，郁为通假字。《诗·秦风·晨风》

---

① 俞樾：《礼记异文笺》，《清经解续编》第5册，第991页。
② 同上。
③ 扬雄：《太玄经》卷7，《摛第九》，见《四库全书·子部·术数类·数学之属》。
④ 俞樾：《礼记郑读考》，《清经解续编》第5册，第991页。

"郁彼北林",《周礼·考工记·函人》"眂其钻空,欲其惌也"下郑注引郑司农说引此诗作"宛彼北林",是郁、宛相通之例。郑从本字不从通假字,故不从或本作郁。

32.《内则》:"母某敢用时日,祇见孺子。"郑注:"祇,敬也,或作振。"

振、祇双声,都是照母;祇属脂部,振属文部,脂文旁对转,故二字音近可通:祇是本字,振是通假字。《书·皋陶谟》:"日严祇敬六德,亮采有邦。"《史记·夏本纪》作"日严振敬六德,亮采有国",是其例也。振既为通假字,故郑不从或本。

33.《玉藻》:"朝玄端,夕深衣……缝齐倍要。"郑注:"缝,紩也。紩下齐倍要中。齐,丈四尺四寸。缝或为逢,或为丰。"

《说文》:"缝,以针紩衣也。""逢,遇也。"缝、逢古同音,皆属并母东部,声调亦同,故二字可通。《后汉书·吴延史卢赵列传·赞》:"《礼记》孔子曰:'丘少居鲁,衣逢掖之衣。'"李注云:"相承本作缝,义亦通。"又《说文》:"丰,豆之丰满者也。"引申而有大义。《玉篇·丰部》:"丰,大也。"丰字古音与缝叠韵,皆属东部;又丰是滂母,与缝之并母旁纽,故丰与缝亦音近可通。俞樾云:"缝或作丰,声近假用。《淮南子·天文篇》'五谷丰昌',《史记·天官书》作逢昌。丰与逢通,故亦与缝通矣。"① 是逢、丰皆缝的通假字,故郑不从或本。

34.《玉藻》:"君命屈狄。再命袆衣。一命襢衣。士褖衣。"郑注:"褖或作税。"

《说文》无褖字。据此记,褖衣为士服。这是一种黑色而有赤色镶边之服。《仪礼·士丧礼》"褖衣",郑注:"褖衣,黑衣裳,赤缘谓之褖。"褖古音属透母元部,税属审母月部,透审准旁纽,元月对转,故税可通褖。《丧大记》"士妻以税衣",《周礼·天官·内司服》"缘衣,素沙"下郑注引作"褖衣",且曰:"言褖衣者甚众,字或作税。"税既是通假字,故郑不从或本。

35.《明堂位》:"鸾车,有虞氏之路也。"郑注:"鸾,有鸾和也……鸾,或为栾也。"

---

① 俞樾:《礼记异文笺》,《清经解续编》第5册,第992页。

按鸾，通作銮，《广雅·释器》："銮，铃也。"朱骏声《定声》云："銮，经传多以鸾为之。"《周礼·夏官·大驭》："凡驭路仪，以鸾和为节。"郑注："鸾在衡，和在轼，皆以金为铃。"栾本木名。《说文》："栾，木名。"借为古钟口之两角名。《说文》"栾"下段注云："栾，借为圆曲之称，如钟角曰栾，屋曲枅曰栾是。"鸾、栾古同音，皆来母元部，声调亦同，故栾可通鸾。《周礼·考工记·凫氏》"两栾谓之铣"，《释文》："栾，本作鸾。"《山海经·西山经》"其音如鸾鸡"，郭注："鸾鸡，鸟名，未详也。或作栾。"① 此记鸾是本字，栾是通假字，故郑不从或本。

36.《明堂位》："有虞氏服韨，夏后氏山，殷火，周龙章。"郑注："韨，冕服之韠也。……韨或作黻。"

据郑注，韨是冕服之韠。《说文》韨是市的重文，曰："市，韠也……韨，篆文市从韦，从犮。"是郑与许说同。黻则别一物。《说文》："黻，黑与青相次文。"韨、黻古音同，皆帮母月部，声调亦同，故黻可通韨。《左传》桓公二年："衮、冕、黻、珽。"杜注："黻，韦韠，以蔽膝也。"孔疏："（韠）经传作黻，或作韨，或作芾，音义同也。"杨伯峻注云："黻字亦作韨或芾，以韦（熟制之皮革）为之，用以遮蔽腹膝之间。……韨亦可谓之韠。"② 是此记韨本字，黻同音通假字，故郑不从或本。

37.《大传》："改正朔，易服色，殊徽号。"郑注："徽或作袆。"

徽的本义为绳索。《说文》："徽，三纠绳也。"段注："三纠，谓三合而纠之也。"《玉篇·糸部》："徽，大索也。"引申而有标志、符号义。《左传》昭公二十一年："扬徽者，公徒也。"杜注："徽，识也。"袆义则别。袆有二义：一为蔽膝，一为王后之祭服。《说文》："袆，蔽䣛也。从衣，韦声。《周礼》曰：'王后之服袆衣。'谓画袍。"徽、袆二字古同音，皆属晓母微部，声调亦同，故可通。《尔雅·释器》："妇人之袆谓之缡。"《释文》云："袆，又作徽，同。"是徽通袆之例。此记则以袆通徽也，故郑不从或本。

38.《少仪》："工依于法，游于说。"郑注："说谓鸿杀之意所宜也。《考工记》曰：'薄厚之所震动，清浊之所由出，侈弇之所由兴，有说。'说或

---

① 《山海经》卷2，《西山经·西次三山》之"泰器之山"条，《四库全书》本。
② 杨伯峻：《春秋左传注》（修订本）第1册，中华书局，1990年，第86页。

为申。"

按申，《注疏》本原误作伸，据阮校改。此记之说，"谓论说法度之文"。① 申的本义为电。《说文》"虹"下云："籀文虹从申，申，电也。"说、申古音双声，都是审母；说属月部，申属真部，真月旁对转，故二字音近可通：说是本字，申是通假字，故郑不从或本。

39.《少仪》："介爵、酢爵、僎爵，皆居右。"郑注："古文《礼》僎作遵，遵为乡人为卿大夫来观礼者。酢或为作。"

俞樾云："酬酢字……经传多作酢，又或以昨为之。《周礼·司几筵》'昨席亦如之'，《司尊彝》'诸臣之所昨也'，注并云：'昨读为酢。'此经又以作为之，皆以声近而通。《淮南子·天文》篇'太岁在酉，岁名曰作'，鄂注曰：'作读昨。'然则以作为酢，犹以昨为酢也。"② 可知此记酢是本字，作是通假字，故郑不从或本。

40.《学记》："不学博依，不能安诗。"郑注："博依，广譬喻也。依或为衣。"

依字甲骨文象人体着衣之形，本义是穿衣。《说文》训依为"倚也"，则是依的引申义。③ 此记博依，郑注释为"广譬喻"，则谓博通众物，依彼以喻此也。是此依字之义为倚。衣的本义为上衣，甲骨文衣字即象上衣之形，领、襟及两袖皆备。衣以同音之故，得通假为依。《国语·晋语》"僖、姞、儇、依"，④《潜夫论·志氏姓篇》依作衣。⑤《史记·五帝本纪》"黄帝二十五子，其得姓者十四人"下《索隐》引《国语》此文亦作衣。《汉书·外戚传上》"至武帝制倢伃、娙娥、傛华、充依，各有爵位"，荀悦《汉纪》作"充衣"。⑥ 皆通假之例也。此记或本衣既为通假字，故郑不从。

41.《学记》："善待问者如撞钟，叩之以小者则小鸣，叩之以大者则大鸣，待其从容然后尽其声。"郑注："从或为松。"

从、松古音叠韵，皆属东部；从是从母，松是邪母，从邪旁纽，故二字

---

① 陈乔枞：《礼记郑读考》，《清经解续编》第 5 册，第 144 页。
② 俞樾：《礼记异文笺》，《清经解续编》第 5 册，第 992 页。
③ 此用李孝定说，见《古文字诂林》第 7 册，上海教育出版社，2002 年，第 334 页。
④《国语》下册，上海古籍出版社，1978 年，第 356 页。
⑤ 见汪继培《潜夫论笺》，中华书局，1979 年，第 409 页。
⑥《两汉纪》上册，中华书局，2002 年，第 61 页。

第六章　郑玄校《礼记》不从或本异文考辨　473

音近可通：从是本字，松是通假字。陈乔枞云："松与从、春通。《尔雅·释虫》'蜙蝑'，注：'蜙，蜙也，俗呼春黍。'《方言》十一：'舂黍谓之䗉蝑。'是其例也。"① 松既为通假字，故郑不从或本。

42.《学记》："古之学者比物醜类。"郑注："醜犹比也。醜或为讨。"

按"醜或为讨"，《注疏》本为下衍"之"字，据阮校删。又讨字《注疏》本作计，阮校引段玉裁云："计当作讨，古音讨与醜同。"亦据改。醜、讨古音叠韵，皆属幽部；醜是穿母，讨是透母，穿透准双声，故二字音近可通。此记之醜义为类。《广雅·释诂三》："醜，类也。"②《易·离》上九："获匪其醜。"《集解》引虞翻曰："醜，类也。"郑注释"醜犹比"，比亦类也。《玉篇·比部》："比，类也。"《汉书·叙传上》："班侍中本大将军所举，宜宠异之益求其比，以辅圣德。"颜注："比，类也。"又《说文》："讨，治也。"与此记义无涉，唯以音近而假为醜，故郑不从或本。

43.《乐记》："鼓鼙之声讙，讙以立动，动以进众。"郑注："闻讙器，则人意动作。讙或为欢。"

《说文》："讙，哗也。"又曰："欢，喜乐也。"讙、欢古同音，皆晓母元部，声调亦同，故二字可通。《坊记》云："其惟不言，言乃讙。"是假讙为欢。此记则假欢为讙。俞樾亦云："或本借欢为讙也。"③ 故郑不从或本。

44.《乐记》："武王克殷，反商，未及下车，而封黄帝之后于蓟，封帝尧之后于祝，封帝舜之后于陈。"郑注："祝或为铸。"

祝、铸古音双声，都是照母；祝属觉部，铸属幽部，觉幽对转，故二字音近可通。《淮南子·俶真训》"冶工之铸器"，高诱注："铸读如唾祝之祝也。"④ 是其例也。此记或本则假铸为祝，故郑不从。

45.《杂记上》："大夫以布为轖而行，至于家而说轖，载以轴车。"郑注："轴读为辁，或作辁。"

轴车，参见本书《训诂编》第一章《郑玄注〈三礼〉之"读为"、"读曰"例考辨》之例107。辁，圆也。《王力古汉语字典》"辁"下云："圆形。

---

① 陈乔枞：《礼记郑读考》，《清经解续编》第5册，第146页。
② 李鼎祚：《周易集解·上经》，北京中国书店，1984年，第16页。
③ 俞樾：《礼记异文笺》，《清经解续编》第5册，第993页。
④ 见《诸子集成》第7册，第24页。

《字彙》：'枬，楚人谓圆为枬。'《楚辞》战国屈原《九章·橘颂》：'曾枝剡棘，圆果抟兮。'王逸注：'抟，圜也。楚人名圜为抟。'枬，一本作抟。"揣、枬古音叠韵，皆属元部；揣是禅母，枬是定母，禅定准旁纽，故二字音近可通。俞樾云："《史记·贾谊传》：'何足控抟。'《索隐》云：'本作控揣。'《文选·长笛赋》：'冬雪揣封乎其枝。'注曰：'揣与团古字通。'《汉书》多以颛为专，师古注每曰'颛与专同'。《释名·释宫室》曰：'圌以草作之，团团然也。'《一切经音义》引《声类》曰：'剬作刓，同。'并其例也。"是枬为揣之通假字，故郑不从或本。

46.《杂记上》："君薨，大子号称'子'，待犹君也。"郑注："待或为侍。"

《说文》："待，竢也。"又曰："侍，承也。"待、侍二字叠韵，皆属之部；待是定母，侍是禅母，定禅准旁纽，二字音近可通。《仪礼·士昏礼》："媵侍于户外。"郑注："今文侍作待。"《荀子·正论》："执荐者百人，侍西房。"杨倞注："侍，或为待也。"① 《庄子·田子方》"孔子便而待之"，《渔父》"窃待于下风"，《释文》并曰："待，或作侍。"② 是皆通假之例。此经待是本字，侍是通假字，故郑不从或本。

47.《杂记上》："上介赗……客使自下由路西。"郑注："使或为史。"

此客，谓前来吊唁的使者的上介，即使者的第一副手。使，谓为此上介所指使之人，故称客使。《说文》："使，伶也。"桂馥《义证》："伶也者，通作令。"③《说文》又曰："史，记事者也。"使、史二字音同可通。俞樾云："《汉书·霍光传》'使乐成'，注：'使字或作史。'《杜延年传》'史乐成'，注曰：'据如此传，乐成姓史，而《霍光传》云使乐成，小家子，则又似姓使。《功臣侯表》廼云便乐成。三者不同。寻史、使一也，故当姓史。或作使字，《表》遂误为便尔。'"④ 按俞氏所引诸注文，虽在辨乐成之姓，然足证使、史可通。此记则使是本字，史是通假字，故郑不从或本。

48.《杂记下》："夫若无族矣，则前后家，东西家。无有，则里尹主

---

① 见《诸子集成》第2册，第223页。
② 见《诸子集成》第3册，第310、444页。
③ 桂馥：《说文解字义证》"使"字注，上海古籍出版社，1987年。
④ 俞樾：《礼记异文笺》，《清经解续编》第5册，第993页。

之。"郑注："里尹，闾胥、里宰之属……里或为士。诸侯吊于异国之臣，则其君为主。里尹主之，亦斯义也。"

里、士古音叠韵，皆属之部；里是来母属舌音，士是床母属齿音，舌齿为邻纽，故二字音近可通。陈乔枞云："案里与士声相近，故理官亦称士官。《礼记·月令》'命理官瞻伤'，注：'理，治狱官也。有虞氏曰士，夏曰大理。'"① 是相通之例也。郑注谓"里尹，闾胥、里宰之属"，则此记里是本字，士是通假字，故郑不从或本。

49.《杂记下》："夫人至，入自闱门，升自侧阶。"郑注："宫中之门曰闱门……闱门或为帷门。"

闱、帷古音同，皆属匣母微部，声调亦同，故二字可通。陈乔枞云："《释名·释床帐》：'帷，围也，所以自障围也。'《周礼·幕人》：'掌帷幕幄帟绶之事'，注云：'在旁曰帷，在上曰幕，皆以布为之。'《后汉书·仲长统传》注云：'在旁曰帏，在上曰幄。'是帷与帏同。《诗·氓》'渐车帷裳'，帷裳亦在车旁者。此闱门为宫中旁侧之小门。《仪礼·士虞礼·记》注云：'闱门，如今东西掖门。'是也。以其在旁故谓之闱门，亦得称帷门耳。"② 然闱门则当以从门之闱为正字，从巾之帷为通假字，故郑不从或本。

50.《丧大记》："食粥于盛不盥，食于篹者盥。"郑注："篹，竹筥也……篹或作簨。"

篹是古代竹制的食器。《玉篇·竹部》："篹，器名。"《集韵·缓韵》："篹，筥属。"《礼记·明堂位》："荐用玉豆雕篹。"郑注："篹，筥属也，以竹为之。"故郑训此记之篹为竹筥。《说文》："筥，䈰也。"即筥箕。簨是古代悬挂钟磬的架子。《释名·释乐器》："簨，所以悬钟鼓者，横曰簨。"篹、簨古音双声，都是心母；篹属元部，簨属文部，元文旁转，故二字音近可通：篹是本字，簨是通假字，故郑不从或本。

51.《丧大记》："紟五幅，无紞。"郑注："紞或为点。"

紞、点古音双声，都是端母；紞属侵部，点属谈部，侵谈旁转，故二字音近可通。俞樾云："按《周易·坎》六三'险且枕'，《释文》曰：'枕，九

---

① 陈乔枞：《礼记郑读考》，《清经解续编》第5册，第149页。
② 同上书，第150页。

家作玷。'纨之通作点，犹枕之通作玷。"① 此记郑注释"无纨"云："纨以组类为之，缀之领侧，若今被识矣。生时单被有识，死者去之，异于生也。"是此记纨是本字，点是通假字，故郑不从或本。

52.《丧大记》："自小敛以往用夷衾，夷衾质杀之，裁犹冒也。"郑注："裁犹制也，字或为材。"

按冒是包裹尸体的布套，分上下两截，上截曰质，下截曰杀，以分韬尸体的上下身。故《士丧礼》"冒缁质，长与手齐"下郑注云："冒，韬尸者，制如直囊，上曰质，下曰杀。"此记谓小敛以夷衾为质杀，故云"夷衾质杀之"。郑注"裁犹制也"，则是说此夷衾所为质杀之制，皆与冒之质杀同。字或作材者，裁、材古音同，皆从母之部，声调亦同，故二字可通。俞樾云："按《国语·晋语》'官师之所材也'，注：'材，古裁字。'又《鲁语》'夫苦匏不材于人'，注：'材读若裁。'《荀子·解蔽篇》'经纬天地而材官万物'，注曰：'材或为裁。'"② 朱骏声《定声》亦云："材，假借为裁。"郑注训此记之裁曰制，而材字无制义，是裁本字，材通假字，故郑不从或本。

53.《丧大记》："大夫殡以帱，欑至于西序，涂不暨于棺。"郑注："帱，覆也。……帱或作錞，或作焞。"

帱、錞双声，都是定母。焞是透母，透定旁纽。是帱与錞、焞字皆可通。俞樾云："按《周礼·司几筵》'每敦一几'，注曰：'敦读曰焘。'帱之或为錞，或为焞，犹敦之读为焘矣。"是錞、焞皆通假字，故郑不从或本。

54.《祭统》："夫祭者，非物自外至者也，自中出生于心也；心怵而奉之以礼，是故唯贤者能尽祭之义。"郑注："怵，感念亲之貌也。怵或为述。"

《说文》："怵，恐也。"引申而有凄怆义。《玉篇·心部》："怵，凄怆也。"感念亲人，心必凄怆，故郑释"怵，感念亲之貌也"。又《说文》："述，循也。"与此记义无涉。怵、述古音叠韵，皆属物部；怵是透母属舌音，述是床母属齿音，舌齿为邻纽，故二字音近可通：怵是本字，述是通假字。陈乔枞云："怵或为述者，以同声假借。"③ 故郑不从或本。

---

① 俞樾：《礼记异文笺》，《清经解续编》第5册，第993页。
② 同上。
③ 陈乔枞：《礼记郑读考》，《清经解续编》第5册，第153页。

55.《祭义》:"祭之日,君牵牲,穆答君,卿大夫序从。"郑注:"序,以次第从也。序或为豫。"

豫、序古音叠韵,皆属鱼部;豫是喻母,序是邪母,喻邪邻纽,故二字音近可通。《仪礼·乡射礼》:"豫则钩楹内,堂则由楹外。"郑注:"今文豫为序。"《尔雅·释地》"豫州",《释文》引《元命苞》云:'豫之言序也。'"序有次序、顺序义。《广雅·释诂三》:"序,次也。"《仪礼·乡饮酒礼》:"众宾序升,即席。"郑注:"序,次也。"又《说文》:"豫,象之大者。"而无次序义。或本"序或为豫"者,假豫为序也,故郑不从。

56.《经解》:"故衡诚县,不可欺以轻重。"郑注:"诚犹审也,或作成。"

诚、成同音,皆属禅母耕部,声调亦同,故可通:诚是本字,成是通假字。《诗·小雅·我行其野》:"成不以富。"《论语·颜渊》记孔子引此诗作"诚不以富",是其例也。成既为通假字,故郑不从或本。

57.《中庸》:"故栽者培之,倾者覆之。"郑注:"栽犹植也……今时人谓草木之殖曰栽,筑墙立板亦曰栽,栽或为兹。"

兹、栽古音叠韵,皆属之部;兹是精母,栽是从母,精从旁纽,故二字音近可通:栽是本字,兹是通假字。俞樾云:"栽从才声,与兹声相近。《说文》'鼒,从鼎,才声。俗作镃,从金,兹声',即其例也。"兹既为通假字,故郑不从或本。

58.《中庸》:"践其位,行其礼。"郑注:"践犹升也……践或为缵。"

缵、践古音叠韵,皆属元部;缵是精母,践是从母,精从旁纽,故缵可通践。《诗·大雅·崧高》"王缵之事",《释文》云:"缵,《韩诗》作践。"是其例。缵既为通假字,故郑不从或本。

59.《中庸》:"人道敏政,地道敏树。"郑注:"敏犹勉也。树谓殖草木也。人之无政,若地无草木矣。敏或为谋。"

谋、敏双声叠韵,皆属明母之部,唯声调不同,故谋可通敏。王引之《述闻》云:"谋与敏同。敏古读如每,谋古读若媒,谋、敏声相近。《中庸》'人道敏政,地道敏树',郑注曰:'敏或为谋。'是其证也。《晋语》'羊舌职之聪敏肃给也',聪与敏义相近……《小雅·小旻篇》'国虽靡止,或圣或否。民虽靡膴,或哲或谋,或肃或艾',毛传曰:'人有通圣者,有不能者,亦有明哲者，有聪谋者。'传以聪谋连文，犹《晋语》以聪敏连文。"① 是谋、敏相通之证。郑训敏为勉，即勤勉也。《论语·述而》："我非生而知之者，好古敏以求之者也。"刘宝楠《正义》："敏，勉也，言亹勉以求之也。"② 谋义为虑，为计。《说文》："谋，虑难曰谋。"《玉篇·言部》："谋，计也。"而无勤勉之义。此记敏是本字，谋是通假字，故郑不从或本。

60.《中庸》："故至诚无息，不息则久，久则征，征则悠远，悠远则博厚，博厚则高明。"郑注："征犹效验也。此言至诚之德既著于四方，其高厚日以广大也。征或为彻。"

征是端母，彻是透母，端透旁纽，故俞樾云："征、彻一声之转。"又云："《玉篇·水部》：'洴，水澄也。'澄与澂同。彻之为征，犹洴之为澂矣。"③ 又陈乔枞云："下文'杞不足征也'，注：'征犹明也。'《广雅·释诂四》：'征，明也。'《华严经音义》下引《国语》贾注：'彻，明也。'郑君释'久则征，征则悠远'曰：'此言至诚之德既著于四方。'著即明也。'效验'亦明著之义。"④ 而彻则无明义，乃通假字，故郑不从或本。

61.《表记》："文而静，宽而有辩。"郑注："静或为情。"

情的本义为感情、情欲。《说文》："情，人之阴气有欲者。"马叙伦云："以欲释情，古义尽然。"⑤ 情、静古音双声叠韵，皆从母耕部，唯声调不同，故二字可通。王念孙云："《逸周书·官人解》'情忠而宽'，《大戴礼》情作静。"⑥ 是其例也。又《广雅·释诂四》："情，静也。"《白虎通·情性篇》："情者，静也。"⑦ 是皆释其通假义也。情既为通假字，故郑不从或本。

62.《缁衣》："口费而烦，易出难悔，易以溺人。"郑注："费犹惠也……费或为哱，或为悖。"

哱同悖，《集韵·队韵》："誖，乱也。或从心、从口。"哱、悖与费古音叠韵，皆属物部；哱、悖是并母，费是滂母，并滂旁纽，故哱、悖与费音近

---

① 王引之：《经义述闻·尚书上》，《清经解》第6册，第795页。
② 见《诸子集成》第1册，第146页。
③ 俞樾：《礼记异文笺》，《清经解续编》第5册，第994页。
④ 陈乔枞：《礼记郑读考》，《清经解续编》第5册，第156页。
⑤ 转引自《古文字诂林》第8册，上海教育出版社，2003年，第945页。
⑥ 王念孙：《广雅疏证》，中华书局，1983年，第126页。
⑦ 《白虎通》卷3，《情性》，《百子全书》第6册，浙江人民出版社，1984年。

可通。王引之云："费从弗声，悖从孛声，古弗声、孛声之字往往相通。若孛星之字又作茀，大索之绋又作艴，勃然变色之勃又作艴，是也。《墨子·问篇》'岂不悖哉'，又曰'岂不弗哉'，弗即悖也。"① 此记之费，郑训惠，而悖、哱无惠义，是通假字也，故郑不从或本。

63.《深衣》："续衽，钩边。"郑注："续犹属也……续或为裕。"

续、裕古音叠韵，皆属屋部；续是邪母、裕是喻母，故二字音近可通：续是本字，裕是通假字。俞樾云："续与裕古音同在尤幽部……故（裕）得与续通。"② 陈乔枞云："裕字与续声近，古音同部者得相假借。"③ 裕既为通假字，故郑不从或本。

64.《深衣》："要缝半下。"郑注："要或为优。"

《说文》："要，身中也，象人要自臼之形。"按甲骨文、金文要字即象女子自臼其腰之形，后乃造腰字。要、优古音双声，都是影母；要属宵部，优属幽部，宵幽旁转，故二字音近可通。俞樾云："《诗·七月篇》：'四月秀葽'，《夏小正》四月言'秀幽'，幽即葽也。要之通优，犹葽之通幽，并一声之转。"优既为通假字，故郑不从或本。

65.《投壶》："薛令弟子辞曰：'毋怃，毋敖，毋偝立，毋逾言，若是者浮。'"郑注："浮，亦谓是也。《晏子春秋》曰：'酌者奉觞而进曰：君令浮！'……浮或作匏。"

郑训浮为是，并举《晏子春秋》为证。《说文》："匏，瓠也。从包，从夸声。包，取其可包藏物也。"然匏无是义。浮、匏古音双声叠韵，皆属并母幽部，唯声调不同，故二字可通：浮是本字，匏是通假字。《淮南子·说山训》："百人抗浮，不若一人挈而趋。"高诱注："浮，瓠也。"④ 瓠即匏。《诗·邶风·匏有苦叶》毛传"匏，瓠也"，是也。匏既为通假字，故郑不从或本。

66.《投壶》："薛令弟子辞曰：'毋怃，毋敖，毋偝立，毋逾言，若是者浮。'"郑注："浮，亦谓是也……浮或作符。"

郑训浮为是。符，《说文》训"信也"。浮、符古音双声，都是并母；浮

---

① 王引之：《经义述闻·礼记下》，《清经解》第6册，第902页。
② 俞樾：《礼记异文笺》，《清经解续编》第5册，第995页。
③ 陈乔枞：《礼记郑读考》，《清经解续编》第5册，第159页。
④ 见《诸子集成》第7册，第276页。

属幽部，符属侯部，幽侯旁转，故二字可通。朱骏声《定声》云："符，假借为浮。"此记浮是本字，符是通假字，故郑不从或本。

67.《大学》："《大甲》曰：'顾諟天之明命。'"郑注："顾，念也。諟犹正也……諟或为题。"

《说文》："諟，理也。"段注："理犹今人言是正也。"《广韵·纸韵》："諟，正也。"故郑训"諟犹正也"。或本諟为题者，諟、题古音叠韵，皆属支部；諟是禅母，题是定母，禅定准旁纽，故二字音近可通：諟是本字，题是通假字，故郑不从或本。

68.《大学》："一言偾事，一人定国。"郑注："偾犹覆败也……偾或为犇。"

《说文》无犇字。《玉篇·牛部》："犇，牛惊。"《广韵·魂韵》训同。引申为奔跑。《荀子·议兵》："劳苦烦辱则必犇。"杨倞注："犇与奔同。"① 然犇无败义。犇、偾古音双声叠韵，皆属帮母文部，唯声调不同，故犇可通偾。俞樾《礼记异文笺》引此记犇作奔，云："奔与偾通。《诗》'鹑之奔奔'，《礼记·表记》引作'鹑之贲贲'是也。"② 犇既是通假字，故郑不从或本。

69.《大学》："上恤孤而民不倍，是以君子有絜矩之道也。"郑注："矩或作巨。"

《说文》："巨，规矩也。从工，象手持之。榘，巨或从木、矢。"高鸿缙云："工象榘形，为最初文。自借为职工、百工之工，乃加画人形以持之作𢀓。后所加之人形变为夫，变为矢，流而为矩，省而为巨。后巨又借为巨细之巨，矩复加木旁作榘。而工与巨复因形歧而变其音，于是人莫知其朔矣。"③是工乃巨、矩的本原字，巨、矩皆后起区别字。后巨习用为巨细字，矩习用为规矩字，人们遂以巨为巨细字的本字，矩为规矩字的本字，而工反被认为是工匠字的本字，于是而莫知其原。此记郑盖以巨为矩之通假字，故不从或本。

70.《大学》："人之彦圣，其心好之，不啻若自其口出。"郑注："美士为彦……彦或作盘。"

---

① 见《诸子集成》第2册，第189页。
② 俞樾：《礼记异文笺》，《清经解续编》第5册，第996页。
③ 转引自《古文字诂林》第4册，上海教育出版社，2001年，第758页。

盘、彦叠韵，皆属元部，故可通。俞樾云："按彦与盘同部字。《士冠礼·记》注曰：'弁名出于槃。槃，大也，言所以自光大也。《广韵》：'彦，鱼变切。''弁，皮弁切。'然则彦之通作盘，犹弁之通作盘矣。"① 盘既为通假字，故郑不从或本。

71.《射义》："以燕以射，则燕则誉。"郑注："则燕则誉，言国安则有名誉。誉或为与。"

与是誉的同音通假字。《书·尧典》伯与，《汉书·古今人表》作柏誉，是其例。《广雅·释诂四》："与，誉也。"是释与之通假义也。与既为通假字，故郑不从或本。

72.《射义》："又使公罔之裘、序点扬觯而语。"郑注："序点或为徐点。"

徐、序古音同，皆属邪母鱼部，声调亦同，故可通；序是本字，徐是通假字。俞樾云："《尚书》叙字，《史记》皆作序，序之通作徐，犹序之通作叙。"②《诗·大雅·常武》："王舒保作。"毛传："舒，序也。"《释文》："舒，序也；一本作舒，徐也。"是皆通假之例。徐既为通假字，故郑不从或本。

二　二字义近从其义切者（7例）

73.《曲礼上》："敛发毋髢，冠毋免。"郑注："髢，髲也，毋垂余如髲也……髢或为肆。"

《说文》："鬄，髲也，从髟，易声。髢，鬄或从也声。"又云："髲，鬄也，从髟，皮声。"可见髢是鬄的或体，鬄、髢、髲三字同，皆谓假发。《释名·释首饰》："髲，被也。发少者得以被助其发也。"《仪礼·少牢馈食礼》："主妇被锡。"郑注："被锡读为髲鬄，古者或剔贱者刑者之发，以被妇人之纷为饰，因名髲鬄焉。"《诗·鄘风·君子偕老》："鬒发如云，不屑髢也。"郑笺："髢，髲也。"孔疏云："髢一名髲，故云'髢，髲也'。《说文》云：'髲，益发也。'言己发少，聚他人发益之。"益假发于首，而垂其余以为饰，

---

① 俞樾：《礼记异文笺》，《清经解续编》第5册，第996页。
② 同上。

故郑注释"敛发毋髢"云:"毋垂余如髢也。"故髢引申而有余义。肄亦有余义。《左传》襄公二十九年:"晋国不恤周宗之阙,而夏肄是屏。"杜注:"肄,余也。"《礼记·玉藻》:"肆束及带,勤者有事则收之,走则拥之。"郑注:"肆读为肄,肄,余也。"此经《释文》亦云:"肄,以二反,余也。"是与髢字之义相近。又髢字古音属定母歌部,肄属喻母物部,定喻准旁纽,歌物旁对转,是二字音亦相近。然以此记是说发之余,自以从髟之髢字之义为切,故郑不从或本作肄也。

74.《礼器》:"有以素为贵者……牺尊疏布鼏。"郑注:"鼏或作幂。"

《说文》:"鼏,鼎覆也。"(此据段注本)段注:"所以覆鼎,用茅为之。"引申之为凡覆盖之称。故此记孔疏云:"鼏,覆也。谓郊天时以粗布为巾以覆尊也。"又《说文》:"幂,帷在上曰幂,覆食案亦曰幂。"是鼏、幂二字义近,都有覆盖义。幂、鼏古音双声,都是明母;幂属铎部,鼏属锡部,铎锡旁转,故二字音亦相近。然幂之为覆,乃以帷幕,且所覆往往非一物;鼏之为覆,或以茅草,或以巾布,所覆或鼎或尊,多为一物,是二字义近而有别。此记乃覆尊,自以作鼏为义切,故郑不从或本。

75.《郊特牲》:"故既奠,然后焫萧合膻芗。"郑注:"奠或为荐。"

奠义为放置祭品。《说文》:"奠,置祭也。"此记之奠,谓祝酌酒放置在尸席前,正用奠字本义。荐的本义为兽所食之草。《说文》:"荐,兽所食草。"引申而有进献、陈设等义。《玉篇·艸部》:"荐,进献也。"《尔雅·释诂上》:"荐,陈也。"奠字古音属定母文部,荐属精母元部,定精舌音与齿音为邻纽,文元二部旁转,故二字音近。又《广雅·释言》:"奠,荐也。"是奠、荐二字义近。然荐无放置义,是此记以用奠字为义切,故郑不从或本。

76.《丧大记》:"宾出彻帷。"郑注:"君与大夫之礼也。士卒敛,即彻帷。彻或为废。"

彻字的本义即为撤除。甲骨文彻字即"象手持鬲之形,盖食毕而彻去之。……卒食之彻乃本义。(《说文》)训通者,借谊也。"[①] 引申之,则为凡撤除之称,故《仪礼》中凡撤除字皆作彻。《说文》:"废,屋顿也。"段注:"顿之言钝,谓屋钝置无居之者也。"引申为废弃。《论语·卫灵公》:"君子

---

① 此用罗振玉说,见《古文字诂林》第 3 册,上海教育出版社,2001 年,第 612 页。

不以言举人，不以言废人。"此记彻帷，犹废弃之不用也，故废与彻义近，然无彻字之义切也，故郑不从或本。

77.《表记》："君子庄敬日强，安肆日偷。"郑注："肆犹放恣也。偷犹苟且也。肆或为褻。"

褻有轻慢不恭之义。《广雅·释言》："褻，狎也。"此记下文曰："无辞不相接也，无礼不相见也，欲民之毋相褻也。"此褻即谓轻慢无礼。轻慢无礼则近于放恣，是褻与肆义近。然放恣义则无肆字之义切，故郑不从或本。

78.《大学》："致知在格物。"郑注："格，来也。物犹事也。……此致或为至。"

至、致义通，皆有到来义，故古籍每通用。《广雅·释诂一》："致，至也。"《礼记·中庸》"其次致曲"，郑注："致，至也。"《论语·子张》"君子学以致其道"，邢疏云："致，至也。"此致通至之例也。《墨子·非儒下》："孔子所行，心术所至也。"①《韩非子·说疑》："谄谀之臣，唯圣王知之，而乱主近之，故至身死国亡。"② 是则至通致之例也。至、致虽义通，而实有别焉。至是不及物动词，而致是及物动词。故致之为到来，是使来、招来、引来之义。《汉书·公孙弘传》："致利除害。"颜注："致，谓引而至也。"颜说甚确。此记之致亦与之同。故郑不从或本也。

79.《聘义》："君子比德于玉焉：温润而泽，仁也。"郑注："色柔温润，似仁也。润或为濡。"

润、濡皆有湿义。《广雅·释诂一》："润，湿也。"《集韵·虞韵》："濡，霑湿也。"然润有润泽、光泽义。《广韵·稕韵》："润，润泽也。"而濡则无此义，是二字义近而有别也。此记云君子比德于玉，"温润而泽"，自当以润字之义为切，故郑不从或本。

三 二字皆可用而择其名实俱切者（3例）

80.《礼器》："故鲁人将有事于上帝，必先有事于頖宫。"郑注："先有

---

① 见《诸子集成》第4册，第188页。
② 见《诸子集成》第5册，第310页。

事于頖宫，告后稷也。……頖宫（宫字据阮校补），郊之学也，《诗》所谓頖宫也。字或为郊宫。"

《礼记·王制》："天子命之教，然后为学。小学在公宫南之左，大学在郊。天子曰辟廱，诸侯曰頖宫。"是頖宫即诸侯之大学名，设之于郊，故郑注云："頖宫，郊之学也。"陈乔枞云："頖宫为郊之学，故亦称郊宫。"[①]是或本作郊宫，异名而同实也。然郑盖以诸侯大学之正名当云頖宫，《王制》郑注云："頖之言班也，所以班政教也。"是頖宫之名义所由出也。故诸侯大学之名，当以作頖宫为切，故不从或本也。

81.《郊特牲》："明水、涗齐，贵新也。"郑注："涗犹清也，五齐浊，汰之使清，谓之涗齐……或为氾齐。"

按《周礼·天官·酒正》云："辨五齐之名：一曰泛齐，二曰醴齐，三曰盎齐，四曰缇齐，五曰沈齐。"泛、氾字同。此记之氾齐，即《酒正》之泛齐。彼郑注云："自醴以上尤浊，缩酌者。盎以下差清。"故泛、醴二齐必汰之以茅，即所谓"缩酌"，而后始清。而自盎齐以下之三齐，只用涗酌即可。故《春官·司尊彝》"盎齐涗酌"下郑注云："盎齐差清，和以清酒，汰之而已。"即所谓涗酌也。涗酌所用之清酒，即此记所谓明水也。此记之涗齐，即谓盎齐以下用清酒（明水）涗酌者。若如或本涗齐为氾齐，则为浊酒，当以茅缩酌之，而非"明水、涗齐"矣，是不同物也。故作氾齐，则名实不符，故郑不从。

82.《坊祭》："小敛于户内，大敛于阼。"郑注："阼或为堂。"

《仪礼·士丧礼》记大敛之礼曰："布席如初。商祝布绞、紟、衾、衣，美者在外。君襚不倒。有大夫则告。士举迁尸，复位。主人踊无算。卒敛，彻帷。主人冯如初，主妇亦如之。"郑玄于"布席如初"下注云："亦下莞上簟，铺于阼阶上，于楹间为少南。"《既夕礼·记》曰："大敛于阼。"即此记所本也。所谓于阼，即郑注所云"铺（席）于阼阶上，于楹间为少南"之处，即在堂上稍偏东南处，统言之则亦堂上也，故或本言"大敛于堂"亦不误，然无"大敛于阼"之确也，故郑不从或本。

[①] 陈乔枞：《礼记郑读考》，《清经解续编》第5册，第134页。

四　从通假字而不从通假字之通假字(4例)

83.《少仪》："介爵、酢爵、僎爵，皆居右。"郑注："古文《礼》僎作遵，遵为乡人为卿大夫来观礼者……僎或为驯。"

按"僎或为驯"，驯字《注疏》本误作驺，据阮校改。《仪礼·乡饮酒礼》："遵者降席。"郑注："遵者，谓此乡人仕至大夫者也，今来助主人乐宾，主人所荣而遵法者也，因以为名。"亦即此记郑注所谓"遵为乡人为卿大夫来观礼者"。是当以作遵为正字。今文僎则是遵的音近通假字。俞樾云："《史记·周本纪》：'遵修其绪。'徐广曰：'遵一作僎。'此遵与僎通之例也。"① 或本作驯者，驯、僎古音叠韵，皆属文部；驯是邪母，僎是床母，邪床准旁纽，故二字亦音近可通，是驯又僎之通假字，则义迂远矣。故郑宁从通假字僎，而不从或本通假字之通假字。

84.《祭义》："其气发扬于上，为昭明，焄蒿，悽怆，此百物之精也，神之著也。"郑注："蒿谓气烝出貌也……蒿或为薫。"

郑训蒿为"气烝出貌"，则为歊的通假字。《说文》："歊，歊歊，气出皃。"朱骏声云："蒿，假借为歊。"蒿、歊古音同，皆属晓母宵部，声调亦同，故二字可通。薫是一种豆名。《说文》："薫，鹿藿也。"亦为草名。《玉篇·艸部》："薫，蒯属，可为席。"薫古音亦属宵部，与蒿叠韵，故二字可通。可见，蒿是歊的通假字，而或本薫又是蒿的通假字，义转迂矣。故郑从通假字，而不从或本通假字之通假字。

85.《中庸》："夫焉有所倚？肫肫其仁！渊渊其渊！浩浩其天！"郑注："肫肫读如'诲尔忳忳'之忳。忳忳，恳诚貌也。肫肫或为纯纯。"

郑以肫为忳的通假字，故曰"肫肫读如'诲尔忳忳'之忳"。而忳同谆。《集韵·谆部》："谆，《说文》：'告晓之孰也。'一曰诚恳皃。或作忳。"纯则又肫的通假字。俞樾云："《士昏礼》'腊一肫'，注：'肫，或作纯。'《少牢馈食礼》作'腊一纯'。是纯与肫通。"② 是或本纯又通假字肫的通假字，故郑不从。

---

① 俞樾：《礼记异文笺》，《清经解续编》第5册，第992页。
② 同上书，第994页。

86.《服问》:"唯公门有税齐衰。"郑注:"税犹免也。古者说或作税。"

按陈乔枞校曰,此注"古者说或作税",当作"古文税或作说",① 是也。说的本义为谈说。《说文》:"说,说释也,从言兑。一曰谈说。"杨树达曰:"谈说乃造文之始义,许以说释(悦怿)为正义,殆非也……谈说者,说之始义也。由谈说引申为说释之说,又引申为悦怿之悦。许君以引义为正义,失其次矣。"② 说借为解脱字,经传多用之。《易·蒙》初六:"利用刑人,用说桎梏。"《诗·大雅·瞻卬》:"此宜无罪,女反收之;彼宜有罪,女覆说之。"《左传》僖公十五年:"车说其輹,火焚其旗,不利行师。"是皆假说为脱之例。而税则又说之借字,此记是也。胡承珙据此注"古者税或作说"曰:"此则又古文(说)之假借者矣。"③ 是税乃通假字说之通假字,故郑不从或本。

五　从通假字而不从义近字(1例)

87.《大学》:"一人贪戾,一国作乱:其机如此。"郑注:"戾之言利也。……戾或为吝。"

此记戾是利的通假字。朱骏声《定声》云:"戾,假借为利。"故郑训戾为利。或本作吝者,吝义为吝啬、贪吝,与贪戾(利)义近,是于此记亦可用。然郑以为贪戾(利)于此记文意为尤切,故宁从通假字而不从或本也。

六　二字义同从其习用者(5例)

88.《曲礼上》:"龟为卜,筴为筮。"郑注:"筴或为蓍。"

筴(同策)即用以占筮的蓍草,因蓍草的一根叫一筴,故即以筴名之。《仪礼·士冠礼》:"筮人执筴抽上韇,兼执之,进受命于主人。"此所谓筴,皆谓蓍草。《月令·孟冬之月》:"是月也,命大史衅龟、筴。"郑注:"筴,蓍也。"《少仪》:"筴、籥,其执之皆尚左手。"郑注亦曰:"筴,蓍也。"是筴、蓍义同,且皆可用。盖以礼书习用筴字,如《仪礼》及《周礼》中皆用

---

① 陈乔枞:《礼记郑读考》,《清经解续编》第5册,第159页。
② 转引自《古文字诂林》第3册,第29页。
③ 胡承珙:《仪礼古今文疏义》,《清经解续编》第2册,第1122页。

筴而不用蓍，《礼记》中筴字7见（《曲礼上、下》各2，《月令》1，《少仪》2），而蓍字仅2见（《礼运》、《中庸》各1），故郑从习用之字，而不从或本蓍字。

89.《丧大记》："祥而外无哭者，禫而内无哭者，乐作矣故也。"郑注："禫或皆作道。"

禫、道古音双声，都是定母，故二字可通。《仪礼·士虞礼》："中月而禫。"注云："古文禫或为导。"按导、道本一字，甲骨文、金文皆作道。高鸿缙云："道字初意为引道。"① 后乃加寸旁为导。商承祚云："道，据形则是导之古文。《左传》隐五年：'请君释憾于宋，敝邑为道。'不从寸。桂馥《说文义证》谓《寸部》导为后人所增，其说近是。"② 胡承珙云："《说文》三言导服。《穴部》'突'字下云：'突，深也。一曰灶突。从穴、火、求省。读若《礼》三年导服之导。'段玉裁曰：'导服者，导凶之吉也。许从古文不录今文禫字。《示部》有禫字，疑是后人增益。'今案经典相承皆作禫，无作导者，故郑从今文。"③ 是禫服，古亦作导服。可见此记道、禫二字皆可用，然以经典习用禫字，故郑不从或本。

90.《中庸》："辟如天地之无不持载、无不覆帱。"郑注："帱谓覆也……帱或作焘。"

郑训帱为覆，而焘亦覆也。《说文》："焘，溥覆照也。"是二字义同。又帱、焘古音双声叠韵，皆属定母幽部，唯声调不同，是二字音亦相近。故二字古每通用。陈乔枞云："《左》襄二十九年《传》：'如天之无不帱也。'《史记·吴太伯世家》作焘。《逸周书·作雒解》：'焘以横土。'注：'焘，覆也。'《后汉书·朱穆传》：'故夫天不崇不大则覆帱不广。'注云：'帱亦覆。帱与焘同。'《公羊》文十三年传：'鲁成公焘。'注：'焘者，冒也。'冒即覆之义。"是帱、焘二字于此记皆可用，然郑不从或本者，盖如王力所说"经传多作帱"④ 故也。

91.《深衣》："负绳抱方者，以直其政，方其义也。"郑注："政或

---

① 转引自《古文字诂林》第3册，第457页。
② 同上。
③ 胡承珙：《仪礼古今文疏义》，《清经解续编》第2册，第1148页。
④ 见《王力古汉语字典》第672页"焘"字注。

为正。"

正是政的本原字，政是正的区别字。《说文》："正，是也。"《诗·曹风·鸤鸠》："正是四国。"毛传："正，是也。"引申为政治。《书·微子》："殷其弗或乱正四方。"孙星衍注："史迁作'殷其不有治政，不治四方'。"孙氏疏云："史迁正作政者，《广雅·释诂》云：'政，正也。'是政与正通。"① 《汉书·陆贾传》："秦失其正，诸侯豪杰并起。"颜注："正，亦政也。"后乃造区别字政字，以专司政治义。而正字亦每通用，此记之或本是其例。然政字既出，即渐为人们所习用而易晓，故郑不从或本。

92.《射义》："幼壮孝弟，耆耋好礼。"郑注："壮或为将。"

将、壮古音叠韵，皆属阳部；将是精母，壮是庄母，精庄准双声，故将、壮音近。将亦有壮义。《诗·小雅·北山》："嘉我未老，鲜我方将。"毛传："将，壮也。"《方言》卷1："将，大也。秦晋之间凡人之大谓之奘，或谓壮；燕之北鄙，齐楚之郊或曰京，或曰将，皆古今语也。"② 是将与壮义亦相同。然强壮义以壮字为习用易晓，用将字则罕见，故郑不从或本。

七　从习用之通假字而不从本字(2例)

93.《曲礼下》："不敢与世子同名。"郑注："世或为大。"

或本大即太，古大、太通用。世子即太子。世、太古音叠韵，皆属月部；世是审母，太是透母，审透准旁纽，故二字音近可通：太是本字，世是通假字。《公羊传》文公十三年："世室屋坏。"《释文》："世室，二《传》作太室。"王国维云："太室之太……又谓之世室，世亦大也，古者太大同字，世太为通用字。故《春秋》经之世子，《传》作太子。《论语》之世叔，《左氏传》作太叔。又如伯父之称世父，皆以大为义。故《书·洛诰》、《礼记·月令》、《春秋·左氏》、《穀梁传》之太室，《考工记》、《明堂位》、《公羊传》并称世室。"③ 然此记郑从通假字用世字而不从或本用本字大者，盖以礼书习用世字故也。如《周礼》中世子凡14见，而大子唯《夏官·诸子》1见；

---

① 孙星衍：《尚书今古文注疏》上册，中华书局，1986年，第255页。
② 扬雄：《方言》，《百子全书》第2册。
③ 王国维：《明堂寝庙通考》，《观堂集林》第1册，中华书局，1959年，第131—132页。

《仪礼》中世子《聘礼》1见,而大子则无;《礼记》中世子39见(其中《文王世子》即多达24见),而大子仅8见。郑据习用者而从之,故从通假字而不从或本之本字。

94.《乡饮酒义》:"西方者秋,秋之为言愁也,愁之以时察,守义者也。"郑注:"察犹察察,严杀之貌也……察或为杀。"

按"严杀之貌也",《注疏》本原脱杀字,据阮校补。察是杀的通假字。朱骏声《定声》云:"察,假借为杀。"并举此记为例。察、杀古音叠韵,皆属月部;察是初母,杀是山母,初山旁纽,故察可通杀。是此记或本用本字,而郑从通假字者,盖以严杀之义古籍习假察字故也。如《老子·异俗第二十》:"俗人察察。"注云:"察察,急且疾也。"①《汉书·食货志下》:"吏益惨急而法令察。"颜注:"察,微视也。"微视即用法刻深之义。此皆严杀之义也。故郑从习用之通假字,而不从或本用本字。

八 相沿用久之字则亦沿用而不改(1例)

95.《檀弓上》:"童子曰:'华而睆,大夫之箦与?'"郑注:"说者以睆为刮节目,字或为刮。"

《说文》睆是睅的重文,云:"睅,大目也,从目,旱声。睆,睅或从完。"是睆无刮义。睆盖捖之借字。《集韵·鳏韵》:"捖,摩治玉也。"《周礼·考工记》"刮摩之工五",郑注:"故书刮作捖。郑司农云:'捖摩之工谓玉工也。捖读为刮,其事亦是也。'"睆、捖皆从完声,故可通。故郑云"说者以睆为刮节目",是说者借睆为刮也。"字或为刮者",是或本用本字也。然郑从通假字者,盖记文相沿用睆字,故郑亦沿之而不改,只于注中存或本本字,是其慎也。

九 据文意以决不从或本(20例)

96.《曲礼上》:"宦学事师,非礼不亲。"郑注:"学或为御。"

---

① 此据河上公注本《老子道德经》,见《四库全书·子部·道家类》。

学、御绝然二字。据甲骨文、金文,御的本义为迓。① 《诗·召南·鹊巢》:"之子于归,百两御之。"《穀梁传》成公元年:"齐使秃者御秃者,使眇者御眇者,使跛者御跛者,使偻者御偻者。"皆用其本义也。御引申而有侍义。《小尔雅·广言》:"御,侍也。"②《尚书·五子之歌》:"厥弟五人,御其母以从。"伪孔传:"御,侍也。"《商君书·更法》:"公孙鞅、甘龙、杜挚三大夫御于君。"高亨注:"《小尔雅·广言》:'御,侍也。'即侍候。"③《战国策·齐策一》:"于是舍上之舍,令长子御,旦暮进食。"高诱注:"御,侍也。"④ 此记御字即此义也。是用御字之本,别为一义。⑤ 然此记郑注云:"宧,仕也。"若与御连文而改此句为"宧御事师",则不辞矣。故俞樾云:"宧字郑训为仕,若与御连文,则不当训仕宧也。"⑥ 是或本学字为御,不合于郑所理解的文意,故郑不从。

97.《曲礼下》:"苞屦、扱衽、厌冠,不入公门。"郑注:"苞,藨也。齐衰藨蒯之菲也。……苞或为菲。"

孔疏:"苞屦,谓藨蒯之草为齐衰之丧屦。"菲是扉的通假字,谓草鞋。《仪礼·丧服》:"菅屦者,菅菲也。"胡培翚《正义》云:"周公时谓之屦,后世或谓丧屦为菲。……菲者,扉之假借字。"⑦《杂记下》:"童子哭不偯,不踊,不杖,不菲,不庐。"不菲,《释文》作不扉,云"本又作菲"。此记"苞屦"若如或本作"菲屦",则不明其为藨蒯之草所为之屦也,是文意不备,故郑不从或本。

98.《檀弓上》:"棺束,缩二,横三,衽每束一。"郑注:"衽,今小要。衽或作漆。"

衽即小腰,是木制的固定棺盖与棺身之物。古以皮条束棺,而于每当束处则设一衽,即所谓"衽每束一"也。若如或本易衽为漆,则义异矣,似谓每当束处施之以漆,而不见衽矣。是不合于文意,故郑不从或本。

---

① 此用闻宥及李孝定说,见《古文字诂林》第2册,第518、523页。
② 见胡承珙《小尔雅义证》,《小学名著六种》本,中华书局1998年影印。
③ 高亨注译本《商君书》,中华书局,1974年,第13页。
④ 《战国策》上册,上海古籍出版社,1985年,第309页。
⑤ 参见俞樾说,详《礼记异文笺》"宧学事师"条,《清经解续编》第5册,第988页。
⑥ 同上。
⑦ 胡培翚:《仪礼正义》卷21,《清经解续编》第3册,第685页。

99.《檀弓上》:"棺束,缩二,横三,衽每束一。"郑注:"衽,今小要。衽或作髹。"

髹同髤,漆也,是一种赤黑色的漆。《玉篇·髟部》:"髹,赤黑漆也。髤,同髹。"

按郑既不从作漆之本,故亦不从作髹之本。

100.《王制》:"制农田百亩。百亩之分,上农夫食九人,其次食八人,其次食七人,其次食六人,下农夫食五人。庶人在官者,其禄以是为差也。"郑注:"农夫亦受田于公,田肥墝有五等(田字原误作曰,据阮校改),收入不同也。……分或为粪。"

按此或本异文、异义也,郑录而存之。百亩之分,谓土地有肥墝及可食人多少之分别。百亩之粪,则谓粪种培溉之有异,因而有收获多少之不同。《周礼·地官·草人》云:"凡粪种,骍刚用牛,赤缇用羊,坟壤用麋,渴泽用鹿,咸潟用貆,勃壤用狐,埴垆用豕,彊㯺用蕡,轻爂用犬。"是粪种之义也。《孟子·万章下》所谓"百亩之田,加之以粪",即与此义同。郑盖以用分字对于说明土地好坏和收获多少的差别更为明晰,于此记之意更为贴切,故存或本异文不用也。

101.《王制》:"凡制五刑,必即天论。"郑注:"必即天论,言与天意合。……即或为则。"

《说文》:"即,即食也。"即食即就食,甲骨文、金文即字象人就食之形。引申而有迎合、符合之义。《韩非子·孤愤》:"若夫即主心同乎好恶,固其所自进也。"陈奇猷注云:"即谓同主之好恶以进身也。"[1] 同主之好恶,即迎合、符合于主之好恶也。此记郑注亦训"即天论"为"与天意合"。而则的本义为法则(此据《王力古汉语字典》),引申为效法。是或本作则,意为效法于天,亦通。然郑盖以此记用即字,于文意为切,故不从或本异文也。或以为即、则二字古同音,则是即的通假字。如俞樾举例云:"《诗·终风篇》'愿言则嚏',《群经音义》引作'愿言即嚏'。"[2] 是二字相通之例。此记即是本字,则是通假字,故郑不从或本异文,说亦通。

---

[1] 《韩非子集释》上册,陈奇猷校注本,上海人民出版社,1974年,第212页。
[2] 俞樾:《礼记异文笺》,《清经解续编》第5册,第990页。

102.《月令》："固封疆，备边竟，完要塞，谨关梁，塞徯径。"郑注："固封疆，谓使有司循其沟树及其众庶之守法也。……今《月令》疆或为玺。"

此或本异文、异义也。陈乔枞云："《吕氏春秋》、《淮南子》均作固封玺，与今《月令》文同。高诱注：'玺读曰移徙之徙，封玺，封印也……'郑释'固封疆'谓'使有司循其沟树及其众庶之守法也'，与下文'备边竟，完要塞'为类。高释'固封玺'谓固印封，又与上文'脩键闭，慎管钥'为类。义各有当也。"①按郑盖据下文"备边竟，完要塞，谨关梁，塞徯径"以推之，当作"固封疆"为是，故不从或本异文。

103.《内则》："将御者……拂髦，衿缨，綦屦。"郑注："其往如朝也。……拂髦，或为缪髦也。"

按此记上文"子事父母，鸡初鸣，咸盥漱，栉，縰，笄，总，拂髦"，郑注云："拂髦，振去尘著之。髦用发为之，象幼时鬌，其制未闻。"是拂髦谓振去尘而著之于首也。作缪髦则义异矣。《说文》："缪，枲十絜也。"于此记之义无涉。缪通缪，绞缠也。朱骏声《定声》云："缪，假借为缪。"《玉篇·手部》"缪"下曰："绞也。《丧服传》曰：'殇之绖不缪垂。'不绞其带之垂者。"是缪髦谓将髦发缠结起来，则与郑所理解的此记之文意不合，故郑不从或本异文。

104.《玉藻》："君子之饮酒也，受一爵而色洒如也。"郑注："洒如，肃敬貌。洒或为察。"

郑训洒为肃敬貌。察则无敬义。此记《释文》云："王肃作察，云明貌也。"是别为一义。王肃好与郑玄立异，故从或本。郑意此记谓君子饮酒知礼，受一爵而容色肃敬洒如。如从或本，而据王肃训察为明，谓"受一爵而色明"，则不辞矣，故郑不从或本。

105.《学记》："今之教者，呻其占毕，多其讯。"郑注："呻，吟也。占，视也。简谓之毕……呻或为慕。"

此异文、异义也。孔疏释此记曰："言今之师，不晓经义也，但诈吟长咏以视篇简而已。……既自不晓义理，而外不肯默然，故假作问难，诈了多疑，

---

① 陈乔枞：《礼记郑读考》，《清经解续编》第5册，第130页。

言若己有见之然也。"是皆批评讽刺"今师"之言。若改呻为慕，《说文》"慕，习也"，谓学习其所视之篇简，则无批评讽刺之意，故郑不从或本。

106.《学记》："今之教者，呻其占毕，多其讯。"郑注："讯或为訾。"

《说文》："讯，问也。"是此记所取义。訾则无讯问义。《说文》："訾，不思称意也。"引申为诋毁、指责，亦与此记义无涉，故郑不从或本异文。

107.《乐记》："宽裕、肉好、顺成、和动之音作，而民慈爱。"郑注："肉或为润。"

肉好谓璧。璧之圆边谓之肉，璧中之圆孔谓之好，故璧名肉好。《尔雅·释器》："肉倍好谓之璧，好倍肉谓之瑗。"此记则借璧以喻音。孙希旦云："肉好，以璧之肉好喻音之圆转而润泽也。"① 若易肉为润，润好则非璧，是径谓音之润泽而好，义虽不异，而不合此记文意，故郑不从或本。

108.《乐记》："然后圣人作为鼗鼓椌楬埙篪，此六者，德音之音也。"郑注："埙、篪或为簨、虡。"

埙、篪与簨、虡不同物。埙是古代的陶制吹奏乐器，篪是似笛的竹制管乐器。簨、虡则是悬挂钟、磬的架子，其横曰簨，直曰虡，而非乐器。此记记圣人所作之鼗鼓椌楬埙篪六者，都是可以演奏发音的乐器，故云"此六者，德音之音也"。若簨、虡则不可发音，非"德音之音"也。故陈乔枞云："簨、虡既非有音之器，不得言'德音之音'。又下文云'然后钟磬竽瑟以和之，干戚旄狄以舞之'，是簨、虡已赅在钟磬中，则不得先与鼗鼓椌楬别言之，故郑不从也。"② 是亦据文意以决不从或本。

109.《丧大记》："君吊，则复殡服。"郑注："复，反也。反其未殡、未成服之服，新君事也。……复或为服。"

郑注谓"复，反也。反其未殡、未成服之服，新君事也。"是其义甚明，谓既殡成服后而君来吊，则当复反其未成服之服，意在"新君事"，以示尊君。若易复为服，此服为动词，谓穿殡时之服，亦即未成服时之服，义虽不异，然为尊君而"新君事"之义则无从体现，故郑不从或本。

110.《祭义》："飨者，乡也，乡之然后能飨焉。"郑注："言中心乡之，

---

① 孙希旦：《礼记集解》下册，中华书局，1989年，第999页。
② 陈乔枞：《礼记郑读考》，《清经解续编》第5册，第146页。

乃能使其祭见飨也。上飨或为相。"

注谓此记"飨者，乡也"之飨，或本作相。按飨通享，义为祭献。《说文》"飨"下段注云："享，享献也。《左传》作享为正字，《周礼》、《礼记》作飨为同音假借字……《毛诗》之例，凡献于上曰享，凡食其献曰飨。《左传》用字正同。"此记之乡通向，"飨者，乡也"者，即郑注所谓"中心乡（向往）之，乃能使其祭见飨也"。若如或本易飨为相，《说文》："相，省视也。"无享献之义，则非祭神之事，则下文"乡也，乡之然后能飨焉"之义亦无由而发，是与此记文意不合，故郑不从或本。

111.《表记》："故君使其臣，得志则慎虑而从之，否则孰虑而从之，终事而退，臣之厚也。"郑注："终事而退，非己志者，事成则去也。事或为身。"

郑释"终事而退"为"事成则去"，是训终为成也。若依或本事为身，则记文为"终身而退"，非郑所理解的文意，故郑不从或本。

112.《缁衣》："爵无及恶德民，立而正事。纯而祭祀，是为不敬。事烦则乱，事神则难。"郑注："纯犹皆也……事皆如是而以祭祀，是不敬鬼神也……纯或为烦。"

孔疏释郑此注云："纯而祭祀者，纯，皆也。言若爵此恶德之人，则立以为正事，在下必学之。若每事皆爵此恶德之人而以祭祀，是不敬鬼神也。"若如或本，易纯为烦，改记文为"烦而祭祀"，则别为一义，谓烦乱之祭，"是为不敬"，则与郑所理解之文意不合。且此记下文曰："事烦则乱，事神则难。"是易纯为烦，则又与下文之义复，故郑不从或本。

113.《问丧》："成圹而归，不敢入处室，居于依庐，哀亲之在外也。寝苫枕块，哀亲之在土也。"郑注："言亲在外在土，孝子不忍反室自安也。入处室或为入宫。"

是或本"不敢入处室"作"不敢入宫"。按宫、室义同。《说文》："宫。室也。"《尔雅·释宫》："宫谓之室，室谓之宫。"是宫、室二字本可互易。然或本无处字。处谓居处。《说文》："处，止也。"徐锴《系传》："《诗》曰：'爰居爰处。'以为居者定居，处者暂止而已。"[1] 是无处字，则不敢入居

---

[1] 徐锴：《说文解字系传》，中华书局，1987年，第271页。

于室之义不明,故郑不从或本。

114.《儒行》:"不祈多积,多文以为富。"郑注:"积或为货。"

《说文》:"积,聚也。"然积之为聚,侧重于米粟薪柴之类,故段注云:"禾与粟皆得称积。"《周礼·天官·宰夫》:"掌其牢礼、委积。"郑注:"委积,谓牢米薪刍。"又《说文》:"货,财也。"然货之为财,侧重于金玉布帛之属。《玉篇·贝部》:"货,金玉曰货。"《书·洪范》:"八政,一曰食,二曰货。"孔疏:"货者,金玉布帛之总名。"按此节上文曰:"儒有不宝金玉,而忠信以为宝。"则此处"不祈多积"若如或本易之为"不祈多货",是与上"不宝金玉"之义复矣,故郑不从或本。

115.《射义》:"《诗》云:'发彼有的,以祈尔爵。'祈,求也,求中以辞爵也。"郑注:"尔或为有。"

所引诗出《小雅·宾之初筵》。据记意,"以祈尔爵",谓求射中而辞尔之爵不饮。若如或本改尔为有,为"以祈有爵",则意正相反:非求辞爵不饮,而是求饮尔爵。是或本与记意不合,故郑不从也。按此诗"以祈尔爵",《毛诗》与三家今文《诗》同,故陈乔枞疑或本"有"是误字,谓"盖涉上句'发彼有的'而误耳"。[①] 是亦可备一说。

一〇 据礼制以决不从或本(6例)

116.《丧服小记》:"君吊,虽不当免时也,主人必免,不散麻。虽异国之君,免也,亲者皆免。"郑注:"异国之君,免,或为吊。"

由此记上文可知,此节是记丧礼在什么情况下丧家主人当著免。情况之一是诸侯国君来吊,虽不当著免时,主人也必著免。即使是异国之国君来吊,主人及亲属也当著免。此记"虽异国之君",君下省吊字,因上文有"君吊",是本国之君吊,则此"异国之君"下虽不言吊而意自明也。若改免为吊,则记文当读为"虽异国之君吊,亲者皆免",则使人疑主人可不免矣,是不合于丧礼,故郑不从或本。

117.《丧大记》:"君吊,见尸柩而踊。"郑注:"涂之后,虽往不踊也。

[①] 陈乔枞:《礼记郑读考》,《清经解续编》第5册,第162页。

踊或为哭。"

踊者痛之极也，踊必先哭。《仪礼·士丧礼》云："君若有赐焉，则视敛……君哭。主人哭拜稽颡，成踊，出。"若易踊为哭，则不见踊，不合于君之吊礼，故郑不从或本。

118.《丧大记》："凡封，用绋，去碑负引。君封以衡，大夫、士以咸。君命毋哗，以鼓封。"郑注："封，《周礼》作窆。窆，下棺也。此封或作敛……然则棺之入坎为敛，与敛尸相似，记时同之耳。"

按据郑注，此敛为大敛，大敛而后殡之于堂之西阶上。《仪礼·士丧礼》："掘肂见衽。"郑注："肂，埋棺之坎者也，掘之于西阶上。"所谓埋棺之坎，即殡棺之坎也。故此记郑注云"棺之入坎为敛，与敛尸相似"。大敛毕随即入坎而殡之，故郑注又云"记时同之耳"。是敛为大敛殡棺之事，而非葬时下棺入圹之封事。是或本作敛，则混淆丧礼之名实，故郑不从或本。

119.《深衣》："袂之长短，反诎之及肘。"郑注："袂属服于衣，诎而至肘，当臂中为节，臂骨上下各尺二寸，则袂肘以前尺二寸。肘或为腕。"

按"袂之长短，反诎之及肘"者，诎，通"屈"。据郑注，臂骨上下各长尺二寸，则袂之肘以前长尺二寸，则肘以后亦长尺二寸可知。可见，臂之上下骨长总为二尺四寸，袂长亦然，而肘当臂之中，故将袂从袖口反折至腋，正好与腋至肘的长度相等，即所谓"反诎及肘"也。若如或本作"反诎之及腕"，则不合深衣袂长之制矣，故郑不从或本。

120.《乡饮酒义》："一人扬觯，乃立司正焉，知其能和乐而不流也。"郑注："一人，或为二人。"

按据《仪礼·乡饮酒礼》，是先记"一人洗，升，举觯于宾"，以为旅酬礼发端，即此记所谓"一人扬觯"；再记工入，演奏音乐；然后记"作相为司正"，即此记所谓"立司正"，以监督行旅酬礼。旅酬礼毕，方"命二人举觯于宾、介"，以为行无算爵发端。故此记当以作"一人扬觯"为是。或本作"二人"，则与乡饮酒礼不合，故郑不从或本。

121.《丧服四制》："秃者不髽。伛者不袒。跛者不踊。老病不止酒肉。"郑注："髽，妇人也。男子免而妇人髽。髽或为免。"

按郑云"男子免而妇人髽"，则此"秃者不髽"当指妇人。据《仪礼·士丧礼》，小敛之后，"主人括发袒，众主人免于房。妇人髽于室。"是小敛后妇人当髽。髽谓以麻束发髻，即所谓露紒。《士丧礼》郑注云："髽，露紒也，犹男子之括发。斩衰括发以麻，则髽亦用麻。"然如果某妇人是秃者，则可不髽矣，礼不强人之所不能为也。但若如或本作"秃者不免"，似乎妇人非秃者则当免，则与礼制不合矣，故郑不从或本。

一一　据事理以决不从或本（2 例）

122.《檀弓下》："叔仲衍以告。"郑注："衍，盖皮之弟。衍或为皮。"

是或本作"叔仲皮以告"也。按此记上文云："叔仲皮死，其妻鲁人也，衣衰而缪绖。"然后接以"叔仲衍以告"之文。是叔仲皮已死矣，何得又言其"以告"？显然不合事理，故郑不从或本。

123.《郊特牲》："天子存二代之后，犹尊贤也。尊贤不过二代。"郑注："过之，远难法也。二或为三。"

孔疏释郑注云："尊贤不过二代者，所以尊贤之事，取其法象。但代异时移，今古不一，若皆法象先代，今则不可尽行，故所尊之贤，不过取二代而已。若过之，远难为法也。"按"三代"之说，乃或本异文、异义，郑以作"三代"不合于事理，故不从，仅录而存之也。

一二　据文例以决不从或本（1 例）

124.《射义》："好学不倦，好礼不变，旄期称道不乱。"郑注："旄期或为旄勤。"

按此异文、异义也。旄期，郑注："八十、九十曰旄，百年曰期颐。"是皆就高寿之年而言。旄勤，则谓旄年而犹勤于道，虽义亦可通，然郑盖以上文"幼壮孝弟，耆耋好礼"，皆以表年龄之字两两并言，此亦不当有异，故不从或本作旄勤。

一三　据古人语言习惯以决不从或本（1 例）

125.《曲礼下》："君使士射，不能，则辞以疾，言曰：'某有负薪之憂。'"郑注："忧或为疾。"

《说文》："疾，病也。"忧亦病也。陈乔枞云："案忧、疾义同。《集韵》：'忧，通作慢。'《楚词·抽思》曰：'伤余心之懮懮。'王逸注云：'懮，病貌。'《孟子·公孙丑下》：'有采薪之忧。'赵岐注：'忧，病也。'"① 是忧、疾义同。然郑从忧而不从疾者，盖言疾则过于质白，不合于古人委婉蕴藉之旨。而忧之本义为忧愁，《王力古汉语字典》即以忧虑、忧伤为忧字的第一义项。《尔雅·释诂下》："忧，思也。"邢疏云："忧者，愁思也。"《玉篇·心部》："忧，愁也。"引申为忧患。《国语·晋语》："且唯圣人能无外患，又无内忧。"又引申而有疾病义，如上引陈乔枞说是也。是忧之为疾，义较含蓄委婉，甚合古代士大夫阶级的语言表达习惯。且士不能与射而"辞以疾，言曰：'某有负薪之忧'"，原本就是一种委婉的表达方式。故郑据古人的语言习惯以决不从或本用字也。

一四　从正体字而不从其异体(3例)

126.《丧大记》："士与其执事则敛，敛焉则为之一不食。"郑注："执或为勢。"

勢是执的异体字。《集韵·缉韵》："勢，执事者，通作执。"郑从字之正体，故不从或本勢字。

127.《玉藻》："膳于君，有荤、桃、茢。"郑注："荤，姜及辛菜也。……荤或作焄。"

焄是荤的异体字。②《孔子家语》："夫端衣玄裳冕而乘轩者，则志不在食焄。"王肃注："焄，辛菜也。"③《荀子·哀公》引孔子此语作"食荤"，杨倞注："荤，葱薤之属也。"④ 郑从字之正体，故不从或本也。

128.《大学》："上恤孤而民不倍，是以君子有絜矩之道也。"郑注："恤，忧也。民不倍，不相倍弃也。……倍或作偝。"

---

① 陈乔枞：《礼记郑读考》，《清经解续编》第5册，第121页。
② 参见《王力古汉语字典》，第658页。
③ 《孔子家语》卷1，《五仪解第七》，见《四库全书·子部·儒家类》。
④ 《诸子集成》第2册，第353页。

《说文》:"倍,反也。"段注:"此倍之本义……倍之或体作偝,见《坊记》、《投壶》、《荀卿子》。"偝既为倍之或体,故郑不从或本也。

一五　从正体字而不从其省文(1 例)

129.《大学》:"所谓修身在正其心者,身有所忿懥,则不得其正。"郑注:"懥,怒貌也。……或为疐。"

陈乔枞云:"《诗·狼跋》:'载疐其尾。'……此疐字即懥之湝借。"① 俞樾亦云:"或作疐,则文之省也。"② 郑从字之正体,不从其省文也。

一六　不从或本误字(21 例)

130.《曲礼上》:"立视五巂。"郑注:"巂犹规也,谓轮转之度。巂或为樂。"

巂是鸟名,即子规。《说文》:"巂,周燕也。……一曰,蜀王望帝婬其相妻,惭亡去,为子巂鸟,故蜀人闻子规鸣,皆起云望帝。"巂、规古音叠韵,皆属支部;巂是匣母,规是见母,匣见旁纽,故二字音近可通。此记孔疏云:"知巂为规者,以巂、规声相近,故为规。规是圆,故读从规。"《释文》云:"车轮转一周为巂。一周,丈九尺八寸也。"樂是縈的或体。《说文》:"縈,下垂貌。"《集韵·纸韵》:"縈,《说文》:'垂也。'或从木。"樂字古音属日母歌部,与巂、规二字音理不通,义亦迥异,是或本樂盖误字,故郑不从。

131.《檀弓下》:"与其邻重汪踦往,皆死焉。"郑注:"邻或为谈。"

谈是邻的误字。谈古音属定母谈部,邻属来母真部,定来旁纽,谈真二部同属鼻音而通转,故二字音近而致误也。

132.《郊特牲》:"然后简其车赋,而历其卒伍,而君亲誓社,以习军旅。"郑注:"简、历,谓算具陈列之也。君亲誓社誓吏士以习军旅,既而遂田,以祭社也。……社或为省。"

---

① 陈乔枞:《礼记郑读考》,《清经解续编》第 5 册,第 160 页。
② 俞樾:《礼记异文笺》,《清经解续编》第 5 册,第 994 页。

社字古音属禅母鱼部，省属山母耕部，禅山舌齿二音为邻纽，鱼耕二部旁对转，故二字音相近，或本社作省者，盖即因音近而误也。俞樾云："按此异文，非相通也。"又云："殆古者春祭社谓之社，秋祭祊谓之省与？此经乃季春事，应言社为是。"① 《玉藻》："唯君有黼裘以誓省。"郑注破省为狝，曰："省当为狝，狝，秋田也。国君有黼裘誓狝田之礼。"又《明堂位》："春社，秋省。"郑注亦破省为狝，云："省读为狝，狝，秋田名也。春田祭社，秋田祀祊。"可见省是秋田名狝的通假字，于此记义则无涉，实为误字，故郑不从。

133. 《内则》："鹄、鸮胖。"郑注："鹄、鸮胖，谓胁侧薄肉也。……鹄或为鸮也。"

鹄、鸮不同禽。《说文》："鹄，鸿鹄也。"鸿鹄又名黄鹄，即天鹅。又《说文》："鸮，鸱鸮。"即俗所谓猫头鹰。然鹄、鸮双声，都是匣母；鹄属觉部，鸮属宵部，觉宵旁对转，故二字音近，且字形亦相似，盖因此而致误也。鸮既为误字，故郑不从。

134. 《内则》："欲濡肉，则释而煎之以醢。欲干肉，则捶而食之。"郑注："欲濡欲干，人自由也。醢或为醯。"

醢、醯不同物。《说文》："醢，肉酱也。""醯，酸也。"酸即醋。此记上节云"八珍"之六的渍肉的做法，做好后吃的时候是"以醢若醯、醷"作调味品。此节记"八珍"之七的熬肉的做法，"欲濡肉，则释而煎之以醢"。然或本盖涉上节而误醢为醯也，故郑不从。

135. 《玉藻》："端行颐溜，如矢。弁行剡剡起屦。"郑注："颐或为霋。"

《说文》以颐为臣的篆文重文，云："臣，顄也，象形。颐，篆文臣。"霋字《说文》所无，《玉篇·雨部》云："隐也。"《广雅·释天》云："雷也。"《广韵·脂韵》云："雷也，出《韩诗》。"然皆与此记之义无涉，霋显系误字。霋字古音属端母微部，颐属喻母之部，端喻准旁纽，微之通转，故二字音相近，盖因此而致误也。

136. 《明堂位》："天下以为有道之国，是故天下资礼乐焉。"郑注："资，取也。……资或为饮。"

---

① 俞樾：《礼记异文笺》，《清经解续编》第 5 册，第 991 页。

饮之与资，音义皆异，显系误字。至于饮系何字之误，则学者说颇纷纭。如有谓饮是餈字之误，餈字或作餰，因误为饮。① 亦有疑饮是谘字之误者，谘即咨字，而咨的古文与饮略似，故误为饮。亦有疑饮系钦字之误者，等等。② 饮既为误字，故郑不从或本。

137.《学记》："不学雜服，不能安礼。"郑注："雜服，冕服、皮弁之属。雜或为雅。"

按雜、雅形近，故雜误为雅。俞樾云："此字形似之误，非相通也。"③

138.《乐记》："及优、侏、儒、獶杂子女，不知父子。"郑注："獶，猕猴也。言舞者如猕猴戏也，乱男女之尊卑。獶或为優。"

郑释獶为猕猴，"言舞者如猕猴戏也，乱男女之尊卑"。優有调戏之义。《左传》襄公六年："宋华弱与乐辔少相狎，长相優，又相谤也。"杜注："優，调戏也。"则非此记之义，優当是误字。優、獶二字形音皆近，盖因此致误也。

139.《乐记》："鼓鼙之声讙，讙以立动，动以进众。"郑注："闻讙嚣，则人意动作。讙或为歡，动或为勳。"

俞樾云："此乃异文，非相通也。《易·艮》九三：'利薰心。'《释文》云：'薰，荀（爽）作勳。'正与此一例。盖汉人书勳字多作勳。《北海相景君铭》'竹帛叙其勳'，《孔宙碑》'帝赖其勳'，其上半皆作动，故《易》有与动混也。"④ 是或本勳乃误字，故郑不从也。

140.《乐记》："武王克殷，反商，未及下车，而封黄帝之后于蓟，封帝尧之后于祝，封帝舜之后于陈。"郑注："蓟或为续。"

俞樾云："按蓟字俗作蓟，见《玉篇》。蓟字左旁角或转成角声，因得与续相混矣。"⑤ 据俞氏说，蓟若转成角声，则古音属屋部，续字亦属屋部，是二字叠韵，音近而致误混也，故郑不从或本。

141.《丧大记》："既祥，黝垩。祥而外无哭者，禫而内无哭者。"郑注：

---
① 俞樾：《礼记异文笺》，《清经解续编》第5册，第992页。
② 陈乔枞：《礼记郑读考》，《清经解续编》第5册，第143页。
③ 俞樾：《礼记异文笺》，《清经解续编》第5册，第992页。
④ 同上书，第993页。
⑤ 同上。

"黝垩或作要期。"

  黝垩谓殡宫：治殡宫之地使黑，涂殡宫之墙使白，故谓之黝垩。孙希旦云："《尔雅》：'地谓之黝，墙谓之垩。'既祥之后，入居殡宫，《间传》曰'大祥居复寝'是也。殡宫乃死者所居，故涂其室令白，又平治其地令黑。若欲新之然也。"① 或本作要期，则其义难明。陈乔枞释之云："既祥之后，可与人要约期会，躬服其事。"② 盖属望文生义，未可据信。俞樾云："黝与要一声之转，或缘此致误。期字未详。"③ 按黝、要古音双声，都是影母；黝属幽部，要属宵部，幽宵旁转，故二字音近，故有致误的可能。又垩古音属影母铎部，期属群母之部，影群喉牙二音为邻纽，铎之旁对转，是二字音亦相近，亦有致误的可能。是要期二字盖皆误字，故郑不从或本。

  142.《丧大记》："君、大夫鬊、爪实于绿中，士则埋之。"郑注："绿当为角，声之误也。角中，谓棺内四隅也。……此绿或为篓。"

  绿、篓古音双声，都是来母；绿属屋部，篓属侯部，屋侯对转，故二字音近可通。郑既以绿为误字，则绿之通假字于此记亦为误字可知，故郑不从或本。

  143.《丧大记》："饰棺……加伪荒。"郑注："伪或作于，声之误也。"

  伪古音属疑母歌部，于属匣母鱼部，疑匣旁纽，歌鱼通转，二字音近，故郑云"声之误也"。于既为误字，故郑不从或本。

  144.《中庸》："国有道，不变塞焉，强哉矫。"郑注："塞犹实也……塞或为色。"

  郑训塞为实，谓国有道，君子不安处荣禄而改变自己充实的德行，与上文"君子和而不流"，"中立而不倚"之义正相承。或本塞作色，则与郑所理解的文意无涉，乃误字。色、塞古音叠韵，皆属职部；色是山母，塞是心母，山心准双声，故二字音近，因此而致误也。俞樾亦谓或本塞作色"当为声近之误"。④

  145.《表记》："事君大言入则望大利，小言入则望小利。"郑注："入或

---

① 孙希旦：《礼记集解》下册，第1172页。
② 陈乔枞：《礼记郑读考》，《清经解续编》第5册，第151页。
③ 俞樾：《礼记异文笺》，《清经解续编》第5册，第993页。
④ 同上书，第988页。

为人。"

此形近之误也,故郑不从或本。《汉书·武帝纪》元光六年诏曰:"古者治兵振旅,因遭虏之方入,将吏新会,上下未辑。"晋灼注云:"入犹还也……入或作人。"是亦形误之例也。

146.《缁衣》:"《尹吉》曰:'惟尹躬天见于西邑夏,自周有终,相亦惟终。'"郑注:"天当为先,字之误也。……见或为败。"

"惟尹躬天见于西邑夏",郑注以为天字是先字之误,先谓伊尹的先祖,故此句的意思是说伊尹的先祖在西邑夏见夏的先君们。伊尹的先祖生活在夏的时代,故得于夏都西邑见夏的先君。若如或本见为败,则意大谬,是败字显系误字,故郑不从或本也。

147.《缁衣》:"《尹吉》曰:'惟尹躬天见于西邑夏,自周有终,相亦惟终。'"郑注:"邑或为予。"

邑与予音理不通,义亦迥异,且改"西邑夏"为"西予夏",则不成文意,是亦误字,故郑不从或本。

148.《缁衣》:"故君子多闻,质而守之;多志,质而亲之;精知,略而行之。"郑注:"多志谓博交泛爱人也。精知,执虑于众也。精或为清。"

精、清古音叠韵,皆属耕部;精是精母,清是清母,精清旁纽,故二字音近,或本因此误精为清,故郑不从或本。

149.《间传》:"斩衰貌若苴,齐衰貌若枲。"郑注:"枲或为似。"

此记之苴、枲,皆以麻色比人哀伤之色。此记上文云:"苴,恶貌也。"孔疏:"苴是黎黑色,故为恶貌。"《仪礼·丧服》斩衰章郑注云:"有大忧者,面必深黑。"而苴麻之色似之,故以之为比。又,此记孙希旦《集解》云:"枲无子。麻色亦苍而黑浅,齐衰稍轻于斩,衰绖不用苴而用枲。若苴、若枲,貌各如其绖之色。"[①] 是谓衰齐者之貌,如枲之苍黑也。若如或本作"齐衰貌若似",则不明所似何色,文意不备,似字显系误字,故郑不从或本也。按似、枲古音叠韵,皆属之部;似是邪母,枲是心母,邪心旁纽,是二字音亦相近,盖传写者以此致误也。

150.《儒行》:"过言不再,流言不极,不断其威,不习其谋。"郑注:

[①] 孙希旦:《礼记集解》下册,第1364页。

"不断其威,常可畏也。……断或为继。"

或本断作继,形近之误也,故郑不从。

一七　二字义同而皆可用则不烦改字(28例)

151.《曲礼上》:"乡长者而屦,跪而迁屦,俯而纳屦。"郑注:"迁或为还。"

按此节记少者侍坐长者于堂脱屦、著屦之法。少者之屦不上于堂,而脱之于阶侧,盖屦头向外,以便见长者毕著而离去。① 然而当要离去而下阶著屦之时,因长者相送,故又不敢背向堂,即背向长者而著屦,故当把脱屦时头朝外置于阶侧之屦转向头朝内,然后方可面"乡(向)长者而屦",故纳屦前必先迁屦。故此记的迁字,及或本的还字,都是旋转之意。陈乔枞云:"还,旋也。旋,转也。迁亦旋转之意。《国语·吴语》'彼近其国有迁',注云:'迁,转退也。'《文选·西京赋》'迁延邪睨',薛综注云:'迁延,退旋也。'是其义也。《少仪》曰:'侍坐于君子,君子欠伸,运笏,泽剑首,还屦,问日之蚤莫,虽请退可也。'《释文》云:'还音旋。'《正义》云:'还,转也,谓君子自转屦也。'"② 是此记迁与或本还义同而皆可用,则不烦改字,故存或本之字于注中。

152.《曲礼上》:"交游之雠,不同国。"郑注:"交游,或为朋友。"

按交游即朋友。《庄子·山水》:"辞其交游,去其弟子,逃于大泽。"③《管子·权修》:"观其交游,则其贤不肖可察也。"④《荀子·君道》:"其交游也,缘义而有类。"⑤ 是皆朋友之义。是交游与朋友义同,二者皆可用,故不烦改字。

153.《曲礼下》:"凡视,上于面则敖,下于带则忧,倾则奸。"郑注:"辟头旁视,心不正也。倾或为侧。"

---

① 参见俞樾《礼记异文笺》,《清经解续编》第5册,第988页。
② 陈乔枞:《礼记郑读考》,《清经解续编》第5册,第120页。
③ 见《诸子集成》第3册,第125页。
④ 见《诸子集成》第5册,第7页。
⑤ 见《诸子集成》第2册,第153页。

陈乔枞云："倾、侧字异义同。《书·洪范》'无反无侧',马融注云：'侧,倾侧也。'《诗·宾筵》'侧弁之俄',笺云：'侧,倾也。'"① 是此记侧、倾二字皆可用,故郑不烦改字也。

154.《郊特牲》："诸侯不臣寓公,故古者寓公不继世。"郑注："寓,寄也。……寓或为托。"

按此寓公即失国之诸侯而寓于他国者。寓、托义同,《说文》皆训寄。《孟子·万章下》"诸侯失国而后托于诸侯",即用托字。是此记寓、托二字皆可用,故郑不烦改字。

155.《郊特牲》："乡人祊。"郑注："祊,强鬼也。谓时傩,索室殴疫,逐强鬼也。祊或为傩。"

俞樾云："按祊与献、傩不得相通,存异文耳。"② 按据郑注,祊谓强鬼（遭横死者之鬼）,也用作动词,指驱逐强鬼。此记孔疏亦云："祊是强鬼之名,谓乡人驱逐此强鬼。"傩是驱逐疫鬼的巫术活动。《论语·乡党》："乡人傩。"何晏注："傩,驱逐疫鬼。"《吕氏春秋·季春纪》："国人傩,九门磔禳,以毕春气。"高诱注："傩读《论语》'乡人傩'同。命国人傩,索宫中区隅幽暗之处,击鼓大呼,驱逐不祥,如今之正岁逐除是也。"③ 故此记郑注云："谓时傩,索室殴疫,逐强鬼也。"盖因以傩驱疫鬼,故或本即作"乡人傩",与《论语》同。又祊字古音属审母阳部,傩字属泥母歌部,审泥准旁纽,阳歌通转,是二字音亦相近。俞樾说祊、傩不得相通,则非是。故此记祊、傩二字皆可用,郑即不烦改字也。

156.《内则》："脯羹,兔醢；麋肤,鱼醢。"郑注："肤,切肉也。肤或为胖。"

俞樾云："此异文也,非相通也。郑注：'肤,切肉也。'《周礼·腊人》注曰：'胖之言片也,析肉意也。'则胖、肤文异义同。"是二字于此记亦皆可用,故郑不烦改字。

157.《内则》："麋、鹿、田豕、麇,皆有轩。"郑注："轩读为宪,宪谓藿叶切也。……轩或为胖。"

---

① 陈乔枞：《礼记郑读考》,《清经解续编》第5册,第122页。
② 俞樾：《礼记异文笺》,《清经解续编》第5册,第990页。
③ 见《诸子集成》第6册,第25页。

据郑注，轩是宪的借字，而宪义为藿叶切。《少仪》："牛与羊、鱼之腥，聂而切之为脍。"郑注："聂之言牒也。先藿叶切之，复报切之，则成脍。"所谓牒，《说文》："薄切肉也。"即所谓藿叶切也。是宪即谓切肉为大薄片，而后再细切则为脍。《周礼·天官·腊人》："凡祭祀，共豆脯、荐脯、朊、胖，凡腊物。"郑注："胖之言片也，析肉意也。"是胖义与轩同，皆谓切肉为薄片。故俞樾云："郑注云轩读为宪，宪谓藿叶切也。以藿叶切之义推之，则从或本作胖亦可，仍取析肉意也。"① 既二字义同而皆可用，故郑亦不烦改字也。同例还见于：

《内则》："野豕为轩，兔为宛脾。"郑注："此轩、辟鸡、宛脾，皆菹类也。……菹、轩，聂而不切；辟鸡、宛脾，聂而切之。轩或为胖。"

158.《内则》："聘则为妻，奔则为妾。"郑注："奔或为衒。"

衒是衙的或体。《说文》："衙，行且卖也。从行，从言。衒，衙或从玄。"经典则多用或体而通作衒。引申之，古女子不经媒妁而与男子结合亦曰衒。《广韵·霰韵》："衒，自媒。"《战国策·燕策一》："且夫处女无媒，老且不嫁；舍媒而自衒，弊而不售。"② 曹植《求自试表》："夫自衒自媒者，士女之丑行也。"③ 是衒之义与奔同，且于此记皆可用。俞樾云："按此异文，非相通也。……从或本作衒，义自可通。"二字既皆可用，郑亦不烦改字也。

159.《玉藻》："天子玉藻十有二旒，前后邃延，龙卷以祭。"郑注："龙卷，画龙于衣，字或作衮。"

郑释龙卷为"画龙于衣"。衮亦指天子所服绣有龙之礼服。《说文》："衮，天子享先王，卷龙绣于下幅，一龙蟠阿上乡。"《周礼·春官·司服》："享先王则衮冕。"郑注："衮，卷龙衣也。"此记释文亦云："卷音衮，古本反。"《郊特牲》："王被衮衣以象天。"按此句《释文》本盖作"卷衣"，故云："卷，本又作衮，同，古本反。"是卷、衮义同。又二字古音双声叠韵，皆属见母元部，声调亦同。是二字音义皆同，于此记皆可用，故郑不烦改字也。

160.《玉藻》："缁布冠，缋緌，诸侯之冠也。"郑注："缋或作绘。"

---

① 俞樾：《礼记异文笺》，《清经解续编》第5册，第991页。
② 《战国策》下册，上海古籍出版社，1985年，第1075页。
③ 《三国志·魏书》卷19，《陈思王曹植传》。

《说文》:"缋,画也。"又曰:"绘,会五采绣也。"段注:"古者缋训画,绘训绣。"是缋如今所谓绘画,绘如今所谓刺绣,二字义别。然段玉裁于《说文》"缋"字下注云:"《皋陶谟》'日、月、星辰、山、龙、华虫作绘',郑注曰:'绘读曰缋。'读曰犹读为,易其字也,以为训画之字当作缋也。绘训五采绣。故必易绘为缋。"段又于"绘"字下注云:"今人分《皋陶谟》绘、绣为二事,古者二事不分,统谓之设色之工而已。"按《周礼·考工记·总叙》:"设色之工:画、缋、锺、筐、㡛。"是谓画与绘,皆设色工之事。且其职文亦合二者为一工,曰"画缋之事,杂五色"云云。故段云"统谓之设色之工而已"。是此记作缋则亦兼绘事,或本作绘则亦兼缋事,皆谓设色之事也。是缋、绘二字于此记皆可用,故郑不烦改字也。

161.《玉藻》:"缁布冠,缋緌,诸侯之冠也。"郑注:"緌或作蕤。"

《说文》:"緌,系冠缨垂者。"(此据段注本)《说文》又曰:"蕤,艸木华垂皃。"段注:"引申为凡物之垂者皆曰蕤。冠緌,系于缨而垂者也,礼家定为蕤字。"是此记緌、蕤二字皆可用,故郑不烦改字也。

162.《乐记》:"礼乐之情同,故明王以相沿也。"郑注:"沿或作缘。"

沿同沿。①《说文》:"沿,缘水而下也。"引申为沿袭、因袭。此记下文有曰:"五帝殊时,不相沿乐。三王异世,不相袭礼。"沿与袭义同也。缘的本义为衣的饰边。《说文》:"缘,衣纯也。"引申而亦有因循、沿袭义。《广雅·释诂四》:"缘,循也。"《庄子·养生主》:"缘督以为经。"李颐注云:"缘,顺也。"② 沿、缘古音双声叠韵,皆属喻母元部,声调亦同。是二字音义皆同,于此记亦皆可用,故郑不烦改字。

163.《乐记》:"竹声滥,滥以立会,会以聚众。"郑注:"滥之意犹揽聚也。会犹聚也。聚或为最。"

注文最乃冣字之误。《说文》:"冣,积也。"徐锴《系传》云:"古人以聚物之聚为冣,上必有覆冒之也。才句反。"③ 段注辨最当为冣,说极精详,且谓冣、最二字,音义俱异,最读祖会反。"至乎南北朝,冣、最不分……学者知有最字,不知有冣字久矣。"是此记"会以聚众",或本当作"会以冣

---

① 参见《王力古汉语字典》"沿"下注。
② 见《诸子集成》第3册,《庄子集解》第18页。
③ 徐锴:《说文解字系传》,中华书局,1987年,第155页。

众"。冣、聚义同，于此记皆可用，故郑不烦改字也。

164.《杂记下》："乡人，五十者从反哭，四十者待盈坎。"郑注："坎或为圹。"

《说文》："坎，陷也。"段注："陷者，高下也。高下者，高而入于下也。"高入于下，则陷而为坑穴也。《说文》又曰："圹，堑穴也。"段注："谓堑地为穴也，墓穴也。"是坎、圹二字义近而有别：坎泛指坑穴，圹则专指墓穴。就字义确切而言，当从或本作圹为长。然《礼记》中墓穴字则坎、圹错出，二字兼用。如《檀弓下》记孔子观延陵季子葬其长子之礼，谓"其坎深不至于泉"，"既葬而封，广轮揜坎"。是作坎之例也。同篇又记"吊于葬者，必执引。若从柩，及圹，皆执绋"。又《坊记》云"殷人吊于圹"。是作圹之例也。礼书中既坎、圹二字兼用，故郑亦不烦改字也。

165.《杂记下》："妇人非三年之丧，不踰封而吊。"郑注："踰封，越竟也。或为越疆。"

踰、越义同。《说文》："踰，越也。"封、疆义同。封字甲骨文、金文皆象植树于土堆之形（金文字形稍繁），本义即为封疆，即以林木为疆界。是踰封、越疆义同，于此记皆可用，故郑亦不烦改字。

166.《丧大记》："凡封，用绋，去碑负引。君封以衡，大夫、士以咸。"郑注："咸读为缄……今齐人谓棺束为缄绳。咸或为械。"

唐桂馨云："此字即缄本字，缄其口即咸其口。"[①] 后乃加纟旁造缄字。是咸乃本原字，缄则区别字。后人即以区别字为缄束之本字，反以咸为通假字，故郑注云"咸读为缄"。咸或为械者，《说文》："械，箧也。"械亦咸之通假字。俞樾云："《周礼·冢人》注：'大夫以咸。'《释文》云：'本又作减。'古义存乎声，无定字也。"[②] 咸、械既皆为缄的通假字，且于此记亦皆可用，故郑亦不烦改字也。

167.《祭统》："及迎牲，君执纼，卿大夫从，士执刍。"郑注："刍，谓藁也，杀牲时用荐之……刍或为秳。"

郑训刍为藁，藁是稾的俗字，即禾秆。《广韵·晧韵》："稾，禾秆……

[①] 转引自《古文字诂林》第2册，上海教育出版社，2000年，第69页。
[②] 俞樾：《礼记异文笺》，《清经解续编》第5册，第994页。

薲，俗。"稻亦禾秆。《集韵·尤韵》："稻，禾穰也。"是刍、稻义同而皆可用，故郑不烦改字也。

168. 《中庸》："虽善无征，无征不信……故君子之道，本诸身，征诸庶民，考诸三王而不缪。"郑注："征或为证。"

征、证古音叠韵，皆属蒸部；征是端母，证是照母，端照准双声，是二字音相近。征、证皆有验证之义。《书·胤征》："明征定保。"伪孔传："征，证。"《汉书·平帝纪·赞》："休征嘉应。"颜注："征，证也。"《书·洪范》："次八曰念用庶征。"孙注引郑康成曰："征，验也。"① 《左传》昭公元年："征为五声。"杜注："征，验也。"是征、证义亦相同，实为同源通用字，② 于此记亦皆可用，故郑不烦改字也。

169. 《表记》："故君子之接如水，小人之接如醴；君子淡以成，小人甘以坏。"郑注："接或为交。"

《说文》："接，交也。"是二字义通，于此记皆可用，故郑不烦改字也。

170. 《缁衣》："私惠不归德，君子不自留焉。"郑注："归或为怀。"

按怀亦有归义。《诗·大雅·皇矣》"予怀明德"，毛传："怀，归也。"《桧风·匪风》"谁将西归，怀之好音"，毛传："怀，归也。"《国语·周语》"无所依怀"，韦注："怀，归也。"③ 《淮南子·主术训》"远者怀其德"，高注："怀，归也。"④ 是于此记归、怀二字义同，亦皆可用，故郑不烦改字也。

171. 《问丧》："孝子亲死，悲哀志懑，故匍匐而哭之，若将复生然。"郑注："匍匐，颠蹶，或作扶服。"

匍匐，双声联绵字，谓伏地而行也。扶、匍古同音，皆属并母鱼部，声调亦同，故二字可通。服、匐古亦同音，皆属并母职部，故二字亦可通。故匍匐、扶服古每通用。《诗·邶风·谷风》："匍匐救之。"《檀弓下》引作"扶服救之"。《大雅·生民》："诞实匍匐。"《释文》曰："本作扶服。"《左传》昭公二十一年："扶伏而击之。"《释文》曰："本或作匍匐。"作扶伏者，亦与匍匐同音通用也。是此记匍匐、扶服皆可用，故郑不烦改字。

---

① 孙星衍：《尚书今古文注疏》下册，中华书局，1986年，第295页。
② 参见王力《同源字典》上册，第315页。
③ 《国语》上册，上海古籍出版社，1978年，第30页。
④ 见《诸子集成》第7册，第140页。

172.《问丧》:"孝子亲丧,哭泣无数。"郑注:"数或为时。"

按哭无数,即哭无定数,亦即哭无定时也。故或本作哭无时,义亦通。《檀弓上》:"父母之丧哭无时。"孔疏云:"礼,哭无时有三种:一是初丧未殡之前,哭不绝声;二是殡后除朝夕之外,庐中思忆则哭;三是小祥之后,哀至而哭,或一日、二日,而无复朝夕之时也。"是此三种哭无时,亦皆哭无定数之谓也。是此记数、时二字皆可用,故郑不烦改字也。

173.《间传》:"中月而禫,禫而纤,无所不佩。"郑注:"黑经白纬曰纤……纤或为縿。"

据郑注,纤是一种用黑白相间的线织成的织物。縿与纤义同。《玉篇·丝部》:"縿,黑经白纬也。"《集韵·盐韵》:"縿,缯名,白经黑纬。"又,纤、縿古音双声,都是心母;纤属谈部,縿属侵部,谈侵旁转,故二字音亦相近。是纤、縿音义皆同,于此记亦皆可用,故郑不烦改字也。

174.《投壶》:"鲁令弟子辞曰:'毋逾言。'"郑注:"逾言,远谈语也……逾或为遥。"

逾、遥并有远义。《广雅·释诂一》逾、遥并训"远也"。《方言》卷6:"遥,远也。梁楚曰遥。"①《汉书·陈汤传》:"卒兴师奔逝,横厉乌孙,逾集都赖。"如淳曰:"逾,远也。"师古曰:"逾读曰遥。"《后汉书·班超传》载超妹班昭上书请超有曰:"自陈苦急,延颈逾望。"李注:"逾,遥也。高祖逾谓黥布曰:'何苦而反?'"可见于此记逾、遥义同,亦皆可用,故郑不烦改字。

175.《大学》:"'瑟兮僴兮'者,恂栗也。"郑注:"恂字或作峻,读如严峻之峻,言其容貌严栗也。"

峻、恂古音双声,都是心母;恂属真部,峻属文部,真文旁转,是二字音近,故郑注云恂"读如严峻之峻"。此记郑训恂为严栗,而峻亦有严义。《史记·淮南衡山列传》:"政苛刑峻,天下熬然若焦。"《汉书·丙吉传》:"吉扞拒大难,不避严刑峻法。"是其例也。故恂、峻二字音义皆近,于此记皆可用,故郑不烦改字。

176.《大学》:"所谓修身在正其心者,身有所忿懥,则不得其正。"郑

---

① 扬雄:《方言》,《百子全书》第2册。

注:"懫,怒貌也。或作愵。"

《说文》无愵字。《集韵·至韵》:"愵,忿戾也。"《书·多方》:"亦唯有夏之民叨愵。"伪孔传:"贪叨忿愵而逆命。"孔疏:"忿愵,言愤怒违理也。"郑训懫为"怒貌",是愵、懫义同。且愵、懫古音叠韵,皆属质部;愵是照母,懫是端母,照端准双声,是二字音亦相近。故愵、懫于此记皆可用,故郑不烦改字也。

177. 《射义》:"循声而发,发而不失正鹄者,其唯贤者乎。"郑注:"发或为射。"

按此记射、发字异而义同,故郑不烦改字。

178. 《聘义》:"敢问君子贵玉而贱碈者,何也?"郑注:"碈,石似玉也,或作玫也。"

玫与碈同。《说文》:"玫,石之美者。"此记《释文》云:"碈,字亦作瑉,似玉之石。"似玉之石,亦即石之美者也。故《集韵·真韵》云:"玫,《说文》'石之美者'。或作瑉。"又段玉裁《说文》"珉"下注云:"碈、瑉字皆玫之或体。"是谓碈、瑉皆玫之异体字,皆指次于玉的美石,而古籍多错出混用,故郑亦不烦改字也。

结　　语

通过以上对178条字例的考辨和从中所归纳出的17则条例可见,郑玄之所以不从或本异文,确有其道理。而从这17则条例中,我们还可总结出郑玄校勘或本异文所遵循的五项原则。

(一) **字义贴切的原则**。如条例之"一、从本字不从通假字",就因为本字对于表达记义最为贴切,而通假字则须破读为本字方可明其义。此例最多,占了全部字例的40%强。条例之"二、二字义近从其义切者",条例之"三、二字皆可用而择其名实俱切者":这两条本就是以字义之贴切与否为取舍标准的。条例之"四、从通假字而不从通假字之通假字",则是因为通假字之通假字于义更为迂远,故郑宁从通假字。条例之"五、从通假字而不从义近字",是因为通假字可破读为本字,其义自比义近字为切也。

(二) **习用易晓的原则**。郑玄校注《礼记》,目的在于使之便于人们读懂和流传，因此他对于异文的取舍，不仅看字义是否贴切，还注意看某字是否为人们所习用而易晓，是否便于人们理解，因此就有了"六、二字义同从其习用者"，"七、从习用之通假字而不从本字"，"八、相沿用久之字则亦沿用而不改"等三则条例。

（三）**合理的原则**。此原则就本章所涉及的内容而言，就是要看某字用之于此是否符合文意，是否符合礼制，是否符合事理，是否符合《礼记》之文例，以及是否符合古人的语言习惯等，符合者即为合理。于是就有了"九、据文意以决不从或本"，"一〇、据礼制以决不从或本"，"一一、据事理以决不从或本"，"一二、据文例以决不从或本"以及"一三、据古人语言习惯以决不从或本"等五则条例。

（四）**符合规范的原则**。所谓符合规范，本文主要是指符合用字之规范，因此有"一四、从正体字而不从其异体"，"一五、从正体字而不从其省文"两则条例。又凡或本之误字亦皆不从，亦因为既是误字，自不合于用字之规范，因此就有了"一六、不从或本误字"之条例。

（五）**不烦改字的原则**。这主要体现在条例"一七、二字义同而皆可用则不烦改字"。这既是郑玄校书的条例之一，同时也是一项重要的原则。此原则充分说明郑玄校书态度之谨慎，非浅人及务求新异者可同日而语。

由上述郑玄校勘《礼记》的17则条例和五项原则可见，经郑玄校勘后的《礼记》，确堪称当时最好的本子，并且能够流传至今。郑玄之功伟矣！而郑玄校勘《礼记》所遵循的原则和条例，对于我们今天的古籍整理工作，不也很有借鉴意义吗？然而，郑玄对或本异文的取舍，也偶有不当之处，兹就个人所见，辨之于下。

一 因未审史实而误从者（1例）

179.《檀弓下》："邾娄考公之丧。"郑注："考公，隐公益之曾孙。考或为定。"

俞樾云："此异文，非相通也。"[①] 然此记实当从或本作定公。顾炎武考之

---

① 俞樾：《礼记异文笺》，《清经解续编》第5册，第989页。

云："按隐公当鲁哀公之时，传至曾孙考公，其去春秋已远。而鲁昭公三十年吴灭徐，徐子章羽奔楚，楚沈尹戌帅师救徐弗及，遂城夷使徐子处之。是已失国而为寓公，其尚能行王礼于邻国乎？定公在鲁文、宣之时，作定为是。"①故此记实当从或本作定公为是，郑考之未审也。

二　当从本字而误从通假字（2例）

180.《礼运》："故先王秉蓍、龟，列祭祀，瘗缯。"郑注："币帛曰缯……缯或作赠。"

赠、缯双声叠韵，皆属从母蒸部，唯声调不同，故赠可通缯。陈乔枞云："缯或作赠者，考《周礼·男巫》'冬堂赠'，注云：'故书赠为䚶。杜子春云䚶当为赠，堂赠谓逐疫也。'䚶、赠古音同部，故《周礼》假䚶为赠字。《礼记》又假缯为赠字。"②按陈氏以为此记或本作赠为正字，故云"《礼记》又假缯为赠字"。此盖据俞氏说也。俞樾云："按缯，帛也。然此缯字则非谓帛，乃是埋币帛之名。郑注云：'埋牲曰瘗，币帛曰缯。'币帛上亦当有埋字，蒙上句而省耳。孔氏《正义》曰：'币帛曰缯，缯之言赠也，谓埋告又赠神也。'"③据俞、陈二氏说，是此记当从或本作赠为是，郑乃从通假字作缯，是自违其例也。

181.《祭统》："是故天子亲耕于南郊，以共齐盛。……诸侯耕于东郊，亦以共齐盛。"郑注："齐或为粢。"

粢是谷类的总称。《周礼·春官·小宗伯》："辨六齍之名物与其用。"郑注："齍，读为粢。六粢，谓六谷：黍、稷、稻、粱、麦、苽。"又特指用于祭祀的谷物。《左传》桓公二年："粢食不凿。"（祭祀的粮食不加工）《国语·周语上》："上帝之粢盛于是乎出。"④粢实于祭祀之器，即为粢盛。故《周语上》此文韦注云："器实曰粢，在器曰盛。"齐、粢古音叠韵，皆属脂

---

① 顾炎武：《日知录》卷6"邾娄考公"条，此据（清）黄汝成《日知录集释》本，岳麓书社，1994年，第215页。
② 陈乔枞：《礼记郑读考》，《清经解续编》第5册，第133页。
③ 俞樾：《礼记异文笺》，《清经解续编》第5册，第990页。
④ 《国语》上册，上海古籍出版社，1978年，第15页。

部;齐是从母,粢是精母,从精旁纽,故二字音近可通。《集韵·脂韵》:"粢,亦作齐。"《诗·小雅·甫田》:"以我齐明,与我牺羊。"毛传:"器实曰齐。"可见或本粢是本字,齐则是通假字。然郑从通假字而不从本字,是所从不当也。

三 未审文意而误从(2例)

182.《玉藻》:"疾趋则欲发,而手足毋移。"郑注:"欲或作数。"

数有疾速义。《尔雅·释诂下》:"数,疾也。"《史记·屈原贾生列传》:"淹数之度兮,语予其期。"裴骃《集解》引徐广曰:"数,速也。"张守节《正义》亦云:"数,音朔,速也。"《礼记·曾子问》:"日有食之,不知其已之迟数。"郑注:"数,读为速。"此记"疾趋",据文意当以"数发"(疾速而发)为是。故俞樾云:"按欲、数声近而误。以义言之,转似作数为长。"[①]然郑从作欲之本,是于文意未审也。

183.《聘义》:"故勇敢强有力者,天下无事则用之于礼义,天下有事则用之于战胜。用之于战胜则无敌。"郑注:"胜,克敌也,或为陈。"

按据此记文意,当以从或本作陈为是。勇敢而强有力者,当天下有事时用之于战陈(阵),亦即用之于战争,下文接以"用之于战阵则无敌",无敌而后能取胜。若谓"用之于战胜",则是已胜矣,敌人已败而无对手矣,勇敢而强有力者则无用武之地矣,又何谓"用之于战胜则无敌"? 故俞樾云:"据与礼义为对文,则从或本作战陈为长。"是也。是郑于此记所从不当,不合于文意也。

四 不从义切之字而从义近字(1例)

184.《杂记上》:"至于庙门,不毁墙遂入。"郑注:"墙,裳帷也。毁或为彻。"

《说文》:"毁,缺也。"段注:"缺者,器破也。因为凡破之称。"破即坏

---

① 俞樾:《礼记异文笺》,《清经解续编》第5册,第992页。

也，故《小尔雅·广言》曰："毁，坏也。"引申之，则有撤除之义，此记是也。此记之墙，实指柩车上的车饰，亦即郑注所谓裳帷。"不毁墙"谓不彻除车饰。然彻字的本义即为撤除。甲骨文彻字即"象手持鬲之形，盖食毕而彻去之……卒食之彻乃本义。（《说文》）训通者，借谊也"。[①] 引申之，则为凡撤除之称，故《仪礼》中凡撤除字皆作彻。是此记以从或本作彻为义切，而郑从作毁之本，是自违其例也。

五　未审礼服制度而误从（1例）

185. 《杂记上》："子羔之袭也：茧衣裳，与税衣纁袡为一，素端一，皮弁一，爵弁一，玄冕一。"郑注："玄冕或为玄冠，或为玄端。"

《周礼·春官·司服》云："卿大夫之服，自玄冕而下如孤之服，其凶服加以大功、小功；士之服，自皮弁而下如大夫之服，其凶服亦如之，其齐服有玄端、素端。"是玄冕乃卿大夫之服。子羔，士也，非卿大夫，则不得服之。作为士，可服"皮弁而下"之服，而"齐（斋戒）服有玄端、素端"。是此记当从或本作玄端为是。又玄冠则是士所常服之礼冠。故《仪礼·士冠礼》曰："主人玄冠、朝服。"然据上文，此记所记，是子羔的敛服，且每种都是成套的，文中的四个一字，郑注谓之一称，一称即一套也。《丧大记》云："衣必有裳，谓之一称。"是衣、裳一套谓之一称。因前四种服皆各成套为一称，则此记当依或本作"玄端一"，即玄端服一套。若作玄冠，则仅有冠，非成套之服矣。是郑于此记，不从或本玄冠则是矣，不从或本玄端而从玄冕之文，则非矣，是有违于士服之制也。

以上凡7例，仅占郑玄所校勘的全部字例的不到4%，可谓微疵，不可掩其校勘《礼记》之功之伟也。

[①] 此用罗振玉说，见《古文字诂林》第3册，上海教育出版社，2001年，第612页。

训 诂 编

第 一 章

郑玄注《三礼》之"读为"、"读曰"例考辨

    郑玄注《三礼》(《周礼》、《仪礼》、《礼记》)有"读为"、"读曰"之例。段玉裁说:"凡传注言'读为'者,皆易其字也。……'读为'亦言'读曰'。"[①]又说:"汉人作注,于字发疑正读,其例有三:一曰'读如'、'读若',二曰'读为'、'读曰',三曰'当为'。'读如'、'读若'者,拟其音也。……'读为'、'读曰'者,易其字也,易之以音相近之字,故为变化之词。"[②]阮元亦云,郑玄注《周礼》,"有云'读如'者,比拟其音也。有云'读为'者,就其音以易其字也"[③]。由上可见,所谓"读为"、"读曰",就是用本字来解释通假字,亦即古代经师所谓"破读"。但不少学者指出,"读为"、"读曰"两个术语,并非都是用来解释通假字的,它们与"读如"、"读若"等术语的界限并不严格,而且这些术语的运用往往因时、因人,甚至因书而有所不同。这些看法,大体不错。但若就郑玄的《三礼注》而言,情况又怎样呢?李云光先生认为:"凡《三礼注》中所见'读为'、'读曰'……

---

    ① 段玉裁:《说文解字注》"曩"字下注,上海古籍出版社,1981年。按本章以下凡引《说文》段注皆据此本,不复注。
    ② 段玉裁:《经韵楼集》卷2,《周礼汉读考序》,见《清经解》第4册,第522页。
    ③ 阮元:《周礼注疏校勘记序》,《十三经注疏》上册,中华书局1980年影印,第637页。

等，皆所以注音，或因以见义者。"① 这就完全否定了"读为"、"读曰"与"读如"、"读若"的区别。今遍索郑玄《三礼注》中的"读为"、"读曰"例，得109例，② ——加以考辨，考辨的结果发现，其中有82例，是用本字来解释通假字，即阮元所谓"就其音以易其字"的；另有27例，则情况较复杂。兹一一考辨之如下。又，本文所引《三礼》及其注疏之文，以及凡引《十三经》之文，皆据中华书局1980年影印阮校《十三经注疏》本，引正史之文则皆据中华书局点校本，文中不复注。

一 以本字读通假字（82例）

见于《周礼》34例。

1. 《地官·牛人》："凡祭祀共其享牛、求牛，以授职人而刍之。"郑注："职读为樴（檨），（樴）谓之杙，可以系牛。"

《说文》："职，记微也。"又曰："樴，弋也。"按弋同杙，《尔雅·释宫》曰："樴谓之杙。"郑释樴为杙，与《说文》及《尔雅》训同。职、樴二字古音双声叠韵，皆照母职部，故可通：樴是本字，职是通假字。同例还见于：

《春官·肆师》："大祭祀，展牺牲，繫于牢，颁于职人。"郑注："职读为樴。樴，可以系牲者。"

2. 《春官·小宗伯》："若大甸，则帅有司而馌兽于郊，遂颁禽。"郑注："甸读曰田。"

金文中田、甸本一字，即皆作田。田字的本义为田猎，甲骨文田字即"象田猎战阵之形"。③ 金文中田字借作侯甸之甸。戴家祥云："如《令彝》'众诸侯，侯、田、男'，《盂鼎》'侯、田'，'侯田'即《书·酒诰》之'侯甸'。"④ 后乃加勹旁而造甸字，作为侯甸的专字。此经则又借甸为田，而

---

① 李云光：《三礼郑氏学发凡》，台湾学生书局，1966年，第341页。
② 这里有三点说明：第一，如同一字例而重复出现，只算作一例，我们通过"同例还见于"的提示语，将重出之字例列之于所考字例之下；第二，"读为"与"读曰"两个术语既然性质相同，故不分别计算，而一总纳入109例之数中；第三，郑玄在《周礼注》中还大量引用了杜子春、郑兴、郑众三人之"读为"例，则未计算在内，我们这里只计算郑玄所出之"读为"例。
③ 徐中舒主编：《甲骨文字典》，第1466页。
④ 戴家祥主编：《金文大字典》中册，学林出版社，1999年，第3379页。

郑注"甸读为田"者，是以其本字本义读之也。

3.《地官·均人》："均人掌均地政。"郑注："政读为征。地征谓地守、地职之税也。"

《说文》："政，正也。"又曰："征，正行也。"引申而有赋税之义。《左传》文公十一年："宋公于是以门赏耏班，使食其征。"杜注："征，税也。"又《孟子·尽心下》："有布缕之征，粟米之征，力役之征。"赵注："征，赋也。"政、征古音双声叠韵，皆属照母耕部，故可通：征是本字，政是通假字。同例还见于：

《地官·遂人》："以土均平政。"郑注："政读为征。土均掌均平其税。"

《地官·土均》："土均掌平土地之政。"郑注："政读为征。所平之税，邦国都鄙也。"

4.《地官·司门》："幾出入不物者，正其货贿。"注："正读为征。征，税也。"

正与征古音同，也是征的通假字。《夏官·司勋》："惟加田无国正。"郑注引郑司农云："正谓税也。"《释文》："正，本亦作征。"《王力古汉语字典》"正"下亦云："通征，赋税。"

5.《地官·师市》："市之群吏平肆、展成奠贾。"郑注："奠读为定，整敕会者，使定物贾，防诳豫也。"

奠义为置。《说文》曰："奠，置祭也。"甲骨文、金文奠字即象酒尊置于器上之形。又《说文》："定，安也。"引申而为确定，决定。《书·尧典》："以闰月定四时成岁。"《穀梁传》宣公七年："来盟，前定也。"《礼记·王制》："论进士之贤者，以告于王，而定其论。"皆其例。奠与定古同音，皆定母耕部，故奠可通定。《春官·小史》"奠系世"，杜子春亦云："奠读为定。"定是本字，奠是通假字。同例还见于：

《考工记·弓人》："寒奠体。"郑注："奠读为定。至冬胶坚，内之檠中，定往来体。"

6.《地官·遂人》："辨其老幼、废疾与其施舍者。"郑注："施读为弛。"

《说文》："施，旗貌。"又曰："弛，弓解也。"引申为解除，舍弃。《广韵·纸韵》："弛，释也。"①《集韵·纸韵》："弛，舍也。"即此经施舍之义。

---

① 此据余廼永《新校互注宋本广韵》本。

施、弛古音双声叠韵，皆审母歌部，故可通假：弛是本字，施是通假字。同例还见于：

《地官·遂师》："辨其施舍，与其可任者。"郑注："施读为弛也。"（按"为"字原无，据阮校补）。

7.《地官·廪人》："廪人掌九谷之数，以待国之匪颁、赒赐、稍食。"郑注："匪读为分。分颁，谓委人之职诸委积也。"

按《说文》："匪，器，似竹筐。"又曰："分，别也。"匪、分古音双声，都是帮母；匪属微部，分属文部，微文对转，故匪、分二字可通：分是本字，匪是通假字。朱骏声《定声》云："匪，假借为分。"《天官·大宰》："八曰匪颁之式。"郑注引郑司农云："匪，分也。"又《地官·廪人》："掌九谷之数，以待国之匪颁。"郑注亦云："匪读为分。"是皆以本字读通假字。

8.《地官·廪人》："大祭祀，则共其接盛。"郑注："接读为'一扱再祭'之扱。扱以授舂人舂之。"

按《说文》："接，交也。"又曰："扱，收也。"引申为取。《广雅·释诂一》："扱，取也。"王念孙《疏证》云："《士昏礼·记》云：'祭醴，始扱一祭，又扱再祭。'扱之为言，挹取之也。"① 接字古音属精母盍部，扱字属穿母缉部，精穿邻纽，盍缉旁转，故接、扱二字音近可通：扱是本字，接是通假字。

9.《春官·叙官》："鞮鞻氏。"郑注："鞻读为屦也。鞮屦，四夷舞者所屝也。"

《说文》无鞻字。《玉篇·革部》："鞮鞻氏，掌四夷之乐官也。"② 是据《春官·鞮鞻氏》之职文为说，以鞻为官名字。又《说文》："屦，履也。"履即鞋，故《说文》又曰："履，足所依也。"鞻、屦古音叠韵，皆属侯部，可通：屦是本字，鞻是通假字。

10.《春官·大宗伯》："以荒礼哀凶札。"郑注："札读为截，谓疫厉。"

《说文》："札，牒也。"又曰："截，断也。"阮元于郑注"札读为截，谓疫厉"下出校曰："按札者，古文假借字也，故注易其字作截。截者，断也。"

---

① 王念孙《广雅疏证》"扱"下疏，中华书局，1983年。
② 此据《宋本玉篇》本。

《释名·释天》云："札，截也，气伤人如有断截也。"① 札、截古音叠韵，皆属月部；札是庄母，截是从母，庄从旁纽，二字音近可通：截是本字，札是通假字。然疫厉假札字，已为经典习用。即以《周礼》为例，凡疫厉字皆作札，而无作截者。如《天官·膳夫》"大札则不举"，郑注不言札读为截，而径注云："大札，疫厉也。"又《地官·大司徒》"大荒、大札，则令邦国移民"，郑亦径注云："大札，大疫病也。"然此经必注云"札读为截"者，段玉裁云："札字已屡见矣，此乃云'读为截'者，互见也。"② 即欲人于此知其本字也。

11.《春官·小宗伯》："辨六盠之名物与其用，使六宫之人共奉之。"郑注："盠读为粢。六粢，谓六谷：黍稷稻粱麦苽。"

盠是盛谷物的祭器。《说文》："盠，黍稷器，所以祀者。"（此据段注本）《天官·九嫔》"凡祭祀，赞玉盠"，郑注亦云："玉盠，玉敦，受黍稷器。"粢是谷类的总称。《左传》桓公二年："粢食不凿。"孔疏："粢，亦诸谷总名。"盠、粢古同音，皆属精母脂部，故可通：粢是本字，盠是通假字。《王力古汉语字典》"盠"下曰："通粢，谷物的总称。"并举此经郑注为例。

12.《春官·典瑞》："駔圭、璋、璧、琮、璜之渠眉，疏璧、琮以敛尸。"郑注："駔读为组，与组马同。"

《说文》："駔，牡马也。一曰駔会也。"（此据段注本）而组是丝带。《说文》："组，绶属也。其小者以为冕缨。"駔、组古音双声叠韵，皆属鱼部；组是精母，駔是从母，精从旁纽，故二字可通：组是本字，駔是通假字。《字汇·马部》："駔，与组同。"③ 朱骏声《定声》云："駔，假借为组。"并举此经为例。段玉裁云：郑意"以组穿联六玉沟琮之中以敛尸，故曰组圭、璋、璧、琮、璜之渠眉，以敛尸。"④ 故读駔为组。同例还见于：

《考工记·玉人》："駔琮五寸，宗后以为权。"郑注："駔读为组，以组系之，因名焉。"

13.《春官·司服》："祭社稷、五祀则希冕。"郑注："希读为絺。"

---

① 此据王先谦《释名疏证补》本。
② 段玉裁：《周礼汉读考》，《清经解》第4册，第198页。
③ （明）梅膺祚：《字汇》，《续修四库全书》第232册，上海古籍出版社，2002年。
④ 段玉裁：《周礼汉读考》，《清经解》第4册，第201页。

《说文》无希字，希义为寡少。《老子》："知我者希，则我贵。"《论语·公冶长》："不念旧恶，怨用是希。"皆其例。故《尔雅·释诂下》曰："希，罕也。"《集韵·微韵》："希，寡也。"又《说文》："缔，细葛也。"希、缔古音叠韵，皆属微部，故可通：缔是本字，希是通假字。《释文》于此经下曰："希，本又作缔。"

14.《春官·大胥》："春入学，舍采，合舞。"郑注："玄谓舍即释也，采读为菜。始入学必释菜，礼先师也。"

《说文》："采，捋取也。"又曰："菜，艸之可食者。"采、菜古音双声叠韵，皆属清母之部，故可通：菜是本字，采是通假字。朱骏声《定声》曰："采，假借为菜。"并举此经为例。又《睡虎地秦简·秦律·传食例》："御使卒人使者，食粺米半斗，酱驷（四）分升一，采（菜）羹，给之韭葱。"[①] 亦其例也。

15.《春官·大卜》："二曰《觭梦》。"郑注："觭读为'诸戎掎'之掎，掎亦得也，亦言梦之所得。"

按此注"读为"原作"读如"，据段玉裁校改。段氏云："郑君读为《左传》'诸戎掎'之掎，下文直云'掎亦得也'，可知郑之易字矣。今本误作'读如'，非也。"[②] 孙诒让亦云："段校是也。"[③]《说文》："掎，偏引也。"引申而有得义。孙诒让云："《说文·手部》：'掎，偏引也。'引之则得，故云'亦得'也。"又《说文》："觭，角一俯一仰也。"掎、觭古音叠韵，皆属歌部；掎是见母，觭是溪母，见溪旁纽，故二字可通：掎是本字，觭是通假字。

16.《春官·大祝》："辨九拜，以享、右祭祀。"郑注："右读为侑，侑劝尸食而拜。"

戴家祥云："彐象手形，与ナ义相反，本义为右手，引义为右。后彐假作副词再义，为保持本义，加口旁作右。右又假作帮助之义。……人助之右加人旁作佑。神助之右加示旁作祐。金文之右字有佑、祐和左右之右三种写法。"[④] 可见，右的本义为右手，假借为助，后又加亻旁或示旁而为佑或祐。

---

① 睡虎地秦墓竹简整理小组：《睡虎地秦墓竹简》，文物出版社，1978年，第101页。
② 段玉裁：《周礼汉读考》，《清经解》第4册，第204页。
③ 孙诒让：《周礼正义》第7册，第1934页。
④ 戴家祥主编：《金文大字典》上册，学林出版社，1999年，第258页。

又《说文》侑是姷的重文，曰："姷，耦也。……姷或从人。"段注："耕有偶者，取相助也。故引申之，凡相助曰耦，姷之义取乎此。《周礼·宫正》'以乐侑食'，郑曰：'侑犹劝也。'按劝即助。《左传》：'王享醴，命晋侯宥。'杜云：'既飨又命晋侯助以束帛。'以助释宥。古经多假宥为侑。《毛诗》则假右为之，《传》曰：'右，劝也。'"段氏又于"姷或从人"下注曰："今通用此体。"可见右是通假字，而本字当作侑。右、侑古同音，皆匣母之部，故二字可通。

17.《春官·大祝》："来瞽，令皋舞。"郑注："皋读为卒嗥呼之嗥。来、嗥者，皆谓呼之入。"

皋义为水泽边。朱骏声《定声》云："此字当训泽边地也。"《左传》襄公二十五年："町原防，牧隰皋，井衍沃。"杜注"牧隰皋"曰："水崖下湿为刍牧之地也。"《楚辞·招魂》："皋兰被径兮。"洪兴祖注云："皋，泽也……言泽中香草茂盛，覆被径路。"[①] 嗥义为野兽吼叫，《说文》："嗥，咆也。"引申为呼告，经典则每假皋为之。《春官·乐师》："诏来瞽，皋舞。"郑注："皋之言号，告国子当舞者舞。"此经郑注亦云："皋读为卒嗥呼之嗥。"皋、嗥古音叠韵，皆属幽部；皋是见母，嗥是匣母，见匣旁纽，故皋、嗥可通：嗥是本字，皋是通假字。

18.《春官·男巫》："男巫掌望祀、望衍授号，旁招以茅。"郑注："衍读为延，声之误也。望祀谓有牲、粢盛者。延，进也。谓但用币致其神。"

按《说文》："延，长行也。"引申为进。《尔雅·释诂下》："延，进也。"《仪礼·特牲馈食礼》："尸至于阶，祝延尸。"郑注："延，进也。"即导引使进之义。此经郑注训亦同。衍字则无进义，《说文》："衍，水朝宗于海也。"然衍、延二字古音双声叠韵，皆喻母元部，故可通：延是本字，衍是通假字。《后汉书·安帝纪》："二千石长吏明以诏书，博衍幽隐。"李注云："衍，犹引也。"是亦以衍为延之通假字而释之。

19.《春官·男巫》："春招弭，以除疾病。"郑注："弭读为敉，字之误也。敉，安也，安凶祸也。"

据俞樾校，此经弭当作弥，曰："经文弭字当作弥。……《小祝职》云：

[①] 洪兴祖：《楚辞补注》卷9，《四库全书》本。

'弥灾兵。'注曰：'弥读曰敉，敉，安也。'正与此同。彼经作弥，知此经亦作弥也。《仪礼·士丧礼》注曰：'巫掌招弥以除疾病。'即用此经文，可据订正。"① 孙诒让曰："俞说是也。"② 是据俞氏说，此经当作"春招弥"，而郑注当作"弥读为敉"。弥义为遍、满。《周礼·春官·大祝》："国有大故天灾，弥祀社稷祷祠。"郑注："弥犹遍也。"《史记·司马相如列传》载《上林赋》："于是乎离宫别馆，弥山跨谷。"张守节《正义》："弥，满也。"《王力古汉语字典》亦以"遍、满"为弥的第一义项。《说文》："敉，抚也。"抚之则安，故引申为安。《书·洛诰》："亦未克敉公功。"孙星衍注引郑康成云："敉，安也。"③ 此经郑注训同。弥、敉古音双声，都是明母；弥是脂部，敉是支部，支脂通转，故二字可通：敉是本字，弥是通假字。同例还见于：

《春官·小祝》："弥裁兵，远辠疾。"郑注："弥读曰敉，敉，安也。"

20.《春官·巾车》："革路，龙勒，条缨五就。"郑注："条读为绦，以绦丝饰之而五成。"

《说文》："条，小枝也。"又曰："绦，扁绪也。"《广韵·豪韵》："绦，编丝绳也。"是绦即用丝编成的带子，亦即此经条缨之义。条、绦古音叠韵，皆属幽部；条是定母，绦是透母，定透旁纽，二字音近可通：绦是本字，条是通假字。朱骏声《定声》曰："条，假借为绦。"并举此经为例。

21.《春官·巾车》："素车，棼蔽。"郑注："棼读为薠。薠麻以为蔽。"

《说文》："棼，复屋栋也。"又曰："薠，青薠，似莎者。"亦与麻无涉。段玉裁云："薠即萉黂字……非青薠也。"④ 孙诒让云："《说文·艸部》：'薠，青薠，似莎者。'无麻训。据《释文》，薠音扶文反，则礼家旧读皆以薠为即《筵人》、《草人》、《弓人》之蕡，其字《说文》作萉，或作黂。《淮南子·说山训》云：'见黂而求成布。'高注云：'黂，麻之有实者。'是黂布即苴麻之布，故可为蔽也。"⑤ 是此经之薠即黂，亦即《说文》之萉或黂，是一种结子的麻，亦即所谓苴麻，可用以成布，在此即指代这种麻布，故可以为蔽。

---

① 俞樾：《群经平议·周官一》，《清经解续编》第 5 册，第 1100 页。
② 孙诒让：《周礼正义》第 8 册，中华书局点校本，1987 年，第 2074 页。
③ 孙星衍：《尚书今古文注疏》第 2 册，中华书局，1986 年，第 412 页。
④ 段玉裁：《周礼汉读考》，《清经解》第 4 册，第 207 页。
⑤ 孙诒让：《周礼正义》第 8 册，第 2175 页。

燌音扶文反，则与棼同音，皆属并母文部，故二字可通：燌是本字，棼是通假字。

22.《夏官·小子》："而掌珥于社稷，祈于五祀。"郑注："珥读为衈。祈或为刉。刉衈者，衅礼之事也。用毛牲曰刉，羽牲曰衈。"

《说文》："珥，瑱也。"与此经义无涉。《说文》无衈字。《玉篇·血部》："衈，耳血也。"《广韵·志韵》："衈，杀鸡血祭名。"《穀梁传》僖公十九年："用之者，叩其鼻以衈社也。"范注云："衈者，衅也，取鼻血以衅祭社器。"《礼记·杂记下》："成庙则衅之……门、夹室皆用鸡，先门而后夹室，其衈皆于屋下。"郑注："衈谓将刲割牲以衅，先灭耳旁毛荐之。耳听声者，告神欲其听之。"珥、衈古音双声叠韵，皆日母之部，故可通：衈是本字，珥是通假字。同例还见于：

《秋官·士师》："凡刉珥，则奉犬牲。"郑注："珥读为衈。刉衈，衅礼之事。用牲，毛者曰刉，羽者曰衈。"

又有"读曰"一例：

《秋官·司约》："若有讼者，则珥而辟藏，其不信者服墨刑。"郑注："珥读曰衈，谓杀鸡取血衅其户。"

23.《夏官·射人》："若王大射，则以狸步，张三侯。"郑注："参读为糁。糁，杂也。杂者，豹鹄而麋饰，下天子、大夫。"

《说文》："参，商星也。"金文参即象参宿之三星在人头上而光芒下射之形。又《说文》糁是糂的重文，曰："以米和羹也。"引申为杂。《仪礼·大射》"参七十"，郑注曰："参读为糁。糁，杂也。"与此经注同。参、糁古音叠韵；参是审母为舌音，糁是心母为齿音，舌音与齿音为邻纽，故二字音近可通：糁是本字，参是通假字。

24.《夏官·形方氏》："无有华离之地。"郑注："玄谓华读为㕦哨之㕦，正之使不㕦邪离绝。"

《说文》："华，荣也。"《说文》无㕦字。《集韵·佳韵》以㕦为苯字之异体，云："苯，不正也，或作㕦。"又《广韵·麻韵》释㕦云："㕦邪离绝之皃。"盖皆据此经郑注为说。华、㕦二字古音叠韵，皆属鱼部；华是晓母，㕦是溪母，晓溪旁纽，故二字可通：㕦是本字，华是通假字。

25.《秋官·犬人》："凡幾珥、沈、辜，用駹可也。"郑注："幾读为刉，珥当为衈。刉衈者,衅礼之事。"

《说文》:"幾,微也,殆也。"又曰:"刉,划伤也。"盖以刀划牲取血以衅祭,故即以刉为衅祭之名,故郑注云:"刉衈者,衅礼之事。"郑玄以刉为正字,其《夏官·小子》注即云刉为"刉珥正字"。幾、刉古音双声,都是见母;幾属微部,刉属物部,微物二部可对转,故幾可通刉。又按《周礼》幾珥的幾字所作最纷纭。如此经作"幾珥",《春官·肆师》、《夏官·小子》、《羊人》作"祈珥",《秋官·士师》作"刉珥",而《小子》郑注又谓"《春官·肆师职》祈或作幾",是其字所作甚不一。而郑所从亦不一。如《春官·肆师》注云"祈当为进机之机",此经及《小子》注又以刉为"刉珥正字"。而此经注引郑司农说又以为"幾读为庪"。盖幾珥向无正字,古人皆假借为之,祈、刉、机、幾、畿、庪,皆同音或音近假借字。郑玄以刉为正字,又不能坚其说,《春官·肆师》注云"祈当为进机之机"可证,是亦未必以刉为正字。然就此经而言,郑注是以本字读通假字则无疑。

26.《秋官·伊耆氏》:"伊耆氏掌国之大祭祀共其杖咸。"郑注:"咸读为函。老臣虽杖于朝,事鬼神尚敬,去之。有司以此函藏之,既事乃授之。"

《说文》:"咸,皆也,悉也。"函字甲骨文、金文皆象箭盛于囊中之形,本义当为箭囊,引申而有封套、匣子、包含等义。《说文》训函为舌,盖非。咸、函二字古音双声,都是匣母;咸属侵部,函属谈部,侵谈旁转,故咸、函二字可通:函是本字,咸是通假字。

27.《考工记·总叙》:"秦无庐。"郑注:"庐读为纑,谓矛戟柄,竹欑柲。"

按注文纑乃筡字之讹。段玉裁校云:"《说文·竹部》曰:'筡,积竹矛戟矜也,从竹,卢声。'引《春秋国语》'侏儒扶筡'。此注纑当作筡。若依纑字,则当云'读如',不当云'读为'矣。"(段氏自注:"《释文》'庐,本或作筡',此正用注说易正文也。")① 孙诒让云:"段说是也。《说文·糸部》:'纑,布缕也。'与庐器义远。"② 是郑注当云"庐读为筡"。庐是农时在田间寄居的棚舍。《说文》:"庐,寄也,秋冬去,春夏居。"庐、筡古同音,

---

① 段玉裁:《周礼汉读考》,《清经解》第 4 册,第 216 页。
② 孙诒让:《周礼正义》第 13 册,第 3112 页。

皆属来母鱼部，故可通：筥是本字，庐是通假字。

28.《考工记·矢人》："以其笴厚为之羽深。"郑注："笴读为稾，谓矢干，古文假借字。"

《说文》无笴字，据此经郑注笴字既为矢干之假借字，则其自有本义，然已不可考。故孙诒让云："郑意笴自有本义，与矢干之稾声近，故假笴为稾也。《说文·竹部》无笴字，然许、郑二君说不尽同，疑古本有此字，从竹可声，而别有本义，今不可考。《礼经》借为矢干之稾，故云古文假借。若《乡射》、《大射》注并训笴为矢干，则即以借义释之，故不复正其读，与此注不应相鳌也。"① 孙说是也，否则郑注不得径谓笴是"古文假借字"。《说文》："稾，秆也。"引申为矢干。《夏官·叙官·稾人》阮校云："禾稾者，茎也。箭干亦茎也，故箭干之稾即禾稾引申之义也。"是矢干之本字当作稾，而笴则稾之通假字也。

29.《考工记·瓬人》："凡陶、瓬之事，髻、垦、薜、暴不入市。"郑注："髻读为刖。"

《说文》："髻，絜发也。"又曰："刖，断足也。"引申为器物敧邪不正。贾疏："刖，谓器物不正，敧邪者也。"郑玄以髻谓器之折足而敧邪不正者，故读髻为刖。髻、刖二字古音叠韵，皆属月部；髻是见母，刖是疑母，见疑旁纽，是二字音近可通：刖是本字，髻是通假字。

30.《考工记·匠人》："水属不理孙，谓之不行。"郑注："属读为注。孙，顺也。不行谓决溢也。"

《说文》："属，连也。"又曰："注，灌也。"属、注古音双声，都是照母；属属屋部，注属侯部，屋侯对转，故二字可通：注是本字，属是通假字。《仪礼·士昏礼》："酌玄酒，三属于尊。"郑注："属，注也。"《汉书·武五子传》："是时天雨，虹下属宫饮井水。"颜注："属犹注也。"朱骏声《定声》云："属，假借为注。"并引此经为例。

31.《考工记·车人》："车人为耒，庛长尺有一寸，中直者三尺有三寸，上句者二尺有二寸。"郑注："玄谓庛读为棘刺之刺。刺，耒下前曲接耜。"

《说文》无庛字，其本义不可知，假借作耒下端前曲接耜之木名，即郑注

---

① 孙诒让：《周礼正义》第14册，第3361页。

所谓"耒下前曲接耜"者。《集韵·支韵》亦云："庛，耒下歧木也。"故庛之形前端必锐。段玉裁云："郑君易庛为刺，刺谓耒下前曲接耜者，以其锐峟，故谓刺，犹殳秘接鐏者曰晋。"① 是郑以庛为刺的通假字，而破读为其本字也。

32.《考工记·弓人》："居干之道，菑栗不迆，则弓不发。"郑注："栗读为裂繻之裂。"

《说文》："栗，栗木也。"（此据段注本）又曰："裂，繒余也。"段注："引申为凡分裂残余之称。"郑以此栗非上文所举制弓干之七种木材（柘、檍、檿桑、橘、木瓜、荆、竹）之一，故断其必为裂之借字，故读之为裂繻之裂。段玉裁云："郑君谓七干中无栗树，易栗为裂。菑者锯入之，裂者分之。《东山》诗'栗薪'读'裂薪'，同此。"栗、裂二字古音双声，都是来母；栗属质部，裂属月部，质月旁转，故栗可通裂。贾疏："（郑）读从隐二年《左氏传》'纪裂繻来逆女'。彼裂繻字子帛，则为裂破衣义。"

33.《考工记·弓人》："恒角而短，是谓逆桡。"郑注："恒读为搄，搄，竟也。竟其角，而短于渊干，引之，角纵不用力，若欲反桡然。"

《说文》："恒，常也。"又曰："搄，引急也。"无竟义。又《说文》："楒，竟也。"是注搄盖楒字之误。段玉裁《周礼汉读考》引此注即作楒，从木而不从手。② 孙诒让亦云："此当作楒。"③ 恒、楒二字古音双声，都是匣母；恒属蒸部，楒属鱼部，鱼蒸旁对转，故恒、楒音近可通：搄是本字，恒是通假字。

34.《考工记·弓人》："弓而羽䪅，末应将发。"郑注："羽读为扈。扈，缓也。接中动则缓，缓箫应弦，则角干将发。"

羽、扈二字古音双声叠韵，故羽可通扈。《集韵·姥韵》："羽，缓也。"释其通假义也，并引此经为证。然孙诒让云："经典扈无缓训，未详所出。"④

见于《仪礼》3例。

35.《仪礼·士昏礼》："姆繻、笄、宵衣，在其右。"郑注："宵，读为

---

① 段玉裁：《周礼汉读考》，《清经解》第4册，第223页。
② 同上书，第224页。
③ 孙诒让：《周礼正义》第14册，第3550页。
④ 同上书，第3556页。

《诗》'素衣朱绡'之绡,《鲁诗》以绡为绮属也。"

《说文》:"宵,夜也。"又曰:"绡,生丝也。"宵、绡二字古同音,皆心母宵部,故可通:绡是本字,宵是通假字。朱骏声《定声》亦云:"宵,假借为绡。"

36.《仪礼·燕礼》:"主人盥洗升,媵觚于宾。"郑注:"媵,送也;读或为扬。扬,举也。"

按"读或为",即或读为。《说文》媵作俟,在《人部》,云:"送也。"此经郑注训与之同。又《说文》:"扬,飞举也。"郑注训亦与之同。媵、扬二字古音双声,都是喻母;媵字属蒸部;扬字属阳部,蒸、阳旁转,是媵、扬二字可通。"读或为扬"者,即谓或读媵为扬的通假字。郑盖以或读于此经义亦可通,故举而存之。

37.《仪礼·聘礼·记》:"贿,在聘于贿。"郑注:"于读曰为。"

于字甲骨文、金文皆有之,至其本义则说颇纷纭。《说文》于作亏,曰"象气之舒亏",假借为介词,且为人所习用。为字之义为作。《周礼·春官·典同》:"以为乐器。"郑注:"为,作也。"《尔雅·释言》则曰:"作,为也。"于、为二字古音双声,都是匣母,于属鱼部,为属歌部,鱼歌通转,故二字可通:为是本字,于是通假字。王引之《经传释词》卷1:"于,犹为也。《诗·定之方中》曰:'定之方中,作于楚宫。揆之以日,作于楚室。'《正义》曰:'作为楚邱之宫,作为楚邱之室。'张载注《魏都赋》引《诗》作'作为楚宫'。《仪礼·士冠礼》曰:'宜之于假。'郑注曰:'于犹为也。''作为楚室'。《聘礼·记》曰:'贿,在聘于贿。'注曰:'于读为为。'……是也。"①

见于《礼记》45 例。

38.《曲礼上》:"疑而筮之,则弗非也;日而行事,则必践之。"郑注:"弗非,无非之者。日,所卜筮之吉日也。践读曰善,声之误也。"

《说文》:"践,履也。"又曰:"善,吉也。"践、善古音叠韵,皆属元部;践是从母为齿音,善是禅母为舌音,齿音与舌音为邻纽,是践、善二字音近可通:善是本字,践是通假字。朱骏声云:"践,假借为善。"并举此经

---

① 王引之:《经传释词》,《清经解》第 7 册,第 5 页。

为例。此经孔疏云:"践,善也。言卜得吉而行事必善也。"这是释践字的通假义。

39.《曲礼下》:"国君则平衡,大夫则绥之,士则提之。"郑注:"绥读曰妥,妥之,谓下于心。"

绥是执以登车的绳。《说文》:"绥,车中靶也。"(此据段注本)段注云:"靶者,辔也。辔在车前,而绥则系于车中,御者执以授登车者,故别之云车中靶也。"妥字甲骨文从爪、从女,"会以手抑女使之止坐之意"。① 引申之为安,又为退、为下。陈乔枞云:"《檀弓》'退然如不胜衣',注云:'退或为妥。'是妥与退同义。《春秋传》'交绥',谓两退。是绥亦有退义。退犹下也。下文'国君绥视',注读绥为妥,与此义同。疏引庾氏曰:'妥,頫下之貌。盖执器以心为平,故妥之谓奉下于心;视瞻以面为平,故妥视谓视下于面也。"② 绥字古音属心母微部,妥字古音属透母歌部。微、歌旁转;心母属齿音,透母属舌音,舌音与齿音为邻纽。是绥、妥二字音近可通:妥是本字,绥是通假字。《王力古汉语字典》于"绥"字下亦云"通妥"。同例还见于:

《曲礼下》:"国君绥视。"郑注:"绥读为妥,妥视,谓视上于袷。"按上文"天子视不上于袷,不下于带",郑注:"袷,交领也。"是"视上于袷"即谓下于面也。

40.《檀弓下》:"曰:'我丧也,斯沾。'"郑注:"斯,尽也。沾读曰觇。觇,视也。国昭子自谓齐之大家,有事人尽视之,欲人观之,法其所为。"

《说文》:"沾,水,出壶关,东入淇。一曰沾,溢也。"又曰:"觇,窥也。"沾训溢,与觇古音同,皆透母谈部,故可通:觇是本字,沾是通假字。陈乔枞云:"《广雅·释诂》云:'沾,溢也。''觇,视也。'二字义别,故古或假借用之。"③

41.《王制》:"名山大泽不以朌。"郑注:"朌读为班。"

朌义为大头。《说文》无朌字。《玉篇·肉部》:"朌,大首貌。"《广韵·删韵》亦曰:"朌,大首。"《说文》又曰:"班,分瑞玉。"引申为分予,分

---

① 徐中舒主编:《甲骨文字典》,四川辞书出版社,1988 年,第 1319 页。
② 陈乔枞:《礼记郑读考》,《清经解续编》第 5 册,第 121 页。
③ 同上书,第 125 页。

赐。《书·洪范》："武王既胜殷，邦诸侯，班宗彝。"伪孔传："赋宗庙彝器酒罇赐诸侯。"此经陆德明《释文》亦曰："颁，音班，赋也。"颁、班二字古音双声叠韵，故可通：班是本字，颁是通假字。

42.《曾子问》："摄主不厌祭，不旅，不假。"郑注："假读为嘏。不嘏，不嘏主人也。"

假义为借。《广雅·释诂二》："假，借也。"《王力古汉语字典》亦以借为假的第一义项。《左传》成公二年："唯器与名，不可以假人。"孔疏释"不可假人"为"不可以借人"。嘏义为福（此据《王力古汉语字典》）。《诗·鲁颂》："天锡公纯嘏。"郑笺："纯，大也。受福曰嘏。"假、嘏二字古音双声叠韵，皆见母鱼部，故假可通嘏。陈乔枞云："案嘏者，主人受祭福之辞也。假、嘏同声，古相通假。"①

43.《文王世子》："为人臣者，杀其身有益于君，则为之，况于其身以善其君乎？"郑注："于读为迂，迂犹广也，大也。"

于本语气词。《说文》："亏（于），於也，象气之舒亏。"王筠以为于即吁的古字，云："于乃古字，吁则累增字也。《诗》'于嗟麟兮'之类是本文，非借字也。《吕刑》'王曰吁'，马本作于。许君说于曰'於也'，即是吁义，故吁不得在口部。"②王说是也。后于字借为介词，故又加口旁而造吁字。迂义为迂曲。《说文》："迂，避也。"段注曰："迂曲、回避，其义一也。"迂曲则远，故引申为远。《广雅·虞韵》："迂，远也。"远则广大，故又引申为广大。《玉篇·辵部》："迂，广大也。"即此经所取义。于、迂二字古音叠韵，皆属鱼部；于是匣母属牙音，迂是影母属喉音，喉音与牙音为邻纽，是二字音近可通：迂是本字，于是通假字。

44.《文王世子》："至于赗、赙、承、含，皆有正焉。"郑注："承读为赠，声之误也。"

《说文》："承，奉也，受也。"又曰："赠，玩好相送也。"二字义异。承、赠二字古音叠韵，皆属蒸部；承是禅母属舌音，赠是从母属齿音，舌音与齿音为邻纽，是二字音近可通：赠是本字，承是通假字。朱骏声《定声》

---

① 陈乔枞：《礼记郑读考》，《清经解续编》第5册，第131页。
② 王筠：《说文句读》第1册，上海古籍出版社，1983年，第602页。

云：“承，假借为赠。”并引此经为例。

45.《文王世子》：“其刑罪，则纤剸亦告于甸人。”郑注：“纤读为歼。歼，刺也。”

按注之二歼字，乃针字之误。阮校云：“惠氏栋校宋本，上歼作针。按《释文》上出'则纤'，云依注音针，之林反，刺也；徐子廉反。注本或作'纤读为歼'者，是依徐音而改也。下出'针，刺'。《九经古义》云：案《释文》则当云'纤读为针'，故下注训为刺。今本皆从徐音误为歼。卢文弨校云：'两歼字俱当从《释文》作针。'"是郑注当云："纤读为针。针，刺也。"纤字，《说文》训"细也"，与此经义无涉。针，《说文》："所以缝也。"引申为刺。《广雅·释诂一》："针，刺也。"《汉书·景十三王传·广川惠王越》："笞问昭平，不服，以铁针针之，彊服。"颜注："以针刺也。"纤字古音属心母谈部，针字属照母侵部；心母是齿音，照母是舌音，齿音与舌音为邻纽，谈侵二部可以对转，是纤、针二字音近可通：针是本字，纤是通假字。

46.《礼运》："蒉桴而土鼓。"郑注："蒉读为凷，声之误也。凷，堛也，谓抟土为桴也。"

蒉是草编的筐。《说文》："蒉，艸器也。"《汉书·何武王嘉师丹传·赞》："以一蒉障江河，用没其身。"颜注："蒉，织草为器，所以盛土也。"凷，同块（块），《说文》："凷，墣也。块，凷或从鬼。"蒉字古音属是群母物部，凷字属溪母微部，群溪旁纽，物微对转，故蒉、凷二字音近可通：凷是本字，蒉是通假字。《王力古汉语字典》亦曰"蒉，通凷"，并举此经为例。

47.《礼运》："粢醍在堂，澄酒在下。"郑注："粢读为齐，声之误也。《周礼》：'五齐，一曰泛齐，二曰醴齐，三曰盎齐，四曰醍齐，五曰沈齐。'"

粢，即稷，亦即今所谓谷子。《尔雅·释草》："粢，稷。"《玉篇·米部》："粢，稷米也。"齐，在此用作酒名，即注所引《周礼》之五齐是也。粢、齐二字古音叠韵，都属脂部；粢是精母，齐是从母，精从旁纽，是二字音近可通：齐是本字，粢是通假字。

48.《内则》："敦、牟、卮、匜，非馂莫敢用。"郑注："馂乃用之。牟读曰堥也。卮、匜，酒浆器。敦、牟，黍稷器也。"

《说文》:"牟,牛鸣也。"《说文》无鍪字,此经孔疏引《隐义》云:"鍪,土釜也。今以木为器,象土釜之形。"牟、鍪古音双声,都是明母;牟属幽部,鍪属侯部,幽侯旁转,故二字音近可通:鍪是本字,牟是通假字。此经《释文》云:"齐人呼土釜为牟。"陈乔枞云:"鍪者,鍪之今字也;牟者,古文假借字也。"①

49.《郊特牲》:"台门而旅树,反坫,绣黼、丹朱中衣,大夫之僭礼也。"郑注:"绣读为绡,绡,缯名也。《诗》云:'素衣朱绡。'又云:'素衣朱襮。'襮,黼领也。"

《说文》:"绣,五采备也。"又曰:"绡,生丝也。"二字义异。然绣、绡古音双声,都是心母;绣字属幽部,绡字属宵部,幽、宵旁转,故绣、绡二字可通:绡是本字,绣是通假字。

50.《郊特牲》:"而流示之禽,而盐诸利,以观其不犯命也。"郑注:"盐读为艳。行田示之以禽,使歆艳之,观其用命不也。"

盐即食盐,《说文》:"盐,咸(鹹)也。"艳,《说文》:"好而长也。"引申为欣羡、羡慕。《韩非子·外储说左上》:"夫不谋治强之功,而艳乎辩说文丽之声。"此艳即用其引申义。盐、艳古音同,皆属喻母谈部,二字可通:艳是本字,盐是通假字。孔疏云:"盐、艳声相近,歆艳是爱欲之言,故读从艳也。"

51.《郊特牲》:"犹明、清与醆酒于旧泽之酒也。"郑注:"泽读为醳。旧醳之酒,谓昔酒也。"

《说文》:"泽,光润也。"醳则酒名。《释名·释饮食》:"醳酒,久酿酉泽也。"《说文》无醳字。醳酒盖本无正字,或借酋,或借绎。《说文》:"酋,绎酒也。"段注:"绎之言昔也。昔,久也……绎酒谓日久之酒。"或借泽字,则此经是也。后乃造醳字,以为醳酒之专字,即所谓后起本字。是此注所谓"泽读为醳"者,以本字读通假字也。

52.《郊特牲》:"祭有祈焉,有报焉,有由辟焉。"郑注:"辟读为弭,谓弭灾兵,远罪疾也。"

《说文》:"辟,法也。"又曰:"弭,弓无缘可以解辔纷者。"引申为停

---

① 陈乔枞:《礼记郑读考》,《清经解续编》第5册,第137页。

止、消除。《玉篇·弓部》："弭，息也，忘也，止也，安也，灭也。"辟字古音属帮母锡部，弭字属明母支部，帮明旁纽，锡支对转，二字音近可通：弭是本字，辟是通假字。《集韵·纸韵》："辟，《周礼》'弭灾兵'，或作辟，通作弭。"《王力古汉语字典》亦曰："辟通弭。"并举此经为例。

53.《内则》："淳毋，煎醢，加于黍食上，沃之以膏，曰淳毋。"郑注："毋读为模。模，象也。作此象淳熬。"

《说文》："毋，止之也。"又曰："模，法也。"法谓法式、规范，引申为效法、模仿，即郑注所谓"象也"。《北史·莫含传》："后道武欲广宫室，规度平城四方数十里，将模邺、洛、长安之制。"是其例也。毋、模古音双声叠韵，皆属明母鱼部，故毋可通模。俞樾云："《尚书·大禹谟》：'帝曰毋。'正义曰：'古人言毋，犹今人言莫。'毋莫同声，故毋得读为模。"①孔疏："以经云'淳毋'，毋是禁辞，非膳羞之体，故读为模。模，象也，法象淳熬而为之。"是谓郑意此淳毋之制作法，是效法淳熬而为之，故读毋为模：模是本字，毋是通假字。

54.《内则》："国君世子生，告于君，接以大牢，宰掌具。"郑注："接读为捷，捷，胜也。谓食其母，使补虚强气也。"

《说文》："接，交也。"又曰："捷，猎也。"引申为胜。《尔雅·释诂上》："捷，胜也。"《玉篇·手部》："捷，剋也，胜也。"《诗·小雅·采薇》："岂敢定居，一月三捷。"毛传："捷，胜也。"接、捷古音叠韵，皆属盍部；接是精母，捷是从母，精从旁纽，是二字音近可通：捷是本字，接是通假字。清高翔麟云："接，通捷。《内则》：'世子生，接以太牢。'注：'接读为捷，胜也。'"②

55.《玉藻》："诸侯荼，前诎后直，让于天子也。"郑注："荼读为舒迟之舒。舒懦者，所畏在前也。"

《说文》："荼，苦菜也。"又曰："舒，伸也。"荼、舒古音叠韵，皆属鱼部；荼是定母，舒是审母，定审准旁纽，是二字音近可通：舒是本字，荼是通假字。朱骏声《定声》曰："荼，假借为舒。"《尚书大传·洪范五行传》：

---

① 俞樾：《礼记郑读考》，《清经解续编》第 5 册，第 1000 页。
② 高翔麟：《说文字通》卷 12，《续修四库全书》第 222 册，第 656 页。

"视之不明,是谓不悊,厥咎荼。"郑注:"荼,亦作舒。君臣不明则舒缓矣。"①

56.《玉藻》:"振絺、绤不入公门。"郑注:"振读为袗。袗,单也。"

《说文》:"振,举救也。"又曰:"袗,玄服。"引申为单衣。《玉篇·衣部》:"袗,单也。"振、袗古音双声叠韵,皆属照母文部,故可通:袗是本字,振是通假字。《集韵·轸韵》:"振,单也。《礼》'振絺绤',通作袗。"朱骏声《定声》亦云:"振,假借为袗。"并举此经为例。

57.《玉藻》:"一命缊韨,幽衡;再命赤韨,幽衡。"郑注:"幽读为黝,黑谓之黝。"

《说文》:"黝,微青黑色。"微青黑亦黑也,故郑注曰"黑谓之黝"。《说文》又曰:"幽,隐也。"黝、幽古音双声叠韵,故可通:黝是本字,幽是通假字。《说文》"黝"下段注云:"黝,古多假幽为之。"又"幽"下段注云:"《小雅》'桑叶有幽',毛曰:'幽,黑色也。'此谓幽为黝之假借。"

58.《玉藻》:"肆束及带,勤者有事则收之,走则拥之。"郑注:"肆读为肄。肄,余也。"

肆,《说文》作𦘚,曰:"极陈也。"《说文》又曰:"肄,习也。"肄引申而有余义。《诗·周南·汝坟》:"遵彼汝坟,伐其条肄。"毛传:"肄,余也。"《左传》襄公二十九年:"晋国不恤周宗之阙,而夏肄是屏。"杜注:"肄,余也。"《小尔雅·广诂》:"肄,余也。"②《方言》卷1亦曰:"烈、枿,余也。陈郑之间曰枿,晋卫之间曰烈,秦晋之间曰肄,或曰烈。"③肆、肄古音叠韵,皆属质部;肆是心母属齿音,肄是喻母属舌音,齿音与舌音为邻纽,故二字音近可通:肄是本字,肆是通假字。俞樾云:"按肆、肄古通用。《周礼·小宗伯》:'肆仪为位。'注曰:'故书肆为肄。杜子春读肄当为肆。'《仪礼·聘礼·记》:'为肆。'注曰:'古文肆为肄。'其他肆、肄文异见于《释文》者,不可胜举。"④

59.《玉藻》:"立容辨卑毋谄。"郑注:"辨读为贬。自贬卑,谓磬

---

① 《尚书大传》卷2,《四库全书》本。
② 此据《小学名著六种》本,中华书局1998年影印。
③ 扬雄:《方言》,《百子全书》本。
④ 俞樾:《礼记郑读考》,《清经解续编》第5册,第1001页。

折也。"

《说文》："辨，判也。"又曰："貶，损也。"辨字古音属并母元部，貶字属帮母谈部，并帮旁纽，元谈通转，是二字音近可通：貶是本字，辨是通假字。《集韵·俨韵》："貶，《说文》：'损也。'或作辨。"俞樾云："按《周官·士师》：'若邦凶荒，则以荒辨之法治之。'郑注谓：'辩当为貶，声之误也。'此读辨为貶，与彼注一例。"①

60.《玉藻》："盛气颠实扬休。"郑注："颠读为闐，声之误也。盛声中之气，使之闐满。其息若阳气之躰（体）物也。"

《说文》："颠，顶也。"又曰："闐，盛貌。"引申为充满、填塞。《韩诗外传》一："精气闐溢而后伤。"②《史记·汲郑列传》："翟公为廷尉，宾客闐门。"皆其例也。颠、闐古音叠韵，都属真部；颠是端母，闐是定母，端定旁纽，故二字音近可通：闐是本字，颠是通假字。此经孔疏云："颠，塞也……言军士宜怒其气，塞满身中。"是以通假义释颠字。

61.《玉藻》："盛气颠实扬休。"郑注："扬读为阳，声之误也。盛声中之气，使之闐满。其息若阳气之躰物也。"

《说文》："扬，飞举也。"又曰："阳，高明也。"引申而用作阴阳字。《易·系辞上》："一阴一阳谓之道。"扬、阳古同音，皆属喻母阳部，故每通用。俞樾云："至扬之与阳，古多通用。昭二十五年《公羊春秋》'次于扬州'，《左》《穀》并作'阳州'。《诗·野有蔓草》篇'清扬婉兮'，《说苑·尊贵》篇引作'清阳'。晋大夫解扬，《汉书·古今人表》作'解阳'，并其证。"③ 此经阳是本字，扬是通假字。

62.《明堂位》："周公践天子之位以治天下。六年……颁度量而天下大服。"郑注："颁读为班。"

《说文》："颁，大头也。从页，分声。一曰鬓也。《诗》曰：'有颁其首。'"又曰："班，分瑞玉。"引申为颁布、颁赐、分予等义。《公羊传》僖公三十一年："晋侯执曹伯，班其所取侵地于诸侯也。"何休注："班者，布遍之辞。"又《礼记·月令》"班马政"，《汉书·王莽传》"遣五威将王

---

① 俞樾：《礼记郑读考》，《清经解续编》第 5 册，第 1001 页。
② 《韩诗外传》，中华书局，1980 年，第 21 页。
③ 俞樾《礼记郑读考》，《清经解续编》第 5 册，第 1001 页。

奇等十二人班《符命》四十二篇于天下"，皆其例。颁、班古音双声，都是帮母；颁属文部，班属元部，文元旁转，故二字音近可通：班是本字，颁是通假字。

63.《明堂位》："是故……秋省，而遂大蜡。"郑注："省读为狝。狝，秋田名也。"

《说文》："省，视也。"狝则为秋田名。《说文》无狝字。《集韵·獮韵》云："獮，《说文》：'秋田也。'或作狝。"《尔雅·释天》云："秋田为狝。"省、狝古音双声，都是心母；省属耕部，狝属脂部，耕脂通转，故二字音近可通：狝是本字，省是通假字。《礼记·玉藻》："唯君有黼裘以誓省。"郑注亦曰："省当为狝。狝，秋田也。"

64.《明堂位》："灌尊，夏后氏以鸡夷。"郑注："夷读为彝，《周礼》：'春祠夏禴，祼用鸡彝鸟彝。秋尝冬烝，祼用斝彝黄彝。'"

《说文》："夷，平也。"又曰："彝，宗庙常器也。"夷、彝古音同，皆喻母脂部，故可通：彝是本字，夷是通假字。《诗·大雅·烝民》"民之秉彝"，《孟子·告子上》赵岐注引作"秉夷"。《书·洪范》"是彝是训"，《史记·宋微子世家》引作"是夷是训"。是皆通假之例。

65.《丧服小记》："报葬者报虞，三月而后卒哭。"郑注："报读为赴疾之赴。谓不及期而葬也。"

《说文》："报，当罪人也。"又曰："赴，趋也。"引申为急走报丧。段注云："古文赴告字只作赴者，取急疾之意。"报字古音属帮母幽部，赴字属滂母屋部，帮滂旁纽，幽屋旁对转，故二字音近可通：赴是本字，报是通假字。段注云："报，假借为赴疾之赴，见《少仪》、《丧服小记》，今俗云急报是也。"同例还见于：

《少仪》："毋拔来，毋报往。"郑注："报读为赴疾之赴。拔、赴皆疾也。"

66.《大传》："合族以食，序以昭缪。"郑注："缪读为穆，声之误也。"

《说文》："缪，枲之十絜也。一曰绸缪。"又曰："穆，禾也。"引申作宗庙排列次序之称。《周礼·春官·小宗伯》："辨庙祧之昭穆。"郑注："父曰昭，子曰穆。"缪、穆二字古音双声，都是明母；缪属幽部，穆属觉部，幽觉对转，故二字音近可通：穆是本字，缪是通假字。《荀子·王制》："分未定也，则有昭穆。"杨倞注："缪读为穆，父昭子穆。"① 亦与此经郑读同。

67.《乐记》："地气上齐，天气下降。"郑注："齐读为跻。跻，升也。"

《说文》："齐，禾麦吐穗上平也。"又曰："跻，登也。"郑注训齐为升，与许训略同。齐、跻古音叠韵，皆属脂部；齐字是从母，跻字是精母，从精旁纽，故二字可通：跻是本字，齐是通假字。《集韵·齐韵》："跻，《说文》：'登也。'引《商书》'予颠跻'。或作齐。"朱骏声云："齐，假借为跻。"《礼记·孔子闲居》："帝命不违，至于汤齐。"郑注："《诗》读'汤齐'为'汤跻'。跻，升也。"

68.《乐记》："粗厉、猛起、奋末、广贲之音作，而民刚毅。"郑注："贲读为愤。愤，怒气充实也。《春秋传》曰：'血气狡愤。'"

《说文》："贲，饰也。"又曰："愤，懑也。"引申为愤怒。梅膺《字汇·心部》云："愤，怒也。"② 贲、愤二字古音双声叠韵，故可通：愤是本字，贲是通假字。《集韵·吻韵》："忿，怒也。或作贲。"《荀子·彊国篇》："下比周贲溃以离上矣。"杨倞注："贲读为愤愤然也。"又王先谦《集解》云："贲，《韩诗外传》六作愤，此作贲，二义俱通。"③

69.《乐记》："天地䜣合，阴阳相得。"郑注："䜣读为熹，熹犹蒸气也。"

《说文》："䜣，喜也。"又曰："熹，炙也。"郑训熹为"蒸气"，盖熹之引申义。孔疏云："言乐感动天地之气，是使二气蒸动，则天气下降，地气上腾。"䜣、熹二字古音双声，都是晓母；䜣属文部，熹属之部，文之通转，故二字音近可通：熹是本字，䜣是通假字。俞樾云："按成十三年《左传》曹公子'欣时'，十六年《公羊传》作'熹时'，即䜣与熹通之例。"④

70.《乐记》："《武》坐致右宪左，何也？"郑注："宪读为轩，声之误也。"

《说文》："宪，敏也。"又曰："轩，曲辀藩车。"引申而有高、起之义。孔疏："轩，起也。问《武》人何有时而跪，以右膝至地，而左足仰起，何故

---

① 《诸子集成》第 2 册，第 94 页。
② 梅膺：《字汇》，《续修四库全书》第 232 册，第 567 页。
③ 见《诸子集成》第 2 册，第 195 页。
④ 俞樾：《礼记郑读考》，《清经解续编》第 5 册，第 1002 页。

也?"宪、轩二字古音双声叠韵,都属晓母文部,故可通:轩是本字,宪是通假字。朱骏声《定声》云:"宪,假借为轩。"《史记·乐书》:"《武》坐致右宪左,何也?"张守节《正义》亦云:"宪音轩。轩,起也。"泷川资言《考证》曰:"《家语》宪作轩。"①

71.《乐记》:"倒载干戈包之以虎皮,将帅之士使为诸侯,名之曰'建橐'。"郑注:"建读为键,字之误也。兵甲之衣曰橐。建橐,言闭藏兵甲也。"

按《说文》:"建,立朝律也。"又曰:"键,铉也。"段注:"谓鼎扃也。以木横贯鼎耳而举之,非是则既炊之鼎不可举也,故谓之关键。引申之为门户之键闭。"郑注释"建橐"为闭藏甲兵,是当以键为正字。建、键二字古音叠韵,皆属元部;建字是见母,键字是群母,见群旁纽,故二字音近可通:键是本字,建是通假字。朱骏声《定声》亦云:"建,假借为键。"

72.《杂记上》:"大夫讣于同国适者。"郑注:"适读为匹敌之敌,谓爵同者也。"

《说文》:"敌,仇也。"引申为匹敌、相当。《尔雅·释诂上》:"敌,匹也。"適字《集韵》音亭历切,古音与敌双声叠韵,皆定母锡部,故可与敌通。《集韵·锡韵》曰:"敌,《说文》:'仇也。'或作適。"朱骏声《定声》曰:"適,假借为敌。"俞樾云:"按《玉藻》篇:'敌者不在。'《释文》曰:'敌,本作適。'《燕义篇》:'莫敢適之义也。'《释文》曰:'本亦作敌。'《论语·里仁》篇:'无適也。'《释文》曰:'郑本作敌。'《荀子·君子篇》:'四海之内无客礼,告无適也。'杨注曰:'適读为敌。'敌、適古字通。"② 是此经郑注即以本字读通假字。

73.《丧大祭》:"君封以衡,大夫、士以咸。"郑注:"咸读为箴。凡柩车及圹,说载除饰,而属绋于柩之箴……今齐人谓棺束为箴绳。"

《说文》:"咸,皆也,悉也。"又曰:"箴,所以束箧也。"段注:"齐人谓束棺曰箴。"咸、箴二字古音叠韵,皆属侵部;咸是匣母,箴是见母,匣见旁纽,故二字音近可通:箴是本字,咸是通假字。《集韵·咸韵》:"咸,棺旁

---

① [日]泷川资言:《史记会注考证》,上海古籍出版社,1986年,第697页。
② 俞樾:《礼记郑读考》,《清经解续编》第5册,第1002页。

所以系绋者。齐人谓棺束为咸绳。通作缄。"朱骏声《定声》亦云:"咸,假借为缄。"

74.《祭义》:"骨肉毙于下,阴为野土。"郑注:"阴读为依荫之荫,言人之骨肉荫于地中,为土壤。"

《说文》:"阴,暗也。"又曰:"荫,艸阴地。"段注:"引申为凡覆庇之义也。"阴、荫二字古音叠韵;阴是群母属牙音,荫是影母属喉音,牙音与喉音为邻纽,故二字音近可通:荫是本字,阴是通假字。《诗·大雅·桑柔》:"既之阴女,反予来赫。"《释文》:"阴,郑音荫,覆荫也。"朱骏声《定声》云:"阴,假借为荫。"

75.《祭统》:"是故先期旬有一日,宫宰宿夫人。"郑注:"宿读为肃。肃犹戒也,戒轻肃重也。"

《说文》:"宿,止也。"又曰:"肃,持事振敬也。"引申之而有恭敬地引进之义。《尔雅·释诂下》:"肃,进也。"《礼记·曲礼上》:"主人肃客而入。"郑注:"肃,进也。"此经注曰"肃犹戒也",戒即告之使进也。郑注每读宿为肃,皆取肃戒使进之义。《仪礼·特牲馈食礼》:"乃宿尸。"郑注:"宿读为肃。肃,进也。进之者,使知祭日当来。……《周礼》亦作宿。"《少牢馈食礼》:"宿。前宿一日,宿戒尸。"郑注:"宿读为肃。肃,进也。大夫尊,仪益多,筮日既戒诸官以齐戒矣。至前祭一日,又戒以进之,使知祭日当来。"宿、肃古同音,皆属心母觉部,故可通:肃是本字,宿是通假字。

76.《哀公问》:"寡人惷愚冥烦,子志之心也。"郑注:"志读为识。识,知也。"

《说文》:"志,意也。"又曰:"识,一曰知也。"志字古音属照母之部,识字属审母职部,照审旁纽,之职对转,是二字音近可通:识是本字,志是通假字。《左传》昭公十三年:"使诸侯岁聘以志业。"杜注:"志,识也。"《国语·鲁语下》:"弟子志之。"韦注:"志,识也。"《礼记·缁衣》:"为下可述而志也。"王引之云:"志之言识也。"[1] 皆志通识之例。

77.《表记》:"先王谥以尊名,节以壹惠。"郑注:"壹读为一。"

---

[1] 王引之:《经义述闻·礼记下》,《清经解》第6册,第902页。

壹的本义为专一，是形容词。一是数词。壹、一两字古同音，皆属影母质部，古多通用。朱骏声《定声》曰："壹，假借为一。"《王力古汉语字典》"壹"下亦曰"通一"。

78.《大学》："如恶恶臭，如好好色，此之谓自谦。"郑注："谦读为慊，慊之言厌也。"

《说文》："谦，敬也。"慊，依《集韵》音诘叶切，意为满足。《集韵·帖韵》："慊，足也。"谦、慊二字古音双声叠韵，皆属溪母谈部，故二字可通：慊是本字，谦是通假字。《王力古汉语字典》云："谦，通慊，满意，满足。"并举此经为例。郑注云"慊之言厌也"者，厌即足也。俞樾云："按《荀子·荣辱篇》：'彼臭之而无嗛于鼻。'注：'嗛当为慊，猒也。'此以谦为慊，犹彼以嗛为慊。"①

79.《大学》："见贤而不能举，举而不能先，命也。"郑注："命读为慢，声之误也。举贤而不能使君以先己，是轻慢于举人也。"

《说文》："命，使也。"又曰："慢，惰也。"引申为轻视，轻慢。《玉篇·心部》："慢，轻侮也。"命、慢二字古音双声，都是明母；命属耕部，慢属元部，耕元皆属鼻音，可以通转，故命、慢音近可通：慢是本字，命是通假字，故郑注云"命读为慢"。

80.《乡饮酒义》："西方者秋，秋之为言愁也。"郑注："愁读为揫。揫，敛也。"

《说文》："愁，忧也。"又曰："揫，束也。"引申为聚敛。《尔雅·释诂下》："揫，聚也。"郭注："《礼记》曰：'秋之言揫，揫，敛也。'"郭注盖即约此经注而为释。愁、揫二字古音叠韵，皆属幽部；愁是床母，揫是精母，床精准旁纽，故愁、揫音近可通：揫是本字，愁是通假字。陈乔枞云："案《太平御览·时序部》引《书大传》曰：'秋者，愁也。愁者，万物愁而入也。'（引文见《时序部九·秋上》）愁字皆当读为揫……揫者，敛之聚，即《大传》'万物揫而入'之义也。"②

81.《射义》："贲军之将。"郑注："贲读为偾，偾犹覆败也。"

---

① 俞樾：《礼记郑读考》，《清经解续编》第5册，第1004页。
② 陈乔枞：《礼记郑读考》，《清经解续编》第5册，第161页。

据《集韵》，贲音父吻切，义同忿，怒也。《集韵·吻部》："忿，怒也，或作贲。"贲通偾。朱骏声《定声》云："贲，假借为偾。"《说文》："偾，僵也。"引申为败，覆亡。《礼记·大学》："此谓一言偾事。"郑注："偾，犹言覆败也。"与此经注义同。贲、偾古音双声叠韵，皆帮母文部，二字可通：偾是本字，贲是通假字。

82.《燕义》："庶子官职诸侯、卿、大夫、士之庶子之卒。"郑注："卒读皆为倅，诸子副，代父者也。"

卒是古代供役事者穿的一种衣服。《说文》："隶人给事者衣为卒。"甲骨文、金文卒字即象上衣之形。又，《说文新附》："倅，副也。"卒、倅二字古音叠韵，皆属物部；又卒是精母，倅是清母，精清旁纽，故二字音近可通：倅是本字，卒是通假字。《周礼·夏官·诸子》："诸子掌国子之倅。"郑注云："故书倅为卒。郑司农云：'卒，读如物有副倅之倅。'"

二 以区别字读本原字①（4例）

见于《周礼》2例。

83.《春官·大司乐》："以乐语教国子兴、道、讽、诵、言、语。"郑注："道读曰导。导者，言古以剀今也。"

《说文》："道，所行道也。"引申为导。段注："道之引申为道理，亦为引道（导）。"按甲骨文、金文中道、导为一字，即皆作道。商承祚云："（道）是导之古文，然古无导字。"② 后乃加寸造导字，以为引导之专字。王筠亦曰："此寸部导，后人加之。"是导乃道之区别字，郑此注是以区别字读本原字。

84.《考工记·画缋》："山以章。"郑注："章读为獐。獐，山物也。"

《说文》："章，乐竟为一章。"假借为山兽之名，即此经"山以章"之章。后加犭旁而造獐字，或加鹿旁而造麞字（《说文》字即作麞），以为此山物（即山兽）之专名。《玉篇·鹿部》："麞，鹿属，亦作獐。"是章乃本原

---

① 本原字是与区别字相对举的概念，这是蒋绍愚先生提出来的，兹用之。详其《古汉语词汇纲要》，北京大学出版社，1989年，第207—208页。
② 转引自《古文字诂林》第2册，上海教育出版社，2000年，第457页。

字，獐、麕皆区别字。

见于《仪礼》1 例。

85.《士丧礼》："幂用疏布，久之。"郑注："久读为灸，谓以盖塞鬲口也。"

《说文》："久，从后灸之也。"按久是灸的本原字。杨树达云："古人治病，燃艾灼体谓之灸，久即灸之初字也。字形从卧人，人病则卧床也。末画象以物灸体之形。"① 久字既象从人后以物灸体，故引申而有支撑、撑拒义。《说文》引《周礼》曰："久诸墙以观其桡。"（按今本《周礼》久作灸，见《考工记·庐人》）又引申为堵塞，即此经"久之"所取义，故郑注释之为"以盖塞鬲口"。久又假借为长久字，且为人所习用，于是又在久下加火而造灸字。是久乃本原字，灸则区别字，郑此注亦是以区别字读本原字。

见于《礼记》1 例。

86.《内则》："濡鱼，卵酱，实蓼。"郑注："卵读为鲲。鲲，鱼子。"

《说文》："卵，凡物无乳者卵生。"鱼亦卵生，故卵亦包有鱼子之义。但卵字后为禽鸟之卵所专，故又造鲲字以为鱼子之称，是鲲乃后起之区别字。《说文》无鲲字。《尔雅·释鱼》："鲲，鱼子。"郭璞注："凡鱼之子总名鲲。"俞樾云："'凡物无乳者卵生'，凡物之言所包者广，鱼亦无乳，则其子亦卵也。因卵字为鸡卵之义所专，故别制鲲字，以别鱼子。"② 郑读卵为鲲，亦是以区别字读本原字也。

三　以区别字读本原字的通假字（1 例）

见于《礼记》1 例。

87.《杂记上》："大夫附于士，士不附于大夫，附于大夫之昆弟。"郑注："附读为祔……祔者，祔于先死者。"

《说文》："付，与也。"金文付即象手持物以予人之形，引申为凡付予、交付之称。故人死将其神主付于宗庙之先祖亦称付。或假附字（附的本义为

---

① 杨树达：《积微居小学述林》二，《释久》，中华书局，1983 年。
② 俞樾：《礼记郑读考》，见《清经解续编》第 5 册，第 1000 页。

小土山，见《说文》)，此经是也。后为神之，而将付字加示旁造区别字祔，以作为祔祭之专字，故《说文》曰："祔，后死者合食于先祖。"可见，付是本原字，附是付的通假字，而祔则是付的区别字，郑此注是以本原字之区别字读其通假字也。

四　以习用之同源字读之(3例)

见于《周礼》2例。

88.《天官·太宰》："三曰官联，以会官治。"郑注："联读为连，古书连作联。联谓连事通职，相佐助也。"

《说文》："联，连也。"段注："周人用联字，汉人用连字，古今字也。"《说文》又曰："连，负车也。"（此据段注本）段注："负车者，人挽车而行，车在后如负也。……人与车相属不绝，故引申为连属字。《耳部》曰：'联，连也。'《太宰》注曰：'古书连作联。'然则联、连为古今字。"段氏又云："汉以后连贯字皆用连，不用联。"① 是连、联皆有连属、连贯义，且二字音同，是同源通用字，然郑必读联为连者，则盖如段玉裁所说，"汉以后连贯字皆用连，不用联"，是郑以汉时习用之同源字读之也。

89.《春官·占梦》："乃舍萌于四方，以赠恶梦。"郑注："舍读为释，舍萌犹释菜也。古书释菜、释奠多作舍字。"

按注"释菜"之菜《注疏》本原作"采"，据阮校改。舍，《说文》曰"市居曰舍"，是本义为居舍。引申为施舍。陈独秀云："古无旅舍，旅人惟止宿于路旁，居人舍中，《周礼》所谓路室也。舍之主人以舍给人止宿，故自称曰余，即今语所谓舍下，皆施身自谓之义。因之舍亦训施。《毛公鼎》之'舍命'即施命。施捨余屋予人止宿，故捨字从舍。初只用舍，《论语》'不舍昼夜'，犹未加手，金器文捨字均作舍。"② 可见舍是捨的本原字，后乃加手旁造捨字。捨引申而有放置义。《广雅·释诂四》："捨，置也。"又，《说文》："释，解也。"引申而有陈设义。《礼记·文王世子》："凡学，春官释奠于其先师。"郑

---

① 段玉裁：《周礼汉读考》，《清经解》第 4 册，第 187 页。
② 转引自《古文字诂林》第 5 册，上海教育出版社，2002 年，第 397 页。

注:"释奠者,设荐馈酌奠而已。"捨(舍)、释义近,音亦相近(舍、释双声,都是审母;韵部则鱼铎对转),是同源字。《王力古汉语字典》说:"《说文》:'捨,释也。'字本作舍。《左传》哀公十二年:'乃舍卫侯。'《释文》:'舍,释也。'"又《左传》哀公八年:"乃请释子服何于吴。"韦注:"释,舍也。"此经舍萌即释菜,亦即所谓释奠,是舍、释二字皆可用。然陈设义以释字较习用而易晓,舍字则人或疑为居舍字,故郑读舍为释。同例还见于:

《春官·甸祝》:"舍奠于祖庙,祢亦如之。"郑注:"舍读为释。"

《春官·大史》:"凡射事,饰中,舍筹,执其礼事。"郑注:"舍读曰释。"

见于《礼记》1例。

90.《檀弓上》:"古者冠缩缝,今也衡缝。"郑注:"衡读为横,今冠横缝,以其辟积多。"

衡本指绑在牛角上以防触人的横木。《说文》:"衡,牛触,横大木其角。"引申之则为纵横之横。《诗·齐风·南山》:"衡从(纵)其亩。"《释文》:"衡亦作横。"横的本义是指门前的栏木,《说文》:"横,阑木也。"段注:"阑,门遮也。"引申之亦为横,故段注又曰:"凡以木阑之皆谓之横也。"是衡、横二字皆有"横"义。又衡、横古同音,皆匣母阳部,是同源通用字。然郑必读衡为横者,以纵横义习用横字故也。

五 以字义贴切之同源字读之(1例)

见于《礼记》1例。

91.《祭义》:"夏后氏祭其闇,殷人祭其阳,周人祭日以朝及闇。"郑注:"阳读曰'曰雨曰旸'之旸,谓日中时也。"

阳,本义指山的南边,甲骨文、金文及战国古文中阳字即表示日光所照射的山的一面。《说文》:"旸,日出也。"阳、旸二字古同音,皆喻母阳部,且皆与日有关,是同源字,古每通用。《书·尧典》"旸谷",孙星衍注曰:"史迁旸作阳。"[①]《书·洪范》"恒旸若",《汉书·五行志中之上》引作"恒

---

① 孙星衍:《尚书今古文注疏》下册,中华书局,1986年,第313页。

阳若"。皆其证。然郑必注曰"阳读曰'曰雨曰旸'之旸"者，盖以旸有"日中时"之义，而阳字则无，是旸字于经义更为贴切故也。段玉裁《说文》"旸"下注云："旸之义，当从郑。"

六　以后起字读本原字（1例）

见于《周礼》1例。

92.《大宰》："以九贡致邦国之用……八曰斿贡。"郑注："斿读为囿游之游。游贡，燕好珠玑琅玕也。"

按"读为"，《注疏》本原误作"读如"，贾疏引此注作"读为"，是唐以前尚不误。段玉裁云："此'读如'，贾疏作'读为'，是。"① 斿字《说文》失载。甲骨文有斿字，象子执旗前行状，引申为旗幅下的垂饰物。《玉篇·㫃部》曰："斿，周代旌旗之末垂者，或作游。"《集韵·尤韵》："旒，旌旗之旒……或作斿。"而"小篆从水，乃后所加。"② 盖因旗之斿，如水之流，故加水旁。《说文》："游，旌旗之流也。"是游乃斿之后起字。引申为浮游。《诗·邶风·谷风》："就其浅矣，泳之游之。"又为遨遊。《玉篇·辵部》："遊，遨遊也，与游同。"此经之斿贡，郑既释之为"燕好珠玑琅玕"，是皆玩赏之物，而囿游则为周天子游观处（参见《周礼·天官·叙官·阍人》郑注），故郑读斿为"囿游"之游，是以斿即遨游字。可见，斿是本原字，游是后起字，郑此注是以后起字读本原字。

七　注明字的读音（2例）

见于《礼记》2例。

93.《檀弓上》："檀弓曰：'何居？我未之前闻也。'"郑注："居，读为姬姓之姬，齐鲁之间语助也。"

此经之居为语助词，音姬。郑恐人误认为居处字，而不知其为语助词，

---

① 段玉裁：《周礼汉读考》，《清经解》第4册，第188页。
② 徐中舒主编：《甲骨文字典》，第732页。

故以"读为"拟其音。同例还见于:

《郊特牲》:"孔子曰:'三日齐,一日用之,犹恐不敬,二日伐鼓,何居!'"郑注:"居读为姬,语之助也。何居,怪之也。"

94.《内则》:"麋、鹿、田豕、麕,皆有轩。"郑注:"轩读为宪,宪谓藿叶切也。"①

按《中庸》引《诗》"宪宪令德",郑注曰:"宪音显。"此注曰"轩读为宪",是轩亦音显,拟其音也。俞樾云:"按此读从其声,非从其义也。郑意此轩字当读如'宪宪令德'之宪,故曰'轩读为宪'。此先正其音,下乃说其义曰'谓藿叶切也'。"

八 注明读音兼释字义(8例)

见于《周礼》3例。

95.《天官·外府》:"外府掌邦布之入出。"郑注:"布,泉也。布读为宣布之布。其藏曰泉,其行曰布,取名于水泉,其流行无不遍。"

《说文》:"布,枲织也。"是布本义为麻布。然古代以布为币,故布亦为币名。朱骏声《定声》云:"古以布为币,后制货泉即以名之。"以泉布之流通,如水之流布而无不遍,故引申为宣布、公布。郑玄恐人误认此经之布为布匹字,故注之曰"读为宣布之布"。段玉裁云:"凡言读为者,必易其字,此未易其字而曰读为何也?虽未易其形而易其义也。"

96.《考工记·凫氏》:"侈则柞。"郑注:"柞读为咋咋然之咋,声大外也。"

按"侈则柞",《春官·典同》柞作筰,孙诒让云:"筰、柞声近字通也。"②《典同》郑注引杜子春云:"筰读为'行扈唶唶'之唶。""行扈唶唶",见《尔雅·释鸟》。孙诒让云:"此咋咋与唶唶字亦通。"③ 段玉裁释《典同》"侈则筰"之筰云:"《说文》曰:'笮,迫也,在瓦之下,棼上。'又曰:'筰,筊也。''筊,竹索也。'竹索纠合为之,亦有迫义。古无窄字,

---

① 俞樾:《礼记郑读考》,《清经解续编》第5册,第1000页。
② 孙诒让:《周礼正义》第13册,第3269页。
③ 同上。

多以筰、笮字为窄字。"① 是以笮为形容声音之迫促，故彼郑注云："侈则声迫笮，出去疾也。"此经郑注所谓"声大外"义亦与之同。贾疏云："《典同》注云：'侈则声迫笮，出去疾。'此'声大外'亦一也。"

97.《考工记·玉人》："天子用全，上公用龙，侯用瓒，伯用将。"郑注："瓒读为餐屡之屡。龙、瓒、将，皆杂名。"

瓒在此指一种杂有石的玉，故郑注云"龙、瓒、将，皆杂名"。屡同馈，是一种用油脂和稻米制成的粥状食物。《集韵·换韵》："馈，以膏煎稻为酏也。古作屡。"与此经义无涉。郑读瓒为屡者，拟其音也。又，王引之云："《楚辞·九思》'时混混兮浇馈'，注云：'馈，歺也。混混，浊也。言如浇馈之乱也。'则屡有杂乱之义，故《玉人》注读瓒为屡，而训为杂，声中兼义也。"②

见于《仪礼》2 例。

98.《乡饮酒礼》："宾西阶上疑立。"郑注："疑读为'疑然从于赵盾'之疑。疑，正立自定之貌。"

《说文》："疑，惑也。"疑惑而不定则求定，故引申为定。《诗·大雅·桑柔》："靡所止疑。"毛传："疑，定也。"《士昏礼》："妇疑立于席西。"郑注："疑，正立自定之貌。"此经之疑，郑释之为"正立自定之貌"，亦其例。然郑玄恐人误认此疑字为疑惑之疑，故特注之曰"读为'疑然从于赵盾'之疑"。按郑玄所引，乃《公羊传》宣公六年文，彼文曰："仡然从乎赵盾而入。"何注曰："仡然，勇壮貌。"是作"仡然"，不作"疑然"，盖郑所据本与何休异。李如圭曰："郑康成所据之《公羊传》盖作疑，不作仡也。"③ 此经阮校引臧琳曰："《公羊》注：'仡然，勇壮貌。'郑所据《公羊》作疑然，乃立定之貌，不取勇壮为义，盖严、颜之异。"是郑以《公羊传》之"疑"义为定，不同于何休之说，故引以注此经之疑字，即谓此经之疑，音义皆与彼同。

99.《既夕礼》："东方之馔，四豆：脾析、蜱醢、葵菹、蠃醢。"郑注："脾读为鸡脾肶之脾。"

---

① 段玉裁：《周礼汉读考》，《清经解》第 4 册，第 203 页。
② 王引之：《经义述闻·周官下》"屡"条，《清经解》第 6 册，第 845 页。
③ 李如圭：《仪礼集释》卷 4，《乡饮酒礼第四》，《四库全书》本。

此"读为",亦是拟音而兼释义。贾疏:"郑读之,欲见此脾虽与脾肾之脾同,正谓百叶名为脾析,故读音从鸡脾肶之脾。"

见于《礼记》3 例。

100. 《曲礼上》:"以箕自乡而扱之。"郑注:"扱读曰吸,谓收粪时也。"

《说文》:"扱,收也。"郑谓扱为"收粪",与许训同。又《说文》:"吸,内吸也。"引申之亦有收取义。《太玄经》:"邪谟高吸。"范望注:"吸,取也。"① 陈乔枞云:"《说文》:'吸,内息也,从口,及声。'引申之,为凡吸取物之义。"② 然郑必读扱曰吸者,陈乔枞云:"以扱字古通插。《礼（记）·问丧》'扱上衽',谓插衣于带,是也。又训为引。《仪礼·士冠礼》（按当作《士昏礼》,此误）'妇拜扱地',谓引手至地,是也。故于此扱字读从吸。此郑君审核声音训诂以定之者也。"③ 是郑恐人误认此经扱字为扱插之扱,或拜扱之扱,故特注云"读曰吸",是亦拟音兼释义也。

101. 《檀弓上》:"叔仲皮死,其妻鲁人也,衣衰而缪绖。"郑注:"缪读为'不樛垂'之樛。"

按注文樛当作摎。《玉篇·手部》"摎"下曰:"绞也。《丧服传》曰:'殇之绖不摎垂。'不绞其带之垂者。"郑注所引"不摎垂",即本之《丧服传》,而字作樛,樛的本义据《说文》为木"下句",于此经义无涉,显系传写之误,而《玉篇》所引尚不误,当据正。《说文》"摎"下段注云:"《丧服》及《檀弓》注摎垂字,今本讹为樛木之樛,遂不可通矣。惟《玉篇》不误。"是此经郑注当云"缪读为'不摎垂'之摎"。摎,《说文》:"缚杀也。"段注:"引申之,凡绳帛等物二股互交皆得曰摎。"又缪,《说文》:"枲之十絜也。一曰绸缪也。"段注:"十絜犹十束也。"又曰:"《唐风》'绸缪束薪',传曰:'绸缪犹缠緜也。'《鸱鸮》郑笺同,皆谓束缚重叠。"是缪字亦有束缚义,与摎字义近。陈乔枞云:"摎训绞缚,缪字亦训为束缚,义得相通。"④ 然郑必云缪读为"不摎垂"之摎者,以缪有二义:一为枲十絜之缪,一为绸缪之缪,郑恐人误读为前一义之缪,故以"读为"拟

---

① 扬雄:《太玄经》卷10,《玄图》,《四库全书》本。
② 陈乔枞:《礼记郑读考》,《清经解续编》第 5 册,第 120 页。
③ 同上。
④ 同上书,第 127 页。

其音，兼明其义也。

102.《中庸》："夫妇之愚，可以与知焉。"郑注："与读为'赞者皆与'之与。言匹夫匹妇愚耳，亦可以其与有所知，可以其能有所行者。"

按与读余吕切，上声，则义为同类，同盟者。《说文》："与，党与也。"读羊茹切，去声，则义为参与。《广韵·御韵》："与，参与也。"是与字读音不同，义亦有异。郑恐人误认此经之与为党与字，故注明之曰"与读为'赞者皆与'之与"，是亦拟音兼释义也。俞樾云："按《广韵·八语》：'与，善也，待也。《说文》曰：党与也，音余吕切。'《九御》：'与，参与也，音羊洳切。'此读从参与之与也。可知汉人于上去之辨已严矣。"①

九　以义同而习用之字读之（1例）

见于《礼记》1例。

103.《曾子问》："日有食之，不知其已之迟数。"郑注："已，止也。数读为速。"

数义为计算。《说文》："数，计也。"引申为疾速。《尔雅·释诂下》："数，疾也。"《庄子·天地》："挈水若抽，数如泆汤。"陆德明《释文》引李云："疾速如汤沸溢也。"《史记·屈原贾生列传》："淹数之度兮，语予其期。"张守节《正义》："数，音朔，速也。……《汉书》作'淹速'。"速的本义为疾速。《说文》："速，疾也。"是此经之数与速义同。又数、速二字古音叠韵，皆属屋部；数是山母，速是心母，山心为准双声，是二字音亦相近。然郑恐人读数为计算字，故以其音近义同而习用之速字读之。

一〇　以通假字读通假字（3例）

见于《周礼》1例。

104.《考工记·弓人》："量其力有三均。"郑注："有三读为又参。"

是郑读有为又。又的本义为右手，甲骨文、金文又字皆象右手形。有无

---

① 俞樾：《礼记郑读考》，《清经解续编》第5册，第1003页。

的有、又再的又，实皆又的通假字，卜辞中左右字与有无字皆作又，金文中有无字亦多作又可证。① 后乃造区别字右、有，而又字则为又再之专字，且皆为人所习用。然有、又二字古籍中每互通用。《马王堆汉墓帛书·经法·国次》："功成而不止，身危又（有）央（殃）。"《汉书·韩信传》"淮阴少年又侮信"，《史记·淮阴侯列传》又作有。此皆以又通有之例。《诗·邶风·终风》："终风且曀，不日有曀。"《书·甘誓》："颜厚有忸怩。"《仪礼·士相见礼》："吾子有辱。"此皆以有通又之例。然郑必读有为又者，以古籍又再字习用又故也。可见又（又再字）本是通假字，有则是又的通假字，郑此注是以习用之通假字读该通假字之通假字也。

见于《仪礼》1 例。

105.《少牢馈食礼》："来女孝孙，使女受禄于天。"郑注："来读曰釐。釐，赐也。"

《说文》："来，周所受瑞麦来麰。"是来本麦名，甲骨文来字即象麦形。来通赉。《说文》："赉，赐也。"《书·洛诰》："伻来来视予。"俞樾云："上来字为本字，下来字乃赉之假借字。赉者，赐也，锡也。赉视予者，锡视予也。"② 又《说文》："釐，家福也。"釐亦通赉，赐也。段注曰："有假釐为赉者，《大雅》'釐尔女士'，传曰：'釐，予也。''釐尔圭瓒'，传曰：'釐，赐也。'"是来、釐都是赉的通假字。郑注训釐为赐，是径以其通假义释之也。而郑此注"来读曰釐"，则是以通假字读通假字也。而郑玄之所以如此读，一因来与釐古同音，皆属来母之部，声调亦同；二盖因以釐通赉，比之以来通釐，经典较习用故也。

见于《礼记》1 例。

106.《文王世子》："其刑罪，则纤剸亦告于甸人。"郑注："告读为鞠，读书用法曰鞠。"

《说文》："告，牛触人，角著横木，所以告人也。从口，从牛。"段注："牛口为文，未见告义，且字形中无木，则告义未显。"是许对告字字形的分析不确，然训告为"告人"，即告诉人，则不误。按甲骨文告字本祭名，即告

---

① 此用罗振玉说，见《古文字诂林》第 3 册，第 378 页；第 6 册，第 505 页。
② 俞樾：《群经平议》，《清经解续编》第 5 册，第 1055 页。

祭字。"告祭于祖先，引申为告诉之告"，① 然与郑注"读书用法"之义则不类。鞠是古代的一种踢皮球游戏。《说文》："鞠，蹋鞠也。"亦与此经义无涉。然告、鞠都是鞫的通假字，此三字古音都属见母觉部。鞫字《说文》作𥷚，曰："穷治罪人也。"（此据段注本）即此郑注"读书用法"之义。段注云："今法具犯人口供于前，具勘语拟罪于后，即周之读书用法，汉之以辞决罪也。"告可通𥷚（鞫）。《集韵·屋韵》："告，读书用法曰告。《礼》：'告于甸人。'通作鞫。"鞠亦通鞫。《史记·李斯列传》："于是群臣诸公子有罪，辄下高，令鞠治之。"《汉书·景武昭宣元成功臣表》"新畤侯赵弟"栏下："太始三年，坐为太常鞠狱不实，入钱百万赎死而完为城旦。"如淳曰："鞠者，以其辞决罪也。"是告、鞠皆为𥷚（鞫）之通假字。然郑必读告为鞠者，盖汉人鞫狱字习假鞠字，《汉书》中凡鞫狱字皆作鞠，是其证。

一一　以正体字读异体字(1例)

见于《礼记》1例。

107. 《杂记上》："大夫以布为輤而行，至于家而说輤，载以辁车。"郑注："輤读为辁。许氏《说文解字》曰：'有辐曰轮，无辐曰辁。'"

辁是一种低而无辐的木轮载柩车。《说文》："辁，蕃车下庳轮也。一曰无辐也。"輲则是辁的异体字。《说文》无輲字。《玉篇·车部》："辁，有辐曰轮，无辐曰辁。"而于其下的輲字则曰："同上。"又《集韵·𠑽韵》："輲，或作辁。"汉代盖习以辁为字之正体，故《说文》有辁而无輲。俞樾云："郑从《说文》，故读輲为辁耳。"②

一二　以习用之异体字读异体字(1例)

见于《礼记》1例。

108. 《中庸》："日省月试，既廪称事，所以劝百工也。"郑注："既读为

---

① 此明义士说，转引自《古文字诂林》第1册，上海教育出版社，1999年，第756页。
② 俞樾：《礼记郑读考》，《清经解续编》第5册，第1002页。

餼。餼禀，稍食也。"

此经既字的正体当作氣。《说文》："氣，馈客之刍米也，从米，气声。《春秋传》曰：'齐人来氣诸侯。'槩，氣或从既。餼，氣或从食。"是槩、餼皆氣的异体重文，而既字则是槩字之省。① 后氣假为云气字（按云气的本字作气），遂用餼为氣米字。故段注又云："从食而氣为声（按指餼字），盖晚出俗字，在假氣为气之后。"是郑读既为餼，乃读一异体字为另一异体字。之所以如此读者，盖餼字为人所习用而易晓故也。《仪礼》中凡餼米字皆作餼，而无作既（槩）者。胡承珙云："郑注《中庸》云'既读为餼'者，转从今字，使人易晓。"②

一三 以字的引申义读之(1例)

见于《礼记》1例。

109.《曲礼上》："行：前朱鸟而后玄武，左青龙而右白虎，招摇在上，急缮其怒。"注："急犹坚也。缮读曰劲。"

《说文》："缮，补也。"按凡器补之则完，则善，弓弩完善则坚劲，故缮引申为善，为劲。《周礼·夏官·缮人》郑注云："缮之言，劲也，善也。"即释其引申义。此注之"读曰"，亦犹《缮人》注之"之言"，皆为释引申义。陈乔枞云："案《周礼·夏官·缮人》注云：'缮之言劲也，善也。'贾疏云：'以其所掌弓弩有坚劲而善。'是缮本有劲义。此言'急缮其怒'，当取急疾坚劲为义，故读缮曰劲。"③ 段玉裁《说文》"缮"下注云："许言'补'，其本义也，而中含善劲二义。故郑云'之言'，不必如《曲礼》注之改读也。"按段谓郑此注不必改读，是以郑"读曰"之例必破字读之，然郑此注与《缮人》注"之言"实同，不必过泥于郑之"读曰"、"读为"例也。郑恐人即以修缮之本义读此经之缮字，故云"读曰劲"以明其引申义也。

由上可见，郑玄注《三礼》，对于"读为"、"读曰"两个概念的运用，

---

① 说见《说文》"氣"下段注。
② 胡承珙：《仪礼古今文疏义》，《清经解续编》第2册，第1134页。
③ 陈乔枞：《礼记郑读考》，《清经解续编》第5册，第120页。

情况确实较为复杂。这主要表现在除第一类情况即"以本字读通假字"之 82 例以下的 27 例中。但这是在我们有了较丰富的古文字材料，以及训诂学发展到今天的情况下，对郑注进行分析而总结出来的。在郑玄当时缺乏古文字材料，以及训诂学的概念都很不准确精密的情况下，是不当苛求其对"读为"、"读曰"两个概念运用得十分准确的。例如本文所分析的第二类情况，即"以区别字读本原字"的 4 条字例：道读曰导、章读为獐、久读为灸、卵读为鲲，在郑玄当时，实际是把导、獐、灸、鲲看作是本字，而将道、章、久、卵视为假借字的（按古人是不分假借字与通假字的，而一律称之为假借字）。第三类情况"以区别字读本原字的通假字"之 1 例，即"附读为祔"，郑玄也是把祔看做祔祭的本字，而把附视为祔的假借字的。第六类情况"以后起字读本原字"之 1 例，即"斿读为囲游之游"，郑玄实际亦视斿为游的假借字。而第一〇类情况之"有三读为又参"，"来读曰釐"，"告读为鞫"，实皆视前者为后者的假借字。这些在我们今天看来不准确的情况，实际都是由学术发展的具体历史条件造成的，不可求全责备于郑玄。如果除去上述 9 条字例，则还有 18 例。这 18 例中，注明读音或注音兼释义的情况（即七、八两种情况），占了 10 例。这 10 例，可以说确实与所谓"读若"或"读如"之例混而不分了。另 8 条字例，分属四、五、九、一一、一二、一三等六种情况，皆非以本字读通假字，但亦符合"易其字"而读之的原则，是亦无大误。可见，郑玄注《三礼》之"读为"、"读曰"术语的运用，在 109 条字例中，除 10 例（即七、八两种情况）当属"读若"或"读如"例外，余 99 例皆属"就其音以易其字"，占了总数的将近 91%。所以我们可以说，在郑玄《三礼注》中，"读为"、"读曰"两个术语的运用并无大误，则李云光先生所谓郑玄的"读为"、"读曰"等，"皆所以注音，或因以见义"的说法，实考之未审也。

第 二 章

郑玄注《三礼》之"读如"、"读若"例考辨

段玉裁云:"汉人作注于字发疑正读,其例有三:一曰'读如'、'读若',二曰'读为'、'读曰',三曰'当为'。'读如'、'读若'者,拟其音也。古无反语,故为比方之词。'读为'、'读曰'者,易其字也,易之以音相近之字,故为变化之词。比方主乎同,音同而义可推也。变化主乎异,字异而义了然也。"① 这段话的意思是说,"读为"、"读曰"是解释通假字的术语;"读如"、"读若"则是用直音法注明字的读音,即所谓"古无反语,故为比方之词";而"当为"则只是表示改正错字。段玉裁《说文解字注》于《示部》"禷"下亦有类似的说法。钱大昕则云:"汉人言'读若'者,皆文字假借之例,不特寓其音,并可通其字……以是推之,许氏书所云'读若',云'读与某同',皆古书假借之例。假其音,并假其义,音同而义亦随之,非后世譬况为音者可同日而语也。"② 这段话的意思是说,汉人注经所谓"读若"、"读与某同"之类,都是用来解释通假现象的术语。段、钱二氏说不同,其实都是片面的。他们都只举了少数能够说明自己观点的例证,并未就汉人之经注详考之。今遍索郑玄《三礼》注中"读如"、"读若"之字

---

① 段玉裁:《经韵楼集·周礼汉读考序》,《清经解》第 4 册,第 522 页。
② 钱大昕:《潜研堂文集》卷 1,"古同音假借说"条,《清经解》第 3 册,第 303—304 页。

例，凡100例，[①]——考辨之，发现郑玄于此二术语之运用，情况较复杂，既非如段氏所说仅为拟音，亦非如钱氏所说仅为解释通假字。至于郑玄注《三礼》之"读为"、"读曰"例，可参看本编第一章《郑玄注〈三礼〉之"读为"、"读曰"例考辨》；"当为"例则可参看本编第三章《郑玄注〈三礼〉之"当为"例考辨》。

郑注《三礼》于"读如"、"读若"两个术语的运用，计有五种情况，兹考述之如下。这里要说明的一点是，郑玄《三礼注》中的"读若"例甚少，仅5例，且其与"读如"的性质和作用相同，故本文中不单独列出，而依其在《三礼》中出现的先后，杂于"读如"例中考述之。

一　以本字读通假字(35例)

见于《周礼》17例。

1.《天官·叙官》："胥十有二人。"郑注："胥读如谞，谓其有才知，为什长。"

《说文》："胥，蟹醢也。""谞，知也。"郑注释胥为"有才知"，是以胥为谞的借字可知也。段玉裁《说文》"谞"下注云："《周礼》、《诗》皆假胥为之。《天官》'胥十有二人'，注：'胥读为谞（按段氏改读如为读为），谓其有才知，为什长。'《秋官·象胥》注：'胥，其有才知者也。'《小雅》'君子乐胥'，笺云：'胥，有才知之名。'"是此郑注之读如，以本字读通假字也。

2.《地官·均人》"凡均力政，以岁上下：丰年则公旬用三日焉，中年则公旬用二日焉，无年则公旬用一日焉。"郑注："旬，均也。读如'嘦嘦原隰'之嘦。《易》'坤为均'，今书亦有作旬者。"

《说文》："旬，徧也。十日为旬。"郑训旬为均，旬是均的通假字。旬、均古音叠韵，皆属真部，故二字可通。朱骏声《定声》"旬"下云："旬，假借为均。"《易·丰》初九："遇其配主，虽旬无咎。"王弼注："旬，均也。"

[①] 按本文所录，仅郑玄所标明之"读如"、"读若"例，至于郑注中所引郑司农及杜子春所标之"读如"、"读若"，为节省篇幅，则略而未录，亦缘本书的主旨在于研究郑玄的《三礼注》也。

《释文》:"旬,荀(爽)作均。"郑注举"《易》'坤为均',今书亦有作旬者",亦借旬为均之例。郑注云旬"读如'鬠鬠原隰'之鬠"者,语出《诗·小雅·信南山》,《毛诗》鬠鬠作畇畇,作鬠鬠盖出《韩诗》。郝懿行谓畇即均之或体。① 《玉篇·田部》:"鬠,均也。畇畇与鬠鬠同。"是郑谓旬"读如'鬠鬠原隰'之鬠",即谓旬读如均,亦是以本字读通假字也。

3.《春官·司尊彝》:"凡酒脩酌。"郑注:"脩读如涤濯之涤。涤酌,以水和而沛之。"

郑意,脩酌即涤酌。所谓涤酌,即"以水和而沛之",则似涤酒,故郑读脩为"涤濯之涤"。《说文》:"脩,脯也。"与此经义无涉。又《说文》:"涤,洒也。"段注:"引申为凡清潄(净)之词。"故《玉篇·水部》曰:"涤,洗也。"脩字古音属心母幽部,涤属定母觉部,心定齿舌二音为邻纽,幽觉对转,是二字音近可通:涤是本字,脩是通假字。段玉裁云:"脩字于义无施,直易为涤字。涤,条声。条与脩同攸声,故为声类。"② 又《说文》"涤"下段注云:"《周礼》'凡酒脩酌',假脩为涤也。"

4.《春官·司几筵》:"祀先王昨席亦如之。"郑注:"郑司农云:'昨席,于主阶设席,王所坐也。'玄谓昨读如酢,谓祭祀及王受酢之席。"

《说文》:"酢,醶也。"段注:"今以为酬酢字。"受酢之席,即谓王受尸酢酒之席,故以为行礼之席名。此经作昨者,通假字也。《周礼·春官·司尊彝》:"诸臣之所昨也。"郑注:"昨读为酢。"《说文》"昨"下段注云:"《周礼·司尊彝》假昨为酢。"此经郑注"昨读如酢",亦以本字读之也。

5.《春官·司几筵》:"凡丧事,设苇席,右素几,其柏席用萑黼纯,诸侯则纷纯,每敦一几。"郑注:"敦读如焘。焘,覆也。棺在殡则椁焘,既窆则加见,皆谓覆之。"

《说文》:"敦,怒也,诋也,一曰谁何也。""焘,溥覆照也。"郑训焘为覆,义与许同。敦字古音属端母文部,焘字古音属定母幽部,韵部虽隔,然端定旁纽,盖因此而假敦为焘。段玉裁云:"敦在古音第十三部,焘在第三部,声类不同,而敦弓即彫弓,鹑即雕,皆于双声求之。敦之读焘,盖亦双

---

① 说详王先谦《诗三家义集疏》下册,中华书局,1987年,第755页。
② 段玉裁:《周礼汉读考》,《清经解》第4册,第200页。

声也。"① 是敦、焘以声近相通假也。

6.《春官·巾车》："王之五路：一曰玉路，锡，樊缨十有再就。"郑注："樊读如鞶带之鞶，谓今马大带也。"

《说文》："鞶，大带也。"段玉裁云："人大带谓之鞶，因而马大带亦谓之鞶。"②《说文》又云："樊，鷙不行也。"（此据段注本）樊、鞶古音同，皆并母元部，声调亦同，故樊可通假为鞶。朱骏声《定声》云："樊，假借为鞶。"并举此经为例。《诗·小雅·采芑》："鉤膺鞗革。"毛传："鉤膺，樊膺也。"《释文》："樊，步干反，马大带也。"是亦借樊为鞶之例。

7.《夏官·大司马》："暴内陵外，则坛之。"郑注："坛读如同坦之坦。《王霸记》曰'置之空坦之地'……谓置之空坦，以出其君，更立其次贤者。"

《说文》："坛，祭场也。""坦，野土也。"段注："野者，郊外也。野土者，于野治地除草。"是坦谓经过整治的郊野之地。坛、坦二字古音叠韵，皆属元部；坛是定母，坦是禅母，定禅准双声，故二字可通：坦是本字，坛是通假字。《诗·郑风·东门之坦》："东门之坦。"孔疏云："遍检诸本，字皆作坛，《左传》亦作坛。其《礼记》、《尚书》言坛、坦者，皆封土者谓之坛，除地者谓之坦。坛、坦字异，而作此坛字，读音曰坦，盖古字得通用也。今定本作坦。"

8.《夏官·量人》："凡宰祭，与郁人受斝历而皆饮之。"郑注："斝读如嘏尸之嘏。"

《说文》："嘏，大远也。"《玉篇·口部》云："嘏，大也，长也。"郑注谓"斝读如嘏尸（按此二字盖误倒，段玉裁以为"嘏尸二字当作尸嘏主人四字"，③ 盖臆说）之嘏"者，正取福大而长远之义。贾疏云："郑云'斝读如嘏尸之嘏'，读从《少牢》'尸嘏主人'。《郊特牲》云：'嘏者，长也，大也。'谓使主人受长大之福。"此经之斝则本为器名，《说文》："斝，玉爵也。"无福长大之义。然嘏、斝二字古同音，皆见母鱼部，声调亦同，故斝可通嘏。段玉裁云："后郑易字而说其义，故云'读为嘏'也。"

---

① 段玉裁：《周礼汉读考》，《清经解》第 4 册，第 201 页。
② 同上书，第 207 页。
③ 同上书，第 209 页。

第二章 郑玄注《三礼》之"读如"、"读若"例考辨 561

9.《夏官·弁师》:"王之皮弁,会五采玉璂,象邸,玉笄。"郑注:"璂读如'薄借綦'之綦。綦,结也。皮弁之缝中,每贯结五采玉十二以为饰,谓之綦。"

《礼记·内则》:"屦著綦。"郑注:"綦,屦系也。"屦系即今所谓鞋带,可结鞋使不脱,故此经郑训"綦,结也"。王之皮弁之缝中"每贯结五采玉十二以为饰",亦结义也,故郑以此经之璂读如之。璂,同璑,《说文》:"璑,弁饰也,往往冒玉也。璂,璑或从基。"是璂义为弁饰,即玉名,无结义。郑注读如綦者,是以其本字读之也。段玉裁云:"(郑玄)易璂为'薄借綦'之綦,'薄借綦'者,即《说文·糸部》之'不借綳','不借藘',屦也。齐人云'搏腊',薄、不语之转。綦,屦系也。"①段玉裁所谓易字,即谓以本字易通假字也。

10.《秋官·蜡氏》:"凡国之大祭祀,令州里除不蠲。"郑注:"蠲读如'吉圭惟饎'之圭。圭,絜也。"

《说文》:"蠲,马蠲也。"段注:"蠲之古音如圭。《韩诗》'吉圭为饎',《毛诗》作'吉蠲',蠲乃圭之假借字也。"按马蠲是马虫名,无洁义。郑训圭为絜(洁),蠲读如圭,是蠲乃通假字也。蠲、圭古音双声,都是见母;蠲属锡部,圭属支部,锡支对转,故蠲可通圭。段玉裁云:"圭训絜,蠲之本义训马蠲虫,不训絜,故易蠲为圭……蠲之古音同圭,《诗·天保》、《周礼·宫人》、《蜡氏》、《尚书·多方》、《释文》皆曰'蠲音圭',此古音也。《宫人》注曰:'蠲犹絜也。'(自注:'圭训絜,蠲不训絜,因音同而以犹通之。')"②按段氏所举,皆蠲通圭之例。

11.《秋官·司烜氏》:"邦若屋诛,则为明竁焉。"郑注:"玄谓屋读如'其刑剭'之剭。剭诛,谓所杀不于市而以适甸师氏者也。"

按古代贵族行刑不于市而于屋中,谓之屋诛。即郑注所谓"所杀不于市而以适甸师氏者也"。"适甸师氏",即谓于甸师氏之屋舍诛之。《汉书·叙传下》:"彤落洪支,底屋鼎臣。"颜注引服虔曰:"底,致也。《周礼》有屋诛,诛大臣于屋下,不露也。"后乃加刂旁而造区别字剭,用为屋诛之专字,即所

---

① 段玉裁:《周礼汉读考》,《清经解》第4册,第210页。
② 同上书,第214页。

谓后起本字。郑注所谓"其刑剭"，语出《易·鼎卦》九四爻辞。贾疏云："《鼎卦》云：'鼎折足，覆公𫗧，其刑屋。'郑义以为：𫗧美馔，鼎三足，三公象，若三公倾覆王之美道，屋中刑之。与此同。"是贾疏引《易》作"其刑屋"，用本原字，而此经郑注则读如剭，是以区别字读之也。然郑时并无区别字的概念，实以剭为本字，而屋为通假字，故注"屋读如'其刑剭'之剭"，实以本字读通假字也。又王弼注本，即今通行之《注疏》本，则作"其形渥"。形、刑古通用。《释文》云："渥，郑作剭。"渥亦通假字，故郑亦易之以本字作剭也。

12.《考工记·舆人》："参分车广，去一以为隧。"郑注："兵车之隧四尺四寸……读如邃宇之邃。"

隧义为道路。《诗·大雅·桑柔》："大风有隧，有空大谷。"毛传："隧，道也。"《左传》襄公十八年："沙鹿卫连大车以塞隧而殿。"杜注："隧，道也。"《礼记·曲礼上》："升降不由阼阶，出入不当门隧。"郑注："隧，道也。"《王力古汉语字典》亦以道路为隧字的第一义项。《说文》："邃，深远也。"按此经隧指车舆之深，是字本当作邃，作隧者，通假字也。故郑玄读隧如邃，是以本字读通假字也。

13.《考工记·函人》："函人为甲……合甲五属。"郑注："属读如灌注之注，谓上旅、下旅札续之数也。"

《说文》："属，连也。从尾，蜀声。"徐锴《系传》云："属，相连续，若尾之在体，故从尾。"① 此经之札续数名属，正取连续义。《说文》："注，灌也。"与此经义无涉。注、属古音双声，都是照母；注属侯部，属属屋部，侯屋对转，故二字音近可通：属是本字，注是通假字。孙诒让云："《司服》贾疏引《郑志》释《左传》'韎韦之跗注'，以跗为幅，注为属，谓以韎韦幅如布帛之幅，而连属以为衣。此属读如注，义亦与彼同。"② 段玉裁云："读如注者，重言之也。"③ 所谓重言之，即谓注亦是属义，是属的通假字，是犹言"属读如属"也。

14.《考工记·锺氏》："锺氏染羽，以朱湛丹秫三月，而炽之。"郑注：

---

① 徐锴：《说文解字系传》，中华书局，1987年，第173页。
② 孙诒让：《周礼正义》第13册，第3285—3286页。
③ 段玉裁：《周礼汉读考》，《清经解》第4册，第220页。

"郑司农云：'湛，渍也……'玄谓湛读如'渐车帷裳'之渐。"

据郑司农说，湛义为渍。《说文》："渍，沤也。""沤，久渍也。"是渍义为在液体中长久浸泡。又《说文》："湛，没也。"是湛义为沉没，无渍义。渐字则有浸渍义。《广雅·释诂二》："渐，渍也。"《诗·卫风·氓》："渐车帷裳。"毛传："渐，渍也。"《荀子·大略》："兰茝藁本，渐于蜜醴。"杨倞注云："渐，浸也。"① 湛古音属定母侵部，渐属从母谈部，定从舌齿二音为邻纽，侵谈旁转，故二字可通：渐是本字，湛是通假字。"玄谓湛读如'渐车帷裳'之渐"，正以本字读通假字也。

15.《考工记·庐人》："凡为殳……参分其围，去一以为晋围。"郑注："郑司农云：'晋谓矛戟下铜镦也。……'玄谓晋读如'王搢大圭'之搢，矜所捷也。"

按此经之晋，据郑司农说，是指"矛戟下铜镦"，矛柄插入镦中，而镦可插入地，以使矛树立，故取名为晋。晋字甲骨文、金文皆象矢插器中之形，故有插义。后乃加扌旁造搢字。② "王搢大圭"，即插大圭也。是晋本原字，搢区别字。然郑时实以搢为本字而晋为通假字，故此注"晋读如'王搢大圭'之搢"，实以本字读通假字也。

16.《考工记·弓人》："夫角之中恒当弓之畏，畏也者必桡，桡故欲其坚也。"郑注："玄谓畏读如'秦师入隈'之隈。"

按弓的正中射者把持处叫做柎，弓的两端叫做箫，柎与箫之间的弯曲处就叫做畏，又叫弓渊。孙诒让云："隈有二，皆一端接柎，一端接箫，《大射仪》谓之左右隈。"又云："《说文·自部》：'隈，水曲隩也。'引申之，弓曲亦曰隈。"③ 段玉裁云："郑意畏即《大射仪》之隈字。《大射仪》：'执弓，以袂顺左右隈，上再，下壹。'注：'隈，弓渊也。'"④ 是隈乃弓隈的本字，此经作畏则通假字也。故郑注读畏"如'秦师入隈'之隈"，是以本字读之也。"秦师入隈"，语见《左传》僖公二十五年。

17.《弓人》："今夫茭解中有变焉，故挍。"郑注："茭读如'齐人名手

---

① 见《诸子集成》第2册，第334页。
② 此用杨树达说，见《古文字诂林》第6册，上海教育出版社，2003年，第391页。
③ 孙诒让：《周礼正义》第14册，第3538页。
④ 段玉裁：《周礼汉读考》，《清经解》第4册，第223页。

足擎为骹'之骹。荚解，谓接中也。变，谓箫臂用力异。挍，疾也。"

荚解中，是指弓隈与萧相接处，此处较细，如人之骹，故名。《说文》："骹，胫也。"引申之，手足腕部之骨亦名骹。《集韵·肴韵》："跤，胫骨近足细处，又作骹。"故郑注云"荚读如'齐人名手足擎（腕）为骹'之骹"。《说文》："荚，干匄。"与骹义异。荚、骹古音叠韵，皆属宵部；荚是见母，骹是溪母，见溪旁纽，故荚可通骹。郑读荚如骹，是以本字读通假字也。

见于《仪礼》2 例。

18.《士冠礼》："缁布冠缺项。"郑注："缺读如'有頍者弁'之頍。缁布冠无笄者，著頍，围发际，结项中，隅为四缀，以固冠也。项中有编，亦由固頍为之耳。今未冠笄者卷帻，頍象之所生也。"

按此"读如"与"读为"无异，谓缺为頍的通假字。缺、頍韵部虽隔，然二字双声，都是溪母，故借缺为頍。胡承珙亦云"缺、頍一声之转"。① 然古籍中无字例，故胡氏又云："读缺为頍，经无所见。"因此认为此处郑玄"止是比方其音"。② 然由郑注下文云"著頍"，云"固頍"，云"頍象"可知，郑玄确乎以缺为頍之通假字，故读之以其本字。因此段玉裁疑此处"读如"乃"读为"之误，且於其《仪礼汉读考》中引此文径改作"读为"。③

19.《乡射礼》："豫则钩楹内，堂则由楹外。"郑注："今言豫者，谓州学也。读如'成周宣谢灾'之谢。州立谢者，下乡也。"

据注意，郑谓州学之名以作谢为是，而豫是谢的通假字。按谢字古音属邪母铎部，豫属喻母鱼部，邪喻齿音与舌音为邻纽，鱼铎阴入对转，故豫可通谢。《说文》训豫为"象之大者"，训谢为"辞去"，二字实皆以音近而借为州学名。然郑玄盖以谢为州学名之本字，而以豫为谢之通假字，故曰读谢如"'成周宣谢灾'之谢"。

见于《礼记》16 例。

20.《檀弓上》："布幕，卫也；缲幕，鲁也。"郑注："缲，繰也。缲读如绡。"

《说文》："缲，旌旗之斿也。"不可为覆棺之幕，故郑玄"读如绡"。绡，

---

① 胡承珙：《仪礼古今文疏义》，《清经解续编》第 2 册，第 1118 页。
② 同上。
③ 段玉裁：《仪礼汉读考》，《清经解》第 4 册，第 225 页。

《说文》训"生丝"。段注云："《韵会》作'生丝缯也'。……依郑君则实缯名，当云'生丝也，一曰缯名'。……以此生丝织缯曰绡，仍从丝得名也，故云'缯名'。或云'绮属'，绮即文缯也。"是绡即缯，可为天子覆棺之幕。按缪古音属山母侵部，绡属心母宵部，韵部虽隔，然山心二母为准双声，故缪可通绡，郑玄读缪如绡者，实以缪为绡之通假字也。俞樾云："按缪者，旌旗之斿也，非所施于此，故郑读为绡。缪绡一声之转，缪之为绡，犹憯之为懆。《诗·白华篇》'念子懆懆'，《释文》曰：'懆懆，本作憯憯。'是其例。"①

21.《月令》："乃命大史守典奉法，司天日月星辰之行，宿离不贷，毋失经纪，以初为常。"郑注："离，读如俪偶之俪。宿俪，谓其属冯相氏、保章氏，掌天文者，相与宿偶，当审候伺不得过差也。"

离本鸟名。《说文》："离，离黄，仓庚也。"（此据段注本）又曰："俪，棽俪也。"段注云："按《左传》'伉俪'，杜注：'俪，偶也。'《士冠礼》、《聘礼》郑云：'俪犹两也，古文俪为离。'《月令》'宿离不貣（按今《注疏》本作贷，同）'，郑云：'离读为俪偶之俪。'许但取枝条棽俪之训，不及其他，于从人之意未合，全书大例未符，恐非许书之旧。"按俪之本义为偶，为两。《广雅·释诂四》："俪，偶也。"②《仪礼·士冠礼》："束帛俪皮。"郑注："俪皮，两鹿皮也。"《士昏礼》："玄纁束帛、俪皮。"郑注："俪，两也。"而许训俪为棽俪，不确。马叙伦云："《林部》：'棽，木枝条棽俪也。'俪从人必非木枝条棽俪义。俪即伉俪之俪，丽之后起字也。"③离、俪古音叠韵，皆属歌部；离是透母，俪是来母，透来旁纽，故二字可通：俪是本字，离是通假字。俞樾云："按《燕策》'高渐离'，《论衡》作丽。《左传》'骊姬'，《榖梁》作丽，《竹书纪年》作离。《齐世家》'非龙非彲'，《索隐》云'亦作螭'。《尔雅》注'黄离留'，陆机疏作'黄鹂留'。并其例也。"④是郑此注"离读如'俪偶'之俪"者，以本字读通假字也。

22.《月令》："其器圜以闳。"郑注："闳读如纮。纮谓中宽，象土

---

① 俞樾：《礼记郑读考》，《清经解续编》第5册，第997页。
② 此据王念孙《广雅疏证》本，中华书局，1983年。
③ 转引自《古文字诂林》第7册，上海教育出版社，2002年，第373页。
④ 俞樾：《礼记郑读考》，《清经解续编》第5册，第998页。

含物。"

《说文》:"闳,巷门也。"无中宽之义。《说文》又曰:"紘,冠卷维也。"(此据段注本)是紘即冠之武。朱骏声《定声》"紘"下云:"卷,齐人曰武,秦人曰委。"故引申而有中宽义。段注云:"引申之,凡中宽者曰紘。"并举此经郑注为例。闳、紘古音双声叠韵,皆匣母蒸部,声调亦同,故二字可通:紘是本字,闳是通假字。郑注"闳读如紘",亦是以本字读之也。俞樾云:"按闳者,巷门也,于义无取,故郑改读为紘。"①

23.《玉藻》:"而素带,终辟。大夫素带,辟垂。士练带,率,下辟。"郑注:"辟读如裨冕之裨。裨谓以缯采饰其侧。"

《说文》:"辟,法也。"与此经义无涉。《说文》又曰:"裨,接益也。"郑注训"裨谓以缯采饰其侧",以缯采饰侧,即接益之意也。辟、裨二字古音双声,都是帮母;辟属锡部,裨属支部,锡支对转,故二字可相通假:裨是本字,辟是通假字。按古籍中辟字与以卑为声符的字多相通假。俞樾云:"《管子·封禅篇》'卑耳',《齐语》谓之'辟耳'。哀二年《左传》'不设属辟',《正义》引《丧大纪》'君大棺八寸,属六寸,椑四寸',礼家谓之椑,《左传》作辟。"②皆其例也。

24.《少仪》:"祭祀之美,齐齐皇皇。"郑注:"齐齐皇皇,读如'归往'之往。"

孔疏:"皇读如归往之往。皇氏云:'谓心所系往。孝子祭祀威仪严正,心有系属,故齐齐皇皇然,其言语及威仪皆当如此。"皇、往双声叠韵,皆匣母阳部,唯声调不同,故皇可通往。故孔疏引注曰"读为归往之往",阮校曰"当依《正义》作读为"。然郑注"读如"、"读为"不分之例甚多,孔疏改"读如"为"读为"者,非必注误,盖以意改之也。

25.《少仪》:"车马之美,匪匪翼翼。"郑注:"匪读如'四牡騑騑'。"

《说文》:"匪,器,似竹筐。""騑,骖也,旁马也。"(此据段注本)段注:"《小雅·传》曰:'騑騑,行不止之皃。'别为一义。"是騑騑义为行不止。匪、騑古音叠韵,皆属微部;匪是邦母,騑是滂母,邦滂旁纽,故匪可

---

① 俞樾:《礼记郑读考》,《清经解续编》第5册,第998页。
② 同上书,第1000页。

通骍。俞樾云："匪匪，同声假借。"① 是此读如者，以本字读通假字也。

26.《学记》："发然后禁，则扞格而不胜。"郑注："格读如'冻洛'之洛。扞格，坚不可入之貌。"

按《说文》无洛而有垎，曰："水干也。一曰坚也。"段注谓据《玉篇》、《广韵》当作"'土干也'为长，谓土中之水干而无润也"。段注又云："按干与坚义相成，水干则土必坚。……《学记》曰：'发然后禁，则扞格而不胜。'注曰：'格读如冻垎之垎。扞格，坚不可入之皃。'《正义》云：'言格是坚彊，譬如地之冻，则坚强难入，故云如冻垎之垎，但今人谓地坚为垎也。'《正义》本注是冻垎，陆德明本是冻洛，陆非孔是。"是谓此注之冻洛当作冻垎，注当云"格读如冻垎之垎"。格的本义为来至（详本书《校勘编》第一章《郑玄校〈仪礼〉兼采今古文之条例考》之"**一、从本字不从通假字**"之字例第84）。格、垎古音叠韵，都是铎部；格是见母，垎是匣母，见匣旁纽，故二字可通：垎是本字，格是通假字。

27.《乐记》："致乐以治心，则易、直、子、谅之心，油然生矣。"郑注："致犹深审也。子读如'不子'之子。"

孔疏："子读如'不子'之子者，按《尚书》云：'启呱呱而泣，予弗子。'是子爱之义。而此经亦是慈爱，故读如'不子'之子。"按《尚书·皋陶谟》："（禹）娶于涂山，辛、壬、癸、甲，启呱呱而泣，予弗子。"② 言禹忙于治水，子生而弗能顾爱之。《皋陶谟》之子，实是"字"的通假字。故《列子·杨朱篇》云："（禹）惟荒度土功，子产不字，过门不入。"③ 是径易子为字。《说文》："字，乳也。"段注："人及鸟生子曰乳。"生子则爱之，故引申而有爱义。《玉篇·子部》："子，爱也。"《左传》成公四年："楚虽大，非吾族也，其肯字我乎？"杜注："字，爱也。"郑注读此经之子为《皋陶谟》"不子"之子，即谓此子字是字的通假字，是字爱之义也。同例还见于：

《祭义》："致乐以治心，则易、直、子、谅之心，油然生矣。"郑注："子读如'不子'之子。"

28.《乐记》："礼减而不进则销，乐盈而不反则放。故礼有报，而乐有

---

① 俞樾：《礼记郑读考》，《清经解续编》第5册，第1001页。
② 此据孙星衍《尚书今古文注疏》上册，中华书局，1986年，第113页。
③ 见《诸子集成》第3册，第83页。

反。"郑注："放于淫声，乐不能止也。报读如褒，犹进也。"

《说文》："褒，衣博裾。"是其本义指衣襟宽大。段注："引申之为凡大之称，为褒美。"褒美，则为奖励而勉之进也，故又引申而有进义，故郑注云："褒犹进也。"《说文》："报，当罪人也。"与此经义无涉。报、褒古韵双声叠韵，皆属帮母幽部，故二字可通：褒是本字，报是通假字。《周礼·春官·大祝》："八曰褒拜。"郑大夫云："褒读为报。"

29.《祭义》："日出于东，月生于西，阴阳长短，终始相巡，以致天下之和。"郑注："巡读如'沿汉'之沿，谓更相从道。"

《左传》文公十年："（子西）沿汉沂江，将入郢。"杜注："沿，顺流。"孔疏："沿汉水顺流而下。"《说文》亦云："沿，缘水而下也。"《说文》又云："巡，延行貌。"巡字古音属邪母文部，沿字属喻母元部，邪喻邻纽，文元旁转，二字音近可通：沿是本字，巡是通假字。俞樾云："按《三年问篇》'则必反巡，过其故乡'，《荀子·礼论篇》作'则必反铅，过故乡'。注：'铅与沿同。'"

30.《中庸》："明乎郊社之礼，禘尝之义，治国其如示诸掌乎。"郑注："示读如寘诸河之干之寘。寘，置也。"

示字古音属床母脂部，寘属照母锡部，床照邻纽，脂锡通转，故二字音近可通：寘是本字，示是通假字。俞樾云："《周易·坎》上六'寘于丛棘'，《释文》云：'寘，刘作示。'《周礼·朝士》注'示于丛棘'，《释文》曰：'示，本作寘。'《诗·鹿鸣篇》'示我周行'，笺云：'示当作寘。'《正义》曰：'示、寘声相近，故误为示也。'"① 按俞氏所举，皆示通寘之例也。

31.《中庸》："夫焉有所依？肫肫其仁！"郑注："肫肫读如'诲尔忳忳'之忳。忳忳，恳诚貌也。肫肫或为纯纯。"

《说文》："肫，面颊也。"段注："《中庸》'肫肫其仁'，郑读为'诲尔忳忳'之忳，'忳忳，恳诚皃也'，是亦假借也。"按《说文》无忳字，《集韵·谆韵》："谆，《说文》：'告晓之孰也。'一曰恳诚皃。或作忳。"是忳有恳诚义，构成叠音词则为诚恳貌。故郑注曰："忳忳，恳诚貌也。"按"诲尔忳忳"，语出《诗·大雅·抑》，《注疏》本作"谆谆"，是用《毛诗》字也，

---

① 俞樾：《礼记郑读考》，《清经解续编》第5册，第1004页。

"忳忳"则《齐诗》字也。然《抑》诗之《释文》又云："毛'谆'又作'讻'",而《鸿范五行传》郑注引此诗又作"诲尔纯纯",① 此经郑注亦云"肫肫或为纯纯"。盖恳诚貌本无定字,肫肫、忳忳、谆谆、纯纯、讻讻,实皆通假字也。故俞樾云:"形况之辞本无定,肫肫、讻讻、忳忳一也。"② 然郑玄盖以忳为恳诚之本字,故读肫如忳。

32.《中庸》："上天之载,无声无臭。"郑注："载读如栽,谓生物也。……上天之造生万物,人无闻其声音,亦无知其臭气者。"

《说文》："载,乘也。""栽,筑墙长版也。"引申为种植。《中庸》云:"故栽者培之。"郑注:"栽犹植也。培,益也。今时人谓草木之殖曰栽。"《广韵·咍韵》:"栽,种也。"《集韵·咍韵》:"栽,生殖也。"是皆释其引申义。载、栽古音双声叠韵,都是精母之部,故载可通栽:栽是本字,载是通假字。《诗·大雅·緜》:"其绳则直,缩版以载,作庙翼翼。"马瑞辰《通释》曰:"载,通作栽。"③ 亦其例也。

33.《表记》:"礼以节之,信以结之,容貌以文之,衣服以移之,朋友以极之,欲民之有壹也。"郑注:"移读如'禾汜移'之移,移犹广大也。"

《说文》:"移,禾相倚移也。"郑注训移为广大,实以移为侈的通假字。《说文》:"侈,掩胁也。一曰奢泰也。"(此据段注本)引申而有广大义。《集韵·纸韵》:"侈,大也。"《国语·吴语》:"以广侈吴王之心。"韦注:"侈,大也。"④《吴语》又曰:"伯父秉德已侈大哉。"韦注:"侈,犹广也。"⑤ 移、侈古音叠韵,皆属歌部;移是喻母,侈是穿母,喻穿旁纽,故二字可通假:侈是本字,移是通假字。段玉裁《说文》"侈"下注云:"《三礼》皆假移为侈。"

34.《儒行》:"起居竟信其志。"郑注:"起居,犹举事动作。信读如屈伸之伸,假借字也。"

信是伸的通假字,郑注已明云"假借字也"。信可通伸,其例甚多。

---

① 参见王先谦《诗三家义集疏》下册,中华书局,1987年,第940页。
② 俞樾:《礼记郑读考》,《清经解续编》第5册,第1004页。
③ 马瑞辰:《毛诗传笺通释》,《清经解续编》第5册,第758页。
④ 《国语》下册,上海古籍出版社,1978年,第592页。
⑤ 《国语》下册,第617页。

《易·系辞下》："往者屈也，来者信也。"《释文》："信，本又作伸。"《荀子·不苟》："刚强猛毅，靡所不信。"杨倞注："信读为伸，古字通用。"《汉书·司马迁传》："乃欲仰首信眉，论列是非。"颜注："信读曰伸。"皆其例也。

35.《大学》："'瑟兮僩兮'者，恂栗也。"郑注："恂字或作峻，读如严峻之峻，言其容貌严栗也。"

《说文》："恂，信心也。""陖（峻），高也。"古音恂、峻双声，都是心母；恂属真部，峻属文部，真文旁转，故二字可通：峻是本字，恂是通假字。俞樾云："按《大戴记·卫将军文子篇》'为下国恂蒙'，注云：'《诗》为骏庞。'恂可通作骏，故亦可通作峻。《释名·释乐器》曰：'笋，峻也，在上高峻也。'恂之读峻，犹笋之训峻也。"①

二 拟其音而读之（29 例）

见于《周礼》20 例。

36.《天官·疡医》："疡医掌肿疡、溃疡、金疡、折疡之祝药、劀、杀之齐。"郑注："祝当为注，读如'注病'之注，声之误也。注谓附著药。"

郑玄以为此经祝是注的误字。《说文》："注，灌也。"郑注谓"读如'注病'之注"，则拟其音也。"注谓附著药"，则以注为著的通假字也。著有附、敷义。《国语·晋语》："底著滞淫。"韦注："著，附也。"② 宋玉《登徒子好色赋》："著粉则太白。"③ 著粉即敷粉也。故注云"注谓著药"，即敷药也。注古音属照母侯部，著属定母铎部，照定准旁纽，侯铎旁对转，故注可通著。陆宗达云："《玉烛宝典》引崔寔《四民月令》'正月上除合注药'，是古谓'敷药'为'注药'之证。"④ 亦注通著之证也。按《释名·释疾病》有"注病"，⑤ 乃病名，与此经郑注"附著药"之义无涉。故知此注"读如'注病'

---

① 俞樾：《礼记郑读考》，《清经解续编》第 5 册，第 1005 页。
② 《国语》下册，第 337 页。
③ 宋玉：《登徒子好色赋》，见《文选》上册，中华书局，1977 年，第 269 页。
④ 陆宗达：《训诂简论》，北京出版社，2002 年，第 130 页。
⑤ 见王先谦《释名疏证补》，上海古籍出版社，1984 年，第 395 页。

之注"，唯拟字之读音也。

37.《地官·小司徒》："四丘为甸，四甸为县。"郑注："四丘为甸，甸之言乘也，读如'衷甸'之甸。甸方八里，旁加一里，则方十里，为一成。"

此经之甸，是划分土地之单位名，经注甚明。注云"读如'衷甸'之甸"者，衷甸乃车名，语出《左传》哀公十七年，曰："浑良夫衷甸，两牡。"杜注云："衷佃，一辕，卿车。"是衷甸之义与此经之甸义无涉，而郑注读如之者，拟其音也。

38.《地官·质人》："掌稽市之书契，同其度量，壹其淳制。"郑注："杜子春云：'淳当为纯。纯谓幅广，制谓匹长也。皆当中度量。'玄谓淳读如'淳尸盥'之淳。"

此经之淳，据杜子春说，指布的幅宽。注谓淳读如"淳尸盥"之淳者，"淳尸盥"语出《仪礼·士虞礼》，《释文》："淳，之纯反。"黄焯校云："之纯即《集韵》之朱伦。"[①]《士虞礼》郑注云："淳，沃也。"与此经淳字义无涉，是唯拟其读音也。段玉裁亦云："读如'淳尸盥'者，拟其音也。"[②]

39.《地官·廛人》："廛人掌敛市𫄨布、總布、质布、罚布、廛布，而入于泉府。"郑注："玄谓總读如租稯之稯。稯布谓守斗斛铨衡者之税也。"

段玉裁校此注云："租稯当是组總之讹，见《巾车职》，转写讹从禾也。"[③]按《春官·巾车》云："翟车，贝面，组總，有握。"段即据此以订正之。是据段校，郑注当云："玄谓總读如组總之總。"此经之總布是税名，即郑注所谓"總布谓守斗斛铨衡者之税也"。而《巾车》贾疏云："组總，以组绦为之。"与此经义无涉。故段玉裁云，此郑注之读如，"拟其音，非读为也"。[④]

40.《春官·叙官》："韎师。"郑注："郑司农说以《明堂位》曰'韎，东夷之乐'，读如'味食饮'之味（食饮二字原误倒，据阮校乙）。杜子春读韎为'菋荎著'之菋。玄谓读如韎韐之韎。"

韎，据郑司农说，为东夷之乐名。韎韐则别为一物，是士的服饰，一种

---

① 黄焯：《经典释文汇校》，中华书局，1980年，第118页。
② 段玉裁：《周礼汉读考》，《清经解》第4册，第196页。
③ 同上。
④ 同上。

皮革制的赤黄色的蔽膝。《仪礼·士冠礼》："爵弁服：纁裳，纯衣，缁带，韎韐。"郑注："韎韐，缊韍也。士缊韍而幽衡，合韦为之。士染以茅蒐，因以名焉。今齐人名蒨为韎韐。韍之制似韠。"是郑玄读韎如韎韐之韎者，拟其音也。

41.《春官·锺师》："掌鼙，鼓缦乐。"郑注："鼓读如'庄王鼓之'之鼓。玄谓作缦乐，击鼙以和之。"

按段玉裁校以为郑注"庄王鼓之"下脱一之字，① 今据补。"庄王鼓之"，语出《春秋公羊传》宣公十二年。按鼓字在汉代盖不止一个读音，"鼓缦乐"之鼓义为演奏，郑玄盖恐人疑此鼓字与击鼓之鼓读音有异，故特注"读如'庄王鼓之'之鼓"，以拟音也。

42.《春官·甸祝》："禂牲、禂马，皆掌其祝号。"郑注："玄谓禂读如'伏诛'之诛，今侏大字也，为牲祭，求肥充；为马祭，求肥健。"

郑此注读禂音如诛，而其义则同侏。侏有肥大义。《集韵·虞韵》："侏，大也。"又此经贾疏云："汉时人旁朱，是侏大之字。此取肥大之意，故云'为牲祭求肥充'。"是郑此注读禂如"伏诛"之诛，唯拟其音而不及义也。

43.《春官·神仕》："以夏日至，致地示、物魅，以禬国之凶荒，民之札丧。"郑注："玄谓此禬读如溃痈之溃。"

按痈前溃字原脱，据阮校补。段玉裁《汉读考》引此注痈前亦有溃字。② 注云"禬读如溃痈之溃"者，禬是礼名。《春官·大宗伯》："以禬礼哀围败。"郑注："同盟者会合财货以更其所丧。"又《说文》："溃，漏也。"与此经之义无涉。是郑此注之读如，唯拟音也。

44.《秋官·庶氏》："庶氏掌除毒蛊，以攻、说禬之，嘉草攻之。"郑注："毒蛊，虫物而病害人者。……郑司农云：'禬，除也。'玄谓此禬读如溃痈之溃。"

按此溃义为攘除，司农注甚明，而郑玄"读如溃痈之溃"者，拟其音也。

45.《夏官·叙官》："司爟。"郑注："故书爟为燋……玄谓爟读如'予若观火'之观。今燕俗名汤热为爟，③ 则爟火谓热火与？"

---

① 段玉裁：《周礼汉读考》，《清经解》第4册，第204页。
② 同上书，第208页。
③ 爟，《注疏》本原误作观，据阮校改。

"予若观火",语出《尚书·盘庚上》,彼孔疏云:"我见汝情若观火,言见之分明如见火也。"郑注谓爟读如之者,拟其音也。以观字之义与此经爟字义无涉,故郑注下文又举燕俗以明其义。段玉裁云:"'读如予若观火之观'者,拟其音也。今燕俗已下说其义也。"①

46.《夏官·叙官》:"挈壶氏。"郑注:"挈读如絜发之絜。"

絜发即束发。《说文》:"絜,麻一耑也。"段注:"一耑犹一束也。束之必齐其首,故曰耑。《人部》係下云:'絜,束也。'是知絜为束也。"然挈壶之义则为悬壶。《说文》:"挈,悬持也。"段玉裁云:"悬而持之曰挈,因以为凡悬之名,挈壶、挈瓶、挈皋是也。"②是郑注读絜如"絜发之絜",絜义与挈壶义无涉,唯拟其音也。

47.《夏官·大司马》:"中夏,教茇舍,如振旅之陈。群吏撰车徒,读书契。"郑注:"茇读如萊沛之沛。茇舍,草止之也。军有草止之法。"

《说文》无茇字。郑注释茇为草。贾疏云:"云'茇舍,草止之也'者,以草释茇,以止释舍,故即云'军有草止之法'。"云"读如萊沛之沛"者,"萊沛"之语又见于《礼记·王制》郑注。《王制》云:"居民山川沮泽。"郑注:"沮,谓萊沛。"彼孔疏云:"沮泽,下湿地也。草所生为萊,水所生谓沛,言沮地(按地盖泽字之误),是有水草之处也。"此经贾疏云:"是俗有水草谓之萊沛,故郑读从之。"是茇义为草,沛义为水,而郑读如之者,拟其音也。段玉裁亦云:"此拟其音也。"③

48.《夏官·大司马》:"三鼓,摝铎,群吏弊旗,车徒皆坐。"郑注:"郑司农云:'摝读如弄。'玄谓如逐鹿之鹿。掩上振之为摝。摝者,止行息气也。"

摝,据郑注,义为"掩上振",而逐鹿之鹿义与此无涉,是此读如,唯拟音也。

49.《秋官·叙官》:"蜡氏。"郑注:"蜡,骨肉腐臭,蝇虫所蜡也。……蜡读如'狙司'之狙。"

《说文》:"蜡,蝇胆也。"又曰:"胆,蝇乳肉中也。"段注引《三苍》

---

① 段玉裁:《周礼汉读考》,《清经解》第4册,第208页。
② 同上。
③ 同上书,第209页。

曰："蝇乳肉中曰胆。"胆即蛆。《玉篇·肉部》："胆，俗作蛆。""蜡读如'狙司'之狙"者，贾疏云："俗有'狙司'之言，故读从之。"段玉裁云："读如狙者，拟其音也。"① 按《说文》："狙，玃属。"与此经蜡氏义无涉，是知郑此读如，唯拟其音也。

50. 《秋官·叙官》："萍氏。"郑注："玄谓今《天问》萍号作萍。《尔雅》曰：'萍，蓱，其大者蘋。'读如'小子言平'之平。萍氏主水禁，萍之草无根而浮，取名于其不沉溺。"

郑注谓萍"读如'小子言平'之平"者，拟其音也。孙诒让亦云："'读如'小子言平'之平'者，拟萍字之音也。"又云："'小子言平'，未详所本。"②

51. 《秋官·叙官》："庶氏。"郑注："庶读如'药煮'之煮，驱除毒蛊之言。书不作蛊者，字从声。"

郑注云"庶读如'药煮'之煮"者，贾疏："俗读，意取以药煮去病，去毒蛊亦如之。"是俗有"药煮"之语，而庶字读音与煮同。郑必读庶音如煮者，以煮与蛊古音同，而庶氏之职文云"掌除毒蛊"，亦即郑注所谓"驱除毒蛊之言"。然而"书不作蛊"而作庶者，缘"字从声也"。所谓"字从声"，段玉裁云："古人用字但取其同声者，六书之假借如是。"③ 是此经之庶，乃蛊之通假字。郑读庶音如煮，即在揭示庶与蛊之同音通假关系。

52. 《考工记·总叙》："抟埴之工：陶、瓬。"郑注："玄谓瓬读如'放于此乎'之放。"

瓬是工匠名。《说文》："瓬，周家抟埴之工也。"郑注读瓬"如'放于此乎'之放"者，"放于此乎"，语出隐公二年《公羊传》。贾疏："隐二年'无骇入极'，《公羊传》曰'疾始灭也，始灭放于此乎'是也。"此放义为效仿、象似。《广韵·释诂三》："放，效也。"《后汉书·班彪传附班固》："放太、紫之圆方。"李贤注："放，象也。"与此经作为工名之瓬无涉，是此注之读如，拟音也。

53. 《考工记·轮人》："直以指牙，牙得则无槷而固。"郑注："郑司农

---

① 段玉裁：《周礼汉读考》，《清经解》第4册，第212页。
② 孙诒让：《周礼正义》第11册，第2723页。
③ 段玉裁：《周礼汉读考》，《清经解》第4册，第212页。

云：'槷，槸也。蜀人言槸曰槷。'……玄谓槷读如涅，从木热省声。"

按槷同楔，即木楔。段玉裁云："楔，《说文》作柣，先结切，今俗语尚如是。楔，其正字也。'蜀人言槸曰槷'者，方言之异也。举方言证经之楔谓楔也。大郑未说槷读何音，故（后郑）拟其音曰'读如涅'。"①

54.《考工记·瓬人》："器中膞，豆中县。"郑注："膞读如'车轮'之轮。既拊泥而转其均，尌膞其侧，以拟度端其器也。"

按此经之膞是用转轮制作陶坯时，量度陶坯高度和厚度的器具名，即郑注所谓"既拊泥而转其均（转轮），尌（树）膞其侧，以拟度端其器"者。注所谓"车轮"即轮车，即《礼记·杂记》"君葬用辁"下郑注所谓"辁皆当作载以轮车"之轮车，是一种载棺柩的车，与此经之义无涉。是此注读膞"如'车轮'之轮"者，唯拟其音也。

55.《考工记·梓人》："上两个，与其身三，下两个半之。"郑注："玄谓个读若'齐人搚干'之干。上个、下个，皆谓舌也。"

"齐人搚干"，语出《公羊传》庄公元年，曰："夫人谮公（按谓鲁桓公）于齐侯……齐侯怒，与之饮酒，于其出焉，使公子彭生送之。于其乘焉，搚干而杀之。"《释文》："干，音古但反，胁也。"是干义与此经无涉。郑注云"个读若'齐人搚干'之干"者，唯拟音也。段玉裁亦云："此拟其音也。"②

见于《仪礼》3例。

56.《聘礼》："门外米三十车，车秉有五籔。"郑注："籔读若'不数'之数。"

胡承珙曰："郑云'不数之数'者，自是汉人常语，用以比方籔音。如《汉书·东方朔传》注引苏林曰'籔音数钱之数'，是也。"③ 是此注之读如，唯拟其音也。

57.《觐礼》："奉束帛，匹马卓上。"郑注："卓，读如'卓王孙'之卓。"

此"读如"，亦比拟卓字之读音也。

58.《士丧礼》："幎目用缁"。郑注："幎读若《诗》云'葛藟萦'

---

① 段玉裁：《周礼汉读考》，《清经解》第4册，第218页。
② 同上书，第222页。
③ 胡承珙：《仪礼古今文疏义》，《清经解续编》第2册，第1132页。

之萦。"

此亦拟音也。胡承珙云:"读幠若萦,只是比方其音。"①

见于《礼记》6例。

59.《檀弓上》:"丧事欲其纵纵尔。"郑注:"趋事貌。纵读如摠领之摠。"

《释文》云:"纵纵,依注音摠。"按《说文》:"纵,缓也。一曰舍也。"音子用切,与此经"趋事貌"纵字之义不合。纵读祖动切,音摠,则为急剧貌,即郑注所谓"趋事貌"也。郑恐人误读此纵为纵缓字或放纵字,故曰"纵读如摠领之摠"。

60.《玉藻》:"缟冠,素纰,既祥之冠也。"郑注:"纰,缘边也。纰读如埤益之埤。"

《说文》:"纰,氐人繝也。"段注:"氐人所织毛布也。"然朱骏声以为许训不确,其《定声》云:"按此字本训当为缘也。《尔雅·释言》:'纰,饰也。'《广雅·释诂二》:'纰,缘也。'《礼记·玉藻》'缟冠,素纰',注:'边缘也。'《杂记》'纰以爵韦六寸',注:'在旁曰纰。'《诗·干旄》'素丝纰之',传:'所以织组也。'"按朱说是也。《王力古汉语字典》亦以"衣物上镶边,也指所镶的边"为纰字的第一义项,亦即纰的本义。然纰字有多个读音,镶边义当读符支切,与埤音同。《说文》:"埤,增也。"与镶边义无涉,故郑注"纰读如埤益之埤",拟音也。俞樾云:"按此比声与卑声相近。《诗·节南山》篇'天子是毗',《释文》曰'王本作埤',是其例也。《荀子·宥坐》篇又引作'天子是庳',杨注曰:'庳读为毗。'《隋书·律历志》又引作'天子是裨',并可为纰读如埤之证。"②

61.《丧服小记》:"生不及祖父母、诸父、昆弟,而父税丧,己则否。"郑注:"谓子生于外者也。父以他故居异邦而生己,己不及此亲存时而归见之,今其死,于丧服年月已过乃闻之。父为之服,己则否者,不责非时之恩于人所不能也,当其时则服。税读如'无礼则税'之税。税丧者,丧与服不相当之言。"

---

① 胡承珙:《仪礼古今文疏义》,《清经解续编》第2册,第1140页。
② 俞樾:《礼记郑读考》,《清经解续编》第5册,第1000页。

"无礼则税",语出《左传》僖公三十三年,《注疏》本税作脱,此经《释文》又出"说丧",并注云"注及下同"。俞樾曰:"是陆氏所见经文、注文皆作'说丧',郑以此说字非言说之说,故读从税。然僖三十三年《左传》作'无礼则脱',《释文》云:'脱,他活反。'郑引作税,或所见异也。"① 按税与说古音双声叠韵,都是审母月部,声调亦同;脱则透母月部,透母与审母为准双声。是此三字实皆因音同或音近而通用。此经所谓税丧,据郑注,是说丧期已过而为死者追服,孔疏云:"税之,谓追服也。"此税字音他活切,读如《左传》"无礼则税"之税。然"无礼则税"之税,其义为简慢,彼杜注云:"脱(税),易也。"与此经"税丧"义无涉,故郑玄此注之读如,拟音也,为恐人误读此经之税为赋税字也。

62.《学记》:"善待问者如撞钟,叩之以小者则小鸣,叩之以大者则大鸣,待其从容然后尽其声。"郑注:"从读如'富父舂戈'之舂。舂容谓重撞击也,始者一声而已。学者既开其端意,进而复问,乃极说之,如撞钟之成声矣。"

按"富父舂戈",文出《左传》文公十一年,曰:"富父终甥舂其喉以戈,杀之。"杜注:"舂犹冲也。"《释文》:"舂,舒容反。"《说文》:"从,随行也。"音疾容切。甲骨文从字即象二人相随之形。郑恐人误读此经之从为随从字,故注云"读如'富父舂戈'之舂",以拟其音也。

63.《祭义》:"已祭,子赣问曰:'子之言祭,济济漆漆然。今子之祭,无济济漆漆,何也?'"郑注:"漆漆读如'朋友切切'。"

漆,据《广韵》读亲吉切,则为水名。《说文》:"漆,水,出右扶风杜陵岐山,东入渭。"则与此经义无当。漆叠字为漆漆,则借为形容词,为庄重恭谨貌。《集韵·屑韵》:"漆,漆漆,祭祀之容。"故此经下文云:"漆漆者,容也。"然其读音则不得如《广韵》之亲吉切,而当如《集韵》之千结切。故孔疏云:"漆漆读如'朋友切切'者,以漆漆非形貌之状。漆音近切。"故郑读如"朋友切切"。按"朋友切切",语出《论语·子路》,云:"朋友切切偲偲。"皇侃《义疏》云:"切切偲偲,相切磋之貌也。"又云:"切切偲偲,

---

① 俞樾:《礼记郑读考》,《清经解续编》第5册,第1001页。

相切责之貌也。"① 然皆于此经之义无取。是知此注所谓"读如朋友切切"者，唯拟其音也。

64.《中庸》："故栽者培之，倾者覆之。"郑注："栽读如'文王初载'之载。栽犹植也。培，益也。今时人谓草木之殖曰栽。"

按注"栽读如'文王初载'之载"，末载字《注疏》本原误作栽。孔疏引此注作"栽读如文王初载之载"，是唐人所见本尚不误，故据改。孔疏又云："《诗·大明》'文王初载，天作之合'，彼注云：'载，识也。'言文王生适有所识。"然郑注释栽为"犹植也……今时谓草木之殖曰栽"，与《大明·传》释载为识之义无涉，故知郑此注之读如，只为拟音。故俞樾云："此读从其音，非读从其义也。"②

三 拟音兼释义（33例）

见于《周礼》21例。

65.《天官·太宰》："六曰主，以利得民。"郑注："玄谓利读如'上思利民'之利，谓以政教利之。"

按此读如者，拟音兼释义也。盖利字汉时有数音，而利民之利与财利之利读音有别，郑恐人误读为财利之利，故注云"读如'上思利民'之利，谓以政教利之"也。③

66.《地官·廛人》："凡珍异之有滞者，敛而入于膳府。"郑注："滞读如沉滞之滞。"

按此经之滞，谓货物滞销，积压不售。故郑"读如沉滞之滞"，是拟音兼释义也。段玉裁亦云："滞读如沉滞之滞者，不独拟其音，亦取其义同也。"④

67.《春官·大卜》："掌三梦之法：一曰《致梦》，二曰《觭梦》，三曰《咸陟》。"郑注："咸，皆也。陟之言得也，读如'王德翟人'之德。言梦之皆得，周人作焉。"

---

① 皇侃：《论语集解义疏》卷7，《四库全书》本。
② 俞樾：《礼记郑读考》，《清经解续编》第5册，第1003页。
③ 参见段玉裁《周礼汉读考》，《清经解》第4册，第188页。
④ 段玉裁：《周礼汉读考》，《清经解》第4册，第196页。

"王德翟人",语出《左传》僖公二十四年,此德之义为感恩、感激。孔疏云:"荷其恩者谓之为德,古人有此语也。"然德亦可通得。《广雅·释诂三》:"德,得也。"《墨子·节用上》:"是故用财不费,民得不劳,其兴利多矣。"孙诒让《间诂》:"德与得通。"① 且汉人盖习用德字之通假义,如《史记·乐书》即三言"德者,得也",故郑注释陟义为得,而读如"王德翟人"之德,亦拟音兼释义也。

68.《春官·華氏》:"凡卜,以明火爇燋,遂吹其焌契,以授卜师,遂役之。"郑注:"玄谓焌读如戈镦之镦,谓以契柱燋火而吹之也。"

《说文》:"镦,柲下铜也。"柲下铜,谓戈柄下可插于地中的圆锥形的金属套。徐养原云:"郑读如镦音,兼用其义。镦擂于地,焌柱于燋火,其状一也。"②

69.《春官·视祲》:"一曰祲,二曰象,三曰镌。"郑注:"郑司农云:'……镌谓日旁气四面反向如辉状也。'……玄谓镌读如'童子佩觿'之觿,谓日旁气刺日也。"

贾疏云:"'玄谓镌读如童子佩觿之觿,谓日旁气刺日也'者,此读从《芄兰》诗'童子佩觿,能不我知'。觿是锥类,故为云气刺日。"按觿,《礼记》作觹。《内则》云:"左佩纷、帨、刀、砺、小觹、金燧。"注云:"小觹,解小结也,觹貌如锥,以象骨为之。"锥可刺也。日旁气即日之光芒(郑司农所谓"日旁气四面反向如辉状也"),则亦似刺,故郑云"谓日旁气刺日也"。是郑此注"镌读如'童子佩觿'之觿"者,亦拟音兼释义也。段玉裁云:"《说文》'觹,佩角锐耑,可以解结。'日旁气刺日,故取锐耑之义也。"③

70.《夏官·射人》:"士以三耦,射豻侯。"郑注:"《大射礼》豻作干,读如'宜豻宜獄'之豻。豻,胡犬也。士与士射则以豻皮饰侯。"

按《仪礼·大射》云:"大侯九十,参七十,干五十。"彼郑注云:"干,读为豻。"是以干为豻的通假字。引《大射礼》者,谓此经之豻读如彼同,即皆当读如"宜豻宜獄"之豻。故贾疏云:"云'读如宜豻宜獄之豻',此读与

---

① 见《诸子集成》第4册,第99页。
② 段玉裁:《周礼汉读考》,《清经解》第4册,第204页。
③ 同上书,第205页。

彼音同。"郑注又释犴侯之制云："犴，胡犬也。士与士射则以犴皮饰侯。"《大射》注亦云："犴侯者，犴鹄、犴饰也。"故此经郑注之读如，既拟犴字之音，亦兼明犴侯之义也。

71. 《夏官·射人》："会同、朝觐，作大夫介。"郑注："作读如'作止爵'之作。诸侯来至，王使公卿有事焉，则作大夫使之介也。"

按《特牲馈食礼》云："三献作止爵。"彼郑注云："作，起也。"谓使（尸）端起前所止于席前之爵也。故作字有使对方做某事之意。此经亦然，故贾疏云："读从者，取动作，使之义也。"此经之作大夫介，即使大夫为介也，故郑注云"作大夫使之介也"。是此注之读如，亦拟音兼释义也。

72. 《夏官·弁师》："王之皮弁，会五采玉璂，象邸，玉笄。"郑注："玄谓会读如大会之会。会，缝中也。"

贾疏："'玄谓会读如大会之会'，汉历有大会，小会，取会聚之义，故为缝中。"按大会、小会，谓日月之会也，故义为会聚。此经之会读从之者，以会为两皮缝合处之名，即郑注所谓缝中，亦取会聚之义也。

73. 《秋官·叙官》："司烜氏。"郑注："烜，火也，读如'卫侯燬'之燬。"

郑注"烜，火也，读如'卫侯燬'之燬"者，"卫侯燬"，语出《春秋经》僖公二十五年，云："卫侯燬灭邢。"《说文》："燬，火也。"与烜字义同。是此注之读如，既拟烜字之音，亦兼释其义也。

74. 《秋官·叙官》："薙氏。"郑注："玄谓薙读如剃小儿头之剃。书或作夷。此皆翦草也，字从类耳。"

《说文》："薙，除草也。"《集韵·霁韵》："鬀，《说文》：'鬀发也。'或作剃。"薙、剃古音同，皆透母脂部，声调亦同。段玉裁云："（郑）谓薙（按段玉裁以为薙当作雉）字之音义，如剃小儿头之剃。其释'夏日至而薙之'曰：'以钩鎌迫地芟之。'是即如剃小儿头之说也。"[①] 是郑读薙如剃，拟音兼释义也。

75. 《秋官·士师》："以比追胥之事，以施刑罚庆赏。"郑注："追，追寇也。胥读如'宿偦'之偦，偦谓司搏盗贼也。"

---

① 段玉裁：《周礼汉读考》，《清经解》第4册，第213页。

《说文》："胥，蟹醢也。"胥又为小吏，字与偦同。《集韵·语韵》："胥，什长也，有才智者，或从人。"《说文》无偦字，郑释之为"司搏盗贼"，亦即职掌司捕盗贼的小吏。郑恐人以胥字的本义读之，故注之云"读如'宿偦'之偦"，以明其为司捕盗贼的小吏，是拟音兼释义也。段玉裁云："宿偦，盖汉制、汉语。……司搏与伺捕同，汉人多以司为伺，以搏为捕（自注："《小司徒》注作伺捕。"）。"①

76.《秋官·掌交》："使咸知王之好恶，辟行之。"郑注："辟读如辟忌之辟。使皆知王之所好者而行之，知王之所恶者辟而不为。"

辟忌之辟，即躲避之避。辟的本义为法。《说文》："辟，法也。"假借为避。《左传》成公二年："旦辟左右。"僖公二十八年："退三舍辟之。"皆其例也。后乃造区别字避，以为躲避之专字。其实辟字的假借义甚多，如开闢的闢，偏僻的僻，宠嬖的嬖等等。郑恐人不知此经之辟为躲避字，或避忌字，故特注云"辟读如辟忌之辟"，是拟音兼释义也。

77.《考工记·冶氏》："冶氏为杀矢，刃长寸，围寸，铤十之，重三垸。"郑注："铤读如'麦秀铤'之铤。郑司农云：'铤，箭足入稿中者也。'"

按铤是梃的通假字。《正字通·禾部》："梃，稻麦杰立貌。"② 孙诒让云："铤、梃字通。"③ 段玉裁云："读如者，谓其音同也。'麦秀铤'，郑时盖有此语，谓麦秀芒束森挺然也。箭足入稿中者，纤锐似之。"④ 是此注之读如，亦拟音兼释义也。

78.《考工记·桌氏》："准之然后量之。"郑注："量读如量人之量。"

量的本义为称量，是动词。《说文》："量，称轻重也。"又用作名词，为量器字。《广韵·漾韵》："量，合、斗、斛。"二义字同而声调不同。《周礼·夏官·量人》云："掌建国之法……量市、朝、道、巷、门、渠。"是此量用本义，为称量之量。郑盖恐人误读此经之量为量器字，故特注云"读如量人之量"，亦拟音兼释义也。

79.《考工记·韗人》："穹者三之一。"郑注："郑司农云：'穹读为志无

---

① 段玉裁：《周礼汉读考》，《清经解》第4册，第213页。
② 张自烈：《正字通》，《续修四库全书》第235册，第202页。
③ 孙诒让：《周礼正义》第13册，第3244页。
④ 段玉裁：《周礼汉读考》，《清经解》第4册，第219页。

空邪之空。谓鼓木腹穹隆者居鼓三之一也。'玄谓穹读如'穹苍'之穹。"

按据郑司农说,此经之穹,"谓鼓木腹穹隆者居鼓三之一",即谓鼓木之腹部隆起如穹隆状,则穹苍似之。《尔雅·释天》:"穹苍,苍天也。"是天形穹隆而高,故郑注读穹"如穹苍之穹",是拟音兼释义也。

80.《考工记·玉人》:"天子圭中必。"郑注:"必读如'鹿车䘐'之䘐,谓以组约其中央,为执之以备失队。"

按必是系圭的丝带,因系于圭的中央,故称中必,即郑注所谓"以组约其中央,为执之以备失队"。䘐有约束义。《集韵·质韵》:"䘐,约也。"朱骏声《定声》"䘐"下云:"按以组约圭中,以索绁车下,皆曰䘐。"又,"必读如'鹿车䘐'之䘐"者,段玉裁云:"《方言》曰:'车下铁(按即䋐字。《玉篇》:"䋐,索也,古作铁。"),陈、宋、淮、楚之间谓之毕(按毕、䘐通),大者谓之綦。'郭注云:'鹿车也。'案鹿车非小车财容一鹿之谓。……《广雅》:'䌰车谓之麻鹿,道轨谓之鹿车。'……盖麻鹿即《诗·毛传》之歷录,鹿车即《周礼》注之鹿车,鹿车与歷鹿义同,皆于其围绕命名也。……圭以组约其中央,备失坠,如车以铁或以革约束相类。"① 是郑此注之读如,拟音兼释义也。

81.《考工记·㡛氏》:"湅帛,以栏为灰,渥淳其帛,实诸泽器,淫之以蜃。"郑注:"渥读如'缯人渥菅'之渥。以栏木之灰,渐释其帛也。"

《说文》:"渥,霑也。"段注:"按渥之言厚也,濡之深厚也。《邶风》传曰:'渥,厚渍也。'"又"缯人渥菅",语出《左传》哀公八年,曰:"初,武城人或有因于吴境田焉,拘鄫人之沤菅者。"按郑注所引鄫作缯,用通假字也。沤作渥,《说文》:"沤,久渍也。"久渍亦厚渥之义,是渥、沤文异而义同。郑注读渥"如'缯人渥菅'之渥",拟音兼释义也。

82.《考工记·矢人》:"凡相笴,欲生而抟。"郑注:"抟读如'抟黍'之抟,谓圜也。"

"抟黍"语出《尔雅》郭注。《释鸟》"皇,黄鸟",郭注:"俗呼黄离留,亦名抟黍。"抟与圜在此义同。《轮人》"侔以行山,则是抟以行石也",郑注:"抟,圜厚也。"此注"抟读如'抟黍'之抟"者,段玉裁云:"其音

---

① 段玉裁:《周礼汉读考》,《清经解》第4册,第221页。

义皆同也。"

83. 《考工记·陶人》："庾,实二觳,厚半寸,唇寸。"郑注："庾读如'请益,与之庾'之庾。"

"请益,与之庾",语出《论语·雍也》,曰:"冉子为其母请粟。子曰:'与之釜。'请益。曰:'与之庾。'"庾,量器名,与此经之庾同,故郑注读如之,是亦拟音兼释义也。

84. 《考工记·弓人》："凡相筋,欲小简而长,大结而泽。小简而长,大结而泽,则其为兽必劙,以为弓,则岂异於其兽?"郑注:"玄谓(简)读如简札之简,谓筋条也。"

段玉裁云:"(简)郑君读如简札,谓其音同。简之言茎也,故释以筋条。"是郑此读如,亦拟音兼释义也。

85. 《弓人》:"漆欲测。"郑注:"玄谓测读如测度之测,测犹清也。"

《说文》:"测,深所至也。"段注:"度其深所至亦谓之测。……《考工记》'桼欲测',郑云:'测犹清也,此引申之义也。'"段氏《汉读考》又云:"桼清如可度然,故曰测。测不训清,而此经之测谓桼清,故云'犹清'。"① 是此注之读如,亦拟音兼释义也。

见于《仪礼》7例。

86. 《乡饮酒礼》:"公如大夫入。"郑注:"如读若今之若。"

按今,谓汉时,注谓此经之如字读若汉时之若字。汉时若字,每用作连词,犹与、及。胡承珙曰:"如、若一声之转,故二字义本相通。但如与若有训为相似者,如此、若此之类。《有司彻》'若是以辨',今文若为如是也。有训为相及者,《论语》'宗庙之事如会同',谓宗庙及会同;'安见方六七十如五六十',谓方六七十及五六十。《春秋传》'请为灵若厉',谓谥灵及厉是也。此'公如大夫入',郑读如为若者,犹言公及大夫入耳,非谓公之入如大夫之入也。云'读若今之若'者,盖当时语,凡相及之词多言若,故举今以况之耳。"② 按如、若二字双声,都是日母;如在侯部属阴声,若在铎部属入声,阴入对转,是如若音相近也。且二字义亦相通。王引之曰:"如,犹与

---

① 段玉裁:《周礼汉读考》,《清经解》第4册,第223页。
② 胡承珙:《仪礼古今文疏义》,《清经解续编》第2册,第1125页。

也，及也。"① 《墨子·号令》："悉举民室材木瓦若藺石数。"孙诒让《间诂》云："若犹及也，与也。"② 按郑恐人误解此经如字为相似义，故注特明之。是郑此注之读若，拟音兼释义也。

87. 《觐礼》："大史是右。"郑注："右读如'周公右王'之右。"

胡培翚《正义》云："'周公右王'，襄二十一年《左传》文。言周公左右王室也。"③ 吴廷华《章句》云："曰'是右'，则非但在其右也，盖如周公右王之右，谓左右之，如下'述命'、'加书'之属。"④ 是郑意此经之右，非左右之右，而是右助之右。《说文》："右，手口相助也。"又襄公十年《左传》"王右伯舆"，杜注："右，助。"此经右字之音义亦与之同。

88. 《士丧礼》："（屦之）组綦系于踵。"郑注："綦，屦系也，所以拘止屦也。綦，读如马绊綦之綦。"

贾疏："此无正文，盖俗读马有绊名为綦，拘止马，使不得浪去。此屦綦亦拘止屦，使不纵诞也。"胡承珙亦云："此组纂本为屦系，故又以绊马之纂明之耳。"⑤

89. 《特牲馈食礼》："主人西面再拜，祝曰：'饔有以也。'"郑注："以读如'何其久也，必有以也'之以。"

按《诗·邶风·旄丘》："何其久也，必有以也。"郑笺："云我君何以久留於此乎？必以卫有功德。"是《旄丘》之以，义为原因、缘故。故朱熹《诗集传》亦释之云："以，他故也……何其久而不来？意其或有他故不来耳。"⑥ 郑玄以此经之以读从之，不仅拟其音，亦释其义也。胡培翚云："今此以字亦有数音数义，故注以此经'有以也'之以，读与《旄丘》诗'必有以也'以字同。"⑦

90. 《特牲馈食礼》："主人拜，祝曰：'酳有与也。'"郑注："与读如'诸侯以礼相与'之与。"

---

① 王引之：《经传释词》卷7，《清经解》第7册，第24页。
② 孙诒让：《墨子间诂》，《诸子集成》第4册，第354页。
③ 胡培翚：《仪礼正义》，《清经解续编》第3册，第680页。
④ 吴廷华：《仪礼章句》，《清经解》第2册，第369页。
⑤ 胡承珙：《仪礼古今文疏义》，《清经解续编》第2册，第1140页。
⑥ 朱熹：《诗集传》，上海古籍出版社，1958年，第23页。
⑦ 胡培翚：《仪礼正义》，《清经解续编》第3册，第789页。

贾疏："案《礼运》云'诸侯以礼相与'者，诸侯会同聘问一德，以尊天子。言此者，戒嗣子与长兄弟及众兄弟相教化，相与以尊先祖之德也。"胡培翚云："此《礼运》文，谓诸侯朝聘会盟，以礼相化于让也。与字亦有数音数义，故郑读此经之与如彼与字。"① 胡承珙曰："《礼运》'诸侯以礼相与'，当为亲与之义。《管子·形势篇》'见与之交，几与不亲'；《荀子·王霸篇》'不期其与'：皆亲与之义。盖郑时读'亲与'之与，必有与他与字音不同者，然不可考矣。"② 按胡承珙所引《管子》之文房玄龄注曰："与，亲与也。"所引《荀子》文杨倞注曰："与，相亲与之国。"是此"读如"亦拟音兼释义，谓此经之与，音义皆如亲与之与也。

91.《有司彻》："皆加朼祭于其上。"郑注："朼读如殷冔之冔。"

按殷冔，殷冠名。《仪礼·士冠礼》："周弁，殷冔，夏收。"《礼记·郊特牲》文同。贾疏："朼读如殷冔之冔者，读从《士冠礼》、《郊特牲》'周弁，殷冔'。冔，覆也，可以覆首。此亦取鱼腹反覆于上以拟祭。"按朼是取自鱼腹的大块的肉，名之为大；因其用之于祭，故又名朼祭。朼祭之覆置于俎上以拟祭，犹冔之覆于首也。故郑注云"朼读如殷冔之冔"，亦拟音而兼释义也。同例还见于：

《礼记·少仪》："祭朼。"郑注："朼，大脔，谓刳鱼腹也。朼读如冔。"

92.《有司彻》："司马在羊鼎之东，二手执桃匕枋以挹湆。"郑注："桃谓之歊，读如或舂或抌之抌。"

按此"读如"亦拟音兼释义。胡培翚云："此读从其音，亦从其义。抌为抒臼出米，桃亦抒鼎出湆，义同也。"③

见于《礼记》5例。

93.《玉藻》："王后袆衣，夫人揄狄。"郑注："袆读如翚，揄读如摇，翚、摇皆翟雉名也。刻缯而画之，著于衣以为饰，因以为名也。"

如郑注，翚、摇皆翟雉名，所谓袆衣，就是著有以缯刻画之翚为饰的衣，而揄狄则是著有以缯刻画之摇为饰的衣，故郑读袆如翚，读揄如摇，是拟音兼释义也。

---

① 胡培翚：《仪礼正义》，《清经解续编》第3册，第789页。
② 胡承珙：《仪礼古今文疏义》，《清经解续编》第2册，第1149页。
③ 胡培翚：《仪礼正义》，《清经解续编》第3册，第810页。

94.《明堂位》:"有虞氏之旗,夏后氏之绥,殷之大白,周之大赤。"郑注:"四者,旌旗之属也。绥当为緌,读如冠蕤之蕤。"

郑以此经绥字为緌字之误,而緌的读音则如"冠蕤之蕤"。《杂记上》云,诸侯死于道,"则升其乘车之左毂,以其绥复",郑注亦曰:"绥当为緌,读如蕤宾之蕤,字之误也。緌谓旌旗之旄也,去其旒而用之,异于生时也。"按緌是用旄牛尾做的旗饰,缀于旗杆的首端下垂以为饰。又,《说文》:"蕤,草木华垂皃。"段注:"引申之,凡物之垂者皆曰蕤……《夏采》'建绥',《王制》'大绥'、'小绥',《明堂位》'夏后氏之绥',《杂记》'以其绥复',郑君皆改为緌字,谓旄牛尾之垂于杆者也,读如冠蕤、蕤宾之蕤。"是郑读绥如蕤,拟音兼释义也。同例还见于:

《杂记上》:"诸侯行而死于馆,则其复如于其国。如于道,则升其乘车之左毂,以其绥复。"郑注:"绥当为緌,读如蕤宾之蕤,字之误也。緌谓旌旗之旄也,去其旒而用之,异于生时也。"

《丧大记》:"饰棺……大夫……画翣二,皆戴绥,鱼跃拂池……士……画翣二,皆戴绥。"郑注:"绥当为緌,读如冠蕤之蕤,盖五采羽,注于翣首也。"

95.《祭义》:"仲尼尝,奉荐而进,其亲也悫,其行也趋趋以数。"郑注:"趋读如促。"

《说文》:"趋,走也。""促,迫也。"二字义近,皆有疾行、急速之义。《诗·小雅·緜蛮》"岂敢惮行,畏不能趋。"郑笺:"畏不能及时疾至也。"朱熹《集传》:"趋,疾行也。"[1]《广韵·烛韵》:"促,速也。"《汉书·高帝纪上》:"令趋销印。"师古注:"趋读曰促。促,速也。"又,趋、促双声,都是清母;趋属侯部,促属屋部,侯屋对转,是二字音亦相近,乃同源通用字。[2] 故郑玄此注之读曰,既明趋的字音当读为促,亦明其义同于促也。

96.《中庸》:"子曰:'素隐行怪,后世有述焉,吾弗为之矣。'"郑注:"素读如'攻城攻其所傃'之傃,傃犹乡(向)也。言方乡辟害隐身,而诡谲以作后世名也。"

---

[1] 朱熹:《诗集传》,第173页。
[2] 参见王力《同源字典》,商务印书馆,1982年,第196—197页。

《说文》："素，白致缯也。"《说文》无傃字，《玉篇·人部》："傃，向也。"与郑注"傃犹乡也"之训同。素、傃本同音，皆心母鱼部，声调亦同，然郑必注曰"素读如'攻城攻其所傃'之傃"者，恐人误读其为素缯字，而使人知其义为傃向之傃也。按傃、素之义为向，实皆通假字。俞樾云："按《荀子·议兵篇》'苏刃者死'，注：'苏读为傃。傃，向也。'《说文》无傃字，作素，作苏，皆声近假借字，未知本字为何也。"[1]

97.《中庸》："温故而知新，敦厚以崇礼。"郑注："温读如燖温之温，谓故学之孰矣，后时习之谓之温。"

按温的本原字作昷，其"字象人浴于殷中之形"，字之上半即象人以水浴身之形，而讹变作"曰"形；浴则身暖，故有温暖之义，后乃加水旁作温。[2]《王力古汉语字典》亦以温暖为温字的第一义项。《说文》释温的本义为水名，曰："温，水，出犍为涪，南入黔水。"则不确。燖同燅，燖温者，于汤中加热使温也。《集韵·盐韵》："燅，《说文》：'于汤中爚肉。'或作燖。"《仪礼·有司》："乃燅尸俎。"郑注："古文燖皆作寻，《记》或作燖。"是燖温的温，音义与温暖字无异。然郑注必曰"温读如燖温之温"者，盖汉时温字读音非一，恐人在音义上产生歧义，抑或恐人误会其为水名之温欤？

四　纠字之误(1例)

见于《礼记》1例。

98.《中庸》："武王缵大王、王季、文王之绪，壹戎衣而有天下。"郑注："衣读如殷，声之误也。齐人言殷声如衣，虞、夏、商、周氏者多矣。今姓有衣者，殷之胄与？壹戎衣者，壹用兵伐纣也。"

《说文》："衣，依也。上曰衣，下曰裳。"甲骨文、金文衣字即象衣形。《说文》又曰："殷，作乐之盛称殷。"借作朝代名，即殷朝也。按衣、殷古音双声，都是影母；衣属微部，殷属文部，微文对转，是二字音极相近，故亦有借衣为朝代名者，故郑注云："今姓有衣者，殷之胄与？"俞樾云："按

---

[1] 俞樾：《礼记郑读考》，《清经解续编》第5册，第1003页。
[2] 此用李孝定说，见《古文字诂林》第9册，上海教育出版社，2004年，第14页。

《吕氏春秋·慎大览》'亲郼如夏'，高注曰：'读如衣。今兖州人谓殷氏皆曰衣。'此可证成郑义。……郼盖即殷之异文也。"郑盖以朝代名习借殷字，故以此经之衣字为"声之误也"。惠栋《古义》云："《康诰》云'一戎殷'，故郑读从之。"①

五　释字之义（2例）

见于《礼记》2例。

99.《中庸》："仁者，人也，亲亲为大。"郑注："人也，读如'人偶'之人，以人意相存问之。"

孔疏云："'仁者，人也，亲亲为大'者，谓仁爱相亲偶也。言行仁之法，在于亲偶。欲亲偶疏人，先亲己亲，然后比亲及疏，故云亲亲为大。"惠栋《古义》云："案《公食大夫礼》云：'宾入三揖。'注云：'每曲揖，及当碑揖，相人偶。'盖宾主揖让，互相亲偶。亲亲之意亦如之。"② 是人偶的人，意为亲爱。亲爱他人，即人偶之意也。然人的本义为人，甲骨文人字即象侧身而立之人形。然郑恐人误以人字的本义理解之，故特注云"人也，读如'人偶'之人"。按人偶的人读音并不异，且无人不识，唯义不同，故郑玄此注之读如，只为释义也。

100.《深衣》："续衽，钩边。"郑注："钩读如'鸟喙必钩'之钩。钩边，若今曲裾也。"

《说文》："钩，曲也。"孔疏："'钩读如'鸟喙必钩'之钩'者，按《援神契》云：'象鼻必卷，长鸟喙必钩。'郑据此读之也。"是郑释钩为"鸟喙必钩"之钩，义与许同，用钩字本义也。此义实为钩字最习用之义，然郑犹必注云"钩读如'鸟喙必钩'之钩"者，盖以钩字既习见，义项亦多，仅见于《王力古汉语字典》所列而音古侯反（此据《释文》）者，就有八个义项，郑恐人不知此"钩边"之钩所取义，故特注明之也。是此注之"读如"亦仅为释义也。

---

① 惠栋：《九经古义》，《清经解》第2册，第771页。
② 同上。

由以上考辨可见，在郑注《三礼》的 100 条"读如"、"读若"例中，以本字读通假字，即与"读为"、"读曰"无异者，占了 35 例；拟音者，即单纯为说明字的读音者，29 例；拟音兼释义者，33 例。此外还有纠正误字者 1 例，又有专释字义者 2 例。可见，段玉裁和钱大昕对"读如"、"读若"两个术语的界定，确实是很片面而不可信从的。更有甚者，段玉裁将"读如"、"读若"两个术语界定为"拟音"之后，便以此为标准来判断《三礼》中的"读如"、"读若"，凡用这两个术语来解释通假字的，即每以为是"读为"之误。如本文例 1 之"读如"，段氏径改为"读为"，曰："凡易其本字曰读为，凡言为者皆主谓变化，此'读为'各本作'读如'，误也。"① 例 7 之"读如"，段氏亦径改为"读为"，曰："郑君易坛为墠，'读为'今本作'读如'，非也。"② 例 70 之"读如"，段氏亦改之为"读为"，曰："'读为'今本作'读如'，误。"③ 如此之类，不一而足。是皆未详考郑氏之"读如"、"读若"例，即为之界定，而又以自己主观之界定去衡量郑注，凡不合者即以为误或非，诚不可取也。钱大昕之说，性质亦与段氏同。而郑注对于"读如"、"读若"两个术语的运用，之所以出现多样而复杂的情况，实皆因当时训诂学的发展尚属初步，故于训诂术语的创制和运用，尚缺乏严密性和科学性，因而当时学者对于各种训诂术语的运用，也就难免带有较大的主观随意性，以致出现诸多的矛盾或彼此不一、前后不一的情况。这是训诂学的发展尚未成熟时期所必然经历的阶段，后世学者唯当就不同学者和不同著作做具体分析，而不必强求其一致，或强为之界定，否则就难免犯片面或武断的错误。段、钱二氏之说，可以为鉴也。

---

① 段玉裁：《周礼汉读考》，《清经解》第 4 册，第 187 页。
② 同上书，第 209 页。
③ 同上。

第 三 章

郑玄注《三礼》之"当为"例考辨

段玉裁云:"汉人作注于字发疑正读,其例有三:一曰'读如'、'读若',二曰'读为'、'读曰',三曰'当为'。……'当为'者,定字之误、声之误,而改其字也,为救正之词。形近而讹谓之字之误,声近而讹谓之声之误。字误、声误而正之,皆谓之'当为'。"又曰:"凡言'当为'者,直斥其误。"[①] 这就是说,汉人,包括郑玄,在给经书作注时,所用"当为"这个术语,是为纠正经书中的误字的。凡言"某当为某",即谓某字是某字之误。然而实际情况怎样呢?今尽索《三礼》郑注中郑玄所谓"当为"之字例,凡130例,[②] 一一加以考辨。考辨的结果发现,纠正误字固属"当为"之一义,然情况远非这么简单。"当为"术语之用,除纠正误字外,还有多种情况,其中尤以以本字易通假字之例为夥。且对误字的纠正,亦非只是纠"声之误"、"字之误",还有多种情况造成的误字。又郑注所谓"声之误"、"字之误",亦非仅如段氏所说为"声近而讹"、"形近而讹",情况亦较复杂。兹将笔者所录郑注中的"当为"字例,一一考辨之如下。又,本章所录《三

[①] 段玉裁:《经韵楼集》卷1,《周礼汉读考序》,见《清经解》第4册,第522页。
[②] 本文所录130条字例,仅限于郑玄所出之"当为"例,至于郑注所录杜子春、郑司农所出之"当为"例,篇幅所限,则未包括在内。又同一字例在不同的礼文中重复出现,我们只算作一条字例,而以"同例还见于"的提示语,将其列之于首次出现的该条字例之下。《三礼》郑注中又有"当作"例数条(见于《周礼》注1条,《仪礼》注2条,《礼记》注4条),因其性质与"当为"完全一样,故不单独列出,而依其出现之先后,杂于"当为"例中考述之。

礼》及其注疏之文，以及《十三经》之文，皆据中华书局 1980 年影印阮校《十三经注疏》本，文中不复注。又本章凡引"正史"之文，则皆据中华书局点校本，文中亦不复注。

一　纠字音同、音近之误（28 例）

见于《周礼》16 例。

1. 《天官·内饔》："豕盲视而交睫腥。"郑注："交睫腥，腥当为星，声之误也，肉有米者似星。"

腥的本义是生肉。《论语·乡党》："君赐腥，必熟而荐之。"何晏《集解》云："不熟也。"《礼记·礼器》："大飨腥。"孔疏："腥，生肉也。"郑玄亦以腥义为生肉。《仪礼·聘礼》："饪一牢在西，鼎九，羞鼎三；腥一牢在东，鼎七。"郑注："饪，孰也，孰在西，腥在东，象春秋也。"郑以腥与熟对举，是以腥为生肉可知。《王力古汉语字典》"腥"字下亦以"生肉"为其第一义项，即本义。此经之腥为猪病名，其病郑玄以为是"肉有米者似星"，即今俗所谓米星肉，故字当作星，而此经作腥，则是"声之误也"，即谓腥、星二字因音同而致误。《说文》"腥"下段注云："按郑意腥为胜（生）孰字，豕不可食者当作星，与经传及今俗用字皆合。"同例还见于：

《内则》："豕望视而交睫，腥。"郑注："腥当为星，声之误也。星，肉中如米者。"

2. 《天官·腊人》："凡祭祀，共豆脯，荐脯、脒、胖，凡腊物。"郑注："脯非豆实，豆当为羞，声之误也。"

按脯是干肉，不当盛之于豆而当盛之于笾。《天官·笾人》云："加笾之实，菱、芡、栗、脯。"是脯乃笾人所掌，属笾实，故云"脯非豆实"。贾疏云："《笾人职》云：'凡祭祀，共其笾荐羞之实。'郑云：'未食未饮曰荐，已食已饮曰羞。'羞、荐相对，下既言'荐脯'，明上当言'羞脯'也。"贾说是也。豆字古音属定母侯部，羞字属心母幽部，定母与心母舌齿二音为邻纽，侯幽二部旁转，故豆、羞二字音近而致误，故郑云"声之误也"。

3. 《天官·疡医》："疡医掌肿疡、溃疡、金疡、折疡之祝药、劀、杀之齐。"郑注："祝当为注，读如注病之注，声之误也。注谓附著药。"

按古谓敷药为注药，注是敷著的著的通假字（参见本编第二章《郑玄注〈三礼〉之"读如"、"读若"例考辨》之例36）。此经作"祝药"，祝是注的误字。祝、注二字古音双声，都是照母；祝属觉部，注属侯部，觉侯旁对转，故祝、注音近，因此而致误。

4.《天官·疡医》："以五气养之，以五药疗之，以五味节之。"郑注："五气当为五穀，字之误也。"

贾疏云："云'五气当为五穀'者，以气非养人之物。又《疾医》之有五味、五药、五穀，相将之物，故破气从穀也。"按《天官·疾医》云："以五味、五穀、五药养其病。"可证此经五气乃五穀之误。气、穀二字古音同部，皆属屋部；气是溪母，穀是见母，见溪旁纽，是二字音近，因此而致误也。郑云"字之误"，实当云"声之误"也。

5.《天官·醢人》："王举则共醢六十罋，以五齐、七醢、七菹、三臡实之。"郑注："齐当为齑。五齑，昌本、脾析、蜃、豚拍、深蒲也。……凡醯醢所和，细切为齑。"

五齐是酒类。《天官·酒正》云："辨五齐之名：一曰泛齐，二曰醴齐，三曰盎齐，四曰缇齐，五曰沈齐。"而醢人所掌为酱类。齑即细切而用酱拌和的菜或肉，即郑注所谓"凡醯醢所和，细切为齑"。此经齑作齐，亦音近致误也。段玉裁《汉读考》云："此定为声之误也，故曰当为。"①

6.《天官·典妇功》："凡授嫔、妇功。"郑注："授当为受，声之误也。"

按受、授本一字，甲骨文、金文中皆作受，其字象一手授物，一手承接之形，故受字实兼有授、受二义。后又加手旁造区别字授，于是本原字受用作接受的专字，区别字授则用作授予的专字，即所谓后起本字。古籍中受、授二字虽每通用，但既已有专字，通用则于义易淆，故郑云"授当为受，声之误也"。又郑知"授当为受"者，以《典妇功》上文云："典妇功掌妇式之法，以授嫔、妇及内人女功之事斋。"是已授嫔、妇以事，而此经则云接受嫔、妇所作之事功而评估其成绩之大小，质量之好坏，故当云"受嫔、妇功"，不当复云授也。同例还见于：

《秋官·司仪》："再拜授币。宾拜送币。每事如初。宾亦如之。"郑注：

---

① 段玉裁：《周礼汉读考》，《清经解》第4册，第190页。

"授当为受，主人拜至且受玉也。"

7. 《地官·大司徒》："二曰川泽，其动物宜鳞物，其植物宜膏物，其民黑而津。"郑注："膏当为藁，字之误也。莲芡之实有藁韬。"

《说文》："膏，肥也。"段注："肥当作脂……膏谓人脂，在人者可假以物名，如'无角者膏'是也。"是膏义为油脂，于此经义无涉。《说文》："藁，车上大橐。"段注："云车上大橐者，可藏任器，载之于车也。……引申之义，凡韬于外者皆为藁。"郑以川泽之实为莲芡，其实皆有外壳包裹，即所谓"莲芡之实有藁韬"也，故以为字当作藁。贾疏云："膏当为藁者，经云膏，是脂膏之膏，于植物义无所取，直是字误，故破从藁也。"膏、藁二字双声，都是见母；膏属宵部，藁属幽部，宵幽旁转，是二字音近，盖因此而致误。郑云"字之误"，实为声之误也。故段玉裁云："案此郑君谓为声之误也。"①

8. 《地官·司市》："展成奠贾，上旌于思次以令市。"郑注："思当为司字，声之误也。"

按此经上文云："以次、叙分地而经市。"郑注："次谓吏所治舍思次、介次也，若今市亭然。"是思次为官吏治事处。孙诒让云："凡官吏治事处，通谓之次。"②《说文》："司，臣司事于外者。"段注："凡司事者，皆得曰有司。"是司义为掌管。故司次即为官吏掌事之处。是作思则于义不合，故郑以为"思当为司字"。然思、司二字古同音，皆心母之部，声调亦同，盖因此而致误，故郑云"声之误也"。

9. 《春官·大宗伯》："侯执信圭，伯执躬圭。"郑注："信当为身，声之误也。身圭、躬圭，盖皆象以人形为瑑饰，文有粗缛耳。欲其慎行以保身。"

按郑注已将其以为"信当为身"的原因述之甚明。信、身古音叠韵，皆属真部；信是心母，身是审母，心审二母分属齿舌音而为邻纽，二字音近，是以致误，故郑云"声之误"。

10. 《春官·肆师》："以岁时序其祭祀，及其祈珥。"郑注："祈当为进机之机。珥当为衈。机衈者，衅礼之事。《杂记》曰：'成庙则衅之，雍人举

---

① 段玉裁：《周礼汉读考》，《清经解》第4册，第192页。
② 孙诒让：《周礼正义》第4册，第1054页。

羊升屋自中，中屋南面刲羊，血流于前乃降。门、夹室皆用鸡。"

段玉裁云："郑君改为进机之机者，《玉藻》：'沐毕进机。'此机即《说文》之既字、𠮖字，许君皆云'小食也'。衅屋刲血，血仅流于前乃降，以少许血饮屋，如进小食然，故云'当为进机之机'。"① 是段意郑改祈为机者，以机义为小食，而衅礼亦犹以血小饮屋神，故改祈为机也。祈字古音属群母文部，机字见母微部，群见旁纽，文微对转，二字音近，是机之为祈，亦音近之误也。按经典于祈珥的祈字所作甚不一，而郑所从亦不定，兹不俱论，详可参看《校勘编》第四章《郑玄校〈周礼〉从今书不从故书考辨》之例 188。

11.《春官·大祝》："辨九祭：……三曰炮祭。"郑注："炮字当为包，声之误也。……包犹兼也。兼祭者，《有司》曰'宰夫赞者取白黑以授尸，尸受兼祭于豆祭'是也。"

郑释包祭为兼祭，亦即同祭。《仪礼·有司》兼祭凡四见，同祭二见；《少牢馈食礼》同祭一见：郑盖据《仪礼》以为说也。段玉裁云："（包祭）亦谓之同祭。《少牢》、《有司》二篇兼祭之文四见，同祭之文三见。"②《说文》："炮，毛炙肉也。"于包祭之义无涉，故贾疏云："炮于义无所取，故破从包也。"以炮从包声，二字音近致误，故郑云"声之误也"。

12.《夏官·职方氏》："其浸卢、维。"郑注："卢、维当为雷、雍，字之误也。《禹贡》曰：'雷夏既泽，雍沮会同。'雷夏在城阳。"

贾疏云："《地理志》、《禹贡》无卢、维，又字类雷、雍，故破从之，引《禹贡》为证也。"是贾疏以为卢、维二字皆形近致误。然卢与雷字形并不相近，而古音则双声，都是来母，故段玉裁"疑卢为声之误"，③ 是也。

13.《秋官·士师》："若邦凶荒，则以荒辩之法治之。"郑注："玄谓辩当为贬，声之误也。遭饥荒则刑罚、国事有所贬损，作权时法也。《朝事职》曰：'若邦凶荒、札丧、寇戎之故，则令邦国、都家、县鄙虑刑贬。'"

郑意凶荒之年事当贬损，故其法当云"荒贬之法"，亦即《秋官·朝士》"若邦凶荒札丧寇戎之故，则……虑刑贬"之谓也。郑据彼决此，则字亦当为

---

① 段玉裁：《周礼汉读考》，《清经解》第 4 册，第 198 页。
② 同上书，第 205 页。
③ 同上书，第 212 页。

贬也。辩字则于此经无所取义，故以为误字。辩字古音属并母元部，贬字属帮母谈部，并帮旁纽，元谈通转，是二字音近而致误，故郑云"声之误也"。

14.《秋官·司仪》："宾使者如初之仪。及退，拜送。"郑注："宾当为摈。劳用束帛，摈用束锦。"

摈义为迎接宾客。《说文》："摈，导也。"此经上文曰："司仪掌九仪之宾客摈相之礼。"郑注："出接宾曰摈，入赞礼曰相。"摈、宾同音，故而摈误作宾。

15.《秋官·掌客》："牲十有八，皆陈。"郑注："牲当为腥，声之误也。腥谓腥鼎也。"

腥是生牲肉（参见例1）。腥、牲古音叠韵，皆属耕部；腥是心母，牲是山母，心山准双声，故二字音近而致误。同例还见于：

《秋官·掌客》："遭主国之丧，不受飧、食，受牲礼。"郑注："牲亦当为腥，声之误也。有丧，不忍煎亨，正礼飧饔饩当孰者，腥致之也。"

16.《考工记·梓人》："献以爵而酬以觚，一献而三酬，则一豆矣。"郑注："觚、豆字，声之误也。觚当为觯，豆当为斗。"

据贾《疏》，郑玄用《韩诗》说，以为一升曰爵，二升曰觚，三升曰觯。若按"献以爵而酬以觚，一献而三酬"计之，一献（一爵）为一升，三酬（三觚）为六升，合之则七升，而一豆则为四升，① 不成制矣。若易觚为觯，一觯三升，一献三酬，则合十升，恰为一斗。故郑《注》以为"觚当为觯，豆当为斗"。按古音豆、斗双声叠韵，都是端母侯部，唯声调不同，故郑云"声之误"。而觯之误为觚，则形近之误，参见例34。

见于《礼记》12例。

17.《檀弓下》："全要领以从先大夫于九京也。"郑注："晋卿大夫之墓在九原。京盖字之误，当为原。"

原的本义为水源，即《说文》所谓"水泉本也"，此记借作地名。京字甲、金文皆象于高台上建屋之形，盖王者所居。《说文》："京，人所为绝高丘也。"则是京字的引申义。原、京二字从古文到秦篆，字形不似。然京字古音属见母阳部，原属疑母元部，见疑旁纽，阳元通转，是二字音近，盖因此致

---

① 《周礼·天官·笾人》："笾人掌四笾之实。"郑《注》："笾，竹器如豆者，其实皆四升。"

误也。陈乔枞引陈寿祺曰:"《檀弓》下文'晋赵文子与叔誉观乎九原',此郑所据。孔氏《正义》引《韩诗外传》云:'晋赵武与叔向观于九原。'又引《尔雅》云:'绝高曰京,广平曰原。'京非葬之处,原是坟墓之所,故为原也。《新序》卷四'晋平公过九原而叹',即此地也。"① 是可证九京当为九原。

18.《王制》:"屏之远方:西方曰棘,东方曰寄,终身不齿。"郑注:"棘当为僰,僰之言偪,使之偪寄于夷戎。"

《说文》:"棘,小枣丛生者。"与此经义无涉。《说文》又曰:"僰,犍为蛮夷。"《汉书》中亦皆作僰。棘、僰二字古音叠韵,皆属职部,音近,盖传抄者误省为棘也。

19.《杂记上》:"(大夫)讣于適者,曰:'吾子之外私、寡大夫某不禄,使某实。'"郑注:"適读为匹敌之敌,谓爵同者也。实当为至,此读周秦之人声之误也。"

至、实古音叠韵,皆属质部;至是照母属舌音,实是床母属齿音,舌齿为邻纽,是二字音本相近,故至误为实。俞樾曰"此非必周秦声误"也。②

20.《丧大记》:"君之丧,大胥是敛,众胥佐之。大夫之丧,大胥侍之,众胥是敛。士之丧,胥为侍,士是敛。"郑注:"胥,乐官也,不掌丧事。胥当为祝,字之误也。"

按祝掌丧事,经有明文。《周礼·春官·小宗伯》:"王崩,大肆以秬鬯渳。及执事泣大敛、小敛,帅异族而佐。"郑注:"执事,大祝之属。"又《大祝》云:"大丧,始崩,以肆鬯渳尸,相饭,赞敛,彻奠。言甸人读祷,付、练、祥,掌国事。"《小祝》云:"大丧,赞渳,设熬,置铭。"又《丧祝》云:"丧祝掌大丧劝防之事。及辟,令启。及朝,御匶,乃奠。及祖,饰棺,乃载,遂御。及葬,御匶出宫,乃代。及圹,说载,除饰。小丧亦如之。掌丧祭祝号。王弔,则与巫前。"《仪礼·士丧礼》又有习夏礼的夏祝,习商礼的商祝,以及习周礼的周祝,等等。诸祝官则可统称为众祝。胥则是乐官。《周礼·春官》有大胥,掌教学子之舞乐;有小胥,协助大胥

---

① 陈乔枞:《礼记郑读考》,《清经解续编》第5册,第126页。
② 俞樾:《礼记郑读考》,《清经解续编》第5册,第1002页。

掌舞乐事。是祝官与胥官职事不同。胥古音属心母鱼部，祝属照母觉部，照母属舌音与属齿音之心母为邻纽，鱼觉二部可以旁对转，是胥、祝二字音近而致误混也。

21.《丧大记》："君、大夫鬊爪实于绿中，士则埋之。"郑注："绿当为角，声之误也。角中，谓棺内四隅也。"

角、绿古音叠韵，皆属屋部，故音近易混。俞樾云："角有禄音，《广韵·一屋》卢谷切有角字，云：'角里先生，汉时四皓名。'是也。陈第《毛诗古音考》谓角本音录。故与绿字声近而混。"①

22.《丧大记》："饰棺……加伪荒。"郑注："伪当为帷，或作于，声之误也。大夫以上，有褚以衬覆棺，乃加帷荒于其上。"

帷荒是柩车上的棺饰。《仪礼·既夕礼》："商祝饰柩，一池，纽前䞓后缁。"郑注："饰柩，为设墙柳也。巾奠乃墙，谓此也。墙有布帷，柳有布荒……纽，所以联帷荒，前赤后黑，因以为饰。"伪字古音属疑母歌部，帷属匣母微部，疑匣旁纽，歌微旁转，故二字音近而致误。

23.《祭法》："相近于坎坛，祭寒暑也。"郑注："相近当为禳祈，声之误也。禳犹却也。祈，求也。寒暑不时，则或禳之，或祈之。寒于坎，暑于坛。"

相、禳二字古音叠韵，皆属阳部；又相是心母属齿音，禳是日母属舌音，齿舌为邻纽，故相、禳音近。近、祈古音双声叠韵，皆属群母文部，唯声调不同，故二字音亦相近。郑训禳为却，而相无却义；郑训祈为求，而近无求义，故郑注云"相近当为禳祈，声之误也"。

24.《祭义》："燔燎膻芗，见以萧光，以报气也，此教众反始也。荐黍稷，羞肝、肺、首、心，见间以侠甒，加以郁鬯，以报魄也。"郑注："'见'及'见间'皆当为觍，字之误也。……燔燎馨香，觍以萧光，取牲祭脂也。……觍以侠甒，谓杂之两甒醴酒也。"

《说文》无觍字。据郑注，觍义为混杂、夹杂。觍、见音同，故误为见。又见间当为觍者，是觍之一字误分为二字也。陈乔枞云："觍误分为间见二字者，惠栋《九经古义》谓，如《孟子》'正心'当为忘，《史记》'刺齿'当

---

① 俞樾：《礼记郑读考》，《清经解续编》第 5 册，第 1003 页。

为豁，皆一字误为二字也。"按觊误为见，是声误；觊误为见間，则是形误，即郑所谓字之误。这里仅依前者归之为声误。

25.《祭统》："是故尸谡，君与卿四人馂。……士起，各执其具以出，陈于堂下，百官进，彻之，下馂上之余也。"郑注："进当为馂，声之误也。"

《说文》："进，登也。"又曰："馂，食之余也。"即别人吃剩下的食物。引申之，吃别人剩下的食物亦曰馂。《仪礼·士昏礼》："媵馂主人之余，御馂妇余。"凡宗庙祭祀，天子、诸侯、卿大夫及百官，皆依次馂尸之余，此记是也。故此记所谓"百官进"，进字显系馂字之误。进、馂古音双声，都是精母；进属真部，馂属文部，真文旁转，故二字音近而致误。

26.《坊记》："故君子有君不谋仕，唯卜之日称二君。"郑注："卜之日，谓君有故而为之卜也。二当为贰，唯卜之时，辞得曰君之贰某尔。晋惠公获于秦，命其大夫归择立君，曰：'其卜贰圉也。'"

二是数词。贰义则为副。《说文》："贰，副益也。"段注："当云副也，益也。《周礼》注：'副，贰也。'"此记谓君子（国君之子，即世子）在占卜时自称君的副手，即所谓"贰君"，故据文意贰不得为二可知。因二、贰音同之故，此记误贰为二。按唐以后，贰始用作数词二的大写，至今沿之，参见《王力古汉语字典》"贰"字下。

27.《缁衣》："《君雅》曰：'……资冬祁寒，小民亦惟曰怨。'"郑注："资当为至，齐鲁之语，声之误也。"

齐字古音属从母脂部，至字属照母质部；从母为齿音，照母为舌音，齿舌为邻纽；脂质二部对转，故齐、至音近而致误。俞樾云："郑以为齐鲁语，盖郑君亲验当时语言如此。汉初传经大儒多出齐鲁，故齐鲁之语得入经传也。"①

28.《问丧》："亲始死，鸡斯，徒跣，扱上衽，交手哭。"郑注："鸡斯当为笄纚，声之误也。亲始死去冠，二日乃去笄纚，括发也。"

鸡、笄古同音，皆见母支部，声调亦同，故笄误为鸡。斯、纚古音叠韵，皆属支部；斯是心母，纚是山母，心山准双声，故斯、纚音近而致误。故郑云"鸡斯当为笄纚，声之误也"。

---

① 俞樾：《礼记郑读考》，《清经解续编》第 5 册，第 1004 页。

二　纠字形近之误（18例）

见于《周礼》6例。

29.《天官·夏采》："夏采掌大丧以冕服复于大祖，以乘车建绥复于四郊。"郑注："（绥）当作緌，字之误也。緌以旄牛尾为之，缀于橦上，所谓注旄于干首者。"

《礼记·杂记上》记诸侯死于道，"则升其乘车之左毂，以其绥复"，郑注云："绥当为緌，读如蕤宾之蕤，字之误也。緌谓旌旗之旄也，去其旒而用之，异于生时也。"与此记郑注义同。《说文》："緌，系冠缨垂者。"（此据段注本）段注曰："引申之为旌旗之緌，以旄牛尾为之。"是此经以用緌为正字。绥的本原字为妥，甲骨文、金文皆作妥而不从纟，其字象以手抚女之形，会安或安抚之义，后乃加纟旁作绥。《说文》："绥，车中靶也。"（此据段注本）车中靶，是指执以登车的绳，此引申义也。盖执此绳以登车则安，而绥的本义为安，故即用作车中靶名。徐锴云："礼，升车必正立执绥，所以安也。"[①]是绥之与緌，其义迥异。盖以二字古音叠韵，皆属微部；又绥是心母属齿音，緌是日母属舌音，舌齿邻纽，是绥、緌二字音近，且小篆字形亦相似，因致误混。故郑云"绥当作緌，字之误也"。此所谓字之误，实谓形近之误也。同例还见于：

《王制》："天子杀则下大绥，诸侯杀则下小绥。"郑注："绥当为緌。緌，有虞氏之旌旗也。下谓弊之。"

《杂记上》："诸侯行而死于馆，则其复如于其国。如于道，则升其乘车之左毂，以其绥复。"郑注："复，招魂复魄也……升车左毂，象升屋东荣。绥当为緌，读如蕤宾之蕤，字之误也。緌谓旌旗之旄也，去其旒而用之，异于生时也。"

《丧大记》："饰棺……黼翣二，画翣二，皆戴绥。"郑注："绥当为緌，读如冠蕤之蕤，盖五采羽注于翣首也。"

30.《春官·鬯人》："庙用脩，凡山川、四方用蜃，凡祼事用概，凡疈事

[①] 徐锴：《说文解字系传》，中华书局，1987年，第255页。

用散。"郑注："祼当为埋，字之误也。"

郑知此"祼事用概"之祼当作埋者，贾疏云："若祼则用郁，当用彝尊，不合在此而用概尊，故破从埋也。埋谓祭山林。"按《郁人》云："掌祼器。凡祭祀、宾客之祼事，和郁鬯以实彝而陈之。"是祼用郁鬯而器用彝也。然此经埋作祼者，段玉裁云："埋，经典多用貍，与祼字略相似而误。"① 是形近之误也，故郑云"字之误也"。

31.《春官·大司乐》："《九磬》之舞。"郑注："玄谓……九磬读当为大韶，字之误也。"

段玉裁云："此谓九为大之字误也。"② 按九与大字小篆略似，故致误。

32.《春官·筮人》："九筮之名，一曰巫更，二曰巫咸，三曰巫式，四曰巫目，五曰巫易，六曰巫比，七曰巫祠，八曰巫参，九曰巫环：以辨吉凶。"郑注："此九巫读皆当为筮，字之误也。"

《说文》："簭，《易》卦用蓍也。从竹筮。筮，古文巫字。"按簭即古文筮字。是古文筮、巫形近，故致误。段玉裁云："筮之古文作簭，巫之古文作筮，盖故书脱竹头，今书又改为小篆之巫矣。"③

33.《夏官·大司马》："各书其事与其号焉。"郑注："凡旌旗有军旅者畫异物，无者帛而已。书当为畫，事也，号也，皆畫以云气。"

按郑以为凡旌旗皆畫云气以为标识。贾疏云："谓畫五色云也。"此经作书，与畫义异，故注云"书当为畫"。书与畫小篆形近，故致误也。

34.《考工记·梓人》："献以爵而酬以觚，一献而三酬，则一豆矣。"郑注："觚、豆字，声之误也。觚当为觯。"

贾疏引郑玄《驳异义》云："觯字角旁辰（今《注疏》本辰作友，据段玉裁《汉读考》改），④ 汝颍之间师读所作。今礼角旁单，古书或作角旁氏，角旁氏则与觚字相近。学者多闻觚，寡闻觝（《注疏》本觝误作觚，亦据段氏《汉读考》改），写此书乱之而作觚耳。"是觯之误为觚，形近而误也。注云"声之误"，不确。同例还见于：

---

① 段玉裁：《周礼汉读考》，《清经解》第4册，第199页。
② 同上书，第202页。
③ 同上书，第204页。
④ 同上书，第222页。

《大射》："宾降，洗象觚。"郑注："此觚当为觯。"

见于《仪礼》1 例。

35.《觐礼》："四享皆束帛加璧，庭实唯国所有。"郑注："四当为三。古书作四三或皆积画，此篇又多四字，字相似，由此误也。"

此形近之误，郑注述之甚明。

见于《礼记》11 例。

36.《檀弓上》："鲁妇人之髽而吊也，自敗于臺鲐始也。"郑注："敗于臺鲐，鲁襄四年秋也。臺当为壶，字之误也。《春秋传》作狐鲐。"

臺、壶形近而误。盖据郑玄考校，地名臺鲐当作壶鲐也。《春秋传》作狐鲐者，狐则壶之通假字。陈乔枞云："壶狐古音同通假。《吕览·下贤篇》'壶邱子'，《汉书·古今人表》作'狐邱子'。《史记·孔子弟子传》'壶黡'，《人表》亦作'狐黡'。并以音同相通假用之故。故《左传》狐鲐，《礼记》作壶骀也。"①

37.《檀弓上》："公叔木有同母异父之昆弟死。"郑注："木当为朱。《春秋》作戌，卫公叔文子之子，定公十四年奔鲁。"

朱之误木，形近之误，木与朱小篆形似。又，云"《春秋》作戌"者，戌、朱古音叠韵，皆属候部；朱是照母，戌是审母，照审旁纽，二字音近，故相通假。《檀弓下》曰："公叔文子卒，其子戌请谥于君。"字作戌，与《春秋》同。

38.《文王世子》："始立学者，既興器，用币。"郑注："興当为釁，字之误也。礼乐之器成，则釁之，又用币告先圣先师以器成。"

俞樾云："釁字上半与興相似，故字误作興。釁在谆文部，興在蒸登部，非同部字。郑云字误，明非声误也。"②

39.《礼运》："故百姓则君以自治也，养君以自安也，事君以自显也。"郑注："则当为明。"

俞樾云："按形近而误，不烦申说。"③

40.《礼运》："其居人也曰养。"郑注："養当为義，字之误也。下之则

---

① 陈乔枞：《礼记郑读考》，《清经解续编》第 5 册，第 122 页。
② 俞樾：《礼记郑读考》，《清经解续编》第 5 册，第 999 页。
③ 同上。

为教令，居人身为義。《孝经说》曰：'義由人出。'"

陈乔枞云："古简有剥蚀者，字形易于致误。郑君据《孝经说》'義由人出'，断養字为義之误，训极精确。如《荀子·论礼》'不能養之'，注云：'養或为食。'是蚀其上半字而误養为食。此'其居人也曰養'，郑云'養当为義'，是蚀其下半字而误義为養也。"① 陈氏之说或然也。然養、義形近，实致误之由也。故俞樾径云："形近之误，不烦申说。"②

41.《玉藻》："大夫佩水苍玉而纯组绶。"郑注："纯当为缁。古文缁或作糸旁才。"

按古文缁作纔，与纯小篆略似，故误作纯，注说甚明。

42.《乐记》："武王克殷，反商。"郑注："反当为及，字之误也。及商，至纣者也。《牧誓》曰：'至于商郊牧野。'"

及之误反，形近之误也，不烦申说。

43.《祭法》："幽宗，祭星也。"郑注："宗皆当为禜，字之误也。幽禜，亦谓星坛也，星以昏始见，禜之言营也。"

俞樾云："形似而误，非相通也。"③ 陈乔枞云："案禜误作宗者，盖简蚀去上半字，故与宗形近似而讹也。"④ 陈氏说亦或然也。

44.《缁衣》："《尹吉》曰：'惟尹躬及汤，咸有壹德。'"郑注："吉当为告，告古文诰，字之误也。"

告之为吉，形近之误，即郑注所谓"字之误也"。甲骨文告字本为祭名，即告祭字。"告祭于祖先，引申为告诉之告"。⑤ 因告诉以言语，故又于告旁加言而造区别字诰，故《说文》云："诰，告也。"《易·姤卦·象》曰："后以施命诰四方。"是其例。此记郑云"告，古文诰"，甚是。

45.《缁衣》："《尹吉》曰：'惟尹躬天见于西邑夏……'"郑注："尹吉，亦'尹诰'也。天当为先字之误。"

先误作天，形近之误也。

---

① 陈乔枞：《礼记郑读考》，《清经解续编》第5册，第133页。
② 俞樾：《礼记郑读考》，《清经解续编》第5册，第999页。
③ 同上书，第1003页。
④ 陈乔枞：《礼记郑读考》，《清经解续编》第5册，第152页。
⑤ 此明义士说，转引自《古文字诂林》第1册，上海教育出版社，1999年，第756页。

46.《缁衣》:"子曰:'唯君子能好其正,小人毒其正。'"郑注:"正当为匹,字之误也。匹谓知识朋友。"

陈乔枞云:"正、匹以形近而误。"① 按正、匹二字小篆略似,郑谓"字之误",盖亦以为形近而误也。

三　以本字易通假字(59例)

见于《周礼》13例。

47.《天官·内司服》:"内司服掌王后之六服:祎衣、揄狄、阙狄、鞠衣、展衣、缘衣、素沙。"郑注:"玄谓狄当为翟。翟,雉名。"

《说文》:"翟,山雉尾长者。""狄,北狄也。"(此据段注本)狄、翟古音同,皆定母锡部,声调亦同,故狄可通翟。朱骏声《定声》云:"狄,假借为翟。"郑必易狄为翟者,以翟为翟雉之本字也,故云"翟,雉名"。而用通假字狄,则易产生歧义,故易之。

48.《天官·内司服》:"内司服掌王后之六服:祎衣、揄狄、阙狄、鞠衣、展衣、缘衣、素沙。"郑注:"展衣以礼见王及宾客之服,字当为襢,襢之言亶,亶,诚也。"

按《礼记·玉藻》"一命襢衣",《杂记下》"下大夫以襢衣",《丧大记》"世妇以襢衣",是《礼记》展衣皆作"襢衣",郑据《礼记》以校此经,以为"字当为襢"。《诗·鄘风·君子偕老》"其之展也",郑笺释展为展衣,云:"后妃六服之次展衣……展字误,《礼记》作襢衣。"是可证郑据《礼记》用字以说也。郑注又释襢字之义云:"襢之言亶,亶,诚也。"展,《说文》训"转也"。展、襢古音叠韵,皆属元部;襢是定母,展是端母,定端旁纽,故二字可通:襢是本字,展是通假字。段玉裁云:"展与襢声相近,郑意从《丧大记》、《玉藻》作襢为正字,作展为假借。"②《诗·君子偕老》及此经,即皆用通假字也。是郑此注,以本字易通假字也。

49.《天官·屦人》:"屦人掌王及后之服屦。为赤舄、黑舄,赤繶、黄

---

① 陈乔枞:《礼记郑读考》,《清经解续编》第5册,第158页。
② 段玉裁:《周礼汉读考》,《清经解》第4册,第191页。

缲，青句，素屦，葛屦。"郑注："句当为绚，声之误也。绚缲纯者同色，今云赤缲、黄缲、青绚，杂互言之，明舄众多，反复以见之。"

绚是鞋头上的装饰，如今之鞋梁，有孔，可以穿结鞋带。《仪礼·士冠礼》："玄端黑屦，青绚、缲、纯。"郑注："绚之言拘也，以为行戒，状如刀衣鼻，在屦头。"《士丧礼》："乃屦，綦结于跗，连绚。"郑注亦云："绚，屦饰，如刀衣鼻，在屦头上，以连之，止足坼也。"句字则无此义。《说文》："句，曲也。"句、绚古同音，皆见母侯部，声调亦同，故句可通绚。而郑以为句字是"声之误"，故云"当为绚"，实以本字易通假字也。

50.《地官·小司徒》："凡征役之施舍。"郑注："施当为弛。"

《说文》："施，旗皃。""弛，弓解弦也。"（此据段注本）段注云："引申为凡懈废之称。"是此经施舍字当以弛为本字。施、弛古音双声叠韵，皆属审母歌部，唯声调不同，故施可假借为弛，且为经典所习用。朱骏声《定声》云："施，假借为弛。"贾疏："云'施当为弛'者，《周礼》上下但言为弛舍者，皆经为施字，郑注皆破从弛。"是郑易通假字为本字也。

51.《地官·小司徒》："乃分地域而辨其守，施其职而平其政。"郑注："政，税也。政当作征。"

征义为赋税。《左传》文公十一年："宋公于是以门赏耏班，使食其征。"杜注："征，税也。"《孟子·尽心下》："有布缕之征，粟米之征，力役之征。"赵岐注："征，赋也。"亦用作动词，谓收取赋税。《孟子·梁惠王下》："关市讥而不征。"又，《说文》："政，正也。"无赋税义。然政、征古同音，皆照母耕部，声调亦同，故政可通征。朱骏声《定声》云："政，假借为征。"《集韵·清韵》："政，赋也。《周礼》：'听政役以比居。'通作征。"《周礼·地官·均人》："均人掌均地政。"郑注："政读为征。地征，谓地守、地职之税也。"此经郑注谓"政当作征"者，以本字易通假字也。

52.《地官·委人》："凡其余聚以待颁赐。"郑注："余当为馀，声之误也。馀谓县都畜聚之物。"

《说文》："余，语之舒也。"又云："馀，饶也。"引申为多余、剩余。《论语·学而》："行有馀力，则以学文。"《孟子·滕文公下》："农有馀粟，女有馀布。"皆其例也，是此经所取义。余、馀古同音，故余可通馀。朱骏声《定声》云："余，假借为馀。"并举此经为例。段玉裁亦云："此盖亦古文假借字。《职方氏》'昭馀祁',《淮南子》作'昭余'。徐锴《说文》亦作余。"① 是郑云"余当为馀"者,以本字易通假字也。

53.《春官·肆师》:"以岁时序其祭祀,及其祈珥。"郑注:"珥当为衈。衈刉者,衅礼之事。"

按《礼记·杂记下》记衅礼之事云:"衈皆于屋下。"《春秋穀梁传》僖公十九年云:"叩其鼻以衈社也。"是字皆作衈。盖割牲以取血,故字当作血旁耳。故郑注《周礼》每读珥为衈,或改珥为衈。如《夏官·小子》:"而掌珥于社稷,祈于五祀。"郑注:"珥读为衈……用毛牲曰刉,羽牲曰衈。"《秋官·士师》:"凡刉珥,则奉犬牲。"郑注:"珥读为衈。刉衈,衅礼之事。用牲,毛者曰刉,羽者曰衈。"《秋官·司约》:"若有讼者,则珥而辟藏。"郑注:"珥读曰衈,谓杀鸡取血衅其户。"《秋官·犬人》:"凡幾珥、沈、辜,用骽可也。"郑注:"珥当为衈。刉衈者,衅礼之事。"郑既以衈为祈衈正字,故注此经之珥曰"珥当为衈"。《说文》:"珥,瑱也。"珥、衈古双声叠韵,皆日母之部,唯声调不同,故珥可通衈,是以《周礼》每借珥为衈。此经郑注"珥当为衈",是以本字易通假字也。

54.《春官·大卜》:"其经运十,其别九十。"郑注:"运或为䍃,当为煇,是《视祲》所掌十煇也。……凡所占者十煇,每煇九变。此术今亡。"

按《视祲》云:"掌十煇之法,以观妖祥,辨吉凶。"郑据此以为运或䍃皆当为煇。运、䍃、煇皆从军声,故可通假。段玉裁云:"古文同音假借,故煇或作运(運),或作䍃。"② 然煇是本字,运、䍃皆通假字,故郑易之以煇也。

55.《春官·大祝》:"辨九祭:……二曰衍祭。"郑注:"衍字当为延,声之误也。延祭者,《曲礼》曰:'客若降等,执食兴辞,主人兴辞于客,然后客坐,主人延客祭。'是也。"

《说文》:"衍,水朝宗于海也。""延,长行也。"延引申而有引进、接待之义。《尔雅·释诂下》:"延,进也。"《仪礼·特牲馈食礼》:"祝延尸。"郑注:"延,进也。"《吕氏春秋·审应览·重言》:"乃令宾者延之而上。"高诱

---

① 段玉裁:《周礼汉读考》,《清经解》第4册,第197页。
② 同上书,第204页。

注:"延,引及阶陛。"① 衍、延二字双声叠韵,皆喻母元部,唯声调不同,故二字音近可通:延是本字,衍是通假字。《后汉书·安帝纪》:"博衍幽隐。"李贤注:"衍,犹引也。"是郑此注"衍字当为延,声之误也"者,乃易通假字为本字也。

56.《春官·大祝》:"言甸人读祷,付、练、祥,掌国事。"郑注:"付当为祔。祭于先王,以祔后死者。"

祔之义即付,为将新死者付之于祖先而祭,故名祔祭,即郑注所谓"祭于先王,以祔后死者"。付是祔的本原字,后乃加示旁造区别字祔字,以作为祔祭之专字(参见本编第一章《郑玄注〈三礼〉之"读为"、"读曰"例考辨》之例87)。自祔字出,人们遂以之为祔祭字的本字,而以付为借字。故段玉裁云:"此亦古文假借。"② 郑云"付当为祔",亦是以本字易通假字也。

57.《秋官·掌戮》:"掌戮掌斩杀贼谍而搏之。"郑注:"搏当为'膊诸城上'之膊,字之误也。膊谓去衣磔之。"

《左传》成公二年:"齐侯伐我北鄙,围龙,顷公之嬖人卢浦就魁门焉。龙人囚之。齐侯曰:'勿杀,吾与而盟,无入而封。'弗听,杀而膊诸城上。"杜注:"膊,磔也。"是郑注所取义,且申之曰:"膊谓去衣磔之。"《说文》:"膊,薄脯,膊之屋上。"引申而有分裂尸体之义,即所谓磔也。搏则无磔义。《说文》:"搏,索持也。"搏、膊古音叠韵,皆属铎部;搏是帮母,膊是滂母,邦滂旁纽,故搏可通膊。此经陆氏《释文》云:"搏,注作膊,同,磔也。"朱骏声《定声》亦云:"搏,假借为膊。"郑以为字之误,实则以本字易通假字也。

58.《秋官·司仪》:"再拜授币。宾拜送币。每事如初。宾亦如之。"郑注:"宾当为傧,谓以郁鬯礼宾也。上于下曰礼,敌者曰傧。"

按以礼接待地位相同的宾客谓之傧,即郑注所谓"敌者为傧"。《仪礼·聘礼》中每言"傧之",或"傧某",义皆如此。然宾字以与傧同音之故,每借为傧。段玉裁云:"以宾作傧,古文假借也。《聘礼》、《少牢馈食礼》,傧字亦多作宾。"③ 傧为傧礼之本字,而宾则通假字,郑此注亦是以本字易通假

---

① 见《诸子集成》第6册,第221页。
② 段玉裁:《周礼汉读考》,《清经解》第4册,第206页。
③ 同上书,第216页。

字也。

59.《考工记·轮人》:"视其绠,欲其蚤之正也。"郑注:"蚤当为爪,谓辐入牙中者也。"

蚤、爪古音叠韵,皆属幽部;蚤是精母,爪是庄母,精庄准双声,故蚤可通爪。《仪礼·士丧礼》:"蚤揃如他日。"郑注:"蚤读为爪。"是其例。段玉裁云:"《仪礼》爪字皆作蚤,古文假借字也。"① 是注云"蚤当为爪",以本字易通假字也。同例还见于:

《考工记·轮人》:"参分其股围,去一以为蚤围。"郑注:"蚤当为爪。"

《仪礼·士虞礼》:"沐浴,栉,搔翦。"郑注:"搔当为爪……搔翦或为蚤揃,揃或为鬋。"

见于《仪礼》5例。

60.《士昏礼》:"媵、御沃盥交。"郑注:"御当为讶。讶,迎也。"

《说文》:"御,使马也。驭,古文御,从又,从马。"是御的本义为驾驭车马。《说文》又曰:"讶,相迎也。从言,牙声。讶,或从辵。"御、讶古同音,皆疑母鱼部,声调亦同,故御可通讶:讶是本字,御是通假字。《书·顾命》:"太史秉书,由宾阶阼,御王册命。"郑玄云:"御犹向也。"孙星衍疏云:"御与讶通,讶之言迎,迎则向也。"②《诗·召南·鹊巢》:"之子于归,百两御之。"郑笺:"御,迎也。"《释文》:"本亦作讶,又作迓。"是此经郑注"御当为讶"者,以本字易通假字也。同例还见于:

《礼记·曲礼上》:"君命召虽贱人,大夫、士必自御之。"郑注:"御当为讶。讶,迎也。君虽使贱人来,自必出迎之,尊君命也。《春秋传》曰,跛者御跛者,眇者御眇者,皆讶也,世人乱之。"

61.《公食大夫礼》:"众人腾羞者,尽阶,不升堂授,以盖降,出。"郑注:"腾当作媵。媵,送也。"

《说文》媵作佚,云:"送也。"郑训与之同。又《说文》:"腾,传也。"媵、腾古音叠韵,皆属蒸部;媵是定母,腾是喻母,定喻准旁纽,故二字音近可通:媵是本字,腾是通假字。《燕礼》:"主人盥洗升,媵觚于宾。"郑

---

① 段玉裁:《周礼汉读考》,《清经解》第4册,第217页。
② 孙星衍:《尚书今古文注疏》下册,中华书局点校本,1986年,第501—502页。

注：“今文媵皆作騰。”是其例。此经郑注云"媵当作媵"者，是以本字易通假字也。

62.《丧服》传曰："冠六升，外毕，锻而勿灰。衰三升。"郑注："布八十缕为升，升字当为登。登，成也。今之礼皆以登为升，俗误已行久矣。"

郑训登为成。贾疏云："今从登，不从升者，凡织纴之法，皆缕缕相登上，乃成缯布。登义强于升，故从登也。"据疏说，是郑以登为正字，升则通假字也。升本容量单位名。《说文》："升，十合也。"（此据段注本）升、登古音叠韵，皆属蒸部；升是审母，登是端母，审端准双声，故二字音近可通。《说文》"升"下段注云："古经传登多作升，古文假借也。"又云："经传有言升不言登者，如《周易》是也。有言登不言升者，《左传》是也。"而郑以为"升字当为登"者，则是以本字易通假字也。然经字仍从作升之本者，以"今之礼皆以登为升，俗误已行久矣。"

63.《既夕礼》："瓮三，醯、醢、屑，幂用疏布。瓶二，醴、酒，幂用功布。皆木桁久之。"郑注："久当为灸。灸谓以盖案塞其口。"

按久是灸的本原字，灸是区别字。久的本义为燃艾灸灼人体，引申而有撑拒、堵塞之义。后来久字习借作长久字，于是人们又加火旁而造灸字，以承其本义（参见本编第一章《郑玄注〈三礼〉之"读为"、"读曰"例考辨》之例85）。然郑玄时不知此种字义之变化，而以灸为堵塞义的本字，以久为通假字，故注云"久当为灸"，以本字易通假字也。

64.《士虞礼》："既飨，祭于苴，祝祝卒，不绥祭。"郑注："不绥，言献，记终始也。事尸之礼，始于绥祭，终于从献。绥当为堕。"

按此经上文"祝命佐食堕祭"下郑注云："下祭曰堕，堕之犹言堕下也。《周礼》曰：'既祭，则藏其堕。'谓此也。"故郑以为字当为堕。而绥则是堕的通假字，郑此注是以本字易通假字也。然堕实际又是隋的通假字。郑所引《周礼》之文出《春官·守祧》，其文亦云"既祭，藏其隋"，字不作堕，郑所见本盖与今传本异也。故郑此注当云"绥当为隋"（详可参见《校勘编》第一章《郑玄校〈仪礼〉兼采今古文之条例考辨》之例121）。然郑玄因对堕祭义的理解不同，以为堕是"堕下"之义，故以为"绥当为堕"也。

见于《礼记》41例。

65.《曲礼上》："主人与客让登，主人先登，客从之，拾级聚足。"郑

注:"拾当为涉,声之误也。级,等也。涉等聚足,谓前足蹑一等,后足从之并。"

《说文》涉作淵,曰:"淵,徒行濿水也。"(此据段注本)引申而有经历义。《广韵·叶韵》:"涉,历也。"《穀梁传》襄公二十七年:"尝为大夫,与之涉公事也。"杨士勋疏引徐邈曰:"涉犹历也。"此经郑注云"涉等聚足",即历等也。俞樾云:"涉级犹历级。"① 陈乔枞云:"考《说文》'涉,徒行濿水也。''砅,履石渡水也。'涉水者必两足相随蹑之,毋敢越历,防失坠也。涉阶者亦前足蹑一等,后足从之并,不得相过,重磋跌也。涉阶之义盖从涉水而引申之。"② 陈氏说甚析,是涉即涉阶之本字也。又《说文》:"拾,掇也。"拾、涉古音双声,都是禅母;拾属缉部,涉属盍部,缉盍旁转,故拾可通涉。《集韵·叶韵》:"拾,蹑足升也。"盖即据此经郑注为说,释其通假义也。是郑此注所谓"拾当为涉",以本字易通假字也。

66.《檀弓上》:"其慎也,盖殡也。"郑注:"慎当为引,礼家读然,声之误也。殡引,饰棺以辅。葬引,饰棺以柳翣。"

引是拉柩车的绳。《周礼·地官·大司徒》:"大丧……属其六引。"郑注引郑司农云:"六引,谓引丧车索也。"《檀弓下》:"吊于葬者,必执引。"郑注:"车曰引,棺曰绋。"孔疏:"引柩车索也。"《杂记下》:"执引者三百人。"郑注:"绋、引同耳,庙中曰绋,在涂曰引,互言之。"《仪礼·既夕礼》:"设披,属引。"郑注:"引,所以引柩车,在轴輴曰绋。古者人引柩。"此经作慎者,慎、引二字古音叠韵,皆属真部;慎是禅母,引是喻母,禅喻旁纽,故二字音近可通:引是本字,慎是通假字。此经《释文》云:"慎,或作引。"是有作慎之本,亦有作引之本。陈乔枞云:"《玉篇》上'䏠'字引《埤苍》云:䏠,引起也。'䏠训引起,则慎亦可训为引矣。"③ 慎训引,乃慎的通假义。郑注云"慎当为引",实以本字易通假字也。

67.《檀弓上》:"曾子吊于负夏,主人既祖,填池。"郑注:"填池当为奠彻,声之误也。奠彻谓彻遣奠,设祖奠。"

郑以为此经填是奠的声误。按填、奠古音双声,都是定母;填属真部,

---

① 俞樾:《礼记郑读考》,《清经解续编》第 5 册,第 997 页。
② 陈乔枞:《礼记郑读考》,《清经解续编》第 5 册,第 119—120 页。
③ 同上书,第 122 页。

奠属耕部，真耕通转，故填、奠音近，二字可通。陈乔枞云："古者填寘声同。……左氏昭四年《传》'寘馈于个而退'，《释文》云：'寘本作奠。'《国语》楚灵王曰：'吾愁寘之于耳。'白公子张曰：'其又以规为瑱也。'注云：'寘，置也。''瑱，所以塞耳也。'《诗·采蘋》：'于以奠之。'毛传云：'奠，置也。'此皆可为填、奠通假之验。"① 又，大徐本《说文》无池字。《玉篇·水部》："池，渟水。"《广韵·支韵》："池，停水曰池。"池字古音属定母歌部，彻属透母月部，定透旁纽，歌月对转，二字音近可通。朱骏声《定声》"池"下云："填池，郑谓借为奠彻。"是郑注谓"填池当为奠彻"，以本字易通假字也。

68.《檀弓上》："是故竹不成用，瓦不成味，木不成斫。"郑注："味当作沫。沫，靧也。"

《说文》："味，滋味也。"又曰："沫，洒面也。"郑训沫为靧，靧同頮，《玉篇·面部》："靧、頮同，洗面也。"是郑训与《说文》、《玉篇》同。味、沫古音双声，都是明母；味属物部，沫属月部，物月旁转，故二字音近可通。陈乔枞云："《易·丰》'日中见沫'，《释文》引子夏传作'昧，星之小者'。《易略例》'明微故见昧'，《释文》：'昧，本作妹，又作沫。'《白虎通·礼乐篇》：'西夷之乐曰昧，昧之为言昧也。'并以声近通假。"② 是谓古从未、从末之字可相通也。此记则沫是本字，味是通假字，郑注"味当作沫"者，以本字易通假字也。

69.《檀弓上》："县棺而封。"郑注："封当为窆，窆，下棺也。《春秋传》作堋。"

封的本义为封疆，甲骨文、金文封字象植树于土堆之形，古以植树为疆界的标志。《说文》训封义为"爵诸侯之土"，乃引申义。《说文》又曰："窆，葬下棺也。"郑训与之同。封、窆二字古音双声，都是帮母；封属东部，窆属谈部，东、谈二部之韵尾同属鼻音，可以通转，故二字音近可通：窆是本字，封是通假字。《仪礼·既夕礼》："乃窆，主人哭踊无算。"郑注："窆，下棺也。今文窆为封。"是古文用本字，今文用通假字也。朱骏声《定声》亦

---

① 陈乔枞：《礼记郑读考》，《清经解续编》第5册，第123页。
② 同上书，第124页。

曰:"封,假借为窆。"是此注郑以为"封当为窆"者,以本字易通假字也。又"《春秋传》作堋"者,《说文》:"堋,丧葬下土也。"堋、窆字同。《集韵·嶝韵》:"堋,《说文》:'丧葬下土也。'或作堋。"是堋、窆义同而无异也。同例还见于:

《檀弓下》:"殷既封而吊,周反哭而吊。"郑注:"封当为窆。窆,下棺也。"

《檀弓下》:"于其封也,亦予之席,毋使其首陷焉。"郑注:"封当为窆。陷,谓没于土。"

《王制》:"庶人县封,葬不为雨止,不封,不树。"郑注:"县封,当为县窆。县窆者,至卑,不得引绋下棺,虽雨犹葬,以其礼仪少。封,谓聚土为坟。不封之,不树之,又为至卑无饰也。"

《曾子问》:"孔子曰:'遂既封而归,不俟子。'"郑注:"封当为窆。子,嗣君也。"

《曾子问》:"遂既封,改服而往。"郑注:"封亦当为窆。"

70.《檀弓下》:"齐穀王姬之丧。"郑注:"穀当为告,声之误也。王姬,周女,齐襄公之夫人。"

穀、告二字古音双声,都是见母;穀字属屋部,告字属觉部,屋觉旁转,故二字音近可通:告是本字,谓讣告;穀是通假字。朱骏声《定声》云:"穀,假借为告。"并举此经为例。郑注"穀当为告"者,是以本字易通假字也。

71.《檀弓下》:"咏斯犹。"郑注:"犹当为摇,声之误也。摇谓身动摇也,秦人犹、摇声相近。"

犹本兽名,《说文》:"犹（猶）,玃属,从犬,酋声。一曰陇西谓犬子为犹。"犹、摇二字古音双声,都是喻母;犹属幽部,摇属宵部,幽宵旁转,是二字音近,故犹可通摇。朱骏声《定声》云:"犹,假借为摇。"并举此经为例。故郑注云"犹当为摇",是以本字易通假字也。

72.《檀弓下》:"与其邻重汪踦往,皆死焉。"郑注:"重皆当为童。童,未冠者之称。姓汪名踦。邻或为谈。《春秋传》曰:'童汪踦。'"

重、童古同音,皆属定母东部,声调亦同,故古每通用。陈乔枞云:"字从重、从童声者多通用。如穜先种后熟也,《诗·七月》作'黍稷重穋',

《周礼·内宰》或作'童稑'（自注：见《释文》）。衝，陷阵。橦，车也。《诗·皇矣》作'与尔临衝'。僮人，未冠也，《严诉碑》作'僮'、'憧'，意未定也。《易》'憧憧往来'，京本作'愹愹'。'童容，襜褕也'，《广雅·释器》作'褈裕'。皆其类也。"① 按童，《说文》作僮，曰："未冠也。"（说详段注）是未冠之童，自当以童为本字，作重则通假字也。注引"《春秋传》曰：'童汪踦'"者，出自《左传》哀公十一年，曰："公为与其嬖童汪锜乘，皆死。"证字本当作童也。是郑注"重皆当为童"者，以本字易通假字也。

73.《月令》："天子乃鲜羔，开冰，先荐寝庙。"郑注："鲜当为献，声之误也。献羔，谓祭司寒也。祭司寒而出冰，荐于宗庙。"

鲜、献二字古音叠韵，皆属元部，故鲜可通献。俞樾云："《尔雅·释山》：'小山别大山，鲜。'《诗·皇矣》篇：'度其鲜原。'毛传曰：'小山别大山曰鲜。'即用《雅》训。《公刘》篇：'陟则在𪩘。'传曰：'𪩘，小山别于大山也。'是毛公之意，以鲜𪩘同字，此即鲜与献通之证。《吕氏春秋·仲春纪》正作献羔。"② 朱骏声《定声》"鲜"字下亦云："假借为献。"是此注所谓"鲜当为献"，以本字易通假字也。

74.《曾子问》："殇不祔祭，何谓阴厌、阳厌？"郑注："祔当为备，声之误也。言殇乃不成人，祭之不备礼。"

祔、备二字古音双声，都是并母；祔属侯部，备属职部，侯职旁对转，故二字音近可通：备是本字，祔是通假字。按《礼记·丧服小记》云："殇与无后者从祖祔食。"故知殇死者不备祭礼。故《仪礼·特牲馈食礼》"佐食彻尸荐、俎、敦"节郑注引《曾子问》即曰："殇不备祭。"是径改祔为备也。又《特牲馈食礼》"尸备答拜焉"郑注："古文备为复。"是亦音近通假字也。

75.《文王世子》："《兑命》曰：'念终始典于学。'"郑注："兑当为说，《说命》，《书》篇名，殷高宗之臣傅说之所作。"

兑是说的本原字，说是兑的区别字，甲骨文、金文说字不从言。说字后作悦。③ 朱骏声《定声》"兑"下云："（兑）从人口会意，八象气之舒

---

① 陈乔枞：《礼记郑读考》，《清经解续编》第5册，第126页。
② 俞樾：《礼记郑读考》，《清经解续编》第5册，第998页。
③ 《王力古汉语字典》"说"下曰："喜悦。《论语·学而》：'学而时习之，不亦说乎？'这个意义后代写作'悦'。"按《说文》无"悦"字。

散。……今字作悦，又加心旁。《易·说卦》：'兑为口。'《序卦》：'兑者，说也。'《释名·释天》：'兑，说也。'物得备足皆喜悦也。"自造出说字之后，仍兑、说通用。《书·说命》大题下《释文》云："说，本又作兑，音悦。"《礼记》中所引《书》篇名亦皆作《兑命》。盖以作为《书》篇名汉代经师皆习用说字，故郑注《礼记》每见《兑命》即注云"兑当为说"。如《学记》："《兑命》曰：'念终始典于学。'"郑注："兑当为说，字之误也。高宗梦傅说，求而得之，作《说命》三篇，在《尚书》，今亡。"《缁衣》："《兑命》曰：'惟口起羞……'"郑时尚无区别字的概念，盖以说为喜悦字的本字，而以兑为假借字，故郑此注"兑当为说"者，亦是以本字易通假字也。同例还见于：

《学记》："《兑命》曰：'念终始典于学。'其此之谓乎。"郑注："典，经也。言学之不舍业也。兑当为说，字之误也。高宗梦傅说，求而得之，作《说命》三篇，在《尚书》，今亡。"

《缁衣》："《兑命》曰：'惟口起羞……'"郑注："兑当为说，谓殷高宗之臣傅说也，作书以命高宗，《尚书》篇名也。"

76.《礼运》："大夫死宗庙，谓之变。"郑注："变当为辩，声之误也。辩犹正也。君守社稷，臣卫君宗庙者。"

俞樾云："按《周易·文言传》'由辩之不早辩也'，《释文》曰：'辩，荀（爽）作变。'此变、辩通之证。"按变、辩叠韵，皆属元部；变是帮母，辩是并母，帮并旁纽，故二字音近可通。《说文》："辩，治也。"治之则可归于正，故引申为正。《仪礼·士相见礼》："凡燕见于君，必辩君之南面。"郑注亦云："辩犹正也。"《玉篇·辛部》："辩，正也。"是此记辩乃本字，变则通假字。郑云"变当为辩"，是以本字易通假字也。

77.《礼器》："周坐尸，诏侑武方，其礼亦然，其道一也。"郑注："武当为无，声之误也。……孝子就养无方。"

武、无古音双声叠韵，皆明母鱼部，唯声调不同，故二字可通：无是本字，武是通假字。《周礼·地官·乡大夫》："退而以乡射之礼五物询众庶……五曰兴舞。"郑注："故书舞为无。"阮校引《九经古义》云："古无、武同音，又武、舞通。《礼器》'诏侑武方'，注云：'武当为无，声之误也。'《论语》'射不主皮'，马融注用此文作'五曰兴武'。汉《武梁祠堂画像》'秦武阳',今《史记》作'秦舞阳'。"是郑此注"武当为无"者,以本字易通假字也。

78.《礼器》:"晋人将有事于河,必先有事于恶池。"郑注:"恶当为呼,声之误也。呼池、沤夷,并州川。"

《周礼·夏官·职方氏》:"正北曰并州……其川虖池、呕夷。"郑注即据此。此记《释文》云:"恶,依注音呼,又作虖,好胡反。"陈乔枞云:"今本《周礼》作虖池。虖,古呼字也。"① 俞樾云:"《孟子·公孙丑篇》:'恶,是何言也。'《音义》:'恶音乌。'愚谓恶即乌呼也。缓言之曰乌呼,急言之曰恶,故恶即通作呼也。"② 是此经用作川名当作呼,恶是通假字,郑注"恶当为呼",是以本字易通假字也。按呼的本义为向外吐气。《说文》:"呼,外息也。"借作专有名词呼池,郑盖即以呼为呼池之本字也。

79.《郊特牲》:"故既奠,然后焫萧合膻芗。"郑注:"膻当为馨,声之误也。"

按膻字古音属审母元部,馨字属晓母耕部,声纽虽隔,而韵部同属鼻音,可以通转,故二字可通。俞樾云:"按膻之通作馨,犹馨之通作俔。《诗·大明篇》'俔天之妹',《韩诗》作'馨天之妹',是其例也。"③ 按俔属溪母元部,则俔之与馨,不唯韵部可以通转,声母溪晓亦为旁纽,故俔、馨可通,俞氏因而用以况膻、馨之可通。又王引之《经义述闻》云:"《小雅·信南山·传》云:'血以告杀,膋以升臭,合之黍稷,实之于萧,合馨香也。'《大雅·生民·传》云:'既奠而后爇萧,合馨香也。'毛公两言合馨香,皆用此篇之文,而其字皆作馨,则膻为馨之借字甚明。"④《说文》:"馨,香之远闻者。"是此经馨是本字,膻是通假字,郑云"膻当为馨",是以本字易通假字也。同例还见于:

《祭义》:"燔燎膻芗,见以萧光,以报气也,此教众反始也。"郑注:"膻当为馨,声之误也。"

80.《内则》:"马黑脊而般臂,漏。"郑注:"漏当为蝼,如蝼蛄臭也。"

---

① 陈乔枞:《礼记郑读考》,《清经解续编》第5册,第134页。
② 俞樾:《礼记郑读考》,《清经解续编》第5册,第999页。
③ 同上。
④ 王引之:《经义述闻·礼记中》,《清经解》第6册,第892页。

《周礼·天官·内饔》："马黑脊而般臂，漏。"郑据以订此记，故易漏为蝼。按以"蝼"为蝼蛄臭，盖古语如此。《列子·周穆王篇》："王之厨馔腥蝼。"张湛注云："蝼蛄臭也。"① 漏、蝼古音双声叠韵，唯声调不同，漏可通蝼。朱骏声《定声》云："漏，假借为蝼。"并举此记为例。郑注云"漏当为蝼"者，以本字易通假字也。

81.《内则》："炮，取豚若将，刲之刳之。"郑注："将当为牂。牂，牡羊也。"

将、牂古音双声叠韵，皆精母阳部，唯声调不同，故音近可通：牂是本字，将是通假字。俞樾云："将、牂并从爿声，故得通用。"② 是郑注云"将当为牂"者，亦以本字易通假字也。

82.《内则》："炮，取豚若将，刲之刳之，实枣于其腹中，编萑以苴之，涂之以谨涂。"郑注："谨当为墐，声之误也。墐涂，涂有穰草也。"

谨、墐的本原字为堇。从甲骨文、金文看，堇字初从火，后火渐讹变为土，故后有暵、嘆、歎、難、漢及谨、瑾、僅、僅等区别字造出。③《说文》："堇，黏土也，从土、从黄省。"按土之黏者色必黄，故堇字从黄、从土会意。古者涂事用堇，即取其黏也。黄之本义即为黏土，以其色黄，故借为黄色之名，后黄为假借义所专，故又增土而造墐字。④ 故《说文》云："墐，涂也。"《诗·豳风·七月》："穹室熏鼠，塞向墐户。"毛传："墐，涂也。"堇字又有谨慎义，⑤ 故后又造区别字谨，以为谨慎之专字。故《说文》云："谨，慎也。"自墐、谨二字出，人们即分别以之为涂、慎二义之本字。然墐、谨二字音同可通，于此记则墐是本字，谨是通假字。是郑注"谨当为墐"者，以本字易通假字也。

83.《内则》："由命士以上，及大夫之子，旬而见。"郑注："旬当为均，声之误也……《易·说卦》'坤为均'，今亦或作旬也。"

贾疏："旬而见者，旬，均也。谓大夫、命士嫡、妾生子，皆以未食之

---

① 见《诸子集成》第3册，第31页。
② 俞樾：《礼记郑读考》，《清经解续编》第5册，第1000页。
③ 此用徐中舒说，见《古文字诂林》第10册，上海教育出版社，2004年，第316页。
④ 此用马叙伦说，见《古文字诂林》第10册，第314—315页。
⑤ 此用孙海波说，见《古文字诂林》第10册，第310页。

前,均齐见。又先生者先见,后生者后见,虽见有先后,同是未食之前,故云均而见。"疏说甚明。注说"旬当为均"之义亦甚明,即谓旬是均的通假字也。《说文》:"均,平,徧也。"又云:"旬,徧也。"是均、旬二字义有相通处。然旬无平均义,而此记之义在于强调父见子之均齐,故此记用旬字,实借旬为平均字也。旬、均二字古音叠韵,皆属真部,故二字可通。朱骏声《定声》云:"旬,假借为均。"是郑注"旬当为均"者,以本字易通假字也。

84.《玉藻》:"君子远庖厨,凡有血气之类,弗身践也。"郑注:"践当为翦,声之误也。翦犹杀也。"

翦、践古音叠韵,皆属元部;翦是精母,践是从母,精从旁纽,故二字可通;翦是本字,践是通假字。《礼记·文王世子》"公族无宫刑,不翦其类也",《周礼·天官·甸师》郑注载郑司农说引此文作"公族无宫刑,不践其类也"。《尚书》逸篇《成王征·序》:"成王东伐淮夷,遂践奄。"孙星衍注引郑康成云:"践读曰翦。翦,灭也。"[1]皆二字相通之例。是郑此注"践当为翦"者,以本字易通假字也。

85.《玉藻》:"大帛不绥。"郑注:"帛当为白,声之误也。大帛,谓白布冠也。不绥,凶服去饰。"

帛、白古音同,皆并母铎部,声调亦同,故可通。俞樾云:"白与帛古字通。闵二年《左传》'大帛之冠',《杂记》注引作'大白'。《诗·六月篇》'白旆央央',孙炎《尔雅》注引作'帛旆英英'。子思子之子名白,《汉书·孔光传》作帛。并其证。"[2]是郑此注"帛当为白",以本字易通假字也。

86.《玉藻》:"唯君有黼裘以誓省。"郑注:"省当为狝。狝,秋田也。国君有黼裘誓狝田之礼。"

省、狝古音双声,都是心母;省属耕部,狝属脂部,耕脂通转,故省可通狝。《礼记·明堂位》"春社,秋省",郑注亦云:"省读为狝。狝,秋田名也。"此注"省当为狝",亦以本字易通假字也。

87.《玉藻》:"趋以《采齐》。"郑注:"齐当为《楚荠》之荠。"

按《楚荠》,《诗·小雅》篇名。《毛诗》作《楚茨》。《楚荠》者,《齐

---

[1] 孙星衍:《尚书今古文注疏》下册,中华书局,1986年,第603页。
[2] 俞樾:《礼记郑读考》,《清经解续编》第5册,第1000页。

诗》篇名。①《礼记·仲尼燕居》："和鸾中《采齐》。"《释文》："齐，本又作荠。"又作荠者，即指《齐诗》之本也。郑盖以《齐诗》作荠为正字，而以齐为荠的借字，故云"齐当为《楚茨》之茨"。《汉书·礼乐志》："犹古《采荠》、《肆夏》也。"师古注云："荠音才私反，礼经或作齍，又作茨，音并同耳。"按齍、茨亦皆荠的通假字。

88.《玉藻》："公子曰'臣櫱'"。郑注："櫱当为枿，声之误。"

《说文》："櫱，庶子也。"枿，同蘗，《说文》作櫱。《尔雅·释诂下》："枿，余也。"郝懿行《义疏》云："枿者，《说文》作櫱，或作蘗，云：'伐木余也。'"②按此记之公子实指诸侯之庶子。孙希旦云："公子，谓诸侯庶子也。"③庶子若自称庶子，则有违古人敦厚蕴藉之旨，故委婉而自称"臣枿"，是自况以木之余枿也。然此记作"臣櫱"者，是借櫱为枿也。故陈寿祺云："櫱乃蘗（枿）字之假借。"④櫱、枿古同音，皆疑母月部，声调亦同，故可通。《公羊传》襄公二十七年："执铁锧以从君东西南北，则是臣仆庶櫱之事也。"何注："庶櫱，众贱子，犹树之有櫱生。"是亦假櫱为蘗（枿）也。是郑此注"櫱当为枿"者，以本字易通假字也。

89.《明堂位》："土鼓，蒉桴，苇籥，伊耆氏之乐也。"郑注："蒉当为凷，声之误也。"

蒉是草编的筐。《说文》："蒉，草器也。"凷同块。《说文》："凷，墣也。块，凷或从鬼。"蒉桴，谓土做的鼓椎，则字自当作凷。作蒉者，通假字也。蒉古音群母物部，凷溪母微部，群溪旁纽，物微对转，故二字音近可通。朱骏声《定声》亦云："蒉，假借为块。"郑注云"蒉当为凷"，是以本字易通假字也。

90.《学记》："古之教者，家有塾，党有庠，术有序，国有学。"郑注："术当为遂，声之误也。……《周礼》：五百家为党，万二千五百家为遂。党属于乡，遂在远郊之外。"

《说文》："术，邑中道也。"又曰："遂，亾也。"遂借作行政区划名，谓

---

① 陈乔枞：《诗三家义集疏》下册，中华书局，1987年，第750页。
② 郝懿行：《尔雅义疏》第2册，北京中国书店，1982年，第77页。
③ 孙希旦：《礼记集解》中册，中华书局，1989年，第837页。
④ 陈乔枞：《礼记郑读考》，《清经解续编》第5册，第143页。

距王城百里之外至二百里之地。《周礼·秋官·遂士》："遂士掌四郊。"郑注："其地则距王城百里以外至二百里。"术、遂二字古音叠韵，皆属物部；术是床母，遂是邪母，床邪准旁纽，故二字音近可通。马叙伦云："遂道者，借为术字。《诗·桑柔》：'大风有隧。'《礼记·曲礼》：'出入不当门隧。'《左》襄十八年传：'运大车以塞隧。'《鲁语》：'具车除隧。'《庄子·马蹄》：'山无蹊隧。'注皆训道。隧即队之异体。《春秋演孔图》：'使开阶立遂。'宋均注：'遂，道也。'则用此字。《礼记·月令》：'审端经术。'注：'术，《周礼》作遂。'《左》僖三十三年传'西乞术'，《春秋》文十二年'秦伯使术来聘'，《公羊传》皆作遂。《史记·鲁世家》'东门遂杀嫡立庶'，《索隐》作述。此术、遂通借之证。"① 此记用作行政区划名，郑以遂为本字，故云"术当为遂"，以本字易通假字也。

91.《乐记》："《诗》云：'……王此大邦，克顺克俾。俾于文王，其德靡悔……'"郑注："俾当为比，声之误也。择善从之曰比。"

此诗出《诗·大雅·皇矣》。《毛诗》俾作比，毛传："择善而从曰比。"郑注即据此。作俾者，乃《齐诗》之文。② 郑从《毛诗》，故云"俾当为比"。俾、比古音双声，都是帮母；俾属支部，比属脂部，支脂通转，故二字音近可通。《诗·小雅·渐渐之石》"俾滂沱矣"，《论衡·明雩篇》引作"比滂沲矣"，③ 是俾、比相通之例。此诗则《毛诗》作比用本字，而《齐诗》作俾用通假字，故注云"俾当为比"也。

92.《乐记》："天子夹，振之而驷伐，盛威于中国也。"郑注："驷当为四，声之误也。《武》舞，战象也。每奏四伐，一击一刺为一伐。"

《说文》："驷，一乘也。"驷通四。陈乔枞云："《诗·秦风》'驷驖孔阜'，④《说文·马部》作'四驖'。又《大明》'驷騵彭彭'，《公羊》隐元年疏作'四騵彭彭'。《郑风·清人》'驷介旁旁'，笺云：'驷，四马也。'左氏文十一年《传》'富父终甥驷乘'，注：'驷乘，四人共车。'又定十年《传》

---

① 转引自《古文字诂林》第 2 册，上海教育出版社，2000 年，第 426 页。
② 见王先谦《诗三家义集疏》下册，中华书局，1987 年，第 855—856 页。
③ 见《诸子集成》第 7 册，第 150 页。
④ 驖，原误作铁（鐵），据《十三经注疏》本《毛诗·秦风·驷驖》改。

'公子地有白马四'，《汉书·五行志下》引作'公子地有白马驷'。皆其例也。"① 又《孙膑兵法·十问》："驷鼓同举，五遂俱傅。"② 亦借驷为四之例。故郑此注"驷当为四"者，以本字易通假字也。

93.《杂记上》："缌冠缫缨。"郑注："缫当为'澡麻带绖'之澡，声之误也。谓有事其布以为缨。"

《说文》："缫，帛如绀色，或曰深缯。"朱骏声《定声》云："深缯当作深绀。《广雅·释器》：'缫，青也。'"《说文》又曰："澡，洒手也。"引申为洗涤、整治。《广韵·晧韵》："澡，澡洗。"《广雅·释诂三》："澡，治也。"澡麻带绖之澡，则谓濯洗麻带绖。《仪礼·丧服》："小功布衰裳，澡麻带绖。"郑注："澡者，治去莩垢，不绝其本也。"又《士虞礼》："藻葛绖带。"郑注："澡，治也。治葛以为首绖及带。"缫、澡皆从喿声，故二字可通。朱骏声《定声》云："缫，假借为澡。"俞樾云："《荀子·正论篇》又作慅婴，皆声近假借之例。"③ 是此记郑注"缫当为'澡麻带绖'之澡"者，以本字易通假字也。

94.《杂记上》："醴者，稻醴也。瓮、甒、筲衡，实见间，而后折入。"郑注："衡当为桁，所以庪瓮甒之属，声之误也。"

《说文》："衡，牛触，横大木其角。"《说文》无桁字。《玉篇·木部》："桁，屋桁也。"谓屋梁上或门窗上的横木。引申为支撑物的木架。《仪礼·既夕礼》："甒二，醴酒，幂用功布，皆木桁、久之。"郑注："桁，所以庪苞、屑、瓮、甒也。"此记用衡者，通假字也。衡、桁古音同，皆匣母阳部，声调亦同，故衡可通桁。俞樾云："《诗·采芑》篇'有玱葱珩'，《玉藻》篇作'葱衡'。衡之通作桁，犹衡之通作珩。"④ 是郑此注"衡当为桁"者，亦以本字易通假字也。

95.《杂记下》："王父死，未练、祥而孙又死，犹是附于王父也。"郑注："犹当为由。由，用也。"

---

① 陈乔枞：《礼记郑读考》，《清经解续编》第 5 册，第 147 页。
② 张帆、刘珂编著：《孙膑兵法》，北京燕山出版社，1995 年，第 79 页。
③ 俞樾：《礼记郑读考》，《清经解续编》第 5 册，第 1002 页。
④ 同上。

《说文》无由字。《小尔雅·广诂》："由，用也。"① 郑训与之同。用可作介词，表原因。《诗·小雅·小旻》："谋夫孔多，是用不集。"是其例。犹、由古音同，皆属喻母幽部，声调亦同，故犹可通由。《孟子·公孙丑上》："尺地莫非其有也，一民莫非其臣也，然而文王犹方百里起，是以难也。"朱熹《集注》："'犹方'之犹与由通。"② 朱骏声《定声》亦云："犹，假借为由。"是郑此注"犹当为由"者，以本字易通假字也。同例还见于：

《杂记下》："大夫、士将与祭于公，既视濯而父母死，则犹是与祭也，次于异宫。"郑注："犹亦当为由。次于异宫，不可以吉与凶同处也。"

96.《杂记下》："王父死，未练、祥而孙又死，犹是附于王父也。"郑注："附皆当作祔。"

付是祔的本原字，附是祔的通假字（参见本编第一章《郑玄注〈三礼〉之"读为"、"读曰"例考辨》之例87），郑注"附皆当作祔"者，以本字易通假字也。同例还见于：

《杂记下》："朋友，虞附而退。"郑注："附皆当为祔。"

97.《祭义》："礼减而不进则销，乐盈而不反则放。故礼有报而乐有反。"郑注："报皆当为褒，声之误也。"

《说文》："褒，衣博裾。"是其本义指衣襟宽大。段注："引申之为凡大之称，为褒美。"褒美，则为奖励而勉之进也，故又引申而有进义，故郑注云："褒犹进也。"《说文》："报，当罪人也。"与此经义无涉。报、褒古韵双声叠韵，皆属帮母幽部，故二字可通：褒是本字，报是通假字。《周礼·春官·大祝》："八曰褒拜。"郑大夫云："褒读为报。"是二字通假之例也。此记郑注谓"报皆当为褒"者，以本字易通假字也。

98.《祭义》："故君子顷步而弗敢忘孝也。"郑注："顷当为跬，声之误也。"

《说文》："顷，头不正也。"段注："引申为凡顷侧不正之称。"《说文》跬作䞨，云："䞨，半步也。"顷、跬古音双声，都是溪母；顷属耕部，跬属支部，耕支对转，故二字音近可通：跬是本字，顷是通假字。《集韵·纸韵》：

---

① 此据胡承珙《小尔雅义证》本，收在《小学名著六种》中，中华书局1998年影印。
② 朱熹：《孟子集注》，见《四书章句集注》，中华书局，1983年，第228页。

"赾，《说文》：'半步也。'或作跬、顷。"此记《释文》亦云："顷，读为跬……一举足为跬，再举足为步。"郑注云"顷当为跬"者，亦以本字易通假字也。

99.《祭义》："结诸心，形诸色，而术省之，孝子之志也。"郑注："术当为述，声之误也。"

术、述古音同，皆床母屋部，声调亦同，故可通：述是本字，术是通假字。陈乔枞云："术、述古字通用。《诗·日月》：'报人不述。'《韩诗》作'报我不术'。《隶释》载《汉修尧庙碑》：'歌术功称。'《韩勒后碑》：'其术韩君德政。'《张表碑》：'方伯术职。'《樊敏碑》：'臣子褒术。'《灵台碑阴》：'州里称术。'皆假术为述字。"① 是郑注云"术当为述"，亦易之以本字也。

100.《祭统》："舍奠于其庙。此爵赏之施也。"郑注："舍当为释，声之误也。非时而祭曰奠。"

舍，《说文》曰"市居曰舍"，是本义为居舍。引申为施舍。陈独秀云："古无旅舍，旅人惟止宿于路旁，居人舍中，《周礼》所谓路室也。舍之主人以舍给人止宿，故自称曰余，即今语所谓舍下，皆施身自谓之义。因之舍亦训施。《毛公鼎》之'舍命'即施命。施捨余屋予人止宿，故捨字从舍。初只用舍，《论语》'不舍昼夜'，犹未加手，金器文捨字均作舍。"② 可见舍是捨的本原字，后乃加手旁造捨字。捨引申而有放置义。《广雅·释诂四》："捨，置也。"又，《说文》："释，解也。"引申而有陈设义。《礼记·文王世子》："凡学，春官释奠于其先师。"郑注："释奠者，设荐馔酌奠而已。"捨（舍）、释义近，音亦相近（舍、释双声，都是审母；韵部则鱼铎对转），是同源通用字。《王力古汉语字典》说："《说文》：'捨，释也。'字本作舍。《左传》哀公十二年：'乃舍卫侯。'《释文》：'舍，释也。'"又《左传》哀公八年："乃请释子服何于吴。"韦注："释，舍也。"是此记舍、释二字皆可用。然此记用舍字则人或疑为居舍字，而陈设义以释字较习用而易晓。然郑玄当时尚无同源字的概念，盖以释为本字，舍为通假字，这由郑注《周礼·

---

① 陈乔枞：《礼记郑读考》，《清经解续编》第 5 册，第 153 页。
② 转引自《古文字诂林》第 5 册，上海教育出版社，2002 年，第 397 页。

春官》之《占梦》、《甸祝》、《大史》等皆云"舍读为释"可证。故此记郑注云"舍当为释",是以本字易通假字也。

101.《坊记》:"高宗云:'三年其惟不言,言乃讙。'"郑注:"讙当为歡(欢),声之误也。其既言天下皆歡喜,乐其政教也。"

《说文》:"讙,哗也。"又曰:"歡,喜乐也。"讙、歡古同音,皆晓母元部,声调亦同,故讙可通歡。朱骏声《定声》云:"讙,假借为歡。"并举此经为例。郑注"讙当为歡"者,以本字易通假字也。

102.《缁衣》:"臣仪行。"郑注:"仪当为义,声之误也。言臣义事君则行也。"

义、仪本一字,甲骨文、金文仪字不从人。《说文》:"义,己之威仪也。"是义的本义。后义借为道义字,故又加亻旁而造仪字,以为威仪之专字,即所谓后起本字。仪引申为准则、法度,又引申为度量、衡量。《说文》曰:"仪,度也。"即释其引申义。然义、仪二字仍每通用。《左传》襄公三十年:"君子谓宋共姬女而不妇,女待人,妇义事也。"王引之《述闻》云:"义读为仪,仪,度也,言妇当度事而行,不必待人也。"① 是义通仪之例。《诗·曹风·鸤鸠》:"淑人君子,其仪一兮。"郑笺云:"仪,义也。善人君子,其执义当如一也。"是以仪通义之例。此记"臣仪行",谓臣依道义而行,而字作仪,用通假字也。故郑云"仪当为义",而易之以其本字也。

103.《缁衣》:"故君子寡言而行以成其信,则民不得大其美而小其恶。"郑注:"以行为验,虚言无益于善也。寡当为顾,声之误也。"

寡、顾古音双声叠韵,皆见母鱼部,唯声调不同,故可相通。朱骏声《定声》云:"寡,假借为顾。"并举此记为例。是郑注"寡当为顾"者,以本字易通假字也。

104.《昏义》:"为后服资衰,服母之义也。"郑注:"资当为齐,声之误也。"

资衰,依《仪礼·丧服》资当作齐。资、齐古音叠韵,皆属脂部;资是精母,齐是从母,精从旁纽,故二字音近可通。《易·旅卦》九四云:"旅于处,得其资斧。"《释文》:"子夏传及众家并作齐斧。"《周礼·考工记》:"或通四方

---

① 王引之:《经义述闻》,《清经解》第6册,第921页。

之珍异以资之。"郑注引郑司农云："故书资作齐。"《荀子·哀公篇》："资衰苴杖者，不听乐。"杨倞注："资与齐同。"① 皆资、齐相通之例。此经则齐是本字，资是通假字。郑注"资当为齐"，是以本字易通假字也。然郑玄又以齍为齐衰之正字（参见例129），此记《释文》云："资，依注作齐，音咨。注又作齍者，同。"是《释文》本《礼记》郑注齐字或又作齍。《释名·释丧制》曰："期曰齍。齍，齐也。"王先谦《补证》云："今经典通用，省作齐。"②

105.《王制》："三公以狱之成告于王；王三又，然后制刑。"郑注："又当作宥。宥，宽也。"

陈乔枞云："《仪礼·乡射礼》'惟君有射于国中'，郑云：'古文有作又。'《内则》'有乞言'，注云：'有读为又。'《易·系辞》'又以尚贤也'，《释文》：'又，郑本作有。'皆又、有古通之验。宥古作有，有古作又，则又亦可假借为宥字矣。"陈说是也。据甲骨文、金文，又是本原字，而有亦作又。罗振玉云："古金文有字亦多作又，与卜辞同。"③后乃有有、侑、宥等字，故吴其昌云："又即通有，有即通侑，侑即通宥。"④ 自又的诸区别字出，义即各有所专。《说文》："宥，宽也。"故此记当以宥为本字，又则通假字，郑注"又当作宥"，是以本字易通假字也。

四 据礼制以纠字之误（12例）

见于《周礼》2例。

106.《夏官·大司马》："遂以狝田，如蒐田之法。罗弊，致禽以祀祊。"郑注："祊当为方，声之误也。秋田主祭四方，报成万物。《诗》曰'以社以方'。"

按祊祭与方祭之礼异。祊祭即绎祭，谓祭之明日又祭，属宗庙祭礼，其祭在庙门外。《礼记·礼器》："为祊乎外。"郑注："祊祭，明日之绎祭也。谓之祊者，于庙门之旁，因名焉。"而秋田则当祭四方，行方祭之礼，以向四

---

① 见《诸子集成》第2册，第357页。
② 王先谦：《释名疏补证》，上海古籍出版社，1984年，第417页。
③ 转引自《古文字诂林》第6册，上海教育出版社，2003年，第505页。
④ 转引自《古文字诂林》第3册，上海教育出版社，2001年，第379页。

方之神敬献猎获物。《礼记·月令》季秋之月："是月也，天子乃教于田猎……命主祠祭禽于四方。"郑注："以所获禽祀四方之神也。"郑既以"秋田主祭四方"，故以为此经之"祊当为方"。是据礼制以正字之误也。

107.《夏官·弁师》："诸侯之缫斿九就，瑉玉三采，其余如王之事。"郑注："侯当为公，字之误也。"

按此经上文言"王之五冕"，下文言"诸侯及孤、卿、大夫之冕"，则此经当言公之冕可知。上文王冕"五采缫十有二就，皆五采玉十有二"，公降一等，则如此经所记为"缫斿九就（斿字阮校以为衍文），瑉玉三采"。诸侯以下，则如下文所说"各以其等为之"。按王之上公九命，故其冕有"缫斿九就"。诸侯七命，则其缫七就明矣（按公侯之等差命数，详《春官·大宗伯》）。是就礼制推之，此经之"侯当为公"无疑，故云"字之误也"。

见于《仪礼》1例。

108.《士冠礼》："三醮，摄酒如再醮，加俎哜之，皆如初，哜肺。"郑注："加俎哜之，哜当为祭，字之误也。祭俎如初，如祭脯醢。"

按古礼凡食皆当先行食前祭礼，以祭先人之造此食者。此加俎亦当先祭而后哜之，故郑破"加俎哜之"之哜为祭，谓先祭俎上之牲肉，皆如初礼，而后乃"哜肺"也。故贾疏云："经有二哜，不破'如初哜（肺）'之哜，唯破'加俎哜'之字者，以祭先之法，祭乃哜之，又不宜有二哜，故破加俎之哜为祭也。"贾说是也。是郑据礼制以决"字之误也"。

见于《礼记》9例。

109.《曾子问》："凡告用牲币，反亦如之。"郑注："牲当为制，字之误也。制币一丈八尺。"

陈乔枞云："记此节皆言诸侯适天子、告奠于社稷、宗庙、山川之礼；下文云天子将出，必以币、帛、皮、圭告于祖祢：无用牲之文，故知牲币当为制币。……《周礼·校人职》云：'王所过山川则饰黄驹。'是惟天子告得用牲，其礼异于诸侯。又《尚书》言巡守礼：'归，格于艺祖，用牲。'皆其明证。此郑之稽合经典以订之者也。"陈氏又说制币之制曰："然则制币者，幅广二尺四寸、匹长一丈八尺，此为王者所定之制。"[①] 是郑此注，据礼制以正

---

① 陈乔枞：《礼记郑读考》，《清经解续编》第5册，第131页。

牪字之误也。

110.《曾子问》："反葬奠，而后辞于殡，遂修葬事。"郑注："殡当为宾，声之误也。辞于宾，谓告将葬启期也。"

按《曾子问》此节记孔子论同为亲人而并有丧所当行之丧礼。孔子认为"葬，先轻而后重；其奠也，先重而后轻：礼也"。先葬亲情较轻者，不设奠，葬毕返回再为之设奠，而后辞（告）宾以亲情重者启殡的日期，即郑注所谓"辞于宾，谓告将葬启期也"。故据礼，丧主此时所辞（告）的对象是宾客而非殡，故郑云"殡当为宾，声之误也"。俞樾云："《杂记篇》'载柩将殡'，《释文》曰：'殡，本作宾。'亦声近易混之证。"①

111.《礼器》："燔柴于奥。"郑注："奥当为爨，字之误也，或作灶。礼，尸卒事，而祭馈爨、雍爨也。时人以为祭火神乃燔柴。"

俞樾云："此郑以意读之，无他证。《特牲馈食礼·记》注引此文即作爨。"② 陈寿祺驳之云："许氏《五经异义》引《大戴·礼器》正作灶。《风俗通·礼典篇》引《礼器记》曰：'燔柴于灶，灶者老妇之祭。'征之许、应二家，知郑亦本《大戴礼》也。《仪礼·特牲馈食礼》郑注引《礼器》曰：'燔柴于爨。夫爨者，老妇之祭。'字径作爨，与《礼记》注合。可知非郑所改。盖《大戴礼记》亦有《礼器》篇，其字作爨。一本或作灶，郑据之言耳。"③ 可知郑改奥为爨，实有文献可征，非以意说。然郑此注之改字，非仅有文献可征，实据礼制而言也。奥谓室奥，非燔柴祭馈爨处。祭馈爨即祭灶神，而此处所谓祭爨，即指《仪礼·特牲馈食礼·记》所谓"尸卒食而馈爨、雍爨"，而"馈爨在西壁"，则当祭之于西壁（庙内堂之西阶下、西墙前）。又据《少牢馈食礼》"雍爨在门东南"，即在庙门外东南边，则当祭之于庙门外东南边可知。故郑云"礼，尸卒事，而祭馈爨、雍爨也"。是郑此注实据礼制以断"奥当为爨"也。

112.《礼器》："其出也，《肆夏》而送之，盖重礼也。"郑注："《肆夏》当为《陔夏》。"

俞樾云："肆在脂部，陔在之部，非同部假借字。郑君直以义当作陔，故

---

① 俞樾：《礼记郑读考》，《清经解续编》第5册，第999页。
② 同上。
③ 陈乔枞：《礼记郑读考》，《清经解续编》第5册，第134页。

改读之。"所谓"直以义当作陔",实据礼制而言也。按此记所记乃天子为诸侯举行的大飨礼,礼毕奏乐以送诸侯离去。天子是主人,诸侯是天子的宾客。《仪礼·乡饮酒礼》:"宾出,奏《陔》。"《周礼·春官·钟师》:"凡乐事,以锺鼓奏九《夏》:《王夏》、《肆夏》、《昭夏》、《纳夏》、《章夏》、《齐夏》、《族夏》、《祴夏》、《骜夏》。"郑注引杜子春云:"祴读为陔鼓之陔。王出入奏《王夏》,尸出入奏《肆夏》,牲出入奏《昭夏》,四方宾来奏《纳夏》,臣有功奏《章夏》,夫人祭奏《齐夏》,族人侍奏《族夏》,客醉而出奏《陔夏》,公出入奏《骜夏》。"是亦以宾客出当奏《陔夏》。又《春官·乐师》:"教乐仪:行以《肆夏》,趋以《采荠》,车亦如之。环拜以锺鼓为节。"郑注:"谓人君行步,以《肆夏》为节。趋疾于步,则《采荠》为节。若今时行礼于大学,罢出,以鼓《陔》为节。"是郑以为依礼,凡宾客出,皆当奏《陔夏》以为节,故据以断此记"《肆夏》当为《陔夏》"也。

113.《郊特牲》:"飨、禘有乐……故春禘而秋尝,春飨孤子,秋食耆老。"郑注:"此禘当为禴,字之误也。《王制》曰:'春禴夏禘。'"

按四时祭名,文献所载颇不一。《周礼·春官·大宗伯》云:"以祠春享先王,以禴夏享先王,以尝秋享先王,以烝冬享先王。"是春曰祠,夏曰禴,秋曰尝,冬曰烝。《尔雅·释天》、《说文·示部》、《公羊传》桓公八年等皆以为春祭曰祠,夏祭曰礿(礿同禴),秋祭曰尝,冬祭曰烝,说同于《周礼》。然《礼记·王制》则曰:"天子、诸侯宗庙之祭,春曰礿,夏曰禘,秋曰尝,冬曰烝。"而此记及《祭义》又以为"春禘、秋尝"。因郑玄笃信《周礼》是周制,乃周公所作,故以《王制》等所载不与《周礼》合者为夏、殷之制。故上引《王制》之文下郑注云:"此盖夏殷祭名。周则改之,春曰祠,夏曰礿,以禘为殷祭。"(按此殷为祭名,非朝代名)同为夏殷祭名,则不得相异,故当以《王制》所载为正,而此记则曰"春禘而秋尝",故禘字当据《王制》改为禴(礿)也。是郑此注亦据他所理解的三代祭祀制度以纠字之误,即俞樾所谓"此亦郑以义应作禴,故改之"[①] 也。

114.《内则》:"羞:糗饵、粉酏。"郑注:"此酏当为餰,以稻米与狼臅膏为餰是也。"

---

① 俞樾:《礼记郑读考》,《清经解续编》第 5 册,第 999 页。

《周礼·天官·醢人》："羞豆之实，酏食、糁食。"郑注："玄谓酏、饎（饙）同也。《内则》曰：'取稻米举糔溲之，小切狼臅膏，以与稻米为饎。'"阮校曰："今《内则》饎作酏，误也，当据此注订正。"按郑此注谓"酏、饎同"，是据二者统言之则皆粥也。然析言之，则酏、饙不同：酏为稀而薄之粥，饙则稠而厚之粥。《说文》"酏"下段注曰："《周礼》四饮，'四曰酏'，注曰：'今之粥也。酏饮，粥稀者之清也。'《礼记·内则》'饘黍酏'，注曰：'酏，粥也。''或以酏为醴'，注曰：'酿粥为醴也。'"又曰："凡粥稀者谓之酏，用为六饮之一。厚者谓之饙，取稻米举糔溲之，小切狼臅膏以与稻米为饙，用为醢人羞豆之实。《周礼》谓饙为酏，郑既援《内则》以正之矣。"段氏《周礼汉读考》又云："酏与饎皆粥也，而酏薄，饎厚。小切狼臅膏与稻米为饎，尤饎之至厚者。"① 按《内则》此节所记为大夫饮食制度，郑玄以为依制此所为大夫羞（进）之酏食，实当为"小切狼臅膏以与稻米"相和而做成的厚粥，故破酏为饙也。

115.《玉藻》："君命屈狄。再命袆衣。一命襢衣。士褖衣。"郑注："袆当为鞠，字之误也。……子男之卿再命，而妻鞠衣。"

据郑注可知，此所谓袆衣，谓子男的卿之妻服。然袆衣是王后之服，非子男的卿之妻所宜服。据《周礼·天官·内司服》王后之六服：袆衣、揄狄、阙狄、鞠衣、展衣（即襢衣）、褖衣（按褖《注疏》本原误作缘，据阮校改）。而自鞠衣以下之鞠衣、展衣、褖衣三者，外内命妇亦得服。故《内司服》云："辨内外命妇之服：鞠衣、展衣、褖衣。"彼郑注云："子男之夫人亦阙狄。"则子男之卿降一等，服鞠衣可知矣。故此注云："子男之卿再命，而妻鞠衣。"是据礼服制度，"再命袆衣"之袆当为鞠。陈乔枞云："郑君言，礼，天子诸侯命其臣，后夫人亦命其妻以衣服，所谓夫尊于朝，妻荣于室。子男之卿再命，而妻鞠衣。则鞠衣、襢衣、褖衣者，诸侯之臣皆分三等，其妻以次受此服也。"②

116.《丧大记》："君葬用辁……大夫葬用辁……士葬用国车。"郑注："大夫废辁，此言辁，非也。辁皆当作'载以辁车'之辁，声之误也。辁字或

---

① 段玉裁：《周礼汉读考》，《清经解》第4册，第190页。
② 陈乔枞：《礼记郑读考》，《清经解续编》第5册，第142页。

作团,是以文误为国。辁车,柩车也,尊卑之差也。"

按此记君及大夫葬用辂的辂,以及士葬用国车的国,郑皆以为当作辁。辁是一种低而无辐的木轮载柩车。《说文》:"辁,蕃车下庳轮也。一曰无辐也。"《玉篇·车部》:"辁,有辐曰轮,无辐曰辁。"因辁字或作团,故因形近而误为国,即郑注所谓"是以文误为国"。此记孔疏引皇氏云:"天子、诸侯以下载柩车同,皆用辁也,其尊卑之差,在于棺饰耳。"是郑此注主要据丧礼制度以决记文用字之误也。

117.《祭法》:"適士二庙,一坛。曰考庙,曰王考庙,享尝乃止。显考无庙,有祷焉为坛祭之。去坛为鬼。"郑注:"此適士云'显考无庙',非也。当为'皇考',字之误。"

按父曰考,祖曰王考,曾祖曰皇考,高祖曰显考。此记既云"適士二庙,一坛。曰考庙,曰王考庙",则自皇考以上至显考无庙明矣。而此记云"显考无庙",则似皇考有庙,是不合于庙制,故郑注云"此適士云'显考无庙',非也。当为'皇考',字之误"。

五 据事理以纠字之误(4例)

见于《周礼》2例。

118.《天官·内饔》:"凡掌共羞、脩、刑、䏑、胖、骨、鱐,以待共膳。"郑注:"掌共,共当为具。"

《说文》:"具,共置也。"引申为具备、备办。《诗·小雅·无羊》:"三十维物,尔牲则具。"朱熹《集传》释"尔牲则具",谓牛羊之毛色"无所不备,而于用无所不有也。"[①]《左传》隐公元年:"具卒乘。"宋林尧叟注云:"具备步卒与车乘。"[②]《广韵·遇韵》亦云:"具,备也,办也。"共义为供给。《夏官·羊人》:"共其羊牲。"郑注:"共,犹给也。"后乃加亻旁作供。郑意以为内饔之职在于负责具备王、后、世子用膳之物,故其注《天官·叙官》"内饔"云:"饔,割亨煎和之称。"《内饔》亦云:"内饔掌王及后、世

[①] 朱熹:《诗集传》,上海古籍出版社,1958年,第126页。
[②] 王道焜、赵如源:《左传杜林合注》卷1,"隐公元年",《四库全书》本。

子膳羞之割亨煎和之事，辨体名、肉物，辨百品味之物。"又云："选百羞、酱物、珍物，以俟馈。"是皆具备羞膳之物也。而共之者，则另有其职，盖庖人之属。《庖人》云："凡其死、生、鲜、薨之物，以共王之膳，与其荐羞之物，及后、世子之膳羞。"故此经之共当为具，是据事理以纠字之误也。

119.《天官·典丝》："及献功，则受良功而藏之。"郑注："良当为苦，字之误。受其粗鹽之功，以给有司之公用。其良功者，典妇功受之，以共王及后之用。"

按郑意此经典丝所受而藏之者，属"粗鹽之功"，故以为"良当为苦"。《说文》："鹽，河东盐池。"引申为盐不湅治，又引申而有粗糙、不坚固之义。段注云："《周礼》因以为盐不湅治之称。又引申之，《诗》以为不坚固之称。《周礼》苦良，苦读为鹽，谓物之不佳者也。"《天官·盐人》："祭祀共其苦盐、散盐。"郑注："杜子春读为鹽，谓出盐直用不湅治。"是苦乃鹽的通假字，在此谓丝功较粗劣者。郑必知此良当为苦者，贾疏云："以《典丝》、《典枲》授丝、枲，使外、内工所造缣帛之等，良者入典妇功，以共王及后之用，故典枲直有苦者，而无良者，明典丝亦不得有良者，故破良为苦。"是据事理而断之也。又郑必用通假字苦，而不用本字鹽者，贾疏云："见《典妇功》有良苦之字，故破从苦。苦即粗鹽者也。"是郑从《周礼》用字之例也。

见于《仪礼》1例。

120.《士冠礼》："请醴宾。宾礼辞许。宾就次。"郑注："此醴当作礼，礼宾者，谢其自勤劳也。"

贾疏："《周礼》云'诸侯用郁'，不云郁宾，明不得以醴礼宾即为醴，故破从礼。"贾说郑破醴而从礼之义，或然也。是郑据事理以决"醴当作礼"也。然醴、礼二字本可通用。胡承珙《疏义》云："醴、礼以声近得通。郑必破醴从礼者，贾疏言之详矣。"① 段玉裁云："案醴宾如字，亦自可通。李如圭《集释》曰：'士之醴子、醴宾、醴妇，经皆作醴，不必改为礼。大夫以上乃曰傧曰礼。'"② 然郑非不知醴、礼二字可通也，唯据事理，此经实以醴礼宾，犹《周礼》之以郁礼诸侯，《士冠礼》"若不醴则醮"之以

---

① 胡承珙：《仪礼古今文疏义》，《清经解续编》第2册，第1119页。
② 段玉裁：《仪礼汉读考》，《清经解》第4册，第226页。

酒礼冠者，皆待宾所当行之礼事，故不得径据行礼之所用以名之，故郑破醴为礼。同例还见于：

《士冠礼》："若不醴则醮，用酒。"郑注："酌而无酬酢曰醮。醴亦当为礼。"按据注，此经所谓"不醴"，是指一种不行酬酢之礼的冠礼，谓之醮礼，非仅谓行冠礼不用醴也，故郑亦破醴为礼。

《士昏礼》："摈者出请，宾告事毕。入告，出请醴宾。"郑注："此醴当为礼。"

《昏义》："赞见妇于舅姑。妇执笲枣、栗、段脩以见。赞醴妇。"郑注："赞醴妇，当作礼，声之误也。"

《内则》："宰醴负子，赐之束帛。"郑注："醴当为礼，声之误也。礼以一献之礼，酬之以币也。"

见于《礼记》1例。

121.《玉藻》："玄端而朝日于东门之外，听朔于南门之外。"郑注："端当为冕，字之误也。玄衣而冕，冕服之下。"

贾疏："知端当为冕者，凡衣服，皮弁尊，次以诸侯之朝服，次以玄端。按下诸侯皮弁听朔，朝服视朝，是视朝之服卑于听朔。今天子皮弁视朝，若玄端听朔，则是听朔之服卑于视朝，与诸侯不类。且听朔大，视朝小，故知端当为冕，谓玄冕也，是冕服之下。"疏说甚明，是谓郑据礼之大小，以决用服之尊卑：朝日、听朔之礼大于视朝，而玄端之服卑于朝服，不合于事理，故当易之以玄冕之服，而尊于天子视朝之皮弁也。故注云"端当为冕，字之误也"。俞樾云："此郑以义读之，非相通也。"① 此所谓义，谓事理也。所谓"非相通"，即谓端、冕二字非因通假关系而易通假字为本字之比也。同例还见于：

《玉藻》："诸侯玄端以祭。"郑注："祭先君也。端亦当为冕，字之误也。"陈乔枞云："案《大戴礼记·诸侯迁庙篇》卢辩注引《玉藻》曰：'玄端以祭，裨冕以朝。'孙炎云：'端当为冕。玄冕，祭服之下也。'是孙叔然亦以端字为冕之误。"②

---

① 俞樾：《礼记郑读考》，《清经解续编》第5册，第1000页。
② 陈乔枞：《礼记郑读考》，《清经解续编》第5册，第140页。

六　据文意以纠字之误(2例)

见于《礼记》2例。

122.《郊特牲》:"不敢用亵味而贵多品,所以交于旦明之义也。"郑注:"旦当为神,篆字之误也。"

按旦、神二字自甲骨文、金文至秦篆字形皆不相近,不知郑注缘何而为此说。学者或有以古文神或假申为之,而申之古文与旦相近解之者,亦甚牵强,难以信从。然旦字在此记中于义无取,确系误字。而此记上文皆记祭神之事,故郑据上之文意而改旦为神,是也。

123.《乐记》:"石声磬,磬以立辨。"郑注:"石声磬,磬当为罄,字之误也。辨谓分明于节义。"

《说文》:"磬,乐石也。"即石制的敲击乐器。《说文》又曰:"罄,器中空也。"引申为尽。《尔雅·释诂下》:"罄,尽也。"然此记之罄实用作象声词,形容石(磬)发出的声音罄罄然。若作磬,则使人疑为乐器,而不明其为象声词,故郑改之为罄。孔疏云:"今经云'石声磬',恐是乐器,故读为罄,取声音罄罄然。"疏说是也。是郑此注乃据文意以纠字之误也。

七　以经字易记字(2例)

见于《礼记》2例。

124.《檀弓下》:"叔仲皮死,其妻鲁人也,衣衰而缪绖。"郑注:"缪当为不樛垂之樛。"

《说文》:"缪,枲之十絜也。一曰绸缪。"又曰:"樛,下句曰樛。"《说文》又曰:"摎,缚杀也。"段注:"引申之,凡绳帛等物二股互交,皆得曰摎。……《檀弓》作缪绖,缪即摎之假借。"按樛亦摎之假借。《仪礼·丧服》:"故殇之绖不樛垂,盖未成人也。"郑注:"不樛垂者,不绞其带之垂者。"阮校云:"瞿中溶云:'石本原刻作摎,从手旁。'"是缪、樛皆摎之通假字,而郑必曰"缪当为不樛垂之樛"者,盖以《仪礼·丧服》用樛字,而《仪礼》是经的缘故。按《仪礼》中樛垂字仅《丧服》一见,《礼记》中缪绖字亦仅此记一见，是郑以经字易记字也。

125.《少仪》："言语之美，穆穆皇皇。朝廷之美，济济翔翔。祭祀之美，齐齐皇皇。车马之美，匪匪翼翼。鸾和之美，肃肃雍雍。"郑注："美皆当为仪，字之误也。《周礼》：'教国子六仪，一曰祭祀之容，二曰宾客之容，三曰朝廷之容，四曰丧纪之容，五曰军旅之容，六曰车马之容。'"

郑所引，见《周礼·地官·保氏》。郑据《保氏》以断此记之美当为仪，是亦以经字易记字也。

八　以习用之字易罕用字（2例）

见于《礼记》2例。

126.《檀弓上》："鹿裘衡，长袪。"郑注："衡当为横，字之误也。袪，谓褎缘袂口也。练而为裘，横广之，又长之。"

衡本指绑在牛角上以防触人的横木。《说文》："衡，牛触，横大木其角。"引申之则为纵横之横。《诗·齐风·南山》："衡从（纵）其亩。"《释文》："衡亦作横。"横的本义是指门前的栏木，《说文》："横，阑木也。"段注："阑，门遮也。"引申之亦为横，故段注又曰："凡以木阑之皆谓之横也。"是衡、横二字皆有"横"义。又衡、横古同音，皆匣母阳部，是同源通用字。[①] 此记作衡，实无不可，郑不得云"字之误"。然郑必云"衡当为横"者，以纵横义习用横而罕用衡，且衡字义项甚多，易生歧义故也。同例还见于：

《檀弓上》："棺束，缩二，衡三，衽每束一。"郑注："衡当为横。"

127.《表记》："唯天子受命于天，士受命于君。"郑注："言皆有所受，不敢专也。唯当为虽，字之误也。"

虽本虫名。《说文》："虽，似蜥蜴而大。"借作连词，表让步关系，即今所谓虽然、即使、尽管之义。此记言统治者的言行，皆有所受命而不敢自专，即使天子也要受命于天，故当云"虽天子受命于天"也。唯则今习用为限定副词，表只有、只是。《广雅·释诂》："唯，独也。"《易·序卦》："盈天地

[①] 参见《王力古汉语字典》"衡"字下。

之间者唯万物。"然古籍中亦有用唯作连词而表让步关系者。王引之《经传释词》卷8："《玉篇》曰：'虽，词两设也。'常语也，字或作唯。"①《荀子·性恶》："然则唯禹不知仁义法正，不能仁义法正也。"杨倞注："唯读为虽。"② 然盖以用作表让步关系之连词习用虽，而用作限定副词习用唯之故，郑指此记之唯为误字，而易之以虽。是以习用之字易罕用字也。

九 以习用之假借字易此假借字之通假字（1例）

见于《礼记》1例。

128.《檀弓上》："晋献公将杀其世子申生。公子重耳谓之曰：'子盖言子之志于公乎？'"郑注："盖皆当为盍。盍，何不也。"

盖、盍古同音，皆匣母叶部，声调亦同，故二字可通。俞樾云："盖（葢）本从盍声，故得通用。《荀子·宥坐篇》：'九盖皆继。'杨倞注曰：'盖音盍，扇户也。'是亦读盖为盍。"③ 然盍的本义，《说文》训"覆也"，即覆盖，假借为疑问副词，表示反问。《玉篇·皿部》："盍，何不也。"朱骏声《定声》亦云："盍，又假借为发声词。"且为古籍所习用。是郑云"盖皆当为盍"者，是以习用之假借字易此假借字之通假字也。

一〇 订正坏字（1例）

见于《礼记》1例。

129.《檀弓下》："叔仲皮死，其妻鲁人也，衣衰而缪绖。"郑注："衣当为齊，坏字也。"

按注言"衣当为齊"，据阮校，闵本、监本、毛本、岳本、卫氏《集说》本皆作齋，又引《五经文字》云："齋，《说文》齊，经典相承隶省，今经文多借齊代之。"是郑意此记衣衰之衣当作齋，因字坏缺而仅剩衣字可见。若本为齊字，则无论如何不可能坏成像衣字，故郑注当作"衣当为齋"为是。是

---

① 王引之：《经传释词》卷8，《清经解》第7册，第27页。
② 见《诸子集成》第2册，第295页。
③ 俞樾：《礼记郑读考》，《清经解续编》第5册，第997页。

郑以齎为齊衰之正字，而经典作齊者，用借字也。故《说文》"齎"下段注云："经传多假齊为之"。然此说颇多异议，如俞樾云："所谓坏字者，谓齊字曼漶视之仿佛似衣字，非谓字本作齎，缺其上半而成衣也。经典相承齊衰字无作齎者。岳本于此注作齎，乃由误会郑注，不足据也。"① 陈乔枞则云："此记衣衰本为齎衰。《释文》云：'依注衣作齎，音咨。'是也。因字坏灭而有衣在也。"② 因本文旨在讨论郑注"当为"之意，故于齊、齎二字之是非，兹不深究。

一一　改字不当者（1例）

郑注以"当为"改字，又有改之不当者1例，即原文并不误，而郑玄误改之。

130.《礼记·礼器》："大圭不琢，大羹不和。"郑注："琢当为篆，字之误也。"

按此记琢字不误。《说文》："琢，治玉也。"段注："琢珊字谓镌錾之事。"《尔雅·释器》："玉谓之琢，石谓之磨。"《诗·卫风·淇奥》："如琢如磨。"《孟子·梁惠王下》："今有璞玉于此，虽万镒，必使玉人彫琢之。"《礼记·学记》："玉不琢，不成器。"皆用琢字本义也。篆的本义则为运笔书写。《说文》："篆，引书也。"王筠《句读》云："运笔谓之引。"③ 无雕刻义。篆与琢古同音，皆定母元部，声调亦同，故篆可通琢。瑑为玉器上雕饰的凸文。《说文》："瑑，圭璧上起兆瑑也。"引申之为雕刻。《汉书·董仲舒传》："或曰良玉不瑑。"颜注："瑑谓彫刻为文也。"又《王吉传》："工不造琱瑑。"《东方朔传》："阴奉琱瑑刻镂之好以纳其心。"《扬雄传下》："除彫瑑之巧。"是皆用瑑为雕刻字。又《周礼·春官·巾车》："孤乘夏篆。"郑注："或曰：夏篆，篆读为圭瑑之瑑，夏篆，毂有约也。"是篆、瑑古通之证。是此记作琢，用本字也。郑必改为篆，而以篆通瑑，义反转迂，是改所不当改也。俞樾则认为，此记"琢乃瑑字之误"，而"郑读

---

① 俞樾：《礼记郑读考》，《清经解续编》第5册，第998页。
② 陈乔枞：《礼记郑读考》，《清经解续编》第5册，第126—127页。
③ 王筠：《说文解字句读》，上海古籍出版社1983年影印。

为篆，则非其本字矣"。① 俞氏谓郑于此记改字不当则是矣，而谓琢是璲的误字，则非也。同例还见于：

《郊特牲》："大圭不琢，美其质也。"郑注："琢当为篆，字之误也。"

综上所考可见，一、二、四、五、六这五类情况，凡64条字例，占了130条字例的近半数，确属纠正误字之例。至于造成误字的原因，声近而误者28例，形近而误者18例，总计46例，只占全部字例的35％。此外还有不合礼制、不合事理、不合文意等情况的误字18例，其中不合礼制的误字就占了12例。尤其值得注意的是，郑注所谓"声之误"，并非皆因声同或声近而造成误字；郑注所谓"字之误"，亦非皆因形近而造成误字，实际情况较为复杂。且确属声误、形误之字，郑注又非皆注明"声之误"、"字之误"，情况亦较复杂，容另著文考述之，而细心的读者亦自可从本文的考辨中看出问题来。又，"当为"这个术语除了纠正误字，还有个重要用途就是以本字改易通假字，即如本文第三类字例所考述的那样，且此类字例数量最多，计59例，占了全部字例的45％。这类"当为"术语的运用，则与段玉裁所总结的"读为"、"读曰"两个术语无异。此外，七、八、九、一〇，这四类字例，虽各只有一、二例，亦可说明郑注中"当为"术语运用的复杂性。可见段玉裁对于汉人经注中"当为"术语的界定，确属片面而武断，未可信从，实皆因段氏并未详考汉人经注中之"当为"字例所致也。

---

① 俞樾：《礼记郑读考》，《清经解续编》第5册，第999页。

第 四 章

郑玄《三礼注》中的"声之误"、"字之误"考辨

段玉裁云:"汉人作注,于字发疑正读,其例有三:一曰'读如'、'读若',二曰'读为'、'读曰',三曰'当为'。……'当为'者,定字之误、声之误,而改其字也,为救正之词。形近而讹谓之字之误,声近而讹谓之声之误。字误、声误而正之,皆谓之'当为'。"[①] 实际情况怎样呢?今遍索郑玄《三礼注》中的"声之误"、"字之误"之例,一一加以考辨,发现远非段氏所说"形近而讹谓之字之误,声近而讹谓之声之误"那么简单,实际情况要复杂得多。兹考之如下。

一 关于"声之误"

郑注所谓"声之误"者,有以下几种情况。

(一)某字确因音同或音近而误而郑注"声之误"(17 例)

见于《周礼》10 例。

1.《天官·内饔》:"豕盲视而交睫腥。"郑注:"交睫腥,腥当为星,声之误也,肉有米者似星。"

---

① 段玉裁:《经韵楼集》卷 1,《周礼汉读考序》,见《清经解》第 4 册,第 522 页。

腥的本义是生肉。《论语·乡党》："君赐腥，必熟而荐之。"何晏《集解》云："不熟也。"《礼记·礼器》："大飨腥。"孔疏："腥，生肉也。"郑玄亦以腥义为生肉。《仪礼·聘礼》："饪一牢在西，鼎九，羞鼎三；腥一牢在东，鼎七。"郑注："饪，孰也，孰在西，腥在东，象春秋也。"郑以腥与熟对举，是以腥为生肉可知。《王力古汉语字典》"腥"字下亦以"生肉"为其第一义项，即本义。此经之腥为猪病名，其病郑玄以为是"肉有米者似星"，即今俗所谓米星肉，故字当作星，而此经作腥，则是"声之误也"，即腥、星二字因音同而致误。《说文》"腥"下段注云："按郑意腥为腥（生）孰字，豕不可食者当作星，与经传及今俗用字皆合。"同例还见于：

《内则》："豕望视而交睫，腥。"郑注："腥当为星，声之误也。星，肉中如米者。"

2.《天官·腊人》："凡祭祀，共豆脯，荐脯、朊、胖，凡腊物。"郑注："脯非豆实，豆当为羞，声之误也。"

按脯是干肉，不当盛之于豆而当盛之于笾。《天官·笾人》云："加笾之实，菱、芡、栗、脯。"是脯乃笾人所掌，属笾实，故云"脯非豆实"。贾疏云："《笾人职》云：'凡祭祀，共其笾荐羞之实。'郑云：'未食未饮曰荐，已食已饮曰羞。'羞、荐相对，下既言'荐脯'，明上当言'羞脯'也。"贾说是也。豆字古音属定母侯部，羞字属心母幽部，定母与心母舌齿二音为邻纽，侯幽二部旁转，是豆、羞二字音近而致误，故郑云"声之误也"。

3.《天官·疡医》："疡医掌肿疡、溃疡、金疡、折疡之祝药、劀、杀之齐。"郑注："祝当为注，读如注病之注，声之误也。注谓附著药。"

按古谓敷药为注药，注是敷著的著的通假字（参见本编第二章《郑玄注〈三礼〉之"读如"、"读若"例考辨》之例36）。此经作"祝药"，祝是注的误字。祝、注二字古音双声，都是照母；祝属觉部，注属侯部，觉侯旁对转，故祝、注音近，因此而致误。

4.《天官·典妇功》："凡授嫔、妇功。"郑注："授当为受，声之误也"。

按受、授本一字，甲骨文、金文中皆作受，其字象一手授物，一手承接之形，故受字实兼有授、受二义。后又加手旁造区别字授，于是本原字受用作接受的专字，区别字授则用作授予的专字，即所谓后起本字。古籍中受、授二字虽每通用，但既已有专字，通用则于义易淆，故郑云"授当为受，声之误也"。又郑知"授当为受"者，以《典妇功》上文云："典妇功掌妇式之法，以授嫔、妇及内人女功之事赍。"是已授嫔、妇以事，而此经则云接受嫔、妇所做之事功而评诂其成绩之大小，质量之好坏，故当云"受嫔、妇功"，不当复云授也。同例还见于：

《秋官·司仪》："再拜授币。宾拜送币。每事如初。宾亦如之。"郑注："授当为受，主人拜至且受玉也。"

5.《地官·司市》："展成奠贾，上旌于思次以令市。"郑注："思当为司字，声之误也。"

按此经上文云："以次、叙分地而经市。"郑注："次谓吏所治舍思次、介次也，若今市亭然。"是思次为官吏治事处。孙诒让云："凡官吏治事处，通谓之次。"① 《说文》："司，臣司事于外者。"段注："凡司事者，皆得曰有司。"是司义为掌管。故司次即为官吏掌事之处。是作思则于义不合，故郑以为"思当为司字"。然思、司二字古同音，皆心母之部，声调亦同，盖因此而致误，故郑云"声之误也。"

6.《春官·大宗伯》："侯执信圭，伯执躬圭。"郑注："信当为身，声之误也。身圭、躬圭，盖皆象以人形为瑑饰，文有粗缛耳。欲其慎行以保身。"

按郑注已将其以为"信当为身"的理由述之甚明。信、身古音叠韵，皆属真部；信是心母，身是审母，心审二母分属齿舌音而为邻纽，二字音近，是以致误，故郑云"声之误"。

7.《春官·大祝》："辨九祭……三曰炮祭。"郑注："炮字当为包，声之误也。……包犹兼也。兼祭者，《有司》曰'宰夫赞者取白黑以授尸，尸受兼祭于豆祭'是也。"

郑释包祭为兼祭，亦即同祭。《仪礼·有司》兼祭凡四见，同祭二见；《少牢馈食礼》同祭一见：郑盖据《仪礼》以为说也。段玉裁云："（包祭）亦谓之同祭。《少牢》、《有司》二篇兼祭之文四见，同祭之文三见。"② 《说文》："炮，毛炙肉也。"于包祭之义无涉，故贾疏云："炮于义无所取，故破从包也。"以炮从包声，二字音近致误，故郑云"声之误也"。

---

① 孙诒让：《周礼正义》第4册，中华书局点校本，1987年，第1054页。
② 段玉裁：《周礼汉读考》，《清经解》第4册，第205页。

第四章　郑玄《三礼注》中的"声之误"、"字之误"考辨　639

8.《秋官·士师》："若邦凶荒，则以荒辩之法治之。"郑注："玄谓辩当为贬，声之误也。遭饥荒则刑罚、国事有所贬损，作权时法也。《朝事职》曰：'若邦凶荒、扎丧、寇戎之故，则令邦国、都家、县鄙虑刑贬。'"

郑意凶荒之年事当贬损，故其法当云"荒贬之法"。亦即《秋官·朝士》"若邦凶荒札丧寇戎之故，则……虑刑贬"之谓也。郑据《朝士》以决此，则字亦当为贬也。辩字则于此经无所取义，故以为误字。辩字古音属并母元部，贬字属帮母谈部，并帮旁纽，元谈通转，是二字音近而致误，故郑云"声之误也"。

9.《秋官·掌客》："牲十有八，皆陈。"郑注："牲当为腥，声之误也。腥谓腥鼎也。"

腥是生牲肉（参见例1）。腥、牲古音叠韵，皆属耕部；腥是心母，牲是山母，心山准双声，故二字音近而致误。同例还见于：

《秋官·掌客》："遭主国之丧，不受飨、食，受牲礼。"郑注："牲亦当为腥，声之误也。有丧，不忍煎亨，① 正礼飧饔饩当孰者，腥致之也。"

10.《考工记·梓人》："献以爵而酬以觚，一献而三酬，则一豆矣。"郑注："觚、豆字，声之误也。觚当为觯，豆当为斗。"

据贾《疏》，郑玄用《韩诗》说，以为一升曰爵，二升曰觚，三升曰觯。若按"献以爵而酬以觚，一献而三酬"计之，一献（一爵）为一升，三酬（三觚）为六升，合之则七升，而一豆则为四升，② 不成制矣。若易觚为觯，一觯三升，一献三酬，则合十升，恰为一斗。故郑玄以为"觚当为觯，豆当为斗"。按古音豆、斗双声叠韵，都是端母侯部，唯声调不同，故郑云"声之误"。而觯之误为觚，则形近之误，参见例22。

见于《礼记》7例。

11.《杂记上》："（大夫）讣于适者，曰：'吾子之外私、寡大夫某不禄，使某实。'"郑注："适读为匹敌之敌，谓爵同者也。实当为至，此读周秦之人声之误也。"

---

① "不忍煎亨"，"亨"原误作"烹"，据阮校改。
② 《周礼·天官·笾人》："笾人掌四笾之实。"郑注："笾，竹器如豆者，其实皆四升。"

至、实古音叠韵，皆属质部；至是照母属舌音，实是床母属齿音，舌齿为邻纽，是二字音本相近，故至字误为实。俞樾曰"此非必周秦声误"① 也。

12.《丧大记》："君、大夫鬠爪实于绿中，士则埋之。"郑注："绿当为角，声之误也。角中，谓棺内四隅也。"

角、绿古音叠韵，皆属屋部，故音近易混。俞樾云："角有禄音，《广韵·一屋》卢榖切有角字，云：'角里先生，汉时四皓名。'是也。陈第《毛诗古音考》谓角本音禄。故与绿字声近而混。"②

13.《丧大记》："饰棺……加伪荒。"郑注："伪当为帷，或作于，声之误也。大夫以上，有褚以衬覆棺，乃加帷荒于其上。"

帷荒是柩车上的棺饰。《仪礼·既夕礼》："商祝饰柩，一池，纽前经后缁。"郑注："饰柩，为设墙柳也。巾奠乃墙，谓此也。墙有布帷，柳有布荒……纽，所以联帷荒，前赤后黑，因以为饰。"伪字古音属疑母歌部，帷属匣母微部，疑匣旁纽，歌微旁转，故二字音近而致误。

14.《祭法》："相近于坎坛，祭寒暑也。"郑注："相近当为禳祈，声之误也。禳犹却也。祈，求也。寒暑不时，则或禳之，或祈之。寒于坎，暑于坛。"

相、禳二字古音叠韵，皆属阳部；又相是心母属齿音，禳是日母属舌音，齿舌为邻纽，故相、禳音近。近、祈古音双声叠韵，皆属群母文部，唯声调不同，故二字音亦相近。郑训禳为却，而相无却义；郑训祈为求，而近无求义。故郑注云"相近当为禳祈，声之误也"。

15.《祭统》："是故尸谡，君与卿四人馂。……士起，各执其具以出，陈于堂下，百官进，彻之，下馂上之余也。"郑注："进当为馂，声之误也。"

《说文》："进，登也。"又曰："馂，食之余也。"即吃剩下的食物。引申之，吃别人剩下的食物亦曰馂。《仪礼·士昏礼》："媵馂主人之余，御馂妇余。"凡宗庙祭祀，天子、诸侯、卿大夫及百官，皆依次馂尸之余，此记是也。故此记所谓"百官进"，进字显系馂字之误。进、馂古音双声，都是精母；进属真部，馂属文部，真文旁转，故二字音近而致误。

---

① 俞樾：《礼记郑读考》，《清经解续编》第5册，第1002页。
② 同上书，第1003页。

16.《缁衣》:"《君雅》曰:'……资冬祁寒,小民亦惟曰怨。'"郑注:"资当为至,齐鲁之语,声之误也。"

资字古音属精母脂部,至字属照母质部;精母为齿音,照母为舌音,齿舌为邻纽;脂质二部对转,故资、至音近而致误。俞樾云:"郑以为齐鲁语,盖郑君亲验当时语言如此。汉初传经大儒多出齐鲁,故齐鲁之语得入经传也。"①

17.《问丧》:"亲始死,鸡斯,徒跣,扱上衽,交手哭。"郑注:"鸡斯当为笄纚,声之误也。亲始死去冠,二日乃去笄纚,插发也。"

鸡、笄古同音,皆见母支部,声调亦同,故笄误为鸡。斯、纚古音叠韵,皆属支部;斯是心母,纚是山母,心山准双声,故斯、纚音近而致误。故郑云"鸡斯当为笄纚,声之误也"。

(二) 某字确因音同或音近而误而郑未注"声之误"(4例)

见于《周礼》2例。

18.《天官·醢人》:"王举则共醢六十瓮,以五齐、七醢、七菹、三臡实之。"郑注:"齐当为齑。五齑,昌本、脾析、蜃、豚拍、深蒲也。……凡醯酱所和,细切为齑。"

五齐是酒类。《天官·酒正》云:"辨五齐之名:一曰泛齐,二曰醴齐,三曰盎齐,四曰缇齐,五曰沈齐。"而醢人所掌为酱类。齑即细切而用酱拌和的菜或肉,即郑注所谓"凡醯酱所和,细切为齑"。此经齑作齐,亦音近致误也。段玉裁《汉读考》云:"此定为声之误也,故曰当为。"②然郑注则未言"声之误"。

19.《春官·肆师》:"以岁时序其祭祀,及其祈珥。"郑注:"祈当为刏机之刏……刏衈者,衅礼之事。"

段玉裁云:"郑君改为刏机之刏者,《玉藻》:'沐毕进机。'此机即《说文》之既字、旡字,许君皆云'小食也'。衅屋刲血,血仅流于前乃降,以少许血饮屋,如进小食然,故云'当为刏机之刏'。"③是段意郑改祈为刏者,

---

① 俞樾:《礼记郑读考》,《清经解续编》第5册,第1004页。
② 段玉裁:《周礼汉读考》,《清经解》第4册,第190页。
③ 同上书,第198页。

以礼义为小食，而衅礼亦犹以血小饮屋神，故改祈为机也。祈字古音属群母文部，机字见母微部，群见旁纽，文微对转，二字音近，是机之为祈，亦音近致误也。然此经郑注亦未言"声之误"。

见于《礼记》2例。

20.《王制》："屏之远方：西方曰棘，东方曰寄，终身不齿。"郑注："棘当为僰，僰之言偪，使之偪寄于夷戎。"

《说文》："棘，小枣丛生者。"与此经义无涉。《说文》又曰："僰，犍为蛮夷。"《汉书》中亦皆作僰。棘、僰二字古音叠韵，皆属职部，故音近而致误。然郑注则未言"声之误"。

21.《坊记》："故君子有君不谋仕，唯卜之日称二君。"郑注："卜之日，谓君有故而为之卜也。二当为贰，唯卜之时，辞得曰君之贰某尔。"

二是数词。贰之义则为副。《说文》："贰，副益也。"段注："当云副也，益也。《周礼》注：'副，贰也。'"此记谓君子（国君之子，即世子）在占卜时自称君的副手，即所谓"贰君"，故贰不得为二可知。因二、贰音同之故，此记误贰为二，然郑亦未言"声之误"。按唐以后，贰始用作数词二的大写，至今沿之，参见《王力古汉语字典》"贰"字注。

（三）某字郑注"声之误"而实为形近之误（1例）

见于《周礼》1例。

22.《考工记·梓人》："献以爵而酬以觚，一献而三酬，则一豆矣。"郑注："觚、豆字，声之误也。觚当为觯。"

贾疏引郑玄《驳异义》云："觯字角旁辰（今《注疏》本辰作友，据段玉裁《汉读考》改①），汝颍之间师读所作。今礼角旁单，古书或作角旁氏，角旁氏则与觚字相近。学者多闻觚，寡闻觯（《注疏》本觯误作觚，亦据段氏《汉读考》改），写此书乱之而作觚耳。"是觯之误为觚，形近而误也。注云"声之误"，不确。同例还见于：

《大射》："宾降，洗象觚。"郑注："此觚当为觯。"

---

① 段玉裁：《周礼汉读考》，《清经解》第4册，第222页。

（四）某字郑注"声之误"而实以本字易通假字（33例）

见于《周礼》3例。

23.《天官·屦人》："屦人掌王及后之服屦。为赤舄、黑舄，赤繶、黄繶、青句、素屦、葛屦。"郑注："句当为絇，声之误也。絇繶纯者同色，今云赤繶、黄繶、青絇，杂互言之，明舄屦众多，反覆以见之。"

絇是鞋头上的装饰，如今之鞋梁，有孔，可以穿结鞋带。《仪礼·士冠礼》："玄端黑屦，青絇、繶、纯。"郑注："絇之言拘也，以为行戒，状如刀衣鼻，在屦头。"《士丧礼》："乃屦，綦结于跗，连絇。"郑注亦云："絇，屦饰，如刀衣鼻，在屦头上，以连之，止足坼也。"句字则无此义。《说文》："句，曲也。"句、絇古同音，皆见母侯部，声调亦同，故二字可通：絇是本字，句是通假字。郑云句字是"声之误"，以为"当为絇"者，实以本字易通假字也。

24.《地官·委人》："凡其余聚以待颁赐。"郑注："余当为馀，声之误也。馀谓县都畜聚之物。"

《说文》："余，语之舒也。"又云："馀，饶也。"引申为多余、剩余。《论语·学而》："行有馀力，则以学文。"《孟子·滕文公下》："农有馀粟，女有馀布。"皆其例，是此经所取义也。余、馀古同音，故余可通馀。朱骏声《定声》云："余，假借为馀。"并举此经为例。段玉裁亦云："此盖亦古文假借字。《职方氏》'昭馀祁'，《淮南子》作'昭余'。徐锴《说文》亦作余。"① 是郑云"余当为馀"者，以本字易通假字也。

25.《春官·大祝》："辨九祭……二曰衍祭。"郑注："衍字当为延……声之误也。延祭者，《曲礼》曰'客若降等，执食兴辞，主人兴辞于客，然后客坐，主人延客祭'，是也。"

《说文》："衍，水朝宗于海也。""延，长行也。"延引申而有引进、接待之义。《尔雅·释诂下》："延，进也。"《仪礼·特牲馈食礼》："祝延尸。"郑注："延，进也。"《吕氏春秋·审应览·重言》："乃令宾者延之而上。"高诱注："延，引。"② 衍、延二字双声叠韵，皆属喻母元部，唯声调不同，故二字

---

① 段玉裁：《周礼汉读考》，《清经解》第4册，第197页。
② 见《诸子集成》第6册，第221页。

音近可通：延是本字，衍是通假字。《后汉书·安帝纪》："博衍幽隐。"李贤注："衍，犹引也。"是郑此注"衍字当为延，声之误也"者，乃易通假字为本字也。

见于《礼记》30例。

26.《曲礼上》："主人与客让登，主人先登，客从之，拾级聚足。"郑注："拾当为涉，声之误也。级，等也。涉等聚足，谓前足蹑一等，后足从之并。"

《说文》涉作渉，曰："渉，徒行濿水也。"（此据段注本）引申而有经历义。《广韵·叶韵》："涉，历也。"《穀梁传》襄公二十七年："尝为大夫，与之涉公事也。"杨士勋疏引徐邈曰："涉犹历也。"此经郑注云"涉等聚足"，即历等也。俞樾云："涉级犹历级。"① 陈乔枞云："考《说文》'涉，徒行濿水也。''砅，履石渡水也。'涉水者必两足相随蹑之，毋敢越历，防失坠也。涉阶者亦前足蹑一等，后足从之并，不得相过，重磋跌也。涉阶之义盖从涉水而引申之。"② 陈氏说甚析，是涉即涉阶之本字。又《说文》："拾，掇也。"拾、涉古音双声，都是禅母；拾属缉部，涉属盍部，缉盍旁转，故拾可通假为涉。《集韵·叶韵》："拾，蹑足升也。"盖即据此经郑注为说，释其通假义也。是郑此注所谓"拾当为涉"，以本字易通假字也。

27.《檀弓上》："其慎也，盖殡也。"郑注："慎当为引，礼家读然，声之误也。殡引，饰棺以輤。葬引，饰棺以柳翣。"

引是拉柩车的绳。《周礼·地官·大司徒》："大丧……属其六引。"郑注引郑司农云："六引，谓引丧车索也。"《檀弓下》："吊于葬者，必执引。"郑注："车曰引，棺曰绋。"孔疏："引柩车索也。"《杂记下》："执引者三百人。"郑注："绋、引同耳，庙中曰绋，在涂曰引，互言之。"《仪礼·既夕礼》："设披，属引。"郑注："引，所以引柩车，在轴辁曰绋。古者人引柩。"此经作慎者，慎、引二字古音叠韵，皆属真部；慎是禅母，引是喻母，禅喻旁纽，故二字音近可通：引是本字，慎是通假字。此经《释文》云："慎，或作引。"是有作慎之本，亦有作引之本。陈乔枞云："《玉篇》'脤'字引《坤

---

① 俞樾：《礼记郑读考》，《清经解续编》第5册，第997页。
② 陈乔枞：《礼记郑读考》，《清经解续编》第5册，第119—120页。

苍》云：'膞，引起也。'膞训引起，则慎亦可训为引矣。"① 慎训引，乃慎的通假义。郑注云"慎当为引"，实以本字易通假字也。

28.《檀弓上》："曾子吊于负夏，主人既祖，填池。"郑注："填池当为奠彻，声之误也。奠彻谓彻遣奠，设祖奠。"

郑以为此经填是奠的声误。按填、奠古音双声，都是定母；填属真部，奠属耕部，真耕通转，故填、奠音近，二字可通。陈乔枞云："古者填寘声同。……左氏昭四年《传》'寘馈于个而退'，《释文》云：'寘本作奠。'《国语》楚灵王曰：'吾愁寘之于耳。'白公子张曰：'其又以规为瑱也。'注云：'寘，置也。''瑱，所以塞耳也。'《诗·采蘋》：'于以奠之。'毛传云：'奠，置也。'此皆可为填、奠通假之验。"② 又，大徐本《说文》无池字。《玉篇·水部》："池，渟水。"《广韵·支韵》："池，停水曰池。"池字古音属定母歌部，彻属透母月部，定透旁纽，歌月对转，二字音近可通。朱骏声《定声》"池"下云："填池，郑谓借为奠彻。"是郑注谓"填池当为奠彻"，以本字易通假字也。

29.《檀弓下》："齐穀王姬之丧。"郑注："穀当为告，声之误也。王姬，周女，齐襄公之夫人。"

穀、告二字古音双声，都是见母；穀字属屋部，告字属觉部，屋觉旁转，故二字音近可通：告是本字，谓讣告；穀是通假字。朱骏声《定声》云："穀，假借为告。"并举此经为例。郑注"穀当为告"者，是以本字易通假字也。

30.《檀弓下》："咏斯犹。"郑注："犹当为摇，声之误也。摇谓身动摇也，秦人犹、摇声相近。"

犹本兽名，《说文》："犹，玃属，从犬，酋声。一曰陇西谓犬子为犹。"犹、摇二字古音双声，都是喻母；犹属幽部，摇属宵部，幽宵旁转，是二字音近，故犹可通摇。朱骏声《定声》云："犹，假借为摇。"并举此经为例。故郑注云"犹当为摇"，是以本字易通假字也。

31.《月令》："天子乃鲜羔，开冰，先荐寝庙。"郑注："鲜当为献，声

---

① 陈乔枞：《礼记郑读考》，《清经解续编》第 5 册，第 122 页。
② 同上书，第 123 页。

之误也。献羔,谓祭司寒也。祭司寒而出冰,荐于宗庙。"

鲜、献二字古音叠韵,皆属元部,故鲜可通献。俞樾云:"《尔雅·释山》:'小山别大山,鲜。'《诗·皇矣》篇:'度其鲜原。'毛传曰:'小山别大山曰鲜。'即用《雅》训。《公刘》篇:'陟则在巘。'传曰:'巘,小山别于大山也。'是毛公之意,以鲜巘同字,此即鲜与献通之证。《吕氏春秋·仲春纪》正作献羔。"朱骏声《定声》"鲜"字下亦云:"假借为献。"是此注所谓"鲜当为献",以本字易通假字也。

32.《曾子问》:"殇不祔祭,何谓阴厌、阳厌?"郑注:"祔当为备,声之误也。言殇乃不成人,祭之不备礼。"

祔、备二字古音双声,都是并母;祔属侯部,备属职部,侯职旁对转,故二字音近可通:备是本字,祔是通假字。按《礼记·丧服小记》云:"殇与无后者从祖祔食。"故知殇死者不备祭礼。故《仪礼·特牲馈食礼》"佐食彻尸荐、俎、敦"节郑注引《曾子问》即曰:"殇不备祭。"是径改祔为备也。又《特牲馈食礼》"尸备答拜焉"郑注:"古文备为复。"是亦音近通假字也。

33.《礼运》:"大夫死宗庙,谓之变。"郑注:"变当为辩,声之误也。辩犹正也。君守社稷,臣卫君宗庙者。"

俞樾云:"按《周易·文言传》'由辩之不早辩也',《释文》曰:'辩,荀(爽)作变。'此变、辩通之证。"按变、辩叠韵,皆属元部;变是帮母,辩是并母,帮并旁纽,故二字音近可通。《说文》:"辩,治也。"治之则可归于正,故引申为正。《仪礼·士相见礼》:"凡燕见于君,必辩君之南面。"郑注亦云:"辩犹正也。"《玉篇·辛部》:"辩,正也。"是此记辩乃本字,变则通假字。郑云"变当为辩",是以本字易通假字也。

34.《礼器》:"周坐尸,诏侑武方,其礼亦然,其道一也。"郑注:"武当为无,声之误也。……孝子就养无方。"

武、无古音双声叠韵,皆明母鱼部,唯声调不同,故二字可通:无是本字,武是通假字。《周礼·地官·乡大夫》:"退而以乡射之礼五物询众庶……五曰兴舞。"郑注:"故书舞为无。"阮校引《九经古义》云:"古无、武同音,又武、舞通。《礼器》'诏侑武方',注云:'武当为无,声之误也。'《论语》'射不主皮',马融注用此文作'五曰兴武'。汉《武梁祠堂画像》'秦武阳',今《史记》作'秦舞阳'。"是郑此注"武当为无"者,以本字易通假字也。

35. 《礼器》："晋人将有事于河，必先有事于恶池。"郑注："恶当为呼，声之误也。呼池、沤夷，并州川。"

《周礼·夏官·职方氏》："正北曰并州……其川虖池、呕夷。"郑注即据此。此记《释文》云："恶，依注音呼，又作虖，好胡反。"陈乔枞云："今本《周礼》作虖池。虖，古呼字也。"①俞樾云："《孟子·公孙丑》篇：'恶，是何言也。'《音义》：'恶音乌。'愚谓恶即乌呼也。缓言之曰乌呼，急言之曰恶，故恶即通作呼也。"②是此经用作川名当作呼，恶是通假字，郑注"恶当为呼"，是以本字易通假字也。按呼的本义为向外吐气。《说文》："呼，外息也。"借作专有名词呼池，郑盖即以呼为呼池之本字也。

36. 《郊特牲》："故既奠，然后焫萧合羶芗。"郑注："羶当为馨，声之误也。"

按羶字古音属审母元部，馨字属晓母耕部，声纽虽隔，而韵部同属鼻音，可以通转，故二字可通。俞樾云："按羶之通作馨，犹馨之通作伣。《诗·大明篇》'伣天之妹'，《韩诗》作'馨天之妹'，是其例也。"③按伣属溪母元部，则伣之与馨，不唯韵部可以通转，声母溪晓亦为旁纽，故伣、馨可通，俞氏因而用以况羶、馨之可通。又王引之《经义述闻》云："《小雅·信南山·传》云：'血以告杀，膋以升臭，合之黍稷，实之于萧，合馨香也。'《大雅·生民·传》云：'既奠而后爇萧，合馨香也。'毛公两言合馨香，皆用此篇之文，而其字皆作馨，则羶为馨之借字甚明。"④《说文》："馨，香之远闻者。"是此经馨是本字，羶是通假字，郑云"羶当为馨"，是以本字易通假字也。同例还见于：

《祭义》："燔燎羶芗，见以萧光，以报气也，此教众反始也。"郑注："羶当为馨，声之误也。"

37. 《内则》："炮，取豚若将，刲之刳之，实枣于其腹中，编萑以苴之，涂之以谨涂。"郑注："谨当为墐，声之误也。墐涂，涂有穰草也。"

---

① 陈乔枞：《礼记郑读考》，《清经解续编》第 5 册，第 134 页。
② 俞樾：《礼记郑读考》，《清经解续编》第 5 册，第 999 页。
③ 同上。
④ 王引之：《经义述闻·礼记中》，《清经解》第 6 册，第 892 页。

谨、墐的本原字为堇。从甲骨文、金文看,堇字初从火,后火渐讹变为土,故后有暵、嘆、歎、難、漢及谨、瑾、馑、僅等区别字造出。① 《说文》:"堇,黏土也,从土、从黄省。"按土之黏者色必黄,故堇字从黄、从土会意。古者涂事用堇,即取其黏也。黄之本义即为黏土,以其色黄,故借为黄色之名,后黄为假借义所专,故又增土而造墐字。② 故《说文》云:"墐,涂也。"《诗·豳风·七月》:"穹室熏鼠,塞向墐户。"毛传:"墐,涂也。"堇字又有谨慎义,③ 故后又造区别字谨,以为谨慎之专字。故《说文》云:"谨,慎也。"自墐、谨二字出,人们即分别以之为涂、慎二义之本字。然墐、谨二字音同可通,于此记则墐是本字,谨是通假字。是郑注"谨当为墐"者,以本字易通假字也。

38. 《内则》:"由命士以上,及大夫之子,旬而见。"郑注:"旬当为均,声之误也。……《易·说卦》'坤为均',今亦或作旬也。"

贾疏:"旬而见者,旬,均也。谓大夫、命士嫡、妾生子,皆以未食之前,均齐见。又先生者先见,后生者后见,虽见有先后,同是未食之前,故云均而见。"疏说甚明。注说"旬当为均"之义亦甚明,即谓旬是均的通假字也。《说文》:"均,平,徧也。"又云:"旬,徧也。"是均、旬二字义有相通处。然旬无平均义,而此记之义在于强调父见子之均齐。故此记用旬字,实借旬为平均字也。旬、均二字古音叠韵,皆属真部,故二字可通。朱骏声《定声》云:"旬,假借为均。"是郑注"旬当为均"者,以本字易通假字也。

39. 《玉藻》:"君子远庖厨,凡有血气之类,弗身践也。"郑注:"践当为翦,声之误也。翦犹杀也。"

翦、践古音叠韵,皆属元部;翦是精母,践是从母,精从旁纽,故二字可通:翦是本字,践是通假字。《礼记·文王世子》"公族无宫刑,不翦其类也",《周礼·天官·甸师》郑注载郑司农说引此文作"公族无宫刑,不践其类也"。《尚书》逸篇《成王征·序》:"成王东伐淮夷,遂践奄。"孙星衍注引郑康成云:"践读曰翦。翦,灭也。"④ 皆二字相通之例。是郑此注"践当

---

① 此用徐中舒说,见《古文字诂林》第10册,上海教育出版社,2004年,第316页。
② 此用马叙伦说,见《古文字诂林》第10册,第314—315页。
③ 此用孙海波说,见《古文字诂林》第10册,第310页。
④ 孙星衍:《尚书今古文注疏》下册,中华书局,1986年,第603页。

第四章 郑玄《三礼注》中的"声之误"、"字之误"考辨 649

为蒉"者，以本字易通假字也。

40.《玉藻》："大帛不緌。"郑注："帛当为白，声之误也。大帛，谓白布冠也。不緌，凶服去饰。"

帛、白古音同，皆并母铎部，声调亦同，故可通。俞樾云："白与帛古字通。闵二年《左传》'大帛之冠'，《杂记》注引作'大白'。《诗·六月篇》'白斾央央'，孙炎《尔雅》注引作'帛斾英英'。子思子之子名白，《汉书·孔光传》作帛。并其证。"① 是郑此注"帛当为白"者，以本字易通假字也。

41.《玉藻》："公子曰'臣孽'"。郑注："孽当为枿，声之误。"

《说文》："孽，庶子也。"枿，同櫱，《说文》作槷。《尔雅·释诂下》："枿，余也。"郝懿行《义疏》云："枿者，《说文》作槷，或作櫱，云：'伐木余也。'"② 按此记之公子实指诸侯之庶子。孙希旦云："公子，谓诸侯庶子也。"③ 庶子若自称庶子，则有违古人敦厚蕴藉之旨，故委婉而自称"臣枿"，是自况以木之余枿也。然此记作"臣孽"者，是借孽为枿。故陈寿祺云："孽乃櫱（枿）字之假借。"④ 孽、枿古同音，皆疑母月部，声调亦同，故可通。《公羊传》襄公二十七年："执铁锧以从君东西南北，则是臣仆庶孽之事也。"何注："庶孽，众贱子，犹树之有孽生。"是亦假孽为櫱（枿）也。是郑此注"孽当为枿"者，以本字易通假字也。

42.《明堂位》："土鼓，蒉桴，苇籥，伊耆氏之乐也。"郑注："蒉当为凷，声之误也。"

蒉是草编的筐。《说文》："蒉，草器也。"凷同块。《说文》："凷，墣也。块，凷或从鬼。"蒉桴，谓土做的鼓椎，则字自当作凷。作蒉者，通假字也。蒉古音群母物部，凷溪母微部，群溪旁纽，物微对转，故二字音近可通。朱骏声《定声》亦云："蒉，假借为块。"郑注云"蒉当为凷"，是以本字易通假字也。

43.《学记》："古之教者，家有塾，党有庠，术有序，国有学。"郑注："术当为遂，声之误也。……《周礼》：五百家为党，万二千五百家为遂。党

---

① 俞樾：《礼记郑读考》，《清经解续编》第 5 册，第 1000 页。
② 郝懿行：《尔雅义疏》第 2 册，北京中国书店，1982 年，第 77 页。
③ 孙希旦：《礼记集解》中册，中华书局，1989 年，第 837 页。
④ 陈乔枞：《礼记郑读考》，《清经解续编》第 5 册，第 143 页。

属于乡,遂在远郊之外。"

《说文》:"术,邑中道也。"又曰:"遂,亡也。"遂借作行政区划名,谓距王城百里之外至二百里之地。《周礼·秋官·遂士》:"遂士掌四郊。"郑注:"其地则距王城百里以外至二百里。"术、遂二字古音叠韵,皆属物部;术是床母,遂是邪母,床邪准旁纽,故二字音近可通。马叙伦云:"遂道者,借为术字。《诗·桑柔》:'大风有隧。'《礼记·曲礼》:'出入不当门隧。'《左》襄十八年传:'运大车以塞隧。'《鲁语》:'具车除隧。'《庄子·马蹄》:'山无蹊隧。'注皆训道。隧即隊之异体。《春秋演孔图》:'使开阶立遂。'宋均注:'遂,道也。'则用此字。《礼记·月令》:'审端经术。'注:'术,《周礼》作遂。'《左》僖三十三年传'西乞术',《春秋》文十二年'秦伯使术来聘',《公羊传》皆作遂。《史记·鲁世家》'东门遂杀嫡立庶',《索隐》作述。此术、遂通借之证。"① 此记用作行政区划名,郑以遂为本字,故云"术当为遂",以本字易通假字也。

44.《乐记》:"《诗》云:'……王此大邦,克顺克俾。俾于文王,其德靡悔……'"郑注:"俾当为比,声之误也。择善从之曰比。"

此诗出《诗·大雅·皇矣》。《毛诗》俾作比,毛传:"择善而从曰比。"郑注即据此。作俾者,乃《齐诗》之文。② 郑从《毛诗》,故云"俾当为比"。俾、比古音双声,都是帮母;俾属支部,比属脂部,支脂通转,故二字音近可通。《诗·小雅·渐渐之石》"俾滂沱矣",《论衡·明雩篇》引作"比滂沲矣",③ 是俾、比相通之例。此诗则《毛诗》作比用本字,而《齐诗》作俾用通假字,故注云"俾当为比"也。

45.《乐记》:"天子夹,振之而驷伐,盛威于中国也。"郑注:"驷当为四,声之误也。《武》舞,战象也。每奏四伐,一击一刺为一伐。"

《说文》:"驷,一乘也。"驷通四。陈乔枞云:"《诗·秦风》'驷驖孔阜',④《说文·马部》作'四驖'。又《大明》'驷騵彭彭',《公羊》隐元年疏作'四騵彭彭'。《郑风·清人》'驷介旁旁',笺云:'驷,四马也。'左氏

---

① 转引自《古文字诂林》第 2 册,上海教育出版社,2000 年,第 426 页。
② 见王先谦《诗三家义集疏》下册,中华书局,1987 年,第 855—856 页。
③ 见《诸子集成》第 7 册,第 150 页。
④ 驖,原误作铁(鐵),据《十三经注疏》本《毛诗·秦风·驷驖》条改。

文十一年《传》'富父终甥驷乘',注:'驷乘,四人共车。'又定十年《传》'公子地有白马四',《汉书·五行志下》引作'公子地有白马驷'。皆其例也。"① 又《孙膑兵法·十问》:"驷鼓同举,五遂俱傅。"② 亦借驷为四之例。故郑此注"驷当为四"者,以本字易通假字也。

46.《杂记上》:"緦冠繰缨。"郑注:"繰当为'澡麻带绖'之澡,声之误也。谓有事其布以为缨。"

《说文》:"繰,帛如绀色,或曰深缯。"朱骏声《定声》云:"深缯当作深绀。《广雅·释器》:'繰,青也。'"《说文》又曰:"澡,洒手也。"引申为洗涤、整治。《广韵·晧韵》:"澡,澡洗。"《广雅·释诂三》:"澡,治也。"澡麻带绖之澡,则谓濯洗麻带绖。《仪礼·丧服》:"小功布衰裳,澡麻带绖。"郑注:"澡者,治去莩垢,不绝其本也。"又《士虞礼》:"藻葛绖带。"郑注:"澡,治也,治葛以为首绖及带。"繰、澡皆从喿声,故二字可通。朱骏声《定声》云:"繰,假借为澡。"俞樾云:"《荀子·正论篇》又作慅婴,皆声近假借之例。"③ 是此记郑注"繰当为'澡麻带绖'之澡"者,以本字易通假字也。

47.《杂记上》:"醴者,稻醴也。瓮、甒、筲衡,实见间,而后折入。"郑注:"衡当为桁,所以庪瓮甒之属,声之误也。"

《说文》:"衡,牛触,横大木其角。"《说文》无桁字。《玉篇·木部》:"桁,屋桁也。"谓屋梁上或门窗上的横木。引申为支撑物的木架。《仪礼·既夕礼》:"甒二,醴酒,幂用功布,皆木桁、久之。"郑注:"桁,所以庋苞、屑、瓮、甒也。"此记用衡者,通假字也。衡、桁古音同,皆匣母阳部,声调亦同,故衡可通桁。俞樾云:"《诗·采芑》篇'有玱葱珩',《玉藻》篇作'葱衡'。衡之通作桁,犹衡之通作珩。"④ 是郑此注"衡当为桁"者,亦以本字易通假字也。

48.《祭义》:"礼减而不进则销,乐盈而不反则放。故礼有报而乐有反。"郑注:"报皆当为褒,声之误也。"

---

① 陈乔枞:《礼记郑读考》,《清经解续编》第5册,第147页。
② 张帆、刘珂编著:《孙膑兵法》,北京燕山出版社,1995年,第79页。
③ 俞樾:《礼记郑读考》,《清经解续编》第5册,第1002页。
④ 同上。

《说文》:"褎,衣博裾。"是其本义指衣襟宽大。段注:"引申之为凡大之称,为褎美。"褎美,则为奖励而勉之进也,故又引申而有进义,故郑注云:"褎犹进也。"《说文》:"报,当罪人也。"与此经义无涉。报、褎古音双声叠韵,皆属帮母幽部,故二字可通:褎是本字,报是通假字。《周礼·春官·大祝》:"八曰褎拜。"郑大夫云:"褎读为报。"是二字通假之例也。此记郑注谓"报皆当为褎"者,以本字易通假字也。

49.《祭义》:"故君子顷步而弗敢忘孝也。"郑注:"顷当为跬,声之误也。"

《说文》:"顷,头不正也。"段注:"引申为凡顷侧不正之称。"《说文》跬作䞨,云:"䞨,半步也。"顷、跬古音双声,都是溪母;顷属耕部,跬属支部,耕支对转,故二字音近可通:跬是本字,顷是通假字。《集韵·纸韵》:"䞨,《说文》:'半步也。'或作跬、顷。"此记《释文》亦云:"顷,读为跬……一举足为跬,再举足为步。"郑注云"顷当为跬"者,亦以本字易通假字也。

50.《祭义》:"结诸心,形诸色,而术省之,孝子之志也。"郑注:"术当为述,声之误也。"

术、述古音同,皆床母屋部,声调亦同,故可通:述是本字,术是通假字。陈乔枞云:"术、述古字通用。《诗·日月》:'报人不述。'《韩诗》作'报我不术'。《隶释》载《汉修尧庙碑》:'歌术功称。'《韩勅后碑》:'其术韩君德政。'《张表碑》:'方伯术职。'《樊敏碑》:'臣子褎术。'《灵台碑阴》:'州里称术。'皆假术为述字。"[①]是郑注云"术当为述",亦易之以本字也。

51.《祭统》:"舍奠于其庙。"郑注:"舍当为释,声之误也。非时而祭曰奠。"

舍,《说文》曰"市居曰舍",是本义为居舍。引申为施舍。陈独秀云:"古无旅舍,旅人惟止宿于路旁,居人舍中,《周礼》所谓路室也。舍之主人以舍给人止宿,故自称曰余,即今语所谓舍下,皆施身自谓之义。因之舍亦训施。《毛公鼎》之'舍命'即施命。施捨余屋予人止宿,故捨字从舍。初

---

① 陈乔枞:《礼记郑读考》,《清经解续编》第5册,第153页。

只用舍，《论语》'不舍昼夜'，犹未加手，金器文捨字均作舍。"① 可见舍是捨的本原字，后乃加手旁造捨字。捨引申而有放置义。《广雅·释诂四》："捨，置也。"又，《说文》："释，解也。"引申而有陈设义。《礼记·文王世子》："凡学，春官释奠于其先师。"郑注："释奠者，设荐馔酌奠而已。"捨（舍）、释义近，音亦相近（舍、释双声，都是审母；韵部则鱼铎对转），是同源通用字。《王力古汉语字典》说："《说文》：'捨，释也。'字本作舍。《左传》哀公十二年：'乃舍卫侯。'《释文》：'舍，释也。'"又《左传》哀公八年："乃请释子服何于吴。"韦注："释，舍也。"是此记舍、释二字皆可用。然此记用舍字则人或疑为居舍字，而陈设义以释字较习用而易晓。然郑玄当时尚无同源字的概念，盖以释为本字，舍为通假字，这由郑注《周礼·春官》之《占梦》、《甸祝》、《大史》等皆云"舍读为释"可证。故此记郑注云"舍当为释"，是以本字易通假字也。

52.《祭统》："高宗云：'三年其惟不言，言乃讙。'"郑注："讙当为歡（欢），声之误也。其既言天下皆歡喜，乐其政教也。"

《说文》："讙，哗也。"又曰："歡，喜乐也。"讙、歡古同音，皆晓母元部，声调亦同，故讙可通歡。朱骏声《定声》云："讙，假借为歡。"并举此经为例。郑注"讙当为歡"者，以本字易通假字也。

53.《缁衣》："臣仪行。"郑注："仪当为义，声之误也。言臣义事君则行也。"

义、仪本一字，甲骨文、金文仪字不从人。《说文》："义，己之威仪也。"是义的本义。后义借为道义字，故又加亻旁而造仪字，以为威仪之专字，即所谓后起本字。仪引申为准则、法度，又引申为度量、衡量。《说文》曰："仪，度也。"即释其引申义。然义、仪二字仍每通用。《左传》襄公三十年："君子谓宋共姬女而不妇，女待人，妇义事也。"王引之《述闻》云："义读为仪，仪，度也，言妇当度事而行，不必待人也。"② 是义通仪之例。《诗·曹风·鸤鸠》："淑人君子，其仪一兮。"郑笺云："仪，义也。善人君子，其执义当如一也。"是以仪通义之例。此记"臣仪行"，谓臣依道义而行，

---

① 转引自《古文字诂林》第 5 册，上海教育出版社，2002 年，第 397 页。
② 王引之：《经义述闻》，《清经解》第 6 册，第 921 页。

而字作仪，用通假字也。故郑云"仪当为义"，而易之以其本字也。

54.《缁衣》："故君子寡言而行以成其信，则民不得大其美而小其恶。"郑注："以行为验，虚言无益于善也。寡当为顾，声之误也。"

寡、顾古音双声叠韵，皆见母鱼部，唯声调不同，故可相通。朱骏声《定声》云："寡，假借为顾。"并举此记为例。是郑注"寡当为顾"者，以本字易通假字也。

55.《昏义》："为后服资衰，服母之义也。"郑注："资当为齐，声之误也。"

资衰，依《仪礼·丧服》资当作齐。资、齐古音叠韵，皆属脂部；资是精母，齐是从母，精从旁纽，故二字音近可通。《易·旅卦》九四云："旅于处，得其资斧。"《释文》："子夏传及众家并作齐斧。"《周礼·考工记》："或通四方之珍异以资之。"郑注引郑司农云："故书资作齐。"《荀子·哀公篇》："资衰苴杖者，不听乐。"杨倞注："资与齐同。"① 皆资、齐相通之例。此经则齐是本字，资是通假字。郑注"资当为齐"，是以本字易通假字也。然郑玄又以齍为齐衰之正字，此记《释文》云："资，依注作齐，音咨。注又作齍者，同。"是陆本《礼记》郑注齐字或又作齍。《释名·释丧制》曰："期曰齍。齍，齐也。"王先谦《补疏》云："今经典通用，省作齐。"②

（五）某字实为"声之误"而郑注"字之误"（6例）

见于《周礼》3例。

56.《天官·疡医》："以五气养之，以五药疗之，以五味节之。"郑注："五气当为五穀，字之误也"。

贾疏云："云'五气当为五穀'者，以气非养人之物。又《疾医》之有五味、五药、五穀，相将之物，故破气从穀也。"按《天官·疾医》云："以五味、五穀、五药养其病。"可证此经五气乃五穀之误。按气、穀二字古音同部，皆属屋部；气是溪母，穀是见母，见溪旁纽，是二字音近，因此而致误也。郑云"字之误"，实当云"声之误"也。

---

① 见《诸子集成》第 2 册，第 357 页。
② 王先谦：《释名疏证补》，上海古籍出版社，1984 年，第 417 页。

57.《地官·大司徒》:"二曰川泽,其动物宜鳞物,其植物宜膏物,其民黑而津。"郑注:"膏当为櫜,字之误也。莲芡之实有櫜韬。"

《说文》:"膏,肥也。"段注:"肥当作脂……膏谓人脂,在人者可假以物名,如'无角者膏'是也。"是膏义为油脂,于此经义无涉。《说文》:"櫜,车上大橐。"段注:"云车上大橐者,可藏任器,载之于车也。……引申之义,凡韬于外者皆为櫜。"郑以川泽之实为莲芡,其实皆有外壳包裹,即所谓"莲芡之实有櫜韬"也,故以为字当作櫜。贾疏云:"膏当为櫜者,经云膏,是脂膏之膏,于植物义无所取,直是字误,故破从櫜也。"膏、櫜二字双声,都是见母;膏属宵部,櫜属幽部,宵幽旁转,是二字音近,盖因此而致误。郑云"字之误",实为声之误也。

58.《夏官·职方氏》:"其浸卢、维。"郑注:"卢、维当为雷、雍,字之误也。《禹贡》曰:'雷夏既泽,雍沮会同。'雷夏在城阳。"

贾疏云:"《地理志》、《禹贡》无卢、维,又字类雷、雍,故破从之,引《禹贡》为证也。"是贾疏以为卢、维二字皆形近致误。然卢与雷字形并不相近,而古音则双声,都是来母,故段玉裁"疑卢为声之误",① 是也。

见于《礼记》3例。

59.《檀弓下》:"全要领以从先大夫于九京也。"郑注:"晋卿大夫之墓在九原。京盖字之误,当为原。"

原的本义为水源,即《说文》所谓"水泉本也",此记借作地名。京字甲、金文皆象于高台上建屋之形,盖王者所居。《说文》:"京,人所为绝高丘也。"则是京字的引申义。原、京二字从古文到秦篆,字形不似。然京字古音属见母阳部,原属疑母元部,见疑旁纽,阳元通转,是二字音近,盖因此致误也。陈乔枞引陈寿祺曰:"《檀弓》下文'晋赵文子与叔誉观乎九原',此郑所据。孔氏《正义》引《韩诗外传》云:'晋赵武与叔向观于九原。'又引《尔雅》云:'绝高曰京,广平曰原。'京非葬之处,原是坟墓之所,故为原也。《新序》卷四'晋平公过九原而叹',即此地也。"② 是可证九京当为九原。

---

① 段玉裁:《周礼汉读考》,《清经解》第4册,第212页。
② 陈乔枞:《礼记郑读考》,《清经解续编》第5册,第126页。

60.《丧大记》:"君之丧,大胥是敛,众胥佐之。大夫之丧,大胥侍之,众胥是敛。士之丧,胥为侍,士是敛。"郑注:"胥,乐官也,不掌丧事。胥当为祝,字之误也。"

按祝掌丧事,经有明文。《周礼·春官·小宗伯》:"王崩,大肆以秬鬯渳。及执事涖,大敛、小敛,帅异族而佐。"郑注:"执事,大祝之属。"又《大祝》云:"大丧,始崩,以肆鬯渳尸,相饭,赞敛,彻奠。言甸人读祷,付、练、祥,掌国事。"《小祝》云:"大丧,赞渳,设熬,置铭。"又《丧祝》云:"丧祝掌大丧劝防之事。及辟,令启。及朝,御匶,乃奠。及祖,饰棺,乃载,遂御。及葬,御匶出宫,乃代。及壙,说载,除饰。小丧亦如之。掌丧祭祝号。王吊,则与巫前。"《仪礼·士丧礼》又有习夏礼的夏祝,习商礼的商祝,以及习周礼的祝,等等。诸祝官则可统称为众祝。胥则是乐官。《周礼·春官》有大胥,掌教学子之舞乐;有小胥,协助大胥掌舞乐事。是祝官与胥官职事不同。胥古音属心母鱼部,祝属照母觉部,照母属舌音与属齿音之心母为邻纽,鱼觉二部可以旁对转,是胥、祝二字音近而致误混也。

61.《祭义》:"燔燎膻芗,见以萧光,以报气也,此教众反始也。荐黍稷,羞肝、肺、首、心,见間以侠甒,加以郁鬯,以报魄也。"郑注:"'见'及'见間'皆当为覵,字之误也……燔燎馨香,覵以萧光,取牲祭脂也。……覵以侠甒,谓杂之两甒醴酒也。"

《说文》无覵字。据郑注,覵义为混杂、夹杂。覵、见音同,故误为见。又见間当为覵者,是覵之一字误分为二字也。陈乔枞云:"覵误分为間见二字者,惠栋《九经古义》谓,如《孟子》'正心'当为忘,《史记》'刺齿'当为齧,皆一字误为二字也。"按覵误为见,是声误;覵误为见間,则是形误,即郑所谓字之误。这里仅依前者归之为声误。

(六)某字之用因不合礼制而误而郑注"声之误"(3例)

见于《周礼》1例。

62.《夏官·大司马》:"遂以狝田,如蒐田之法。罗弊,致禽以祀祊。"郑注:"祊当为方,声之误也。秋田主祭四方,报成万物。《诗》曰'以社以方'。"

按祊祭与方祭之礼异。祊祭即绎祭,谓祭之明日又祭,属宗庙祭礼,其祭在庙门外。《礼记·礼器》："为祊乎外。"郑注："祊祭，明日之绎祭也。谓之祊者，于庙门之旁，因名焉。"而秋田则当祭四方，行方祭之礼，以向四方之神敬献猎获物。《礼记·月令》季秋之月："是月也，天子乃教于田猎……命主祠祭禽于四方。"郑注："以所获禽祀四方之神也。"郑既以"秋田主祭四方"，故以为此经之"祊当为方"。是据礼制以正字之误也。

见于《礼记》2例。

63.《曾子问》："反葬奠，而后辞于殡，遂修葬事。"郑注："殡当为宾，声之误也。辞于宾，谓告将葬启期也。"

按《曾子问》此节记孔子论同为亲人而并有丧所当行之丧礼。孔子认为"葬，先轻而后重；其奠也，先重而后轻：礼也。"先葬亲情较轻者，不设奠，葬毕返回再为之设奠，而后辞（告）宾以亲情重者启殡的日期，即郑注所谓"辞于宾，谓告将葬启期也"。故据礼，丧主此时所辞（告）的对象是宾客而非殡，是据礼制以决殡为误字也。而郑则云"殡当为宾，声之误也"。

64.《丧大记》："君葬用辅……大夫葬用辅……士葬用国车。"郑注："大夫废辅，此言辅，非也。辅皆当作'载以輲车'之輲，声之误也。輲字或作团，是以文误为国。輲车，柩车也，尊卑之差也。"

按此记君及大夫葬用辅的辅，以及士葬用国车的国，郑皆以为当作輲。輲是一种低而无辐的木轮载柩车。《说文》："輲，蕃车下庳轮也。一曰无辐也。"《玉篇·车部》："輲，有辐曰轮，无辐曰輲。"因輲字或作团，故因形近而误为国，即郑注所谓"是以文误为国"。此记孔疏引皇氏云："天子、诸侯以下载柩车同，皆用輲也，其尊卑之差，在于棺饰耳。"是郑此注主要据丧礼以决记文用字之误也。

（七）某字之用因不合事理而误而郑注"声之误"（1例）

见于《礼记》1例。

65.《昏义》："赞见妇于舅姑。妇执笲枣、栗、段脩以见。赞醴妇。"郑注："赞醴妇，当作礼，声之误也。"

所谓"赞醴妇"，谓赞者以醴礼待前来见舅姑之妇。《士冠礼》"请醴宾"下贾疏云："《周礼》云'诸侯用郁'，不云郁宾，明不得以醴礼宾即为醴，故破从礼。"贾疏说郑破醴而从礼之义，或然也。是郑据事理以决"醴当作礼"也。然醴、礼二字本可通用。胡承珙《疏义》云："醴、礼以声近得通。郑必破醴从礼者，贾疏言之详矣。"① 段玉裁云："案醴宾如字，亦自可通。李如圭《集释》曰：'士之醴子、醴宾、醴妇，经皆作醴，不必改为礼。大夫以上乃曰傧曰礼。'"② 然郑非不知醴、礼二字可通，唯据事理，此经实以醴礼宾，犹《周礼》之以飨礼诸侯，《士冠礼》"若不醴则醮"之以酒礼冠者，皆待宾所当行之礼事，故不得径据行礼之所用以名之，故郑破醴为礼。同例还见于：

《内则》："宰醴负子，赐之束帛。"郑注："醴当为礼，声之误也。礼以一献之礼，酬之以币也。"

二 关于"字之误"

郑注所谓"字之误"，有以下几种情况。

（一）某字确因形近而误而郑注"字之误"（14 例）

见于《周礼》5 例。

66.《天官·夏采》："夏采掌大丧以冕服复于大祖，以乘车建绥复于四郊。"郑注："（绥）当作緌，字之误也。緌以旄牛尾为之，缀于橦上，所谓注旄于干首者。"

《礼记·杂记上》记诸侯死于道，"则升其乘车之左毂，以其绥复"，郑注云："绥当为緌，读如蕤宾之蕤，字之误也。緌谓旌旗之旄也，去其旒而用之，异于生时也。"与此记郑注义同。《说文》："緌，系冠缨垂者。"（此据段注本）段注曰："引申之为旌旗之緌，以旄牛尾为之。"是此经以用緌为正字。绥的本原字为妥，甲骨文、金文皆作妥而不从纟，其字象以手抚女之形，会安或安抚之义，后乃加纟旁作绥。《说文》："绥，车中靶也。"（此据段注本）车中靶，是指执以登车的绳，此引申义也。盖执此绳以登车则安，而绥的本义为安，故即用作车中靶名。徐锴云："礼，升车必正立执绥，所以安也。"③

---

① 胡承珙：《仪礼古今文疏义》，《清经解续编》第 2 册，第 1119 页。
② 段玉裁：《仪礼汉读考》，《清经解》第 4 册，第 226 页。
③ 徐锴：《说文解字系传》，中华书局，1987 年，第 255 页。

是绥之与緌,其义迥异。盖以二字古音叠韵,皆属微部;又绥是心母属齿音,緌是日母属舌音,舌齿邻纽,是绥、緌二字音近,且小篆字形亦相似,因致误混。故郑云"绥当作緌,字之误也"。此所谓字之误,实谓形近之误也。同例还见于:

《王制》:"天子杀则下大绥,诸侯杀则下小绥。"郑注:"绥当为緌。緌,有虞氏之旌旗也。下谓弊之。"

《杂记上》:"诸侯行而死于馆,则其复如于其国。如于道,则升其乘车之左毂,以其绥复。"郑注:"复,招魂复魄也……升车左毂,象升屋东荣。绥当为緌,读如蕤宾之蕤,字之误也。緌谓旌旗之旄也,去其旒而用之,异于生时也。"

《丧大记》:"饰棺……黼翣二,画翣二,皆戴绥。"郑注:"绥当为緌,读如冠蕤之蕤,盖五采羽注于翣首也。"

67.《春官·鬯人》:"庙用修,凡山川、四方用蜃,凡祼事用概,凡疈事用散。"郑注:"祼当为埋,字之误也。"

郑知此"祼事用概"之祼当作埋者,贾疏云:"若祼则用郁,当用彝尊,不合在此而用概尊,故破从埋也。埋谓祭山林。"按《郁人》云:"掌祼器。凡祭祀、宾客之祼事,和郁鬯以实彝而陈之。"是祼用郁鬯而器用彝也。然此经埋作祼者,段玉裁云:"埋,经典多用貍,与祼字略相似而误。"[1] 是形近之误也,故郑云"字之误也"。

68.《春官·大司乐》:"《九磬》之舞。"郑注:"玄谓……九磬读当为大韶,字之误也。"

段玉裁云:"此谓九为大之字误也。"[2] 按九与大字小篆略似,故致误。

69.《春官·筮人》:"九筮之名,一曰巫更,二曰巫咸,三曰巫式,四曰巫目,五曰巫易,六曰巫比,七曰巫祠,八曰巫参,九曰巫环:以辨吉凶。"郑注:"此九巫读皆当为筮,字之误也。"

《说文》:"䇷,《易》卦用蓍也。从竹巫。巫,古文巫字。"按䇷即古文筮字。是古文筮、巫形近,故致误。段玉裁云:"筮之古文作䇷,巫之古文作

---

[1] 段玉裁:《周礼汉读考》,《清经解》第4册,第199页。
[2] 同上书,第202页。

羼，盖故书脱竹头，今书又改为小篆之巫矣。"①

70.《觐礼》："四享皆束帛加璧，庭实唯国所有。"郑注："四当为三。古书作四三或皆积画，此篇又多四字，字相似，由此误也。"

此形近之误，注说甚明。

见于《礼记》9例。

71.《檀弓上》："鲁妇人之髽而吊也，自败于臺鮐始也。"郑注："败于臺鮐，鲁襄四年秋也。臺当为壶，字之误也。《春秋传》作狐鮐。"

臺、壶形近而误。盖经郑玄考校，地名臺鮐当作壶鮐也。《春秋传》作狐鮐者，狐则壶的通假字。陈乔枞云："壶狐古音同通假。《吕览·下贤篇》'壶邱子'，《汉书·古今人表》作'狐邱子'。《史记·孔子弟子传》'壶黡'，《人表》亦作'狐黡'。并以音同相通假用之故。故《左传》狐鮐，《礼记》作壶骀也。"②

72.《文王世子》："始立学者，既兴器，用币。"郑注："兴当为釁，字之误也。礼乐之器成，则釁之，又用币告先圣先师以器成。"

俞樾云："釁字上半与兴相似，故字误作兴。釁在谆文部，兴在蒸登部，非同部字。郑云字误，明非声误也。"③

73.《礼运》："其居人也曰养。"郑注："养当为义，字之误也。下之则为教令，居人身为义。《孝经说》曰：'义由人出。'"

陈乔枞云："古简有剥蚀者，字形易于致误。郑君据《孝经说》'义由人出'，断养字为义之误，训极精确。如《荀子·论礼》'不能养之'，注云：'养或为食。'是蚀其上半字而误养为食。此'其居人也曰养'，郑云'养当为义'，是蚀其下半字而误义为养也。"④陈氏之说或然也。然养、义形近，实致误之由也。故俞樾径云："形近之误，不烦申说。"⑤

74.《玉藻》："大夫佩水苍玉而纯组绶。"郑注："纯当为缁。古文缁或作糸旁才。"

---

① 段玉裁：《周礼汉读考》，《清经解》第4册，第204页。
② 陈乔枞：《礼记郑读考》，《清经解续编》第5册，第122页。
③ 俞樾：《礼记郑读考》，《清经解续编》第5册，第999页。
④ 陈乔枞：《礼记郑读考》，《清经解续编》第5册，第133页。
⑤ 俞樾：《礼记郑读考》，《清经解续编》第5册，第999页。

按古文缁作纻，与纯小篆略似，故误作纯，注说甚明。

75.《乐记》："武王克殷，反商。"郑注："反当为及，字之误也。及商，至纣者也。《牧誓》曰：'至于商郊牧野。'"

及之误反，形近而误也，不烦申说。

76.《祭法》："幽宗，祭星也。"郑注："宗皆当为禜，字之误也。幽禜，亦谓星坛也，星以昏始见，禜之言营也。"

俞樾云："形似而误，非相通也。"① 陈乔枞云："案禜误作宗者，盖简蚀去上半字，故与宗形近似而讹也。"② 陈氏说亦或然也。

77.《缁衣》："《尹吉》曰：'惟尹躬及汤，咸有壹德。'"郑注："吉当为告，告古文诰，字之误也。"

告之为吉，形近之误，即郑注所谓"字之误也"。甲骨文告字本为祭名，即告祭字。"告祭于祖先，引申为告诉之告。"③ 因告诉以言语，故又于告旁加言而造区别字诰，故《说文》云："诰，告也。"《易·姤卦·象》曰："后以施命诰四方。"是其例。此记郑云"告，古文诰"，甚是。

78.《缁衣》："《尹吉》曰：'惟尹躬天见于西邑夏……'"郑注："尹吉，亦'尹诰'也。天当为先字之误。"

按先误作天，形近之误也。

79.《缁衣》："子曰：'唯君子能好其正，小人毒其正。'"郑注："正当为匹，字之误也。匹谓知识朋友。"

陈乔枞云："正、匹以形近而误。"④ 按正、匹二字小篆略似也。郑谓"字之误"，盖亦以为形近而误也。

（二）某字确因形近而误而郑未注"字之误"（3例）

见于《周礼》1例。

80.《夏官·大司马》："各书其事与其号焉。"郑注："凡旌旗有军众者畫异物，无者帛而已。书当为畫，事也，号也，皆畫以云气。"

---

① 俞樾：《礼记郑读考》，《清经解续编》第5册，第1003页。
② 陈乔枞：《礼记郑读考》，《清经解续编》第5册，第152页。
③ 此明义士说，转引自《古文字诂林》第1册，上海教育出版社，1999年，第756页。
④ 陈乔枞：《礼记郑读考》，《清经解续编》第5册，第158页。

按郑以为凡旌旗皆畫云气以为标识。贾疏云："谓畫五色云也。"此经作书，与畫义异，故注云"書当为畫"。書与畫小篆形近，故致误也。

见于《礼记》2例。

81.《檀弓上》："公叔木有同母异父之昆弟死。"郑注："木当为朱。《春秋》作戌，卫公叔文子之子，定公十四年奔鲁。"

朱之误木，形近之误，木与朱小篆形似。又，云"《春秋》作戌"者，戌、朱古音叠韵，皆属侯部；朱是照母，戌是审母，照审旁纽，二字音近，故相通假。《檀弓下》曰："公叔文子卒，其子戌请谥于君。"字作戌，与《春秋》同。

82.《礼运》："故百姓则君以自治也，养君以自安也，事君以自显也。"郑注："则当为明。"

俞樾云："按形近而误，不烦申说。"①

（三）某字郑注"字之误"而实以本字易通假字（2例）

见于《周礼》1例。

83.《秋官·掌戮》："掌戮掌斩杀贼谍而搏之。"郑注："搏当为'膊诸城上'之膊，字之误也。膊谓去衣磔之。"

《左传》成公二年："齐侯伐我北鄙，围龙，顷公之嬖人卢浦就魁门焉。龙人囚之。齐侯曰：'勿杀，吾与而盟，无入而封。'弗听，杀而膊诸城上。"杜注："膊，磔也。"是郑注所取义，且申之曰："膊谓去衣磔之。"《说文》："膊，薄脯，膊之屋上。"引申而有分裂尸体之义，即所谓磔也。搏则无磔义。《说文》："搏，索持也。"搏、膊古音叠韵，皆属铎部；搏是帮母，膊是滂母，邦滂旁纽，故搏可通膊。此经陆氏《释文》云："搏，注作膊，同，磔也。"朱骏声《定声》亦云："搏，假借为膊。"郑以为字之误，实则以本字易通假字也。

见于《礼记》1例。

84.《学记》："《兑命》曰：'念终始典于学。'其此之谓乎。"郑注："兑当为说，字之误也。高宗梦傅说，求而得之，作《说命》三篇，在《尚

---

① 俞樾：《礼记郑读考》，《清经解续编》第5册，第999页。

书》，今亡。"

兑是说的本原字，说是兑的区别字，甲骨文、金文说字不从言。说字后作悦。① 朱骏声《定声》"兑"下云："（兑）从人口会意，八象气之舒散。……今字作悦，又加心旁。《易·说卦》：'兑为口。'《序卦》：'兑者，说也。'《释名·释天》：'兑，说也。物得备足皆喜悦也。'"自造出说字之后，仍兑、说通用。《书·说命》大题下《释文》云："说，本又作兑，音悦。"《礼记》中所引《书》篇名亦皆作《兑命》。盖以作为《书》篇名汉代经师皆习用说字，故郑注《礼记》每见《兑命》即注云"兑当为说"。如《文王世子》："《兑命》曰：'念终始典于学。'"郑注："兑当为说，《说命》，《书》篇名，殷高宗之臣傅说之所作。"《缁衣》："《兑命》曰：'惟口起羞……'"郑注："兑当为说，谓殷高宗之臣傅说也，作书以命高宗，《尚书》篇名也。"郑时尚无区别字的概念，盖以说为喜悦字的本字，而以兑为假借字，故郑此注"兑当为说"者，是以本字易通假字也。

（四）某字之用因不合礼制而误而郑注为"字之误"（7例）

见于《周礼》1例。

85.《夏官·弁师》："诸侯之缫斿九就，瑉玉三采，其余如王之事。"郑注："侯当为公，字之误也。"

按此经上文言"王之五冕"，下文言"诸侯及孤、卿、大夫之冕"，则此经当言公之冕可知。上文王冕"五采缫十有二就，皆五采玉十有二"，公降一等，则如此经所记为"缫斿九就（斿字阮校以为衍文），瑉玉三采"。诸侯以下，则如下文所说"各以其等为之"。按王之上公九命，故其冕有"缫斿九就"。诸侯七命，则其缫七就明矣（按公侯之等差命数，详《春官·大宗伯》）。是就礼制推之，此经之"侯当为公"无疑，故郑此注之"字之误"，非形近之误也。

见于《仪礼》1例。

86.《士冠礼》："三醮，摄酒如再醮，加俎嚌之，皆如初，嚌肺。"郑

---

① 《王力古汉语字典》"说"下曰："喜悦。《论语·学而》：'学而时习之，不亦说乎？'这个意义后代写作'悦'。"按《说文》无"悦"字。

注："加俎啐之，啐当为祭，字之误也。祭俎如初，如祭脯醢。"

按古礼凡食皆当先行食前祭礼，以祭先人之造此食者。此加俎亦当先祭而后啐之，故郑破"加俎啐之"之啐为祭，谓先祭俎上之牲肉，皆如初礼，而后乃"啐肺"也。故贾疏云："经有二啐，不破'如初啐（肺）'之啐，唯破'加俎啐'之字者，以祭先之法，祭乃啐之，又不宜有二啐，故破加俎之啐为祭也。"贾说是也。是此郑注所谓"字之误"，亦非形近之误也。

见于《礼记》5例。

87.《曾子问》："凡告用牲币，反亦如之。"郑注："牲当为制，字之误也。制币一丈八尺。"

陈乔枞云："记此节皆言诸侯适天子、告奠于社稷、宗庙、山川之礼；下文云天子将出，必以币、帛、皮、圭告于祖祢：无用牲之文，故知牲币当为制币。……《周礼·校人职》云：'王所过山川则饰黄驹。'是惟天子告得用牲，其礼异于诸侯。又《尚书》言巡守礼：'归，格于艺祖，用牲。'皆其明证。此郑之稽合经典以订之者也。"陈氏又说制币之制曰："然则制币者，幅广二尺四寸、匹长一丈八尺，此为王者所定之制。"① 是郑此注，实据礼制以正牲字之误也。

88.《礼器》："燔柴于奥。"郑注："奥当为爨，字之误也，或作灶。礼，尸卒事，而祭馈爨、饔爨也。时人以为祭火神乃燔柴。"

俞樾云："此郑以意读之，无他证。《特牲馈食礼·记》注引此文即作爨。"② 陈寿祺驳之云："许氏《五经异义》引《大戴·礼器》正作灶。《风俗通·礼典篇》引《礼器记》曰：'燔柴于灶，灶者老妇之祭。'征之许、应二家，知郑亦本《大戴礼》也。《仪礼·特牲馈食礼》郑注引《礼器》曰：'燔柴于爨。夫爨者，老妇之祭。'字径作爨，与《礼记》注合。可知非郑所改。盖《大戴礼记》亦有《礼器篇》，其字作爨。一本或作灶，郑据之言耳。"③ 可知郑改奥为爨，实有文献可征，非以意说。然郑此注之改字，非仅有文献可征，实据礼制而言也。奥谓室奥，非燔柴祭馈爨处。祭馈爨即祭灶神，而此处所谓祭爨，即指《仪礼·特牲馈食礼·记》所谓"尸卒食而馈爨、雍

---

① 陈乔枞：《礼记郑读考》，《清经解续编》第 5 册，第 131 页。
② 俞樾：《礼记郑读考》，《清经解续编》第 5 册，第 999 页。
③ 陈乔枞：《礼记郑读考》，《清经解续编》第 5 册，第 134 页。

纂",而"馈纂在西壁",则当祭之于西壁（庙内堂之西阶下、西墙前）。又据《少牢馈食礼》"雍纂在门东南"，即在庙门外东南边，则当祭之于庙门外东南边可知。故郑云"礼，尸卒事，而祭馈纂、饔纂也"。是郑此注实据礼制以断"奥当为纂"也。

89.《郊特牲》："飨、禘有乐……故春禘而秋尝，春飨孤子，秋食耆老。"郑注："此禘当为禴，字之误也。《王制》曰：'春禴夏禘。'"

按四时祭名，文献所载颇不一。《周礼·春官·大宗伯》云："以祠春享先王，以禴夏享先王，以尝秋享先王，以烝冬享先王。"是春曰祠，夏曰禴，秋曰尝，冬曰烝。《尔雅·释天》、《说文·示部》、《公羊传》桓公八年等皆以为春祭曰祠，夏祭曰礿（礿同禴），秋祭曰尝，冬祭曰烝，说同于《周礼》。然《礼记·王制》则曰："天子、诸侯宗庙之祭，春曰礿，夏曰禘，秋曰尝，冬曰烝。"而此记及《祭义》又以为"春禘、秋尝"。因郑玄笃信《周礼》是周制，乃周公所作，故以《王制》等所载不与《周礼》合者为夏、殷之制。故上引《王制》之文下郑注云："此盖夏殷祭名。周则改之，春曰祠，夏曰礿，以禘为殷祭。"（按此殷为祭名，非朝代名）同为夏殷祭名，则不得相异，故当以《王制》所载为正，而此记则曰"春禘而秋尝"，故禘字当据《王制》改为禴（礿）也。是郑此注亦据他所理解的三代祭祀制度以纠字之误，即俞樾所谓"此亦郑以义应作禴，故改之"①也。

90.《玉藻》："君命屈狄。再命袆衣。一命襢衣。士褖衣。"郑注："袆当为鞠，字之误也。……子男之卿再命，而妻鞠衣。"

据郑注可知，此所谓袆衣，谓子男的卿之妻服。然袆衣是王后之服，非子男的卿之妻所宜服。据《周礼·天官·内司服》王后之六服：袆衣、揄狄、阙狄、鞠衣、展衣（即襢衣）、褖衣（按褖《注疏》本原误作缘，据阮校改）。而自鞠衣以下之鞠衣、展衣、褖衣三者，外内命妇亦得服。故《内司服》云："辨内外命妇之服：鞠衣、展衣、褖衣。"彼郑注云："子男之夫人亦阙狄。"则子男之卿降一等，服鞠衣可知矣。故此注云："子男之卿再命，而妻鞠衣。"是据礼服制度，"再命袆衣"之袆当为鞠。陈乔枞云："郑君言，礼，天子诸侯命其臣，后夫人亦命其妻以衣服，所谓夫尊于朝，妻荣于室。

---

① 俞樾：《礼记郑读考》，《清经解续编》第5册，第999页。

子男之卿再命，而妻鞠衣。则鞠衣、襢衣、褖衣者，诸侯之臣皆分三等，其妻以次受此服也。"①

91.《祭法》："適士二庙，一坛。曰考庙，曰王考庙，享尝乃止。显考无庙，有祷焉为坛祭之。去坛为鬼。"郑注："此適士云'显考无庙'，非也。当为'皇考'，字之误。"

按父曰考，祖曰王考，曾祖曰皇考，高祖曰显考。此记既云"適士二庙，一坛。曰考庙，曰王考庙"，则自皇考以上至显考无庙明矣。而此记云"显考无庙"，则似皇考有庙，是不合于庙制，故郑注云"此適士云'显考无庙'，非也。当为'皇考'，字之误"。

（五）某字之用因不合事理而误而郑注为"字之误"（2例）

见于《周礼》1例。

92.《天官·典丝》："及献功，则受良功而藏之。"郑注："良当为苦，字之误。受其粗盬之功，以给有司之公用。其良功者，典妇功受之，以共王及后之用。"

按郑意此经典丝所受而藏之者，属"粗盬之功"，故以为"良当为苦"。《说文》："盬，河东盐池。"引申为盐不湅治，又引申而有粗糙、不坚固之义。段注云："《周礼》因以为盐不湅治之称。又引申之，《诗》以为不坚固之称。《周礼》苦良，苦读为盬，谓物之不佳者也。"《天官·盐人》："祭祀共其苦盐、散盐。"郑注："杜子春读为盬，谓出盐直用不湅治。"是苦乃盬的通假字，在此谓丝功较粗劣者。郑必知此良当为苦者，贾疏云："以《典丝》、《典枲》授丝、枲，使外、内工所造缣帛之等，良者入典妇功，以共王及后之用，故典枲直有苦者，而无良者，明典丝亦不得有良者，故破良为苦。"是据事理而断之也。又郑必用通假字苦，而不用本字盬者，贾疏云："见《典妇功》有良苦之字，故破从苦。苦即粗盬者也。"是郑从《周礼》用字之例也。

见于《礼记》1例。

93.《玉藻》："玄端而朝日于东门之外，听朔于南门之外。"郑注："端当为冕，字之误也。玄衣而冕，冕服之下。"

---

① 陈乔枞：《礼记郑读考》，《清经解续编》第5册，第142页。

贾疏："知端当为冕者，凡衣服，皮弁尊，次以诸侯之朝服，次以玄端。按下诸侯皮弁听朔，朝服视朝，是视朝之服卑于听朔。今天子皮弁视朝，若玄端听朔，则是听朔之服卑于视朝，与诸侯不类。且听朔大，视朝小，故知端当为冕，谓玄冕也，是冕服之下。"疏说甚明，是谓郑据礼之大小，以决用服之尊卑：朝日、听朔之礼大于视朝，而玄端之服卑于朝服，不合于事理，故当易之以玄冕之服，而尊于天子视朝之皮弁也。故注云"端当为冕，字之误也"。俞樾云："此郑以义读之，非相通也。"① 此所谓义，谓事理也。所谓"非相通"，即谓端、冕二字非因通假关系而易通假字为本字之比也。同例还见于：

《玉藻》："诸侯玄端以祭。"郑注："祭先君也。端亦当为冕，字之误也。"陈乔枞云："案《大戴礼记·诸侯迁庙篇》卢辩注引《玉藻》曰：'玄端以祭，裨冕以朝。'孙炎云：'端当为冕。玄冕，祭服之下也。'是孙叔然亦以端字为冕之误。"②

（六）某字之用因不合文意而误而郑注为"字之误"（2例）

见于《礼记》2例。

94.《郊特牲》："不敢用亵味而贵多品，所以交于旦明之义也。"郑注："旦当为神，篆字之误也。"

按旦、神二字自甲骨文、金文至秦篆字形皆不相近，不知郑注缘何而为此说。学者或有以古文神或假申为之，而申之古文与旦相近解之者，亦甚牵强，难以信从。然旦字在此记中于义无取，确系误字。而此记上文皆记祭神之事，故郑据上之文意而改旦为神，是也。

95.《乐记》："石声磬，磬以立辨。"郑注："石声磬，磬当为罄，字之误也。辨谓分明于节义。"

《说文》："磬，乐石也。"即石制的敲击乐器。《说文》又曰："罄，器中空也。"引申为尽。《尔雅·释诂下》："罄，尽也。"然此记之罄实用作象声词，形容石（磬）发出的声音罄罄然。若作磬，则使人疑为乐器，而不明其

---

① 俞樾：《礼记郑读考》，《清经解续编》第5册，第1000页。
② 陈乔枞：《礼记郑读考》，《清经解续编》第5册，第140页。

为象声词，故郑改之为磬。孔疏云："今经云'石声磬，恐是乐器，故读为磬，取声音磬磬然。"疏说是也。是郑此注乃据文意以纠字之误也。

（七）记文用字与经文不一致而郑注为"字之误"（1 例）

见于《礼记》1 例。

96.《少仪》："言语之美，穆穆皇皇。朝廷之美，济济翔翔。祭祀之美，齐齐皇皇。车马之美，匪匪翼翼。鸾和之美，肃肃雍雍。"郑注："美皆当为仪，字之误也。《周礼》：'教国子六仪，一曰祭祀之容，二曰宾客之容，三曰朝廷之容，四曰丧纪之容，五曰军旅之容，六曰车马之容。'"

郑所引《周礼》，见《地官·保氏》。郑据《保氏》以断此记之美当为仪，是以经字易记字也。

（八）某字因非习用之字而郑注为"字之误"（2 例）

见于《礼记》2 例。

97.《檀弓上》："鹿裘衡，长袪。"郑注："衡当为横，字之误也。袪，谓褎缘袂口也。练而为裘，横广之，又长之。"

衡本指绑在牛角上以防触人的横木。《说文》："衡，牛触，横大木其角。"引申之则为纵横之横。《诗·齐风·南山》："衡从（纵）其亩。"《释文》："衡亦作横。"横的本义是指门前的栏木，《说文》："横，阑木也。"段注："阑，门遮也。"引申之亦为横，故段注又曰："凡以木阑之皆谓之横也。"是衡、横二字皆有"横"义。又衡、横古同音，皆匣母阳部，是同源通用字。① 此记作衡，实无不可，郑不得云"字之误"。然郑必云"衡当为横"者，以纵横义习用横而罕用衡，且衡字义项甚多，易生歧义故也。同例还见于：

《檀弓上》："棺束，缩二，衡三，衽每束一。"郑注："衡当为横。"

98.《表记》："唯天子受命于天，士受命于君。"郑注："言皆有所受，不敢专也。唯当为虽，字之误也。"

虽本虫名。《说文》："虽，似蜥蜴而大。"借作连词，表让步关系，即今

---

① 参见《王力古汉语字典》"衡"字下。

所谓虽然、即使、尽管之义。此记言统治者的言行，皆有所受命而不敢自专，即使天子也要受命于天，故当云"虽天子受命于天"也。唯则今习用为限定副词，表只有、只是。《广雅·释诂》："唯，独也。"《易·序卦》："盈天地之间者唯万物。"然古籍中亦有用唯作连词而表让步关系者。王引之《经传释词》卷8："唯，《玉篇》：'虽，两设之词。'常语也，字或作唯。"①《荀子·性恶》："然则唯禹不知仁义法正，不能仁义法正也。"杨倞注："唯读为虽。"② 然盖以用作表让步关系之连词习用虽，而用作限定副词习用唯之故，郑指此记之唯为误字，而易之以虽。是以习用之字易罕用字也。

（九）字不误而郑玄误认为"字之误"（1例）
见于《礼记》1例。
99.《礼记·礼器》："大圭不琢，大羹不和。"郑注："琢当为篆，字之误也。"

按此记琢字不误。《说文》："琢，治玉也。"段注："琢琱字谓镌錾之事。"《尔雅·释器》："玉谓之琢，石谓之磨。"《诗·卫风·淇奥》："如琢如磨。"《孟子·梁惠王下》："今有璞玉于此，虽万镒，必使玉人彫琢之。"《礼记·学记》："玉不琢，不成器。"皆用琢字本义也。篆的本义则为运笔书写。《说文》："篆，引书也。"王筠《句读》云："运笔谓之引。"③ 无雕刻义。篆与瑑古同音，皆定母元部，声调亦同，故篆可通瑑。瑑为玉器上雕饰的凸文。《说文》："瑑，圭璧上起兆瑑也。"引申之为雕刻。《汉书·董仲舒传》："或曰良玉不瑑。"颜注："瑑谓彫刻为文也。"又《王吉传》："工不造琱瑑。"《东方朔传》："阴奉琱瑑刻镂之好以纳其心。"《扬雄传下》："除彫瑑之巧。"是皆用瑑为雕刻字。又《周礼·春官·巾车》："孤乘夏篆。"郑注："或曰：夏篆，篆读为圭瑑之瑑，夏篆，毂有约也。"是篆、瑑古通之证。是此记作琢，用本字也。郑必改为篆，而以篆通瑑，义反转迂，是改所不当改也。俞樾则认为，此记"琢乃瑑字之误"，而"郑读为篆，则非其本字矣"。④ 俞氏

---

① 王引之：《经传释词》卷8，《清经解》第7册，第27页。
② 见《诸子集成》第2册，上海书店出版社，1986年，第295页。
③ 王筠：《说文解字句读》，上海古籍出版社1983年影印。
④ 俞樾：《礼记郑读考》，《清经解续编》第5册，第999页。

谓郑于此记改字不当则是矣，而谓琢是瑑的误字，则非也。同例还见于：

《郊特牲》："大圭不琢，美其质也。"郑注："琢当为瑑，字之误也。"

以上所考，凡99例。其中有关"声之误"的65例，有关"字之误"的34例。从有关"声之误"的65例看，《三礼》中确因音同、音近而误而郑玄注明"声之误"的，仅17例，只占65例的26%。此外还有确系声误而郑未注"声之误"的4例，又有郑注"声之误"而实际是形近之误（即郑注所谓"字之误"）的1例，又有实际是声误而郑注"字之误"的6例，还有因不合礼制或不合事理而误而郑皆注"声之误"的各一例。可见郑玄对于某字是否确系"声之误"的判断，是很不准确的。尤其值得注意的是，《三礼》中许多被郑玄判定为"声之误"的字，实际是通假字，并非误字，而郑玄则易之以本字。这类字例计33例，占了65例的50%强。可见郑注所谓"声之误"，有揭示字的通假关系的作用，这就同段玉裁概括的"读为"、"读曰"的作用无异了。[①] 有关"字之误"的字例虽较少，只有34例，但情况的复杂性绝不亚于"声误"之例。在这34例中，确因形近而误而郑注"字之误"的，仅14例，只占41%。此外还有确因形近而误而郑未注"字之误"的3例，又有因不合礼制而误而郑注"字之误"的7例，又有因不合事理或不合文意而误而郑皆注"字之误"的各2例，又有记文用字因与经文不一致而郑注"字之误"的1例，非习用之字而郑注"字之误"的2例，亦有字不误而郑误以为"字之误"的1例。值得注意的是，还有实际是通假字而并非误字，却被郑注判定为"字之误"的，这就毫无道理了。这种情况虽只有2例，亦可见训诂术语的运用，在郑玄那个时代，不仅仅是不准确，不精密，而且是相当混乱的。由此可见，段玉裁所谓"形近而讹谓之字之误，声近而讹谓之声之误"的说法，是相当片面而武断的，实不可信从也。

---

① 段玉裁《周礼汉读考序》云："'读为'、'读曰'者，易其字也，易之以音相近之字，故为变化之词。"所谓"易之以音相近之字"，即以本字易通假字也。说详段氏《经韵楼集》卷1，见《清经解》第4册，上海书店出版社，1988年，第522页。

附

引 用 书 目

(以本书中首次引用之先后为序)

范晔:《后汉书》,中华书局点校本,1965年。
李昉等:《太平广记》,中华书局,1961年。
孙星衍:《郑司农年谱》,扬州阮氏刻本,清嘉庆十四年(1809)。
郑玄注,贾公彦疏:《周礼注疏》,中华书局影印阮校《十三经注疏》本,1980年。
刘义庆:《世说新语》,上海古籍出版社,1982年。
李昉等:《太平御览》,中华书局影印本,1960年。
王利器:《郑康成年谱》,齐鲁书社,1983年。
郑珍:《郑学录》,成山唐氏刻本,清同治五年(1866)。
皮锡瑞:《六艺论疏证》,《续修四库全书》本,上海古籍出版社,2002年。
何休解诂,徐彦疏:《春秋公羊传注疏》,中华书局影印阮校《十三经注疏》本,1980年。
王鸣盛:《蛾术篇》,商务印书馆,1958年。
段玉裁:《经韵楼文集补编》,收在《段王学五种》中,天津古籍书店,1982年。
黄以周:《儆季杂著》,江苏南菁讲舍刻本,清光绪二十一—二十二年(1895—1896)。

陈寿：《三国志》，中华书局点校本，1959 年。

沈可培：《郑康成年谱》，《昭代丛书》本，上海古籍出版社，1990 年。

陈澧：《东塾读书记》，三联书店，1998 年。

吴兢：《贞观政要》，岳麓书社，2000 年。

皮锡瑞：《经学历史》，中华书局，1959 年。

李隆基注，邢昺疏：《孝经注疏》，中华书局影印阮校《十三经注疏》本，1980 年。

王溥：《唐会要》，中华书局，1959 年。

李昉等：《文苑英华》，中华书局，1966 年。

陆德明：《经典释文》，中华书局，1983 年。

魏征等：《隋书》，中华书局点校本，1973 年。

刘昫等：《旧唐书》，中华书局点校本，1975 年。

欧阳修、宋祁：《新唐书》，中华书局点校本，1975 年。

王尧臣：《崇文总目》，中华书局，1985 年。

姚振宗：《后汉艺文志》，《二十五史补编》本，中华书局，1955 年。

脱脱等：《宋史》，中华书局点校本，1977 年。

马端临：《文献通考》，《十通》本，浙江古籍出版社，1988 年。

郑樵：《通志》，《十通》本，浙江古籍出版社，1988 年。

朱彝尊：《经义考》，中华书局据 1936 年版《四部备要》本缩印，1998 年。

王昶：《金石萃编》，北京市中国书店，1985 年。

晁公武：《郡斋读书志》，孙猛《校证》本，上海古籍出版社，1990 年。

陈振孙：《直斋书录解题》，上海古籍出版社，1987 年。

侯康：《补后汉书艺文志》，《二十五史补编》本，中华书局，1955 年。

王应麟：《玉海》，江苏古籍出版社，1987 年。

萧统：《文选》，中华书局，1977 年。

钟肇鹏：《谶纬论略》，辽宁教育出版社，1991 年。

房玄龄等：《晋书》，中华书局点校本，1974 年。

袁钧：《郑氏佚书》，浙江书局刻本，光绪十四年（1888）。

黄奭：《高密遗书》，《汉学堂丛书》本，清道光间刻本，光绪间重印本。

孔广林：《通德遗书》，山东书局刻本，清光绪十六年（1890）。

钱穆：《国学概论》，商务印书馆，1997年。

班固：《汉书》，中华书局点校本，1962年。

司马迁：《史记》，中华书局点校本，1959年。

欧阳询：《艺文类聚》，汪绍楹校本，上海古籍出版社，1965年。

王葆玹：《今古文经学新论》，中国社会科学出版社，1997年。

王国维：《观堂集林》，中华书局，1959年。

廖平：《今古学考》，见刘梦溪主编《中国现代学术经典·廖平、蒙文通卷》，河北教育出版社，1996年。

刘起釪：《尚书学史》，中华书局，1989年。

钱穆：《刘向歆父子年谱》，见《古史辨》第5册，上海古籍出版社，1982年。

金春峰：《汉代思想史》，中国社会科学出版社，1997年。

吴树平：《东观汉记校注》，中州古籍出版社，1987年。

顾颉刚：《五德终始说下的政治和历史》，见《古史辨》第5册，上海古籍出版社，1982年。

皮锡瑞：《经学通论》，中华书局，1954年。

康有为：《新学伪经考》，中华书局，1956年。

黄侃：《黄侃论学杂著》，上海古籍出版社，1980年。

刘汝霖：《汉晋学术编年》，中华书局，1987年。

杜佑：《通典》，《十通》本，浙江古籍出版社，1988年。

马宗霍：《中国经学史》，上海书店出版社，1984年。

李延寿：《北史》，中华书局点校本，1974年。

武亿：《授堂文钞》，偃师武氏道光二十三年（1843）刻本。

蒋伯潜：《十三经概论》，上海古籍出版社，1983年。

朱熹：《朱子语类》，中华书局，1986年。

孙诒让：《周礼正义》，中华书局，1987年。

乾隆官修：《清朝文献通考》，《十通》本，浙江古籍出版社，1988年。

程颢、程颐：《二程集》，中华书局，1981年。

王应麟：《困学纪闻》，山东友谊书社，1992年。

彭林：《周礼主体思想与成书年代研究》，中国社会科学出版社，1991年。

陈汉平：《西周册命制度研究》，学林出版社，1986年。

刘起釪：《古史续辨》，中国社会科学出版社，1991年。

顾颉刚：《"周公制礼"的传说和〈周官〉一书的出现》，载《文史》第6辑。

杨向奎：《宗周社会与礼乐文明》，人民出版社，1992年。

钱玄：《三礼通论》，南京师范大学出版社，1996年。

梁启超：《古书真伪及其年代》，中华书局，1955年。

江永：《周礼疑义举要》，《清经解》本，上海书店出版社，1988年。

郭沫若：《周官质疑》，见《金文丛考》，北京人民出版社影印本，1954年。

李学勤：《东周与秦代文明》，文物出版社，1984年。

廖平：《四益馆经学四变记》，《六益馆丛书》本，四川存古书局，民国十二年（1923）印本。

杨志刚：《中国礼学史发凡》，见《二十世纪中国礼学研究论集》，学苑出版社，1998年。

欧阳修：《欧阳文忠公全集·居士集》，上海锦章图书局，民国十四年（1925）石印本。

苏辙：《栾城后集》，文渊阁《四库全书》本。

司马光：《论风俗札子》，见司马光《传家集》，文渊阁《四库全书》本。

王安石：《临川先生文集》，中华书局，1959年。

司马光：《资治通鉴》，中华书局，1956年。

宋濂等：《元史》，中华书局点校本，1976年。

张廷玉等：《明史》，中华书局点校本，1974年。

顾炎武：《日知录》，黄汝成《日知录集释》本，岳麓书社，1994年。

中国科学院图书馆整理：《续修四库全书总目提要》，中华书局，1993年。

江藩：《国朝汉学师承记》，中华书局，1983年。

张亚初、刘雨：《西周金文官制研究》，中华书局，1986年。

洪业：《仪礼引得序》，见《仪礼引得》，上海古籍出版社，1983年。

陈梦家：《武威汉简》，文物出版社，1964年。

杜预注、孔颖达疏：《春秋左传正义》，中华书局影印阮校《十三经注疏》本，1980年。

杨宽：《古史新探》，中华书局，1965年。

邵懿辰：《礼经通论》，国学扶轮社铅印本，清宣统三年（1911）。

柯尚迁：《周礼全经释原》，文渊阁《四库全书》本。

周予同：《周予同经学论著选集》，上海人民出版社，1983年。

何晏注、邢昺疏：《论语注疏》，中华书局影印阮校《十三经注疏》本，1980年。

崔述：《洙泗考信录》，商务印书馆，1936年。

容庚：《商周彝器通论》，台湾大通书局，1973年。

马承源主编：《中国青铜器》，上海古籍出版社，1988年。

凌廷堪：《礼经释例》，《清经解》本，上海书店出版社，1988年。

戴震：《戴东原集》，《四部丛刊》本，商务印书馆，民国年间。

陈寿祺：《左海经辨》，《清经解》本，上海书店出版社，1988年。

姚名达：《中国目录学史》，商务印书馆，1998年。

王应麟：《汉艺文志考证》，《二十五史补编》本，中华书局，1955年。

任铭善：《礼记目录后案》，齐鲁书社，1982年。

顾实：《汉书艺文志讲疏》，上海古籍出版社，1987年。

朱熹：《四书章句集注》，中华书局，1983年。

郑玄：《诗谱序》，见《毛诗正义》卷首，中华书局影印阮校《十三经注疏》本。

张舜徽：《郑学丛著》，齐鲁书社，1984年。

秦蕙田：《五礼通考》，文渊阁《四库全书》本。

乾隆官修：《清朝通典》，《十通》本，浙江古籍出版社，1988年。

俞樾：《礼记异文笺》，《清经解续编》本，上海书店出版社，1988年。

赵岐注，孙奭疏：《孟子注疏》，中华书局影印阮校《十三经注疏》本。

湖南省博物馆编：《长沙马王堆一号汉墓》，文物出版社，1973年。

容庚：《殷周青铜器通论》，科学出版社，1958年。

文物出版社编辑：《中国古青铜器选》，文物出版社，1976年。

五省出土重要文物展览筹备委员会编：《五省出土重要文物展览图录》，文物出版社，1958年。

上海博物馆编：《上海博物馆藏青铜器》，上海人民美术出版社，1964年。

俞樾：《群经平议》，《清经解续编》本，上海书店出版社，1988年。

王力：《王力古汉语字典》，中华书局，2000年。

王力：《同源字典》，商务印书馆，1982年。

郭锡良：《汉字古音手册》，北京大学出版社，1986年。

胡承珙：《仪礼古今文疏义》，《清经解续编》本，上海书店出版社，1988年。

段玉裁：《说文解字注》，上海古籍出版社，1981年。

朱骏声：《说文通训定声》，武汉市古籍书店出版社，1983年。

顾野王：《玉篇》，本书用《宋本玉篇》，北京市中国书店出版社，1983年。

段玉裁：《仪礼汉读考》，《清经解》本，上海书店出版社，1988年。

张淳：《仪礼识误》，文渊阁《四库全书》本。

王念孙：《广雅疏证》，中华书局，1983年。

扬雄：《方言》，《百子全书》本，浙江人民出版社，1984年。

余廼永：《新校互注宋本广韵》，上海辞书出版社，2000年。

胡培翚：《仪礼正义》，《清经解续编》本，上海书店出版社，1988年。

杨倞注，王先谦集解：《荀子》，《诸子集成》本，上海书店出版社，1986年。

黄焯：《经典释文汇校》，中华书局，1980年。

王引之：《经义述闻》，《清经解》本，上海书店出版社，1988年。

《古文字诂林》第1册，上海教育出版社，1999年。

徐中舒主编：《甲骨文字典》，四川辞书出版社，1988年。

王筠：《说文句读》，上海古籍书店出版社影印本，1983年。

惠栋：《九经古义》，《清经解》本，上海书店出版社，1988年。

朱珔：《说文解字义》，《续修四库全书》本，上海古籍出版社，2002年。

徐锴：《说文解字系传》，中华书局，1987年。

徐灏：《说文解字注笺》，《续修四库全书》本，上海古籍出版社，2002年。

蒋绍愚：《古汉语词汇纲要》，北京大学出版社，1989年。

戴家祥：《金文大字典》，学林出版社，1999年。

郭庆藩辑：《庄子集释》，《诸子集成》本，上海书店出版社，1986年。

张自烈：《正字通》，《续修四库全书》本，上海古籍出版社，2002年。

《古文字诂林》第2册，上海教育出版社，2000年。

《古文字诂林》第3册，上海教育出版社，2001年。

丁度等：《集韵》，《小学名著六种》本，中华书局影印，1998年。

邵瑛：《说文解字群经正字》，《续修四库全书》本，上海古籍出版社，2002年。

孙诒让：《墨子间诂》，《诸子集成》本，上海书店出版社，1986年。

《古文字诂林》第8册，上海教育出版社，2003年。

臧琳：《经义杂记》，《清经解》本，上海书店出版社，1988年。

《古文字诂林》第6册，上海教育出版社，2003年。

郝懿行：《尔雅义疏》，北京中国书店出版社，1982年。

《古文字诂林》第5册，上海教育出版社，2002年。

刘淇：《助字辨略》，《续修四库全书》本，上海古籍出版社，2002年。

徐养原：《仪礼古今文异同疏证》，《清经解续编》本，上海书店出版社，1988年。

徐养原：《周官故书考》，《清经解续编》本，上海书店出版社，1988年。

高诱注：《吕氏春秋》，《诸子集成》本，上海书店出版社，1986年。

《古文字诂林》第9册，上海教育出版社，2004年。

刘义庆：《世说新语》，《诸子集成》本，上海书店出版社，1986年。

贾思勰：《齐民要术》，《百子全书》本，浙江人民出版社，1984年。

毛奇龄：《辨定祭礼通俗谱》，文渊阁《四库全书》本。

桂馥：《说文解字义证》，上海古籍出版社，1987年。

敖继公：《仪礼集说》，文渊阁《四库全书》本。

高明：《中国古文字学通论》，北京大学出版社，1996年。

宋世荦：《周礼故书疏证》，《续修四库全书》本，上海古籍出版社，

2002 年。

何琳仪：《战国古文字典》，中华书局，1998 年。

刘安：《淮南子》，《诸子集成》本，上海书店，1986 年。

俞樾：《诸子平议》，《续修四库全书》本，上海古籍出版社，2002 年。

王煦：《小尔雅疏证》，《续修四库全书》本，上海古籍出版社，2002 年。

雷浚：《说文外编》，《续修四库全书》本，上海古籍出版社，2002 年。

韦昭注：《国语》，上海古籍出版社，1978 年。

段玉裁：《六书音韵表一》，附在《说文解字注》后。

王昭禹：《周礼详解》，文渊阁《四库全书》本。

高明：《古文字类编》，中华书局，1980 年。

惠士奇：《礼说》，《清经解》本，上海书店出版社，1988 年。

高亨：《商君书注译》，中华书局，1974 年。

吴任臣：《字汇补》，《续修四库全书》，上海古籍出版社，2002 年。

李鼎祚：《周易集解》，北京中国书店影印，1984 年。

戴望校正：《管子》，《诸子集成》本，上海书店出版社，1986 年。

杨伯峻：《孟子译注》，中华书局，1960 年。

洪成玉：《古今字》，语文出版社，1995 年。

金榜：《礼笺》，《清经解》本，上海书店出版社，1988 年。

〔日〕泷川资言：《史记会注考证》，上海古籍出版社，1986 年。

曾钊：《周礼注疏小笺》，《续修四库全书》本，上海古籍出版社，2002 年。

俞樾：《茶香室经说》，《续修四库全书》本，上海古籍出版社，2002 年。

孙星衍：《尚书今古文注疏》，中华书局，1986 年。

郑樵：《六经奥论》，文渊阁《四库全书》本。

陈乔枞：《礼记郑读考》，《清经解续编》本，上海书店出版社，1988 年。

俞樾：《古书疑义举例》，《古书疑义举例五种》本，中华书局，1956 年。

扬雄：《太玄经》，文渊阁《四库全书》本。

郭璞注：《山海经》，文渊阁《四库全书》本。

杨伯峻：《春秋左传注》（修订本），中华书局，1999 年。

汪继培：《潜夫论笺》，中华书局，1979 年。

附 引用书目

荀悦、袁宏：《两汉纪》，中华书局，2002年。
班固：《白虎通》，《百子全书》本，浙江人民出版社，1984年。
河上公注：《老子道德经》，文渊阁《四库全书》本。
刘向集录：《战国策》，上海古籍出版社，1985年。
陈奇猷：《韩非子集释》，上海人民出版社，1974年。
孙希旦：《礼记集解》，中华书局，1989年。
王肃注：《孔子家语》，文渊阁《四库全书》本。
梅膺祚：《字汇》，《续修四库全书》本，上海古籍出版社，2002年。
王先谦：《庄子集解》，《诸子集成》本，上海书店出版社，1986年。
睡虎地秦墓竹简整理小组：《睡虎地秦墓竹简》，文物出版社，1978年。
洪兴祖：《楚辞补注》，文渊阁《四库全书》本。
王引之：《经传释词》，《清经解》，上海书店出版社，1988年。
高翔麟：《说文字通》，《续修四库全书》本，上海古籍出版社，2002年。
伏胜：《尚书大传》，文渊阁《四库全书》本。
许维遹校释：《韩诗外传集释》，中华书局，1980年。
杨树达：《积微居小学述林》，中华书局，1983年。
李如圭：《仪礼集释》，文渊阁《四库全书》本。
钱大昕：《潜研堂文集》，《清经解》本，上海书店出版社，1988年。
王先谦：《诗三家义集疏》，中华书局，1987年。
《古文字诂林》第7册，上海教育出版社，2002年。
张湛注：《列子》，《诸子集成》本，上海书店出版社，1986年。
马瑞辰：《毛诗传笺通释》，《清经解续编》本，上海书店出版社，1988年。
陆宗达：《训诂简论》，北京出版社，2002年。
皇侃：《论语集解义疏》，文渊阁《四库全书》本。
吴廷华：《仪礼章句》，《清经解》，上海书店出版社，1988年。
朱熹：《诗集传》，上海古籍出版社，1958年。
《古文字诂林》第10册，上海教育出版社，2004年。
张帆、刘珂编著：《孙膑兵法》，北京燕山出版社，1995年。
王道焜、赵如源：《左传杜林合注》，文渊阁《四库全书》本。

后　记

　　从 2000 年 6 月我接到《郑玄三礼注研究》这个国家项目的《立项通知书》，到现在已经过去五个春秋了。我很惭愧，没能在规定的三年时间内完成该项目，曾先后延期两次，故延宕至今。然而其间的艰辛，真是一言难尽！若谓从事该项目研究的五年时间，过的是"非人的日子"，似乎言之过当，但说这五年过的是"非正常人的生活"，则一点也不夸张。五年来，为了完成这一国家项目，耗尽了我所有的"业余"时间，一般人在"业余"时间可以享受的所有生活乐趣，都被"剥夺"了。但自己又是心甘情愿地被"剥夺"，这大概就是我们这类知识分子的本性吧。要说呢，我的"业余"时间本来就不多。繁重的教学任务，无了无休的各种杂事，占用了大部分时间和精力。每周真正能静下心来从事科研和写作的时间实在少得可怜，只能见缝插针地去做。本来，综合性大学是强调教学与科研并重的，然而实际上科研却往往被挤到了"业余"，这就是我之所以要在"业余"这两个字上加引号的原因，因为科研本来就是高校教师的正业啊！正因为如此，寒暑假和"五一"、"十一"两个"黄金周"，对我来说，就真正成了金子般可贵的日子。可以说，我的这个国家项目，以及这五年间所完成的其他各项科研成果（如由上海古籍出版社在 2004 年 7 月一次性出齐的《周礼译注》、《仪礼译注》、《礼记译注》的简体字本和同年 11 月出版的《经学探研录》，以及学校所规定的每年都必须完成的科研工作量，即发表规定数量的论文等），大部分都是利用这些假期完成的。因此每年能有这样的四个长假，真是身在高校而有心做点学问的人的幸运！

完成这个项目，对我来说，深有力不从心之感。虽然早在二十多年前读研究生的时候，我就开始对经学和《三礼》学以及《三礼》之郑注产生了兴趣，并且写出了《论郑玄〈三礼注〉》这篇硕士毕业论文（后来发表在《文史》第21辑上）。但那时也仅仅是兴趣而矣，并没有做过多深入的研究。要说我真正对《三礼》和郑注有进一步的理解，还是在为《三礼》作译注之后。我为《三礼》作译注，当初确实只是为了学习，没有奢望能够出书。我想只要能把译注作出来，也就可以把《三礼》读得比较扎实了。后来《三礼译注》之所以能够一部接一部地出版，先是出繁体字本，后又改出简体字本，我真的要衷心感谢上海古籍出版社的领导和编辑先生们，如赵昌平、李剑雄、金良年、卢守助、丁如明、李志茗等先生，如果没有他们的鼎力支持，就不可能有《三礼译注》的面世。对此，我在《经学探研录》的《后记》中已经说得比较具体了，这里就不赘述了。这三部《译注》的出版，才真正使我在《三礼》和郑注的研究方面打下了一个基础。因此，我自以为可以进而对《三礼》之郑注做专门的研究了，所以我申报了《郑玄三礼注研究》这样一个自选的国家社科基金课题，并且居然获得了批准，于2000年下达了《立项通知书》。但当我开始着手做这个项目的时候，我才知道，这个项目是何等的繁难而不易！简直就是我这样学力的人所难以承担的。这不仅因为《三礼》和郑注所涉及的内容极其庞杂，前人相关的研究成果汗牛充栋，要想既吸收前人成果，而又不为前人所囿，有所突破，有所创新，谈何容易！而且更严峻的问题是，我的大学本科读的是北大中文系的文学专业，没有学过"小学"方面的课程。后来读历史学研究生，专业方向是"秦汉魏晋南北朝史"，也不开"小学"课。而郑玄《三礼注》的重要成就，就是对《三礼》的校勘和训诂。没有"小学"基础，如何研究《三礼》郑注！搞科研，写论文，可以避开或绕过自己没有研究的、不熟悉的领域，写自己有研究而熟悉的方面，这是无可厚非的。但我既然要研究《三礼》郑注，就无论如何也不可能绕过"小学"去！然而我坚信"世上无难事，只怕有心人"。不懂，就老老实实地学吧，边学边做，边做边学。于是我借了许多有关文字、音韵和训诂方面的书来读，并虚心向有这方面专长的老师请教，慢慢地也就入门了。这样，我才得以写出本书的《校勘编》和《训诂编》。

　　本书的《通论编》所涉及的有关《三礼》和郑注的问题虽多，但因为有以前研究的积累，写起来并不算太难。对我来说真正的挑战是《校勘编》和《训诂编》。《校勘编》主要研究郑玄在校勘《三礼》时对诸多《三礼》或本异文的取舍。前人在这方面的研究和论著甚多，而且大多是名家、大家。但我发现他们的研究主要着眼于个案的考查，即某字郑玄何以必从此本而不从彼本及其所从之是非，尚无人对郑玄取舍异文的条例以及所遵循的原则做过研究。我则通过遍索《三礼》郑注中取舍异文之字例，对这些字例一一加以考辨，并在此基础上归纳出郑玄取舍异文的条例和所遵循的原则，这就是我对前人的突破了，从而将郑玄在《三礼》校勘方面成就的研究，向前推进了一步。《训诂编》的写作，则主要是针对我素所崇拜的清代大家段玉裁而发的。段玉裁对《三礼》郑注以及汉人注书所常用的"读为"、"读曰"、"读如"、"读若"、"当为"以及"声之误"、"字之误"等术语都曾做过解释和界定，而且段氏的界定对后世影响极大，甚至被许多人奉以为圭臬。我在未做这个项目之前，也是把段氏之说奉为经典的。但当我遍索《三礼》郑注中运用上述诸术语的字例，并一一加以考辨之后，我发现，段玉裁的解释虽有正确的地方，但多属片面、武断，郑玄对于上述诸术语的运用，情况十分复杂，绝非如段玉裁所界定的那样简单。我把这些复杂的情况一一例举出来，归纳为条例，而证之以字例，这样才真正弄清了郑玄在《三礼注》中究竟是怎样运用这些术语的。这也是前人所没有做过的。然而结论的获得，是极为艰辛的，常常为了一个字的考辨，而焦思数日。而我在《校勘编》和《训诂编》中，考辨了1186个字例！

项目完成了，当我把结项材料上交给学校科研处之后，真的是长长舒了一口气，骤然感到轻松了。但仔细一想，我还是轻松不起来。尽管我这个项目做了五年，写了六十多万字，也算是大部头了，但仍觉有很大的缺憾，即我还没能把《名物编》和《制度编》做出来。我想，如果能再给我三年或更多一点时间，再写个三五十万字，庶可以无遗憾矣。然而我的项目已经不可能再延期了！

由于学力所限，现在呈现在读者面前的这部书，一定难免错谬，因此恳请学者同仁，不吝赐教，我在此先致以"拜受礼"了。

作 者

2005年10月26日于郑州大学西南生活区寓所

图书在版编目（CIP）数据

郑玄三礼注研究/杨天宇著. —北京：中国社会科学出版社，2008.2
（国家社科基金成果文库）
ISBN 978 – 7 – 5004 – 6505 – 8

Ⅰ. 郑…　Ⅱ. 杨…　Ⅲ. ①周礼 – 注释 – 研究②礼记 – 注释 – 研究③仪礼 – 注释 – 研究　Ⅳ. K224.06　K892.9

中国版本图书馆 CIP 数据核字（2007）第 170047 号

责任编辑	冯广裕
责任校对	王应来
封面设计	肖　辉
技术编辑	李　建

出版发行	中国社会科学出版社
社　　址	北京鼓楼西大街甲 158 号　邮　编　100720
电　　话	010 – 84029450（邮购）
网　　址	http://www.csspw.cn
经　　销	新华书店
印刷装订	北京新华印刷厂
版　　次	2008 年 2 月第 1 版　印　次　2008 年 2 月第 1 次印刷
开　　本	700×1000　1/16
印　　张	45　插　页　1
字　　数	707 千字
定　　价	92.00 元

凡购买中国社会科学出版社图书，如有质量问题请与本社发行部联系调换
版权所有　侵权必究